ZEITHISTORISCHE IMPULSE | Band 15

Wissenschaftliche Reihe der Stiftung Bundespräsident-Theodor-Heuss-Haus

Liberalismus und Nationalsozialismus

Eine Beziehungsgeschichte

Herausgegeben von
Elke Seefried, Ernst Wolfgang Becker,
Frank Bajohr und Johannes Hürter

Franz Steiner Verlag

Die Stiftung wird vom Bund finanziert mit Mitteln aus dem Haushalt
der Beauftragten der Bundesregierung für Kultur und Medien.

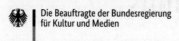 Die Beauftragte der Bundesregierung
für Kultur und Medien

Abbildungsnachweis: Plakat der Deutschen Demokratischen Partei zu den Reichstagswahlen
am 20. Mai 1928; Entwurf: Theo Matejko, Foto: akg-images

Bibliografische Information der Deutschen Nationalbibliothek:
Die Deutsche Nationalbibliothek verzeichnet diese Publikation in der Deutschen
Nationalbibliografie; detaillierte bibliografische Daten sind im Internet über
<http://dnb.d-nb.de> abrufbar.

© Franz Steiner Verlag, Stuttgart 2020
Layout und Herstellung durch den Verlag
Druck: Memminger MedienCentrum, Memmingen
Gedruckt auf säurefreiem, alterungsbeständigem Papier.
Printed in Germany.
ISBN 978-3-515-12747-9 (Print)
ISBN 978-3-515-12761-5 (E-Book)

Vorwort

Trotz der Herausforderungen durch totalitäre Ideologien und deren Gewaltregime bewies der immer wieder totgeglaubte Liberalismus eine erstaunliche Fähigkeit zur Anpassung und Regeneration, so die Einschätzung des britischen Historikers Tony Judt. Nach dem Untergang erst des nationalsozialistischen Deutschland und anderer rechtsautoritärer Staaten in Europa, dann des kommunistischen Warschauer Pakts schienen liberale Demokratie und Kapitalismus als Markenkerne der westlichen Wertegemeinschaft den Sieg davongetragen zu haben, bevor sie seit der Jahrtausendwende wiederum Gegenstand einer Fundamentalkritik wurden.

Das Verhältnis des Liberalismus zu einem seiner zentralen Feinde, dem Nationalsozialismus, lässt sich jedoch nicht nur dichotomisch fassen. Es bestand auch aus Ambivalenzen und Vieldeutigkeiten, Abgrenzungs- und Annäherungsprozessen. Dieses facettenreiche Verhältnis auszuleuchten war das Ziel des Kolloquiums „Liberalismus und Nationalsozialismus – eine Beziehungsgeschichte", das vom 14. bis 15. September 2017 am Institut für Zeitgeschichte (IfZ) in München stattfand. Veranstalter waren die Stiftung Bundespräsident-Theodor-Heuss-Haus, die sich seit 2013 in mehreren Kolloquien mit der Geschichte des Liberalismus im 20. Jahrhundert befasste,[1] das Institut für Zeitgeschichte München–Berlin und sein Zentrum für Holocaust-

---

1   Vgl. Anselm Doering-Manteuffel / Jörn Leonhard (Hg.): Liberalismus im 20. Jahrhundert, Stuttgart 2015; Ernst Wolfgang Becker / Jens Hacke (Hg.): Liberalismus in der Zwischenkriegszeit, URL: https://www.theodor-heuss-haus.de/heuss-forum/theodor-heuss-kolloquium-2015/ [20.02.2020]; Frank Bösch / Thomas Hertfelder / Gabriele Metzler (Hg.): Grenzen des Neoliberalismus. Der Wandel des Liberalismus im späten 20. Jahrhundert, Stuttgart 2018.

Studien. Die Tagung erkundete das Interaktionsverhältnis zwischen Liberalismus und Nationalsozialismus, indem sie das Geflecht von Abgrenzungen, ideellen Schnittmengen, partiellen Kontinuitäten und entsprechenden Praktiken seit dem späten 19. Jahrhundert in den Blick nahm. Der vorliegende Band dokumentiert die Ergebnisse dieses überaus fruchtbaren Kolloquiums.

Unser Dank geht an eine Reihe von Personen und Institutionen, ohne deren Unterstützung dieses Projekt nicht so erfolgreich hätte realisiert werden können: Der wissenschaftliche Beirat der Stiftung Bundespräsident-Theodor-Heuss-Haus begleitete die Vorbereitung des Kolloquiums von Beginn an mit seinem Sachverstand. Ebenso war Dr. Kristian Buchna in starkem Maße an der Konzeption der Konferenz beteiligt. Malte Müller M.A. und Moritz Herzog-Stamm M.A. halfen uns tatkräftig bei der Organisation der Tagung. Dominik Graf, Adrian Hausel und Emanuel Marx unterstützten uns umsichtig bei der Redaktion der Texte und der Erstellung des Personenregisters. Der Franz Steiner Verlag in Stuttgart nahm in gewohnter Weise engagiert und professionell die Drucklegung und Publikation in seine Hände. Doch zu guter Letzt möchten wir den Autorinnen und Autoren danken, ohne deren Bereitschaft, sich auf unsere Fragestellungen einzulassen, dieser Band nicht zustande gekommen wäre.

Stuttgart und München im März 2020
Frank Bajohr, Ernst Wolfgang Becker, Johannes Hürter, Elke Seefried

Inhalt

**Transatlantische Perspektiven auf den Nationalsozialismus:
Liberale im Exil**

Ausblick: Schwierige liberale Lernprozesse nach 1945

ERNST WOLFGANG BECKER / ELKE SEEFRIED /
FRANK BAJOHR / JOHANNES HÜRTER

Einleitung

Im Dezember 1937 erschien auf dem deutschen Buchmarkt eine Biographie, die nicht dem nationalsozialistischen Geschichtsverständnis entsprach. Dieses Buch über Friedrich Naumann stammte aus der Feder von dessen Anhänger Theodor Heuss, in der Weimarer Republik Reichstagsabgeordneter der linksliberalen Deutschen Demokratischen Partei (DDP) und dann der Deutschen Staatspartei (DStP). Seit 1933 war Heuss als Journalist und Schriftsteller tätig.[1] Um die Jahrhundertwende hatte Naumann versucht, den Linksliberalismus zu erneuern, indem er eine Synthese liberaler, sozialer und nationaler Ordnungsprinzipien propagierte.[2] In seiner Biographie über Naumann 1937 verschwieg Heuss, im Schreiben „zwischen den Zeilen" geübt, Naumanns liberale und demokratische Orientierung nicht, ja er würdigte dessen Beitrag zur Definition der Grundrechte in der Weimarer Reichsverfassung.[3] Zugleich betonte er die nationale Orientierung seines Protagonisten. Naumann habe das „Volk" nicht nur als liberales Konstrukt der Bürger einer Nation, sondern auch als „ethnische Gemeinschaft" jener verstanden, die „sich in Blutzusammenhang, Spra-

---

1 Theodor Heuss: Friedrich Naumann. Der Mann, das Werk, die Zeit, Stuttgart 1937; vgl. Elke Seefried: Einführung. Theodor Heuss in der Defensive. Briefe 1933–1945, in: Theodor Heuss. In der Defensive. Briefe 1933–1945, hg. und bearb. von Elke Seefried, München 2009, S. 15–70, hier S. 38 f; Ernst Wolfgang Becker: Theodor Heuss. Bürger im Zeitalter der Extreme, Stuttgart 2011, S. 86 f; Joachim Radkau: Theodor Heuss, München 2013, S. 212 f; Peter Merseburger: Theodor Heuss. Der Bürger als Präsident. Biographie, München 2012, S. 346 f.
2 Vgl. Peter Theiner: Sozialer Liberalismus und deutsche Weltpolitik. Friedrich Naumann im Wilhelminischen Deutschland (1860–1919), Baden-Baden 1983; Rüdiger vom Bruch (Hg.): Friedrich Naumann in seiner Zeit, Berlin/New York 2000.
3 Heuss, Friedrich Naumann, S. 176–179, 410–413, 603–631.

che, geistigem Geschichtsbewußtsein" zusammenfänden, und deshalb habe er sich um die Bevölkerungsentwicklung und den „Lebensraum des werdenden deutschen Volkes" gesorgt.[4] Damit insinuierte Heuss eine ethnisch-völkische Lesart des „Volkes", die sich als anschlussfähig an rassistisches Denken erweisen konnte. Naheliegende direkte Analogien zwischen dem nationalen Sozialismus Naumanns und dem Nationalsozialismus stellte Heuss nicht her, wohingegen Rezensenten wie Gertrud Bäumer diese Verbindungslinie zogen.[5]

Die ehemalige Ministerialrätin Bäumer gehörte ebenfalls dem Kreis der „Naumannianer" an. Das bildungsbürgerlich-protestantische Netzwerk jener, die auch nach Naumanns Tod 1919 einem liberalen und sozialen Fortschrittsbegriff und zugleich den Prämissen eines nationalen Staates folgten,[6] bestand im NS-Regime fort. Für die politisch ins Abseits gerückten Naumannianer bot das Netzwerk eine Möglichkeit sozialen Austauschs und stiftete historische Identität. Dies zeigte sich 1937/38 in der gemeinsamen Erinnerung an Naumann. Naumanns Konzept von „Mitteleuropa", eine reduzierte Version liberal-imperialer Pläne, die im Ersten Weltkrieg entstanden war,[7] trug dazu bei, dass die Naumannianer den „Anschluss" Österreichs an das Deutsche Reich teils vorsichtig, teils enthusiastisch begrüßten.[8]

Dass Heuss' Naumann-Biographie überhaupt erscheinen konnte, ging auf ein weiteres liberales Netzwerk zurück. Die „Parteiamtliche Prüfungskommission" der NSDAP hatte nämlich Vorbehalte gegen den Autor angemeldet.[9] Schließlich hatte Heuss 1932 eine historisch-politische Studie über „Hitlers Weg" veröffentlicht, die Kritik an der irrationalen, antidemokratischen und rassistischen NS-Ideologie übte – wenngleich sie in einer historischen Analogiebildung Hitler mit August Bebel verglich und so massiv

---

4   Ebd., S. 409, 417; im Orig. „ethische", korrigiert in 2. Aufl. (1949), S. 310.

5   Gertrud Bäumer: Vermächtnis eines Unvollendeten, in: Die Frau 45 (1938), H. 4, S. 188–192; Friedrich Mück an Heuss, 19.7.1933, in: Bundesarchiv (BArch), Nachlass Theodor Heuss, N 1221, 269; Ernst Mayer an Heuss, 18.10.1938, in: ebd., 59; H[einz] P[otthoff]: Friedrich Naumann, in: Bodenreform 49, 23.1.1938, S. 29–30.

6   Vgl. Ursula Krey: Der Naumann-Kreis im Kaiserreich. Liberales Milieu und protestantisches Bürgertum, in: Jahrbuch zur Liberalismus-Forschung 7 (1995), S. 57–81; Dies.: Der Naumann-Kreis. Charisma und politische Emanzipation, in: vom Bruch, Friedrich Naumann, S. 115–147. Zu Heuss und Naumann Thomas Hertfelder: Von Naumann zu Heuss. Über eine Tradition des sozialen Liberalismus in Deutschland, Stuttgart 2013, dort auch eine Systematik von Rezeptionsweisen der Naumann-Biographie (S. 43 f.).

7   Friedrich Naumann: Mitteleuropa, Berlin 1915; vgl. dazu den Beitrag von Ulrike Jureit in diesem Band.

8   Vgl. dazu die Beiträge von Manuel Limbach und Eric Kurlander in diesem Band.

9   Parteiamtliche Prüfungskommission an Deutsche Verlags-Anstalt, 14.10.1937, in: BArch, N 1221, 513.

unterschätzte.[10] Auch nach 1933 war Heuss wegen verklausulierter Ablehnung der „Gleichschaltung" in das Visier der Gestapo geraten.[11] Es war Werner Stephan, ehedem Reichsgeschäftsführer der DDP, nun Ministerialrat im Reichspropagandaministerium und in den 1950er Jahren Bundesgeschäftsführer der FDP, der Heuss wiederholt schützte und vermutlich auch für die Freigabe der Naumann-Biographie eine wichtige Rolle spielte.[12]

Die Episode um die Naumann-Biographie zeigt, dass das Verhältnis zwischen Liberalismus und Nationalsozialismus vielschichtiger und ambivalenter war, als dies eine liberale Erinnerungskultur nach 1945 glauben machen wollte.[13] Repräsentanten liberaler Parteien wie Heuss hatten den Nationalsozialismus bis 1933 offenkundig unterschätzt. Man votierte in der nicht mehr freien Reichstagsabstimmung am 23. März 1933 für das Ermächtigungsgesetz und oszillierte dann zwischen Abgrenzung und Anpassung. Liberale übten in Publikationen verklausulierte Kritik und suchten eine bürgerliche Gegenwelt zum Nationalsozialismus und zur nationalsozialistischen Deutung von Nationalgeschichte zu konstruieren. Und schließlich wurden Protagonisten wie Heuss, vernetzt in liberalen Gesinnungsgemeinschaften, noch von einem ehemaligen Funktionär der linksliberalen DDP geschützt, der nun im Reichspropagandaministerium wirkte.[14]

Die reiche Heuss-Forschung der letzten Jahre hat diese Ambivalenzen im Verhältnis zum Nationalsozialismus thematisiert.[15] Vor allem die „Stutt-

---

10 Theodor Heuss: Hitlers Weg. Eine historisch-politische Studie über den Nationalsozialismus, Stuttgart 1932.
11 Vgl. Seefried, Einleitung, S. 47; Becker, Theodor Heuss, S. 79–86; Radkau, Theodor Heuss, S. 196 f.
12 Die Akten der Parteiamtlichen Prüfungskommission existieren nicht mehr; Entlastungsschreiben von Heuss für Werner Stephan, 26.5.1946, in: Archiv des Liberalismus (AdL), Nachlass Werner Stephan, 1310; Aufzeichnung Oskar Stark, 23.12.1965, in: BArch, N 1221, 649; Heuss, Defensive, S. 303, 348, 430, 434–437, 440 f; vgl. auch den Beitrag von Beate Meyer in diesem Band.
13 Vgl. zu einem liberalen „Erinnerungskartell" die zugespitzte Deutung von Angelika Schaser: Erinnerungskartell. Der Nationalsozialismus in den Darstellungen der Liberalen nach 1945, in: Dies. (Hg.): Erinnerungskartelle. Zur Konstruktion von Autobiographien nach 1945, Bochum 2003, S. 49–80.
14 Zu Werner Stephan vgl. den Beitrag von Beate Meyer in diesem Band; zur Konstruktion der bürgerlichen Gegenwelt Ernst Wolfgang Becker: Biographie als Lebensform. Theodor Heuss als Biograph im Nationalsozialismus, in: Wolfgang Hardtwig / Erhard Schütz (Hg.): Geschichte für Leser. Populäre Geschichtsschreibung in Deutschland im 20. Jahrhundert, Stuttgart 2005, S. 57–89, hier S. 74 f, 84 f; Seefried, Einleitung, S. 16 f, 31, 43–45.
15 Vgl. Seefried, Einleitung; Becker, Theodor Heuss, S. 67–95; Merseburger, Theodor Heuss, S. 293–365; Radkau, Theodor Heuss, S. 193–203.

garter Ausgabe", welche die Stiftung Bundespräsident-Theodor-Heuss-Haus herausgibt, dokumentiert das Netzwerk von Heuss, das in der NS-Zeit von liberalen Widerstandskämpfern wie Eduard Hamm über den völkischen Publizisten und Ex-Liberalen Wilhelm Stapel bis zu hin zu NS-Funktionären wie dem Präsidenten des Reichsinstituts für Geschichte des neuen Deutschlands, Walter Frank, reichte.[16] Ebenso werden in der Edition die Bemühungen von Heuss um eine demokratische Erinnerungskultur und Geschichtspolitik in der Nachkriegszeit deutlich.[17]

Über die Person von Theodor Heuss hinaus sind das ambivalente Verhältnis und die Interaktion zwischen Liberalismus und Nationalsozialismus bislang nicht systematisch untersucht worden. Diesem Verhältnis widmet sich der vorliegende Sammelband. Er leuchtet nicht nur Abgrenzungen und Gegensätze aus, die sich aus der tradierten liberalen Orientierung an Freiheit, Rechtsstaatlichkeit und Marktwirtschaft einerseits, dem antiliberalen, totalitären und rassenideologischen Ideenkern des Nationalsozialismus andererseits ergaben. Darüber hinaus erkundet er ebenso ideelle Schnittmengen und partielle Kontinuitäten zwischen Liberalismus und Nationalsozialismus seit dem späten 19. Jahrhundert. Zudem fragen die Autorinnen und Autoren nach Wahrnehmungen, Deutungsmustern und Praktiken liberaler Protagonisten und Netzwerke in der Auseinandersetzung mit dem Nationalsozialismus, richten erstmals den Blick im umgekehrten Sinne auf nationalsozialistische Perzeptionen und Handlungen gegenüber Liberalen und arbeiten so ein breites Spektrum an Interaktionsmustern heraus. Indem er das Verhältnis zwischen Liberalismus und Nationalsozialismus systematisch in den Blick nimmt, entwickelt der Band zugleich neue Perspektiven auf die Geschichte des deutschen und partiell europäischen Liberalismus vom späten 19. Jahrhundert bis in die 1970er Jahre.

1. Opfer oder Vorläufer? Ein Blick in die Forschungsgeschichte

Die geschichtswissenschaftliche Forschung hat die Interaktion zwischen Liberalismus und Nationalsozialismus lange nur im Hinblick auf das liberale Verhältnis zur Moderne gedeutet. Nach 1945 dominierten zunächst die Deu-

---

16   Heuss, Defensive.
17   Theodor Heuss: Erzieher zur Demokratie. Briefe 1945–1949, hg. und bearb. von Ernst Wolfgang Becker, München 2007; Theodor Heuss: Der Bundespräsident. Briefe 1949–1954, hg. und bearb. von Ernst Wolfgang Becker, Martin Vogt, Wolfram Werner, Berlin/Boston 2012.

tungen der Zeitgenossen, die sich mit einer generellen „Krise" des Liberalismus auseinandersetzten. Der in die USA emigrierte Germanist Friedrich Sell beklagte die „Tragödie des deutschen Liberalismus", die er als Kapitulation der Liberalen vor dem Machtstaat und Verrat an den eigenen Idealen seit der Bismarckzeit verstand.[18] Eine andere Erklärung lieferte Theodor Schieder, Doyen einer bürgerlich-konservativen Historiographie der Nachkriegszeit.[19] Für ihn wurzelte die „Krise" der Liberalen darin, dass diese für die „Freiheitssphäre des Individuums" eintraten und doch der Dynamik der „Massendemokratie" strukturell unterlegen gewesen seien. Von Bismarck mit seinem Kurswechsel der 1870er Jahre in die Defensive gedrängt, hätten die liberalen bürgerlichen Honoratiorenparteien in der industriellen „modernen Massenwelt" keine eindeutige Haltung gegenüber der Sozialdemokratie, dann den kursierenden Räteideen und schließlich der „totalitären Diktatur" gefunden.[20] Schieder hob nicht explizit auf den Nationalsozialismus ab, sondern verwies auf neue Rahmenbedingungen in der industriellen Gesellschaft und auf eine Dichotomie zwischen bürgerlich-parlamentarischem Politikverständnis und dem Eintritt der „Massen" in die Politik. In dieser totalitarismustheoretischen Deutung wich der Liberalismus dem Druck der Gegner von links und rechts.

In den 1960er und 1970er Jahren rückte die Liberalismus-Forschung in den Fokus der Debatten über den deutschen Sonderweg.[21] Eine ideengeschichtlich angelegte Politikwissenschaft, die vor allem Karl Dietrich Bracher verkörperte, sah den bürgerlichen Liberalismus mit dem Scheitern der Revolution 1848/49 von der Demokratie „abgedrängt". Weil sich die liberale und

---

18   Friedrich C. Sell: Die Tragödie des deutschen Liberalismus, Stuttgart 1953.

19   Vgl. Christoph Nonn: Theodor Schieder. Ein bürgerlicher Historiker im 20. Jahrhundert, Düsseldorf 2013; Sebastian Ullrich: Der Weimar-Komplex. Das Scheitern der ersten deutschen Demokratie und die politische Kultur der frühen Bundesrepublik 1945−1959, Göttingen 2009, S. 590, 608.

20   Theodor Schieder: Die Krise des bürgerlichen Liberalismus. Ein Beitrag zum Verhältnis von politischer und gesellschaftlicher Verfassung, in: Ders.: Staat und Gesellschaft im Wandel unserer Zeit. Studien zur Geschichte des 19. und 20. Jahrhunderts, München ²1970 (Orig. 1954), S. 58–88, Zit. S. 61, 79, 83 f.

21   Zu den Stufen der Sonderwegsdiskussion – und auch zur positiven Deutung einer deutschen Sonderentwicklung in der Geschichtswissenschaft des Kaiserreichs – vgl. u. a. Jürgen Kocka: German History before Hitler: The Debate about the German Sonderweg, in: Journal of Contemporary History 23 (1988), S. 3–16; Hans-Peter Ullmann: Politik im Deutschen Kaiserreich 1871–1918, München 1999, S. 53–62; Thomas Welskopp: Identität *ex negativo*. Der „deutsche Sonderweg" als Metaerzählung in der bundesdeutschen Geschichtswissenschaft der siebziger und achtziger Jahre, in: Konrad H. Jarausch / Martin Sabrow (Hg.): Die historische Meistererzählung. Deutungslinien der deutschen Nationalgeschichte nach 1945, Göttingen 2002, S. 109–139.

demokratische Bewegung dem preußischen Obrigkeitsstaat Bismarcks gefügt habe, um die nationale Einheit zu erlangen, sei im Gegensatz zu den USA, Frankreich und England die „europäische Entwicklung Deutschlands" „abgebrochen". In den wirtschaftlichen Krisen des Kaiserreichs habe sich die liberale Bewegung zersplittert und von dieser Schwächung nie mehr erholt. Ähnlich wie Ernst Fraenkel zog Bracher eine Verbindung vom 19. Jahrhundert bis 1933: Die demokratischen Parteien seien in der Weimarer Republik im Kern einem „unpolitischen", etatistisch gespeisten Leitbild des Staates gefolgt, der über den Parteien stehe. Noch im konstitutionellen System des 19. Jahrhunderts verhaftet, hätten die Liberalen deshalb in der Nationalversammlung 1919 eine Reichsverfassung präferiert, die dem Reichspräsidenten als Ersatzkaiser zentrale Kompetenzen zubilligte; darin machten Bracher und Fraenkel einen wichtigen Faktor für die Bildung der autoritären Präsidialkabinette und die NS-Machtübernahme aus.[22]

Die kritische Sozialgeschichte der Bielefelder Schule um Hans-Ulrich Wehler ging von einem „ideologischen Konsensus" zwischen Bürgertum und Adel des Kaiserreichs aus, der bis 1933 ausgestrahlt habe. Der „spätabsolutistische autoritäre Militärstaat" Bismarcks habe einen harten Repressionskurs gegen die Liberalen verfolgt, doch mit seiner freihändlerischen Wirtschaftspolitik das „schizophrene Interessenkalkül" des Bürgertums geweckt. Die Liberalen, regional und konfessionell zersplittert, seien einer „deutschen Staatsideologie" gefolgt, die den Staat über den Parteien idealisierte,[23] und hätten deshalb im Kaiserreich eine „Sammlungspolitik" mitgetragen, die „Solidarprotektionismus, Antisozialismus, Kolonial- und Weltpolitik" verband und sich insofern vor allem gegen die Sozialdemokratie richtete.[24] Eine „Modernisierung der sozialen und politischen Verfassung des Deutschen Reiches"[25] sei so im Vergleich zum Westen abgeblockt worden. Inspiriert von kritischen linken Exilhistorikern wie Eckart Kehr, betonte diese Lesart die ökonomischen Interessen des liberalen Bürgertums.

---

22 Karl Dietrich Bracher: Die Auflösung der Weimarer Republik. Eine Studie zum Problem des Machtverfalls in der Demokratie, Villingen ⁵1971, Zit. S. 6, 8; vgl. Ernst Fraenkel: Die repräsentative und die plebiszitäre Komponente im demokratischen Verfassungsstaat, in: Ders.: Deutschland und die westlichen Demokratien, hrsg. und eingeleitet von Alexander von Brünneck, Baden-Baden ⁹2011, S. 165–207.

23 Hans-Ulrich Wehler: Das Deutsche Kaiserreich 1871–1918, Göttingen 1973, S. 31, 33, 79.

24 Peter-Christian Witt: Innenpolitik und Imperialismus in der Vorgeschichte des 1. Weltkrieges, in: Karl Holl / Günther List (Hg.): Liberalismus und imperialistischer Staat. Der Imperialismus als Problem liberaler Parteien in Deutschland 1890–1914, Göttingen 1975, S. 7–34, hier S. 17.

25 Witt, Innenpolitik, S. 16.

Einen anderen Ansatz vertrat James Sheehan, indem er fragte, weshalb die liberalen Parteien ab 1920 kontinuierlich an Wählerzuspruch einbüßten. Die Liberalen, so Sheehan, verloren die eigenen Wählergruppen, nämlich die protestantischen Mittelschichten (Beamte, Gewerbetreibende, Angestellte), an eine nationalistische Gemeinschaftsideologie. Diese Entwicklung sei nicht nur durch die ökonomischen Krisen und die dezidierte Abgrenzung des Bürgertums nach links hervorgerufen worden. Sheehan diagnostizierte vielmehr einen in Deutschland besonders starken Nationalismus, den er – in Anknüpfung an die Sonderwegsthese – aus der späten Reichsgründung herleitete. Demnach waren die Liberalen durchaus nicht Opfer: Das historische „Versagen des deutschen Liberalismus" machte Sheehan darin fest, dass die zersplitterten Liberalen schon im Wilhelminischen Kaiserreich die Gelegenheit, politische Reformen im Obrigkeitsstaat durchzusetzen, nicht genutzt hätten und selbst einem Nationalismus anhingen, den die NSDAP aufgriff und radikalisierte.[26]

Die Kontinuitätsthese, die eine Mitverantwortung der Liberalen am Aufstieg des Nationalsozialismus implizierte, stieß bereits vor Jahrzehnten auf massive Kritik.[27] Aus heutiger Sicht besteht das größte Defizit der Sonderwegsthesen darin, dass sie die Bedeutung des Ersten Weltkrieges und der politischen wie sozioökonomischen Entwicklungen der Zwischenkriegszeit für den Aufstieg der NS-Massenbewegung nicht adäquat gewichten, die Bedeutung von Elitenkontinuitäten und damit auch die Verantwortung des Liberalismus hingegen überschätzen.

Eine vergleichende Studie zum europäischen Liberalismus der Zwischenkriegszeit blieb lange ein Desiderat,[28] doch suchten andere Analysen differenzierter die „Desintegration" des Weimarer Liberalismus zu ergründen.[29] Wichtig ist der wirtschaftshistorische Befund, dass es vor allem die Inflation 1923 war, die zur politischen Schwächung der Liberalen führte. Nicht nur waren die bürgerlichen Mittelschichten besonders stark von der Inflation be-

---

26 James Sheehan: Der deutsche Liberalismus. Von den Anfängen im 18. Jahrhundert bis zum Ersten Weltkrieg 1770–1914, München 1983 (Orig. 1978), S. 321, 326, 331.

27 Vgl. etwa Thomas Nipperdey: 1933 und die Kontinuität der deutschen Geschichte, in: Historische Zeitschrift 227 (1978), S. 86–111; David Blackbourn / Geoff Eley: The Peculiarities of German History. Bourgeois Society and Politics in Nineteenth-Century Germany, Oxford/New York 1984.

28 Vgl. zur Semantik des europäischen Liberalismus im 19. Jahrhundert Jörn Leonhard: Liberalismus. Zur historischen Semantik eines europäischen Deutungsmusters, München 2001.

29 Jürgen C. Heß: Die Desintegration des Liberalismus in der Weimarer Republik, in: Hans Vorländer (Hg.): Verfall oder Renaissance des Liberalismus? Beiträge zum deutschen und internationalen Liberalismus, München 1987, S. 91–116.

troffen, die auch die beiden liberalen Parteien finanziell ruinierte und sie abhängiger von der Industrie machte. Nicht zuletzt diese Abhängigkeit motivierte die Anhänger der DDP, die Partei mit dem Jungdeutschen Orden bzw. der rechtsnationalen Volksnationalen Reichsvereinigung zur Deutschen Staatspartei zu vereinigen. Damit aber, so die Analyse von Larry Eugene Jones, stärkten sie dezidiert das nationale Profil der Partei und unterspülten so letztlich deren liberale Basis.[30]

In den 1980er und 1990er Jahren rückte die Forschung ausdrücklich von der Sonderwegsthese ab. Dieser Perspektivenwechsel gründete auch darin, dass die neuere, vergleichende Bürgertumsforschung die Vermutung aus der kritischen Sozialgeschichte, das Bürgertum habe sich in Deutschland besonders stark an den Adel angepasst, nicht bestätigen konnte: Das deutsche Bürgertum trug zwar eine „spezifische Staatsorientierung" und war durchaus obrigkeitlich gesinnt, doch übte der Adel weniger Einfluss auf das Bürgertum aus als in England oder Frankreich. Historiker wie Jürgen Kocka verwiesen auf die „großen Fortschrittspotentiale", die das liberale Bürgertum im Kaiserreich eröffnet habe, etwa in der Selbstverwaltung der deutschen Städte, in den deutschen Wissenschaftsorganisationen und im Ausbau des Sozialstaats.[31] Außerdem belegte die Wahlforschung mittels neuer statistischer Methoden, dass die NSDAP keine überproportionale Basis im Mittelstand hatte, sondern Wählerinnen und Wähler aus allen Schichten ansprach. Besonders große Wahlerfolge verzeichnete die NSDAP in protestantisch-agrarischen Regionen, die nicht zu den Hochburgen des Liberalismus gehörten, wenngleich es der NSDAP gelang, die wandernden Wähler der Mitte und überproportio-

---

30   Larry Eugene Jones: German Liberalism and the Dissolution of the Weimar Party System 1918–1933, Chapel Hill u. a. 1988; Ders.: In the shadow of Stabilization: German Liberalism and the Legitimacy Crisis of the Weimar Party System, 1924–30, in: Gerald D. Feldman / Elisabeth Müller-Luckner (Hg.): Die Nachwirkungen der Inflation auf die deutsche Geschichte 1924–1933, München 1985, S. 21–41; ähnlich Thomas Childers: Interest and Ideology: Anti-System Politics in the Era of Stabilization 1924–1928, in: Feldman/Müller-Luckner, Nachwirkungen, S. 1–20; dazu Horst Möller: Bürgertum und bürgerlich-liberale Bewegung nach 1918, in: Lothar Gall (Hg.): Bürgertum und bürgerlich-liberale Bewegung in Mitteleuropa seit dem 18. Jahrhundert, München 1997, S. 293–342, hier S. 337–339.
31   Jürgen Kocka: Das europäische Muster und der deutsche Fall, in: Ders. (Hg.): Bürgertum im 19. Jahrhundert, Band I: Einheit und Vielfalt Europas, Göttingen 1995, S. 9–76, hier S. 50, 53; Frank Möller: Liberalismusgeschichte als Bürgertumsgeschichte, in: Ewald Grothe / Jürgen Frölich / Wolther von Kieseritzky (Hg.): Liberalismus-Forschung nach 25 Jahren. Bilanz und Perspektiven, Baden-Baden 2016, S. 71–96, hier S. 91–94.

nal viele Protestanten zu gewinnen, die im Weimarer Parteiensystem liberal oder konservativ gewählt hatten.[32]

Darüber hinaus hob die Forschung nun die Verdienste vieler Liberaler für Demokratie und Frieden in der Abgrenzung nach rechts hervor. Dies galt etwa für die deutsch-französische Verständigungspolitik[33] und die liberale Presse, die die Weimarer Demokratie mitgetragen habe.[34] Auch der liberale Widerstand gegen das NS-Regime in Zirkeln wie der Robinsohn-Strassmann-Gruppe und im Kreis um den Unternehmer Robert Bosch, lange vernachlässigt, rückte nun in den Blick der Forschung.[35] Die bisher einzige große Gesamtdarstellung zum deutschen Liberalismus, von Dieter Langewiesche verfasst, hob 1988 zwar Probleme des Liberalismus wie das konstitutionelle Verfassungsverständnis und die starke Bindung an die Nation hervor, würdigte aber vor allem den Beitrag der Liberalen zur Entwicklung der Demokratie bis Ende der 1920er Jahre. Die DDP habe versucht, mit den Integrationsklammern „Staat" und „Nation" ihre breite Klientel an Wählern einzubinden und „die Parteipolitik auf ein allgemein anerkanntes Ziel aus[zu]richten". Dass die DDP 1930 kurzzeitig mit dem antisemitisch und autoritär gesonnenen Parteiarm des Jungdeutschen Ordens, der Volksnationalen Reichsvereinigung, zur Deutschen Staatspartei fusionierte, verstand Langewiesche eher als „Flucht aus dem Liberalismus". Angesichts der schwierigen Ausgangslage und der überaus komplexen Sachprobleme sei nicht zu erkennen, wie der „Zusammenbruch der liberalen Parteien hätte verhindert werden können".[36]

---

32 Jürgen W. Falter: Hitlers Wähler, München 1991; Jürgen R. Winkler: Sozialstruktur, politische Traditionen und Liberalismus. Eine empirische Längsschnittstudie zur Wahlentwicklung in Deutschland 1871–1933, Opladen 1995; vgl. dazu auch Möller, Bürgertum.

33 Vgl. Bruce B. Frye: Liberal Democrats in the Weimar Republic. The History of the German Democratic Party and the German State Party, Carbondale/Edwardsville 1985; Jonathan R. C. Wright: Gustav Stresemann. Weimar's Greatest Statesman, Oxford 2002; Karl Heinrich Pohl: Gustav Stresemann. Biografie eines Grenzgängers, Göttingen 2015.

34 Bernd Sösemann / Jürgen Frölich (Hg.): Theodor Wolff: Journalist, Weltbürger, Demokrat, Teetz 2004.

35 Horst R. Sassin: Liberale im Widerstand. Die Robinsohn-Strassmann-Gruppe 1934–1924, Hamburg 1993; Joachim Scholtyseck: Robert Bosch und der liberale Widerstand gegen Hitler. 1933–1945, München 1999.

36 Dieter Langewiesche: Liberalismus in Deutschland, Frankfurt a. M. 1988, S. 260, 251, 280; ähnlich Werner Jochmann: Der deutsche Liberalismus und seine Herausforderung durch den Nationalsozialismus, in: Rudolf von Thadden (Hg.): Die Krise des Liberalismus zwischen den Weltkriegen, Göttingen 1978, S. 115–128; zum Republik-Diskurs im Umfeld der Zeitschrift „Die Hilfe" vgl. Thomas Hertfelder: „Meteor aus einer anderen Welt". Die Weimarer Republik in der Diskussion des „Hilfe"-Kreises, in: Andreas Wirsching / Jürgen Eder (Hg.):

Neue Fragen nach Kontinuitäten und Verbindungslinien zwischen Liberalismus und Nationalsozialismus abseits der starren Thesen vom deutschen Sonderweg beginnt die Forschung erst seit den 2000er Jahren zu stellen. Impulse gingen *erstens* von der angloamerikanischen Liberalismusforschung aus. Angeregt durch die *postcolonial studies* und kulturgeschichtliche Ansätze, eröffnete sich hier ein neuer Zugang zum liberalen Imperialismus des späten 19. und frühen 20. Jahrhunderts. Liberale Imperialisten hätten, so die These, vor allem die Kategorien von Fortschritt und Zivilisierung angeführt, um nicht nur einen informellen, freihändlerischen Imperialismus, sondern auch kolonialpolitische Initiativen zu rechtfertigen. Damit hätten sie ganz im liberalen Deutungsrahmen argumentiert.[37] Inwiefern sich Kontinuitätslinien von den Kolonialkriegen um 1900 zum Genozid durch die Nationalsozialisten ziehen lassen, ist allerdings umstritten.[38]

Zweitens betonte die kultur- und wissensgeschichtliche Forschung, dass Nationalismus, Rassismus und Antisemitismus der Zwischenkriegszeit eben nicht vormoderne Phänomene waren, sondern unter den Bedingungen einer krisenhaften Moderne im Zentrum des vermeintlichen „Fortschritts", den Humanwissenschaften, an Boden gewannen.[39] Neben dem Nationalsozialismus und der neuen Rechten in der Weimarer Republik gerieten auch sozialistische Eugeniker in den Fokus,[40] zunächst aber nicht die deutschen Liberalen, die der Forschung wohl nur mehr bedingt als politischer Faktor am Ende der Weimarer Republik galten. Hingegen zeigte die internationale Forschung die Verknüpfungslinien zwischen liberalem Nationalismus und italienischem

---

Vernunftrepublikanismus in der Weimarer Republik. Politik, Literatur, Wissenschaft, Stuttgart 2008, S. 29–55.

37 Simon Gunn / James Vernon (Hg.): The Pecularities of Liberal Modernity in Imperial Britain, Berkeley/London 2011; Matthew P. Fitzpatrick (Hg.): Liberal Imperialism in Europe, New York 2012; dazu auch Philipp Müller: Freihandel, Imperialismus und Neoliberalismus. Neuere Untersuchungen zum internationalen Wirtschaftsliberalismus im 19. und 20. Jahrhundert, in: Grothe/Frölich/von Kieseritzky, Liberalismus-Forschung, S. 145–176.

38 Vgl. Isabel Hull: Absolute destruction. Military culture and the practices of war in Imperial Germany, Ithaca 2006; jüngst auch Dieter Langewiesche: Der gewaltsame Lehrer. Europas Kriege in der Moderne, München 2019, S. 363–400.

39 So bereits Detlev J. K. Peukert: Die Weimarer Republik. Krisenjahre der klassischen Moderne, Frankfurt am Main 1987.

40 Michael Schwartz: Sozialistische Eugenik. Eugenische Sozialtechnologien in Debatten und Politik der deutschen Sozialdemokratie 1890–1933, Bonn 1995; Stefan Breuer: Ordnungen der Ungleichheit – die deutsche Rechte im Widerstreit ihrer Ideen 1871–1945, Darmstadt 2001.

Faschismus deutlicher auf.[41] Auch die ambivalenten Wege französischer Liberaler wurden zuletzt zum Thema: Bertrand de Jouvenel und andere Liberale gerieten in den Krisen der 1930er Jahre in den Dunstkreis der intellektuellen Rechten und dann des Vichy-Regimes, weil sie nur noch in einer autoritären nationalen Elite den Fortschritt der Zivilisation verkörpert sahen.[42] Es war dann ein kanadischer Historiker, Eric Kurlander, der 2006 mit einer Studie zum deutschen „völkisch liberalism" in Grenzregionen des Kaiserreichs die Frage nach den völkischen Wurzeln des Liberalismus, nach dessen ethnischem Nationalismus und bestimmten Kontinuitätslinien zum Nationalsozialismus stellte.[43]

Drittens nahm in den letzten Jahren eine neue Ideengeschichte des Weimarer Liberalismus Gestalt an. Einerseits veranschaulichten Politikwissenschaftler wie Jens Hacke, dass in den 1920er Jahren Totalitarismustheorien aus liberaler Feder entstanden, die den Faschismus als „Apotheose der Tat" (Karl Mannheim) und Ausdruck des politischen Irrationalismus charakterisierten.[44] Andererseits hob die Forschung in Anknüpfung an die Bracherschen Thesen hervor, wie stark in beiden liberalen Parteien ab 1930 etatistische Ordnungsvorstellungen zirkulierten, die auf einen starken Staat über den Parteien, ja auf autoritäre Konzepte setzten. Die Zustimmung der im Reichstag verbliebenen beiden liberalen Splitterparteien zum Ermächtigungsgesetz am 23. März 1933 war demnach nicht nur mit der zeitweisen Unterschätzung des Nationalsozialismus oder dem NS-Terror vor der Abstimmung zu erklären, sondern auch mit einem „Demokratieverständnis, das zu sehr auf einen starken Staat setzte und damit ungewollt die Grenzen zum totalitären Staat überschritt."[45]

---

41   Franklin Hugh Adler: Italian Industrialists from Liberalism to Fascism. The Political Development of the Industrial Bourgeoisie, 1906–1934, Cambridge u. a. 1995.

42   Daniel Knegt: Fascism, Liberalism and Europeanism in the Political Thought of Bertrand de Jouvenel and Alfred Fabre-Luce, Amsterdam 2017.

43   Eric Kurlander: The Price of Exclusion. Ethnicity, National Identity, and the Decline of German Liberalism, 1898–1933, New York u. a. 2006.

44   Jens Hacke: Existenzkrise der Demokratie. Zur politischen Theorie des Liberalismus in der Zwischenkriegszeit, Berlin 2018, S. 193; vgl. Ders.: Die Gründung der Bundesrepublik aus dem Geist des Liberalismus? Überlegungen zum Erbe Weimars und zu liberalen Legitimitätsressourcen, in: Anselm Doering-Manteuffel / Jörn Leonhard (Hg.): Liberalismus im 20. Jahrhundert, Stuttgart 2015, S. 219–238; Ders.: Wende zur Skepsis. Liberale Ideenverteidigung in der Krise der Zwischenkriegszeit, in: Zeitschrift für Ideengeschichte 7 (2013), S. 35–52.

45   Ernst Wolfgang Becker: Ermächtigung zum politischen Irrtum. Die Zustimmung zum Ermächtigungsgesetz von 1933 und die Erinnerungspolitik im ersten württemberg-badischen Untersuchungsausschuß der Nachkriegszeit, Stuttgart 2001, S. 29; zur DVP vgl. Ludwig Richter: National-Liberalismus, Nationalsozialismus und die Krise der Weimarer Republik. Zur

Viertens schließlich lenkten neuere Studien den Blick auf personelle Verbindungen zwischen Liberalismus und Nationalsozialismus und den Umgang der FDP mit der NS-Vergangenheit nach 1945. Die Forschung erhellte nicht nur den Kontext der Affäre um den ehemaligen Nationalsozialisten Werner Naumann in der nordrhein-westfälischen FDP der 1950er Jahre; sie veranschaulichte zudem partielle Kontinuitätslinien, die sich vom Weimarer Jungdeutschen Orden bzw. der DStP in nationale, ja nationalsozialistische Zirkel in FDP-Landesverbänden zogen.[46] Dies ist auch der Kontext, in dem die Vergangenheit des Doyens bundesrepublikanischer Politikwissenschaft, Theodor Eschenburg, eine hitzige Debatte auslöste. Die Kontroverse drehte sich vor allem darum, wie stark Eschenburg, in der Weimarer Republik Mitglied der DVP-Jugendorganisation „Reichsgemeinschaft junger Volksparteiler" und dann in der DStP-Geschäftsführung, im NS-Regime an „Arisierungen" beteiligt war.[47] Anhand prominenter Politiker der DDP ging schließlich Eric Kurlander den Abgrenzungsversuchen und Anpassungsleistungen Linksliberaler im NS-Regime nach und arbeitete ihr Schwanken zwischen Widerstand, Anpassung und Kooperation heraus.[48]

Dieser Blick in die Forschung macht deutlich, dass es sich lohnt, systematisch die Abgrenzungen und Annäherungen zwischen Liberalismus und Nationalsozialismus zu untersuchen und damit gegenseitige Wahrnehmungen und Interaktionsformen herauszuarbeiten. Dabei ist die jüngere NS-Forschung stärker in die Liberalismusforschung einzubeziehen. Die neuere Gesellschaftsgeschichte zum Nationalsozialismus diskutierte zuletzt intensiv die sozialen Dynamiken, die sich aus der nationalsozialistischen Gemeinschaftsideologie und -politik entwickelten. Damit richtete sich der Fokus nicht mehr auf eine starre Dichotomie von Tätern und Opfern, sondern auf die Mobilisierung der Bevölkerung und den wachsenden Konsens mit dem Regime. Die beschworene „Volksgemeinschaft" versprach die Einebnung von Klassen-

---

innerparteilichen Diskussion in der Deutschen Volkspartei 1929–1933, in: Jahrbuch zur Liberalismus-Forschung 11 (1999), S. 107–133.

46 Kristian Buchna: Nationale Sammlung an Rhein und Ruhr. Friedrich Middelhauve und die nordrhein-westfälische FDP 1945–1953, München 2010.

47 Vgl. u.a. Michael Naumann: Politologe Theodor Eschenburg. Ein Fall von Opportunismus bei unumstrittener Lebensleistung, in: FAZ, 24.10.2013; „Er gehörte nicht zu den Mutigen". Ein Streitgespräch zwischen dem Politikwissenschaftler Rainer Eisfeld und dem Eschenburg-Biografen Udo Wengst, in: Die Zeit Nr. 46/2014; Anne Rohstock: Vom Anti-Parlamentarier zum „kalten Arisierer" jüdischer Unternehmen in Europa. Theodor Eschenburg in der Weimarer Republik und im Dritten Reich, in: VfZ 63 (2015), S. 33–58; Udo Wengst: Theodor Eschenburg. Biografie einer politischen Leitfigur 1904–1999, München 2015, S. 79–81.

48 Eric Kurlander: Living with Hitler. Liberal Democrats in the Third Reich, New Haven u.a. 2009.

schranken und die Ausgrenzung „Gemeinschaftsfremder". Mit ihr wurde die Praxis von Inklusion und Exklusion, von sozialer Gemeinschaft und blanker Gewalt gerechtfertigt.[49] Das liberale Bürgertum stand Forderungen nach ökonomischer Gleichheit traditionell eher skeptisch gegenüber. Die Verheißungen der „Volksgemeinschaft" eröffneten indes auch Schnittmengen zu liberalen Gemeinschaftsvorstellungen, und es ist zu prüfen, inwiefern Liberale von der Entrechtung Anderer ökonomisch profitieren konnten.[50] Jüngst wurde über eine Verknüpfung von NS- und Bürgertumsgeschichte diskutiert, um solche Grenzüberschreitungen besser analysieren zu können.[51] Wie sich die Liberalismus- und die NS-Forschung zu einer neuen Beziehungsgeschichte verbinden lassen, will nun dieser Band erkunden.

2. Liberalismus und Nationalsozialismus:
Dimensionen einer Beziehungsgeschichte

Liberalismus und Nationalsozialismus werden in diesem Band nicht auf Parteien, parteinahe Organisationen und deren Repräsentanten beschränkt. Sie lassen sich ideengeschichtlich auch nicht auf einen universalhistorischen normativen Kern reduzieren, sondern werden verstanden als Konglomerate von Denkfiguren und politischen Praktiken, die sich in diachroner Perspektive entsprechend den politischen und gesellschaftlichen Kontexten wandeln. Liberalismus und Nationalsozialismus entziehen sich einer eindeutigen analytischen Begriffsbestimmung und erschließen sich erst historisch in der Vielfalt und Anlagerung von Bedeutungsschichten. Die jüngere Forschung hat dies

---

49 Vgl. u. a. Michael Wildt: Volksgemeinschaft als Selbstermächtigung. Gewalt gegen Juden in der deutschen Provinz 1919 bis 1939, Hamburg 2007; Frank Bajohr / Michael Wildt (Hg.): Volksgemeinschaft. Neue Forschungen zur Gesellschaft des Nationalsozialismus, Frankfurt a. M. 2009; Martina Steber / Bernhard Gotto (Hg.): Visions of Community in Nazi Germany. Social Engineering and Private Lives, Oxford u. a. 2014.

50 Vgl. zur Vielschichtigkeit des Volksgemeinschaftsbegriffs in der Weimarer Republik Wolfgang Hardtwig: Volksgemeinschaft im Übergang. Von der Demokratie zum rassistischen Führerstaat, in: Detlef Lehnert (Hg.): Gemeinschaftsdenken in Europa. Das Gesellschaftskonzept „Volksheim" im Vergleich 1900–1938, Köln/Weimar/Wien 2013, S. 227–253; Marcus Llanque: Der Weimarer Linksliberalismus und das Problem politischer Verbindlichkeit. Volksgemeinschaft, demokratische Nation und Staatsgesinnung bei Theodor Heuss, Hugo Preuß und Friedrich Meinecke, in: Doering-Manteuffel/Leonhard, Liberalismus, S. 158–181; Ernst Wolfgang Becker: Die normative Dimension der Realpolitik. Linksliberalismus und Ermächtigungsgesetzgebung in der Weimarer Republik, in: Jahrbuch zur Liberalismus-Forschung 28 (2016), S. 91–118.

51 Vgl. Norbert Frei (Hg.): Wie bürgerlich war der Nationalsozialismus?, Göttingen 2018.

vor allem im Hinblick auf den Liberalismus betont. Dieser sei „niemals eine essenzialistische Ideologie", ein starres „Ideenkonstrukt" gewesen, sondern habe sich gerade in Abgrenzungskämpfen gegenüber anderen politischen Ideen immer neu profiliert.[52] Angesichts der historischen Wandelbarkeit liberaler Denk- und Handlungsmuster sprechen Historiker wie Michael Freeden und Jörn Leonhard von „Liberalismen",[53] also von einem Erfahrungspluralismus anstelle eines Ideensingulars.[54] Zusammengehalten werden diese Liberalismen durch kontextabhängige, variable Konstellationen von Leitbegriffen wie Individualität, Recht, Freiheit, Fortschritt, Rechtsstaat, institutionalisierte Machtbegrenzung und Marktwirtschaft.[55] Fassbar wird ein derartig fluider Liberalismus in Selbstdefinitionen von Einzelpersonen, Netzwerken, Parteien und Institutionen, in Fremdzuschreibungen sowie in politischen Diskursen und Praktiken. Letztlich legte ein solcher Liberalismus im 20. Jahrhundert, das von drastischen Krisen und der Erfahrung von Gewalt im Namen extremer Weltanschauungen geprägt war, eine erstaunliche Anpassungs- und Regenerationsbereitschaft an den Tag, so die These des britischen Historikers Tony Judt.[56] Daraus gingen liberale Lernprozesse und Neuansätze hervor.[57]

Die historische Forschung hat mittlerweile herausgearbeitet, dass selbst zentrale Elemente der nationalsozialistischen Weltanschauung wie der rassistische Antisemitismus oder die radikale Lebensraumideologie nicht in einem konsistenten Lehrgebäude mündeten. Die NS-Ideologie war vielmehr ein Sammelbecken für ein breites Spektrum politischer, philosophischer und wissenschaftlicher Ideen, die vor 1933 bereits in anderen politischen Strömungen zirkulierten, wenn auch die radikale Adaption völkisch-nationalistischen Denkens dominierte. Die Vermeidung einer dogmatischen Festlegung und die Vieldeutigkeit von Schlüsselbegriffen wie Rasse, „Volksgemeinschaft" oder Führerprinzip waren geradezu konstitutiv für das „offene Weltanschauungsfeld" (Lutz Raphael) des Nationalsozialismus, das politisch kontrolliert wurde, aber ideologisch teilweise erstaunlich flexibel war. Innerhalb eines ideologischen Rahmens war ein begrenzter Pluralismus möglich, in dem sich

---

52 Anselm Doering-Manteuffel / Jörn Leonhard: Liberalismus im 20. Jahrhundert – Aufriss einer historischen Phänomenologie, in: Dies., Liberalismus, S. 13–32, hier S. 17.
53 Michael Freeden: Europäische Liberalismen, in: Merkur 65 (2011), S. 1028–1046.
54 Jörn Leonhard: Semantische Deplazierung und Entwertung. Deutsche Deutungen von *liberal* und *Liberalismus* nach 1850 im europäischen Vergleich, in: Geschichte und Gesellschaft 29 (2003), S. 5–39, hier S. 35.
55 Vgl. Michael Freeden: Liberalism. A Very Short Introduction, Oxford 2015, S. 15.
56 Tony Judt / Timothy Snyder: Nachdenken über das 20. Jahrhundert, Frankfurt a.M. 2015, S. 395.
57 Vgl. Hacke, Existenzkrise.

Elemente verschiedener Weltanschauungen und Ordnungsentwürfe manifestierten.[58] Gerade weil die NS-Weltanschauung Anleihen bei weitverbreiteten,
heterogenen und oftmals vagen Ideologemen machte, war sie so erfolgreich
und konnte eine „integrative Wirkung des Unscharfen" entfalten.[59]

Statt über *die* nationalsozialistische Weltanschauung zu sprechen, mit der
der Liberalismus konfrontiert wird, ist von verschiedenen ideologischen Ver-
satzstücken im Nationalsozialismus auszugehen, zu denen sich die Spielarten
des Liberalismus in ein Verhältnis setzten. Die Anpassungs- und Wandlungsfähigkeit sowie die Vielgestaltigkeit des Liberalismus trafen auf das Weltanschauungsfeld des Nationalsozialismus mit seinen ebenfalls vielgestaltigen
Ideologemen. Auch wenn der extrem rassistische, vergemeinschaftende und
expansionistische Kern der NS-Ideologie eine Konstante bildete, konnten
spezifische historische Konstellationen dazu führen, dass Liberalismus und
Nationalsozialismus nicht allein als unversöhnliche Antipoden auftraten,[60]
sondern ihre Beziehung bei aller Distanz und Gegnerschaft auch ideelle
Schnittmengen und pragmatische Annäherungen aufwies.

Der vorliegende Band thematisiert dieses Interaktionsverhältnis von Liberalismus und Nationalsozialismus. Im Mittelpunkt stehen liberale Wahrnehmungen und Politiken gegenüber dem Nationalsozialismus. Einige Beiträge
berücksichtigen auch die umgekehrte nationalsozialistische Perspektive auf
den Liberalismus,[61] doch ließ der NS-Alleinvertretungsanspruch eine differenzierte Analyse seiner politischen Gegner kaum zu, und den Liberalen
attestierten die Nationalsozialisten ohnehin keine große Bedeutung mehr.[62]
Ein Großteil der Beiträge konzentriert sich aus naheliegenden Gründen auf
die deutsche Geschichte von 1933 bis 1945. Längerfristige Kontinuitätslinien
sind zudem nur zu fassen, wenn auch ein Zeitraum vom späten 19. Jahrhun-

---

58 Vgl. Lutz Raphael: Radikales Ordnungsdenken und die Organisation totalitärer Herr-
schaft: Weltanschauungseliten und Humanwissenschaftler im NS-Regime, in: Geschichte und
Gesellschaft 27 (2001), S. 5–40, vor allem S. 28–30; dort auch der Begriff vom „offenen Welt-
anschauungsfeld"; Ders.: Pluralities of National Socialist Ideology. New Perspectives on the
Production and Diffusion of National Socialist *Weltanschauung*, in: Steber/Gotto, Visions,
S. 73–86, vor allem S. 75–78.

59 Per Leo: Der Wille zum Wesen. Weltanschauungskultur, charakterologisches Denken und
Judenfeindschaft in Deutschland 1890–1940, Berlin 2013, S. 576; dazu auch den anregenden
Essay von Per Leo: Über Nationalsozialismus sprechen. Ein Verkomplizierungsversuch, in:
Merkur 70 (2016), S. 29–41.

60 So die Auffassung von Rainer Erkens / Horst R. Sassin (Hg.): Dokumente zur Geschichte
des Liberalismus in Deutschland 1930–1945, Sankt Augustin 1989, S. 131.

61 So in den Beiträgen von Ulrike Jureit, Thomas Vordermayer, Iris Nachum und ausschließlich von Frank Bajohr.

62 Vgl. den Beitrag von Frank Bajohr.

dert bis in die 1970er Jahre einbezogen wird. Zudem richten einige Autorinnen und Autoren ihren Blick über Deutschland hinaus auf den europäischen Liberalismus sowie auf transnationale liberale Netzwerke. Ebenso fragen sie, welche Bedeutung das in der Forschung bislang vernachlässigte liberale Exil für dieses Interaktionsverhältnis besaß.

Langfristige Kontinuitäten und Brüche

Wer die Beziehungen zwischen Liberalismus und Nationalsozialismus historisch untersucht, muss längerfristige inhaltliche und programmatische Verbindungslinien, Parallelitäten, Divergenzen und Brüche in den Fokus nehmen. Auch anknüpfend an eine ältere Forschungstradition um Wolfgang J. Mommsen[63] stellt sich die Frage, inwieweit Kontinuitätslinien von nationalistisch und völkisch unterlegten Strömungen des Wilhelminischen Liberalismus zum Nationalsozialismus reichen. Auffällig ist, dass die Autorinnen und Autoren dieses Bandes immer wieder auf das national-soziale Ideenkonglomerat Friedrich Naumanns rekurrieren, um Nähe und Distanz vor allem im Linksliberalismus zum nationalsozialistischen Weltanschauungsfeld nach 1918 näher zu bestimmen. Naumann wird regelrecht zum Angelpunkt, an dem sich verschiedene Aspekte einer möglichen Kontinuität festmachen lassen.

Von zentraler Bedeutung sind Konstruktionen von Imperialität und Raum, die einen „imperial liberalism"[64] prägten und in unterschiedlichen Varianten seit 200 Jahren zu einem „Strukturelement des europäischen Liberalismus" gehörten, so *Ulrike Jureit* in ihrem Beitrag.[65] Sie untersucht anhand dreier Ordnungskonzepte globaler Macht Interdependenzen zwischen Imperialität, Großraumdenken und Lebensraumideologie. Ausgehend von Friedrich Naumanns sozialdarwinistisch-biogeographisch inspiriertem liberalem Imperialismus, vergleicht sie dessen Mitteleuropa-Konzept mit der völkischen Großraumtheorie Carl Schmitts und den rassenbiologischen Vorstellungen des NS-Juristen Reinhard Höhn. Dreh- und Angelpunkt des Vergleichs dieser drei Großraumkonzepte ist die Frage nach der Gestaltung des Verhältnisses der innerhalb eines solchen Raumes lebenden Bevölkerungsgruppen – und darin zeigt sich die konzeptionelle Schwäche einer liberalen Imperialität, wie sie in

---

63 Vgl. Wolfgang J. Mommsen: Wandlungen der liberalen Ideen im Zeitalter des Liberalismus, in: Holl/List, Liberalismus, S. 109–147.
64 Jens-Uwe Guettel: German Expansionism, Imperial Liberalism, and the United States, 1776–1945, Cambridge u. a. 2012.
65 S. 63.

dem Grundwiderspruch eines „zwar universal argumentierenden, aber partikular agierenden Liberalismus" zum Ausdruck kommt.[66] Die hierarchisch gestaffelten Souveränitäts- und Rechtsgarantien unter deutscher Vorherrschaft in einem supranationalen Gefüge wie Mitteleuropa prägten auch völkische Großraumtheorien wie die von Carl Schmitt. Anders als Naumann forderte dieser aber das grundsätzliche Ende nationalstaatlicher Souveränität und die Durchsetzung autoritärer Reichsmodelle. Hier, wo großräumliche Herrschaft auf der Grundlage völkischer Herrschaft und rassenbiologischer Hierarchien durchgesetzt werden sollte, ist der Trennungsstrich zur liberalen Imperialität zu setzen, von der keine direkte Linie zu den eliminatorischen Homogenitätskonzepten der NS-Großraumideologie führt.

Für Liberale aus dem Naumann-Kreis bot das Mitteleuropa-Konzept durchaus Anknüpfungspunkte, die nach 1933 eine partielle Zielidentität mit der expansiven NS-Außenpolitik ermöglichten. So waren es ihre Vorstellungen von Volkstum und Raum, die Eduard Hamm und Otto Geßler trotz ihrer Oppositionshaltung im „Dritten Reich" eine konsequente Distanzierung vom Nationalsozialismus erschwerten, wie *Manuel Limbach* unterstreicht. Ebenso weist *Eric Kurlander* auf die Unschärfe der Mitteleuropa-Idee hin, die diese anschlussfähig für Liberale, Konservative wie auch völkische Nationalisten machte. Und das Naumann-Erbe offerierte auch dem liberalen Kulturprotestantismus um die Zeitschrift „Die Christliche Welt" begriffliche und inhaltliche Schnittstellen, die sowohl Annäherung wie auch Abgrenzung zum Nationalsozialismus erlaubten, so der Befund von *Christopher König*.

Zu einem radikalen Bruch mit dem politischen Liberalismus und zu einer starken Affinität zu nationalsozialistischen Wertvorstellungen führte freilich erst eine Abkehr von Friedrich Naumann, wie *Thomas Vordermayer* anhand der Kehrtwende von Wilhelm Stapel zeigt. War dieser als politischer Publizist noch vor dem Ersten Weltkrieg ein Anhänger Naumanns und sah im Liberalismus *die* Fortschrittskraft, die sich gegen den Konservativismus zu behaupten habe, so distanzierte er sich 1918 fundamental von seinen politischen Ursprüngen. Er lehnte die parlamentarische Demokratie als dem deutschen „Volkscharakter" wesensfremd ebenso ab wie die Idee einer demokratischen „Volksgemeinschaft". Stattdessen berief er sich auf das Modell des Freund-Feind-Gegensatzes und des Ausnahmezustandes von Carl Schmitt und propagierte aus einer krisenhaft erlebten Gegenwart radikale Lösungen als völkische Notwehr. Vor allem sein ausgeprägter Antisemitismus ist als Inbegriff einer Fundamentalkritik der liberalen Weimarer Gesellschaftsordnung zu verstehen.

---

66 S. 64.

Lässt sich bereits anhand der antiliberalen Entwicklung Stapels die Bedeutung des Ersten Weltkrieges ermessen, so kann *Jörn Leonhard* die Folgen dieses tiefgreifenden Umbruchs für den europäischen Liberalismus illustrieren. Die im Krieg angestoßene drastische Ausweitung der staatlichen Tätigkeit und Einflussnahme führte zur „Homogenisierung und Nivellierung von Kriegsgesellschaften".[67] Der permanente Mobilisierungsdruck und die Einführung von Zwangsregimen gefährdeten Pluralismus und Individualismus und förderten integrative Gemeinschaftsvorstellungen. Zugleich begünstigte der relative Bedeutungsverlust des Bürgertums eine Kritik vieler Liberaler an der Massengesellschaft und Massenkultur. Zudem hatten Kriegs- und Nachkriegszeit eine unübersichtliche spannungsreiche Utopienkonkurrenz zwischen sozialistischen Entwürfen, neuen, von den USA angestoßenen Demokratievisionen und dann ebenfalls neuen faschistischen Ordnungskonzepten entfacht, zu der der Liberalismus sich positionieren musste. Das Ideal nationaler Selbstbestimmung konnte in neuen, demokratisch-parlamentarischen Staaten wie der Türkei – auch unter Berufung auf liberale Werte – in der Praxis durchaus illiberale Folgen im Umgang mit ethnischen Minderheiten oder bei der Herausbildung eines starken Staates zeitigen. Liberale Kritik am Parlamentarismus, das neue Ideal der Planung durch bürgerlich-liberale Sozialexperten und die Identifizierung der Bolschewiki als Hauptgegner machten europaweit die Grenzen zwischen politischen Strömungen und Sprachen durchlässiger. Die „zweite Sattelzeit" des Liberalismus nach 1918 wurde zum Laboratorium für „neuartige Berührungspunkte und Übergänge, Kontakte und Konversionen"[68] zwischen Liberalismus und Nationalsozialismus bzw. Faschismus, und zugleich wurde diese Umbruchsphase zum Erfahrungsraum für eine Erneuerung des Liberalismus und für Konzepte moderner Demokratie.[69]

Gegenseitige Wahrnehmungen und programmatische Ambivalenzen 1930–1939

Ein zweiter Fokus der Beziehungsgeschichte von Liberalismus und Nationalsozialismus liegt auf den wechselseitigen Wahrnehmungen, Deutungen sowie Anpassungs- und Abgrenzungsprozessen zwischen der Agonie der Weimarer Republik und dem Ausbruch des Zweiten Weltkriegs. Wenig ist bislang

---

67 S. 97.
68 S. 111.
69 Vgl. Hacke, Existenzkrise; Tim B. Müller: Nach dem Ersten Weltkrieg. Lebensversuche moderner Demokratien, Hamburg 2014; Ders. / Adam Tooze (Hg.): Normalität und Fragilität. Demokratie nach dem Ersten Weltkrieg, Hamburg 2015.

darüber bekannt, wie das liberale Weltanschauungsfeld, deren Parteien und intellektuelle Vertreter von NS-Protagonisten perzipiert und bekämpft wurden. Der Nationalsozialismus stilisierte sich als politischer Solitär, der sich in Abgrenzung zu anderen Weltanschauungen als Vertreter einer einzigartigen partikularistischen Moral repräsentierte. Den Liberalismus mit seinen universalistischen Werten verstand er hingegen als einen Anachronismus, der als Feindbild kaum noch ernst genommen werden musste, so *Frank Bajohr* in seinem Beitrag. Damit relativiert Bajohr auch die Bedeutung des Antiliberalismus als Charakteristikum von Faschismus und Nationalsozialismus, den Ernst Nolte vor über einem halben Jahrhundert hervorgehoben hatte.[70] Die Kritik am Liberalismus schwankte „zwischen Pauschalverdammung und Geringschätzung".[71] Als funktionales Kalkül diente die Liberalismus-Kritik auch zur Diskreditierung innerparteilicher Gegner oder als Mittel zur eigenen Karriereförderung im NS-Staat. Aber selbst der Nationalsozialismus betrieb eine verdeckte Adaption des Liberalismus, wenn sich die liberale Wertschätzung des Individuums – freilich pervertiert – im Persönlichkeits- und Führerkult sowie in einer „Anspruchsindividualität"[72] wiederfand. Die Feindschaft zum „Bolschewismus" und die Hochschätzung von Nation und Individuum bzw. Persönlichkeit schienen den Antagonismus von Liberalismus und Nationalsozialismus ein Stück weit durchlässig zu machen.

Die Wahrnehmungen des Nationalsozialismus *durch* Liberale wurden, wie bereits oben angemerkt, stark vom national-sozialen Erbe Naumanns geprägt. Gerade der Eklektizismus aus Nationalismus, Imperialismus, Volksgemeinschaftsideologie, sozialer Wohlfahrt und Demokratie hatte die Naumann-Bewegung so attraktiv gemacht und Berührungspunkte mit bestimmten Elementen des breiten nationalsozialistischen Weltanschauungsfeldes ermöglicht. *Eric Kurlander* erkundet, welche Beziehungen liberale Frauen aus dem Naumann-Kreis zur nationalsozialistischen Ideologie und Politik vor und nach 1933 entwickelten. In Fragen der Revision des Versailler Vertrags,

---

70 Ernst Nolte: Die Krise des liberalen Systems und die faschistischen Bewegungen, München 1968; vgl. auch Horst Möller: Ernst Nolte und das „liberale System", in: Thomas Nipperdey / Anselm Doering-Manteuffel / Hans-Ulrich Thamer (Hg.): Weltbürgerkrieg der Ideologien. Antworten an Ernst Nolte. Festschrift zum 70. Geburtstag, Berlin 1993, S. 57–72; Anselm Doering-Manteuffel: Die deutsche Geschichte in den Zeitbögen des 20. Jahrhunderts, in: Vierteljahrshefte für Zeitgeschichte 62 (2014), S. 321–348.

71 S. 126.

72 Moritz Föllmer: Wie kollektivistisch war der Nationalsozialismus? Zur Geschichte der Individualität zwischen Weimarer Republik und Nachkriegszeit, in: Birthe Kundrus / Sybille Steinbacher (Hg.): Kontinuitäten und Diskontinuitäten. Der Nationalsozialismus in der Geschichte des 20. Jahrhunderts, Göttingen 2013, S. 30–52, hier S. 32.

eines Irredentismus und der Schaffung eines großdeutschen Reiches war die Haltung dieser Frauen zum Nationalsozialismus ebenso ambivalent wie die ihrer männlichen Gesinnungsfreunde und durch Annäherungspotentiale in der Außenpolitik bis in die erste Kriegsphase hinein geprägt. Auf sozialpolitischem Terrain machten liberale Frauen hingegen mehr Zugeständnisse an NS-Konzepte von Geschlecht und Biopolitik, weil sie sich davon eine Einlösung ihrer bereits aus dem Kaiserreich stammenden Vorstellungen einer Wohlfahrts- und Frauenpolitik versprachen, die gerade aus der biologischen Differenz Ansprüche für die rechtliche politische Gleichberechtigung herleitete. Gleichwohl zogen sie einen klaren Trennungsstrich zu einem eliminatorischen Rassenantisemitismus und zu einer Volksgemeinschaftspolitik, die Demokratie und Bürgerrechte ausschloss. Die besagten Schnittmengen zum Nationalsozialismus machten aus diesen liberalen Frauen noch keine Nationalsozialistinnen oder gar radikale Antisemitinnen.

Wie durchlässig die Grenze zum Nationalsozialismus im liberalen Kulturprotestantismus sein konnte, lässt sich vorzüglich an dessen publizistischem Flaggschiff „Die Christliche Welt" ablesen. Als gegen Ende der Weimarer Republik die intellektuelle und personelle Basis der Zeitschrift allmählich erodierte, boten die mitunter ambivalente Haltung der kulturprotestantischen Elite zum Volks- und Ordnungsdenken sowie zum Antisemitismus, das „Idealbild eines nationalen Kulturstaates" und der Anspruch an eine integrale protestantische „Leitkultur" einen „Resonanzraum für eine zunehmend antiliberale Rhetorik", so die Einschätzung von *Christopher König*.[73] Nach 1933 konnte sich deshalb die „Mobilisierungskraft der Volksgemeinschaft" mit „harmonisierenden Gesellschaftsbildern und einer tiefsitzenden Staatsorientierung [sowie] mit autoritären Denkfiguren" verbinden und einen ideologischen Brückenschlag zum Nationalsozialismus ermöglichen.[74] Dennoch war die „Christliche Welt" unter ihren beiden führenden liberalen Köpfen Martin Rade und Hermann Mulert auch ein Ort, an dem publizistische Spielräume im totalitären NS-Staat ausgelotet wurden und sich partiell eine Resistenzkraft zeigte. So trug das Blatt auch zum „Erhalt einer Gruppenidentität durch den Aufbau eines Gegennarrativs in Form einer protestantisch-liberalen Erinnerungskultur" bei.[75]

---

73   S. 166.
74   S. 184.
75   S. 205.

Täter, Profiteure, Oppositionelle: Handlungsspielräume und Handlungsformen von Liberalen im NS-Regime und in Europa

Die Beiträge beleuchten auf einer weiteren Ebene Handlungsspielräume von Liberalen im NS-Regime und Interaktionsprozesse mit Nationalsozialisten. Bestätigt sich die These einer charakteristischen liberalen „adaptability" auch im Hinblick auf das Verhältnis zum Nationalsozialismus?[76] Die Beiträge untersuchen, inwieweit diese Flexibilität einen Abfall von liberalen Prinzipien implizierte oder vielmehr Teil einer „ausgesprochenen Resilienz, einer Fähigkeit zur Regeneration und Anpassung" an veränderte Bedingungen in Zeiten der Krise war, die schließlich das Überleben des Liberalismus nach 1945 sicherte.[77]

So eindrücklich wie vielschichtig ist der Fall des eingangs bereits erwähnten ehemaligen Reichsgeschäftsführers der DDP, Werner Stephan, den *Beate Meyer* in den Fokus nimmt. Als Mitarbeiter des Reichsministeriums für Volksaufklärung und Propaganda, dann als persönlicher Referent von Reichspressechef Otto Dietrich und schließlich als „Fachprüfer Wort" der Wehrmachtspropaganda rückte er in das Zentrum des nationalsozialistischen Machtapparats. Seine Hoffnung auf eine klassenübergreifende, national geeinte „Volksgemeinschaft" sowie seine Identifikation mit einer starken staatlichen Ordnung bereits vor 1933 begünstigten ideologische und semantische Schnittmengen mit dem NS-Weltanschauungsfeld und erleichterten die Zusammenarbeit mit dem Regime. Zugleich führten die Sorge um die Familie und Karrieredenken dazu, dass er die offensichtliche Unrechtsherrschaft unterstützte. Auf der anderen Seite setzte sich Stephan im Rahmen seiner legalen Möglichkeiten für einige gefährdete ehemalige Parteifreunde wie Theodor Heuss und den nach dem 20. Juli 1944 verhafteten Theodor Tantzen erfolgreich ein. Daraus ließ sich nach 1945 eine Widerstandserzählung konstruieren, die sich einem liberalen Erinnerungskartell einfügte.[78]

Liberale konnten sich auch wirtschaftliche Vorteile von der NS-„Volksgemeinschaft" versprechen. Die prekäre Rolle von Unternehmern, die in der Weimarer Republik überproportional der DVP, teils auch der DDP nahestanden, bei „Arisierungen" beleuchtet *Joachim Scholtyseck*. Unter der „trügerische[n] Normalitätsfassade einer marktgesteuerten Wirtschaft"[79] förderten

---

76   Vgl. Michael Freeden / Marc Stears: Liberalism, in: Dies. (Hg.): The Oxford Handbook of Political Ideologies, Oxford 2018, S. 329–247, hier S. 329.

77   Doering-Manteuffel/Leonhard, Liberalismus, S. 14 (mit Verweis auf Tony Judt).

78   Vgl. Schaser, Erinnerungskartell.

79   S. 251.

Anreizsysteme die interessengeleitete Symbiose zwischen Nationalsozialismus und Unternehmen und machten liberal geprägte Unternehmer anfällig für die Enteignung jüdischen Eigentums. Ließen sich die Vertragsverhandlungen zwischen Käufern und Verkäufern trotz der Zwangslage der jüdischen Eigentümer bis 1938 zumindest noch rechtlich verbrämen, entwickelten sich die „Arisierungen" tatsächlich immer mehr zu einem Bereicherungswettlauf, der während des Zweiten Weltkriegs in den besetzten Gebieten immer aggressiver wurde. Die Praktiken liberal geführter Unternehmen wie Bosch, Leitz oder Freudenberg bei „Arisierungen" wiesen eine große Spannbreite auf, die von der Verweigerung bis hin zur Bereicherung reichte.

Wie das NS-Regime und ein Wirtschaftsliberalismus interagierten, lässt sich anhand der Internationalen Handelskammer (IHK) verfolgen. *Philipp Müller* zeigt, wie der Einfluss deutscher Unternehmer in der IHK seit 1933 zunahm, weil diese angesichts der staatlich verordneten Umstellung auf Rüstungsproduktion als Forum für privatwirtschaftliche Kontakte und internationale Abmachungen sowie als Vermittlungs- und Informationsbörse gegenüber der ausländischen Konkurrenz diente. Die NS-Führung wiederum förderte und nutzte die IHK, um ausreichende Devisenmengen für rüstungsnotwendige Importe zu erwirtschaften und zugleich die internationale Sorge um die deutsche Rüstungspolitik zu beschwichtigen. Unter ökonomischen Eliten der IHK zirkulierten Ideen eines „zeitgemäßen" Wirtschaftsliberalismus, die auf eine Marktkoordination durch Regeln und Absprachen nationaler und internationaler Verbände setzten. Damit kam man zugleich den Interessen des NS-Staates nach Kontrolle von Kartellen entgegen. In den Neuverhandlungen des deutsch-französischen Handelsvertrags Ende der 1930er Jahre sollten diese wirtschaftsliberalen Vorstellungen praktisch umgesetzt werden. Diese Form des Wirtschaftsliberalismus sah im Nationalsozialismus keinen Gegenspieler, sondern nutzte ihn vielmehr, um eigene Ziele im Einklang mit dem NS-Regime durchzusetzen.

Liberale fanden – das hat die Forschung herausgearbeitet – auch den Weg in die Opposition, vereinzelt sogar in den aktiven Widerstand gegen die NS-Diktatur.[80] Wie die Herkunft aus dem Naumann-Kreis einen klaren Blick auf den Nationalsozialismus verstellen und zugleich eine Oppositionshaltung begründen konnte, zeichnet *Manuel Limbach* anhand des liberalen Demokraten Eduard Hamm und des „Herzensmonarchisten"[81] und zeitweiligen DDP-

---

80 Vgl. Jürgen Frölich: Opposition und Widerstand auf liberaler Grundlage, in: Peter Steinbach / Johannes Tuchel (Hg.): Widerstand gegen die nationalsozialistische Diktatur 1933–1945, Bonn 2004, S. 167–184; Sassin, Liberale; Scholtyseck, Robert Bosch.
81 S. 288, 301.

Mitglieds Otto Geßler nach. Verfolgten sie im Zuge ihrer revisionistischen Vorstellungen die nationalsozialistische Außenpolitik noch bis zum Ende des Polenfeldzuges wohlwollend, so führte sie der Verlust von Freiheit und Rechtsstaatlichkeit zu einer Ablehnung des Unrechtsregimes und zu einer maßgeblichen Beteiligung am „Sperr-Kreis" in Bayern, der Pläne für einen antizipierten Zusammenbruch des NS-Staates entwickelte. Ob dieser Widerstand, den Hamm mit dem Tod und Geßler mit Haft und Folter bezahlten, primär ihrem „liberalen Wertekompass" oder ihrer „individuellen Charakterstärke" zu verdanken war,[82] lässt sich mit letzter Gewissheit nicht entscheiden.

Ertragreich ist es, den Blick über die Grenzen des Deutschen Reiches hinaus zu richten. So stand die Interaktion zwischen der liberalen Deutschdemokratischen Freiheitspartei und der Deutschen Nationalsozialistischen Arbeiterpartei in der Tschechoslowakei unter spezifischen historischen Bedingungen, die *Iris Nachum* herausarbeitet. Beide Parteien hatten ihre ideologischen und personellen Wurzeln im deutsch-tschechischen Nationalitätenkonflikt der Habsburgermonarchie. Trotz weltanschaulicher Divergenzen insbesondere in puncto Antisemitismus verstanden beide Parteien sich als antiklerikal und antimarxistisch und vertraten deutsch-böhmische Interessen im antitschechischen „Volkstumskampf". Weil nach 1918 sudetendeutsche Liberale und Nationalsozialisten nicht genug Wähler mobilisieren konnten, kooperierten beide Parteien, etwa um ein gemeinsames Informationsbüro zu gründen, kommunale Wahlbündnisse zu schmieden und Beschwerden gegen die Tschechoslowakei beim Völkerbund vorzubringen. Diese antitschechischen Zweckbündnisse sollten den Einfluss beider Parteien auf die Tagespolitik absichern und gemeinsame sudetendeutsche Anliegen durchsetzen, brachten sie aber in der „Judenfrage" immer stärker in Erklärungsnot gegenüber ihrer jeweiligen Anhängerschaft.

Transatlantische Perspektiven auf den Nationalsozialismus:
Liberale im Exil

Eine Handlungsoption, auf den Nationalsozialismus zu reagieren, war die Emigration. Viele herausragende Repräsentanten des Weimarer Linksliberalismus wie Moritz Julius Bonn, Wilhelm Cohnstaedt, Erich Eyck, Erich Koch-Weser, Oskar Meyer oder August Weber verließen Deutschland, weil ihnen politisch oder rassisch motivierte Verfolgung durch die Nationalsozialisten drohte oder sie für sich keine Zukunft mehr in ihrem Land sahen. Umso

---

82 S. 307.

überraschender ist es, dass die Forschung das liberale Exil lange übersehen hat. Der vorliegende Band sucht zur Schließung dieser Lücke beizutragen.

Der umtriebige Verbandsfunktionär und Publizist Ernst Jäckh, lange Jahre DDP-Mitglied und Vorsitzender der Deutschen Hochschule für Politik, repräsentierte bereits in der Weimarer Republik einen liberalen Grenzgänger. Jäckh bekannte sich weniger zu demokratischen Werten und Verfahren, sondern zu einer republikanischen Ordnung als Vehikel für seine revisionistischen außenpolitischen Ziele. Sein von Naumann geprägter kulturimperialistischer Nationalismus ließ ihn zudem in den späten 1920er Jahren die Hochschule völkischen Nationalisten öffnen, und als transatlantischer Wissenschaftsdiplomat nutzte er seine Kontakte zu US-Stiftungen in revanchistischer Absicht. Wie „elastisch" Jäckh diesen „Vernunftliberalismus" interpretierte, zeigte sich dann, so *Helke Rausch*, in seiner Begegnung mit Hitler am 1. April 1933, bei der ein Arrangement für die Hochschule für Politik im NS-System gefunden werden sollte – allerdings blieb die Besprechung ohne Resultat. In der sich anschließenden Exilzeit bewies Jäckh dann eine „stupende Flexibilität",[83] wenn er in London weiterhin auf eine Revision der Versailler Friedensordnung hinwirkte und in den USA seinen liberalen Kulturimperialismus zur Türkei-Expertise und Area Studies-Kompetenz umdeutete. Nach 1945 dachte er in den Kategorien des entstehenden Kalten Krieges, in den Deutschland machtpolitisch eingebunden werden sollte, und räsonierte nicht mehr über den Nationalsozialismus. Ein Liberalisierungsimpuls für die Nachkriegsdemokratie der jungen Bundesrepublik ging von Jäckh nicht aus.

Pronciertär ist die Auseinandersetzung mit dem Nationalsozialismus bei dem liberalen Wirtschaftspublizisten Gustav Stolper, die *Ernst Wolfgang Becker* analysiert. Als Begründer der Wochenzeitschrift „Der deutsche Volkswirt" vertrat er eine liberale Marktwirtschaft, die dem Staat aber die Aufgabe des sozialen und wirtschaftlichen Interessenausgleichs innerhalb des kapitalistischen Systems zusprach. Nach seiner Emigration in die USA entwickelte Stolper ein Geschichtsnarrativ von der zunehmenden Verstaatlichung der Wirtschaft in der deutschen Geschichte, die im totalitären Etatismus des Nationalsozialismus ihren Höhepunkt gefunden habe. Als Gegenentwurf begrüßte er Roosevelts New Deal als eine Spielart des Liberalismus, mit der sich Kapitalismus, Demokratie und soziale Sicherheit, Individuum, Gesellschaft und Staat vermitteln ließen. Gegen Ende des Krieges übertrug Stolper im Zuge der Totalitarismustheorie, die er in Ansätzen bereits vor 1933 vertreten hatte, und einer universalistischen Deutung des Nationalsozialismus, die von liberalen Kreisen in den USA verfochten wurde, seine Feindbeschreibung auf

---

83   S. 362.

den Sowjetkommunismus und entlastete die Deutschen als Opfer eines eta-tistischen Sonderwegs vom Vorwurf der Kollektivschuld. Seine Deutung des Nationalsozialismus mündete in einen utopieskeptischen Liberalismus, der sich distanziert gegenüber totalitären Heilsversprechen zeigte.

Ausblick: Schwierige liberale Lernprozesse nach 1945

Mit dem Zusammenbruch des „Dritten Reiches" kann eine Untersuchung der Beziehungsgeschichte zwischen Liberalismus und Nationalsozialismus nicht enden. Vielmehr wirkte die nationalsozialistische Vergangenheit ideell, parteipolitisch und personell fort und prägte die Politik und die innerpartei-liche Kultur. Was jüngst die Forschung in einer monographischen Studie für die SPD geleistet hat,[84] steht für die liberalen Parteien in der Bundesrepublik noch immer aus.[85]

Einen wichtigen Ansatz, um diese Lücke zu füllen, stellt der Beitrag von *Kristian Buchna* dar, der die Vergangenheitspolitik der bundesrepublikani-schen FDP analysiert. Von einem optimistischen Zukunftsglauben beseelt, knüpften die Begründer der liberalen Parteien nach 1945 nicht an ältere Parteitraditionen an. Anders als die Sozialdemokraten und die Christlichen Demokraten verfügte der Nachkriegsliberalismus über kein „weltanschau-lich grundiertes, integrativ wirkendes Narrativ zur historischen Erklärung des Nationalsozialismus".[86] Gerade die konträren Haltungen zum National-sozialismus und zur Weimarer Republik belasteten die fragile Einheit der FDP und grundierten die Konflikte zwischen den Anhängern einer liberalen Milieupartei und einer nationalen Sammlungsbewegung. Die Vertreter der Nationalen Sammlung, die einige starke Landesverbände dominierten, waren kaum liberal verwurzelt, sondern völkisch geprägt und hatten oftmals na-tionalsozialistischen Organisationen angehört. Eine Neubestimmung eines zeitgemäßen Liberalismus oder ein konstruktiver Beitrag zur Aufarbeitung der nationalsozialistischen Vergangenheit konnten daraus nicht entspringen. Erst in den 1960er Jahren formierte sich gegen den starken rechten Partei-flügel effektiver Widerstand bei jüngeren Liberalen, die in der sozialliberalen Koalition schließlich die rechten Kräfte in der FDP marginalisieren bzw. ver-

84 Vgl. Kristina Meyer: Die SPD und die NS-Vergangenheit, Göttingen 2015.
85 Für den nordrhein-westfälische FDP in der frühen Nachkriegszeit vgl. aber die kritische Studie von Buchna, Nationale Sammlung; für Österreich vgl. jüngst Margit Reiter: Die Ehe-maligen. Der Nationalsozialismus und die Anfänge der FPÖ, Göttingen 2019.
86 S. 412.

drängen konnten. Resümierend scheint es, dass es gerade die Wandelbarkeit
und Offenheit des Liberalismus möglich machten, sich von einstigen Nationalsozialisten selektiv instrumentalisieren zu lassen und sich auch nach 1945
dem offenen Weltanschauungsfeld des Nationalsozialismus anzunähern. Insgesamt war der Umgang der FDP mit der nationalsozialistischen Vergangenheit, so Buchnas Urteil, eine „Geschichte halbherziger Auseinandersetzung
und unterbliebener Grenzziehungen".[87]

3. Resümee

Dass Liberalismus und Nationalsozialismus tiefe ideologische Gräben trenn-
ten, haben die Autorinnen und Autoren dieses Bandes nicht grundsätzlich
infrage gestellt. Doch in der historischen Betrachtungsweise sind dem Antagonismus dieser beiden politischen Strömungen vielfältige Kontaktzonen
inhärent. Das Ergebnis war eine Beziehungsgeschichte, die sich deutlich vielschichtiger und ambivalenter gestaltete, als es eindimensionale Deutungen
vom Versagen des Liberalismus und von einem deutschen Sonderweg nahelegen. Der Liberalismus war weder Vorläufer noch Opfer des Nationalsozialismus. Gerade die Wandelbarkeit und Offenheit der verschiedenen Spielarten
des Liberalismus machten ihn partiell anfällig für das ebenfalls relativ offene
Weltanschauungsfeld des Nationalsozialismus und führten zu Anziehung
oder Abstoßung. In dieser Beziehungsgeschichte bündelten sich Kontinuitäten und Brüche, Annäherungen und Abgrenzungen, und diese bestimmten
die gegenseitigen Wahrnehmungen und Interaktionen.
    Generell ist – auch im europäischen Kontext – die Erfahrung des Ersten
Weltkrieges kaum zu überschätzen. Sie trug dazu bei, Gegensätze zwischen
den beiden Ideologien zu verflüssigen und umgekehrt liberale Reformulierungsversuche der Demokratie zu befördern. Deutlich geworden ist zudem,
wie das national-soziale Erbe Friedrich Naumanns Liberale für Elemente der
NS-Weltanschauung anfällig machen konnte und doch Anknüpfungspunkte
bot, in Opposition zur menschenverachtenden NS-Diktatur und ihrer Weltanschauung zu gehen. Aber erst ein Bruch mit Naumann, wie ihn etwa Wilhelm Stapel vollzog, machte eine eindeutige Grenzüberschreitung zur nationalsozialistischen Ideologie möglich. Zugleich sammelten sich nicht nur
Naumann-Anhänger und Wirtschaftsliberale unter dem Banner des Liberalismus: Das Verhältnis, das genuin linksliberale Intellektuelle um das „Berliner

---

87   S. 446.

Tageblatt" zum Faschismus und zum Nationalsozialismus pflegten, müsste in weiteren Studien konturiert werden.

Der Liberalismus wurde nicht von außen durch den Nationalsozialismus usurpiert, sondern gerade seine offene und disparate Entwicklungsgeschichte bot genuin Optionen für ideologische Schnittmengen. Liberale Vorstellungen von Staat und „Volksgemeinschaft", Nation und Imperialität, Geschlecht und Biopolitik ermöglichten in den Krisen der Zwischenkriegszeit einen Brückenschlag zum Nationalsozialismus, schufen aber auch Räume für ein Gegennarrativ und Netzwerke, die vereinzelt in den Widerstand führten. Darüber hinaus wiesen die liberalen Parteien seit dem 19. Jahrhundert eine hohe Zahl jüdischer Mitglieder auf. Umgekehrt aber bot die ambivalente Haltung zur Judenemanzipation ein Einfallstor für einen Antisemitismus, der die kulturelle Differenz zugunsten einer universalen aufklärerischen Vernunft leugnete und einen Assimilierungsdruck ausübte, der das Judentum letztlich zum Verschwinden bringen wollte.[88] Angesichts der Herausforderungen durch radikale Weltanschauungen wurde die Verbindung zwischen Liberalismus und Judentum bis zum Ende der Weimarer Republik immer brüchiger.[89]

Eine liberale Weltanschauung immunisierte nicht gegen die Partizipation am nationalsozialistischen Gewaltregime. Dabei waren es nicht nur persönliche Ängste und Hoffnungen, die zu einer aktiven Beteiligung führten. Vielmehr eröffnete der NS-Staat auch Möglichkeitsräume, um eigene, durchaus liberal imprägnierte Ideen und Ziele zu verwirklichen, die mit dem Nationalsozialismus kompatibel erschienen. Daraus resultierte das breite Spektrum der Interaktion von liberalen Akteuren mit dem Nationalsozialismus, das von Mitarbeit, Anpassung, Resilienz bis hin zum Widerstand und zu einer Regeneration des Liberalismus im Exil reichte. Selbst nach dem Untergang des nationalsozialistischen Regimes führte die Offenheit des Nachkriegsliberalismus dazu, dass einflussreiche Kreise der FDP zum Auffangbecken für ehemalige Nationalsozialisten wurden und sich einer Auseinandersetzung mit der eigenen Vergangenheit verweigerten.

Die Beziehungsgeschichte von Liberalismus und Nationalsozialismus eröffnet weitere Forschungsperspektiven, die über diesen Band hinausgehen. So bewirkte die Auseinandersetzung mit den totalitären Herausforderungen liberale Lernprozesse, die sich im Zuge einer transatlantischen „Westernisie-

---

88 Vgl. Hans-Joachim Salecker: Der Liberalismus und die Erfahrung der Differenz. Über die Bedingungen der Integration der Juden in Deutschland, Berlin/Bodenheim b. Mainz 1999.
89 Vgl. Werner E. Mosse: Einleitung. Deutsches Judentum und Liberalismus, in: Friedrich-Naumann-Stiftung (Hg.): Das deutsche Judentum und der Liberalismus – German Jewry and Liberalism, Sankt Augustin 1986, S. 15–21.

rung" in einer konsensliberalen Verknüpfung von „Gemeinschaftsdenken und Massendemokratie" manifestierten.[90] Allerdings sind diese Befunde mit Blick auf neue Forschungen zur Konstruktion des „Westens" als politisches Argument[91] differenziert zu bewerten. Außerdem ging aus der Beziehungsgeschichte zwischen Liberalismus und Nationalsozialismus eine liberale Denktradition hervor, wie sie der Ökonom Friedrich August von Hayek und andere Begründer der Mont Pèlerin Society in den 1940er Jahren entwarfen.[92] Deren Wirtschafts- und Gesellschaftskonzepte, die einen Rückzug des Staates und den Primat des Individuums propagierten, traten seit den 1970er Jahren in Europa und den USA ihren Siegeszug an.[93] Das recht offene Phänomen des „Neoliberalismus" ist nicht nur als Gegenmodell zu Konsensliberalismus und Keynesianismus zu verstehen, sondern entwickelte sich aus der negativen liberalen Wahrnehmung und Erfahrung kollektivistischer Ideologien wie dem Nationalsozialismus und Sozialismus heraus. Damit ist auch der „Neoliberalismus" des späten 20. Jahrhunderts eine Frucht der ambivalenten Beziehungsgeschichte von Liberalismus und Nationalsozialismus.

---

90   Doering-Manteuffel/Leonhard, Liberalismus, S. 27; vgl. auch Anselm Doering-Manteuffel: Wie westlich sind die Deutschen? Amerikanisierung und Westernisierung im 20. Jahrhundert, Göttingen 1999; Ders., Zeitbögen.
91   Vgl. Riccardo Bavaj / Martina Steber (Hg.): Germany and „the West". The History of a Modern Concept, New York/Oxford 2015.
92   Vgl. Ralf Ptak: Vom Ordoliberalismus zur Sozialen Marktwirtschaft. Stationen des Neoliberalismus in Deutschland, Opladen 2004.
93   Vgl. Bösch/Hertfelder/Metzler, Grenzen.

Langfristige Kontinuitäten und Brüche

ULRIKE JUREIT

Globales Ordnungsdenken

Liberaler Imperialismus, völkisches Großraumdenken
und rassenbiologische Lebensraumideologie

1. Reich – Imperium – Großraum: Globale Herrschaftskonzepte in Europa

Der katholische Naturphilosoph, Freimaurer und spätere Gründer des „Rheinischen Merkur", Joseph Görres, sah das Ende des Heiligen Römischen Reiches Deutscher Nation in erster Linie durch das Einrücken französischer Truppen 1797 ausgelöst. Der damals noch revolutionsbegeisterte Publizist stellte bereits wenige Tage nach der französischen Eroberung der Stadt Mainz fest:

> „Am dreysigsten December 1797 am Tage des Uebergangs von Maynz, nachmittags um drey Uhr starb zu Regensburg in dem blühenden Alter von 955 Jahren, 5 Monaten, 28 Tagen, sanft und selig an einer gänzlichen Entkräftung, und hinzugekommenem Schlagflusse, bey völligem Bewußtseyn, und mit allen heiligen Sakramenten versehen, das *heilige römische Reich*, schwerfälligen Andenkens."[1]

Offiziell bestand das Alte Reich zwar noch bis 1806, Görres erkannte aber bereits Jahre zuvor, dass mit der Französischen Revolution das Ende dieses ebenso monarchisch wie ständisch geprägten Gebildes endgültig besiegelt war. Und tatsächlich verband sich mit der Revolution, der Kaiserkrönung Napoleons und den Napoleonischen Kriegen eine politische Neuordnung Europas, die alsbald im modernen Sinne auf einem Kräftegleichgewicht souveräner Nationalstaaten zu beruhen begann. Im Unterschied zum damit einsetzenden Siegeszug des territorialen und auf Homogenitätsprinzipien rekur-

---

1 Rede von Joseph Görres am 7. Januar 1798 in der patriotischen Gesellschaft in Koblenz, zitiert nach dem herausragenden Aufsatz von Ferdinand Weber: Formen Europas. Rechtsdeutung, Sinnfrage und Narrativ im Rechtsdiskurs um die Gestalt der Europäischen Union, in: Der Staat 55 (2016), S. 151–179, hier S. 151.

rierenden Nationalstaates erschien das von Samuel von Pufendorf 1667 noch als „irregulir Corpus" und als „Mißgeburt" bezeichnete *Alte Reich* aufgrund seiner ebenso historisch gewachsenen wie zunehmend kraftlosen politischen Macht als hoffnungslos antiquiert.[2] Der Nationalstaat galt fortan und bis weit ins 20. Jahrhundert hinein als die effektivste Form politischer Herrschaft.

Umso bemerkenswerter ist es, dass im Europa des 20. und beginnenden 21. Jahrhunderts gerade dieses *Heilige Römische Reich* im Diskurs über supranationale Ordnungssysteme zu den festen historischen Bezugsgrößen gehört, die je nach politischer Ausrichtung und ideologischem Argumentationskontext regelmäßig aufgerufen werden. So bezog sich bereits der damalige Bundespräsident Theodor Heuss in seiner Rede am 5. Juni 1958 vor dem Kongress der Vereinigten Staaten auf das mehr als 150 Jahre zuvor untergegangene Herrschaftsgefüge, als er dem Verdacht, Deutschland verfalle erneut einem aggressiven Nationalismus, mit dem Argument entgegen trat, das deutsche Volk habe „als Heiliges Reich in einer ausschließlich europäischen Bindung und Verantwortung" gelebt, „als Spanien, England, Frankreich, dann Rußland schon längst in eine sehr konkrete Expansionspolitik getreten waren".[3] Mit dem Seitenhieb auf den westlichen und mit Russland auch östlichen Imperialismus rekurrierte Heuss auf das föderale *Alte Reich*, das er als Modell für ein friedliches Europa verstanden wissen wollte. Jedenfalls diente es ihm argumentativ dazu, sich angesichts der noch nicht allzu lang zurückliegenden Eroberungs- und Vernichtungspolitik während des Nationalsozialismus gegenüber jeglicher Form imperialer und diktatorischer Herrschaft abzugrenzen.

Auf den zweiten Blick wird jedoch deutlich, dass es Heuss hier noch um eine weitere Herausforderung ging, um eine Herausforderung, die ihn bereits 1940 bei noch günstiger Kriegslage in seinem Artikel *Krieg um Räume* beschäftigt hatte und die sich 1958 angesichts der beginnenden Neuformierung Europas erneut stellte. Staatsrechtlich – so Heuss 1940 mit deutlichem Bezug zu Carl Schmitt – gehöre es zu den großen und zugleich anregenden Aufgaben, „für die Erweichung des harten Souveränitätsbegriffs", durch den die Neuzeit bisher geprägt gewesen sei, „eine elastische Begrifflichkeit zu finden".[4] Heuss positionierte sich mit seinem Beitrag im zeitgenössischen Diskurs über die

---

2   Severinus de Monzambano Veronensis (Pseudonym von Samuel von Pufendorf): De statu imperii germanici ad Laelium fratrem, dominum Trezolani, liber unus [Bericht vom Zustande des Teutschen Reichs], Genf 1667, S. 257.

3   Rede von Theodor Heuss am 5. Juni 1958 in Washington D.C., in: Hans-Heinrich Welchert (Hg.): Theodor-Heuss-Lesebuch, Tübingen 1975, S. 291–295, hier S. 293.

4   Theodor Heuss: Krieg um Räume, in: Die Hilfe. Zeitschrift für Politik, Wirtschaft und geistige Bewegung 46 (1940), S. 353–355, hier S. 354.

zukünftigen Formen von Staatlichkeit angesichts verschobener Machtbalancen in Europa. Während das 19. Jahrhundert noch von der gegenseitigen Durchdringung nationalstaatlicher und imperialer Herrschaft geprägt war, begann bereits mit und nach dem Ersten Weltkrieg eine intensive Auseinandersetzung mit alternativen Entwürfen der internationalen und supranationalen Verfasstheit. Die nun aufkommenden Weltordnungs- und Europakonzepte lebten in gewisser Weise von der Konkursmasse konkreter Imperien, sie reagierten auf den Niedergang des seit 1815 in Europa herrschenden Mächtegleichgewichtes wie auch auf die Ökonomisierung internationaler Verflechtungen. Ihre sowohl wissenschaftlichen wie auch politischen Protagonisten verfolgten dabei vornehmlich das Ziel, das Zeitalter der Nationalstaaten mit großformatigen Ordnungsentwürfen zu flankieren. Das Verhältnis der unterschiedlichen staatlichen Herrschaftsebenen gehörte nun verstärkt zu den ebenso strittigen wie vielschichtigen Zukunftsfragen. Mittlerweile nennt man das – zumindest wenn von der Europäischen Union die Rede ist – postsouveräne Herrschaft im Mehrebenensystem.[5] Und wie theoretisch komplex und politisch heikel solche postnationalen Konstellationen selbst unter den EU-Mitgliedsstaaten bis heute noch sind, können wir täglich in der Zeitung lesen.

Historisch lässt sich hinsichtlich der Frage, wie regionale, nationalstaatliche sowie globale Ordnungen rechtlich und politisch zueinander in Beziehung stehen, seit Ende des 19. Jahrhunderts ein komplexer Veränderungsprozess nachzeichnen, durch den bisherige Konzepte moduliert und angepasst, in dessen Verlauf aber auch neue Aspekte, Begriffe und Modelle entwickelt wurden. Mit dem bereits länger absehbaren Zusammenbruch imperialer Mächte wie dem Osmanischen, dem Habsburger und dem Russischen Reich und spätestens mit dem Beginn des Ersten Weltkrieges setzten international vernetzte, gleichwohl aber national konnotierte Auseinandersetzungen darüber ein, wie Europa angesichts der dramatischen Erschütterungen in Zukunft aussehen wird. Alle politischen Kräfte trieb diese Kernfrage der politischen Ordnungsbildung um. In Deutschland erlangte die von Friedrich Naumann 1915 publizierte Mitteleuropakonzeption einige Aufmerksamkeit, schließlich reflektierte hier ein populärer Liberaler über imperiale Herrschaft, nationale Hegemonie und europäische Neuordnung. Im Folgenden dient Naumanns

---

5 Vgl. Monika Eigmüller: Grenzsicherungspolitik. Funktion und Wirkung der europäischen Außengrenze, Wiesbaden 2007; Georg Vobruba: Der postnationale Raum. Transformation von Souveränität und Grenzen in Europa, Weinheim 2012; Monika Eigmüller / Georg Vobruba (Hg.): Grenzsoziologie. Die politische Strukturierung des Raumes, Wiesbaden ²2016; Steffi Marung: Die wandernde Grenze. Die EU, Polen und der Wandel politischer Räume, 1990–2010, Göttingen 2013; Ulrike Jureit / Nikola Tietze (Hg.): Postsouveräne Territorialität. Die Europäische Union und ihr Raum, Hamburg 2015.

Konzept zum einen dazu, das Verhältnis des politischen Liberalismus zu globalen Ordnungsfragen während des Ersten Weltkrieges zu beleuchten, zum anderen werden Naumanns Überlegungen zu einem liberalen Imperialismus mit anderen Programmatiken, wie sie in der ersten Hälfte des 20. Jahrhunderts aufkamen, konfrontiert, um so die Gemeinsamkeiten wie auch die Unterschiede zu nationalistischen und rassenbiologischen Konzepten aufzuzeigen. Daher soll in einem zweiten Schritt die von Carl Schmitt Ende der 1930er Jahre vertretene Großraumtheorie einbezogen werden, und zwar nicht nur, weil sie national wie international enorm einflussreich war, sondern weil sie auch eine Art Scharnier zur nationalsozialistischen Lebensraumideologie darstellte, die hier abschließend an der von Reinhard Höhn propagierten Herrschaftskonzeption konkretisiert wird.

Im Folgenden stehen somit Interdependenzen zwischen Imperialität, Großraumdenken und Lebensraumideologie im Zentrum, wobei die drei genannten historischen Beispiele zwar als divergente, aber dennoch vergleichbare Antworten auf die damals offene Frage nach den zukünftigen Ordnungskonzepten globaler Macht verstanden werden. Dabei wird deutlich zu machen sein, dass sich die Differenzen und Ähnlichkeiten der drei Entwürfe weniger am ideologischen Herrschaftsanspruch, am grassierenden Rassismus oder an der Größe der beherrschten oder begehrten Räume zeigen, sondern dass der entscheidende Gesichtspunkt darin liegt, wie in diesen Konzepten das jeweilige Verhältnis der innerhalb eines solchen Gefüges existierenden Bevölkerungsgruppen gestaltet und definiert ist. Dieses Kernelement globaler Macht hat an Brisanz und Aktualität bis heute wenig eingebüßt, betrachtet man beispielsweise das seit Jahren kontrovers diskutierte Verhältnis von *Imperialität* und *Demokratie*.[6]

---

6   Vgl. Michael Hardt / Antonio Negri: Empire, Cambridge (Mass.) 2001; Andrew Bacevich (Hg.): The Imperial Tense. Prospects and Problems of American Empire, Chicago 2003; Ulrich Speck / Natan Sznaider (Hg.): Empire Amerika. Perspektiven einer neuen Weltordnung, München 2003; Niall Ferguson: Colossus. The Price of America's Empire, New York 2004; Herfried Münkler: Imperien. Die Logik der Weltherrschaft – vom Alten Rom bis zu den Vereinigten Staaten, Berlin 2005; Rainer Rilling: Risse im Empire, Berlin 2008; Shalini Randeria / Andreas Eckert (Hg.): Vom Imperialismus zum Empire, Frankfurt am Main 2009; Floris Biskamp: Die Dramaturgie demokratischer Imperien. Über das Verhältnis von Imperialität und Demokratie in der Debatte um das *American Empire*, Frankfurt am Main 2010; Ulrich Leitner: Imperium. Geschichte und Theorie eines politischen Systems, Frankfurt am Main 2011; Sebastian Huhnholz: Krisenimperialität. Romreferenz im US-amerikanischen Empire-Diskurs, Frankfurt am Main 2014; Ulrich Menzel: Die Ordnung der Welt. Imperium und Hegemonie in der Hierarchie der Staatenwelt, Berlin 2015.

2. Liberaler Imperialismus

Am 21. und 22. September 1974 veranstaltete die Theodor-Heuss-Akademie in Gummersbach ein von der Friedrich-Naumann-Stiftung gefördertes Kolloquium mit dem Titel: „Liberalismus und imperialistischer Staat", das nach Aussagen des Organisators Karl Holl die Absicht verfolgte, „einen Beitrag zu leisten zu einer kritischen Bestandsaufnahme des spezifischen Anteils, den der deutsche Liberalismus am historischen Phänomen des Imperialismus im Wilhelminischen Reich hatte".[7] Nichts weniger als die Zerstörung einer Legende hatten sich die Veranstalter zum Ziel gesetzt, nämlich der Vorstellung eines nur am friedlichen Zusammenleben der Völker und Staaten interessierten Liberalismus. Da die Nationalliberale Partei ohnehin uneingeschränkt die imperiale Politik des Kaiserreiches unterstützt hatte, konzentrierte sich Wolfgang J. Mommsen in seinem Vortrag auf insgesamt vier liberale Teilströmungen, die seiner Meinung nach in durchaus unterschiedlichem Maße und im Falle der Freisinnigen Volkspartei auch erst ab 1904 kolonialpolitische Ziele toleriert oder befürwortet hatten. Gleichwohl sah er ihre seit 1896 mehrheitlich imperialistische Orientierung als eine schwere Bürde für den deutschen Liberalismus an.[8] Nicht sonderlich überraschend ist es, dass sich die anwesenden Historiker vor allem von der Haltung der mit Friedrich Naumann, Paul Rohrbach und Max Weber prominent vertretenen „liberalen Imperialisten" irritiert zeigten.[9] Letztere hätten zwar in erster Linie die innenpolitisch lange überfälligen Reformen gefordert, diese Systemkritik allerdings mit einer dezidiert imperialistischen Programmatik verbunden. Für den Aufbruch verkrusteter Herrschaftsstrukturen und für die durchgreifende Liberalisierung der deutschen Gesellschafts- und Verfassungsordnung brauche es nun mal – so diese Autoren – eine nur durch energische Weltpolitik erwirtschaftete ökonomische Grundlage mit entsprechenden „Nahrungsspielräumen" (Max Weber) nach britischem Vorbild.

Mommsen verkoppelte den „liberalen Imperialismus" mit dem westlichen Imperialismus, der aufgrund strukturell bedingter Wachstumskrisen des industriellen Kapitalismus eine imperialistische Ideologie ausgebildet habe.

---

7 Karl Holl: Vorwort, in: Ders. / Günther List (Hg.): Liberalismus und imperialistischer Staat. Der Imperialismus als Problem liberaler Parteien in Deutschland 1890–1914, Göttingen 1975, S. 5.
8 Wolfgang J. Mommsen: Wandlungen der liberalen Idee im Zeitalter des Imperialismus, in: Holl/List, Liberalismus, S. 109–147, hier S. 110; Dieter Langewiesche: Liberalismus in Deutschland, Frankfurt am Main 1988, vor allem S. 211–232.
9 Vgl. Wolfgang J. Mommsen: Max Weber und die deutsche Politik 1890–1920, Tübingen ²1974, vor allem S. 73–96, 145–176, 206–246.

Dass sich Lothar Gall der seiner Meinung nach relativierenden Deutung von der allenfalls zeitweiligen Überfremdung des Liberalismus nicht anschließen mochte,[10] verwundert indes kaum, auffallend bleibt gleichwohl, dass sich die Forschung fortan überwiegend funktional hinsichtlich der Antriebskräfte, der strategischen Ausrichtung und Zielsetzungen mit dem Phänomen des „liberalen Imperialismus" beschäftigt hat. Die Heterogenität liberaler Politikentwürfe ist dabei *ein* gravierendes Problem, und damit auch die Frage nach der Repräsentativität einzelner Ordnungskonzepte, wie zum Beispiel das von Friedrich Naumann 1915 vorgelegte zu „Mitteleuropa", einmal ganz abgesehen von ihrer überschaubaren politischen Wirkungskraft.[11]

Neben allgemeinen Forderungen wie die nach überseeischen Absatzmärkten, globalem Ressourcengewinn und gesteigertem Handelsvolumen zeigt sich in Naumanns Schriften zwischen 1896 und 1905 ein geradezu klassischer Transfer darwinistisch geprägter, gleichsam biogeographischer Entwicklungs- und Fortschrittstheorien auf politische Ordnungs- und Herrschaftskonzepte, in denen in Anlehnung an die Lebensraumtheorie des Geographen Friedrich Ratzel der als *natürlich* ausgegebene Drang territorialer Ausdehnung von kulturell hochentwickelten Staaten legitimiert wurde. Durch die enge Verkoppelung von *Weltwirtschaft* und *Imperialität* wurden auf diese Weise die Kräfte des kapitalistisch-industriellen Weltmarktes zu Dynamiken des Lebens selbst naturalisiert, und aufgrund dieser bio- und geopolitischen Grundierung vollzog sich der Transfer des modernisierungsbedingten Verdichtungsparameters in den Kontext territorialer Expansion.[12] „Es ist der Trieb des deutschen Volkes, seinen Einfluß auf die Erdkugel auszudehnen" – so Friedrich Naumann 1896.[13] *Imperialität* zeigt sich hier in einer Ausprägung, in der es mittlerweile weniger um die Eroberung oder um die wissenschaftliche Erforschung noch bisher unentdeckter Räume ging, sondern um die von Konkurrenzen geprägte Institutionalisierung, Sicherung und Ausweitung imperialer Herrschaft, oder wie Ratzel zuletzt 1901 zuspitzte: Es geht um einen existentiellen „Kampf um

---

10 Vgl. Lothar Gall: „Sündenfall" des liberalen Denkens oder Krise der bürgerlich-liberalen Bewegung? Zum Verhältnis von Liberalismus und Imperialismus in Deutschland, in: Holl/ List, Liberalismus, S. 148–158.

11 Vgl. Peter Theiner: Sozialer Liberalismus und deutsche Weltpolitik. Friedrich Naumann im Wilhelminischen Deutschland (1860–1919), Baden-Baden 1983, S. 61–78, 236–282.

12 Vgl. Ulrike Jureit: Das Ordnen von Räumen. Territorium und Lebensraum im 19. und 20. Jahrhundert, Hamburg 2012.

13 Friedrich Naumann: National-sozialer Katechismus. Erklärung der Grundlinien des national-sozialen Vereins, Berlin 1897, S. 5, URL: http://ia902609.us.archive.org/10/items/ nationalsozialer00naum/nationalsozialer00naum.pdf [7.2.2019]. Vgl. die einschlägige Untersuchung von: Theiner, Sozialer Liberalismus.

Raum".[14] Naumann nannte das 1899 in Anlehnung an Werner Sombart den „Kampf der Nationen um die Futterplätze auf der Erdoberfläche".[15] Für Naumann als aktives Mitglied der Deutschen Kolonialgesellschaft bestand Weltgeschichte aus dem „Aufsteigen und Sinken von Völkern"[16], wobei er 1899 in seiner Analyse der Habsburgermonarchie an Deutlichkeit nichts zu wünschen übrig ließ, als er von der eklatanten Schwäche des deutschen „Herrenvolkes"[17] im Vielvölkerstaat sprach. Dieser Kampf um Raum war nicht metaphorisch gemeint. Mit der „Schwere der Geschichtslage" rechtfertigte Naumann nicht nur die berüchtigte Hunnenrede des deutschen Monarchen, er zeigte mit der Parole „Flotte und Freiheit" auch – wie Theodor Heuss sich ausdrückte – eine „fröhliche Tirpitzgläubigkeit"[18] und zudem aus nicht nur bündnis- und wirtschaftspolitischen Erwägungen heraus auch dezidiertes Verständnis für die frühen Pogrome gegen die nach Autonomie strebende armenische Minderheit im Osmanischen Reich. Deutschland habe kein Interesse an der weiteren Destabilisierung des maroden Bündnispartners am Bosporus und verstehe den Gewaltstreich als machtstrategisch unvermeidbare „Notwehr des Türken".[19]

Nach dem Wechsel ins linksliberale Lager und spätestens mit Kriegsbeginn wurde der imperialistisch-aggressive Ton abgemildert. Naumann erkannte früh, dass der Krieg nicht zu gewinnen war. Seine Mitteleuropa-Vision war zu einem erheblichen Teil dieser realistischen Gesamteinschätzung geschuldet, faktisch also die Resteverwertung eines vormals deutlich globaleren Herrschaftsanspruches. Zwar sprach Naumann in seiner Denkschrift im

---

14 Vgl. Friedrich Ratzel: Die Gesetze des räumlichen Wachstums der Staaten. Ein Beispiel zur wissenschaftlichen politischen Geographie (1896), in: Josef Matznetter (Hg.): Politische Geographie, Darmstadt 1977, S. 29–53; Ders.: Der Lebensraum. Eine biogeographische Studie (1901), Neudruck Darmstadt 1966.
15 Friedrich Naumann: Zar und Weltfriede, Berlin 1899, S. 12.
16 Friedrich Naumann: Neudeutsche Wirtschaftspolitik (1902), Berlin 1906, S. 9, URL: http://reader.digitale-sammlungen.de/de/fs1/object/display/bsb11124032_00005.html [7.2.2019].
17 Friedrich Naumann: Deutschland und Österreich (1900), in: Friedrich Naumann: Werke, Bd. 4: Schriften zum Parteiwesen und zum Mitteleuropaproblem, hg. von Theodor Schieder, Köln/Opladen 1964, S. 401–441, hier S. 417. Im Mitteleuropabuch spricht er von „Herrschaftsvolk"; vgl. Friedrich Naumann: Mitteleuropa, in: Naumann, Werke, Bd. 4, S. 589.
18 Theodor Heuss: Friedrich Naumann. Der Mann, das Werk, die Zeit, Berlin 1937, S. 146.
19 Friedrich Naumann: Asia. Eine Orientreise über Athen, Konstantinopel, Baalbek, Damaskus, Nazaret, Jerusalem, Kairo, Neapel, Berlin ⁶1907, S. 137. Vgl. dazu Hans-Walter Schmuhl: Friedrich Naumann und die Armenische Frage. Die deutsche Öffentlichkeit und die Verfolgung der Armenier vor 1915, in: Hans-Lukas Kieser / Dominik J. Schaller (Hg.): Der Völkermord an den Armeniern und die Shoa / The Armenian Genocide and the Shoa, Zürich 2002, S. 503–516.

November 1914 Belgien noch die staatliche Eigenständigkeit ab, doch insgesamt traten bei ihm annexionistische Positionen in den Hintergrund. In
Naumanns Beschäftigung mit einer kontinentaleuropäischen Herrschaftsord-
nung ging es um die bereits im Krieg zu initiierende Herstellung eines vor allem gegen England und Russland gerichteten tragfähigen mitteleuropäischen
Staatengebildes (manchmal als „Völkerverband"[20] bezeichnet) unter deutscher
Vorherrschaft und in Fusion mit Österreich-Ungarn sowie unter Einschluss
sogenannter „Zwischenvölker"[21] (gemeint waren damit u. a. Polen, Tschechen, Litauer, Esten, Ruthenen), deren Sprachenvielfalt zwar zu tolerieren,
Mitteleuropa hingegen „im Kern deutsch" (auch deutschsprachig) zu denken sei.[22] Wirtschaftsgemeinschaft, Militärverband, Staatenbund, föderativer
Imperialismus – so ließe sich Naumanns Mitteleuropa-Vision stichwortartig
bündeln. Während er allerdings die nach staatlicher Autonomie strebenden
Polen, Tschechen und Ungarn allein durch vertrauensbildende Maßnahmen
von einer deutschen Vorherrschaft überzeugen wollte („wir müssen ihnen
ehrliche Freunde werden")[23], lösten Aussagen seinerseits, dass es „kein un-
bedingtes Naturrecht oder Geschichtsrecht auf reine Nationalstaaten" gebe,
in Warschau, Prag und Budapest maximales Misstrauen aus.[24]

Konzeptionell weist Naumanns „Mitteleuropa" eine auffällige Doppel-
strategie auf. Einerseits sollte Berlin sich vor allem durch ein „deutsches Zen-
tralafrika" als globale Kolonialmacht etablieren (hier musste er aufgrund des
Kriegsverlaufs sehr bald Abstriche machen und vertagte den Neuaufbau des
Kolonialreiches auf die Zeit nach dem Krieg); auf der anderen Seite stellte er
dieser überseeischen Imperialität ein auf Mittel- und Ost- und später auch
Südosteuropa bezogenes Herrschaftskonzept an die Seite. Zwischen Rhein
und einer vom Baltikum bis Rumänien gezogenen Linie einschließlich Bal-
kan konnte und sollte mittelfristig so ziemlich alles dazu gehören, bis hin zur
anvisierten imperialen Durchdringung des Vorderen Orients. Dabei sah Naumann völlig verklärt die 1915 bereits angezählte Donaumonarchie als vor-
bildliches Modell eines multinationalen, in seinen Worten „überstaatlichen"
Verbandes an, von dem Mitteleuropa lernen könne, entgegen alldeutschen

20   Friedrich Naumann: Kriegschronik (1915), in: Naumann, Werke, Bd. 4, S. 459–461, hier
S. 460.
21   Friedrich Naumann: Tschechen und Polen, in: Naumann, Werke, Bd. 4, S. 480–484, hier
S. 481.
22   Naumann, Mitteleuropa, S. 595.
23   Friedrich Naumann: Zwischen National und International (1915), in: Naumann, Werke,
Bd. 4, S. 475.
24   Ebd., S. 474. Zu den Reaktionen auf Naumanns liberalen Imperialismus u. a. aus Ungarn
vgl. Wolfgang Schieder: Einleitung, in: Naumann, Werke, Bd. 4, S. 374–399, hier S. 389.

Germanisierungsphantasien den „kleineren Nachbarvölkern ihre nationale Bewegungsfreiheit"[25] zu gewähren, allerdings nur „soweit es innerhalb des Großstaatssystems"[26] möglich sei. Dass Naumann 1916 öffentlich „an der staatsbildenden Kraft der Polen" zweifelte und sie als nationale Gruppe in „verschiedenen Abteilungen"[27] seines Mitteleuropa-Konstruktes eingebunden wissen wollte, lässt vermuten, dass er auf ein erweitertes großdeutsches System rechtlich gestufter Beziehungen mit unterschiedlichen Autonomiegarantien abzielte. Dazu führte Naumann grundsätzlich aus: „Es gibt viele Nationalitäten, die gar nicht imstande sind, eine Souveränität zu tragen, weil sie ziffernmäßig zu schwach oder zu gering veranlagt sind."[28]

Das rechtliche, ökonomische wie auch politische Verhältnis der in einem solchen Gefüge vereinten „Völker" blieb in Naumanns Entwurf weitgehend diffus. Einerseits sprach er von vertraglichen Übereinkünften gleichberechtigter Partner, von einem „Vertragssystem"[29] und von der garantierten Souveränität Bulgariens und Ungarns; andererseits stand für ihn die deutsche Vorherrschaft in einem keineswegs geographisch gemeinten Mitteleuropa außer Frage, und er sah darin auch die Basis für ein nach dem Krieg neu zu errichtendes deutsches Weltreich. Schieder hat daher zutreffend von einem kontinentalen „Föderativimperialismus"[30] gesprochen, der – so ließe sich ergänzen – eine überseeische Herrschaft im Kreise bereits etablierter Kolonialmächte als mittelfristige Option weiterhin mit sich führte. Diese doppelte Imperialität tritt besonders deutlich hervor, wenn Naumann die globale Weltordnung in den Blick nimmt – „man denkt in Erdteilen".[31] Er prognostizierte ein globales „System von Staatsgruppen unter Führung konkurrierender Großstaaten auf mehr oder weniger nationaler Grundlage".[32] In Europa könnte seines Erachtens nur Deutschland einen solchen Großstaat mit imperialen Ergänzungsräumen ausbilden, der dann international mit England, Russland, Japan und mit den USA um die Weltherrschaft ringen würde.

---

25 Friedrich Naumann: Die Nationalitäten Mitteleuropas (1915), in: Naumann, Werke, Bd. 4, S. 464–468, hier S. 468.

26 Friedrich Naumann: Tschechen und Polen, in: Naumann, Werke, Bd. 4, S. 480–484, hier S. 483.

27 Friedrich Naumann: Der polnische Staat (1916), in: Naumann, Werke, Bd. 4, S. 893–895, hier S. 895.

28 Friedrich Naumann: Bismarck und unsere Weltpolitik, in: Naumann, Werke, Bd. 4, S. 449–453, hier S. 453; vgl. dazu auch Ders.: Der polnische Staat (1916), in: Naumann, Werke, Bd. 4, S. 893–895.

29 Naumann, Mitteleuropa, S. 745.

30 Schieder, Einleitung, in: Naumann, Werke, Bd. 4, S. 388.

31 Naumann, Mitteleuropa, S. 493.

32 Naumann, National, in: Naumann, Werke, Bd. 4, S. 474.

Naumanns „Mitteleuropa" war einer von vielen konzeptionellen Entwürfen, die eine sich in mehrfacher Hinsicht vollziehende Transformation globaler Machtverhältnisse konstatierten und auf sie programmatisch reagierten.[33] In erster Linie ging es dabei um einen Formenwandel imperialer Herrschaft.[34] Während Weltpolitik zuvor tendenziell von einer territorialen Imperialität geprägt war, die sich in erster Linie dadurch auszeichnete, dass ökonomische und politisch-militärische Macht räumlich miteinander verflochten waren und vorrangig in dieser strukturellen Verflechtung ihre Effizienz erlangten, trat nun ein anderer Typus imperialer Herrschaft hinzu.[35] Diese neue Form

---

33 Vgl. hierzu die einschlägigen Studien von Henry Cord Meyer: *Mitteleuropa* in German Thought and Action 1815–1945, Den Haag 1955; Rudolf Jaworski: Die aktuelle Mitteleuropadiskussion in historischer Perspektive, in: Historische Zeitschrift 247 (1988), S. 529–550; Jacques le Rider: Mitteleuropa. Auf den Spuren eines Begriffs, Wien 1994; Jürgen Elvert: Mitteleuropa. Deutsche Pläne zur europäischen Neuordnung (1918–1945), Stuttgart 1999; Vanessa Conze: Das Europa der Deutschen. Ideen von Europa in Deutschland zwischen Reichstradition und Westorientierung (1920–1970), München 2005. Zu den um die Jahrhundertwende entstehenden Mitteleuropaorganisationen vgl. Herbert Gottwald: Mitteleuropaorganisationen 1904–1945, in: Lexikon zur Parteiengeschichte, hg. von Dieter Fricke u. a., Bd. 3, Leipzig 1985, S. 365–375.

34 *Imperialität* wird hier als relationale Struktureigenschaft einer zusammengesetzten politischen Einheit verstanden, die zum einen durch eine asymmetrische, formell oder informell gestaltete Beziehung zwischen Zentrum und Peripherie gekennzeichnet ist und der zum anderen eine durch Übergangsräume geprägte Differenz zwischen *Innen* und *Außen* zugrunde liegt, mit der sie ihr Verhältnis zum *Anderen* (zum Nicht-Empire) ebenso herrschaftlich wie autoritär gestaltet. Verändert hat sich seit dem klassischen imperialen Zeitalter zweifellos die räumliche Durchdringung. Während die territoriale Einverleibung eroberter oder anderswie unterworfener Gebiete immer stärker in den Hintergrund tritt, gehört die Kontrolle vor allem des ökonomischen Raumes mittlerweile zu den entscheidenden Strukturelementen einer postimperialen *Imperialität*. Vgl. Eva Marlene Hausteiner: Greater than Rome. Neubestimmungen britischer Imperialität 1870–1914, Frankfurt am Main 2015, vor allem S. 9–18; Huhnholz, Krisenimperialität, S. 59–71; nicht mehr aktuell, aber doch hilfreich: Wolfgang J. Mommsen: Imperialismustheorien, Göttingen 1977; Ders.: Der europäische Imperialismus, Göttingen 1979. Zur *New Imperial History* hier der Hinweis auf Benedikt Stuchtey: Zeitgeschichte und vergleichende Imperiengeschichte. Voraussetzungen und Wendepunkte in ihrer Beziehung, in: Vierteljahrshefte für Zeitgeschichte 65 (2017), Heft 3, S. 301–337; William Roger Louis (Hg.): The Oxford History of the British Empire, 5 Bde., Oxford 1998–1999; Sarah E. Stockwell (Hg.): The British Empire: Themes and Perspectives, Malden 2008; Gary B. Magee / Andrew S. Thompson: Empire and Globalization. Networks of People, Goods and Capital in the British World 1850–1914, Cambridge 2010; Volker Barth / Roland Cvetkovski (Hg.): Imperial Co-operation and Transfer, 1870–1930: Empires and Encounters, London 2015.

35 Vgl. dazu: John Gallagher / Ronald Robinson: The Imperialism of Free Trade, in: The Economic History Review 6 (1953), S. 1–15; Philipp Müller: Freihandel, Imperialismus und Neoliberalismus. Neuere Untersuchungen zum internationalen Wirtschaftsliberalismus im 19. und 20. Jahrhundert, in: Ewald Grothe / Jürgen Frölich / Wolther von Kieseritzky (Hg.):

war verknüpft mit dem britischen, auf Freihandel beruhenden „informal empire" sowie mit dem Aufstieg der USA zur Großmacht, was zwar territoriale Einverleibungen einschloss, im Kern jedoch auf die Zugänglichkeit von globalen Märkten zielte. Imperialität, wenn man an dem Begriff festhalten möchte, beruhte fortan auf einer von den Logiken des globalen Kapitalismus dominierten Raumhoheit. Nach John Agnew bedeutete dieser Wandel eine Verlagerung

> „from a strictly absolute territoriality (bounded, absolute space) to a functional, relational spatiality involving command over the rules of spatial interaction (trade, capital flow, etc.). Intended or not, this fundamental alteration in the practice of foreign policy is what laid the foundation for later globalization."[36]

Nun bestand bereits im 19. Jahrhundert eine Interdependenz zwischen der Entstehung und Ausdifferenzierung europäischer Liberalismen einerseits und der fortschreitenden imperialen Durchdringung der Welt andererseits, was sich auch mit dem in den 1880er Jahren einsetzenden Hochimperialismus keineswegs abschwächte. Nicht nur in Deutschland, sondern in vielen europäischen Ländern, allen voran in Großbritannien, unterstützten liberale Kräfte die koloniale Expansion und rechtfertigten sie in erster Linie damit, dass für die Liberalisierung der europäischen Gesellschaften ein auf importierten Rohstoffen, internationalen Absatzmärkten und gesichertem Freihandel basierendes globales Wirtschaftssystem unerlässlich sei.[37] Verbunden wurde damit zumeist noch die Aussicht, imperiale Herrschaft fördere langfristig auch die Liberalisierung der kolonialen Welt, was allerdings die immanente Widersprüchlichkeit dieses ebenso partikularen wie zwiespältigen Verständnisses der eigenen liberalen Grundwerte kaum zu kaschieren vermochte.[38] Der euro-

---

Liberalismus-Forschung nach 25 Jahren. Bilanz und Perspektiven, Baden-Baden 2016, S. 145–176.

36 John Agnew: Hegemony. The New Shape of Global Power, Philadelphia 2005, S. 16; davor bereits ähnlich: Ders. / Stuart Corbridge: Mastering Space: Hegemony, Territory, and International Political Economy, London 1995.

37 Vgl. Matthew P. Fitzpatrick: Liberal Imperialism in Germany. Expansionism and Nationalism 1848–1884, New York 2018; Duncan Bell: Reordering the World: Essays on Liberalism and Empire, Princeton 2016; Matthew P. Fitzpatrick (Hg.): Liberal Imperialism in Europe, New York 2012; Jens-Uwe Guettel: German Expansionism, Imperial Liberalism, and the United States, 1776–1945, New York 2012; Simon Gunn / James Vernon (Hg.): The Peculiarities of Liberal Modernity in Imperial Britain, Berkeley 2011; Jennifer Pitts: A Turn to Empire. The Rise of Imperial Liberalism in Britain and France, Princeton 2005: Niall Ferguson: Empire. How Britain Made the Modern World, London 2003.

38 Hierzu explizit Uday Singh Mehta: Liberalism and Empire. A Study in Nineteenth-Century British Liberal Thought, Chicago 1999.

päische Liberalismus war und blieb substantiell mit dem Übergang von den kolonialen Herrschaftsordnungen des 19. Jahrhunderts zur postterritorialen, in erster Linie marktökonomisch orientierten Imperialität verknüpft, gerade weil er sich von Beginn an nicht (nur) nationalstaatlich formierte, sondern stets die universale Gültigkeit seiner Ideale beanspruchte. Aus dem Grundwiderspruch zwischen Kapital und Freiheit ist er weder politisch noch ökonomisch jemals wirklich herausgetreten, was in der Folge nicht nur antiliberale Gegenbewegungen anheizte, sondern auch eine permanente und teilweise auch gegenläufige Anpassungs- und Wandlungsfähigkeit mit sich brachte.[39] Naumanns „Mitteleuropa" antwortete auf ein Veränderungsgeschehen, das nicht nur liberale Kräfte dazu zwang, sich mit den neuen europäischen und globalen Macht- und Marktkonstellationen auseinanderzusetzen, sondern das auch Entwürfe von Weltordnungen hervorrief, die sich explizit als antiliberal verstanden und eigene Visionen einer europäischen Moderne entwarfen.

3. Großraumordnung und Geopolitik

Geopolitik, so formulierte es der schwedische Staatswissenschaftler Rudolf Kjellén 1916, sei „die Lehre vom Staat als geographischem Organismus und als Erscheinung im Raume".[40] Er markierte damit noch während des Ersten Weltkrieges die Transformation geographisch-politischer Raumkonzepte in geopolitische und in erster Linie staatstheoretisch begründete Ordnungsentwürfe. Geopolitiker sahen den Staat vornehmlich als räumliche Einheit, ihr Blick richtete sich (oder verengte sich) auf das Land, auf das Territorium, auf das Staatsgebiet. Sie beschäftigten sich vorzugsweise mit Reichsmodellen, weil sie darin eine erfolgversprechende Form des modernen Staates zu erkennen glaubten. Die geopolitische Lehre vom Staat, wie sie Kjellén und andere international renommierte Wissenschaftler um die Jahrhundertwende zu ent-

---

39   Vgl. zur Flüssigkeits-Metapher Michael Freeden: Europäische Liberalismen, in: Merkur 65 (2001), Heft 750, S. 1028–1046.

40   Rudolf Kjellén: Der Staat als Lebensform [1916], deutsche Ausgabe, Berlin 1924, hier S. 45; Ders.: Die Ideen von 1914. Eine weltgeschichtliche Perspektive, Leipzig 1915; ebenso: Johann Plenge: 1789 und 1914. Die symbolischen Jahre in der Geschichte des politischen Geistes, Berlin 1916. Zu den konservativen Ordnungsideen vor und im Ersten Weltkrieg vgl. Steffen Bruendel: Volksgemeinschaft oder Volksstaat. Die „Ideen von 1914" und die Neuordnung Deutschlands im Ersten Weltkrieg, Berlin 2003. Eine genauere Abgrenzung zwischen den Konzepten von Friedrich Ratzel, Rudolf Kjellén, Erich Obst und Otto Maull u. a. liefert Rainer Sprengel: Kritik der Geopolitik. Ein deutscher Diskurs 1914–1944, Berlin 1996.

wickeln begannen, war elementarer Bestandteil eines konservativen Entwurfs von Moderne, der keineswegs anti-modern konzipiert war, der sich aber sehr wohl als Gegenmodell zu den westlich-liberalen, vor allem britisch-französischen Gleichheitsidealen positionierte. *Freiheit, Gleichheit, Brüderlichkeit* galten als Werte eines britisch-französischen Zeitalters, die es nun durch „Ideen von 1914" wie *Ordnung, Disziplin* und *Gerechtigkeit* zu ersetzen gelte.[41]

Johann Plenge, Soziologe, Nationalökonom und Staatswissenschaftler an der Universität Münster, formulierte ähnlich wie Rudolf Kjellén im Kriegsjahr 1915:

> „Seit 1789 hat es in der Welt keine solche Revolution gegeben, wie die deutsche Revolution von 1914. [...] Darum liegt auch in all dem Geschrei über den neuen Napoleon ein ganz richtiger Anklang. Zum zweiten Male zieht ein Kaiser durch die Welt als der Führer eines Volkes mit dem ungeheuren, weltbestürmenden Kraftgefühl der allerhöchsten Einheit. Und man darf behaupten, dass die Ideen von 1914, die Ideen der deutschen Organisation, zu einem so nachhaltigen Siegeszug über die ganze Welt bestimmt sind, wie die Ideen von 1789."[42]

Der Weltkrieg war nach diesem Verständnis „ein Kampf zwischen 1789 und 1914", und er richtete sich gegen das kosmopolitische Ideal des Westens. „Unsere Zeit leidet an einer unbegrenzten, einseitig formellen Freiheitsverehrung, die uns direkt zum Untergang führen muß". Das Gleichheitsideal erwirke eine „Konzentration der Menschheit um einen Durchschnitt" – so Kjelléns apokalyptische Vision.[43] Gesetzlosigkeit, Materialismus und Anarchie prägten demnach ein zügelloses Freiheitsverständnis, das durch Ordnung im Sinne von Disziplin, Zusammengehörigkeit, Selbstzucht und Autorität korrigiert werden müsse. Von der Freiheit zur Ordnung – so spitzte Johann Plenge die Vision eines neuen deutschen Staates als „organisatorischen Sozialismus" zu und demonstrierte damit zugleich die politische Anschlussfähigkeit dieses Entwurfs nach links und rechts. Der Krieg galt als Ort, Instrument und Chance der Erneuerung, „welche den mechanischen Atomismus der Gleichheitsschwärmerei in einem neuen Organismus überwunden hat, in dem die verschiedenen Teile je nach ihrer Bedeutung für das Ganze verschiedenen Wert haben".[44]

Im Kontext solcher Vorstellungen einer „anderen Moderne" entwickelte die Geopolitik raum- und staatstheoretische wie auch geostrategische Konzep-

---

41 Vgl. Kjellén, Ideen, S. 26.
42 Johann Plenge: Der Krieg und die Volkswirtschaft, Münster 1915, S. 171.
43 Kjellén, Ideen, S. 35.
44 Ebd., S. 37.

te, die den Anspruch unterstrichen, dass bevölkerungsstarke, kulturell hoch
entwickelte Staaten allein schon wegen ihres hohen Nahrungs- und Ressour-
cenbedarfs über ein „natürliches" Recht auf Landnahme verfügten, und das
auch deswegen, weil sich einige von ihnen als staatsfähiger erwiesen hätten
als andere. Die Verkoppelung von politischen Territorialitätskonzepten mit
der Erfahrungskategorie eines sich durch Modernisierungs- und Industriali-
sierungsprozesse stetig verringernden Raumes zielte fortan vor allem auf die
Rechtfertigung von Eroberungspolitiken innerhalb und außerhalb Europas.
Trotz der sehr unterschiedlichen politisch-geostrategischen Gewichtungen
innerhalb der nationalen Wissensbestände war diesem Denken gemeinsam,
dass Geopolitik zukünftig das entscheidende und zukunftsweisende Element
moderner Staatsentwicklungen darstellen würde. Denn nur sie erlaube es,
das natürliche und notwendige Wachstum „lebenskräftiger Staaten" gemäß
ihren physischen, politischen und kulturellen Lagerungen zu fördern und
so die vermeintlichen Naturgesetze der Raumentwicklung politisch nutzbar
zu machen. Krieg war nach dieser Logik das bevorzugte „Experimentierfeld"
räumlich konkurrierender Staaten.[45] Vor allem potente Staaten mit begrenz-
tem Raum stünden schon aus Gründen der Selbsterhaltung „unter dem kate-
gorischen politischen Imperativ, ihren Raum durch Kolonisation, durch Zusammenschluss oder Eroberung stetig zu erweitern". Daher werde Weltpolitik
fortan durch die Ausbildung autarker Staatsblöcke geprägt sein, die tendenziell immer größeren Raumgewinn beanspruchten.[46]

Geopolitik als politische und anwendungsorientierte Wissenschaft konstituierte sich international in sehr unterschiedlichen akademischen wie auch
politischen Systemen und wies schon allein aufgrund der jeweils nationalen
Wissenschaftraditionen erhebliche Differenzen in der Theoriebildung, in
den einschlägigen Semantiken wie auch in den politischen Einfluss- und Ge-
staltungsmöglichkeiten auf. Während sich in Deutschland aufgrund kriegs-
bedingter Gebietsverluste ein vor allem klaustrophobisch aufgeladener, der
Suche nach „deutschem Raum" verpflichteter und aufgrund seiner revisionistischen Stoßrichtung international nur bedingt anschlussfähiger Raum-
und Ordnungsdiskurs etablierte, entwickelte sich mit und nach dem Ersten
Weltkrieg international ein weltpolitisches Ordnungsdenken, das vor allem
im *Großraum* die zukünftige Form territorialer Herrschaft identifizierte. Ob

---

45 Kjellén, Staat, S. 58. Kjellén verwendete den später von Michel Foucault aufgegriffenen
Begriff *Biopolitik*. In Anlehnung an die Biologie als Wissenschaft des Lebens bezeichnete er
mit *Biopolitik* eine politikwissenschaftliche Disziplin, die sich dem rücksichtslosen Lebenskampf um Dasein und Wachstum widme; vgl. Ders.: Grundriß zu einem System der Politik,
Leipzig 1920, S. 93.
46 Kjellén, Staat, S. 75.

ökonomisch, militärisch oder kulturell – in der Eroberung, Besiedlung oder zumindest doch Beherrschung von Großräumen lag fortan für diejenigen Staaten, die auf längere Sicht weltpolitisch mitmischen wollten, die politische Herausforderung. Supranationale Großraumpolitik avancierte zum zentralen Ordnungsmodell für das 20. Jahrhundert.[47] Während sich der Begriff *Großraum* zu einem Sammelbegriff für Ordnungskonzepte entwickelte, die eher in Abgrenzung zum westlichen Imperialismus multiethnische Großreiche mit rechtlich gestuften Herrschaftsverhältnissen konzipierten, legte Carl Schmitt 1939 eine konkrete und alsbald überaus prominente Großraumtheorie vor.[48] Schmitt vertrat eine völkerrechtliche Raumtheorie, in der er im Kern das Ende souveräner Staatlichkeit diagnostizierte. Die Veränderungen staatlicher Verfasstheit meinte er vor allem an der Entstehung neuartiger Völkerrechtssubjekte, an der Veränderung des bisher völkerrechtlich gehegten Krieges sowie an der Erschütterung des überkommenen Staatsverständnisses durch den Volksbegriff feststellen zu können. In Anlehnung an die seit der Jahrhundertwende etablierte Großraumwirtschaft mit ihren Globalisierungseffekten analysierte Schmitt den zeitgenössischen Wandel der politischen Ordnungen als ein großräumliches Verflechtungsgeschehen, dessen Folge es sein werde, dass staatlich souveräne Nationalstaaten zugunsten supranationaler Großräume an Bedeutung verlieren. Träger und Gestalter einer in Großräumen strukturierten Ordnung seien nicht mehr Staaten, sondern Reiche.[49]

---

47 Vgl. Werner Köster: Die Rede über den „Raum". Zur semantischen Karriere eines deutschen Konzepts, Heidelberg 2001; Rüdiger Voigt (Hg.): Großraum-Denken. Carl Schmitts Kategorie der Großraumordnung, Stuttgart 2008.

48 Schmitt war sicherlich einer der bekanntesten Theoretiker und einer der entschiedensten Verfechter des Großraum-Denkens. Sein international breit rezipierter Vortrag „Völkerrechtliche Großraumordnung mit Interventionsverbot für raumfremde Mächte" aus dem Jahr 1939 bezog ihre Kernargumentation zweifellos aus dem beginnenden Zweiten Weltkrieg, sie ist aber wissenschaftlich ohne die vorgelagerten Diskurse über großräumliche Einheiten wie Mitteleuropa, Panslawismus oder über die dann später sogenannte großasiatische Wohlstandszone, um nur einige Beispiele zu nennen, kaum nachzuvollziehen. Die Forschung dazu ist umfangreich, daher hier nur der Verweis auf Lothar Gruchmann: Nationalsozialistische Großraumordnung. Die Konstruktion einer „deutschen Monroe-Doktrin", Stuttgart 1962; Mathias Schmoeckel: Die Großraumtheorie. Ein Beitrag zur Geschichte der Völkerrechtswissenschaft im Dritten Reich, insbesondere der Kriegszeit, Berlin 1994; Felix Blindow: Carl Schmitts Reichsordnung. Strategie für einen europäischen Großraum, Berlin 1999; Harald Kleinschmidt: Carl Schmitt als Theoretiker der internationalen Beziehungen, Hamburg 2004 sowie den überaus instruktiven Sammelband von Voigt, Großraum-Denken; darin vor allem der Aufsatz von: Reinhard Mehring: „Raumrevolution" als Rechtsproblem. Zum politischen Kontext und Wandel von Carl Schmitts Großraumdenken, S. 99–117.

49 Vgl. Carl Schmitt: Völkerrechtliche Großraumordnung mit Interventionsverbot für raumfremde Mächte. Ein Beitrag zum Reichsbegriff im Völkerrecht (1941), in: Ders.: Staat,

Schmitts Reichsbegriff lebte von der Abgrenzung gegenüber dem „individualistischen Westen" wie auch dem „weltrevolutionären Osten": Im Unterschied zu diesen „übervölkischen Gebilden" müsse das Großdeutsche Reich
nicht als Staat oder Staatenbund, sondern eben als Reich verstanden werden,
das „wesentlich volkhaft" sei.[50] Trotz seiner uneingeschränkten Sympathie für
die Forderung bevölkerungsstarker „Völker" nach mehr „Raum und Boden"
sah Schmitt – anders als Friedrich Naumann – nicht in diesem „demographi-
schen Recht", sondern in der am 2. Dezember 1823 verkündeten Monroe-
Doktrin die völkerrechtlich erfolgreichste Maxime.[51] Die Monroe-Doktrin
stelle durch ihr Interventionsverbot ein „ordnendes Großraumprinzip" dar,
das es zwar nicht wörtlich, wohl aber in seinen brauchbaren Kerngedanken
auf gegenwärtige Machtkonstellationen zu übertragen gelte. Denn die westlichen Demokratien beanspruchten mittlerweile, wie zu Beginn des 19. Jahrhunderts, die absolute Monarchie in Europa, das Recht auf Intervention, mit
dem unter humanitären Vorwänden imperialistische Ziele verfolgt würden.
Die USA hätten sich im Lauf der letzten Jahrzehnte immer weiter von ihrer
eigenen Doktrin entfernt, indem sie sich dem britischen Universalismus an-
näherten und mit dem von Woodrow Wilson propagierten *Selbstbestimmungsrecht der Völker* eine Art Weltdoktrin verkündeten. In seinem berühmten Dualismus von *Land und Meer* pointierte Schmitt zwei für ihn gegensätzliche
Parameter: das kontinentale, in zusammenhängenden Räumen verankerte
Prinzip einerseits sowie das auf die Sicherung von Handels- und Verkehrs-
wegen konzentrierte Raumverständnis von Seemächten andererseits. Die
völkerrechtliche Denkweise, „die einem geographisch zusammenhanglosen,
über die Erde verstreuten Weltreich zugeordnet ist, tendiert von selbst zu
universalistischen Argumentationen. Sie muß das Interesse am unveränder-
ten Bestand eines solchen Reiches mit dem Interesse der Menschheit gleich-
setzen, um überhaupt eine Argumentation zu haben".[52] Folglich seien universalistische, weltumfassende Allgemeinbegriffe „die typischen Waffen des

Großraum, Nomos. Arbeiten aus den Jahren 1916–1969, hg. von Günter Maschke, Berlin
1995, S. 269–371; hier S. 271. Vorarbeiten dazu: Ders.: Raum und Großraum im Völkerrecht
(1940), in: ebd., S. 234–268; Ders.: Die Auflösung der europäischen Ordnung im „International Law" 1890–1939 (1940), in: ebd., S. 372–387; Ders.: Die Raumrevolution. Durch den
totalen Krieg zu einem totalen Frieden (1940), in: ebd., 388–394; Ders.: Großraum gegen
Universalismus. Der völkerrechtliche Kampf um die Monroedoktrin, in: Zeitschrift der Akademie des Deutschen Rechts 6 (1939), S. 333–337.
50 Schmitt, Großraumordnung, S. 295 f.
51 Ebd., S. 275.
52 Ebd., S. 286.

Interventionismus".[53] Schmitts Polemik gegenüber dem britischen Empire ist hier weniger von Interesse als sein daran exemplifiziertes Weltordnungskonzept, denn für ihn zeigte sich nirgendwo drastischer als im angelsächsischen Universalismus „der Gegensatz von Straße und Lebensraum".[54]

Schmitts Inanspruchnahme der US-amerikanischen Monroe-Doktrin für ein zukünftiges Europa bezog sich auf die „Verbindung von politisch erwachtem Volk, politischer Idee und politisch von dieser Idee beherrschtem, fremde Interventionen ausschließendem Großraum".[55] Der Dreiklang aus Idee, Volk und Großraum bildete fortan das Grundgerüst seines Großraum-Denkens, das strukturell auf dem Souveränitätsverlust der innerhalb des Großraumes existierenden Bevölkerungen basierte. Territoriale Integrität, staatliche Selbstbestimmung sowie das Recht, fremde Interventionen auszuschließen, blieb allein dem im Reich organisierten „Führungsvolk" als einziger souveräner Instanz innerhalb des Großraumes vorbehalten. Während das Völkerrecht der liberalen Fiktion der Gleichheit folge und die sachliche wie qualitative Verschiedenheit der Völkerrechtssubjekte grundsätzlich ignoriere, so einer der Grunddoktrinen großräumlicher Herrschaftsmodelle, ziele der Reichsbegriff auf eine gestufte Ordnung, die allen Assimilierungs-, Absorbierungs- und Schmelztiegelidealen abschwor und stattdessen auf asymmetrischen Rechtsbeziehungen und auf dem sogenannten Volksgruppenrecht beruhte.[56] Raumrevolution nannte Schmitt diese zeitgenössischen Veränderungen, die er nicht nur als Resultat grassierender Modernisierung, sondern auch als Erschütterung des seit 1648 bestehenden Westfälischen Systems ansah. Die Zukunft liege in planetarischen Ordnungskonzepten.

Der Einfluss Schmitts auf die Debatte über politische Machtbalancen, über internationales Recht und globales Ordnungsdenken war beträchtlich, seine Schriften wurden in allen politischen Lagern rezipiert. Während sich Naumanns und Schmitts Großraumkonzepte darin ähnelten, dass sie imperiale Verhältnisse in *und* außerhalb von Europa befürworteten und für die in einem solchen supranationalen Gefüge lebenden Bevölkerungsgruppen unterschiedliche Souveränitäts- und Rechtsgarantien vorsahen, unterschieden sich die beiden Ordnungsentwürfe vor allem in der Bewertung von Nationalstaatlichkeit. Naumann hielt den souveränen Nationalstaat als Ordnungseinheit für unverzichtbar, auch wenn er nicht allen europäischen

---

53 Ebd., S. 285; zum englisch-amerikanischen „Anspruch auf die Rolle eines Weltenrichters" sowie zum japanischen Verständnis eines *Asia Monroe-Shugi* vgl. Schmitt, Universalismus, S. 334 f.
54 Schmitt, Großraumordnung, S. 286.
55 Ebd., S. 283.
56 Vgl. ebd., S. 294.

„Völkern" eine Staatsfähigkeit zugestand. Schmitt hingegen propagierte das Ende nationalstaatlicher Souveränität, wie sie sich historisch ausgebildet hatte, und trat für autoritäre Reichsmodelle ein, in denen grundsätzlich *völkische* (und keine liberal-freiheitlichen) Ordnungsprinzipien herrschen sollten. Insgesamt zeigt sich, dass beide Modelle auf die Herausforderung zu antworten versuchten, wie zukünftig das Verhältnis zwischen globaler, nationaler und regionaler Ebene politisch und staatsrechtlich zu fassen sei. Eine dritte, wenngleich zweifellos radikalere Antwort auf diese in der ersten Hälfte des 20. Jahrhunderts entscheidende Frage stammte vom Abteilungsleiter des Reichssicherheitshauptamts (RSHA) Reinhard Höhn, der es als einer der wenigen NS-Funktionäre verstand, die nationalsozialistische Lebensraumideologie in einem akademisch-politischen Theoriediskurs über Großraum- und Weltordnungskonzepte argumentativ zu verankern.

4. Blonde Provinzen

Reinhard Höhn gehörte zu den radikalsten und ideologisch profiliertesten Juristen des NS-Regimes.[57] Zunächst als Abteilungschef im SD-Hauptamt mit Reinhard Heydrich als direktem Vorgesetzten und anschließend als Direktor des *Instituts für Staatsforschung* an der Universität Berlin profilierte er sich in der „völkischen Rechts- und Staatslehre", die er scharf und programmatisch von anderen Rechtsauffassungen abzugrenzen wusste. Damit verabschiedete sich Höhn nicht nur von den Grundlagen einer allgemeinen Staatslehre, er ersetzte auch den Staat als Gravitationskraft des Rechtes durch das völkische Prinzip, von dem er eine gestufte Rechtsordnung ableitete. Die Großraumtheorie, wie sie Carl Schmitt und andere Staats- und Völkerrechtler vertraten, sah Höhn gerade deswegen kritisch. Sie lasse einen Rückfall in ein Staatsverständnis befürchten, das einem auf völkischer Gemeinschaft beruhenden Rechtsverständnis diametral entgegenstehe. Die Gefahr, zu einem staatlichen Herrschaftssystem zurückzukehren, das Höhn bereits für überwunden hielt, trete nun in Gestalt einer Großraumordnung hervor, in der die Überwindung des Staatsbegriffs zwar behauptet, aber letztlich nicht vollzogen würde.

---

57   Zugleich hatte er als Mitglied des Jungdeutschen Ordens zeitweilig der liberalen Deutschen Staatspartei angehört; vgl. Michael Wildt: Der Fall Höhn. Vom Reichssicherheitshauptamt zur Harzburger Akademie, in: Alexander Gallus / Axel Schildt (Hg.): Rückblickend in die Zukunft. Politische Öffentlichkeit und intellektuelle Positionen in Deutschland um 1950 und um 1930, Göttingen 2011, S. 254–271; Ders. (Hg.): Nachrichtendienst, politische Elite, Mordeinheit. Der Sicherheitsdienst des Reichsführers SS, Hamburg 2003.

Im Schmittschen Großraum sah Höhn nichts anderes als einen monströsen Großstaat, den es seiner Logik nach gerade zu überwinden galt.[58]

Höhns Kritik an der von Schmitt vorgelegten Großraumtheorie stellte allerdings die Vorstellung von Großräumen keineswegs generell in Frage. *Großraum* als wirtschaftlicher und politischer Kampfbegriff habe sich vor allem in „Abkehr von den Methoden liberal-kapitalistischer Wirtschafts- und Sozialpolitik" entwickelt und „den Imperialismus im Sinne des 19. Jahrhunderts" durch völkische Neuordnungskonzepte in Europa überwunden. Zudem gehöre es zum Großraumdenken, „dass ganz bestimmte geschichtsmächtige Völker für ganz bestimmte Räume Verantwortung tragen. In Europa und dem mit ihm verbundenen Lebensraum sind es der deutsche Reichsgedanke und die faschistische Idee des Imperiums, die der Geschichte und Gegenwartsbedeutung dieser Völker Rechnung tragen".[59] In vielen dieser Großraumelemente stimmten Höhn und Schmitt völlig überein. Konfliktpunkt war nicht die Vorstellung großräumlicher Ordnung an sich, die Diskrepanz lag vielmehr in ihrer ideologischen Substanz. Bei Schmitt sei der Großraum nach innen „mit irgendeiner politischen Idee und irgendeinem politisch erwachten Volk" erfüllt. Insofern „ist irgendein Reich jeweils der Träger irgendeiner politischen Idee und irgendeines politisch erwachten Volkes".[60] Gleichzeitig griff Höhn auch Schmitts Interventionsverbot an, denn es bleibe ein dem amerikanischen Individualismus und dem westeuropäischen Imperialismus verhaftetes Prinzip, unabhängig davon, ob es sich rechtlich auf Nationalstaaten oder Reiche beziehe.[61] Im Gegensatz dazu gingen in der *völkischen* Rechts- und Staatslehre die innere Ordnung des Großraumes mit der äußeren und damit auch mit der *völkischen* Struktur „eng ineinander über"[62], daher sei „das Wesen der Großräume einmal nicht vom Boden der Abgrenzung, sondern vom Boden der Substanz aus zu erfassen".[63] Die Ordnung nach Großräumen müsse auf „der

---

58 Reinhard Höhn: Großraumordnung und völkisches Rechtsdenken, in: Reich – Volksordnung – Lebensraum 1 (1941), S. 256–288, hier S. 257. Hinsichtlich der zahlreichen anderen Publikationen Höhns sei hier nur verwiesen auf Ders.: Rechtsgemeinschaft und Volksgemeinschaft, Berlin 1935; Ders.: Gemeinschaft als Rechtsprinzip, in: Deutsches Recht 4 (1934), S. 301 f; Ders.: Reich – Grossraum – Grossmacht, Darmstadt 1942; einschlägig zur völkischen Rechtslehre Michael Stolleis: Gemeinschaft und Volksgemeinschaft. Zur juristischen Terminologie im Nationalsozialismus, in: Vierteljahrshefte für Zeitgeschichte 20 (1972), S. 16–38.
59 Höhn, Großraumordnung, S. 262.
60 Ebd., S. 263.
61 Ebd., S. 274.
62 Ebd., S. 277.
63 Ebd., S. 283. Hierzu aus eher großwirtschaftsräumlicher Perspektive ergänzte Werner Daitz: „Ein echter Großraum ist also der natürliche Lebensraum einer Völkerfamilie und empfängt von ihrer biologischen Substanz aus Charakter, Ausdehnung und Gestalt. […] Ein

Lebensgesetzlichkeit der Völker", oder besser: auf einer „völkischen Gesamtlebensordnung" basieren, die der Nationalsozialismus bereits in seinem Rechtsdenken erprobt habe und nun auf die Neuordnung Europas auszudehnen beginne. Diese Transformation geschehe in Form einer an der Praxis erprobten Theoriebildung. Vor allem dieser Theorie-Praxis-Bezug erlaube es noch nicht, „heute schon eine in sich geschlossene Lehre mit der entsprechenden Systematik und Begriffsbildung für den Großraum aufstellen zu wollen".[64]

Auf die Frage, auf welche Art Praxis Höhn hier Bezug nahm, wird noch zurückzukommen sein. Vorerst gilt es zunächst den Andeutungen zu den angeblich fundamentalen „Lebensgesetzen der Völker" nachzugehen. Werner Daitz benannte diesen nebulösen Kern der Argumentation etwas konkreter, indem er – in eher widersprechender als zustimmender Anlehnung an Schmitt – von einer „biologischen Monroedoktrin" sprach.[65] Hierunter seien echte Lebensräume statt imperialistische Konstruktionen wie die der Hemisphäre, der Pan-Idee oder andere Hegemonialkonzepte zu verstehen. Rechtssubjekt eines Großraumes sei demnach die biologisch definierte Völkerfamilie, die über das souveräne Recht verfüge, biologisch fremde Interventionen auszuschließen. Reinhard Höhn ergänzte dazu wiederum 1942, dass die Lebensrechte der Völker nicht auf einer ihnen per se zugestandenen Souveränität basierten, wie sie in der überkommenen liberalen Freiheits- und Gleichheitsideologie vertreten worden sei, sondern auf einer „Wertordnung unter den Völkern".[66] An die Stelle des Gleichheitsprinzips von allem, was Menschenantlitz trage, trete der Gedanke der Verschiedenheit auf Grund der volkseigenen Leistungsfähigkeit. Nur in einem Großraum, der in diesem Sinne als *Lebensraum* gedacht werde, könne eine „Harmonie der Ungleichen" hergestellt werden.[67] Werner Best, bis Ende 1940 Stellvertreter Heydrichs im

---

echter Großraum kann also nicht von außen, vom Raum her, von geographischen, geopolitischen Gesichtspunkten oder aber machtpolitischen Zielsetzungen anderer Räume mit ihm raumfremder biologischer Substanz her bestimmt werden." Ders.: Echte und unechte Großräume. Gesetze des Lebensraumes, in: Reich – Volksordnung – Lebensraum 2 (1942), S. 75–96, hier S. 81. Darin findet man auch den abstrusen Begriff der „Umartung". Daraus folgte für ihn der Kampf um das „Selbstbestimmungsrecht der Völkerfamilien", die er in sechs „echte Großräume" unterteilt sah. In seiner Logik ergaben sich daraus Großostasien, Großamerika und Großeuropa mit den entsprechenden Nahrungsergänzungsräumen in Afrika, Südamerika und Indien. Vgl. ebd., S. 85.

64   Höhn, Großraumordnung, S. 287.

65   Daitz, Großräume, S. 86.

66   Höhn, Reich, S. 135.

67   Was eine gestufte Rechtsordnung in Bezug auf das Staatsangehörigkeitsgesetz bedeutete, stellte Staatssekretär Wilhelm Stuckart 1943 heraus. Es ergebe sich eine „natürliche Stufung der Bevölkerung [...], als zwischen Volkszugehörigen, Fremdvölkischen und Fremdrassigen

SD, griff Schmitts Großraumtheorie frontal an.[68] Da Begriffe immer Programme seien, konfrontierte er Schmitts „völkerrechtliche Großraumordnung" mit dem Gegenbegriff einer „völkischen Großraumordnung". Und in dieser begrifflichen Variante steckte tatsächlich ein anderes Programm: Es sei nicht Zweck einer Großraumordnung, „die Völker und ihre in einem bestimmten Augenblick bestehenden Volksordnungen künstlich zu konservieren. Denn dies wäre eine lebenswidrige und damit unmögliche Zwecksetzung. Das Leben wird nicht durch bewusst geschaffene ‚Ordnungen' an Aufstieg und Niedergang gehindert". Zudem müssten bei der Schaffung einer Großraumordnung auch unerwünschte Mitwirkungen in Rechnung gestellt werden, „solange noch bewusste und fortpflanzungsfähige Substanz desselben lebt".[69]

Trotz der sprachlichen Verrätselung lässt sich in dieser Passage das Kalkül erkennen, inwiefern im Prozess der Großraumbildung die Fortexistenz aller im Raum vorhandenen Völker garantiert sei. Oder anders ausgedrückt: Best stellt hier die Frage nach der Interdependenz zwischen Großraumbildung und Völkermord. Denn in seiner Umarbeitung der „völkerrechtlichen" zur „völkischen" Großraumordnung vollzog er die Transformation von einem rechtlichen zu einem biologischen Verhältnis. Die Beziehung zwischen „Führungsvolk" und unterworfenen „Völkern" folgte dabei einer nüchternen Abwägung: Ein „Führungsvolk" könne gegenüber den übrigen „Völkern" nur in zweifacher Weise verfahren. Entweder vernichte es „ganze Völker dieses Großraumes in ihrer gesamten lebenden Substanz" beziehungsweise verdränge sie aus dem beherrschten Großraum, oder aber die Beziehungen zwischen den Völkern müssten lebensgesetzlich gestaltet werden.[70] Entscheidend an dieser

---

ein lebens- und naturgesetzlicher Unterschied besteht". Reichsbürgerrecht hieß die Konstruktion, mit der die „blutsmäßige Zugehörigkeit" rechtlich festgeschrieben wurde. Während zunächst „das Rassenproblem die Kernfrage der Staatsangehörigkeits- und Reichsbürgergesetzgebung" gewesen sei, stehe nun die rechtliche Unterscheidung zwischen artverwandten und artfremden Völkern im Zentrum. Auch hier sei danach zu entscheiden, wer nach rassischer Überprüfung als erwünschter oder eben unerwünschter Zuwachs einzustufen sei. An letzteren habe das Großdeutsche Reich „nur ein raumgebundenes, kein völkisches Interesse". Ders.: Staatsangehörigkeit und Reichsgestaltung, in: Reich – Volksordnung – Lebensraum 5 (1943), S. 57–91, hier S. 61, 74 und 85.

68   Vgl. Werner Best: Völkische Großraumordnung, in: Deutsches Recht 10 (1940), S. 1006 f; Ders.: Nochmals: Völkische Großraumordnung statt völkerrechtliche Großraumordnung, in: Deutsches Recht 11 (1941), S. 1533 f.

69   Best, Völkische Großraumordnung, S. 1007.

70   Daran anknüpfend entwickelte Best ein Spektrum möglicher Herrschaftsmuster zwischen Führungsvolk und unterworfenen Völkern, mit dem er gestufte Intensitäten der Abhängigkeit differenzierte. Dass innerhalb der SS-Führungselite durchaus unterschiedliche Auffassungen über die zukünftige Völkerordnung existierten, wie zum Beispiel über die sogenannten „Helo-

Passage ist die generelle Option des „Führungsvolkes", ob „die anderen Völker in dem von dem stärksten Volk beherrschten Großraum belassen werden".[71] Ihre Vernichtung war nach Bests Auffassung zwar nicht in jedem Fall die „vernünftigste" Entscheidung, sie war aber stets eine von mehreren Optionen.

Die von Reinhard Höhn, Werner Best, Wilhelm Stuckart und anderen SS-Führungskräften zwischen 1940 und 1943 verfassten Texte verweisen auf die Entschlossenheit, eine Art „politische Theorie völkischer Herrschaft" auf intellektuell anspruchsvollem Niveau zu etablieren. Ihre Programmatik schärften sie zu einem nicht unerheblichen Teil an der Kontroverse mit Carl Schmitt über die *völkerrechtlichen* beziehungsweise *völkischen* Grundprinzipen einer zukünftigen Großraumordnung sowie an der strikten Abgrenzung gegenüber einem liberalen Imperialismus, wie er sich vor allem in Großbritannien und Frankreich entwickelt hatte. Wenn auch bestimmte Praktiken der räumlichen Homogenisierung hier oftmals hinter der angeblichen Wirksamkeit nebulöser Lebensgesetze unkenntlich gemacht wurden, überrascht die zuweilen brutale Offenheit, mit der die Option zum Völkermord intellektuell gerechtfertigt wurde. Die Behauptung Höhns, eine vollständige Systematik zur Neuordnung Europas sei jedoch noch nicht vorzeigbar, diente indes nicht nur der Verschleierung des zu dieser Zeit bereits realisierten Völkermordes, sondern entsprach tatsächlich der Absicht, die eigene politische Theorie aus der Praxis der territorialen Neuordnung heraus generieren und weiterentwickeln zu wollen. Die seit 1939 praktizierte Homogenisierung des vormals polnischen Staatsgebietes diente hierfür als zentrales Experimentierfeld.[72]

5. Von der Lust der bürgerlichen Gesellschaft an ihrer Selbstzerstörung

Wolfgang J. Mommsen bezeichnete 1974 die imperialistische Programmatik liberaler Politiker während des Kaiserreiches als den „schwerwiegendste[n] Sündenfall" des deutschen Liberalismus.[73] Mehr als vierzig Jahre und zahllose Detailstudien später fällt es schwer, dieser Einschätzung heute noch zuzustimmen, zumindest wenn damit suggeriert werden soll, dass sich der Li-

---

ten-Völker", zeigt die instruktive Rekonstruktion bei Ulrich Herbert: Best. Biographische Studien über Radikalismus, Weltanschauung und Vernunft 1903–1989, Bonn 1996, S. 281–289.

71   Dieses Zitat stammt aus dem anonym erschienenen, aber zweifelsfrei von Best stammenden Aufsatz: Herrenschicht oder Führungsvolk?, in: Reich – Volksordnung – Lebensraum 3 (1942), S. 122–141, hier S. 139.

72   Vgl. zum Zusammenwirken räumlicher Ordnungsmodelle, völkischer Homogenisierungskonzepte und systematischer Gewaltmobilisierung Jureit, Ordnen, S. 287–385.

73   Mommsen, Wandlungen, S. 110.

beralismus zu dieser Zeit allenfalls vorübergehend auf imperialen Abwegen befunden habe. *Imperialität* in ihren unterschiedlichen, zunächst territorialen wie seit 1900 zunehmend marktökonomisch fundierten und mit einer Art Kulturmission einhergehenden Ausprägungen war und ist ein Strukturelement des europäischen Liberalismus, der sich im Laufe der letzten zweihundert Jahre mit einer erstaunlichen Wandlungsfähigkeit an unterschiedlichste politische Herrschaftskonstellationen anzupassen verstand. Um die Jahrhundertwende spitzten sich dann allerdings Suche und Forderung nach einem anderen, mit dem westlichen Imperialismus rivalisierenden Ordnungsmodell einer europäischen Moderne international erheblich zu. François Furet hat 1995 in seiner bis heute lesenswerten Studie über „Das Ende der Illusion" den Kommunismus als *eine* europäische Antwort auf die Herausforderungen der Moderne beschrieben und ihn mit den beiden anderen konkurrierenden Gesellschaftsentwürfen Faschismus und Liberalismus in einem wirkungsmächtigen Kräftefeld verortet, das er als die entscheidende Signatur des 20. Jahrhunderts verstand. Es ist unverkennbar, dass die europäische und speziell die deutsche Geschichte von diesen ideologischen Wechselwirkungen, den politischen Systemkonkurrenzen und ökonomischen Spannungszuständen, oder – um auf Furet Bezug zu nehmen – von der Lust der bürgerlichen Gesellschaft an ihrer Selbstzerstörung konstitutiv geprägt waren.[74]

Die Frage, wie sich in einem von Systemkonkurrenzen geprägten Europa globale und damit supranationale Machtgefüge verändern ließen, gewann in Deutschland vor, mit und im Ersten Weltkrieg erheblich an Dynamik, weil nahezu alle politischen Lager den Krieg als Ort und zugleich als Chance wahrnahmen, ihre jeweiligen Europa- und Weltordnungskonzepte politisch durchzusetzen. Während liberale Parteien und Politiker die imperiale Politik der deutschen Reichsregierung ideologisch wie faktisch mehr oder weniger unterstützten, antwortete Naumanns „Mitteleuropa" mit seinem etwas gedämpften Ton bereits auf einen nicht allzu erfolgversprechenden Kriegsverlauf, ohne jedoch von der Vorstellung einer deutschen Vorherrschaft in Europa und anderen imperialen Ansprüchen dezidiert Abstand zu nehmen. Gleichwohl sind in dem hier diskutierten Zusammenhang diese Prämissen nicht das Entscheidende, entscheidender ist vielmehr, dass an Naumanns *Mitteleuropa* konzeptionelle Schwächen liberaler Imperialität erkennbar werden, die sich vor allem im direkten Vergleich mit nationalistischen und rassenbiologischen Großraumkonzepten, wie sie Carl Schmitt und Reinhard Höhn zwanzig Jahre später diskutierten, aufzeigen lassen.

---

74 Vgl. François Furet: Das Ende der Illusion. Der Kommunismus im 20. Jahrhundert, München 1996, S. 30.

Naumanns und Schmitts Großraumkonzepte ähnelten sich darin, dass sie imperiale Verhältnisse in *und* außerhalb von Europa befürworteten und gleichzeitig für die in einem solchen supranationalen Gefüge lebenden Bevölkerungsgruppen unterschiedliche Souveränitäts-, Autonomie- und Rechtsgarantien vorsahen. Gleichzeitig unterschieden sich beide Ordnungsentwürfe vor allem in der Bewertung von Souveränität und Nationalstaatlichkeit. Naumann hielt den souveränen Nationalstaat als Ordnungseinheit für unverzichtbar, auch wenn er nicht alle europäischen „Völker" für staatsfähig hielt. Schmitt hingegen propagierte das Ende (national-)staatlicher Souveränität und trat für autoritäre Reichsmodelle ein, in denen grundsätzlich *völkische* Ordnungsprinzipien herrschen sollten. Während also Naumann am Prinzip der (allerdings nicht durchweg souveränen) Nationalstaatlichkeit festhielt, blieb in seinem Mitteleuropamodell die supranationale Machtebene reichlich diffus. Einen föderativen Staatenbund kann man sein Ordnungsmodell angesichts hierarchisierter Rechts- und Souveränitätsverhältnisse wohl kaum nennen, genau genommen findet man bei Naumann eigentlich kein ausgearbeitetes Konzept zur übergeordneten Herrschaftsebene. Ähnlich unklar blieb auch sein Verständnis, wie in einem „Mitteleuropa" das Verhältnis der darin existierenden Bevölkerungen rechtlich wie politisch zu regeln war. Der allenfalls theoretische Gleichheitsgrundsatz erwies sich bis zur Unkenntlichkeit überlagert von der geradezu selbstverständlichen Annahme einer deutschen Hegemonie und Überlegenheit, womit Naumann erneut den eklatanten Grundwiderspruch eines zwar universal argumentierenden, aber partikular agierenden Liberalismus unterstrich.

Großraumtheorien, wie sie Rudolf Kjellén, später auch Carl Schmitt und in Form rassenbiologischer Ordnungen auch Reinhard Höhn vertraten, hatten auf die Frage nach der „Wertigkeit der Völker" zwar durchaus unterschiedliche Antworten, gemeinsam war ihnen allerdings, dass sie sich offen, unmissverständlich und detailliert dazu bekannten, großräumliche Herrschaft in Europa und anderswo auf der Grundlage *völkischer* Hierarchien errichten zu wollen. Eine solche programmatische Eindeutigkeit suchte man in liberalen Herrschaftsentwürfen wie Naumanns *Mitteleuropa* vergeblich. Schmitt hielt noch daran fest, das Verhältnis der in einem Großraum existierenden Bevölkerungsgruppen rechtlich beziehungsweise völkerrechtlich regeln zu wollen, hingegen vollzog Höhn den Übergang zu rassenbiologischen und damit zugleich eliminatorischen Homogenitätskonzepten. Während imperiale Herrschaft Heterogenität als Strukturprinzip voraussetzte und auf hierarchisierte, durch Zivilisierungsanstrengungen harmonisierte Herrschaftsverhältnisse zielte, beruhte die nationalsozialistische Großraumideologie auf der Vorstellung rassischer Homogenität, die durch Bevölkerungstransfer und Umerziehungsmaßnahmen hergestellt, darüber hinaus durch dezidierte Züchtungsprogramme und systematische Vernichtungspolitiken realisiert werden sollte. Genau dies waren die ideologischen Parameter, anhand derer Reinhard Höhn und andere NS-Funktionäre ihre politische Theorie völkischer Herrschaft entwickelten und in die Praxis umzusetzen begannen.

THOMAS VORDERMAYER

Die Kehrtwende des Wilhelm Stapel

Von den liberalen Anfängen eines völkischen Publizisten und ihrer
national(sozial)istischen Revision nach 1918

Der Name Wilhelm Stapels wurde in der historischen Forschung der vergangenen Jahrzehnte mit Unterschiedlichem assoziiert, jedoch nicht mit
dem Liberalismus. Während seiner zwanzigjährigen Tätigkeit als Herausgeber der Zeitschrift „Deutsches Volkstum. Monatsschrift für das deutsche
Geistesleben"[1] zwischen Anfang 1919 und Ende 1938 machte sich Stapel als
politischer Publizist und nimmermüder Vortragsreisender einen Namen, dessen Denken ganz von rechtskonservativer und völkischer Ideologie durch-
drungen war. Nach dem Ersten Weltkrieg widmete Stapel seine beträchtliche
Arbeitsenergie insbesondere dem erfolgreichen Versuch, einen vorgeblich
sachlichen und „objektiven" Antisemitismus im Bildungsbürgertum der Weimarer Republik zu popularisieren.[2] Genau in dieser Rolle, als „Virtuose einer
vornehmen und deshalb auch für Intellektuelle verführerischen Version des
,Salonantisemitismus'"[3], wie es Siegfried Lokatis treffend formuliert hat, ist
Stapel in der zeithistorischen Forschung vornehmlich bekannt.

---

1   Zu Profil und Bedeutung des „Deutschen Volkstums" vgl. Ascan Gossler: Publizistik und
konservative Revolution. Das „Deutsche Volkstum" als Organ des Rechtsintellektualismus
1918–1933, Hamburg 2001; Alexandra Gerstner: Die Zeitschrift „Deutsches Volkstum. Monatsschrift für das deutsche Geistesleben" (1917–1938), in: Michel Grunewald / Uwe Puschner
(Hg.): Le milieu intellectuel conservateur en Allemagne, sa presse et ses réseaux (1890–1960),
Bern 2003, S. 203–218.
2   Vgl. Thomas Vordermayer: Bildungsbürgertum und völkische Ideologie. Konstitution und
gesellschaftliche Tiefenwirkung eines Netzwerks völkischer Autoren (1919–1959), Berlin 2016,
bes. S. 150–170.
3   Siegfried Lokatis: Wilhelm Stapel und Carl Schmitt. Ein Briefwechsel, in: Schmittiana.
Beiträge zu Leben und Werk Carl Schmitts 5 (1996), S. 27–108, hier S. 32; Louis Dupeux hat

Weit weniger geläufig und bis heute nicht detailliert empirisch erforscht ist jedoch der Sachverhalt, dass der Beginn von Stapels publizistischer Karriere im wilhelminischen Kaiserreich unter dezidiert liberalen, ja linksliberalen Vorzeichen stand. In seiner Studie „Wilhelm Stapel als politischer Publizist" hat Heinrich Keßler vor mehr als einem halben Jahrhundert zwar bereits knapp auf diesen Umstand verwiesen, ohne ihn jedoch präzise auszuführen oder näher zu analysieren.[4] Im Folgenden sollen daher zunächst die Kerninhalte jener frühen, vergessenen Texte Stapels charakterisiert werden (Teil 1), ehe es anschließend die Ursachen darzulegen gilt, weshalb sich Stapel später infolge des Ersten Weltkriegs so fundamental vom Liberalismus entfremdete. Dabei wird Stapels zunächst sehr ehrfurchtsvolles, nach 1918 jedoch vehement ablehnendes Verhältnis zu Friedrich Naumann besonders beleuchtet; wie in einem Brennglas kommen hier wesentliche Elemente seiner politisch-ideologischen Kehrtwende zum Vorschein (Teil 2). Abschließend wird knapp illustriert, dass Stapels jähe Ablehnung des Liberalismus infolge des Ersten Weltkriegs mit einer nicht minder entschiedenen Hinwendung zum Antisemitismus verbunden war und diese beiden Kennzeichen seines Denkens nur miteinander erklärt und verstanden werden können (Teil 3).

Ohne eine Analyse dieser antiliberalen Kehrtwende lässt sich zudem nicht erklären, warum Stapel schon sehr früh mit dem Nationalsozialismus in Beziehung kam – eine Beziehung, die von öffentlicher Kritik an herablassenden Presseberichten rund um den kläglich gescheiterten Hitler-Putsch und einer erfolglosen Kandidatur für die Nationalsozialistische Freiheitspartei in den Jahren 1923/24, über euphorische Heilserwartung und illusorische Versuche der politischen Einflussnahme in den frühen 1930er Jahren bis hin zu tiefer Enttäuschung und Verbitterung nach 1933 führte. Diese Entwicklung ist hier im Einzelnen jedoch nicht das Thema, zumal sie an anderer Stelle bereits ausführlich dargelegt wurde.[5] Wenden wir uns stattdessen zunächst dem Beginn von Stapels publizistischer Karriere zu.

Stapel auch als eine „Galionsfigur des Antisemitismus" der Weimarer Zeit bezeichnet. Louis Dupeux: Der Kulturantisemitismus von Wilhelm Stapel, in: Kurt Nowak / Gerard Raulet (Hg.): Protestantismus und Antisemitismus in der Weimarer Republik, Frankfurt/M. 1994, S. 167–176, hier S. 167.

4 Vgl. Heinrich Keßler: Wilhelm Stapel als politischer Publizist. Ein Beitrag zur Geschichte des konservativen Nationalismus zwischen den beiden Weltkriegen, Nürnberg 1967, S. 15 f.

5 Vgl. Vordermayer, Bildungsbürgertum, S. 261–337.

1. (Links)liberale Anfänge: Wilhelm Stapels Publizistik im wilhelminischen Kaiserreich

Unmittelbar nach Abschluss seiner kunsthistorischen Dissertation zum Thema „Der Meister des Salzwedeler Hochaltars nebst einem Überblick über die gotischen Schnitzaltäre der Altmark" an der Universität Göttingen fand Stapel 1911 Anstellung bei der Stuttgarter Tageszeitung „Der Beobachter. Ein Volksblatt für Schwaben". Für dieses Organ der Fortschrittlichen Volkspartei[6] verfasste der damals 28 Jahre alte Stapel zwischen April und August 1911 in schneller Folge insgesamt 17 Artikel,[7] ehe er im November desselben Jahres einem Ruf von Ferdinand Avenarius nach Dresden folgte und Mitarbeiter der prestigeträchtigen Kulturzeitschrift „Der Kunstwart" wurde, für die er bis 1916 tätig war.[8]

Die große Mehrzahl der Beiträge Stapels im Stuttgarter „Beobachter" lassen sich zwei Kategorien zuordnen[9]: Erstens ritt er scharfe Attacken gegen

---

6   Eine knappe Einführung in die Geschichte und politische Position des „Beobachters" bietet Karin Rabenstein-Kiermaier: Conrad Haussmann (1857–1922). Leben und Werk eines schwäbischen Liberalen, Frankfurt/M. 1993, S. 105–108.

7   Es sind dies im Einzelnen: Der Bund der Landwirte in der Falle (11.4.1911); Liberale und Sozialisten in Belgien (12.4.1911); Revisionismus (13.4.1911); Frühlingswind (15.4.1911); Die Unfruchtbarkeit der konservativen Oppositionspolitik (18.4.1911); Die politische Bedeutung unserer religiösen Kämpfe, Teil 1: Der Modernismus (19.4.1911); Die politische Bedeutung unserer religiösen Kämpfe, Teil 2: Die protestantische liberale Theologie (20.4.1911); Mexiko (24.4.1911); Der Bund der Landwirte und das siebente Gebot (26.4.1911); Hineingefallene Sieger (29.4.1911); Die Reichsfinanzreform als Agitationsmittel (2.5.1911); „Demokratische Zeitstimmung" und „geborene Aristokratie" (23.5.1911); Liberale Agrarpolitik (Zur dritten Auflage von Naumanns ,Neudeutscher Wirtschaftspolitik') (7.6.1911); Die neue Reichsversicherungsordnung (9.6.1911); Die Folgen der Verurteilung [Carl] Jathos (30.6.1911); Um eine Stimme (17.8.1911); Das Auswärtige Amt (19.8.1911); Vor der Entscheidung über Marokko (26.8.1911).

8   Das Engagement Stapels für den „Kunstwart" endete im Streit, aller Wahrscheinlichkeit nach wegen Unstimmigkeiten bei einer Honorarfrage. Vgl. Gerhard Kratzsch: Kunstwart und Dürerbund. Ein Beitrag zur Geschichte der Gebildeten im Zeitalter des Imperialismus, Göttingen 1969, S. 126. Nachdem Stapel Ende 1916 den „Kunstwart" verlassen hatte, arbeitete er bis 1919 im Hamburger „Volksheim", einer 1901 gegründeten Bildungseinrichtung, die in erster Linie auf eine Versöhnung der Arbeiterklasse mit der Nation abzielte. Gossler, Publizistik, S. 104. Anschließend übernahm Stapel auf Initiative des „Deutschnationalen Handlungsgehilfenverbands" die Herausgeberschaft des „Deutschen Volkstums".

9   Ausgenommen bleiben hier die beiden dezidiert außenpolitischen Artikel: Mexiko (24.4.); Vor der Entscheidung über Marokko (26.8.), die im Hinblick auf die frühe Publizistik Stapels thematisch aus dem Rahmen fallen und für dessen Profil nicht repräsentativ sind. Überhaupt fällt bei einem Überblick der gesamten publizistischen Karriere Stapels ein deutliches Übergewicht innenpolitischer Themen gegenüber außenpolitischen ins Auge.

die Deutschkonservative Partei und die ihr nahestehenden Interessengruppen, die Stapel als „reaktionäre Mächte" brandmarkte, deren Handeln sich in seinen Augen durch „traurigste Einseitigkeit" und *„völlige Unfruchtbarkeit"* auszeichnete und die grundsätzlich „nichts [...] Entwicklungsförderndes" aufzuweisen hatten.[10] Bereits in seinen ersten Artikeln machte Stapel diese konservativen Gruppierungen für die angebliche *„Stagnation"*[11] Deutschlands verantwortlich und prognostizierte ihnen vor diesem Hintergrund den politischen Schiffbruch:

> „Wie haben die Konservativen so oft gehöhnt über die unfruchtbare Opposition des Freisinns! Ihr Spott wendet sich gegen sie selbst. Da sitzen sie um Herrn [Ernst] v[on] Heydebrand [und der Lasa] geschart auf ihrem Floß und mühen sich mit Stangen und Stricken, nicht fortgetrieben zu werden vom Strom der Entwicklung. [...] Die Konservativen mögen acht haben, daß die aufgestauten Gewässer nicht sie samt den losen Brettern, auf denen die Herren hocken, unter sich begraben und fortschwemmen – es ist wohl nahe daran!"[12]

Zweitens äußerte Stapel im „Beobachter" wiederholt utopische Hoffnungen, wonach „die ganze deutsche Geschichtsentwicklung" zum festen Glauben Anlass gebe, dass „der liberale Gedanke [...] siegreich sein" werde, wohingegen der Konservatismus „ewig dazu verdammt" sei, „das retardierende Moment des Fortschritts zu sein".[13] Auf Dauer aber lasse sich keine „Bewegung aufhalten", die, so wie der Liberalismus, von „geschichtlicher Notwendigkeit" getragen werde. Die strikte „Scheidung der Gegensätze" im *„politischen* Leben" zwischen Liberalen und Konservativen ließ in Stapel damals die Überzeugung reifen, ein finaler „Zusammenstoß" beider Lager sei unvermeidbar: „Eine solche Zuspitzung der Verhältnisse *muß* zu einer Entscheidung nach dieser

---

10 Wilhelm Stapel: Die Unfruchtbarkeit der konservativen Oppositionspolitik, in: Der Beobachter. Ein Volksblatt aus Schwaben, 18.4.1911, Nr. 89; Ders.: Die politische Bedeutung unserer religiösen Kämpfe, Teil 1: Der Modernismus, in: Der Beobachter. Ein Volksblatt aus Schwaben, 19.4.1911, Nr. 90 (Herv. i. Orig.).

11 Ders., Bedeutung, Teil 1.

12 Ders., Unfruchtbarkeit; Ernst von Heydebrand und der Lasa saß von 1906 bis 1918 der Fraktion der Deutschkonservativen Partei im Preußischen Abgeordnetenhaus vor. Zugleich war er seit 1903 Reichstagsabgeordneter. Zur Person Heydebrands vgl. einführend James Retallack: Zwei Vertreter des preußischen Konservatismus im Spiegel ihres Briefwechsels. Die Heydebrand-Westarp-Korrespondenz, in: Larry Eugene Jones (Hg.): „Ich bin der letzte Preuße". Der politische Lebensweg des konservativen Politikers Kuno Graf von Westarp (1864–1945), Köln 2006, S. 33–60, bes. S. 34–42.

13 Wilhelm Stapel: Die Reichsfinanzreform als Agitationsmittel, in: Der Beobachter. Ein Volksblatt aus Schwaben, 2.5.1911, Nr. 101.

oder jener Richtung führen. Es ist gut, daß es endlich soweit gekommen ist."[14] Die Ansicht, dass zwischen Liberalismus und Konservatismus letztlich keine Vermittlung möglich sei, gehört zu den sehr wenigen Wesenszügen, die das politische Denken Stapels ebenso vor wie nach dem Ersten Weltkrieg kennzeichnete, dann allerdings freilich unter diametral umgekehrten Vorzeichen.

Neben der Deutschkonservativen Partei galt Stapels Zorn vor 1914 im Besonderen dem Bund der Landwirte (BdL).[15] Mehrere seiner Artikel im Stuttgarter „Beobachter" lassen „jene Wut auf die agrarischen Schutzzöllner" erkennen, welche „seit der Bismarck-Zeit die Liberalen einte".[16] Dem BdL warf Stapel im Besonderen vor, sein ursprüngliches, hehres Ziel einer „wirtschaftlichen Hebung der deutschen Landwirtschaft" völlig aus den Augen verloren zu haben und stattdessen zu einem rücksichtslos kapitalistischen „Geschäftsbetrieb" verkommen zu sein, der „krasseste konservative Parteipolitik"[17] betreibe. Vor allem gelte das im Hinblick auf die „elsaß-lothringische Frage" und das preußische Dreiklassenwahlrecht, welches der BdL bekanntlich in der Tat eisern verteidigte.[18] Stapel forderte aufgrund angeblicher finanzieller Unregelmäßigkeiten innerhalb des BdL zudem, dass „Steuerfiskus und Polizei" dem Bund „recht bald anatomisch und physiologisch zu Leibe"[19] rücken müssten, und verspottete darüber hinaus die Versuche des BdL, mittels einer aus seiner Sicht primitiv einseitigen, ja stumpfsinnigen antiliberalen Agitation die „Gunst der Handwerker, Kaufleute und Lehrer" gewinnen zu wollen. In Wirklichkeit, so Stapel, trage der BdL, dem es nur noch um das „Geschäft" gehe, „mit seiner Wirtschaftspolitik […] die Hauptschuld" am Elend dieser angestrebten, neuen Klientel. Das aber brauche

> „man ja den Leuten nicht auf die Nase zu binden. Der Liberalismus hat schuld! Der Liberalismus bringt euch auf den Hund! Bum bum! Der böse Liberalismus! Nur die Trommel gerührt und 's Maul aufgerissen! Wir müssen schreien, schreien, schreien!

---

14 Ders.: Frühlingswind, in: Der Beobachter. Ein Volksblatt aus Schwaben, 15.4.1911, Nr. 88 (Herv. i. Orig.).

15 Zu Struktur, Ideologie und politischem Einfluss des Bundes nach wie vor besonders instruktiv Hans-Jürgen Puhle: Agrarische Interessenpolitik und preußischer Konservatismus im wilhelminischen Reich 1893–1914. Ein Beitrag zur Analyse des Nationalismus in Deutschland am Beispiel des Bundes der Landwirte und der Deutsch-Konservativen Partei, Bonn ²1975.

16 Joachim Radkau: Theodor Heuss, München 2013, S. 67.

17 Wilhelm Stapel: Der Bund der Landwirte in der Falle, in: Der Beobachter. Ein Volksblatt aus Schwaben, 11.4.1911, Nr. 85.

18 Zum politischen Hintergrund vgl. Rita Aldenhoff-Hübinger: Agrarpolitik und Protektionismus. Deutschland und Frankreich im Vergleich 1879–1914, Göttingen 2002, S. 108 f.

19 Stapel, Falle.

Dann glauben's die guten Leute schon. Das nennt man dann ‚Mittelstandspolitik'
und ‚Schutz der nationalen Arbeit'."[20]

Ob sich Stapel neben der wüsten antiliberalen Agitation auch an der heftigen
judenfeindlichen Propaganda des BdL und seiner Presseorgane störte, wie sie
Elke Kimmel anschaulich herausgearbeitet hat,[21] muss indes offenbleiben.
Zwar attackierte Stapel in einem seiner Artikel den BdL als Verband „brutale[r] Demagogen",[22] diese Äußerung ist jedoch zu generalisierend, als dass sie
im Speziellen auf den Antisemitismus bezogen werden könnte. Vielmehr ist
bemerkenswert, dass im Kaiserreich das Judentum in Stapels Publizistik als
eigenständiges Thema keinerlei Rolle spielte. Auch dies illustriert anschaulich
die tiefe Zäsur des Jahres 1918 für Stapels Denken, lässt sich für die Weimarer
Republik doch kaum ein Gegenstand benennen, der Stapel intensiver und
nachhaltiger beschäftigt hätte als die sogenannte Judenfrage.[23] Ganz offensichtlich entstand Stapels eigener Antisemitismus frühestens in der Endphase
des Ersten Weltkriegs; anders als andere (links)liberale Intellektuelle engagier-
te sich Stapel während des Kaiserreichs jedoch auch zu keinem Zeitpunkt für
eine etwaige Abwehr des Antisemitismus.[24] Die um 1900 in und außerhalb
Deutschlands so intensiv debattierte „Judenfrage"[25] spielte in seinen Schriften
vor 1918 keine nennenswerte Rolle.

Die politische Zukunft des Liberalismus sah Stapel vor dem Ersten Weltkrieg nicht in etwaigen Annäherungen an die politische Rechte, sondern in
einer – zumindest temporären – Kooperation mit der Sozialdemokratie. Für
deren „soziale Bestrebungen" empfand Stapel, wie er noch nach 1918 be-

---

20   Ders.: Der Bund der Landwirte und das siebente Gebot, in: Der Beobachter. Ein Volksblatt aus Schwaben, 26.4.1911, Nr. 96.
21   Vgl. Elke Kimmel: Methoden antisemitischer Propaganda im Ersten Weltkrieg. Die Presse des Bundes der Landwirte, Berlin 2001. Für die Zeit vor 1914 hier S. 19–74.
22   Stapel, Gebot.
23   Vgl. Vordermayer, Bildungsbürgertum, S. 150–160.
24   Vgl. Andreas Pehnke: Das Engagement liberaler Pädagogen im „Verein zur Abwehr
des Antisemitismus" und seine Fortwirkungen, in: Jahrbuch zur Liberalismus-Forschung 21
(2009), S. 143–164; Barbara Suchy: The Verein zur Abwehr des Antisemitismus. From its
Beginnings to the First World War, in: Leo Baeck Institute Yearbook 28 (1983), S. 205–239.
25   Vgl. Manfred Hettling / Guido Hausmann / Michael G. Müller (Hg.): Die „Judenfrage" –
ein europäisches Phänomen?, Berlin 2013. Dem stark an Osteuropa interessierten Sammelband fehlen leider Perspektiven auf Großbritannien und Frankreich, wo sich die entsprechende Debatte bekanntlich prominent um die Dreyfus-Affäre entzündete. Zur britischen Debatte
vgl. knapp Arnd Bauerkämper: Die „radikale Rechte" in Großbritannien. Nationalistische,
antisemitische und faschistische Bewegungen vom späten 19. Jahrhundert bis 1945, Göttingen 1991, S. 80 f.

kannte, damals „starke Sympathien" und begrüßte ihr Wirken als einen „notwendigen Widerspruch" gegen die „rücksichtslose [...] Money-makerei" des „moderne[n] Wirtschaftsleben[s]", dem aus seiner Sicht „alles echte Wertgefühl abhanden gekommen" war.[26] „Wir brauchen", so schrieb er im April 1911, „eine Politik, die orientiert ist am Wesen des modernen Lebens", was nur erreichbar schien, „wenn alle, die eine solche Politik wollen, sich zusammenschließen, um den reaktionären Damm zu durchbrechen. Wir sind so weit, daß links und rechts sich sondern".[27] Erwartungsgemäß für einen liberalen Publizisten war es freilich nicht die radikale Parteilinke, sondern der gemäßigte, „revisionistische" Flügel der SPD, mit dem Stapel vor 1914 sympathisierte. In ihm sah er einen intellektuell respektablen und politisch vielversprechenden Bündnispartner:

> „In Deutschland finden sich die Revisionisten vor allem unter den Männern der wissenschaftlichen Forschung, [...] aber auch unter denen, die in verantwortlicher praktischer Tätigkeit schwere Kämpfe auszufechten hatten. Ueberall sehen wir, der Unterschied zwischen Radikalismus und Revisionismus ist ein Unterschied der höheren oder tieferen Lage der *geistigen Entwicklung*. Der Revisionist stellt sich der Welt objektiver gegenüber. Und darum trifft er auch viel häufiger mit den Vertretern anderer Anschauungen bei allem Unterschied der Auffassung in der Sache zusammen."[28]

Diese politische Einstellung verband Stapel unter anderem mit Theodor Heuss, der vor 1914 ebenfalls auf eine engere Kooperation liberaler Kreise mit „unorthodoxen Sozialdemokraten" drängte, von denen er annahm, „sich auf menschlicher und kultureller Ebene verständigen" zu können.[29] Ungeachtet aller Unterschiede „in den Grundfragen der Staatsauffassung" und der „Persönlichkeitswertung" sollten sich, so Stapel, Liberale und (gemäßigte) Sozialisten auf die sie verbindenden, „ideelle[n] Güter" im Hinblick auf die „Entwicklung des staatlichen [und] sittlichen Lebens" konzentrieren; nur so könne das Deutsche Reich mit seinen „Nachbarländern in der notwendigen Entwicklung Schritt [...] halten" und würde im Wettlauf der „aufstrebenden

---

26 Wilhelm Stapel: Das geistige Deutschland und die Republik. Offener Brief an Konrad Hänisch, in: Deutsches Volkstum. Monatsschrift für das deutsche Geistesleben 3 (1921), S. 101–106, hier S. 101; Ders.: Zwiesprache, in: Deutsches Volkstum. Monatsschrift für das deutsche Geistesleben 10 (1928), Bd. 2, S. 575.
27 Ders., Frühlingswind.
28 Ders.: Revisionismus, in: Der Beobachter. Ein Volksblatt aus Schwaben, 13.4.1911, Nr. 87 (Herv. i. Orig.).
29 Radkau, Heuss, S. 65 f.

Kulturländer" nicht an Boden verlieren.[30] Ein „Zusammenarbeiten von Liberalen und Sozialisten" werde „zwar eine vorübergehende Tatsache sein",
aber es werde „Tatsache sein müssen"; sollte die Regierung in Zukunft ein solches Zusammenarbeiten verhindern wollen und das Land dadurch weiter „in
einen Zustand der Reaktion hineintreiben", dann werde sich „das deutsche
Volk", so Stapel nicht ohne drohenden Unterton, „selbst helfen" müssen.[31]

Ähnlich, wenngleich weniger kämpferisch, hatte auch Friedrich Nau-
mann am Vorabend des Ersten Weltkriegs das „Konzept eines Links-Blocks"
verfolgt und für ein „Zusammengehen" von „Liberale[n] unterschiedlicher
Couleur und Sozialdemokraten" geworben.[32] Mittlerweile war Naumann zur
Überzeugung gelangt, dass „nur ein politisches Bündnis zwischen Liberalen,
Nationalliberalen und Sozialdemokraten es ermöglichen würde, greifbare
Reformen durchzusetzen".[33] Bedenkt man zudem, dass Stapel im Stuttgarter „Beobachter" die „liberale [protestantische] Theologie" zum „geistige[n]
Bundesgenossen" des politischen Liberalismus erklärte[34] und das katholische
Zentrum als eine „Hauptstütze der Reaktion"[35] angriff, wird der große Ein-
fluss Naumanns noch deutlicher – war doch auch dieser davon überzeugt,
die Zentrumspartei müsse „für eine liberale Entwicklung in Deutschland" aus
ihrer „politischen Schlüsselrolle gedrängt werden".[36]

Mit Naumann verband Stapel überdies ein spürbares Unbehagen gegenüber dem Frauenwahlrecht. Bei dieser Frage versagte ihm, wie so vielen seiner
Geschlechts- und Gesinnungsgenossen vor 1918, der liberale Instinkt. Ähnlich wie Naumann, der angesichts seiner politischen Maximen im Grunde
nichts gegen das Frauenwahlrecht einwenden konnte, es letztlich aber bevorzugte, „wenn die Frauen sich [...] mehr auf Kinder als auf Politik konzentrier-

---

30 Wilhelm Stapel: Liberale und Sozialisten in Belgien, in: Der Beobachter. Ein Volksblatt
aus Schwaben, 12.4.1911, Nr. 86.
31 Ebd.
32 Jürgen Frölich: „Jede Zeit hat ihre Freiheiten, die sie sucht". Friedrich Naumann und der
Liberalismus im ausgehenden Kaiserreich, in: Detlef Lehnert (Hg.): Sozialliberalismus in Europa. Herkunft und Entwicklung im 19. und frühen 20. Jahrhundert, Wien 2012, S. 135–157,
hier S. 151.
33 Gerd Fesser: Friedrich Naumann (1860–1919), in: Bernd Heidenreich (Hg.): Politische
Theorien des 19. Jahrhunderts. Konservatismus, Liberalismus, Sozialismus, Berlin ²2002,
S. 399–411, hier S. 407.
34 Wilhelm Stapel: Die politische Bedeutung unserer religiösen Kämpfe, Teil 2: Die protestantische liberale Theologie, in: Der Beobachter. Ein Volksblatt aus Schwaben, 20.4.1911,
Nr. 91.
35 Ders., Bedeutung, Teil 1.
36 Frölich, Naumann, S. 149.

ten"[37], argumentierte Stapel in seinem ersten großen Artikel für den „Kunstwart", das fehlende Frauenwahlrecht bedeute keineswegs eine Zurücksetzung der „Frauenwelt": Für Frauen gäbe es andere und effizientere Wege der politischen Einflussnahme als jene des Wahlrechts, ferner besäßen sie mehrheitlich ein „natürliche[s] Gefühl [...] gegen den politischen Kampf".[38] Mit diesem „Klischee von der unpolitischen Frau", das heute als Erkennungsmerkmal rechtsradikalen Denkens gilt,[39] war Stapel im damaligen bürgerlich-liberalen Frauendiskurs kein Außenseiter.[40] Nicht ohne Grund resümierte Clara Zetkin, Gallionsfigur der sozialistischen Frauenbewegung, im Jahr 1907: „Keine einzige der bürgerlichen und demokratischen Parteien ist in Deutschland zurzeit offiziell und programmatisch auf das Frauenstimmrecht verpflichtet, von keiner einzigen von ihnen ist daher eine energische und geschlossene Unterstützung dieser Forderung zu erwarten."[41]

Angesichts der sehr weitreichenden Übereinstimmungen mit der Politik Friedrich Naumanns überrascht es nicht, dass Stapel 1911 auch dessen Studie „Neudeutsche Wirtschaftspolitik", die im Sinne der betrieblichen Mitbestim-

---

37   Radkau, Heuss, S. 43.
38   Wilhelm Stapel: Frauenstimmrecht, in: Der Kunstwart. Halbmonatsschau für Ausdruckkultur auf allen Lebensgebieten 25 (1912), H. 21, S. 145–154, hier S. 151 f. Aufgrund der leichten Beeinflussbarkeit potenzieller weiblicher Wähler, insbesondere von Seiten konservativer katholischer Kleriker, so argumentierte Stapel weiter, stünde zudem zu erwarten, dass sich das Frauenwahlrecht rasch zu Ungunsten der Frauenbewegung auswirken würde: „[D]ie nächste Folge des Frauenstimmrechts würde sein eine Stärkung *der* Parteien, die nicht nur *gegen* das Frauenstimmrecht, also für seine Wiederabschaffung wären, sondern auch gegen nicht unwichtige *Kulturideen der Frauenbewegung* überhaupt"; insgesamt würde das Frauenwahlrecht „auf Kosten der Liberalen und der Sozialdemokratie" gehen und „eine sehr wesentliche Stärkung des Zentrums" mit sich bringen (Herv. i. Orig.).
39   So die Argumentation in: Clarissa Rudolph: Geschlechterverhältnisse in der Politik. Eine genderorientierte Einführung in Grundfragen der Politikwissenschaft, Bonn 2015, S. 36 f.
40   Vgl. Ute Planert: Antifeminismus im Kaiserreich. Indikator einer Gesellschaft in Bewegung, in: Archiv für Sozialgeschichte 38 (1998), S. 93–118, bes. S. 106–108, wonach selbst die Linksliberalen des Kaiserreichs im Hinblick auf Frauenbewegung und Frauenwahlrecht „an einem heftigen inneren Zwiespalt zwischen abstrakten politischen Einsichten und gefühlsmäßiger Überzeugung" litten; die Unterstützung der liberalen Parteien reduzierte sich infolgedessen oft auf bloße, „unverbindliche Absichtserklärungen", ebd., S. 107. Zu Genese und gesellschaftlicher Verbreitung des Klischees von der „unpolitischen" Frau im 19. Jahrhundert vgl. Karin Hausen: Die Polarisierung der „Geschlechtscharaktere". Eine Spiegelung der Dissoziation von Erwerbs- und Familienleben, in: Werner Conze (Hg.), Sozialgeschichte der Familie in der Neuzeit Europas. Neue Forschungen, Stuttgart 1976, S. 363–401, bes. S. 375–381.
41   Clara Zetkin: Zur Frage des Frauenwahlrechts. Bearbeitet nach dem Referat auf der Konferenz Sozialistischer Frauen zu Mannheim, Berlin 1907, S. 18.

mung für die Etablierung eines „Fabrikparlamentarismus" plädierte,[42] nicht nur sehr positiv rezensierte, sondern auch vehement gegen eine aus seiner Sicht törichte und „von unfreiwilliger Komik strotz[ende]" Kritik der „konservative[n] Presse" verteidigte.[43] Er nahm dabei insbesondere die „Deutsche Reichspost", das traditionsreiche „Zentralorgan der süddeutschen Konservativen"[44], ins Visier und warf dem Blatt eine gezielte Desinformationskampagne mittels falscher Zitationen aus Naumanns Studie vor.[45]

Wenn sich für die Zeit des Kaiserreichs überhaupt ein erheblicher Unterschied zwischen Stapel und Naumann konstatieren lässt, so lag er in einer unterschiedlichen Bewertung des Kapitalismus. Während Naumann stets unbeirrt am Glauben „an den Kapitalismus und dessen Zukunftsfähigkeit"[46] festhielt, war Stapel hier deutlich skeptischer. Für die klar gegen die kapitalistische Gesellschafts- und Wirtschaftsordnung gerichtete Lehre des sozialistischen Theologen Hermann Kutter äußerte Stapel im Juni 1914 deutliche Sympathien.[47] Und als 1915 im Rahmen der deutschen Kriegswirtschaft und Mangelökonomie die Reichsgetreidestelle errichtet wurde, die den Getreidemarkt monopolisierte und die Verteilung von Mehl und Getreide koordinierte,[48] pries Stapel dies als eine Maßnahme von welthistorischer Bedeutung:

---

42 Arbeiterausschüsse, so Naumanns Forderung, sollten in Fragen der Personalpolitik, der Arbeitsplatzsicherheit und der Arbeitszeit ein Mitspracherecht erhalten. Vgl. Fesser, Naumann, S. 407.

43 Vgl. Wilhelm Stapel: Liberale Agrarpolitik, in: Der Beobachter. Ein Volksblatt aus Schwaben, 7.6.1911, Nr. 130.

44 Stefan Biland: Die Deutsch-Konservative Partei und der Bund der Landwirte in Württemberg vor 1914. Ein Beitrag zur Geschichte der politischen Parteien im Königreich Württemberg, Stuttgart 2002, S. 94.

45 Vgl. Stapel, Agrarpolitik: „Man fragt sich unwillkürlich, hält der Verfasser Naumann oder die Leser der ‚D[eutschen] Reichspost' für Idioten? Auf den Unsinn einzugehen, lohnt sich nicht. Wir wollen nur für *ganz* harmlose Gemüter konstatieren, daß die in Anführungszeichen gesetzten Worte sich nirgends bei Naumann finden und daß seine Gedanken in *allen* Stücken genau entgegengesetzt laufen. Sapienti sat!" (Herv. i. Orig.).

46 Jan Röder: Der Volksstaat als Selbstverständlichkeit. Friedrich Naumann und die Begründung der Weimarer Republik, in: Hans Vorländer (Hg.): Demokratie und Transzendenz. Die Begründung politischer Ordnungen, Bielefeld 2013, S. 391–414, hier S. 408.

47 Vgl. Wilhelm Stapel: Pfarrer Kutter, in: Der Kunstwart und Kulturwart. Halbmonatschau für Ausdruckkultur auf allen Lebensgebieten 27 (1914), H. 17, S. 281–286. Zur Theologie Kutters vgl. einführend Adam Weyer: Religion und Sozialismus, in: Horst E. Schallenberger (Hg.): Religion und Zeitgeist im 20. Jahrhundert, Stuttgart 1982, S. 130–146.

48 Vgl. Stefan Fisch: Wirtschaftliche Zentralstellen in Deutschland bis zur Gründung eines eigenständigen Reichswirtschaftsamts 1917, in: Carl-Ludwig Holtfrerich (Hg.): Das Reichswirtschaftsministerium der Weimarer Republik und seine Vorläufer. Strukturen, Akteure, Handlungsfelder, Berlin 2016, S. 27–95, hier S. 64.

Erstmals habe damit „der Kapitalismus [...] einen Teil seiner Macht [...] verloren" und sei „der uralte Unterschied von reich und arm" weitestgehend aufgehoben worden.[49]

Dieser Befund kann den sehr großen Einfluss Naumanns auf Stapels frühe Publizistik jedoch nicht relativieren. Nach 1918, als er sich bereits radikal vom Liberalismus abgewandt hatte, sprach auch Stapel selbst von Naumann als seinem „politische[n] Erwecker und Erzieher", der ihn einst „in die Politik eingeführt" habe.[50] Dieser authentischen Selbstbeschreibung entspricht es auch, dass Stapel seinen ersten journalistischen Gehversuch 1908 in Naumanns Zeitschrift „Die Hilfe" unternommen hatte – in Form eines Plädoyers für das gleiche (Männer-)Wahlrecht.[51] Den für die liberalen Parteien des Kaiserreichs so typischen Umstand, dass ihnen zumeist „klassische Kennzeichen von Milieuparteien wie den Arbeiterparteien und dem katholischen Zentrum fehlten"[52] und sie sich daher „[n]ur auf kommunaler Ebene, wo das Wahlrecht eingeschränkt blieb", als eine „politikgestaltend[e]" Kraft halten konnten,[53] problematisierte Stapel darin nicht.

Wenn Stapel 1938 hingegen betonte, vor dem Ersten Weltkrieg gleichermaßen von Friedrich Naumann wie von den radikalnationalistischen „Alldeutschen Blättern" politisch geprägt worden zu sein,[54] so ist diese autobio-

---

49 Wilhelm Stapel: Der Kampf gegen Manchester, in: Der Kunstwart und Kulturwart. Halbmonatschau für Ausdruckskultur auf allen Lebensgebieten 28 (1915), H. 11, S. 165–168, hier S. 165 f. „Wir Deutschen", so Stapel, „gestehn [sic!] also gemäß der Entwicklung unsres Staatslebens und gemäß unsrer Weltanschauung dem Staat das Recht ganz selbstverständlich zu, in das ‚freie Spiel der wirtschaftlichen Kräfte' einzugreifen. Wir *erwarteten* geradezu die ‚sozialistischen' Maßregeln zur Sicherung der Volksernährung" (ebd., S. 167, Herv. i. Orig.).
50 Wilhelm Stapel: Friedrich Naumann tot, in: Deutsches Volkstum. Monatsschrift für das deutsche Geistesleben 1 (1919), S. 281 f, hier S. 281; Ders.: Ein Briefwechsel zwischen den Revolutionen, in: Deutsches Volkstum. Monatsschrift für das deutsche Geistesleben 6 (1924), S. 34–36, hier S. 35.
51 Vgl. Ders.: Der Trugschluß der Gegner des gleichen Wahlrechts, in: Die Hilfe. Wochenschrift für Politik, Literatur und Kunst 14 (1908), Nr. 18, S. 291.
52 Anselm Doering-Manteuffel / Jörn Leonhard: Liberalismus im 20. Jahrhundert. Aufriss einer historischen Phänomenologie, in: Dies. (Hg.): Liberalismus im 20. Jahrhundert, Stuttgart 2015, S. 13–32, hier S. 19.
53 Jörn Leonhard: Ein historischer Kollektivsingular. Das Phänomen des Liberalismus in europäischer Perspektive, in: INDES. Zeitschrift für Politik und Gesellschaft 2016, H. 2, S. 25–33, hier S. 31; Dieter Langewiesche: Liberalismus in Deutschland, Frankfurt/M. 1988, S. 206 f.
54 Vgl. Wilhelm Stapel: Friedrich Naumann, in: Deutsches Volkstum. Monatsschrift für das deutsche Geistesleben 20 (1938), S. 380–387, hier S. 380; zum Profil der „Alldeutschen Blätter" vgl. Rainer Hering: Radikaler Nationalismus zwischen Kaiserreich und „Drittem Reich" am Beispiel der „Alldeutschen Blätter", in: Grunewald/Puschner, Milieu, S. 427–443.

grafische Anmerkung äußerst kritisch zu betrachten. Zu offensichtlich ist hier Stapels Versuch, sich und seiner Vergangenheit einen in den Augen der nationalsozialistischen Machthaber vorteilhafteren Anstrich zu geben. Vor allem aber hält diese Behauptung einer inhaltlichen Prüfung der Publizistik Stapels vor 1914 nicht ansatzweise stand, die von nationalchauvinistischen Sentenzen völlig frei blieb und auch von der völkischen Bewegung des wilhelminischen Kaiserreichs allenfalls höhnisch-abwertend sprach.[55] Doch anders als Friedrich Naumann, der um 1900 einen grundlegenden Liberalisierungsprozess durchlief und sich von seinen „national-sozialen" Wurzeln löste,[56] lässt sich bei Stapel infolge des Ersten Weltkriegs ein diametral entgegengesetzter Prozess beobachten. Was aber waren die Ursachen dieser politisch-ideologischen Kehrtwende? Was machte Stapel während der Weimarer Republik dem Liberalismus konkret zum Vorwurf?

2. Stapels Abkehr vom politischen Liberalismus infolge des Ersten Weltkriegs

Der Beginn der „tiefreichenden weltanschaulichen wie historisch-politischen Umorientierung"[57] Stapels und seiner Abwendung vom politischen Liberalismus lässt sich in Ermangelung einschlägiger Ego-Dokumente leider nicht exakt datieren.[58] Auch rückblickend äußerte sich Stapel privat wie öffentlich kaum zu dieser Frage. Zwar schrieb er 1928 in einer öffentlichen Kontroverse mit dem profilierten liberalen Religionspädagogen Friedrich Niebergall,[59]

---

55 Vgl. Wilhelm Stapel: Sind die „Schmalzgesellen" wieder da?, in: Der Kunstwart und Kulturwart. Halbmonatschau für Ausdruckkultur auf allen Lebensgebieten 27 (1913), H. 4, S. 323 f – eine Glosse gegen den völkischen Volksschullehrer und Schriftsteller Wilhelm Kotzde-Kottenrodt (eigentlich: Wilhelm Kottenrodt). Im „Beobachter" hatte Stapel zudem bereits im August 1911 die Broschüre „Die Entscheidung über Marokko" (1911) des in München lehrenden deutschvölkischen Historikers Albrecht Wirth scharf attackiert: Die Broschüre besitze „nicht den ruhigen Geist objektiver, wissenschaftlicher Darlegungen", sondern sei von „einer prononzierten [sic!] nationalistischen Parteilichkeit" getragen; Wirth „berausch[e] sich geradezu an der Vorstellung eines Weltkrieges" und spiele „in einer Weise mit dem Kriegsgedanken, die uns frivol erscheint"; Wilhelm Stapel: Das Auswärtige Amt, in: Der Beobachter. Ein Volksblatt aus Schwaben, 19.8.1911, Nr. 193.
56 Vgl. Frölich, Naumann, S. 137 f.
57 Keßler, Stapel, S. 23.
58 Die archivalische Überlieferung zum Leben Stapels ist bis in die 1920er Jahre hinein sehr lückenhaft. Zu den Hintergründen vgl. Vordermayer, Bildungsbürgertum, S. 29 f.
59 Zur Person vgl. Dietrich Zilleßen: Friedrich Niebergall (1866–1932), in: Henning Schröer / Ders. (Hg.): Klassiker der Religionspädagogik, Frankfurt/M. 1989, S. 161–180; David

ein vertieftes „Luther-Studium" habe am Anfang seines „Kampf[s] gegen den Liberalismus" gestanden – Stapel sprach hier auch von einem „Kampf gegen mich selbst" und einer „Befreiung von mir selbst" –,[60] doch ist es wenig plausibel, dass religiöse Überlegungen für seine antiliberale Wende tatsächlich ausschlaggebend waren. Denn obschon davon auszugehen ist, dass Stapel als Laientheologe[61] von der zutiefst nationalistischen Luther-Rezeption des Reformationsjubiläumsjahrs 1917 nicht unberührt blieb,[62] ist doch augenfällig, wie selten in seinen sehr zahlreichen späteren Stellungnahmen gegen den Liberalismus genuin theologische Aspekte im Vordergrund standen. Dominant waren stattdessen eindeutig (kultur-)politische und (rassen-)ideologische Motive.

Mit einiger Sicherheit lässt sich auch sagen, dass es nicht das von der deutschen Kriegspropaganda vielbeschworene, vermeintlich kollektive „Augusterlebnis"[63] 1914 war, das zu dem nachhaltigen politischen Umdenken Stapels führte. Zwar sollte auch Stapel später diese populäre Geschichtslegende verbreiten, seine Äußerungen während des Kriegs sprechen jedoch eine andere, weit differenziertere Sprache. So bezeichnete er im April 1915 zwar die „gewaltige seelische Erschütterung der Mobilmachungszeit" als eine „Befreiung", ergänzte jedoch skeptisch: „Wird diese Befreiung dauernd sein?"[64] Seine Zweifel ob dieser Frage wurden spätestens in der nachfolgenden Ausgabe des „Kunstwart" offensichtlich, als Stapel bekannte: „Der Siegesjubel will nicht mehr frei aus der Kehle, denn die Empfindung der Qualen und

Käbisch: Von der Katechetik zur Religionspädagogik? Friedrich Niebergall und die Religionslehrerbildung in Marburg, in: Tobias Sarx (Hg.): Protestantismus und Gesellschaft. Beiträge zur Geschichte von Kirche und Diakonie im 19. und 20. Jahrhundert. Jochen-Christoph Kaiser zum 65. Geburtstag, Stuttgart 2013, S. 451–462.

60 Wilhelm Stapel / Friedrich Niebergall: Konservative und liberale Weltanschauung. Eine Aussprache, in: Deutsches Volkstum. Monatsschrift für das deutsche Geistesleben 10 (1928), S. 516–520, hier S. 518.

61 Ein 1905 begonnenes Theologiestudium brach Stapel ab. Zu den theologischen und kirchenpolitischen Konzepten Stapels vgl. bes. Oliver Schmalz: Kirchenpolitik unter dem Vorzeichen der Volksnomoslehre. Wilhelm Stapel im Dritten Reich, Frankfurt/M. 2004.

62 Für diesen Hinweis danke ich Dr. Kristian Buchna. Zur Deutung Luthers im Jahr 1917 einführend Christian Albrecht: Zwischen Kriegstheologie und Krisentheologie. Zur Lutherrezeption im Reformationsjubiläum 1917, in: Hans Medick (Hg.): Luther zwischen den Kulturen. Zeitgenossenschaft – Weltwirkung, Göttingen 2004, S. 482–499.

63 Vgl. exempl. Gunther Mai: 1. August 1914: Gab es ein Augusterlebnis?, in: Eckart Conze / Thomas Nicklas (Hg.): Tage deutscher Geschichte. Von der Reformation bis zur Wiedervereinigung, München 2004, S. 177–192.

64 Wilhelm Stapel: Kriegsflugschriften 2, in: Der Kunstwart und Kulturwart. Halbmonatschau für Ausdruckskultur auf allen Lebensgebieten 28 (1915), H. 13, S. 32–34, hier S. 32.

des tausendfachen Todes, mit denen der Sieg erkauft wurde, hält den lauten Schrei und das leichte lose Wort zurück. Wir haben gelernt, was Heldentum wirklich ist."[65] Und ein Jahr später resümierte er:

> „In der Zeit der Mobilmachung fühlten wir uns alle zu den größten Hoffnungen auf eine seelische Befreiung der Menschen berechtigt. Aber je länger der Krieg dauert, um so mehr krustet sich wieder allerlei ‚Mittelbares‘ um das unmittelbare Leben an. Wenigstens ‚hinter der Front‘. Ob der seelische Durchbruch und Aufstieg des Kriegsanfangs dauernde Folgen haben wird, kann sich kaum eher erweisen, als bis die [Soldaten] von der Front zurückkehren."[66]

Stellungnahmen wie diese sind umso bemerkenswerter, führt man sich vor Augen, dass Stapel nach dem verlorenen Krieg in öffentlichen Äußerungen die hier thematisierten Risse in der deutschen Kriegsgesellschaft verleugnete oder schweigend an ihnen vorüberging. „In den Augusttagen 1914", so schrieb er etwa 1920, hätten sich alle Deutschen „auf dem Erdenrund [...] als eine innerlich und wesentlich zusammengehörige Gemeinschaft" empfunden, einschließlich der „Vorfahren und Enkeln". In diesem historischen Moment hätten alle Deutschen in ihrem Volk ein untrennbares, „einheitliches Sein und Wesen" erkannt – eine Einsicht, die laut Stapel „aller Erkenntnistheorie und Psychologie" standhielt, also „nicht ‚Konstruktion‘ oder ‚Theorie‘, auch nicht ‚Mystik‘, sondern Wirklichkeit" war.[67]

Eine Möglichkeit, sich den Ursachen der ideologischen Kehrtwende Stapels und seiner rigorosen Abkehr vom Liberalismus anzunähern, liegt in der Betrachtung seines gewandelten Verhältnisses zu Friedrich Naumann. Hatte Stapel im Kaiserreich Naumann noch unverkennbar nachgeeifert, so wurde ihm sein einstiges Vorbild nach dem Krieg zum politischen Gegner. Beide Autoren waren sich Ende 1918 zwar darin einig, dass durch die Kriegsniederlage die deutsche Monarchie unrettbar verloren war, wie überhaupt „für die Liberalen auch die radikale Delegitimierung von Dynastien und Monarchien" zu den zentralen „Erfahrungen des Krieges gehörte"[68]. Die politischen Konsequenzen aus dieser Erkenntnis konnten bei Stapel und Naumann aber unterschiedlicher nicht sein: Während Naumann die Republik als „Garant und Inbegriff [der] nationalen Einheit" und Voraussetzung „des (Wieder-)Aufstiegs des deutschen Volkes"[69] begrüßte, interpretierte sie Stapel als ein

---

65   Ders.: Gewalttaten im Kriege, in: ebd., H. 14, S. 68–71, hier S. 68.
66   Ders.: Johann Müllers Kriegsbücher, in: Deutscher Wille des Kunstwarts 29 (1916), H. 13, S. 25 f, hier S. 26.
67   Ders.: Antisemitismus, Hamburg 1920, S. 30.
68   Doering-Manteuffel/Leonhard, Liberalismus, S. 20.
69   Röder, Volksstaat, S. 400.

„artfremdes" Konstrukt der Siegermächte und Basis einer dauerhaften „Versklavung" der Deutschen. In seiner Zeitschrift erhob er denn auch die Forderung nach einer völlig neuen Staatsordnung, die „Ausdruck unseres deutschen Wesens" sein sollte und nicht, wie bei der Republik angeblich der Fall, eine bloße Ansammlung von „Begriffsfetzen", die „aus Westeuropa herüber[ge]holt" worden seien.[70]

Hatte Stapel im Februar 1919 in der Zeitschrift „Jungdeutsche Stimmen" noch auf einen Frontalangriff gegen den Liberalismus verzichtet und stattdessen betont: „Wir trennen nicht konservativ oder liberal oder sozialdemokratisch, […] sondern völkisch oder volksauflösend"[71], so erwies sich dies nur als eine kurze Episode. Spätestens nach Bekanntwerden der Versailler Friedensbedingungen änderte und verhärtete sich seine diesbezügliche Haltung fundamental. Von nun an verunglimpfte Stapel die nach seiner Meinung von der „liberale[n] (westliche[n]) Demokratie […] geschaffene" Weimarer Verfassung als eine „Vergewaltigung des organischen Volkslebens", in der für ihn ein bezeichnender „Grundfehler des Liberalismus" zum Ausdruck kam: Der Glaube, „politische Lebensformen *erdenken* und *einführen* zu können"[72], anstatt von den tatsächlich existierenden Völkern auszugehen – verstanden als „naturhafte", historisch „gewachsene […] Einheit[en]", als in sich abgeschlossene, „unteilbare", seelisch-biologische Kollektive.[73] So war laut Stapel 1918 eine gleichsam auf dem Reißbrett konstruierte „Zirkel- und Lineal-Demokratie"[74] entstanden, die mit dem deutschen Volkscharakter unvereinbar schien und nach entsprechend radikalen Gegenmaßnahmen verlangte.

Vor diesem Hintergrund grenzte sich Stapel bald von der in den „Jungdeutschen Stimmen" anklingenden Idee einer die politischen Lager verbindenden „Volksgemeinschaft" ab, um stattdessen die Unvermeidlichkeit des innergesellschaftlichen Kampfs zu betonen. Dominant wurde bei ihm im Hinblick auf die innere Situation Deutschlands nun jenes Beharren auf „radikalen, sich gegenseitig ausschließenden Alternativen", die für die öffentliche Kommunikation der Zwischenkriegszeit insgesamt kennzeichnend war

---

70   Wilhelm Stapel: Nationalismus oder Volksbewußtsein?, in: Deutsches Volkstum. Monatsschrift für das deutsche Geistesleben 2 (1920), S. 2–6, hier S. 6.

71   Ders.: Völkisch und sozialistisch, in: Jungdeutsche Stimmen. Rundbriefe für den Aufbau einer wahren Volksgemeinschaft 1 (1919), H. 1, S. 4 f, hier S. 5.

72   Ders.: Die Fiktionen der Weimarer Verfassung. Versuch einer Unterscheidung der formalen und der funktionalen Demokratie, Hamburg 1928, S. 12 f (Herv. i. Orig.).

73   Ders.: Antisemitismus und Antigermanismus. Über das seelische Problem der Symbiose des deutschen und des jüdischen Volkes, Hamburg 1928, S. 14 f.

74   Ders., Fiktionen, S. 13.

und auf ihre Weise zur generellen „Krise des Liberalismus" beitrug.[75] Aufrufe dazu, politisch Trennendes zugunsten gemeinsamer Interessen zurückzustellen, wies Stapel als naives Wunschdenken zurück. Zwischen gegensätzlichen ideologischen Positionen, etwa zum „Problem ‚Republik oder Monarchie'" oder zum „Rassenproblem", galt ihm ein Kompromiss nunmehr weder als möglich noch als wünschenswert. Wer „die Dinge *gestalten*" wolle, so Stapel, komme „um positive Stellungnahme zur konkreten Wirklichkeit nicht herum. [...] Wir sinnen nach: ist jemals Weltgeschichte aus einem *Sich-einigen* entstanden oder immer nur aus einem *Sieg*?"[76]

Überhaupt lässt sich bilanzieren, dass die Idee der „Volksgemeinschaft" in Stapels Schriften nie einen zentralen Stellenwert besaß, obgleich auch er diesen nach 1918 so beliebten Begriff mitunter gebrauchte. Seine Distanz dürfte vor allem darauf zurückzuführen sein, dass gerade in den ersten Jahren der Republik neben DDP und DVP auch die gemäßigte Linke, etwa in Gestalt von Reichspräsident Friedrich Ebert,[77] die „Volksgemeinschaft" beschwor – hier verstanden als ein Modell der klassenübergreifenden Solidarität und der „Überwindung gesellschaftlicher Friktionen".[78] Doch auch im „Dritten Reich" distanzierte sich Stapel, jedenfalls in vertraulichen privaten Äußerungen, von der in der NS-Propaganda gebetsmühlenartig beschworenen „Volksgemeinschaft" und verhöhnte sie als einen die reale Ungleichwertigkeit der Menschen verkennenden „Götzendienst der Masse".[79]

---

75 Doering-Manteuffel/Leonhard, Liberalismus, S. 21.

76 Deutsches Volkstum. Monatsschrift für das deutsche Geistesleben 5 (1923), S. 379 (Herv. i. Orig.).

77 Vgl. Walter Mühlhausen: Friedrich Ebert 1871–1925. Reichspräsident der Weimarer Republik, Bonn ²2007, S. 816 f.

78 Vgl. Jörn Retterath: „Was ist das Volk?" Volks- und Gemeinschaftskonzepte der politischen Mitte in Deutschland 1917–1924, Berlin 2016, bes. S. 272–318.

79 Vgl. Wilhelm Stapel an Erwin Guido Kolbenheyer, 14.5.1935, in: Kolbenheyer-Archiv und Gedenkstätte, Geretsried: „Das ‚breite Publikum' ist die *konkrete* Gottheit unserer Tage [...]. Ihm schmeicheln sie mit Namen wie ‚Volksgemeinschaft', ‚Gemeinnutz' usw. Denn was ist ‚Gemeinnutz'? Gemeinnutz ist, daß [Max] Planck, der Mann der Quantentheorie, mit Piefke zusammen Betriebsgemeinschaft macht, und dass Piefke dem Professor Planck wohlwollend auf die Schulter klopft: ‚Na, Kumpel Planck, ooch Feierabend jemacht? Ja, ja von die ville Jeistesabeit wird man janz bregenklöterig. Prost, Kumpel!' [...] Arbeit ist gut und wichtig. Und für Piefke ist sie das Wichtigste. Aber über Piefke hinaus gibt es Wichtigeres: daß der Mensch Intuitionen, Idee, Einfälle, kurz daß er Geist hat. Das kann man nicht erarbeiten. Tausend Piefkes können nicht die Verteilung und Bedeutung des Planktons im Weltmeer oder die sich entwickelnde Idee der Schlacht bei Tannenberg ‚erarbeiten'. Es ist ja ein Unsinn; Götzendienst der Masse, die vergottet wird. Zeitungen, Rundfunk, Sportpalastversammlungen, was sind sie anderes als die Apparatur dieses Götzendienstes?" (Herv. i. Orig.).

Für ein Verständnis von Stapels politischem Denken nach dem Ersten Weltkrieg trägt das Ideologem der „Volksgemeinschaft" also nicht weit. Viel prägender für ihn war Carl Schmitts Modell des „Freund-Feind-Gegensatzes" als der eigentlichen „Substanz des Politischen"[80] und, damit eng zusammenhängend, die Idee des Ausnahmezustands und der völkischen Notwehr: Die durch den Versailler Vertrag geschaffene außen- und innenpolitische Lage stellte in den Augen Stapels eine existenzielle Bedrohung des Volkes dar, die nach radikalen Gegenmaßnahmen rief und diese in einem prekären Zirkelschluss zugleich legitimierte. Vor diesem Hintergrund wies Stapel jeden Gedanken von sich, Liberalismus und Konservatismus könnten durch ein etwaiges „Sowohl-als-auch" miteinander verbunden werden; vielmehr hüllten sich in seinen Augen seit Kriegsende „alle devastierenden Mächte des Lebens [...] in den verderblichen Heroenmantel des Liberalismus", um ihr (volks-)zerstörerisches Werk zu kaschieren. Entsprechend rigide Gegenmaßnahmen schienen ihm geboten: Um das deutsche Volk, so Stapel 1928, „durch diese Zeiten der Verwüstung [des] Leibes und der Seelen hindurchzuretten, muß der Liberalismus ausgerottet werden".[81] Dass diese Forderung sowohl auf die liberale Presse als auch auf die liberalen Parteien gemünzt war, stellte Stapel durch die namentliche Nennung der Journalisten Alfred Kerr (Berliner Tageblatt, Frankfurter Zeitung.) und Stefan Großmann (Das Tage-Buch) sowie der Politiker Gustav Stresemann (DVP) und Erich Koch-Weser (DDP) unzweideutig klar. Plastisch kommt in dieser aggressiven Rhetorik zum Ausdruck, was Rüdiger Graf allgemein für den öffentlichen Diskurs der Weimarer Republik bilanziert hat: Je intensiver die Zeitgenossen ihre eigene Gegenwart subjektiv als „Krise" erlebten und je stärker ihre Zukunftserwartungen von den eigenen gesellschaftlichen Idealvorstellungen differierten, desto größer war ihre Bereitschaft, zu radikalen Lösungen zu greifen beziehungsweise diese zu tolerieren.[82] Diese Dynamik lässt sich anhand der Person Stapels sehr gut nachvollziehen.

Als Friedrich Naumann im August 1919 starb, nutzte Stapel den Tod des einstigen Lehrmeisters, um in Form eines Nekrologs seine Abgrenzung von

---

80 Andreas Wirsching: Der Erste Weltkrieg und die Entwicklungsdynamik der totalitären Ideologien, in: Rüdiger Voigt (Hg.): Krieg. Instrument der Politik? Bewaffnete Konflikte im Übergang vom 20. zum 21. Jahrhundert, Baden-Baden 2002, S. 37–58, hier S. 43. Zur Beziehung zwischen Schmitt und Stapel vgl. Lokatis, Stapel; Vordermayer, Bildungsbürgertum, S. 52–55.
81 Stapel/Niebergall, Weltanschauung, S. 520.
82 Vgl. Rüdiger Graf: Die „Krise" im intellektuellen Zukunftsdiskurs der Weimarer Republik, in: Moritz Föllmer / Ders. (Hg.): Die „Krise" der Weimarer Republik. Zur Kritik eines Deutungsmusters, Frankfurt/M. 2005, S. 77–106, hier bes. S. 80.

dessen Erbe kundzutun. Naumanns Distanzierung vom Nationalen Sozialismus und seinen „Uebertritt zum Liberalismus" stilisierte Stapel hierbei zu einem folgeschweren „Sündenfall"[83] und stellte zwei Aspekte der Persönlichkeit Naumanns besonders heraus: Erstens habe Naumann es nicht verstanden, über den „Bismarckstaat" hinauszudenken und aufgrund dieser „Unzulänglichkeit" auch die diesen Staat transzendierenden Herausforderungen nicht zu lösen vermocht[84] – eine Kritik, die insofern einen wahren Kern besaß, als Naumann in der Tat eine prinzipielle „Akzeptanz der durch Bismarck geschaffenen politischen Grundlagen" eingefordert hatte und dessen Erbe, so Naumann wörtlich, „mit Verstand für die Macht wie mit Verstand für die Freiheit und Sozialpolitik verwalte[n]" wollte.[85] Naumann sei stets nur „Beobachter" geblieben, auch zu einer Zeit, als zum Schaden des Volkes die „Entwicklung der Industrie, des Wettbewerbs auf dem Weltmarkt [und] der Großstädte bejaht und an[ge]staunt" worden sei. An der zentralen Herausforderung seiner Zeit, „neue Grundlagen des Daseins" zu schaffen, sei Naumann gescheitert;[86] zu der Erkenntnis, dass das politische Denken in Deutschland künftig „nicht mehr vom Staatsbegriff, sondern vom Volksbegriff" ausgehen müsse, hätten ihm die Voraussetzungen gefehlt.[87]

Zweitens kritisierte Stapel den überbordenden Intellekt und die „allzu große Kultiviertheit" Naumanns, die dazu geführt hätten, dass er „nicht *Herr der Dinge*"[88] werden und es nicht zu „wirkliche[m] Volksführertum"[89] bringen konnte. Als „echtes Kind seines Zeitalters" habe Naumann vielmehr des äußerlich-materiellen Erfolgs bedurft und sei diesem oberflächlichen Gut auch nachgejagt: „Er wollte Reichstagsabgeordneter sein, nicht Prophet."[90] Zuletzt habe sich Naumann gar „in die Wüste Juda verirrt".[91]

---

83 Stapel, Naumann [1919], S. 282.
84 Ebd.
85 Frölich, Naumann, S. 143. Hier auch das Zitat Naumanns aus der Schrift „Die Politik der Gegenwart" [1905].
86 Stapel, Naumann [1919], S. 282.
87 Ebd. In diesem Sinne hatte Stapel bereits 1917 das Primat des „Volkes" über den „Staat" gefordert: „Wir müssen, umgekehrt wie bisher, den lebendigen Organismus des Volkes als die höhere Einheit gegenüber dem menschlichen Gebilde des Staates anerkennen", so Stapel; anders als der Staat sei das Volk ein von menschlichen Willensäußerungen unabhängiges, „unmittelbares Gebilde aus Gottes Schöpferhand"; Ders:, Volksbürgerliche Erziehung, Jena 1917, S. 9, 34.
88 Ders., Naumann [1919], S. 282.
89 Ders., Deutschland, S. 102 f.
90 Ders., Naumann [1919], S. 282.
91 Ders., Deutschland, S. 102 f.

Seine in den Augen Stapels unselige Fortsetzung fand dieser Irrweg in den Jahren 1918/19, als Naumann „als gewählter Abgeordneter der Weimarer Nationalversammlung und [...] Mitglied des Verfassungsausschusses an der Entstehung der Reichsverfassung"[92] aktiv mitwirkte. Diese Entscheidung konnte Stapel weder akzeptieren noch verzeihen; für ihn hatte Naumann damit opportunistisch und ohne jede Notwendigkeit sein ursprüngliches „Ideal von ‚Demokratie und Kaisertum'" aufgegeben und dadurch gegen die „Manneseshre" verstoßen.[93] Spätestens 1918, so resümierte Stapel 1938 in einer Rezension von Theodor Heuss' berühmter Studie „Friedrich Naumann. Der Mann, das Werk, die Zeit", habe er daher Naumanns „Weg nicht [mehr] mitgehen" können; „[d]as Bild des einstigen politischen Lehrers verblaßte mir, Naumanns Lehre schien mir ein Irrtum gewesen zu sein."[94] Bei einem unvoreingenommenen Blick auf die Quellen wird man dieser Aussage nur beipflichten können. Die Ursachen von Stapels antiliberaler Wende erschöpften sich indes nicht in dem Bruch mit Naumann.

3. Zwei Seiten derselben Medaille: Der antiliberale Antisemitismus Wilhelm Stapels

Im Hinblick auf den Wandel von Stapels politischem Denken seit 1918 hat André Postert vor einigen Jahren von „verschiedene[n] Phasen der sukzessiven Radikalisierung" gesprochen, dieses Erklärungsmodell empirisch jedoch nur unzureichend belegen können. Anhand von vier Beiträgen im „Deutschen Volkstum" aus den Jahren 1919 und 1925/26, deren Auswahl nicht näher begründet wird und daher eher willkürlich anmutet, geht Postert von einem deutlichen Radikalisierungsschub Stapels im Jahr 1925 aus, wohingegen seiner Publizistik nach Kriegsende zunächst noch keine „prinzipielle und grundsätzliche Ablehnung des Systems" zu eigen gewesen sei.[95] Gegen diese Deutung ist mehrerlei einzuwenden. Zunächst einmal fällt es nicht schwer, auch in den ersten Monaten der Republik Texte zu finden, in denen sich Stapel bereits eindeutig und pauschal gegen den Weimarer Staat und dessen

---

92 Röder, Volksstaat, S. 394.
93 Stapel, Fiktionen, S. 7.
94 Ders., Naumann [1938], S. 381.
95 André Postert: Von der Kritik der Parteien zur außerparlamentarischen Opposition. Die jungkonservative Klub-Bewegung in der Weimarer Republik und ihre Auflösung im Nationalsozialismus, Baden-Baden 2014, S. 89.

politisches „System" positionierte,[96] die von Postert suggerierte Eindeutigkeit ist hier also nicht gegeben. Viel wichtiger aber: Die Frage nach der Radikalisierung Stapels darf sich nicht auf dessen Haltung zur Weimarer Verfassung und zum Parlamentarismus beschränken, so wichtig diese Aspekte fraglos sind. Nicht minder aufschlussreich ist hier aber Stapels Haltung zum Antisemitismus.

Wie gezeigt, war die „Judenfrage" vor dem Ersten Weltkrieg und während des Krieges in Stapels Schriften noch kein relevantes Thema. Schon dieser Sachverhalt unterstreicht, welche hohe Bedeutung der Phase des militärischen Zusammenbruchs, der Novemberrevolution und dem Bekanntwerden der Versailler Vertragsbestimmungen zugesprochen werden muss, wenn von der Radikalisierung Stapels die Rede ist.[97] Denn seit 1919 trat dieser mit großem Nachdruck als wortgewaltiger Fürsprecher des Antisemitismus hervor und gewann in den folgenden Jahren den Ruf als Referenzautor eines mutmaßlich affektlosen und „sachlichen" Antisemitismus; auch ideologische Gegner identifizierten Stapel als jenen völkischen Autor, dessen Anschauungen zur „Judenfrage" – im Gegensatz zu den vielen sogenannten Radauantisemiten – intellektuell ernstgenommen werden müssten.[98]

Mehrere der entsprechenden Argumente Stapels fußten auf einer Fundamentalkritik der liberalen Gesellschaftsordnung Weimars. Schier gebetsmühlenartig behauptete Stapel, der vermeintliche Wegfall jeder staatlichen

---

96   Um nur ein Beispiel zu nennen: Schon im Mai 1919 grenzte sich Stapel in seiner Zeitschrift klar vom Weimarer Parlamentarismus ab, den er als „mechanistisch" und „brav rationalistisch gedacht im Sinne des achtzehnten Jahrhunderts" deklarierte. Der Idealtyp des „selbstständige[n], vernünftig wählende[n] Individuum[s]", auf den der Parlamentarismus gründe, sei „nichts als eine Fiktion". Stapel konstatierte: „Diese und eine Anzahl noch viel bedeutenderer innerer Unwahrhaftigkeiten des ‚parlamentarischen Systems' mit seinem ‚Repräsentationsprinzip' und ‚Majoritätsprinzip' haben eine unendliche Folge von praktischen Unzulänglichkeiten gezeigt. Das ganze ‚vernünftige' System ist in Wahrheit so innerlich unwahr, daß sein Bestehen nur durch den Mangel an Besserem und keineswegs aus sich selbst gerechtfertigt werden kann." Entscheidend, so Stapel, sei nicht das „Recht des Individuum[s]" oder dass „jeder sein Stück Recht wie ein Stück Butterbrot zugeschnitten" erhalte; das Hauptziel müsse vielmehr sein, dass das „Gemeinwesen" künftig allein durch „die tüchtigsten Männer [...] regier[t]" werde; Wilhelm Stapel: Parlament und Berufsstände, in: Deutsches Volkstum. Monatsschrift für das deutsche Geistesleben 1 (1919), S. 150 f.
97   Damit ist freilich nicht gesagt, dass die ideologische Umorientierung Stapels mit den Jahren 1918/19 bereits zum Abschluss gekommen wäre; gerade in dem dramatischen Krisenjahr 1923 spitzte Stapel seine öffentlichen Äußerungen mehrfach in einer für ihn bis dato beispiellosen Weise zu und es ist keineswegs Zufall, dass er sich in jenem Jahr erstmals auch öffentlich mit der NSDAP solidarisierte; vgl. Vordermayer, Bildungsbürgertum, S. 262–266.
98   Vgl. ebd., S. 150–170.

Kontrolle im Bereich der Kunst und Kultur habe es jüdischen Autoren ermöglicht, an zentrale Positionen der öffentlichen Meinungsbildung zu gelangen. Dieses Problem sah Stapel insofern um ein Vielfaches potenziert,
als er jüdischen Bürgern prinzipiell absprach, Teil des deutschen Volkes sein
und dessen Volkscharakter verstehen oder gar fördern zu können.[99] Vielmehr
galten ihm Juden, ob bewusst oder unbewusst, als Träger eines ihnen gleichsam in die Wiege gelegten „Internationalismus". Entsprechend mussten sie
laut Stapel den echten nationalen Interessen des deutschen Volks entweder
innerlich fremd oder gar feindselig gegenüberstehen; in letzterem Fall sprach
er vom jüdischen „Antigermanismus".

Gerade meinungsstarken jüdischen Journalisten mit hoher Publizität
sprach Stapel das aus seiner Sicht nötige „Taktgefühl" ab, ihre persönlichen
Meinungen und Wertmaßstäbe für sich zu behalten. Ganz im Gegenteil: Seit
1918 sah Stapel in Presse, Theater, Kunstkritik und auf dem Buchmarkt eine
betriebsame, schreib- und redegewandte jüdische Minderheit am Werk, die
planmäßig „das beste Gut" der deutschen Kultur „in den Winkel höhnt und
spottet, weil es damit nichts anfangen" könne, und zugleich dem deutschen
Publikum jüdische Kulturerzeugnisse „als tiefste Offenbarungen" aufzure-
den versuche, obgleich es diesem in Wirklichkeit innerlich ganz fremd sei.[100]
Infolgedessen schien mit Kunst und Kultur auch noch einer der „wenigen
Sektoren" in existenzieller Gefahr, die von den rigiden Konditionen des Versailler Vertrags unberührt und den Deutschen „noch zur Selbstbestimmung"
geblieben waren.[101]

Dem „individualistischen" Denken des (fortan oft als „jüdisch" deklarier-
ten) Liberalismus stellte Stapel denn auch das Konzept des „volkhaften" Denkens entgegen: Demnach sollte nicht der „Einzelne" als „Träger des Rechtes"
anerkannt werden, „sondern das Volk", welches dem Individuum erst „seine
besondere Aufgabe und sein Recht" zuweise.[102] Entsprechend sollte der Ein-
zelmensch auch in allen Fragen der sozialen Gerechtigkeit dem biologischen
Kollektiv des Volks untergeordnet werden: „*Wirkliche* soziale Gerechtigkeit",
so Stapel, sichere „nicht das Leben des (an sich nur sehr relativ wertvollen)
Individuums gegen die Gruppe, sondern das Leben der Gruppe gegen die
übergreifenden Ansprüche des einzelnen Menschen"; „echte soziale Gesetze"
stünden „nicht im Dienste des *Individuums*, sondern im Dienste des *genera-*

---

99 Vgl. ebd., bes. S. 152–154.
100 Stapel, Antisemitismus [1928], S. 20.
101 Adelheid von Saldern: Überfremdungsängste. Gegen die Amerikanisierung der deutschen Kultur in den zwanziger Jahren, in: Alf Lüdtke (Hg.): Amerikanisierung. Traum und
Alptraum im Deutschland des 20. Jahrhunderts, Stuttgart 1996, S. 213–244, hier S. 214.
102 Stapel, Fiktionen, S. 10.

tiven Lebens"; eine bloße „Pflege der ‚Freiheit des Individuums'" wirke *„degenerativ"*.[103]

Anschaulich kommt hier jener Bedeutungsverlust „des Individuums [und] der persönlichen Selbstentfaltung" sowie jener „Fokus auf integrative Gemeinschaftsvorstellungen" im politischen Denken zum Ausdruck, durch den der Liberalismus nach dem Ersten Weltkrieg generell in die Defensive geriet.[104] Anders als in der Zeit vor 1914 betrachtete Stapel das Volk nicht mehr als Summe freier Staatsbürger, vielmehr wurde in seinen Augen im Individuum das übergeordnete, im Eigentlichen erst schützenswerte Volk mit einem spezifischen „Nomos" sichtbar – verstanden als unveränderliches „Gesetz des Lebens", das, entsprechend der „Natur" des Volkes, dessen „innere und äußere Form, seinen Kult, seinen Ethos, seine Verfassung und sein Recht" bestimme.[105] Und eben dieser „Nomos" sollte mit allen Mitteln, bis hin zu Berufsverboten,[106] vor jener Überfremdung geschützt und abgeschirmt werden, die Stapel pauschal mit der jüdischen Bevölkerungsminderheit assoziierte.

Hinter allen Argumenten Stapels gegen den Liberalismus stand als übergeordnete Antriebskraft die Überzeugung, das deutsche Volk befinde sich über das Kriegsende hinaus in einer durch äußere und innere Feinde bewusst hervorgerufenen, existenziellen Not- und Ausnahmesituation. Durch diese subjektive Gewissheit wirkten radikale politische Handlungsoptionen, die vor 1918 als indiskutabel abgelehnt worden wären, immer attraktiver und erschienen zunehmend als legitime, ja notwendige Formen von Notwehr. Dementsprechend folgte es durchaus einer gewissen Logik, als Stapel im Juli 1931 freudig an seinen engen Vertrauten Erwin Guido Kolbenheyer schrieb, die

---

103   Ebd., S. 96 f (Herv. i. Orig.).
104   Doering-Manteuffel/Leonhard, Liberalismus, S. 21 f; Marcus Llanque: Der Untergang des liberalen Individuums. Zum *fin de siècle* des liberalen Denkens in Weimar, in: Karsten Fischer (Hg.): Neustart des Weltlaufs? Fiktion und Faszination der Zeitenwende, Frankfurt a. M. 1999, S. 164–183.
105   Wilhelm Stapel: Der christliche Staatsmann. Eine Theologie des Nationalismus, Hamburg 1932, S. 174. Für eine ausführliche Erläuterung der Volksnomoslehre Stapels vgl. Schmalz, Kirchenpolitik, S. 62–69. „Volk", so Stapel schon 1917, sei eine *Lebenseinheit von Menschen gemeinsamer seelischer Art, die sich körperlich und geistig von Geschlecht zu Geschlecht fortzeugen, und die aus sich ein gemeinsames Besitztum von Kulturgütern und Idealen entwickeln.* Ders., Erziehung, S. 17 (Herv. i. Orig.).
106   Berufsbeschränkungen bzw. -verbote für Juden forderte Stapel nicht nur in Politik und Presse, sondern insbesondere in den „beiden hierarchischen Funktionen des Richtens und Erziehens"; diese Berufsfelder sollten prinzipiell „dem Juden für den Bereich des Deutschtums verschlossen" bleiben; Wilhelm Stapel: Versuch einer praktischen Lösung der Judenfrage, in: Albrecht Erich Günther (Hg.): Was wir vom Nationalsozialismus erwarten. Zwanzig Antworten, Heilbronn 1932, S. 186–191, hier S. 189.

„Abnahme des Liberalismus und die Hinwendung zur Autorität", erkennbar an den aufsehenerregenden Erfolgen der NSDAP, würden darauf hin deuten, dass „das deutsche Volk *führungsfähiger*" sei als in früheren Zeiten; ein Staatsmann, der den entsprechenden „Charme und das Wort hätte", könne nun „leicht [...] eine große Stoßkraft gewinnen".[107]

Wie rasch sich diese Prognose bewahrheiten würde, dürfte Stapel damals kaum geahnt haben. Auch hatte er keine Vorstellung davon, wie wenig er selbst jener „Stoßkraft" gewachsen war: Nicht einmal vier Monate nach der Ernennung Adolf Hitlers zum Reichskanzler klagte er gegenüber Kolbenheyer, wie sehr sein Glaube, im NS-Staat „ein freies Feld für freudige Arbeit zu bekommen", enttäuscht worden sei. Stattdessen sah er sich mit der „Gewalttätigkeit unwissender Menschen" konfrontiert und glaubte gar, „jeden Augenblick auf den Eingriff manueller Gewalt gefaßt sein" zu müssen. Das, so lamentierte Stapel, sei also „der Lohn vierzehnjähriger Arbeit für die nationale Sache."[108]

Angesichts der wahren Opfer des Jahres 1933 mögen diese larmoyanten Worte anstößig wirken. Und doch lässt sich Stapel kaum zu den Gewinnern des „Dritten Reichs" rechnen: Seit Ende 1933 stand er in einem Dauerkonflikt mit verschiedenen NS-Organisationen und -Organen, in dem er seine völlige Ohnmacht gegenüber dem Willen und der Willkür höherer und niederer Funktionäre der NSDAP realisieren musste und der Ende 1938 in der Niederlegung der Herausgeberschaft des „Deutschen Volkstums" nach zwanzigjähriger Arbeit kulminierte.[109] So machte sich auch für Stapel die jähe Erosion der zuvor so leichtfertig geschmähten Prinzipien des Liberalismus im NS-Staat schmerzhaft bemerkbar.

---

107   Wilhelm Stapel an Erwin Guido Kolbenheyer, 11.7.1931, in: Kolbenheyer-Archiv und Gedenkstätte, Geretsried (Herv. i. Orig.).
108   Wilhelm Stapel an Erwin Guido Kolbenheyer, 9.5.1933, in: Kolbenheyer-Archiv und Gedenkstätte, Geretsried.
109   Vgl. Vordermayer, Bildungsbürgertum, S. 299–305, 334–336.

JÖRN LEONHARD

Bürgerliche Moderne im Zeitalter der Extreme

Der europäische Liberalismus nach 1918

1. Einleitung: Der „verlassene Tempel" von Liberalismus und Demokratie?

Als der österreichische Schriftsteller Robert Musil 1922 eine seiner lako-
nischen Zwischenbilanzen zog, kam er zu dem Schluss, dass man nun
zwar seit über zehn Jahren Weltgeschichte „im grellsten Stil" betreibe – aber
man könne sie „doch eigentlich nicht wahrnehmen". Vom Gefühl, Zeuge
einer Verdichtung welthistorischer Ereignisse zu sein, ließ sich jedenfalls nicht
ohne weiteres auf einen Erkenntnisfortschritt schließen: „So sieht also Weltgeschichte in der Nähe aus; man sieht nichts." Das liege nicht daran, dass
man ihr noch zu nahe sei, wie beim „Gesichtssinn", der die physische Distanz
notwendig mache, um etwas überblicken zu können:

> „Das Gleichnis stimmt nicht. Wir wüssten genug, um uns ein Urteil über Gegenwär-
> tiges und Jüngstvergangenes zu bilden, wir wissen jedenfalls mehr, als spätere Zeiten
> wissen werden [...]. Die berühmte historische Distanz besteht darin, dass von hun-
> dert Tatsachen fünfundneunzig verlorengegangen sind, weshalb sich die verbliebenen
> ordnen lassen, wie man will."

Man habe viel Veränderung gesehen und doch am Ende „nichts wahrgenommen". Dazu fehlte für Musil das Entscheidende:

> „Wir besaßen nicht die Begriffe, um das Erlebte in uns hineinzuziehen. Oder auch
> nicht die Gefühle, deren Magnetismus sie dazu aktiviert. Zurückgeblieben ist nur eine
> sehr erstaunte Unruhe, ein Zustand, als hätten sich vom Erlebnis her Nervenbahnen
> zu bilden begonnen und wären vorzeitig abgerissen worden."[1]

---

1 Robert Musil: Das hilflose Europa oder Reise vom Hundertsten ins Tausendste (1922),
in: Ders.: Gesammelte Werke, Bd. 2: Prosa und Stücke, kleine Prosa, Aphorismen, Auto-
biographisches, Essays und Reden, Kritik, hg. von Adolf Frisé, Reinbek bei Hamburg 1978,

Der Große Krieg mochte zu Ende sein, aber was dauerhaft an seine Stelle treten sollte, war schwer zu erkennen.[2] So bildete zunächst die Mischung aus Erleichterung und Aufbruchseuphorie, von Niedergangsszenarien und Bedrohungsgefühlen nach 1918 ein Leitmotiv vieler politischer Gegenwartsanalysen – und das unabhängig von der Frage, aus welchem ideologischen Lager sie stammten. Auf den ersten Blick hätte man von einem Sieg der Prinzipien sprechen können, die ohne die Erbschaften des Liberalismus aus dem 19. Jahrhundert undenkbar waren: Hatte der Krieg nicht den Untergang der autokratischen Monarchien mit ihren schwachen Parlamenten und dem Übergewicht des Militärs in politischen Entscheidungen auf dem europäischen Kontinent gebracht? Hatte er nicht mit dem Sieg auch die historische Überlegenheit der parlamentarischen Demokratien in ihren unterschiedlichen Spielarten in Frankreich, Großbritannien und den Vereinigten Staaten bewiesen? War es nicht ein Zukunftsversprechen, dass das Kriegsende mit dem Durchbruch zur Massendemokratie, mit freien, allgemeinen Wahlen in vielen Gesellschaften zusammenfiel, mit wichtigen Ansätzen zur Fortentwicklung der politischen in eine soziale Demokratie? Besaß der Liberalismus 1918 mit dem amerikanischen Präsidenten Woodrow Wilson nicht eine charismatische Zentralfigur mit globaler Ausstrahlung, die innere Demokratisierung und internationale Pazifizierung zusammendachte und glaubwürdig als neue Ordnungsprinzipien vermittelte? Steckte im Bekenntnis zu „self-determination", der Dopplung von nationaler Selbstbestimmung und demokratischer Selbstregierung nicht der entscheidende Ansatz, um die Kriegsgründe von 1914 ein für alle Mal zu überwinden und so dem „war to end all wars" einen universalhistorischen Sinn zuzuweisen?

Viele dieser positiven Aufbruchssignale existierten zweifellos, und sie grundierten einen neuen Internationalismus. Schon 1916 hatte Ernst Joël auf die „gerade gegenwärtig […] paradoxe Tatsache" verwiesen, „daß die Gemeinschaft der wahrhaft Vaterländischen eine internationale, übernationale ist."[3] Und der französische Schriftsteller und Pazifist Henri Barbusse bekannte 1918 enthusiastisch: „Menschheit statt Nation. 1789 riefen die Revolutionäre: ‚Alle Franzosen sind gleich.' Wir sagen: ‚Alle Menschen!' Die Gleichheit erfordert gemeinsame Regeln für alle Menschen der Erde."[4]

S. 1075–1094, hier S. 1075 f; Jörn Leonhard: Der überforderte Frieden. Versailles und die Welt, München 2018, S. 1154.

2   Dieser Beitrag folgt Leonhard, Frieden, insbesondere S. 1237–1253.

3   Ernst Joël: Kameradschaft, in: Das Ziel. Aufrufe zu tätigem Geist, hg. von Kurt Hiller, München 1916, S. 162.

4   Henri Barbusse: Der Schimmer im Abgrund. Ein Manifest an alle Denkenden, dt. Ausgabe von Iwan Goll, Basel o.J., S. 60.

Doch bildeten diese Erwartungen nur eine Seite der zeitgenössischen Wahrnehmung. In seinen berühmten „Gefängnisbriefen", einem ab 1929 verfassten Hauptwerk der politischen Philosophie des 20. Jahrhunderts, schrieb der italienische Marxist Antonio Gramsci als politischer Gefangener der italienischen Faschisten über die Phase des Nachkriegs: „Die Krise besteht gerade in der Tatsache, dass das Alte stirbt und das Neue nicht zur Welt kommen kann: in diesem Interregnum kommt es zu sehr unterschiedlichen Krankheitserscheinungen."[5] Die Beobachtung des Soziologen und Philosophen Karl Mannheim, dessen Analysen zu den Krisenerscheinungen der Massendemokratie und zur politischen Instrumentalisierbarkeit partikulärer Weltsichten nach 1918 zu einem neuen, post-marxistischen Verständnis von „Ideologie" führte, wies in dieselbe Richtung:

> „Überall warten die Menschen auf einen Messias, und die Luft bebt vor den Versprechungen großer und kleiner Propheten […] Uns alle eint das gleiche Schicksal: Wir haben mehr Liebe in uns und vor allem mehr Sehnsüchte, als die heutige Gesellschaft zu befriedigen vermag. Wir alle sind reif für etwas, und es gibt niemanden, der die Früchte pflücken will."[6]

Zu dieser skeptischen Einschätzung trat ein durch den Krieg tiefgreifend erschütterter Glaube an die Europäisierung der Welt, die wie der Liberalismus ein Erbe des 19. Jahrhunderts war. Der französische Schriftsteller Paul Valéry bekannte 1919:

> „Wir Kulturvölker, wir wissen jetzt, dass wir sterblich sind. Wir hatten gehört von ganzen Welten, die verschwunden sind, von Reichen, plötzlich vom Abgrund verschlungen mit allen ihren Menschen und all ihren Werkzeugen; hinabgesunken bis auf den unerforschbaren Grund der Jahrhunderte, samt ihren Göttern und ihren Gesetzen, ihren Akademien und ihren reinen und angewandten Wissenschaften […]. Wohl wussten wir, dass der ganze Erdboden aus Asche ist, dass Asche etwas bedeutet. In den Tiefen der Geschichte gewahrten wir Phantome riesiger Schiffe, einst befrachtet mit Reichtum und Geist […] Aber diese Katastrophen kümmerten uns letzten Endes nicht."[7]

---

5   Antonio Gramsci: Gefängnishefte, hg. von Klaus Bochmann und Wolfgang Fritz Haug, Bd. 2, Hamburg 1991, Q3, § 34, S. 354; Jan-Werner Müller: Das demokratische Zeitalter. Eine politische Ideengeschichte Europas im 20. Jahrhundert (Engl. 2011), Berlin 2013, S. 85.
6   Zitiert nach Mary Gluck: Georg Lukács and His Generation, 1900–1918, Cambridge/MA 1985, S. 11; Müller, Zeitalter, S. 85.
7   Paul Valéry: Die Krise des Geistes (Franz. 1919), in: Corona. Zweimonatsschrift 5 (1931), hg. von Martin Bodmer und Herbert Steiner, zitiert nach: Philipp Blom: Die zerrissenen Jahre 1918–1938, München 2014, S. 55; Leonhard, Frieden, S. 630.

Der britische Ökonom John Maynard Keynes schließlich reagierte lakonisch auf die Woodrow Wilson unterstellte messianische Qualität eines neuen Weltordnungsprogramms. Wilsons Dogma erhebe und erhöhe „die Teilung nach Rasse und Nationalität über die Bande des Handels und der Kultur". Er garantiere „Grenzen, aber nicht Glück". Für Keynes bildete nach 1918 nicht der gelungene politische und soziale Aufbruch oder der Durchbruch zu einem neuen Internationalismus das Leitmotiv, sondern eine aus Scheitern und Erschöpfung resultierende Beschränkung auf die Nation und ihre Abschließung nach außen. So konstatierte er für die europäischen Gesellschaften nach 1918 eine regelrechte „Universalismusmüdigkeit",[8] die er präzise ausdrückte:

> „Unser Gefühl und unser Denkvermögen über die nächsten Fragen unseres eigenen materiellen Wohlergehens hinaus war zeitweilig verdunkelt […] Wir sind schon über das Maß des Erträglichen hinaus erregt und brauchen Ruhe. Niemals im Leben des heutigen Menschen hat das Gefühl der Weltzusammengehörigkeit in seiner Seele so trübe gebrannt."[9]

Was Keynes als ideologische Erschöpfung europäischer Gesellschaften diagnostizierte, erklärte ab 1917 die Empfänglichkeit für neue Utopien, seien es die Revolutionsexperimente in Russland oder die entfernt verwandten Botschaften aus den Vereinigten Staaten. Zumal die seit Kriegsende so deutlich hervortretenden und häufig so übersteigerten Hoffnungen auf eine wichtige Rolle der USA in den internationalen Beziehungen, eine amerikanische Lösung der wirtschaftlichen und finanziellen Erbschaften des Krieges sowie auf globale politische Ordnungskonzepte standen in diesem Zusammenhang.

Aufbruch und Auflösung, Stabilisierung und Bedrohung, Euphorie und Niedergang prägten als gegenläufige Leitmotive auch die historiographischen Narrative: So entwarf Mark Mazower das Bild des „verlassenen Tempels" der liberalen Ordnung in zahlreichen Nationalstaaten Europas:

> „Triumphant in 1918, [democracy] was virtually extinct twenty years on […]. In its focus upon constitutional rights and its neglect of social responsibilities, it often seemed more fitted to the nineteenth than to the twentieth century. By the 1930s the signs were that most Europeans no longer wished to fight for it."[10]

---

8 Müller, Zeitalter, S. 46.
9 John Maynard Keynes: Krieg und Frieden. Die wirtschaftlichen Folgen des Vertrags von Versailles [1920], hg. von Dorothea Hauser, Berlin 2006, S. 146–147; Müller, Zeitalter, S. 46.
10 Mark Mazower: Dark Continent: Europe's Twentieth Century, New York 1998, S. 5; Andreas Orzoff: Interwar Democracy and the League of Nations, in: Nicholas Doumani (Hg.): The Oxford Handbook of European History, 1914–1945, Oxford 2016, S. 261–281, hier S. 262.

Dagegen haben neuere Arbeiten den Fokus auf die „Lebensversuche moderner Demokratien" in den 1920er und 1930er Jahren gelegt.[11] Aus dieser Perspektive könnte man davor warnen, die offene Zukunft von 1918 bei allen Hypotheken und Belastungen aus dem Wissen um 1933, 1939/41 oder 1945 zu verkürzen und den Nachkrieg der offenen Ausgänge zur suggestiven „Zwischenkriegszeit" zu reduzieren, die 1939 vermeintlich ausweglos in den Krieg mündete.

Wie gingen europäische Liberale mit dieser unübersichtlichen und widersprüchlichen Situation um? Was bedeutete die Erfahrung des Weltkrieges für sie und wie wirkte sie in den 1920er Jahren fort? Welche Varianten des liberalen Paradigmas entwickelten sich vor diesem Hintergrund in den europäischen Gesellschaften nach 1918? Und welche Beziehungsgeschichte zwischen Liberalismus und Faschismus bzw. Nationalsozialismus ergibt sich daraus?

2. Weltkrieg und Kriegsende: Erbschaften des Umbruchs

Stärker als in jedem Krieg der Neuzeit waren im Ersten Weltkrieg Erwartungen und Erfahrungen auseinander getreten. Walter Benjamin schrieb 1933 im Rückblick:

> „Nein, soviel ist klar: die Erfahrung ist im Kurse gefallen und das in einer Generation, die 1914–1918 eine der ungeheuersten Erfahrungen in der Weltgeschichte gemacht hat […] Denn nie sind Erfahrungen gründlicher Lügen gestraft worden, als die strategischen durch den Stellungskrieg, die wirtschaftlichen durch die Inflation, die körperlichen durch den Hunger, die sittlichen durch die Machthaber. Eine Generation, die noch mit der Pferdebahn zur Schule gefahren war, stand unter freiem Himmel in einer Landschaft, in der nichts unverändert geblieben war als die Wolken, und in der Mitte, in einem Kraftfeld zerstörender Ströme und Explosionen, der winzige, gebrechliche Menschenkörper."[12]

Was bedeutete dieser tiefgreifende Umbruch, diese Entwertung aller Sicherheiten für europäische Liberale? Sie hatten im Verlauf des langen 19. Jahrhunderts wichtige Kernziele durchsetzen können: geschriebene Verfassungen, eine parlamentarische Regierungsweise, bürgerliche Rechtsgleichheit und die schrittweise Ausweitung politischer Partizipation. Zugleich ergaben sich seit

---

11 Tim B. Müller: Nach dem Ersten Weltkrieg. Lebensversuche moderner Demokratien, Hamburg 2014.
12 Walter Benjamin: Erfahrung und Armut (Dezember 1933), in: Ders.: Gesammelte Schriften, Bd. 2/1: Aufsätze, Essays, Vorträge, hg. von Rolf Tiedemann und Hermann Schweppenhäuser, Frankfurt/M. 1977, S. 213–219, hier S. 214; Jörn Leonhard: Die Büchse der Pandora. Geschichte des Ersten Weltkriegs, München ⁵2014, S. 1004.

der zweiten Hälfte des 19. Jahrhunderts mit der nationalen und der imperialen Frage sowie mit der Aufgabe, die Industriearbeiter in den imperialisierenden Nationalstaat zu integrieren, neue Herausforderungen. Auch daraus konnten spannungsreiche Politikentwürfe entstehen: So verband vor 1914 die Suche nach einem Kompromiss zwischen bürgerlichen Liberalen und gemäßigten Sozialisten im Zeichen des Sozialliberalismus den Anspruch auf innere Reformpolitik und soziale Integration mit einem aggressiven Weltmachtanspruch, wie ein Blick auf Friedrich Naumann in Deutschland oder die New Imperialists in Großbritannien erweist.[13]

Bereits vor 1914 waren Liberale mit veränderten Bedingungen der öffentlichen Deliberation und Kommunikation von Politik konfrontiert. So entstanden politische Massenmärkte mit professionell organisierten Parteien und Interessengruppen. Das überkommene Ideal vieler Liberaler, das für die Politik lebende Individuum, das keiner Partei mit Funktionären bedurfte, geriet unter Druck. Weil die liberalen Parteien nie die relative Kohärenz von Milieuparteien wie der SPD oder des katholischen Zentrums erreichten, reagierten sie besonders sensibel auf die Wahlrechtsdiskussionen vor 1914. Ein Grundproblem des Liberalismus nach 1918 deutete sich hier an, nämlich die Spannung zwischen individueller Freiheit und Gleichheit, in welcher der französische Historiker Alexis de Tocqueville bereits in den 1850er Jahren die bestimmende Tendenz eines demokratischen Zeitalters der Massen erkannt hatte. In ihm war, so Tocqueville, die Freiheit des Einzelnen durch die modernen Instrumente der Demokratie bedroht, wie die bonapartistische Kopplung von Plebiszit und Populismus zu beweisen schien.[14] Dass man gerade ab den 1920er Jahren auf diese Ideen zurückgriff, um den Aufstieg der ideologischen Extreme durch eine spezifische Adaption des Bonapartismus zu erklären, verwies auf ein Grundthema des Liberalismus.

Viele dieser Entwicklungen wurden durch den Ersten Weltkrieg beschleunigt und zugespitzt, andere dagegen in Frage gestellt oder einem Umbruch ausgesetzt.[15] Sechs wichtige Komplexe erscheinen dabei von großer Bedeu-

---

13   Anselm Doering-Manteuffel: „Soziale Demokratie" als transnationales Ordnungsmodell im 20. Jahrhundert, in: Jost Dülffer / Wilfried Loth (Hg.): Dimensionen internationaler Geschichte, München 2012, S. 313–333; Jörn Leonhard: Progressive Politics and the Dilemma of Reform. German and American Liberalism in Comparison. 1880–1920, in: Maurizio Vaudagna (Hg.): The Place of Europe in American History: Twentieth-Century Perspectives, Turin 2007, S. 115–132.

14   Vgl. Alexis de Tocqueville: Über die Demokratie in Amerika, Zürich 1987 (Orig. 1848).

15   Leonhard, Büchse der Pandora, S. 758–767; Ders.: Krieg und Krise – Der Liberalismus 1914–1918 im internationalen Vergleich, in: Anselm Doering-Manteuffel / Ders. (Hg.): Liberalismus im 20. Jahrhundert, Stuttgart 2015, S. 69–94.

tung, weil sie weit über 1918 hinaus die Handlungsbedingungen und Denkmuster von Liberalen prägen sollten. *Erstens* ging der Krieg mit einer neuartigen Verstaatung einher, einer Expansion des Staates, seinem Vordringen in bislang noch relativ autonome Lebens- und Handlungsbereiche. Daraus entstanden neue Formen der Kooperation von Staat, Wirtschaft und Gesellschaft. Eingeübte parlamentarische Abläufe wurden nach dem Sommer 1914 im Zeichen von Burgfrieden, *Union sacrée* oder *truce* suspendiert, die Exekutiven gestärkt. So nahm die Bedeutung charismatischer Kriegspolitiker wie Georges Clemenceau und David Lloyd George oder Militärpolitiker wie Paul von Hindenburg und Erich Ludendorff zu. Diese Verstaatungsprozesse hatten langfristig mindestens zwei wichtige Konsequenzen. Sie beförderten Prozesse der Homogenisierung und Nivellierung von Kriegsgesellschaften, zumal im Zeichen neuer Konzepte wie dem der „Volksgemeinschaft". Diese Homogenisierung war etwas anderes als das liberale Paradigma evolutionärer Reformen auf der Basis des vernünftigen Fortschritts. Sie resultierte nicht aus der Überzeugungskraft von Ideen oder der Umsetzung natürlicher Rechte, sondern auf dem millionenfachen Opfer, der demokratischen Egalität der Toten, Witwen und Waisen, dem imaginären Plebiszit der Schützengräben und Rüstungsfabriken. Gleichzeitig gebar dieser neue Komplex von Staat und Kriegsgemeinschaft ein neues Ideal der Planung, Expertise und Sachlogik. Der „Fachmann" verdrängte den klassischen Kriegshelden. Das Vertrauen in planbare Optimierungen, in die Steuerbarkeit von Politik und Wirtschaft, Demographie und internationaler Ordnung sollte ein entscheidendes Erbe des Krieges sein.[16]

Zweitens setzte die permanente Mobilisierung die Kriegsgesellschaften unter enormen Druck. Die von allen Akteuren zitierte Verteidigung der eigenen Nation und des eigenen Landes rechtfertigte innerhalb weniger Wochen die Verdrängung von individuellen Rechten. So entstanden vielfältige Zwangsregime, etwa in der Praxis der militärischen Rekrutierungen, der Besatzungsregime oder im Umgang mit vermeintlichen „Feindausländern", aber mit immer längerer Dauer auch in der Herrschaft des Verdachts gegen angebliche Spekulanten und Profiteure, Drückeberger und Heimatverräter. Damit ging eine aggressive Ethnisierung der Politik einher, nicht allein in den multiethnischen Großreichen. Vor diesem Hintergrund erfuhren zumal Liberale die Konsequenzen von Inklusion und Exklusion im Namen von Zugehörigkeit und Loyalität, der kriegsstaatlichen Kontrolle, der Überwachung, des Zwangs. Der Krieg erwies, wie gefährdet plurale Gesellschaftsvorstellungen angesichts

---

16 Anselm Doering-Manteuffel: Ordnung jenseits der politischen Systeme. Planung im 20. Jahrhundert, in: GG 34 (2008), S. 398–406.

einer permanenten Mobilisierung von Menschen, Produktion und Kapital plötzlich waren und wie fragil auch die Privatsphäre des Individuums werden konnte. Viele der in den Jahrzehnten vor 1914 mühsam erkämpften Rechte und Errungenschaften wurden im Sommer 1914 im Rahmen von Kriegsregimes und Notstandsordnungen suspendiert, und dies eben nicht nur in den Gesellschaften der in der alliierten Propaganda als Militärmonarchien und Völkergefängnisse kritisierten Mittelmächte, sondern auch in Frankreich, Großbritannien oder den Vereinigten Staaten. So entstanden ab 1916/17 auch Frontstellungen, die den Liberalismus in die Defensive drängten. Das zeigte sich an den systematischen Entgegensetzungen im Sinne eines sozial-kulturellen Antiliberalismus, etwa im Fokus auf integrative Gemeinschaftsvorstellungen, auf organisierten Kapitalismus und das Konzept des Kriegssozialismus in Deutschland. In Großbritannien dokumentierte die Praxis von „compulsion" und „conscription" vor dem Hintergrund eines in der britischen Geschichte einmalig expansiven Kriegsstaates eine Grenzlinie zum Liberalismus. Sie erklärte auch die Entfremdung vieler Liberaler von Premierminister David Lloyd George, der vor 1914 selbst ein Vertreter des pazifistisch gesinnten Linksliberalismus gewesen war.

Drittens erfuhren Liberale spätestens ab 1917 und bis 1924 die Möglichkeit der sozialen Revolution im Namen neuer sozialistischer Utopien. Das erwies eine neue Verknüpfung zwischen Krieg und Revolution, die die monarchische Regierungsform auf dem Kontinent zur Disposition stellte und sie dem radikalen Effizienztest des Krieges unterwarf, in Russland zuerst und in bürgerlicher und bolschewistischer Revolutionsvariante, im Herbst 1918 in der Habsburgermonarchie und im Deutschen Reich und schließlich, nicht im Modus des revolutionären Hiatus, sondern als sukzessive Modernisierung von oben mit revolutionierenden Folgen, im Übergang vom Osmanischen Reich zur Türkischen Republik. Gerade die Auseinandersetzung mit den multiethnischen Empires bildete einen politischen Resonanzraum für das neue Ideal der „self-determination". Der Führer der nationaltschechischen Exilbewegung und spätere tschechoslowakische Staatspräsident Tomáš Masaryk brachte den vermeintlich zukunftsverheißenden Zusammenhang zwischen Nationalität und Demokratie auf den Punkt: „Alles in allem sind die großen Vielvölkerreiche eine Institution der Vergangenheit, einer Zeit, als die materielle Macht hochgehalten und das Prinzip der Nationalität noch nicht anerkannt wurde, weil man die Demokratie noch nicht anerkannte."[17]

---

17   Tomáš Garrigue Masarayk: The Problem of Small Nations and States, the Federation of Small States (1918), in: Zdenka Munzer / Jan Munzer (Hg.): We Were and We Shall Be. The

Der Krieg brachte, *viertens*, soziale Auf- und Abstiegsbewegungen. Während sich viele Experten aus dem liberalen Bürgertum rekrutierten, kam es gleichzeitig zu einem relativen Bedeutungsverlust des Bürgertums gegenüber den Arbeitern. Dieser wahrgenommene relative Bedeutungsverlust beförderte die kritische Auseinandersetzung vieler Liberaler mit Phänomenen der Massengesellschaft und Massenkultur. Das ging weit über den Blick auf die Folgen des am Ende des Krieges in den meisten Gesellschaften eingeführten allgemeinen Wahlrechts hinaus. Es grundierte die Angst vor dem Aufstieg der Massen als Topos der liberalen Kritik, etwa in Friedrich Naumanns Beschäftigung mit dem „Massenleben" oder in der berühmten Skizze des Unbehagens, die José Ortega y Gasset 1930 entwerfen sollte:

> „Die Städte sind überfüllt mit Menschen, die Häuser mit Mietern, die Hotels mit Gästen, die Züge mit Reisenden, die Cafés mit Besuchern; es gibt zu viele Passanten auf der Straße, zu viele Patienten in den Wartezimmern berühmter Ärzte; Theater und Kinos, wenn sie nicht ganz unzeitgemäß sind, wimmeln von Zuschauern, die Badeorte von Sommerfrischlern. Was früher kein Problem war, ist es jetzt unausgesetzt: einen Platz zu finden."[18]

Insgesamt stellte der Krieg, *fünftens*, überkommene politische Ordnungskonzepte wie zumal die konstitutionelle Monarchie infrage und wirkte zugleich als Katalysator beim Durchbruch der Massendemokratie. Aber was an die Stelle der hergebrachten Konzepte treten sollte, war nach 1918 zunächst weniger eindeutig, als es sich aus dem Rückblick ergeben sollte. Zur Unübersichtlichkeit nach dem Krieg gehörte eine spannungs- und konfliktreiche Konkurrenz neuer Utopien, wie sich vor allem seit 1917 offenbarte. Darin lag die Bedeutung dieses Jahres und der entfernten Verwandtschaft von Wilson und Lenin mit ihren Bekenntnissen zu Selbstbestimmung und Selbstregierung, und beide lagen zunächst außerhalb klassischer europäischer Liberalismus-Diskurse. Verstärkt wurde diese Utopienkonkurrenz durch einen neuen globalen Wirkungszusammenhang, den die Medien der Kriegspropaganda herstellten und immer weniger kontrollierten. Allerdings rückte angesichts des Bürgerkriegs in Russland im unmittelbaren Nachkrieg vor allem Wilson ins Zentrum der weltweiten Aufmerksamkeit: Sein Empfang in Europa im Dezember 1918 offenbarte die hohen und widersprüchlichen Erwartungen, die sich mit seiner Person und dem Versprechen einer globalen Neuordnung

---

Czechoslovak Spirit through the Centuries, New York 1941, S. 152–158, hier S. 153; Müller, Zeitalter, S. 41.
18 José Ortega y Gasset: Der Aufstand der Massen (1930), übersetzt von H. Weyl, Stuttgart 2002, S. 6; Müller, Zeitalter, S. 38.

auf der Basis liberaler Werte verband – und innerhalb von sechs Monaten weitgehend desillusioniert werden sollten.

Dennoch: Wenn der Krieg die radikale Delegitimierung von Dynastien und Monarchien, von multiethnischen Großreichen möglich machte, dann auch die Neudefinition des liberalen Erbes in einem neuen Konzept der Demokratie. In der politischen Vision des US-amerikanischen Präsidenten Woodrow Wilson zeichneten sich die Umrisse einer atlantischen Ordnung im Zeichen von „Freiheit" und „Demokratie" ab. Obwohl sie sich in den 1920er und 1930er Jahren erst in Ansätzen entfalten konnte und vom politischen Rückzug der USA nach 1919 beschädigt wurde, handelte es sich um Ansätze, an die man nach 1945 im europäisch-atlantischen Westen anknüpfen konnte. Die Ursprünge moderner Demokratien, die mit der Erneuerung des Liberalismus eng verknüpft waren, lagen ohne Zweifel im Ersten Weltkrieg und der Nachkriegsphase.[19]

Schließlich brachte das Kriegsende, *sechstens*, den scheinbaren Triumph der westeuropäischen und amerikanischen Kriegsstaaten, beglaubigt durch die Behauptung der parlamentarischen Regimes, durch das Scheitern der Monarchien mit ihren politisch nicht kontrollierten Militärs, die Auflösung der Empires auf dem Kontinent, durch revolutionäre Akte, neue Nationalstaaten und den Durchbruch des allgemeinen Wahlrechts.[20] Doch gerade die neuen Nationalstaaten erwiesen sich sehr bald als „Nationalitätenstaaten" mit großen ethnischen Minderheiten und wurden zum doppelten Testfall für Selbstbestimmung und Selbstregierung. Das schloss die Gewalt im Namen der Homogenierung nicht aus. Aber die Revolutionsanläufe stellten auch die politische Handlungs- und Deutungsposition des Bürgertums in Frage. Neue politische Akteure betraten die politischen Bühnen, nicht nur die eher kurzlebigen Arbeiter- und Soldatenräte, sondern auch die neuen Bauernparteien in vielen ostmittel- und osteuropäischen Staaten. Als der Bauernführer Aleksandr Stambolijskij in Bulgarien an die Regierung kam, verband er die Umverteilung von Grund und Boden mit der Utopie einer „grünen Internationale".[21]

Eine Grunderfahrung der Liberalen war, dass sich die Revolutionen 1918 und in den darauf folgenden Varianten fundamental von den liberalen Vorbildern 1830 oder 1848 unterschieden. Das Ergebnis war paradox: Die Um-

---

19 Adam Tooze: The Deluge. The Great War and the Remaking of Global Order, London 2014, S. 173–251 und S. 17–19 in seiner Kritik an Mark Mazower; Müller, Weltkrieg; Ders. / Adam Tooze (Hg.): Normalität und Fragilität. Demokratie nach dem Ersten Weltkrieg, Hamburg 2015.
20 Leonhard, Büchse der Pandora, S. 1007 f; Michael Freeden: Liberalism Divided. A Study in British Political Thought 1914–1939, Oxford 1986, S. 18–44.
21 Müller, Zeitalter, S. 39.

wälzungen waren Revolutionen ohne Liberale, aber sie verhalfen im Ergebnis liberalen Errungenschaften zum Durchbruch. Aus der Krisenphase zwischen 1917 und 1923 entstand in den europäischen Gesellschaften nicht der Antistaat der Arbeiter- und Soldatenräte nach bolschewikischem Vorbild, sondern der parlamentarische Verfassungs- und Rechtsstaat, der auf dieser Basis die Erweiterung der politischen zur sozialen Demokratie in Angriff nahm – und in der Ausarbeitung dieser Projekte fanden viele Liberale als Experten und politische Akteure ihre Bestimmung. Doch was auf den ersten Blick für eine Fortschrittskontinuität in der Tradition des 19. Jahrhunderts sprach, verwies für viele Zeitgenossen vor allem auf die Massendemokratie im Zeichen der Niederlage und der Kriegsopfer. Der Verlauf der Revolutionen war jedenfalls nicht von Liberalen bestimmt, die sie wie Ernst Troeltsch oder Max Weber eher fasziniert oder skeptisch kommentierten, sondern von der Spannung zwischen gemäßigten Sozialdemokraten und radikalen Linken, zwischen repräsentativer Demokratie und bolschewikischem Rätesystem.

Die weitere Entwicklung dokumentierte, dass die Revolutionierung im Namen von nationaler Selbstbestimmung in der Praxis sehr illiberal sein konnte. Das zeigte sich bereits im Umgang vieler neuer, formal demokratisch-parlamentarischer Staaten im Umgang mit ihren ethnischen Minderheiten. Instruktiv musste für den Liberalismus auch das Beispiel an der südöstlichen Peripherie des Kontinents sein, wo Mustafa Kemal, dem begeisterten Leser von Rousseau und Comte, die Gründung der Türkischen Republik in einem blutigen Revisionskrieg gelang. Auch er berief sich auf liberale Werte und Vorbilder, auf die Trennung zwischen Religion und Staat, die Volkssouveränität, den zivilisatorischen Fortschritt und den Republikanismus ohne bolschewikische Revolution. Das Ergebnis war ein starker Staat und eine expandierende Bürokratie, die die radikale Neuausrichtung einer ganzen Gesellschaft betrieb. Die neue Türkei schien Wilsons Maxime der Selbstbestimmung geradezu idealtypisch in nationalstaatliche Souveränität zu übersetzen. Aber von einem Schutz individueller Rechte konnte keine Rede sein, und die Praxis des Umgangs mit nicht-muslimischen Minderheiten widersprach einer Staatsbildung nach liberalen Prämissen.[22]

3. Varianten des liberalen Paradigmas nach 1918

Diese hochambivalenten Erfahrungen konturierten die Ausgangssituation des Liberalismus nach 1918, aber sie entfalteten sich in sehr unterschiedlichen

---

22 Leonhard, Frieden, S. 1242 f.

Kontexten.[23] In Großbritannien blieben „society" und „individual" entscheidende Referenzen für die Liberalen. Aber selbst ein so prominenter Vertreter des reformorientierten „New Liberalism" in Großbritannien wie Hobson, der noch 1916 das Ideal des organischen britischen Liberalismus gegen die Staatszentriertheit Preußens betont hatte, war sich 1918 darüber im Klaren, dass es nach dem Krieg keine einfache Rückkehr in die Welt des Vorkriegs-Liberalismus geben könne. Das zeige jeder Blick auf den Staat: „Niemand kann ernsthaft so argumentieren, dass am Ende des Krieges [...] der Staat wieder in den Vorkriegszustand und zum kompetitiven Laissez-faire zurückkehren wird oder kann, der weite Teile von Industrie und Handel beherrschte".[24] Obgleich Hobson die Übergriffe gerade des britischen Kriegsstaates kritisierte, musste er zugeben:

> „Jeder plötzliche Sprung vom Staatssozialismus der Kriegszeit mit seiner enormen Regierungskontrolle von Bauindustrie, Landwirtschaft, Bergbau, Verkehr und anderen wichtigen Wirtschaftszweigen [...] zurück zu den Vorkriegszuständen, würde Unruhe und Desaster bedeuten. Der Staat muss weiterhin ein großes Maß an Kontrolle und an Kaufkraft behalten, falls Arbeitslosigkeit, wirtschaftliche Depression, eine Kürzung der Löhne und so etwas wie eine soziale Revolution vermieden werden sollen".[25]

In den Vereinigten Staaten hatte der Kriegseintritt des Landes zunächst die Reformhoffnungen der „Progressivists" um Walter Lippman, Walter Weyl und Herbert Croly und ihre Kritik an der ausgesprochenen Anti-Staats-Ideologie des radikalen Wirtschaftsliberalismus beflügelt. Dort markierte das Scheitern des „Wilsonian Moment" den Augenblick tiefgehender Ernüchterung. Einerseits boten viele der während des Krieges neugeschaffenen Institutionen wie das War Industries Board, das National War Labor Board, die Food Administration oder die zur Vorbereitung der Friedenskonferenz berufenen Inquiry dem progressiven Expertenideal eine Grundlage und eine Bühne.[26] Viele dieser Fachleute sollten ihre Karrieren später fortsetzen, etwa Herbert Hoover oder John Foster Dulles, für die der Nachkrieg und die Pariser Friedenskonferenz eine wichtige Karrierestation bildeten. Andererseits setzte sich gerade in den Vereinigten Staaten eine Praxis der Exklusion vermeintlicher Verräter und feindlicher Ausländer fort. An die Stelle der „German huns" traten nach dem Herbst 1918 neue antibolschewikische oder rassistische Feindbilder, wie die

---

23 Im Folgenden ebd., S. 1243–1246.
24 John Atkinson Hobson: Capital, Labor, and the Government, zitiert nach: Freeden, Liberalism Divided, S. 28.
25 John Atkinson Hobson: Democracy After the War, London 1917, S. 164 f; Freeden, Liberalism Divided, S. 42.
26 Leonhard, Politics, S. 115–132.

Gewaltwellen des Red Summer 1919 zeigten. Das alles stand im Gegensatz zum liberalen Credo der Vielfalt und Toleranz. Das Kriegsende bedeutete für die meisten amerikanischen Progressivists nicht nur das Ende der Experimente mit einem proaktiven Staat, sondern auch den Rückfall in nationale Abschließung.

Langfristig geriet durch den Krieg also nicht nur das liberale Politikmodell unter Druck, sondern auch das plurale Gesellschaftsbild. Gegen die konstitutionell-parlamentarische Praxis konnte man argumentieren, dass moderne Staaten im Krieg allein durch bürokratisch-militärischen Sachverstand, durch Experten und Fachleute, überleben konnten. Die Rekonfiguration von vormodernen Gemeinschaftsidealen, die man nach 1918 gegen den Liberalismus wandte, verband sich mit dem Rückgriff auf moderne Techniken: Die plurale Gesellschaft erschien als atomistisch. Jetzt sollten Sozialingenieure, die den Krieg als Möglichkeitsraum erfahren hatten, etwa in der pro-natalistischen Praxis der französischen Regierung, ein zunehmendes Gewicht bekommen.[27]

Vielen Liberalen in Deutschland erschien die neue Republik als Bedrohung und Verheißung zugleich. Diese Ambivalenz erklärte sich aus der besonderen Überlagerung von Kriegsende und Revolution, Niederlage und Waffenstillstand. Die Ergebnisse des Krieges und des Friedens, erfahren als Demütigung und nationale Schmach, wurden von vielen Liberalen der neuen Republik angelastet. Darin mischte sich die Trauer über das Verlorene mit der Skepsis gegenüber dem Neuen. Gerade Liberale beteiligten sich aktiv an der nach dem Sommer 1919 entstehenden Revisionsbewegung, nach außen gegen den Versailler Vertrag gewandt, nach innen auf eine Überwindung der sozialen und ideologischen Polarisierungen zielend. Doch entstand so eben auch ein Werkzeug für künftige Republikfeinde. Der Kampf gegen Versailles ließ sich auch in einen Kampf gegen Weimar konvertieren, und in diesem Prozess spielten Liberale eine aktive Rolle. Die deutschen Reaktionen auf diese komplizierte Konstellation waren sehr unterschiedlich. Repräsentanten einer dezidiert unpolitisch apostrophierten Bürgerlichkeit beriefen sich nach 1918 auf den nationalen Gesinnungsbegriff der „Liberalität", um sich so von demokratisch-partizipatorischen Konnotationen des Liberalismus abzugrenzen. Stellvertretend für viele hob Thomas Mann in seinen während der letzten beiden Kriegsjahre verfassten „Betrachtungen eines Unpolitischen" ein bürgerlich-unpolitisches Verständnis von „Liberalität" hervor, das er vom ideologischen Gehalt des Liberalismus zu unterscheiden suchte. Sei er „liberal", so nur „im Sinne der Liberalität und nicht des Liberalismus. Denn ich bin unpolitisch, national, aber unpolitisch gesinnt, wie der Deutsche der

---

27 Ders., Liberalismus, S. 93.

bürgerlichen Kultur und wie der der Romantik, die keine andere politische Forderung kannte, als die hoch-nationale nach Kaiser und Reich".[28]

Max Weber sollte 1919 in seinem Vortrag über „Politik als Beruf" die traditionellen Vorstellungen legitimer Herrschaft, die auf Monarchen, Dynastien und Imperien beruhten, historisieren – stattdessen hob er auch gegenüber den Liberalen die Massen und die Demokratie als neue Bedingungsfaktoren der Politik in Nationalstaaten hervor. Doch insgesamt mussten die Liberalen in Deutschland erleben, wie ihr tradiertes Deutungsmonopol für die Grundbegriffe „Nation" und „Bürgertum" durch den Krieg fundamental erschüttert worden war. Besonders aufschlussreich war die zeitgenössische Analyse des Theologen und Linksliberalen Ernst Troeltsch.[29] Er hatte sich immer wieder mit der „deutschen Idee der Freiheit" auseinandergesetzt. Zunächst ein Befürworter des Krieges, hatte er im Sommer 1917 noch den deutschen U-Boot-Krieg als Waffe gegen den „Ansturm der westlichen Demokratien" verteidigt, nach dem Scheitern der preußischen Wahlrechtsreform und dem Sturz Bethmann-Hollwegs aber an der Gründung des „Volksbundes für Freiheit und Vaterland" als Gegengewicht zur nationalistischen und annexionistischen Vaterlandspartei mitgewirkt. Ab diesem Zeitpunkt trat er für eine demokratische Erneuerung ein, um durch politische Partizipation eine revolutionäre Krise und den Zerfall der Gesellschaft in einzelne, konkurrierende Gruppen zu verhindern.[30]

Vor diesem Hintergrund analysierte er im Mai 1919 die Schwunglosigkeit der neuen Republik:

> „Die Behandlung der außen- und innenpolitischen Fragen durch Regierung und Parlament, vor allem das Auftreten des Parlaments selbst, hat viele enttäuscht. Ein sehr großer geistiger Zug ist beiden sicherlich nicht nachzurühmen. Aber wo soll der in der Kümmerlichkeit der ganzen Lage, wo jeder Fuß breit Ordnung erst in unendlicher Kleinarbeit erstritten werden muss und wo die Männer der Interessen der kleinen Leute mit den in der Gewerkschaftsarbeit erprobten Mitteln an die großen Weltfragen und allgemeinsten Lebensfragen herangehen müssen, herkommen?"

28   Thomas Mann: Betrachtungen eines Unpolitischen, in: Ders.: Große Kommentierte Frankfurter Ausgabe, Bd. 12/1, hg. von Hermann Kurzke, Frankfurt/M. 2009, S. 108.
29   Friedemann Voigt: Ernst Troeltsch. Leben und Werk, in: Ernst Troeltsch: Gesammelte Schriften, Bd. 1, ND. Darmstadt 2016, S. XXII–XXIII.
30   Jörn Leonhard: „Über Nacht sind wir zur radikalsten Demokratie Europas geworden" – Ernst Troeltsch und die geschichtspolitische Überwindung der Ideen von 1914, in: Friedrich Wilhelm Graf (Hg.): „Geschichte durch Geschichte überwinden". Ernst Troeltsch in Berlin, Gütersloh 2006, S. 205–230.

Die führende Intelligenz sei durch Obstruktion gekennzeichnet, Beamte stellten sich allein auf den „Boden der Tatsachen", zum Teil auch in Widerstandshaltung. Die Massen seien enttäuscht, da sie nur Papiergeld in Mengen, doch keine Gütermengen sähen. Für alle Probleme werde die Demokratie als neue Staatsform verantwortlich gemacht: „Es ist ein allgemeiner Ansturm der Enttäuschten, der Ideologen und der Restaurationsmänner gegen die Demokratie, die man anfangs so hoch zu preisen wusste." So komme es zur „Verwerfung der öden und geistlosen ‚Formaldemokratie'", bei der man den „großen Schwung" und die „großen Ideen, die grundsätzliche Neuheit, die Kraft und Größe der Herrschgesinnung" vermisse. So fiel Troeltschs Bilanz im Frühjahr 1919 skeptisch aus, und die Demokratie schien ihm zunächst eine wesensfremde Ordnung für die Deutschen. Doch konnte er bei aller Glanzlosigkeit keine andere Antwort finden als einen demokratischen Inkrementalismus, eine Politik der kleinen Schritte des Möglichen:

> „Überall Träumer, wohin man blickt, sofern nicht die Träumer blutige Realisten sind. Dass die Demokratie uns im Grunde nicht liegt und dass sie (übrigens vor allem in Deutschland) die Mängel der Mittelmäßigkeit und Spießerhaftigkeit trägt, dass das heutige deutsche parlamentarische Regime die Züge der bloßen Nachahmung und der kleinlichsten Selbstversorgung reichlich trägt, das ist leider nicht zu leugnen. Ebensowenig aber, dass wir nichts Besseres haben und an dieser kümmerlichen Stange in die Höhe klettern müssen, soweit von Höhe überhaupt die Rede sein kann."[31]

4. Dichotomie und Verflechtung: Liberalismus und Faschismus

Was bedeuteten diese Entwicklungen und Varianten für den Liberalismus im Zeitalter der ideologischen Extreme? Auf den ersten Blick erschienen die ideologischen Programme der russischen Bolschewiki, der italienischen Faschisten und der deutschen Nationalsozialisten als das radikale Gegenteil des Liberalismus mit seinem Fokus auf Verfassung, Parlamentarismus und Rechtsstaatlichkeit.[32] Und ohne Zweifel war die Liberalismus-Kritik auch ein Merkmal der neuen radikalen Ismen von rechts und links. Hans Freyers „Revolution von rechts" war 1931 nichts anderes als ein Angriff auf die überkommene Verbindung von Bürgertum und Liberalismus:

---

31 Ernst Troeltsch: Der Ansturm gegen die Demokratie (Mai 1919), in: Ders.: Kritische Gesamtausgabe, hg. von Friedrich Wilhelm Graf, Christian Albrecht und Gangolf Hübinger, Bd. 14: Spectator-Briefe und Berliner Briefe (1919–1922), Berlin 2015, S. 93–98, hier: S. 94 f.
32 Im Folgenden Leonhard, Frieden, S. 1246–1253.

„Eine neue Front formiert sich auf den Schlachtfeldern der bürgerlichen Gesellschaft: die Revolution von rechts [...]. Sie wird die alten Parteien, ihre festgefahrenen Programme und verstaubten Ideologien übergreifen. Sie wird den verstockten Klassengegensätzen einer hüben wie drüben kleinbürgerlich gewordenen Welt zwar nicht ihre Realität, aber ihren Dünkel, produktiv zu sein, mit Erfolg bestreiten. Sie wird mit den Resten des 19. Jahrhunderts, wo es noch festsitzt, aufräumen und die Geschichte des 20. freimachen."[33]

Aber schon der von Freyer unterstellte Zusammenhang, der im Begriff des „bürgerlichen Liberalismus" eine Formel der Liberalismus-Gegner war (einst der radikalen Linken, jetzt der Nationalsozialisten), um einen kohärenten Gegner zu stiften, existierte längst nicht mehr. In seiner bemerkenswerten Diagnose „Deutscher Geist in Gefahr" von 1932 konstatierte Ernst Robert Curtius knapp: „Weder parteipolitisch noch kulturell gibt es heute noch einen Bürgerblock."[34]

Weltkrieg und Kriegsende hatten nicht allein die Grenzen zwischen sozial verorteten Ideologiemilieus durchlässiger, sondern auch die ideologischen Sprachen sehr viel fließender gemacht, als es der erste Eindruck der trennscharfen Polarisierung und Abgrenzung nahelegte. Zum Erbe des großen Erfahrungsumbruchs 1918/19 gehörten daher Übergangszonen und Kontaktzonen zwischen Liberalismus und Faschismus bzw. Nationalsozialismus. Die zum Teil verwischenden Konturen waren Ausdruck einer offenen Konkurrenz von Zukunftsentwürfen, und sie brachten ein ganzes Panorama von Annäherungen oder Konversionen in unterschiedlichen europäischen Kontexten und auf verschiedenen Ebenen hervor, von denen sechs im Folgenden kurz skizziert werden sollen.

Erstens identifizierten in den Gesellschaften der Verliererstaaten nicht wenige bürgerliche Liberale die für sie negativen Ergebnisse des Weltkriegs und der Friedensschlüsse mit dem Durchbruch der Massendemokratie. Das galt zumal für viele ehemalige Nationalliberale in Deutschland, die aus dieser Erfahrung ihre Distanz zur parlamentarischen Demokratie ableiteten. Gerade die Enttäuschung über den angeblichen Verrat Wilsons an den eigenen Prinzipien und an den amerikanischen Versprechen gegenüber der neuen demokratisch legitimierten Regierung Deutschlands im Oktober 1918 diskreditierte auch den mit Wilson identifizierten Durchbruch der Massendemokratie. Weil

---

33   Hans Freyer: Revolution von rechts, Jena 1931, S. 5.
34   Ernst Robert Curtius: Deutscher Geist in Gefahr, Stuttgart 1932, S. 18; Horst Möller: Bürgertum und bürgerlich-liberale Bewegung nach 1918, in: Lothar Gall (Hg.): Bürgertum und bürgerlich-liberale Bewegung in Mitteleuropa seit dem 18. Jahrhundert, München 1997, S. 293–342, hier S. 293 f.

andere universalistische Deutungsmuster wie die Sprache des Republikanismus in Frankreich oder die an 1688 oder 1776 orientierten Selbstbilder der britischen Liberalen und amerikanischen Progressivists fehlten, konnten Revisionismus und Phantomschmerz angesichts der verlorenen nationalen Größe einen solchen Stellenwert für viele Liberale in Deutschland erhalten.

Zweitens entwickelten auch Vertreter eines strengen Wirtschaftsliberalismus, die sich gegen einen zu starken Versorgungsstaat wandten, zum Teil starke Vorbehalte gegen ein wesentliches Kennzeichen der Weimarer Demokratie, nämlich die sukzessive Expansion des Sozialstaates, um nach 1920 weitere revolutionäre Anläufe einzudämmen. In den Augen eines Repräsentanten dieses orthodox wirtschaftsliberalen Flügels wie Ludwig Mises waren im Kampf gegen den sozialpolitisch immer weiter ausgreifenden Staat selbst autoritäre Mittel gerechtfertigt.

Eine entscheidende Brücke zwischen den Liberalen und den radikalen Rechten bildete, *drittens*, die gemeinsame Wahrnehmung der Bolschewiki als des aus Krieg und Revolution hervorgegangenen ideologischen Hauptgegners. Das zeigte sich zunächst bald nach 1918 in Italien, aber in der Rezeption des italienischen Faschismus und der teils offen geäußerten Sympathie für Mussolini auch in Teilen des deutschen Bürgertums. Dies erfasste so unterschiedliche Personen wie Erwin von Beckerath, Carl Schmitt oder Robert Michels, aber eben auch Rudolf Smend oder seinen Schüler Gerhard Leibholz. Selbst im linksliberalen Lager gab es ein positives Echo bei Emil Ludwig oder Theodor Wolff.[35]

Eine weitere ideologische Konturverwischung ergab sich, *viertens*, aus der Haltung zum und dem Umgang vieler europäischer Liberaler mit dem Parlamentarismus, wie er sich nach dem Kriegsende als Ergebnis von Revolutionen, Staatsbildungen und Wahlrechtsreformen herausbildete. Schon bald neigten nicht wenige Liberale zu einer kritischen Sicht des parlamentarischen Systems, das jedenfalls der Gleichsetzung von Liberalismus und Parlamentarismus widersprach. So wurde die Auflösung der gekoppelten Gehäuse „Liberalismus und Bürgertum" sowie „Liberalismus und Parlamentarismus" ein entscheidendes Kennzeichen der Phase nach 1918. Gerade in Ländern, die immer wieder als relativ stabile Pfeiler des Parlamentarismus zitiert wurden, offenbarte sich das. Das Beispiel der ersten Nachkriegswahlen in Großbri-

---

35 Jens Hacke: Die Krise des politischen Liberalismus in der Zwischenkriegszeit. Theoriegeschichtliche Sondierungen, in: Steffan Kailitz (Hg.): Nach dem „Großen Krieg". Vom Triumph zum Desaster der Demokratie 1918/19–1939, Göttingen 2017, S. 69–88; Ders.: Existenzkrise der Demokratie. Zur politischen Theorie des Liberalismus in der Zwischenkriegszeit, Berlin 2018, S. 95–97, 217–220 und 238 f.

tannien im Dezember 1918 unterstrich, wie man offensichtlich mit vorab erstellten Listen ein gefügiges Parlament schaffen konnte. In den sogenannten Coupon-Wahlen agierte der liberale Premierminister David Lloyd George jedenfalls genau so; 483 von 550 Kandidaten standen auf einem die Wahl faktisch sichernden Coupon. Das Ergebnis war ein Parlament, das eine große Mehrheit für eine kaum kontrollierte Regierung produzierte. In der gerade neu gegründeten Tschechoslowakischen Republik dachte ihr erster Staatspräsident Tomáš Masaryk, der sich schon während des Krieges im amerikanischen Exil und dann im Moment der Staatsgründung 1918 enthusiastisch an das Vorbild der amerikanischen Demokratie und ihres Gründungsmoments 1776 angelehnt hatte, bereits 1919 an die Möglichkeit einer kurzen Diktatur. Eine solche Phase könne die Interessen des Volkes viel besser ausdrücken und zur Geltung bringen als eine schwerfällige parlamentarische Demokratie.[36]

In Deutschland offenbarten sich die Widersprüche des Liberalismus in seinem Verhältnis zum Parlamentarismus geradezu exemplarisch in der Person Friedrich Meineckes, des wohl wichtigsten bürgerlich-liberalen Historikers der Weimarer Republik. Obwohl er sich für die Demokratie als Staatsform einsetzte, warnte er den Liberalismus ausdrücklich davor, sich zu sehr mit dem parlamentarischen System zu identifizieren. Es sei eine falsche Annahme, „dass der reine Parlamentarismus die beste Freiheitsbürgschaft" sei.[37] Damit sprach er eine grundsätzliche Spannung an, die Carl Schmitt in seinem Vorwurf zuspitzte, dass der demokratische Gleichheitsgedanke und die Homogenisierung von Gesellschaften, die in den europäischen Nachkriegsgesellschaften zu Leitideen erhoben worden waren, dem ursprünglichen Freiheitsbegriff des Liberalismus widersprechen müsse – wenn man so will, war das eine Reformulierung von Tocqueville unter den Bedingungen des Nachkriegs. Schmitts Antwort auf dieses Problem war mit der akklamatorisch bestätigten Führerdemokratie eine radikale Absage an die Prämissen des Liberalismus und das Vertrauen auf Herrschaftskontrolle durch institutionelle Gewaltenteilung: „Das Volk kann nur Ja oder Nein sagen; es kann nicht beraten, deliberieren oder diskutieren; es kann nicht regieren und nicht verwalten; es kann auch nicht normieren, sondern nur einen ihm vorgelegten Normierungsentwurf durch sein Ja sanktionieren."[38]

---

36 Orzoff, Democracy, S. 263 f.

37 Friedrich Meinecke: Einige Gedanken über Liberalismus, in: Ders.: Politische Schriften und Reden, hg. von Georg Kotowski, Darmstadt ²1966, S. 414–417, hier S. 417; Hacke, Krise, S. 77.

38 Carl Schmitt: Legalität und Legitimität, Berlin ⁶1996, S. 86; Hacke, Krise, S. 74.

Natürlich ging Meinecke nicht so weit. Aber der Blick auf ihn enthüllt doch eine ganz eigene Mischung von Überzeugungen: Während er dem Gedanken der Parteienkonkurrenz zustimmend gegenüberstand, kritisierte er das parlamentarische Regierungssystem und trat für die Idee einer „Volksgemeinschaft" ein, die die sozialen Spannungen und Interessenkonflikte der Nachkriegsgesellschaft überwinden sollte. Hier wirkten erkennbar Gemeinschaftsvorstellungen aus dem Krieg weiter fort. Alfred Weber allerdings, der Bruder von Max Weber und einer der einflussreichsten Kultursoziologen der 1920er und 1930er Jahre, reflektierte offen über die Möglichkeit, einen in seinen Augen entscheidungsschwachen Parlamentarismus durch die Praxis einer oligarchischen, „unegalitären, ganz modernen Führerdemokratie" zu überwinden.[39]

Mochte der soziale Liberalismus nach dem Krieg durch die Konkurrenz der Sozialdemokratie an Bedeutung verlieren, so blieb doch, *fünftens*, die Rückbindung des liberalen Denkens an die bürgerliche Mittelschicht zumindest innerhalb der akademischen Eliten für lange Zeit erhalten. Viele der Fachleute, Experten, zumal der Sozialingenieure, die in den 1920er und 1930er Jahren die Anläufe der bürgerlichen Demokratie begleiteten und dadurch an Bedeutung gewannen, waren akademisch-bürgerlich sozialisiert. Das Ideal der Planung und Steuerung, der Arbeit an einer möglichst optimalen Neuorganisation der Gesellschaft, war ein Erbe der Kriegserfahrungen und verband sich nach 1920 mit dem Vertrauen in neue, aus dem sozialen und technischen Fortschritt resultierende Handlungsoptionen. Im Weltbild vieler dieser Sozialingenieure spielte das liberale Paradigma eine wichtige Rolle, wenn auch in einer sozial-liberalen Grundierung und der Ordnung der bestehenden Demokratie angepasst. Auch wenn es seit Beginn der 1930er Jahre eine faschistische oder kommunistische, jedenfalls eine programmatisch antiliberale Wendung gab, gab es auch personale Kontinuitäten, etwa von nationalliberalen und sozialliberalen Experten in deutschen Sozialverwaltungen.[40] Viele der Leitmotive der nationalsozialistischen Weltanschauung – „Volksgemeinschaft", „Volkskörper", „Lebensraum" oder „Führerstaat" – waren gegenüber den Denkmustern und Handlungszielen der bürgerlichen Sozialexperten mindestens anschlussfähig.[41]

---

39 Alfred Weber: Die Krise des modernen Staatsgedankens in Europa, Stuttgart 1925, S. 138; Hacke, Krise, S. 77.

40 Thomas Etzemüller (Hg.): Die Ordnung der Moderne. Social Engineering im 20. Jahrhundert, Bielefeld 2009.

41 Lutz Raphael: Sozialexperten in Deutschland, in: Wolfgang Hardtwig (Hg.): Utopie und politische Herrschaft im Europa der Zwischenkriegszeit, München 2003, S. 327–346, hier S. 337.

Schließlich entwickelten sich, *sechstens*, auch Fälle von Konversionen. Als Mussolini nach zehn Jahren an der Macht eine offizielle Doktrin des italienischen Faschismus vorlegte, stammte sie von dem ursprünglich liberalen Philosophen Giovanni Gentile. Schon bald nach dem Krieg hatte er mit liberalen Positionen nach einer Rechtfertigung des Faschismus gesucht. Dabei bündelten sich Motive und Begründungszusammenhänge, die in anderen europäischen Fällen eher vereinzelt auftraten. Ein entscheidendes Motiv war der Eindruck, die Errungenschaften des Liberalismus nur auf diesem Wege gegen eine Bedrohung durch die radikale Linke schützen zu können. Dazu kam bei Gentile, den Mussolini nach seinem Marsch auf Rom als Bildungsminister in sein Kabinett geholt hatte, ein starker Fokus auf den Gedanken der individuellen Selbstverwirklichung. Gentile ging davon aus, dass sie aufgrund der sozialen Natur des Menschen nur in einer Gemeinschaft gelingen könne. Der Kompromiss zwischen dem Eigeninteresse jedes Individuums und den vertragstheoretisch bestimmten Interessen einer Gesellschaft erschien ihm nach den Erfahrungen des Krieges nicht mehr überzeugend – so entwickelte er die Konzeption der Nation als einzig überzeugendem Rahmen kollektiver und individueller Entscheidungen mit moralischer Qualität. Vor diesem Hintergrund stellte die Nation für Gentile nicht wie im ethnisch bestimmten Nationalismus eine gegebene, gleichsam a priori existierende Größe dar. Sie war in seinen Augen vielmehr das Produkt permanenter Anstrengungen – und genau darin erkannte er die einzigartige Funktion des Faschismus, um das unabgeschlossene Risorgimento des 19. Jahrhunderts im Italien des 20. Jahrhunderts zu vollenden.

Gentile betrachtete den Faschismus als Verkörperung des ethischen und des totalen Staates und damit langfristig als die eigentlich echte Form der Demokratie. Gegenüber dem amerikanischen Magazin „Foreign Affairs" erklärte er 1927:

> „Der faschistische Staat [...] ist ein Volksstaat und als solcher der demokratische Staat par excellence. Das Verhältnis zwischen Staat und Bürger [...] ist demgemäß so innig, dass der Staat nur dadurch und insoweit existiert, als der Bürger seine Existenz verursacht. Seine Ausformung ist somit die Ausformung eines Bewusstseins von ihm durch die Individuen, durch die Massen. Von daher die Notwendigkeit der Partei und sämtlicher Propaganda- und Erziehungsinstrumente, von denen der Faschismus Gebrauch macht, um die Gedanken und den Willen des Duce zu den Gedanken und dem Willen der Massen zu machen. Von daher die enorme Aufgabe, die sich der Faschismus vornimmt, wenn er versucht, die ganze Masse der Menschen, angefangen bei den Kleinkindern, im Schoß der Partei zu versammeln."[42]

---

42 Giovanni Gentile: The Philosophic Basis of Fascism, in: Foreign Affairs 6 (1927/28), S. 290–304, hier S. 302 f; Müller, Zeitalter, S. 180 f.

5. Zusammenfassung und Ausblick: Hybridität und Resilienz des Liberalismus im 20. Jahrhundert

Die Phase nach 1918 war wahrscheinlich die wichtigste Zeitspanne in der Geschichte des Liberalismus im 20. Jahrhundert, vielleicht sogar eine zweite Sattelzeit. Die „Krise" des Liberalismus, die von Eric Hobsbawm sogar zum „Untergang des Liberalismus" übersteigert wurde, ließ den Liberalismus seit 1930 fast unsichtbar werden.[43] Aber diese Sichtweise bezieht ihre Suggestionskraft aus der Dichotomie und Polarisierung der ideologischen Deutungsangebote von Liberalismus, Kommunismus und Faschismus, aus der Zuspitzung der politisch-ideologischen Sprache. Diese sich gegenseitig ausschließenden Alternativen schienen zu manichäischen Oppositionen zu werden, die keine Unentschiedenheit duldeten, wie es Carl Schmitts Freund-Feind-Paradigma als Basis des Politischen exemplarisch zum Ausdruck brachte.[44]

Der Blick auf die Erbschaften des Krieges und die Umbrüche des Nachkrieges zeigt jedoch, dass und wie sich vermeintlich festgefügte Passungen aufzulösen begannen und scheinbar hermetische ideologische Gehäuse permeabel wurden. Das galt angesichts der neuen Utopienkonkurrenz, der bolschewikischen Bedrohungsszenarien und der kritischen Wahrnehmungen von Massendemokratie und Massenkultur für die gängigen Kopplungen zwischen Liberalismus und Bürgertum sowie zwischen Liberalismus und Parlamentarismus. Im Ergebnis entstanden jenseits und unterhalb der Schmitt'schen Freund-Feind-Beziehung auch zwischen Liberalismus und Nationalsozialismus bzw. Faschismus neuartige Berührungspunkte und Übergänge, Kontakte und Konversionen.[45]

Die Normen liberalen Handelns büßten nach dem Ersten Weltkrieg an Bedeutung ein. Sie verloren die für das 19. Jahrhundert charakteristische Kopplung von Liberalismus und Fortschritt und damit die entscheidende

---

43 Eric Hobsbawm: Das Zeitalter der Extreme. Weltgeschichte des 20. Jahrhunderts, München 1995, S. 143; Anselm Doering-Manteuffel: Das schwarze Jahrhundert und sein „Goldenes Zeitalter". Eric Hobsbawms Deutung der Weltgeschichte des 20. Jahrhunderts, in: Neue Politische Literatur 42 (1997), S. 365–377; Moritz Föllmer / Rüdiger Graf (Hg.): Die „Krise" der Weimarer Republik. Zur Kritik eines Deutungsmusters, Frankfurt/New York 2005.
44 Carl Schmitt: Der Begriff des Politischen (1927), Hamburg 1933, S. 7; Christian Meier: Zu Carl Schmitts Begriffsbildung – Das Politische und der Nomos, in: Heinz Quaritsch (Hg.): Complexio Oppositorum. Über Carl Schmitt, Berlin 1988, S. 537–556; Jörn Leonhard: Bellizismus und Nation. Kriegsdeutung und Nationsbestimmung in Europa und den Vereinigten Staaten 1750–1914, München 2009, S. 3.
45 Anselm Doering-Manteuffel / Jörn Leonhard: Liberalismus im 20. Jahrhundert – Aufriss einer historischen Phänomenologie, in: Dies., Liberalismus, S. 13–32.

Deutungskategorie der Zukunft.[46] Der optimistische Glaube an den „Fortschritt mit humanem Maß" als ein gleichsam universelles Versprechen war durch den Krieg zerstört worden.[47] Ein handlungsleitendes Programm für Staat und Gesellschaft konnte der Fortschritt offenbar nicht mehr bieten. Auch wenn die 1920er und 1930er Jahre eine Zeit des atemberaubenden technischen Fortschritts waren, in der Expresszüge, Rennwagen, Luftschiff und Flugzeug den Rausch der Geschwindigkeit und eine scheinbar unbegrenzte Ausweitung des Raumes verkörperten, blieb dies ohne Bezug zum früheren Glauben an einen Fortschritt zum Wohle der Menschheit. Der Universalismus der Technik verstärkte den Glauben an bestimmte Machbarkeiten und Planbarkeiten – aber über die Ausrichtung der politischen und sozialen Ordnung sagte das per se nichts aus. Die Zeitgenossen erlebten stattdessen eine Kulturrevolution antiliberalen Denkens, die in Deutschland und Österreich besonders stark ausgeprägt war, aber auch in Frankreich und Großbritannien deutliche Auswirkungen hatte. Sie äußerte sich in der Ablehnung eines in die Geschichte eingebetteten Denkens, wonach eine Gesellschaft einzig durch das Bewusstsein ihres „Gewordenseins" befähigt war, auch ihre Zukunft zu bauen. Die Erfahrung des Weltkriegs stand quer dazu und schien den Glauben an die Gestaltungskraft des liberalen Fortschritts zu blockieren.[48]

Tendenziell lassen sich in der Zwischenkriegszeit Anzeichen für eine parallele Entwicklung in den Gesellschaften des liberalen angloatlantischen Westens und europäischen Nordens einerseits und den antiliberalen politischen Systemen Mittel- und Osteuropas andererseits erkennen. Auf die 1930er Jahre bezogen, ging es in den von Weltwirtschaftskrise und Massenarbeitslosigkeit geprägten Krisenjahren darum, das Verhältnis zwischen Individuum und Gesellschaft neu zu bestimmen. Auf die Fragen, wo der einzelne Mensch seinen Ort finden sollte, in der Öffentlichkeit, im Wirtschaftsleben, im Bereich der politischen Mitbestimmung, gaben der amerikanische New Deal, der italienische Faschismus und der deutsche Nationalsozialismus, am Ende des Zweiten Weltkriegs auch das britische Versprechen zur Errichtung eines egalitären Wohlfahrtsstaats denkbar unterschiedliche Antworten. Aber die Ausgangsfragen, die ihr Handeln und ihre Programmatik kennzeichneten,

---

46 Jörn Leonhard: Liberalismus. Zur historischen Semantik eines europäischen Deutungsmusters, München 2001.
47 Dieter Langewiesche: Liberalismus und Bürgertum in Europa, in: Jürgen Kocka (Hg.): Bürgertum im 19. Jahrhundert. Deutschland im europäischen Vergleich, Bd. 3, München 1988, S. 360–394, hier S. 387.
48 Anselm Doering-Manteuffel: Mensch, Maschine, Zeit. Fortschrittsbewußtsein und Kulturkritik im ersten Drittel des 20. Jahrhunderts, in: Jahrbuch des Historischen Kollegs 2003, München 2004, S. 91–119.

wiesen deutliche Ähnlichkeit auf, weil sie aus ähnlichen materiellen Grund-
bedingungen in einer Zeit der tiefen Krise der kapitalistischen Wirtschaft hervorgingen.[49]

Mochte es scheinen, als verschwinde der Liberalismus seit dem Ende der
1920er Jahre aus der gesellschaftlichen Wirklichkeit, so ging er doch nicht
unter. Stattdessen handelte es sich um eine Transformationskrise. Zum Bild
des langen Nachkriegs, der eben mehr war als eine Zwischenkriegszeit, die
den Großen Krieg nur unterbrach, gehörte das, was Tony Judt die „adaptability" des Liberalismus im 20. Jahrhundert genannt hat.[50] Judt identifizierte
zwei, nur auf den ersten Blick einander widersprechende Leitmotive in der
Geschichte des 20. Jahrhunderts. Auf der einen Seite betonte er die Erfahrung
von Gewalt im Namen ideologischer Extreme, die zu Massenphänomenen
geworden waren. Auf der anderen Seite hob er die Fähigkeit von Liberalismus
und Kapitalismus in diesem Zeitalter der Gewalt hervor, eine Krise nach der
anderen zu überleben. Das immer wieder verkündete Ende des Liberalismus
jedenfalls stand und steht im Gegensatz zu einer ausgesprochenen Resilienz,
einer Fähigkeit zur Regeneration und Anpassung an radikal veränderte Umstände und institutionelle Bedingungen. Diese Interpretation setzt gegenüber
Mazowers Bild des „verlassenen Tempels" einen anderen Akzent. In dieser
Perspektive war die Krise des Liberalismus seit dem Ersten Weltkrieg eine
Chance zur programmatischen Erneuerung, die sich erst nach 1945 und nach
1989 entfalten sollte.[51]

---

49 Wolfgang Schivelbusch: Entfernte Verwandtschaft. Faschismus, Nationalsozialismus,
New Deal 1933–1939, München 2005; Howard Brick: Transcending Capitalism. Visions of
an New Society in Modern American Thought, Ithaca 2006; José Harris: Einige Aspekte der
britischen Sozialpolitik während des Zweiten Weltkriegs, in: Wolfgang Mommsen / Wolfgang
Mock (Hg.): Die Entstehung des Wohlfahrtsstaates in Großbritannien 1850–1950, Stuttgart
1982, S. 255–270.
50 Tony Judt / Timothy Snyder: Nachdenken über das 20. Jahrhundert, München 2013.
51 Freeden, Liberalism Divided; Dieter Langewiesche: Liberalismus in Deutschland, Frank-
furt/M. 1988, S. 233–286.

Gegenseitige Wahrnehmungen und programmatische Ambivalenzen 1930–1939

FRANK BAJOHR

Zwischen Gegnerschaft, Geringschätzung, Nichtbeachtung und verdeckter Adaption

Zur nationalsozialistischen Sicht auf den Liberalismus

Die historische Forschung ist sich heute weitgehend darüber einig, dass der Nationalsozialismus über keine kohärente Ideologie und keine katechetischen Leitsätze verfügte, weil nicht einmal Schlüsselbegriffe wie „Rasse" oder „Volk" verbindlich definiert waren.[1] Stattdessen ist der Nationalsozialismus als Teil eines komplexeren weltanschaulichen Gesamtfeldes zu interpretieren, in das immer auch Ausläufer des Liberalismus hineinragten, ohne dass der Liberalismus insgesamt als Teil einer völkisch geprägten Ideenwelt zu begreifen ist. Die wichtigen Fragen nach semantischen Schnittmengen und Beziehungsstrukturen zwischen Liberalismus und Nationalsozialismus sind jedoch fast ausschließlich aus liberaler Perspektive untersuchenswert, weil der Nationalsozialismus seine Zugehörigkeit zu einem komplexeren weltanschaulichen Feld fast durchweg bestritt und stattdessen seine angebliche Einzigartigkeit hervorhob. Deshalb fragte er fast nie nach Gemeinsamkeiten mit politischen Konkurrenten, sondern grenzte sich von diesen stets pauschal-polemisch ab. So war es insgesamt typisch, dass Hitler in seinem Buch „Mein Kampf" in egozentrischer Befangenheit die Quellen seines Denkens und seiner Auffassungen nur selten offenlegte, diese vielmehr in detailreicher Kleinarbeit herausgearbeitet werden müssen.[2] Eine Weltanschauung – so Hitler – sei „nie-

---

1 Vgl. Lutz Raphael: Pluralities of National Socialist Ideology. New Perspectives on the Production and Diffusion of National Socialist Weltanschauung, in: Martina Steber / Bernhard Gotto (Hg.): Visions of Community in Nazi Germany. Social Engineering and Private Lives, Oxford 2014, S. 73–86.
2 Hitler: Mein Kampf. Eine kritische Edition, hg. von Christian Hartmann u. a., 2 Bde., München 2016.

mals bereit [...], mit einer zweiten zu teilen".[3] Auf diese Weise formulierte er einen Alleinvertretungsanspruch für sich und die NSDAP, der eine differenzierte Behandlung und Analyse seiner politischen Konkurrenten faktisch ausschloss. Mithin erlaubt die Perspektive führender Nationalsozialisten auch nur begrenzte Einsichten in weltanschauliche oder semantische Schnittmengen mit anderen Bewegungen.

1. Die Ausnahme von der Regel

Am 25. Januar 1932 notierte der damalige Berliner Gauleiter der NSDAP, Joseph Goebbels, in seinem Tagebuch: „Spät noch Broschüre gelesen von Theodor Heuß: ‚Hitlers Weg'. Nicht ganz dumm. Weiß sehr viel von uns. Nutzt das etwas gemein aus. Aber immerhin eine Kritik, die sich sehen lassen kann."[4] Dieses Goebbels-Zitat war aus zwei Gründen bemerkenswert. Erstens ist es die einzige positive Äußerung eines führenden Nationalsozialisten über den Liberalismus bzw. über einen Liberalen wie Heuss, die mir bei durchaus umfangreichen Recherchen begegnet ist. Zweitens ist das Zitat auch deswegen ungewöhnlich, weil hier ein Nationalsozialist den Liberalismus überhaupt wahrnahm. Umgekehrt – das zeigten zum Beispiel die Schriften von Theodor Heuss oder Werner Stephan – war dies ungleich häufiger der Fall. Liberale verfassten durchaus treffliche Analysen des Nationalsozialismus, während dieser seine Gegner – darunter auch den Liberalismus – zumeist nur durch einen Schleier polemischer Sottisen und ideologischer Projektionen betrachtete, die häufig auch noch verschwörungstheoretisch grundiert waren. Der Nationalsozialismus nahm grundsätzlich keine differenzierte Analyse seiner politischen Gegner vor, sondern betrieb vielmehr deren Pauschalverdammung mit Begriffen wie Novemberverbrecher, Systemparteien, Volksverderber, Volksverräter oder Lügen- bzw. Judenpresse. Solche Pauschalverdammungen dominierten auch deswegen, weil der Nationalsozialismus nur so seinen Anspruch auf alleinige Machtausübung begründen konnte und deshalb politischen Mitbewerbern das Existenzrecht bestreiten musste. Wenn dennoch im Folgenden immer wieder Äußerungen zitiert werden, die sich

---

3 Ebd., Bd. 2, S. 1153.
4 Die Tagebücher von Joseph Goebbels, Teil 1: Aufzeichnungen von 1923–1941, Bd. 2.2: Juni 1931 – September 1932, hg. von Elke Fröhlich, München 2004, S. 203. Bei der Veröffentlichung seiner Tagebuchblätter 1934 fälschte Goebbels seinen eigenen Eintrag, strich das Lob und fügte hinzu: „Das ist alles so dumm, daß es kaum einer Beachtung wert erscheint." Joseph Goebbels: Vom Kaiserhof zur Reichskanzlei. Eine historische Darstellung in Tagebuchblättern, München 1934, S. 31.

konkret auf den Liberalismus bezogen, dann sei ausdrücklich hervorgehoben, dass diese keineswegs die Regel waren, sondern hinter der pauschalen Verdammungsrhetorik deutlich zurücktraten.

Ganz unzweifelhaft begriffen die führenden Nationalsozialisten die Liberalen als politische Gegner, nahmen sie jedoch unter diesen am wenigsten ernst. In Hitlers Buch „Mein Kampf" tauchte das Wort „Liberalismus" nur ein einziges Mal auf; in anderen weltanschaulichen Grundlagenpublikationen war nicht einmal das der Fall. So legte Houston Stewart Chamberlain mit seinem Buch über „Die Grundlagen des 19. Jahrhunderts" eine für die Ideologiebildung des Nationalsozialismus zentrale Studie vor, in der das Wort „Liberalismus" vollständig fehlte.[5] Aus nationalsozialistischer Sicht war der Liberalismus eine Bewegung von gestern, ein politischer Anachronismus, dem man keine besondere Beachtung schenken musste. „Das liberale Zeitalter ist gewesen" bzw. „beendet" und werde „niemals wiederkehren",[6] versicherte Hitler noch gegen Ende seiner Herrschaft, nämlich in seinen Proklamationen vom 1. und 30. Januar 1945 – und damit in bemerkenswerter Kontinuität zu seinen frühen politischen Äußerungen, in denen er die Liberalen bereits für überlebt erklärt hatte. Liberale und bürgerliche Parteien seien „verkalkt" und ähnelten einem „gähnenden Kartenspielklub".[7] Auch Joseph Goebbels ließ sich zahlreiche Verbalinjurien einfallen und sprach u. a. von „dicken Liberalisten".[8]

Im Zeitalter der Massen hätten die Liberalen – so Hitler – keinen Platz, weil die Massen mit Forderungen nach liberaler Freiheit „nur wenig anzufangen wüssten" und sich „sogar leicht verlassen fühlten".[9] „Der liberale Theoretiker", so Hitler im Jahre 1929, „wird nie erfassen, was den anderen bewegt. Ihm fehlt das erhabene Ziel und damit auch der alles besiegende Glaube, der den sein Volk zur Größe führende nationale Gedanke in sich trägt."[10] Die Figur des „liberalen Theoretikers" gehörte zu den Lieblingsphrasen Hitlers,

---

5 Houston Stewart Chamberlain: Die Grundlagen des 19. Jahrhunderts, München 1923.

6 Zit. nach Max Domarus: Hitler. Reden und Proklamationen 1932–1945. Kommentiert von einem deutschen Zeitgenossen. Bd. 4, Teil 2: Untergang. 1941–1945, Wiesbaden 1973, S. 2183.

7 Hitler, Mein Kampf, Bd. 2, S. 1217.

8 Eintrag vom 26.6.1928, in: Die Tagebücher von Joseph Goebbels. Teil 1: Aufzeichnungen von 1923–1941, Bd. 1.3: Juni 1928 – November 1929, hg. von Elke Fröhlich, München 2004, S. 43.

9 Hitler, Mein Kampf, Bd. 1, S. 181.

10 Dieses und das folgende Zitat in: Hitler: Reden, Schriften, Anordnungen. Februar 1925 bis Januar 1933, Bd. 3: Zwischen den Reichstagswahlen. Juli 1928 – September 1930, Teil 1: Juli 1928 – Februar 1929, hg. vom Institut für Zeitgeschichte (IfZ), München 1994, S. 429–433.

wenn er die aus seiner Sicht mangelnde dynamische Praxis des Liberalismus
geißelte. Mochten sich die verachteten Intellektuellen auch an liberalen Freiheiten ergötzen, so ging von diesen aus Sicht Hitlers nicht nur keine mobi-
lisierende Kraft aus, sondern Freiheit führe im Gegenteil unweigerlich zum
inneren Chaos und schwäche die nationale Gemeinschaft in deren Kampf
nach außen: „Der liberale Theoretiker verzehrt die Kraft seines Volkes im
Streit um Dogmen im Innern, in der Faust des völkischen Diktators werden
die Dogmen zu Waffen für den Kampf nach außen" – so Hitler in einem
bemerkenswerten Statement aus dem Jahre 1929, in dem er den Begriff des
„völkischen Diktators" noch auf den damals bewunderten Mussolini und das
faschistische Italien bezog.

2. Begriffskombinationen

Zu den Spezifika der NS-Propaganda gehörte die Selbststilisierung des Nationalsozialismus als politischer Solitär, als jene Bewegung, die die einzig wahre
Weltanschauung vertrat, sodass sämtliche anderen Strömungen nicht nur als
mit dem Nationalsozialismus gänzlich unvereinbar, sondern oft auch als zu-
sammenhängende, böswillige Gegnerfront dargestellt wurden. Deshalb ver-
wendeten Propaganda und führende Nationalsozialisten die Bezeichnung „liberal" auch eher selten, sondern kombinierten „liberal" auf eine oft absurde
Weise mit anderen Adjektiven. Besonders häufig verwendet wurde die Kombination liberal-marxistisch, mit der die Nationalsozialisten insinuierten, dass
Liberalismus und Marxismus ein gemeinsamer „Materialismus" zugrunde liege. Liberalismus und Marxismus – so Hitler im Jahre 1931 – seien auch insofern „unzertrennliche Bundesgenossen"[11], weil der Liberalismus wirtschaftlichen Egoismus predige, damit den Marxismus erst hervorgebracht und eine
Entwicklung befördert habe, die unweigerlich im „kommunistischen Chaos"
enden werde.

Ähnlich häufig wie die Kombination liberal-marxistisch setzte die NS-
Propaganda die Formel jüdisch-liberalistisch ein, gelegentlich auch jüdisch-
liberal-marxistisch, um die liberale Bewegung ähnlich wie das Phantasma
des „jüdischen Bolschewismus" als „jüdisch verseucht" zu klassifizieren. Die
Satzung der Sturmabteilungen der NSDAP, der SA, führte im Jahre 1927

---

11 Adolf Hitler: Zum Geleit, in: Nationalsozialistische Landpost vom 6.9.1931, zit. nach
Hitler: Reden, Schriften, Anordnungen. Februar 1925 bis Januar 1933. Bd. 4: Von der Reichstagswahl bis zur Reichspräsidentenwahl. Oktober 1930 – März 1932, Teil 2: Juli 1931 – Dezember 1931, hg. vom IfZ, München 1996, S. 76.

alle diese Begriffe zusammen, indem sie in Paragraph 7 die SA-Männer zum Kampf gegen „moderne Fäulnis und Zersetzung, samt Marxismus, Liberalismus und anderem, fremdartigem Judenschmutz" verpflichtete.[12]

Die Selbstdarstellung der NSDAP als einzigartig hatte insofern einen wahren Kern, als sich die NSDAP tatsächlich von allen ihren politischen Mitbewerbern in einem wichtigen Punkt unterschied. Im Gegensatz zu fast allen anderen politischen Strömungen leiteten die Nationalsozialisten ihr Handeln nicht aus universal gültigen Normen und Grundwerten ab. Universale Normen und Grundwerte assoziierten sie – wie beispielsweise der NSDAP-Chefideologe Alfred Rosenberg – mit „den Gleichheitsbrüdern von 1789". Stattdessen vertraten sie eine partikularistische Moral, die allein der nationalen Gemeinschaft der Deutschen ein Lebens- und Existenzrecht bzw. höchstes Vorrecht zusprach. Begriffe wie „Gleichheit", „Gleichberechtigung" und „Menschenrechte" verwendete Rosenberg immer nur in Anführungszeichen, mit deutlich angeekeltem Unterton, basiere doch der Nationalsozialismus – so Rosenberg – auf einem Bekenntnis zur „Ungleichheit und Ungleichwertigkeit des Menschen".[13] Deshalb war es für ihn nur konsequent, ständig Liberalismus, Sozialismus und auch seinen ideologischen Lieblingsfeind, das Christentum, in einem Atemzug zu nennen, als gemeinsame Front eines gegnerischen moralphilosophischen Universalismus.

Zusammengehalten wurde diese Weltsicht durch den Antisemitismus, der Juden zu den zentralen Trägern von Gleichheitsideen und Menschheitsbeglückungsideologien erklärte, die der jüdischen Minderheit in den jeweiligen, so genannten „Wirtsvölkern" optimale Existenzmöglichkeiten sichern sollten. Und so war dann der Liberalismus angeblich genauso „jüdisch" wie der Marxismus, nicht zuletzt auch das Christentum, das der NSDAP-Chefideologe als „jüdisch-syrisch" unterwandert bezeichnete.

3. NS-Kritik am Liberalismus

Vom Liberalismus war meist nur dann die Rede, wenn unwillkommene Entwicklungen und Erscheinungsformen gegeißelt werden sollten, die der Nationalsozialismus in besonderer Weise dem Liberalismus anlastete. Dazu gehörte

---

12 Satzung der Sturmabteilung der Nationalsozialistischen Deutschen Arbeiterpartei vom 31.5.1927, zit. nach Hitler: Reden, Schriften, Anordnungen. Februar 1925 bis Januar 1933, Bd. 2: Vom Weimarer Parteitag bis zur Reichstagswahl. Juli 1926 – Mai 1928, Teil 1: Juli 1926 – Juli 1927, hg. vom IfZ, München 1994, S. 326–329.
13 Alfred Rosenberg: Blut und Ehre. Ein Kampf für deutsche Wiedergeburt. Reden und Aufsätze von 1919–1933, München [27]1943, S. 74.

an erster Stelle der verhasste Internationalismus, vor allem die Folgen wachsender weltwirtschaftlicher Verflechtung und Globalisierung. Zu den Standardvorwürfen der Nationalsozialisten gegenüber dem Liberalismus gehörte die Behauptung, dieser wolle die Deutschen zu „Heloten des internationalen Kapitals"[14] machen. Als Ausdruck eines „jüdischen Internationalismus" bejahe der Liberalismus das „internationale Finanzkapital" und erstrebe eine „Weltvolkswirtschaft",[15] die eine angeblich gesunde nationalwirtschaftliche Autarkie behindere und am Ende zur „rassischen und wirtschaftlichen Überfremdung" führe.[16] In dieser Propaganda-Melange gingen Antisemitismus, Antikapitalismus, Anti-Internationalismus, Rassismus und Autarkiedenken eine spezifische Verbindung ein. Diese zeitgenössische Globalisierungskritik des Nationalsozialismus spielte mit vorhandenen Krisenängsten und realen wirtschaftlichen Krisen, die der Nationalsozialismus vor allem dem Liberalismus anlastete – und damit vermutlich auch in der klassisch liberalen Wählerklientel Wirkung erzielte.

Zweitens schrieb der Nationalsozialismus dem von ihm verachteten Pazifismus immer wieder einem „degenerierten Liberalismus" zu. Vor allem die linksliberale DDP habe einen jahrzehntelangen Kampf gegen den Militarismus geführt und damit zur „Wehrlosmachung der deutschen Nation" beigetragen. Den von Friedensnobelpreisträger Ludwig Quidde und anderen Linksliberalen vertretenen Pazifismus bezeichnete Hitler in „Mein Kampf" als „natur- und vernunftwidrigen Unsinn", der leider vor allem in Deutschland Wirkung gezeigt habe.[17]

Schließlich brachten die Nationalsozialisten noch ein drittes unerwünschtes Phänomen in besonderer Weise mit dem Liberalismus in Verbindung, nämlich die Emanzipation der Frau und den bürgerlichen Feminismus. Forderungen nach Gleichberechtigung der Geschlechter lösten namentlich bei Hitler und Rosenberg immer wieder heftige Reaktionen aus. In einer Rede an die NS-Frauenschaft auf dem Reichsparteitag 1934 in Nürnberg kritisierte Hitler die „liberalen intellektualistischen Frauenbewegungen", die „ihren Ausgang vom sogenannten Geiste nahmen". Demgegenüber enthalte „das Programm der nationalsozialistischen Frauenbewegung eigentlich nur einen

---

14 Erklärung Hitlers vom 23.1.1930, in: Völkischer Beobachter, 25.1.1930, zit. nach Hitler: Reden, Schriften, Anordnungen. Februar 1925 bis Januar 1933, Bd. 3: Zwischen den Reichstagswahlen. Juli 1928 – September 1930, Teil 3: Januar 1930 – September 1930, hg. vom IfZ, München 1994, S. 36–38.
15 Ludwig Prager: Nationalsozialismus gegen Liberalismus, München 1933, S. 13.
16 Heinrich Lange: Liberalismus, Nationalsozialismus und bürgerliches Recht. Ein Vortrag, Tübingen 1933, S. 34.
17 Hitler, Mein Kampf, Bd. 1, S. 751.

einzigen Punkt, und dieser Punkt heißt: das Kind [...].“[18] Den NSDAP-Chef-ideologen Rosenberg reizten die Forderungen nach weiblicher Emanzipation in seinem Hauptwerk „Der Mythus des 20. Jahrhunderts“ zu einer anti-libe-ralen Philippika, die im Folgenden ausführlich zitiert werden soll:

> „Der Liberalismus lehrte: Freiheit, Freizügigkeit, Freihandel, Parlamentarismus, Frauenemanzipation, Menschengleichheit, Geschlechtergleichheit usw. [...] Der deutsche Gedanke fordert heute, mitten im Zusammensturz der feminisierten alten Welt: Autorität, typenbildende Kraft, Beschränkung, Zucht, Autarkie, Schutz des Rassencharakters, Anerkennung der ewigen Polarität der Geschlechter. Der Ruf nach Gleichberechtigung, richtiger nach dem ‚Frauenstaat‘, hat eine sehr bezeichnende Unterströmung. Die Forderung, frei in Wissenschaft, Recht, Politik bestimmen zu können, zeigt sozusagen ‚amazonenhafte‘ Züge, d. h. Tendenzen, dem Manne auf ausgesprochen männlichem Gebiet Konkurrenz zu machen, sich sein Wissen, Kön-nen, Handeln anzueignen, sein Tun und Lassen nachzuahmen. Daneben geht aber die Forderung nach erotischer Freiheit, geschlechtlicher Schrankenlosigkeit. [...] Die Worte: ‚Eine Frau, die Selbstachtung besitzt, kann eine gesetzliche Ehe nicht ein-gehen‘ (Anita Augspurg), darf man als Evangelium des erotischen Programms be-trachten.“[19]

Stakkatoartig hatte der NS-Chefideologe hier innerhalb weniger Sätze einen Bogen vom Liberalismus über die Frauenemanzipation bis zur erotischen Freiheit gespannt, eine für ihn typische Form der Argumentation. Rosenbergs Hass auf die bürgerliche Frauenbewegung und seine kaum kaschierte Frauen-verachtung werden in diesem Zitat überdeutlich, spiegelten jedoch die Reali-tät der Geschlechterverhältnisse im Dritten Reich keineswegs wider. Denn der Nationalsozialismus weichte die hier betonte Polarität der Geschlechter selbst auf, indem er vor allem jungen Frauen vielfältige, von Rosenberg eigentlich als exklusiv männlich bezeichnete Handlungsräume öffnete und dies mit ei-nem Kameradschaftsbegriff rechtfertigte, der die Frau zur Mitkämpferin und Kameradin des Mannes erklärte.[20]

---

18 Zit. nach Max Domarus: Hitler, Reden und Proklamationen 1932–1945. Kommentiert von einem deutschen Zeitgenossen. Bd. 1, Teil 1: Triumph. 1932–1934, Wiesbaden 1973, S. 450–452.
19 Alfred Rosenberg: Der Mythus des 20. Jahrhunderts. Eine Wertung der seelisch-geistigen Gestaltenkämpfe unserer Zeit, 53.–54. Aufl. München 1935, S. 502–504.
20 Vgl. den Überblick bei Sybille Steinbacher: Differenz der Geschlechter? Chancen und Schranken für die „Volksgenossinnen“, in: Frank Bajohr / Michael Wildt (Hg.): Volksgemein-schaft. Neue Forschungen zur Gesellschaft des Nationalsozialismus, Frankfurt am Main 2009, S. 94–104.

4. Liberalismus-Kritik als funktionales Kalkül

Die nationalsozialistische Kritik am Liberalismus bildete deshalb nicht nur in der Frage der Geschlechterverhältnisse die wesentlich komplexere Realität nach 1933 nur unzureichend ab. Wenn Nationalsozialisten nach 1933 zur Liberalismus-Kritik schritten, dann verfolgte diese Kritik in der Regel ein höchst persönliches, funktionales Kalkül. Dies zeigt das Beispiel der beiden prononciertesten Liberalismus-Kritiker auf Seiten der Nationalsozialisten, nämlich Justus Beyer und Alfred Rosenberg.

SS-Obersturmbannführer Justus Beyer, der sich innerhalb des Sicherheitsdienstes der SS als Chefideologe zu profilieren suchte, gehörte zu einem Kreis besonders radikaler nationalsozialistischer Akademiker um Reinhard Höhn, von dem Beyer mit einer Arbeit über die „Ständeideologien der Systemzeit und ihre Überwindung" promoviert worden war.[21] Höhn, ursprünglich Chefideologe des „Jungdeutschen Ordens", der sich 1930 mit der linksliberalen DDP zur Deutschen Staatspartei zusammengeschlossen hatte, war wie Beyer in besonderer Weise bestrebt, in der rechtswissenschaftlichen Diskussion des Dritten Reiches den Begriff der „Volksgemeinschaft" als zentralen Grundbegriff der Staatslehre durchzusetzen. „Nicht mehr die juristische Staatsperson ist Grund- und Eckstein des Staatsrechtes, sondern die Volksgemeinschaft ist der neue Ausgangspunkt." – so Reinhard Höhn.[22] Und sein Schüler Justus Beyer assistierte 1936 dementsprechend in der von Hans Frank herausgegebenen Zeitschrift des NS-Rechtswahrerbundes:

> „Damals in der Kampfzeit hat nicht nur der liberale Staat, sondern auch das liberale Staatsdenken seinen Todesstoß erhalten. Mögen auch heute noch besonders unter den Intellektuellen viele von ihrem liberalen Staatsdenken und Staatsbegriffen noch nicht losgekommen sein, das Volk, und das ist das politisch Entscheidende, ist von den liberalen Utopien von Freiheit und Gleichheit für alle Zeiten geheilt. Mögen auch heute noch manche Wissenschaftler versuchen, mit nationalsozialistischen Formulierungen ihr im Grunde liberales Staats- und Rechtsdenken zu tarnen, sie können damit eine weltanschauliche Entwicklung nicht aufhalten, die auf allen Gebieten mit unerbittlicher Folgerichtigkeit vom Liberalismus wegführt."[23]

---

21 Justus Beyer: Die Ständeideologien der Systemzeit und ihre Überwindung, Darmstadt 1941.
22 Reinhard Höhn: Die staatsrechtliche Lage, in: Volk im Werden 1934/35, S. 284.
23 Justus Beyer: Nationalsozialismus und Universalismus, in: Deutsches Recht. Zentralorgan des National-Sozialistischen Rechtswahrerbundes 6 (1936), S. 352–357.

Die meisten der hier implizit angegriffenen Wissenschaftler – darunter übrigens auch Carl Schmitt – waren mitnichten Liberale, aber deren Abqualifizierung als „liberalistisch" verfolgte nicht zuletzt den durchsichtigen Zweck einer karrierefördernden Selbstpositionierung junger nationalsozialistischer Akademiker und ihres Einflussgewinns im NS-Staat. Im Übrigen ist bemerkenswert, dass Höhn und Beyer, die im Dritten Reich auch den wirtschaftlichen Liberalismus vehement verdammt hatten, nach 1945 dann die Bad Harzburger Akademie für Führungskräfte der Wirtschaft aufbauten. Dort bildeten sie unzählige Manager aus, nach dem Harzburger Modell, das der individuellen Verantwortung der Mitarbeiter innerhalb eines Unternehmens durchaus Raum gab, von Höhn und Beyer aber vor 1945 vermutlich als „liberalistisch" abqualifiziert worden wäre.

Auch der NSDAP-Chefideologe Alfred Rosenberg profilierte sich in seinen Schriften als Gralshüter der NS-Ideologie und vehementer Gegner des Liberalismus. Als Reichsminister für die besetzten Ostgebiete hatte er erst spät, nämlich 1941, ein staatliches Amt erhalten. Bis dahin fungierte Rosenberg ausschließlich als Parteivertreter, der immer wieder die den Nationalsozialismus verfälschende, angeblich liberalistische Ministerialbürokratie ins Visier nahm, vor allem die des Auswärtigen Amtes, mit dem sein eigenes Außenpolitisches Amt massiv konkurrierte. Auch in den Konflikten seiner NS-Kulturgemeinde mit der Goebbelsschen Kulturpolitik wurde er nicht müde, dieser beständig Liberalismus und Kulturbolschewismus vorzuhalten. Wenn Rosenberg es für opportun hielt, konnte er jedoch – gerade auch im Konflikt mit Goebbels – völlig anders argumentieren.

Als der Propagandaminister aus Sicht Rosenbergs Wissenschaftler nicht angemessen behandelte und sich – ähnlich wie Hitler – in der „Theatrokratie" des Dritten Reiches öffentlich lieber mit Filmschauspielern umgab, hielt Rosenberg in seinem Tagebuch 1943 eine Lobrede auf den nicht genug wertgeschätzten „deutschen Professor", brach eine Lanze für die Freiheit der Wissenschaft und kritisierte das zu große Ausmaß von Zwang und Reglementierung unter nationalsozialistischer Herrschaft.[24] Hätte Goebbels die Tagebuchaufzeichnungen seines Konkurrenten gelesen, hätte er sie vermutlich mit einem Wort abqualifiziert, nämlich als „liberalistisch". Liberalismus-Kritik richtete sich also im Dritten Reich keineswegs allein gegen den Liberalismus oder gegen Liberale und sagte über deren Einfluss in den Nischen der NS-Herrschaft wenig aus. Der tatsächliche Stellenwert, den die Nationalsozialisten dem in der Regel gering geschätzten und wenig beachteten Liberalismus beimaßen,

---

24 Tagebucheintrag vom 29. und 30.7.1943, in: Alfred Rosenberg: Die Tagebücher von 1934–1944, hg. von Jürgen Matthäus und Frank Bajohr, Frankfurt am Main 2015, S. 478–481.

bildete sich in der Liberalismus-Kritik nicht ab, folgte sie doch häufig einem sehr persönlichen, utilitaristischen Kalkül.

5. Wissenschaftliches Echo

Die zwischen Pauschalverdammung und Geringschätzung schwankende Liberalismus-Kritik führender Nationalsozialisten blieb auch für die wissenschaftliche Behandlung des Liberalismus nicht ohne Folgen, wobei die Verhaltensweisen der einzelnen Wissenschaftler zwischen bereitwilliger Anpassung an nationalsozialistische Argumentationsmuster und wissenschaftlichem Eigensinn schwankten, die Standards des eigenen Faches den NS-Sprachregelungen nicht bedingungslos unterzuordnen. Je stärker wissenschaftlichen Darstellungen eine quasi-offiziöse Funktion zukam, desto stromlinienförmiger fielen auch die jeweiligen Schriften im Sinne des Nationalsozialismus aus. Im Ganzen ist dieses Thema bislang wenig erforscht, und die Bandbreite wissenschaftlicher Verhaltensweisen soll im Folgenden anhand von zwei Beispielen nur angedeutet werden:

Im Jahre 1938 legte ein junger, promovierter Soziologe dem Amt Rosenberg eine Schrift vor, die mit „Der Liberalismus" betitelt war und der bekannten Argumentation des NS-Chefideologen bereitwillig folgte. In einer manichäistischen Weltsicht von Gut, also Nationalsozialismus, und Böse, also Liberalismus, schob der Verfasser dem Liberalismus die Verantwortung für alle vermeintlichen Fehlentwicklungen der deutschen Geschichte zu. Ähnlich wie die meisten führenden Nationalsozialisten skizzierte die Schrift den Liberalismus als „Gegenbegriff" zur glorifizierten nationalsozialistischen „Weltanschauung":

> „Unter Liberalismus verstehen wir gemeinhin die zerstörenden und auflösenden Kräfte, die unser Volk in jenen Zustand der politischen und wirtschaftlichen, geistigen und seelischen Erniedrigung und Zersetzung gebracht haben, aus dem es der Nationalsozialismus gerettet hat. […] All die Auflösungserscheinungen eines Volkes wie Intellektualismus, Internationalismus, Pazifismus, utopistisches Denken, Klassenkampf usw. fassen wir in dem Gegenbegriff des Liberalismus zusammen."[25]

Es war der junge Soziologe Helmut Schelsky, der sich mit diesem Traktat dem NS-Regime anzudienen suchte. Interessanterweise hatte er damit jedoch keinen Erfolg, weil ein Gutachter seine Schrift als „oberflächliches Machwerk"

---

25   Helmut Schelsky: Der Liberalismus, unveröffentlichtes Manuskript (1938), S. 3, in: Archiv des IfZ, MA 141/10, 2035–2063.

einstufte und es letztlich mit einem Argument zurückwies, das die Geringschätzung des Liberalismus mehr als deutlich machte: Eine Gegenüberstellung zwischen nationalsozialistischer Weltanschauung und Liberalismus tue nämlich letzterem „zuviel Ehre" an.[26]

Nicht alle Wissenschaftler waren jedoch bereit, den NS-Stereotypen im Blick auf den Liberalismus bereitwillig zu folgen. Zu dieser Kategorie gehörte der Historiker Percy Ernst Schramm, der dem NS-Regime keineswegs in schroffer Opposition gegenüberstand, doch in seiner Arbeit als Historiker nicht bereit war, sich willfährig korrumpieren zu lassen. Im Jahre 1943 legte Schramm das Monumentalwerk „Hamburg, Deutschland und die Welt" vor, das im Untertitel „Leistung und Grenzen des hanseatischen Bürgertums von Napoleon bis Bismarck" zu untersuchen versprach, aber de facto eine Verteidigungsschrift des liberalen Handelsbürgertums darstellte, in dem Schramm familiär verwurzelt war.[27] Akribisch listete Schramm die Errungenschaften der liberalen Bewegung im 19. Jahrhundert auf, und selbst die Emanzipation der Juden stufte er als unzweifelhaft positiv ein. Dabei zitierte er seinen eigenen Urgroßvater, den Kaufmann Justus Ruperti, der 1847 betont hatte:

> „Denn wir alle, Juden wie Christen, sind Hamburger und wissen, daß auf die Dauer jeder Einzelne von dem Flor des Ganzen abhängig ist. Aber wahrlich, meine Herren, die Emanzipation der Juden für unseren Kreis ist nicht mehr ein Akt der Nachgiebigkeit, sondern der Gerechtigkeit, und Hamburg kann sich demselben nicht entziehen, wenn es mit demselben Schritt halten will."[28]

Passagen wie diese waren de facto eine verdeckte Regimekritik, mit der Schramm eigenem Bekunden nach auf die anti-liberale und anti-bürgerliche Polemik „des gräßlichen Joseph Goebbels" reagierte, die ihn in seinem Selbstverständnis als traditionsbewusster Bürger herausforderte.[29]

Der Soziologe Helmut Schelsky und der Historiker Percy Ernst Schramm, die beide nach 1945 als liberal-konservative Vertreter ihrer jeweiligen Disziplin wirkten, personifizierten in der NS-Zeit die entgegengesetzten Pole des Verhaltens, mit dem Wissenschaftler auf die Liberalismus-Kritik des Nationalsozialismus reagierten.

---

26 Zit. nach Gutachten (Verfasser unbekannt) über Dr. Schelsky vom 5.1.1939, in: ebd.
27 Percy Ernst Schramm: Hamburg, Deutschland und die Welt. Leistung und Grenzen des hanseatischen Bürgertums zwischen Napoleon I. und Bismarck, München 1943.
28 Ebd., S. 419f.
29 Zit. nach Joist Grolle: Percy Ernst Schramm. Ein Sonderfall in der Geschichtsschreibung Hamburgs, in: Ders.: Hamburg und seine Historiker, Hamburg 1997, S. 203–228, Zitat S. 216.

6. Verdeckte Adaption

Das ständig wiederholte Postulat der Einzigartigkeit nationalsozialistischer Ideologie und die ostentative Geringschätzung politischer Konkurrenten sollten vielfach verdecken, dass die führenden Nationalsozialisten durchaus flexible Anleihen bei anderen politischen Strömungen nahmen und dadurch eine Anschlussfähigkeit des Nationalsozialismus an Begriffe und Teilziele verschiedenster Strömungen sicherstellten, ohne dies jedoch ausdrücklich zu explizieren.

Dies galt auch für den Liberalismus und dessen besondere Wertschätzung für das Individuum. Schon wegen der ideologischen Absetzung vom kollektivistischen „Bolschewismus" kam der Nationalsozialismus letztlich nicht umhin, ebenfalls an individuelle Hoffnungen, Sehnsüchte und Interessen zu appellieren. Deshalb greifen Einschätzungen zu kurz, die den Nationalsozialismus pauschal als anti-individualistisch oder als Form des politischen Kollektivismus einstufen, darunter die gängigen Totalitarismustheorien, die Unterschiede zwischen Kommunismus und Nationalsozialismus weitgehend einebnen.[30] Zwar machten die meisten Nationalsozialisten um den Begriff des „Individuums" einen Bogen und umschrieben diesen stattdessen mit „Person" oder „Persönlichkeit". Anstelle der Entfaltung des Individuums, dem die Nationalsozialisten keine verbrieften Schutz- und Freiheitsrechte zugestehen wollten, war von „Persönlichkeitsentwicklung" oder „Führerauslese" die Rede.

Trotz dieser semantischen Umschreibungen widmete vor allem Hitler der Bedeutung der „Person" immer wieder Elogen, vor allem auch in kritischer Absetzung gegenüber der von ihm verachteten „Masse". Alle wesentlichen Errungenschaften seien – so Hitler – nämlich „das Ergebnis der schöpferischen Kraft und Fähigkeit der einzelnen Person".[31] Schon deshalb sei es Aufgabe der NS-Bewegung, „die Achtung vor der Person mit allen Mitteln zu fördern".[32] Dem völkischen Staat komme dementsprechend die Aufgabe zu, dem „Recht der Person" gegenüber der Masse zum Durchbruch zu verhelfen. Hitler warf den bürgerlichen Parteien und damit implizit auch dem Liberalismus sogar vor, den Vorrang der Person vor der Masse durch den Parlamenta-

---

30   Dies kritisiert mit überzeugenden Argumenten Moritz Föllmer: Wie kollektivistisch war der Nationalsozialismus? Zur Geschichte der Individualität zwischen Weimarer Republik und Nachkriegszeit, in: Birthe Kundrus / Sybille Steinbacher (Hg.): Kontinuitäten und Diskontinuitäten. Der Nationalsozialismus in der Geschichte des 20. Jahrhunderts, Göttingen 2013, S. 30–52; Ders.: Individuality and Modernity in Berlin. Self and Society from Weimar to the Wall, Cambridge 2013.
31   Hitler, Mein Kampf, Bd. 2, S. 1129.
32   Ebd., Bd. 1, S. 909.

rismus mit seinen Majoritätsbeschlüssen zu konterkarieren, und stilisierte somit den Nationalsozialismus zum eigentlichen Sachwalter der „Person". Die bürgerlichen Parteien seien hingegen von den gleichmacherischen Idealen des Marxismus infiziert: „Wenn das soziale Programm der Bewegung nur darin bestände, die Persönlichkeit zu verdrängen und an ihre Stelle die Masse zu setzen, dann wäre der Nationalsozialismus selbst bereits vom Gift des Marxismus angefressen, wie unsere bürgerliche Parteienwelt dies ist."[33]

Zwar vertrug sich das immer wieder sublim vorgetragene Angebot, im Nationalsozialismus die Interessen der „Person" mit besonderem Nachdruck durchzusetzen, nicht mit dem gleichzeitigen Vorwurf an den Liberalismus, dem Egoismus auf Kosten der Gemeinschaft Geltung verschafft zu haben. Ebenso widersprüchlich und semantisch haarspalterisch war es, die „Person" gegenüber der „Masse" zu präferieren, nicht aber das „Individuum" gegenüber der „Gemeinschaft". Allerdings konzedierte NS-Chefideologe Rosenberg, den historischen Liberalismus insofern nicht „in Bausch und Bogen zu verwerfen", als „in dieser Zeit eine Menge großer Menschen aufgestanden sind, die wir heute in die Bewegung, in die Geschichte Deutschlands vorbehaltlos einreihen können".[34] Sein Rekurs auf die „großen, starken Persönlichkeiten" der liberalen Epoche machte deutlich, dass er sich durchaus bewusst war, wie der Nationalsozialismus mit seiner Stilisierung der „Persönlichkeit" eine verdeckte Adaption des Liberalismus betrieb.

Dementsprechend bemühte sich der Nationalsozialismus, dies auch in seiner Herrschaftspraxis umzusetzen und dabei nicht zuletzt weit verbreiteten gesellschaftlichen Individualitätserwartungen entgegenzukommen. Sofern sich dies mit grundlegenden Regimezielen vereinbaren ließ, konnte der Nationalsozialismus sogar ungleich rücksichtsloser als der Liberalismus individuellen Interessen den Weg ebnen und eine spezifische „Anspruchsindividualität" befriedigen.[35] Dies zeigte sich beispielsweise bei der „Arisierung" jüdischen Besitzes oder den zahllosen individuellen Bereicherungsmöglichkeiten, etwa durch Korruption, die durch die Eliminierung moralischer Standards und rechtsstaatlicher Kontrollmechanismen entstanden.[36]

---

33 Ebd., Bd. 2, S. 1137.
34 Alfred Rosenberg: Weltanschauung und Wissenschaft, in: Nationalsozialistische Monatshefte 7 (1936), H. 81, S. 9f.
35 So Föllmer, Nationalsozialismus, S. 32, unter Berufung auf Niklas Luhmann.
36 Zur „Arisierung" vgl. den grundlegenden Forschungsbericht von Benno Nietzel: Die Vernichtung der wirtschaftlichen Existenz der deutschen Juden 1933–1945. Ein Literatur- und Forschungsbericht, in: Archiv für Sozialgeschichte 49 (2009), S. 561–613. Zur Korruption vgl. Frank Bajohr: Parvenüs und Profiteure. Korruption in der NS-Zeit, Frankfurt am Main 2001.

In der Wirtschaft förderte das Regime neben der Rationalisierung gezielt die individuelle Entlohnung nach Leistung und lehnte den in vielen Branchen durchaus verbreiteten Gruppenlohn ab, obwohl dieser dem stets betonten Prinzip der „Kameradschaft" viel eher entsprochen hätte.[37] Gleichzeitig appellierte die NS-Propaganda gezielt an individuelle Konsumhoffnungen auf Urlaub und individuelle Mobilität. Die Organisation „Kraft durch Freude" beispielsweise stand keineswegs allein für organisierten Massentourismus. Die Plakate für den „KdF-Wagen" zeigten oft kinderlose junge Paare auf dem Weg in den Urlaub und verhießen eine Zukunft individueller Mobilität und Freizeitgestaltung, die jedoch erst in den 1950er Jahren Realität wurde.[38]

Selbst das Militär des Dritten Reiches war keine alleinige Sphäre zwangsweiser Kollektivität, führte doch das Regime die Tradition der dezentralen preußischen Auftragstaktik fort und stellte in seiner Propaganda immer wieder den „Einzelkämpfer" heraus, auf dessen „Initiative" und „Verantwortung" die Stärke der Armee letztlich beruhe.[39]

7. Resümee

In der nationalsozialistischen Wahrnehmung des Liberalismus fungierte dieser vor allem als weltanschaulicher Antipode. Mit besonderer Vorliebe stufte der Nationalsozialismus seine Gegner als „jüdisch", „marxistisch", „bolschewistisch" und „liberal" bzw. „liberalistisch" ein, wobei diese Schlüsselbegriffe der Abgrenzung häufig miteinander beliebig kombiniert wurden, sodass selbst widersinnige Verkoppelungen wie „marxistisch-liberal" keineswegs selten waren. Besonders häufig wurden Phänomene wie Internationalismus, Pazifismus und Frauen-Emanzipation mit dem Liberalismus assoziiert bzw. diesem angelastet. Kritik am Liberalismus folgte jedoch häufig einem funktionalen Kalkül, wurden doch auch regimeinterne Konkurrenten als „liberalistisch" verdammt, um der eigenen Person oder Strömung einen Positionsvorteil zu verschaffen. Gleichzeitig räumten die Nationalsozialisten dem Liberalismus unter ihren weltanschaulichen Gegnern nur einen geringen Stellenwert ein, galt ihnen doch die liberale Bewegung als Relikt des 19. Jahrhunderts, das im

---

37 Tilla Siegel: Leistung und Lohn in der nationalsozialistischen „Ordnung der Arbeit", Opladen 1989.
38 Shelley Baranowski: Strength through Joy. Consumerism and Mass Tourism in the Third Reich, New York 2004.
39 Beispiele bei Föllmer, Nationalsozialismus, S. 42 ff.

Zeitalter massenhafter Politisierung nur noch „verkalkte" Honoratioren zu seinen Anhängern zählte.

Während der Nationalsozialismus insgesamt in der Theorie die größtmögliche Distanz gegenüber dem Liberalismus postulierte, adaptierte er gleichzeitig einzelne von dessen Elementen und definierte diese ideologisch um. So machten die Nationalsozialisten dem Individualismus zahlreiche Konzessionen, schon um sich programmatisch vom „Bolschewismus" abzusetzen. Allerdings sprachen sie nicht vom „Individuum", sondern von der „Person" bzw. „Persönlichkeit", der sie den Vorzug vor der „Masse" gaben. Diese Hochschätzung der „Persönlichkeit" blieb jedoch nicht nur Theorie, sondern spiegelte sich auch in der Herrschaftspraxis deutlich wider. Angesichts der konkreten Erfahrung der NS-Herrschaft erschienen deshalb Nationalsozialismus und Liberalismus manchen Zeitgenossen wohl nicht allein als extreme Antipoden, sondern auch als politische Bewegungen, die beiderseits als Sachwalter von Nation und Individuum auftraten. Vermeintliche Ähnlichkeiten und Adaptionen können natürlich den fundamentalen Zivilisationsbruch nicht verdecken, der vor allem mit der beispiellosen Verbrechensbilanz der NS-Herrschaft verbunden war.

ERIC KURLANDER

Liberal Women and National Socialism
(Dis)continuities in Conceptions of Race, Space, and Social Policy, 1930–1939

1. Introduction

In March 1933, mere weeks after the Nazi *Machtergreifung*, the liberal democrat Gertrud Bäumer published a critical editorial in her feminist monthly, "Die Frau." What would the Third Reich do for women, she asked, "the last 'class'", who had struggled so hard for their rights and for whom "everything is once again open to question?" In dismissing the Weimar constitution as "baseless liberalism" and viewing "man as the single carrier of all decisive state power," the Nazi movement risked alienating half the population.[1] Yet Bäumer and some liberal colleagues were cautiously optimistic about certain aspects of Hitler's national and social program. As Bäumer wrote Emmy Beckmann in April 1933, "A new, spiritually different phase of the women's movement has arrived, and I personally have the desire to join it."[2] The Nazi "focus on women's biological functions, rights, and duties," according to Kathleen Canning, convinced many Germans, including liberal women, that the Third Reich might "forge bonds across the boundaries of class" in solving "modernity's current ills."[3]

Bäumer was not alone. A number of liberal women, despite their initial opposition to the Third Reich, sought opportunities for political participa-

1   See Gertrud Bäumer: Die Frauen in der Volks- und Staatskrisis, in: Die Frau (DF) 40/6 (1933), pp. 321–328, here p. 322.
2   Bäumer to Beckmann, 13.4.1933, in: Emmy Beckmann (ed.): Des Lebens wie der Liebe Band. Briefe von Gertrud Bäumer, Tübingen 1956, pp. 49–51; Bäumer to Koenig, 29.7.1933, in: Beckmann, Lebens, p. 56.
3   Kathleen Canning: Languages of Labor and Gender, Ann Arbor 2002, p. 190; Kevin Repp: Reformers, Critics, and the Paths of German Modernity. Anti-Politics and the Search for Alternatives. 1890–1914, Cambridge 2000, p. 147.

tion and accommodation of certain policies principles.[4] This is why liberal women provide an interesting case study for examining the ideological affinities between liberalism and Nazism. These affinities are particularly worth investigating because many of the most prominent women liberals after 1918 were affiliated with Friedrich Naumann's progressive National-Social Association (*Nationalsozialer Verein* or NSV) and later the Radical Union (*Freisinnige Vereinigung* or FrVg), which merged with Naumann's NSV in 1903. The ideological and organizational continuities between National-Social liberalism and Nazism are of course both fraught and complex. But many leading Naumannites and Nazis, from Bäumer and Theodor Heuss to the National-Social turned National Socialist polemicist Wilhelm Stapel[5] and Hitler himself, recognized and discussed these continuities during the interwar period.[6]

In this chapter I take up the question of liberal women's responses to Nazism in the context of their Naumannite traditions, examining three aspects of liberal ideology and policy: the politics of "racial community" (*Volksgemeinschaft*), the pursuit of empire, and social policy. I argue that liberal women's responses to Nazism, while broadly similar to those of their male colleagues, were in some respects distinctive, reflecting a particular set of national and social concerns that helped define the liberal women's movement before 1933. The chapter begins with a section analyzing the character of Naumannite left liberalism in the late Empire and pre-crisis Weimar Republic, noting the attitudes of Gertrud Bäumer, Marianne Weber, and other women liberals affiliated with the NSV/FrVg and later the DDP. It then turns to the continuities between Naumannite liberalism and women liberals' responses to the Third Reich between 1930 and 1939 in respect to race, space, and social policy.

---

4   See Adelheid von Saldern: Victims or Perpetrators? Controversies about the Role of Women in the Nazi State, in: Christian Leitz (ed.): The Third Reich, Oxford 1999, pp. 207–228; Ann Taylor Allen: Feminism and Motherhood in Germany, New Brunswick 1991, pp. 230–234; Attina Grossmann: Feminist Debates about Women and National Socialism, in: Gender & History 3 (1991), pp. 350–358.

5   See Thomas Vordermayer's contribution to this volume.

6   See selection of letters in Theodor Heuss: Bürger der Weimarer Republik. Briefe 1918–1933, ed. by Michael Dorrmann, Munich 2008, pp. 538–539; Heuss to Wilhelm Stapel, 6.6.1938, in: Theodor Heuss: In der Defensive. Briefe 1933–1945, ed. by Elke Seefried, Munich 2009, pp. 317–321.

2. National-Social Liberalism Before 1930

Friedrich Naumann (1860–1919) began his political career as a member of the Christian Social movement founded by the anti-Semitic pastor Adolf Stoecker. Frustrated by Stoecker's anti-Semitism and conservatism, Naumann left the movement to form the more explicitly liberal National Social Union in 1896, which then merged with the left liberal Radical Union (*Freisinnige Vereinigung*) in 1903. Naumann's National-Social Association and later the Progressive Union – unlike the more classically liberal Radical People's Party (*Freisinnige Volkspartei* or FrVp) – combined the muscular nationalism, imperialism, and social welfarism of Stoecker's Christian-Social movement with a more explicitly liberal commitment to democracy and civil rights. Importantly, Naumann made the cause of women's rights an explicit part of his NSV program, urging his FrVg colleagues to do the same. Nothing "could be more mistaken," Naumann declared in a speech of 1903, "than [believing that] the woman is, based on her nature, either cheap or only in need of modest income."[7] In the wake of industrialization, women needed access to education, job training, and well-paid factory work, just like their male colleagues.[8]

In fact, even before merging with the FrVg, Naumann's NSV had attracted a remarkable number of Germany's future political and intellectual leaders, including women's rights activists like Gertrud Bäumer, Marianne Weber, Minna Cauer and Camilla Jellinek. With the FrVg (and later the FVP) merger, other prominent women liberals, such as Marie Baum and Marie Elisabeth Lüders, joined the debate. For it was precisely the eclectic National-Social combination of (Christian) social reformism and imperialism, in contrast to Richter's free-trading FrVP and Ernst Bassermann's center-right National Liberals (NLP), that made Naumann's movement attractive to progressive women.[9]

To be sure, Naumann and his colleagues were not French-style democrats.[10] Naumann questioned the wisdom of republicanism, which ostensibly produced political extremism and turned parliament into a "political stock exchange." Instead Naumann advocated a hybrid constitutional arrangement

---

7 Canning, Languages, pp. 185f.

8 Friedrich Naumann: Die Frau im Maschinenzeitalter, Munich 1903; Ursula Krey: Der Naumann-Kreis, in: Rüdiger vom Bruch (ed.): Friedrich Naumann in seiner Zeit, Berlin 2000, pp. 115–148, p. 141.

9 Eric Kurlander: The Price of Exclusion. Ethnicity, National Identity and the Decline of German Liberalism 1898–1933, New York 2006, pp. 28f, 37–43.

10 Mark Hewitson: The Kaiserreich in Question. Constitutional Crisis in Germany before the First World War, in: Journal of Modern History 73 (2001), pp. 725–780, here pp. 726–730.

more similar to Great Britain's, which combined *Demokratie und Kaisertum* – a democratically elected parliament and a strong executive with a dynamic leader (the Kaiser).[11]

Naumann's attempt to negotiate a path between French republicanism and Prusso-German authoritarianism was applied to questions of socio-cultural inclusion and exclusion as well. Like most Wilhelmine progressives, the NSV and later FrVg rejected political anti-Semitism and maintained a close relationship with a number of Jewish intellectuals and politicians who supported the progressive parties. In regard to women's rights, Naumann was likewise a forceful advocate – at least by the modest standards of *fin-de-siècle* German liberalism. On the other hand, Naumann's movement, more than Richter's wing of left liberalism, had inculcated ethnic (*völkisch*) preoccupations that undergirded an imperialist foreign policy and a desire for a German-dominated Central Europe or *Mitteleuropa*.[12]

A universalist-leaning minority of liberals sympathetic to Naumann's national and social views, including Marie Baum, opposed imperialism, ethnic nationalism, and anti-Semitism in no uncertain terms.[13] Nevertheless, whether more universalist or ethnic-nationalist ideologically, the vast majority of German liberal "women for empire" found something to like in Naumann's concept of *Mitteleuropa*. Popularizing the concept in a 1915 book of the same title, Naumann argued that Germany's geopolitical destiny was to unify Central Europe through its economic might, superior civilization and political will, either directly annexing or incorporating some adjacent territories and peoples in the process.[14] Importantly, Naumann envisioned granting equal

---

11 Friedrich Naumann: Demokratie und Kaisertum, Berlin 1904.
12 Kurlander, Price, p. 58; Reinhard Rürup: Der Liberalismus und die Emanzipation der Juden, in: Angelika Schaser / Stefanie Schüler-Springorum (eds.): Liberalismus und Emanzipation. In- und Exklusionsprozesse im Kaiserreich und in der Weimarer Republik, Stuttgart 2010, pp. 25–38.
13 See Kurlander, Price, pp. 21–116; Friedrich Sell: Die Tragödie des deutschen Liberalismus, Baden-Baden 1981, pp. 286–298, 361 f; James Sheehan: German Liberalism in the Nineteenth Century, Chicago 1978, pp. 258–283; Dieter Langewiesche: Liberalism in Germany, Princeton, N.J. 2000, pp. 7–11; Bruce Frye: Liberal Democrats in the Weimar Republic, Carbondale 1985, pp. 6–20, 88–101; Repp, Reformers, pp. 104–138, 300–312; Wolfgang Mommsen: Wandlungen der liberalen Idee im Zeitalter des Liberalismus, in: Karl Holl / Günther List (eds.): Liberalismus und imperialistischer Staat. Der Imperialismus als Problem liberaler Parteien in Deutschland 1890–1914, Göttingen 1975, pp. 109–147; Lothar Gall: "Sündenfall" des liberalen Denkens oder Krise der bürgerlichen-liberalen Bewegung?, in: Holl/List, Liberalismus, pp. 109–148.
14 Jürgen Frölich: Friedrich Naumanns "Mitteleuropa". Ein Buch, seine Umstände und seine Folgen, in: Bruch, Naumann, pp. 245–268; Steffen Höhne: Mitteleuropa. Zur konzep-

rights and some level of autonomy to ethnic and religious minorities such as Jews, Slavs, Poles, and Danes, and he insisted that his German empire would remain committed to parliamentary democracy and liberal economic arrangements. In the interwar period, many liberals, including some former National Liberals and Richterites, would embrace the concept of *Mitteleuropa* as a viable counterpoise to Pan-German and later Nazi imperialism.[15]

The *Mitteleuropa* idea remained malleable enough, however, to be appropriated by *völkisch* nationalists, liberal and conservative alike, in providing a geopolitical bridge to a Pan-German and later Nazi-style Pax Germanica in Central and Eastern Europe.[16] Insofar as it envisioned uniting all ethnic Germans under one political and economic system, Naumann's *Mitteleuropa* possessed superficial similarities to Hitler's later vision of a *Großdeutschland* or "Greater Germany." Naumann also emphasized the importance of Germany's preeminent role in Central Europe and favored German economic expansion and territorial consolidation in the East over obtaining additional colonies in Africa and Asia.[17]

Certainly Naumann and most liberal women, including imperialists such as Bäumer, Weber, and Lüders, supported a French or British-style "civilizing mission" overseas, especially the German colonization of Southwest Africa.[18] At the same time, a number of Naumannites held annexationist sympathies during the First World War, tendencies that became more emotional and illiberal as the conflict went on.[19] Germany's devastating defeat, including the territorial and military losses associated with the Versailles Treaty, caused some such liberals virtually to abandon their desire for an overseas empire in

---

tuellen Karriere eines kulturpolitischen Begriffs, in: Bohemia 41 (2000), pp. 279–294; Henry Cord Meyer: Mitteleuropa in German Thought and Action, 1815–1945, The Hague 1955, pp. 18–95, 139 f, 194–217.

15 Meyer, Mitteleuropa, pp. 84–95, 209–214, 220–236, 278–295; Friedrich Naumann: Mitteleuropa, Berlin 1915, pp. 1–18, 58–102.

16 Meyer, Mitteleuropa, pp. 291–345; Frölich, Mitteleuropa, p. 253; Adam Tooze: Ökonomie der Zerstörung. Die Geschichte der Wirtschaft im Nationalsozialismus, Munich 2007, pp. 14–16.

17 Naumann, Mitteleuropa, pp. 6–32; Meyer, Mitteleuropa, pp. 194–205.

18 Lora Wildenthal: German Women for Empire, Durham 2001, pp. 66 f, 177; Matthew S. Fitzpatrick: Liberal Imperialism in Germany. Expansionism and Nationalism. 1848–1884, New York/Oxford 2008, p. 248. See Eric Kurlander: Between Völkisch and Universal Visions of Empire. Liberal Imperialism in Mitteleuropa. 1890–1918, in: Matthew Fitzpatrick (ed.): Liberal Imperialism in Europe, London 2012, pp. 141–166.

19 See Walter Mogk: Paul Rohrbach und das "Größere Deutschland", Munich 1972, pp. 5 f, 18–21, 189 f; Meyer, Mitteleuropa, pp. 234 f; Kurlander, Price, pp. 57–60, 76.

the 1920 s in favour of (re)constituting a "Greater German" Empire in Central and Eastern Europe, along the lines of Naumann's *Mitteleuropa*.[20]

When it comes to domestic politics, numerous Naumannites "supported higher taxation and government spending, a worker-friendly social policy (unemployment and disability insurance, collective bargaining, strong unions), and women's rights" while encouraging the state to "take a more active role in the (biological) health of the nation."[21] The women in the progressive movement, particularly those around Naumann, were both fascinated and concerned by modernity and industrialization, promoting social welfare and job training on the one hand, and attacking "the materialism, mass culture, and 'soulless' science" they associated with Wilhelmine and Weimar modernity on the other.[22]

It is probably no coincidence that prominent women progressives were virtually absent from the leadership of the economic interest groups that endorsed laissez-faire capitalism in the interwar period.[23] For insofar as they promoted women's rights, social welfare, and labor-friendly policies, liberal women rejected the capitalist-induced *Vermassung* of modern industrial society, as did Naumann and Weber, and showed at least some interest in bio-political, even eugenic, interventions aimed at improving the collective health of the population. In fact, Bäumer "was typical of many left liberals in proclaiming the victory of the 'racial idea' in natural and social science, an idea that would help Germany transcend the debilitating materialism of the nineteenth century."[24]

Rather than capitulate to the "inhumanity of [creating] racist master men," however, Bäumer and her progressive colleagues explored eugenics in order to reconcile the "twin impulses of social and scientific progress, inextricably intertwined in [their] vision of modernity, by making the ideals of liberal humanism [in Bäumer's words] 'more corporeal, more concrete'".[25]

---

20 Kurlander, Price; also see Mark Hewittson: Nationalism, in: Matthew Jefferies (ed.): The Ashgate Research Companion to Imperial Germany, London 2015, pp. 123–142.

21 Eric Kurlander: Living with Hitler. Liberal Democrats in the Third Reich, New Haven u. a. 2009, p. 116.

22 Eric Kurlander: Liberalism, in: Jefferies, Ashgate, pp. 91–110, here pp. 100f; see, for example, the contributions in Suzanne L. Marchand / David Lindenfeld (eds.): Germany at the Fin de Siècle. Culture, Politics, and Ideas, Baton Rouge 2004.

23 See Philipp Müller: Kapitalismus der Vermittlung. Neo-Liberalismus in Deutschland und Frankreich nach dem Ersten Weltkrieg, in: Anselm Doering-Manteuffel / Jörn Leonhard (eds.): Liberalismus im 20. Jahrhundert, Stuttgart 2015, pp. 98–126.

24 Kurlander, Liberalism, p. 98.

25 Kevin Repp: 'More Corporeal, More Concrete'. Liberal Humanism, Eugenics, and German Progressives at the Last Fin de Siècle, in: Journal of Modern History 72 (2000), pp. 683–730.

More specifically, the liberals' broadly "ambivalent relationship with science and the social consequences of modern industrial society is reflected in recent scholarship on women liberals and liberal feminism," which emphasizes that "liberal women were progressive-minded activists who found a way to promote women's political representation and education by employing the bio-political rhetoric of race, eugenics, and empire."[26]

This bio-political tradition supplemented a widespread belief in liberal ("first wave") feminism, which sought political and legal equality, with elements of what we might now call "difference feminism." The latter kind of thinking suggested that women's specific experiences and values – often linked in Germany to socio-biological difference – made them more capable of contributing to society than men, especially in matters seen to be specifically in the women's sphere, such as the family, education, and health care.[27] The pre-existing tension between these two strands of German liberal feminism before 1933 – one emphasizing women's political-legal equality, the other acknowledging their bio-political difference as an advantage – helps to explain progressive women's contradictory responses to National Socialism.

Indeed, nationally and socially inclined progressive women such as Bäumer, Weber and Lüders – who took Naumann's Reichstag seat after he died in September 1919 – remained more conflicted than some of their male colleagues regarding the Nazis' "solutions" to social and political problems. While a cluster of prominent Naumannites, including Max Maurenbrecher, Wilhelm Stapel, and Werner Stephan, joined the NSDAP, sometimes before 1933, liberal women associated with the National-Social movement generally refused to take that last, fateful step, even after it might have been politically pragmatic to do so.[28] For this reason, we should take their ambivalent responses to Nazism seriously, as emblematic of a longer term political and ideological trajectory linked to the National Social movement in the Wilhelmine period.

---

26 Kurlander, Liberalism, p. 98.

27 Cf. Estelle Freedman: No Turning Back. The History of Feminism and the Future of Women, New York 2003, pp. 64–75; Annelise Orleck: Rethinking American Women's Activism, London 2014.

28 Heuss to Mück, 14.3.1933, in: Heuss, Defensive, pp. 118–122; Helen Boak: Women in the Weimar Republic, Oxford 2013, FN 129, p. 122; Kurlander, Living with Hitler, pp. 7 f, 62 f, 77 f, 129 f; Theodor Heuss: Friedrich Naumann. Der Mann, das Werk, die Zeit, Stuttgart 1937, pp. 31–35, 126 f, 144 f. See for Werner Stephan Beate Meyer's contribution to this volume.

3. The Politics of Race and *Volksgemeinschaft*, 1930–1939

Just before the outbreak of the First World War, the Wilhelmine National-Social and future Nazi adherent Max Maurenbrecher complained to Naumann that the "preconditions for [...] creating a left Bloc in the real sense of the word [...] are still not present." "Whether one joins the National Liberals, the other the Social Democrats and the third the Progressives," Maurenbrecher continued, "it could well take at least another two decades [before] one can attempt to successfully go before the masses with a national-social slogan. Perhaps a foreign war [...] would essentially hasten this development."[29] Given that Hitler seized power behind a "national-social" slogan exactly two decades later, in the wake of a devastating "foreign war," Maurenbrecher's prediction appears all the more prescient, especially when one considers that the NSDAP achieved its electoral success by drawing away the majority of erstwhile liberal voters.[30] As Maurenbrecher anticipated, the First World War challenged traditional bourgeois liberalism in myriad ways, highlighting the national and social questions that motivated Naumann's circle but which were not yet deemed to be existentially important for many of his liberal colleagues. By 1930, however, individuals as disparate as Bäumer, Theodor Heuss and Hitler himself were keenly aware of the ways in which post-war realities had transformed the liberal movement into a more explicitly national, social, and in some respects authoritarian version of its Wilhelmine incarnation.[31]

Given these national and social antecedents, it is no surprise that Bäumer and her colleagues held lukewarm attitudes toward the Weimar republican order, and couched it in language that was not entirely different from that of the NSDAP. Liberal women defended the Weimar constitution, to be sure, urging voters not to abandon the erstwhile liberal parties.[32] But for Bäumer

---

29 Kurlander, Price, pp. 56 f.

30 Wahlzeitung 5, published by the Demokratische Vereinigung Breslau, 12.1.1911, in: University Bibliothek Wroclaw, Yb 2500; for more detail on the trajectory of bourgeois voters between 1928 and 1933, see Jürgen W. Falter / Dirk Hänisch: Die Anfälligkeit von Arbeitern gegenüber der NSDAP bei den Reichstagswahlen 1928–1933, in: Archiv für Sozialgeschichte 26 (1986), pp. 179–216, here 181; also see Thomas Childers: The Nazi Voter. The Social Foundations of Fascism in Germany 1918–1933, Chapel Hill 1983, pp. 166–228; Jürgen Falter: Hitlers Wähler, Munich 2001; Richard Hamilton: Who Voted for Hitler?, Princeton 2014.

31 Adolf Hitler, as quoted in the Schleswiger Nachrichten, 23.9.1930; see Bäumer speech, 14.3.1931, in: Bundesarchiv (BArch), R 45 III / 49, p. 48. Theodor Heuss: Hitlers Weg. Eine historisch-politische Studie über den Nationalsozialismus, Berlin 1932; Heuss, Naumann, p. 529; also see Jörn Leonhard: Krieg und Krise. Der Liberalismus 1914–1918 im internationalen Vergleich, in: Doering-Manteuffel / Leonhard, Liberalismus, pp. 78–94.

32 Werner Huber: Gertrud Bäumer. Eine politische Biographie, Augsburg 1970, pp. 353–357.

the Republic's "crisis of the soul" could only be overcome by tapping into national emotion, social empathy, and true political leadership over class-based materialism.[33] The primary challenge for Weimar democracy, according to Bäumer, was the tension between "national" and "rational" democracy. For democracy to succeed, many liberals agreed, there needed to be more emphasis on the former, namely "national community," as implied in the concept of *Volksgemeinschaft*. These preoccupations with creating a healthy *Volksgemeinschaft* were as much the result of longer term ideological traditions within the liberal movement – in particular Naumann's vision of combining nationally-minded democracy and empire – as they were shorter-term concerns about Weimar's viability.[34]

These pre-1930 continuities, incubated in the Wilhelmine period and radicalized in the Weimar Republic, help to explain the cautious optimism that some liberal women expressed toward the solutions the National Socialists proposed to the challenges faced by the Republic.[35] Unlike Maurenbrecher, Stapel, and other erstwhile Naumannites, Bäumer, Weber, and Lüders re-

---

33 Gertrud Bäumer: Die seelische Krisis, Berlin 1924, pp. 10, 17; Huber, Bäumer, pp. 351–355.
34 Kurlander, Living with Hitler, p. 117. Also see Wolfgang Hardtwig: Volksgemeinschaft im Übergang. Von der Demokratie zum rassistischen Führerstaat, in: Detlef Lehnert (ed.): Gemeinschaftsdenken in Europa. Das Gesellschaftskonzept "Volksheim" im Vergleich 1900–1938, Cologne 2013, pp. 227–253; Thomas Mergel: Führer, Volksgemeinschaft und Maschine. Politische Erwartungsstrukturen in der Weimarer Republik und dem Nationalsozialismus 1918–1936, in: Wolfgang Hardtwig (ed.): Politische Kulturgeschichte der Zwischenkriegszeit 1918–1939, Göttingen 2005, pp. 99–127; Marcus Llanque: Der Weimarer Linksliberalismus und das Problem politischer Verbindlichkeit. Volksgemeinschaft, demokratische Nation und Staatsgesinnung bei Theodor Heuss, Hugo Preuss und Friedrich Meinecke, in: Doering-Manteuffel/Leonhard, Liberalismus, pp. 157–181; Steffen Bruendel: Volksgemeinschaft oder Volksstaat. Die "Ideen von 1914" und die Neuordnung Deutschlands im Ersten Weltkrieg, Berlin 2003; Monika Faßbender: Zum Briefwechsel zwischen Anton Erkelenz und Gertrud Bäumer 1933, in: Jahrbuch zur Liberalismus-Forschung (JzLF) 2 (1990), pp. 150 f; Frye, Liberal Democrats, pp. 88–117, 131 f, 164–194.
35 Dieter Fricke: Die bürgerlichen Parteien in Deutschland. Handbuch der Geschichte der bürgerlichen Parteien und anderer bürgerlicher Interessenorganisationen vom Vormärz bis zum Jahre 1945, Bd. 1: Alldeutscher Verband, Fortschrittliche Volkspartei, Berlin 1968, p. 326; Huber, Bäumer, pp. 371–376; Steven Remy: The Heidelberg Myth, Cambridge 2002, p. 25; Jürgen C. Heß: Theodor Heuss vor 1933. Ein Beitrag zur Geschichte des demokratischen Denkens in Deutschland, Stuttgart 1973, p. 205; Id.: "Die Nazis haben gewußt, daß wir ihre Feinde gewesen und geblieben sind". Theodor Heuss und der Widerstand gegen den Nationalsozialismus, in: JzLF 14 (2002), pp. 143–148; also see Id.: "Die deutsche Lage ist ungeheuer ernst geworden". Theodor Heuss vor den Herausforderungen des Jahres 1933, in: JzLF 6 (1994), pp. 65–136.

fused to join the NSDAP and rejected fascism. With the breakdown of Weimar democracy, they sought a *Führer* who could unite all Germans behind a common national and social mission; but preferred a new Naumann or Stresemann to Hitler.[36] This is why Bäumer and Lüders supported the DDP merger with the *völkisch*-social Young Germans (*Jungdeutscher Orden*) to create the German State Party (DStP) in 1930.[37] Germany had tried democracy for twelve years and, in the wake of Brüning's rule by emergency decree, it was clear that it was simply not functioning. In order to prevent fascism (or communism), these women reasoned, why not pursue a more national, social and moderately authoritarian version of democracy?[38]

Merging with the Young Germans did not constitute a capitulation to exclusionary *völkisch* nationalism – much less fascism. Despite the NSDAP receiving more than a third of the vote in July 1932 and retaining nearly a third in November 1932, Bäumer, Baum, Weber, and Lüders continued to oppose the sort of compromise with the Nazis recommended by many of their male counterparts, both on a national and regional level.[39] Both Bäumer and Weber likewise opposed the decision of Reinhold Maier, Theodor Heuss, and Hermann Dietrich to endorse the Enabling Law in March 1933.[40] Just as importantly, women liberals, including Baum, Bäumer, and Lüders were among the first liberals to lose their state offices as a result of the Nazi Law on the Civil Service passed in the same month.[41] Liberal women did not trust Hitler.

36 Gertrud Bäumer: Der neue Weg der deutschen Frau, Stuttgart 1946, pp. 30–36; Bäumer, Krisis, pp. 140 f.
37 Huber, Bäumer, pp. 148–169.
38 Angelika Schaser: Bürgerliche Frauen auf dem Weg in die linksliberalen Parteien (1908–1933), in: Historische Zeitschrift 263 (1996), pp. 641–680; Heide-Marie Lauterer: Parlamentarierinnen in Deutschland. 1918/19–1949, Königstein/Taunus 2002, pp. 68–83; also see Barbara Greven-Aschoff: Die bürgerliche Frauenbewegung in Deutschland 1894–1933, Göttingen 1981, pp. 161 f; Huber, Bäumer, p. 364.
39 Kurlander, Living With Hitler, pp. 15 f.
40 Bäumer, Frauen; Marie Luise Bach: Biographische Daten und Texte zu einem Persönlichkeitsbild, Weinheim 1989, pp. 4 f; Huber, Bäumer, pp. 148–169. Also see Repp, Reformers, pp. 104–138, 300–312. Heuss initially recommended abstention, but ultimately supported his colleagues in the name of "Fraktionsdisziplin." See Ernst Wolfgang Becker: Ermächtigung zum politischen Irrtum. Die Zustimmung zum "Ermächtigungsgesetz" von 1933 und die Erinnerungspolitik im ersten württemberg-badischen Untersuchungsausschuß der Nachkriegszeit, Stuttgart 2001, pp. 15 f; see Heuss, Defensive, pp. 19–25.
41 Marie-Elisabeth Lüders: Fürchte dich nicht. Persönliches und Politisches aus mehr als 80 Jahren, Cologne 1963, pp. 128–136; Marie Baum: Rückblick auf mein Leben, Heidelberg 1950, pp. 308–318; Bäumer to Heuss, 18.9.1943, in: Beckmann, Lebens, pp. 196 f; Bäumer to Beckmann, 22.11.1943, in: Beckmann, Lebens, pp. 210 f.

But having warned against the Nazis' "primitive instinct of violence and fear," Bäumer believed privately that "the inhuman elements of the regime" might be ameliorated over time.[42] A "kernel" of Friedrich Naumann's National-Social tradition was preserved in National Socialism, Bäumer contended.[43] Such statements cannot be dismissed as a sign of cynical accommodation. Bäumer and at least some of her liberal colleagues believed that the "progressive" elements of National Socialism might be coopted, "that the dilettantish, unreflective [*undurchdachten*] phrases of the National Socialist program," in Bäumer's words, "could no longer hold up against the more intelligent portion of its followers" who wanted to work positively towards the "solution of Germany's most fateful questions [*Schicksalfragen*]."[44] In regard to the so-called "Jewish Question," some critics had already complained that Bäumer was only reelected chair of the "Bund Deutscher Frauenvereine" (BDF) over the gifted Alice Salomon due to her successful exploitation of anti-Semitic stereotypes among other liberal women.[45] The merger with the Young Germans, Bäumer confessed to Emmy Beckmann, "will bring us out of the one-sided asphalt-democratic Jewish atmosphere."[46]

Given these underlying nationalist, and at times even *völkisch* proclivities, we should hardly be surprised that liberal women were willing to give the Third Reich the benefit of the doubt on some national and bio-political matters. They made these concessions not because they accepted Nazism's violent methods or demagogic rhetoric – this they consistently rejected – but because certain elements of National Socialism seemed to carry the potential for real reform in the spirit of the National-Social movement.[47] By attempting to construct a more inclusive, "feminized" vision of the German *Volksgemeinschaft*, some liberal women believed that nationally- and socially-in-

---

42 Cited from Huber, Bäumer, pp. 360 f (translated in English).

43 Cited from Huber, Bäumer, pp. 187–192, 292–295; Letter from Heuss to Bäumer, 3.2.1934, in: BArch, Nachlass Theodor Heuss, N 1221, 77.

44 "I am convinced," she concluded, "that Naumann's national-social world of ideas provides an especially suitable point of departure" for the inevitable debate between progressive and conservative forces within National Socialism; cited from Martina Neumann: Theodor Tantzen. Ein widerspenstiger Liberaler gegen den Nationalsozialismus, Hannover 1998, p. 265; Angelika Schaser: Helene Lange und Gertrud Bäumer. Eine politische Lebensgemeinschaft, Cologne/Weimar/Vienna 2010, p. 288.

45 See Bärbel Meurer: Einleitung, in: Id. (ed.): Marianne Weber. Beiträge zu Werk und Person, Tübingen 2004, pp. 26–29.

46 Cited from Greven-Aschoff, Frauenbewegung, p. 186.

47 Annemarie Doherr: Die Frauenwirtschaftskammer in Hamburg, in: DF 41/2 (1933), pp. 115–118; Else Ulich-Beil: Familie, Volk und Staat, in: DF 40/6 (1933), pp. 349–351; Bäumer, Frauen, in: DF 40/6 (1933), pp. 321–328.

clined women might improve their political status and rights.[48] Even in Nazi Germany, Bäumer wrote Marianne Weber, there were always new spheres and diverse ways in which women's rights and responsibilities could be promoted.[49] In response, Weber acknowledged that patriotic Germans were excited about the "national revolution" and could find much to admire in the new national community presided over by Hitler.[50] In early 1933, liberal women contributed multiple articles to Bäumer's "Die Frau," contemplating women's new relationship to Volk und Staat. Articles included instructions on how women might participate in the "racial community" and in the mission to unite German "peoples and races under one scepter."[51] The "Nazi synthesis of Darwinism and national community," as Kevin Repp has put it, "bore more than a surface resemblance to the discursive terrain" of the Naumannite progressive milieu, including the core of women liberals who helped define that milieu.[52]

Women liberals were nonetheless quick to draw a political line in the sand between what they viewed as healthy "racial feeling" and what they found unhealthy. Like her cousin and brother-in-law Alfred, Marianne Weber criticized the regime and its race-obsessed premises in multiple respects. She also continued the tradition of hosting a weekly discussion group of a disproportionately liberal complexion in Heidelberg. Members included Alfred, himself a vocal anti-Nazi, as well as the left-leaning historian Hans von Eckardt and the liberal philosopher Karl Jaspers.[53] To be sure, the number of Jewish members dwindled after 1933 "since meeting together with Jewish friends [...] was not permitted for [Nazi] party comrades," few of whom continued to attend.[54] Yet Weber made an effort to include liberal and Jewish colleagues and to discuss Nazi racial laws and authoritarianism, at least

---

48   Greven-Aschoff, Frauenbewegung, p. 188; also see Hardtwig, Volksgemeinschaft, pp. 227–253; Kathleen Canning: Gender History in Practice. Historical Perspectives on Bodies, Class, and Citizenship, Ithaca 2006, pp. 50 f.

49   See letters in: Beckmann, Lebens, pp. 33–45, 194 f.

50   See Marianne Weber: Persönliche Existenz und überpersonale Verantwortung, in: DF 40/6 (1933), pp. 337–339.

51   See assorted articles by Dorothee van Velsen: Frauen, Volk und Staat; Else Ulich-Beil: Familie, in: DF 40/6 (1933), pp. 349–351; Luise Scheffen-Döring: Einige Gedanken zur Außenpolitik, in: DF 40/6 (1933), pp. 376–378; Greven-Aschoff, Frauenbewegung, pp. 185 f.

52   Repp, Reformers, pp. 322–325; also see Peter Theiner: Sozialer Liberalismus und deutsche Weltpolitik. Friedrich Naumann im Wilhelminischen Deutschland (1860–1919), Baden-Baden 1983, pp. 5–10.

53   Marianne Weber: Lebenserinnerungen, Bremen 1948, pp. 215–233.

54   Weber, Lebenserinnerungen, p. 215; Remy, Myth, pp. 110 f.

obliquely through reading critical history and literature.[55] Moreover, in a series of articles in "Die Frau," Weber indicated that "belonging to a nation is not the only and not, from my perspective, the most important aspect [...] of our private existence." Producing a healthy *Volksgemeinschaft* did not require sacrificing individual freedom.[56]

Weber and her circle, including her Heidelberg friend and colleague Marie Baum, did not always take on the Third Reich or its race laws directly. But their political and publicizing efforts nonetheless represented a form of resistance.[57] Indeed, as they witnessed the consequences of Nazi anti-Semitism and race theory after 1933, women liberals increasingly challenged what they perceived to be a perversion of Naumann's National-Social ideals.[58] In 1936 Bäumer published a lead article in "Die Frau" arguing, like Weber three years earlier, that an individual's intellect, character, and values were more important than "composing hereditary charts and maintaining purity of blood."[59] Bäumer's "Die Frau" also provided space in which Weber, Lüders, and "non-Aryan" liberals like Marie Baum and Camilla Jellinek could draw attention to the adverse consequences of attempting to build a state exclusively on the basis of race and bio-politics.[60]

Marie Baum in particular became preoccupied with the "Jewish Question" after 1933, refusing, as a patriotic German and liberal, to accept her involuntary marginalization. Due to her non-Aryan background, she was relieved of her lectureship at the University of Heidelberg and lost her civil service position in the Foreign Office.[61] Despite being raised as a Protestant, Baum became increasingly engaged in matters of Jewish persecution, spending hours recording the fates of every Jewish friend, colleague, and neighbor.[62] Eventually, such stories moved Baum, in her own words, to join the "'other Germany' [which had] come together at that time in smaller or larger

---

55 Remy, Myth, pp. 20–29, 111; Weber, Lebenserinnerungen, p. 215.

56 Weber, Existenz, in: DF 40/6 (1933), pp. 337–339.

57 Remy, Myth, pp. 110 f. Also see Weber, Lebenserinnerungen, pp. 215–229; Charles R. Wallraff: Karl Jaspers. An Introduction to his Philosophy, Princeton 1970, pp. 8 f; Heide-Marie Lauterer: Marie Baum und der Heidelberger Freundeskreis, in: Meurer, Weber, pp. 91–107.

58 Greven-Aschoff, Frauenbewegung, p. 186.

59 Gertrud Bäumer: Die seelischen Erbwerte, in: DF 43/4 (1936), pp. 193–196, here p. 195.

60 See articles in DF 41/10 (1934); Lauterer, Parlamentarierinnen, pp. 204–207; Beckmann, Lebens, p. 135.

61 Lauterer, Baum, pp. 91–107; Baum stressed how many of these non-Aryan victims "belonged to the Christian community". Baum, Rückblick, pp. 276–279, 281–286; Lauterer, Parlamentarierinnen, pp. 221 f.

62 Baum, Rückblick, pp. 282–286; Lauterer, Parlamentarierinnen, pp. 223–225.

groups, in order to help the persecuted and sponsor emigration, especially of children and young people."[63]

While Baum and Weber appeared to reject Nazi racial theories outright, Bäumer, Lüders, and even the "non-Aryan" Jellinek seemed to see less contradiction in criticizing Nazi racial anti-Semitism while still accepting some of the *völkisch* premises of the *Volksgemeinschaft* on which anti-Semitic persecution was based. The tensions involved were not dissimilar to those that had characterized Naumann's National-Social movement three decades earlier.[64] Hence Bäumer and her colleagues made a cautious intellectual investment in a movement that, for all its faults, seemed capable of fulfilling elements of Friedrich Naumann's National-Social vision that the Weimar Republic had failed to address.[65] But where such affinities broke down – as in the Nazi penchant for violence, its biological determinism, and its repudiation of basic civil rights – liberal women were willing to question the gap between National Social(ist) rhetoric and reality.[66]

4. Liberal Women for Nazi Empire?

Liberal women were generally no less imperialist than their male colleagues. Most had supported colonial expansion before 1918 and wanted a substantial revision of the Versailles Treaty in the years that followed.[67] Also, like their colleagues, liberal women endorsed the policies of the liberal foreign ministers Rathenau and Stresemann, whose efforts to revise the Versailles terms and restore Germany's Great Power status were made largely via multilateral, diplomatic means. The demands included doing away with reparations, reclaiming Upper Silesia and the Polish Corridor from Poland, and incorpo-

---

63   Baum, Rückblick, pp. 280–288; Lauterer, Baum, pp. 107f.

64   Lauterer, Parlamentarierinnen, pp. 213–216; Camilla Jellinek: Zum Gesetz über die Anwendung deutschen Rechtes bei der Ehescheidung vom 24. Januar 1935, in: DF 42/7 (1935), pp. 489–492; Klaus Kempter: Die Jellineks 1820–1955. Eine familienbiographische Studie zum deutschjüdischen Bildungsbürgertum, Düsseldorf 1998, pp. 497–501; Camilla Jellinek: Martyrium einer Deutschen, die nicht mehr Deutsche sein durfte, in: DF 42/6 (1935), 361–369; Jellinek to Lüders, 14.02.33, in: BArch, Nachlass Marie Lüders, N 1151, 245; Hardtwig, Volksgemeinschaft.

65   Evans, Movement, pp. 273–275; Repp, Reformers, pp. 300–312; Huber, Bäumer, p. 364.

66   Beckmann, Lebens, pp. 96–100, 150; Heide-Marie Lauterer: "Fürchte dich nicht" – Marie-Elisabeth Lüders' Stellung zu den beiden deutschen Diktaturen, in: JzLF 17 (2005), pp. 91–98.

67   See again Wildenthal, German Women, pp. 66f, 138f, 177–180; Kurlander, Living With Hitler, pp. 18–22, 117–125.

rating German Austria in the so-called *Anschluß*.[68] Many liberals held out hope that the Weimar Republic – and Stresemann's foreign policy – might provide a vehicle for realizing Naumann's dream of developing a *Mitteleuropa* by peaceful means. So long as Stresemann's efforts yielded results – and these included the Dawes Plan (1924), the Locarno Treaties (1925–26), and the Young Plan (1929) – most liberals, including liberal women, remained relatively patient.[69]

But in the wake of the Great Depression, the erstwhile Entente powers withdrew somewhat from world affairs, opening a greater space for revisionism.[70] Many liberal women – including Bäumer, Lüders, and Elisabeth Brönner-Höpfner – took the opportunity to push for greater revisionism. In the spirit of *Mitteleuropa*, they supported Brüning's efforts to create an Austro-German Customs Union in 1931 (a scheme rejected by the Allies).[71] After 1930, this ethno-national and territorial revisionism spilled over into liberal irredentism, even expansionism, with many arguing that additional "living space" in the Slavic east was essential for preserving a healthy German *Volkstum*.[72] Brönner-Höpfner was frustrated, for example, that the Weimar government was not moving more aggressively to defend the Baltic Germans in the Memel region and possibly reincorporate them into the Reich. Bäumer, Lüders, and other liberal women were equally impatient with the slow progress of Brüning's government in uniting Austrian and Sudeten Germans "under one scepter."[73]

Once Hitler began showing a willingness to pursue a revision of the Versailles Treaty in the interest of creating a "Greater Germany," many liberal women endorsed aspects of his foreign policy.[74] When Heuss wrote Bäumer in February 1933 expressing worries about the overblown nationalism that

---

68 Stanley Suval: The Anschluß Question in the Weimar Era. A Study of Nationalism in Germany and Austria, 1918–1932, London 1974, pp. 55 f, 128–130; also see Eberhalb Kolb: Gustav Stresemann, Munich 2003; Jonathan Wright: Gustav Stresemann. Weimar's Greatest Statesman, Oxford, 2002; Anneliese Thimme: Gustav Stresemann, Hannover 1957; Henry Ashby Turner: Stresemann and the Politics of the Weimar Republic, Princeton 1963; Manfred J. Enssle: Stresemann's Territorial Revisionism: Germany, Belgium, and the Eupen-Malmedy Question, 1919–1929, Wiesbaden 1980.
69 Wright, Stresemann, pp. 260–294, 310–387.
70 Jost Dülffer: Der Weichensteller, in: Damals 39 (2007), 4, pp. 28–33; Thimme, Stresemann, pp. 124 f.
71 Kurlander, Living with Hitler, pp. 120–128.
72 Ibid., pp. 140–144.
73 Ibid., pp. 123 f.
74 Ibid., pp. 119–127.

seemed to have brought about Hitler's victory, Bäumer was notably silent.[75] Vindicating Bäumer's cautious optimism were Hitler's initial foreign policy successes. These included exiting the League of Nations (ostensibly due to its unwillingness to allow German parity in armaments); the signing of the Non-Aggression Pact with Poland and a Naval Treaty with Great Britain; and finally support for general conscription and the regaining of the Saarland by plebiscite, all of which were broadly popular across the liberal ranks.[76] In her 1936 book *The Unknown Army*, Marie Lüders even urged Hitler's general staff to modify the new Army Law [*Wehrgesetz*] to permit a women's draft in peacetime. Indicating an initial convergence in liberal and Nazi conceptions of foreign policy and empire, Hitler's chief of staff, Werner von Blomberg, contributed the foreword to the book, while the Nazi Education Ministry considered promoting Lüders' work "as objective and psychologically pre-paratory material" for the military.[77]

Liberal women continually wrestled with the tension between their en-thusiasm for restoring the German Empire and their disdain for the Nazi regime's aggressive methods.[78] In articulating her own position on foreign policy, Bäumer was careful to cite Heuss's 1937 appraisal of Naumann's con-ception of German nationalism, "not as unrestricted German self-love, but as an impetus for German self-determination [...] the will to infuse the life of the nation with a system of practical laws and legal order, so that the optimum was attained in terms of health, the pursuit of happiness, human rights, and civil freedom."[79] Naumann was a patriot, Bäumer suggested, who supported Germany's right to an empire, colonies, and a powerful navy, without which the nation would never have the resources to ameliorate social inequalities. But healthy nationalism was something Naumann saw as constitutive of lib-erty and equality for all peoples, not an excuse for aggressive war or subju-gation. Bäumer also insisted that the concept of national self-determination,

---

75 Letter from Heuss to Bäumer, 3.2.1934, in: BArch, Nachlass Theodor Heuss, N 1221, 77.
76 Kurlander, Living with Hitler, pp. 124–136; also see Horst Sassin: Liberale im Wider-stand. Die Robinsohn-Strassman Gruppe. 1934–1942, Hamburg 1999, pp. 275 f; Hergard Ro-bel (ed.): Wilhelm Külz. Ein Liberaler zwischen Ost und West. Aufzeichnungen 1947–1948, Munich 1989, pp. 7–24, 43–46; Joachim Scholtyseck: Robert Bosch und der liberale Wider-stand gegen Hitler 1933 bis 1945, Munich 1999, pp. 176–182.
77 Kurlander, Living with Hitler, pp. 90–92.
78 Kurlander, Living with Hitler, p. 124; Beckmann, Lebens, p. 117; Gertrud Bäumer: Der Sinn der Erde, in: DF 44/3 (1936), pp. 129–132; Lüders to Veltchen, 29.3.1933; Lüders to Neurath, 8.10.1936; Lüders to Blomberg, 4.5.1937, in: BArch, Nachlass Marie Lüders, N 1151, 326; Lauterer, Parlamentarierinnen, pp. 212–219.
79 Heuss, Naumann, pp. 132 f; also see Heuss, Defensive, pp. 307–313.

which infused so much of Naumann's thinking, was "a liberal, a democratic idea" that had been twisted to serve the interests of the radical right.[80] After the near outbreak of war over the Sudetenland in September 1938 and the German occupation of Bohemia six months later, which clearly contradicted the principle of national self-determination, many liberals became more skeptical of Nazi foreign policy. Though pleased at the quick victory over Poland, Bäumer had sufficient compassion to worry about the casualties on both sides. She confessed to Marianne Weber how moving it was to read a soldier's letter from the Battle of Warsaw describing how "everyone had come together, Germans and Poles, men and women, to help the wounded." "I sacrifice myself not for the government," Bäumer proclaimed three weeks later, "I sacrifice myself for Germany."[81] How to celebrate Christmas, Bäumer wondered in December 1941, when Hitler was drafting 17-year old boys into military service and workers were laboring seven-day weeks for meager pay?[82]

To be sure, even passionate critics of the regime found it difficult, in the words of Marie Baum, to "wish for a defeat of one's own fatherland rather than a victory under Hitler's rule."[83] How could patriotic liberals abandon their government in the midst of war, particularly with the Soviet Union bearing down on Germany from the East? Who could trust the claims of Churchill and Roosevelt that they would seek Germany's liberation, while Stalin was destroying all vestiges of democracy and civil rights in every country he conquered.[84] In supporting the Nazi war effort, albeit conditionally, liberal women severed long-term contacts with liberal colleagues abroad, undermined friendships with pacifist colleagues at home, and compromised thirty years' work toward international understanding.[85]

If liberal women sacrificed much in their efforts to justify Nazi foreign policy, their changing attitude toward German nationalism and imperialism over the course of the war, and particularly after Stalingrad, was equally sincere. In July 1943 Bäumer wrote Weber about the need to return to the more

---

80 Bäumer, folder marked "Vorträge z. T. unvollständig" [1947–48], in: BArch, Nachlass Gertrud Bäumer, N 1076, 5; cf. Kurlander, Living with Hitler, pp. 124.

81 Bäumer to Marianne Weber, 2.10.1939, 27.12.1939, in: Beckmann, Lebens, pp. 123–126, 128–130.

82 Bäumer to Ritter, 25.12.1941; Bäumer to Graefe, 13.1.1942; Bäumer to Beckmann, 10.2.1942, in: Beckmann, Lebens, pp. 157–162.

83 Baum, Rückblick, p. 304; Bäumer: Internationale Frauenbewegung an der Wende, in: DF 46/6 (1939), pp. 281–287.

84 See Id.: Verratenes Europa [1944], in: BArch, Nachlass Gertrud Bäumer, N 1076, 5; Bäumer to Graefe, 28.12.1943, in: Beckmann, Lebens, p. 217.

85 Schaser, Lange, pp. 325–327.

liberal, humanistic values of the Wilhelmine and Weimar years – yearning for a Naumannite *Mitteleuropa* based on European solidarity rather than a Hitlerite *Grossdeutschland* based on race and subjugation.[86] "Die Frau" attempted to publish articles describing the refugee situation and the bottlenecks in armaments production, which the regime would not allow. By early 1944 Bäumer, like most of her liberal colleagues, saw nothing in Hitler's Third Reich worth salvaging: "Everywhere a prison, and that is bitter. Everywhere barbed wire, and that is a shame."[87]

5. Liberal Women and Social Policy

Liberal women were almost unanimously supportive of progressive social policies, both in general and in terms of women's rights. Indeed, one of the reasons why Naumann attracted women like Bäumer and Weber to his movement was his explicit effort to solve the social problems of the industrialized world. Weber, Bäumer, Beckmann and Lüders were not radicals. In defending social reform, they tended to draw as frequently on Christian or liberal arguments about "self-help" as they did on left-wing critiques of capitalism.[88] Despite these caveats, women liberals were committed to the basic pillars of the modern welfare state and to a broad defense of women's rights, which belonged to the center-left of the Weimar political spectrum.[89] Certainly the women organized in the left-liberal DDP did not support the socialist demands for businesses to bear the brunt of the costs of extending unemployment insurance in the wake of the Great Depression. But they were more sympathetic to a compromise in this respect than their right-liberal colleagues in the DVP and the Center Party, both of which wanted to cut benefits and reduce the liabilities of the Weimar state and employers alike.[90]

---

86   Bäumer to Weber, 28.7.1943; Bäumer to Heuss, 7.9.1943, in: Beckmann, Lebens, pp. 194, 196–199.

87   Kurlander, Living with Hitler, pp. 149f.

88   Quidde to Naumann, 11.6.1915; Naumann to Quidde, 6.11.1917, in: BArch, Nachlass Friedrich Naumann, N 3001, 231. Huber, Bäumer, pp. 123–125; Greven-Aschoff, Frauenbewegung, pp. 192–194.

89   See Tim B. Müller: Die Geburt des Sozial-Liberalismus aus dem Geist der Verwaltung. Zur Erfindung der modernen Wirtschaftspolitik in der Weimarer Republik, in: Doering-Manteuffel/Leonhard, Liberalismus, pp. 127–155; Caroline Hopf: Frauenbewegung und Pädagogik. Gertrud Bäumer zum Beispiel, Bad Heilbrunn 1997, pp. 227–235.

90   See Kurlander, Price, pp. 347–354; also see Anselm Doering-Manteuffel: "Soziale Demokratie" als transnationales Ordnungsmodell im 20. Jahrhundert, in: Jost Dülffer / Wilfried Loth (eds.): Dimensionen internationaler Geschichte, Munich 2012, pp. 313–333.

Another complicated issue for women liberals in the wake of the Great Depression was how aggressively to pursue women's rights. Many German conservatives and the emerging Nazi movement were quite vocal about opposing women's full participation in the work force, even when the economy was doing well and there was considerable demand for female labor. When the economic crisis of the early 1930s left nearly a third of all men unemployed, even liberal women recognized that encouraging women's competition in the labor market would appear more controversial.[91]

After taking power in 1933, the NSDAP initially instituted legal barriers to women's employment and established quotas in higher education, as well as marriage loans to encourage women to produce children and, secondarily, to stay in the home. However, in the wake of rearmament and the Four-Year Plan, which helped bring the economy to near full employment, German wives and mothers were suddenly in demand. And by the end of the war, there were record numbers of women studying at university.[92] This dynamic socio-economic context and the growing gap between much Nazi rhetoric and reality were among the factors that help explain the complexity of liberal women's relationship to the Third Reich.

The other challenge is the fact that, due to their interest in bio-political revolution, the Nazis themselves were conflicted as to women's role in society. The chauvinist rhetoric of Hitler and Goebbels is well documented. But as Alfred Rosenberg put it, with the coming of the Third Reich, the

> "age of Victorianism and the 'dreamy romantic girl's life' are naturally finished once and for all [...] All educational opportunities must be open to [the modern woman, ...] the same care must be given to her physical training as is the case with men. Nor should any difficulties be created for her in the vocational world under

---

91　See Women's Work and the Economic Crisis (originally Frauenarbeit und Wirtschaftskrise. Erklärung des Bündnis deutscher Frauen, 29. April 1931), in: Anton Kaes / Martin Jay (eds.): Weimar Republican Sourcebook, Berkeley u.a. 1994, p. 212; Gertrud Bäumer: Zum "Status" der deutschen Frau, in: DF 44/12 (1937); Id.: Einsatz der Frau in der Nationalwirtschaft, in: DF 46/5 (1939), pp. 225–228.

92　David Schoenbaum: Hitler's Social Revolution, New York 1997, pp. 178–192; Timothy S. Mason: Women in Nazi Germany, 1925–1940. Family, Welfare, and Work, in: Jane Caplan (ed.): Nazism, Fascism, and the Working Class, Cambridge 1995, pp. 131–211; Jill McIntyre: Women and the Professions in Germany 1930–1940, in: Erich Matthias / Anthony Nicholls (eds.): German Democracy and the Triumph of Hitler, London 1971, pp. 175–213; Jacques Pauwels: Women, Nazis and Universities. Female Students in the Third Reich 1933–1945, Westport 1984.

present-day social conditions [...]. Hence all possibilities for the development of a woman's energies should remain open to her."[93]

This dynamic socio-economic reality and ideological ambivalence toward women's integration into politics and society explain the complicated efforts that Bäumer and her colleagues made both to encourage some policies and criticize others.[94]

Already in 1933, for example, Bäumer was using "Die Frau" to illustrate the economic necessity of women's participation in the work force, even if it was based on an acknowledgement of sexual and gender (biological) difference. Women made up the vast majority of postal workers, for example, so why shouldn't they make up as much as their male counterparts in other areas of the civil service?[95] One might understand why male workers wished women to remain in the home. But, given the casualty rates in the First World War and the deaths of potential husbands (and male workers), it was both immoral and demographically impractical to expect women to become wives or mothers.[96] Did the state have the right to deprive working-class families dependent on two incomes – or families led by single mothers – of their income? How could one reconcile this outdated and social scientifically invalid chauvinism with the rhetoric of *Volksgemeinschaft*?[97]

Once the economy picked up in the mid-1930s, Bäumer and her colleagues became more vociferous in their demands for women's access to higher education, integration into the professions, and equal pay – demands that some Nazis supported. By September 1937, one year into the Four-Year Plan, Bäumer was willing to assert that the Third Reich offered women new opportunities in the fields of "social policy, state and youth welfare."[98] Evoking the bio-political reform traditions of the National Social movement, Beckmann, Bäumer, and Weber likewise insisted that women were crucial in solving the social problems of modern society.[99] Had not many goals of National Socialism, from eugenics to natalism to the welfare state, been first articulated by

---

93 Cited from George L. Mosse: Nazi Culture. Intellectual, Cultural and Social Life in the Third Reich, New York 1968, p. 40.

94 Jill Stephenson: Women in Nazi Society, New York 2001, pp. 10–14; Greven-Aschoff, Frauenbewegung, pp. 173–175; Mason, Women, pp. 178–207.

95 Gertrud Bäumer: Else Kolshorn, in: DF 41/1 (1933), pp. 38–40.

96 Kurlander, Living with Hitler, pp. 95 f.

97 Gertrud Bäumer: Panik über den Frauenberufen, in: DF 41/2 (1933), pp. 81–88.

98 Id., Status; Kurlander, Living with Hitler, pp. 94 f.

99 Gertrud Bäumer: "Fiat". Gertrud von Le Fort zur Frauenfrage, in: DF 42/3 (1934), pp. 168–171; Emmy Beckmann: Emma Ender zum 60. Geburtstage, in: DF 42/12 (1935),

the National-Social Association and the German women's movement more than thirty years earlier?[100]

Women in the Third Reich had "experienced a step backwards" in their professional lives, Bäumer conceded, but they had also received "public opportunities for action."[101] The Nazis merely needed encouragement to utilize women's natural organic proclivity for nurturing in fields like education, medicine, and social services. Among ancient Germanic tribes, Bäumer argued, women were the priests, teachers, and medical assistants. Nazis who called for the removal of female doctors or professors neglected the lessons of history and biology. It was not Germanic tradition but the Nazi appropriation of "the Anglo-Saxon model" that pushed women back into the home.[102] Insisting on women's "natural" advantages as a justification for socio-political engagement was clearly a departure from a liberal feminism emphasizing the equality of men and women. Still, if women's "natural" proclivities made them more suitable than men for some professions, liberal women nonetheless rejected the idea that "biology was destiny" in others, such as factory work and equal pay. The thousands of women newly-employed in the armament industry alone proved their ability to perform "men's" work.[103]

When it came to women's education, in any case, liberal women insisted on equal access and tolerated no differences in curriculum. The longtime educator Emmy Beckmann criticized so-called educational reforms, for example, which dictated that girls would have less time for math and science than boys, privileging racial over scientific training in preparing primary school teachers, still largely a female profession. Beckmann also rebuked a 1937 law abbreviating the length of secondary school, where women were already getting a subpar education. In May 1937, Bäumer followed up with a critical appraisal of her own. The average exam scores of female students were higher than males across the board. Yet the new girls' curriculum was utterly useless "as preparation for the study of mathematics, and in the field of the

pp. 743–745; Gertrud Bäumer: Die Seniorin der europäischen Frauenbewegung, in: DF 43/9 (1936), pp. 513 f; Id.: Zur geschichtlichen Tiefe der Frauenfrage, in: DF 42/10 (1935), pp. 629 f.

100 Kurlander, Living with Hitler, pp. 84 f; see Ute Planert: Liberalismus und Antifeminismus in Europa, in: Schaser/Schüler-Springorum, Liberalismus, pp. 73–94.

101 Bäumer, Status; also see Id.: Die falsche Emanzipation. Zur Stellung der Frau in der Sowjet-Union, in: DF 49/1–2 (1941), pp. 1–5; Id.: Die Menschenrechte und die Frauen. A propos d'un Anniversaire, in: DF 46/10 (1939), pp. 505–509.

102 Gertrud Baumgart: Vom Bildungsziel der Frau im Lichte des Nationalsozialismus und der Frauenbewegung, in: DF 41/2 (1933), pp. 98–106.

103 See Bäumer, Panik; Id.: Bilanz 1934, in: DF 42/4 (1935), pp. 193–202; also see Kurlander, Living with Hitler, pp. 95–102.

natural sciences."[104] Women liberals repeatedly attacked the sharp reduction in women earning higher degrees during the early to mid-1930s, as well.[105]

Although liberal women never accepted the regime's warmed-over "cult of domesticity," some did embrace women-friendly social policies based on bio-political assumptions of natural difference. Weimar had perhaps paid too much attention to the "physically and mentally sick elements" within the national community, Bäumer conceded, to the detriment of "the people as a whole [*Volksganze*]."[106] She also acknowledged that the Weimar welfare state had become too impersonal and bureaucratic, and that Nazi social programs like Winter Aid [*Winterhilfswerk*] assisted marginalized social strata.[107]

Liberal women were particularly supportive of social policies protecting fellow women who were in need. Bäumer praised the wartime Law for Protecting Mothers [*Mutterschutz*], which gave state insurance cover [*gesetzliche Krankenversicherung*] to women, saving them from being fired when taking maternity leave and also awarding them full-salary pay for six weeks before and after birth – a model for other European welfare states.[108] While disagreeing with the Third Reich's single-minded emphasis on producing children, Marie Lüders appreciated the Nazis' apparently progressive attitude toward single motherhood. Beckmann agreed, insisting that single women contributed powerfully to society even if they did not lead a conventional life. Weber endorsed the concept of single motherhood and adoption, which she felt traditional bourgeois society made too difficult. Bäumer concurred that patriarchal custody laws left over from Wilhelmine Germany should be repealed. And Camilla Jellinek complimented the Third Reich on allowing women greater agency in determining grounds for divorce.[109]

Despite these efforts at accommodation, Bäumer and her colleagues worked just as hard to preserve the national, social, and essentially *liberal*

---

104 Gertrud Bäumer: Auswirkungen der Schulreform, in: DF 44/8 (1937), pp. 417–424.

105 Id., Bilanz; Id.: Die Frauen in den Rechts– und Sozialwissenschaften, in: DF 44/11 (1937), p. 585–589.

106 Id.: Der Sinn der Wohlfahrtspflege und die Frauenarbeit, DF 42/6 (1935), pp. 321–330, here p. 321; Id.: Vom Gestern zum Morgen, in: DF 41/1 (1933), pp. 4–9; Dagmar Herzog: Sex After Fascism. Memory and Morality in Twentieth Century Germany, Princeton 2005, pp. 11–65.

107 Gertrud Bäumer: Nächstenliebe und Fernstenliebe. Gedanken zum Winterhilfswerk, in: DF 12 (1938). Also see Schoenbaum, Revolution, pp. 152–177; Detlev Peukert: Inside Nazi Germany. Conformity, Opposition and Racism in Everyday Life, London 1987, pp. 86–100.

108 Gertrud Bäumer: Die internationale Bedeutung des deutschen Mutterschutzgesetzes, in: DF 50/1–2 (1942), pp. 1–4.

109 Kurlander, Living with Hitler, pp. 108 f.

paradigm of the Wilhelmine-era reform movement.[110] Anyone who looked at the development of liberalism from the 1890s on, Bäumer observed, could appreciate its efforts to improve the lot both of individuals and of society as a whole. The strength of the Weimar welfare state was its concern for the sick or defenseless individual as well as the national community; it did not discard human beings who failed to contribute to the health of the "racial community [*Volksgemeinschaft*]."[111] Biology was not destiny. Welfare policy therefore needed to include "a sphere for compassion [*Nächstenliebe*]," Bäumer argued, "precisely toward such human beings, for whom, from the material perspective of pure racial values any efforts must be wasted."[112]

The artificial Nazi division between socially and biologically determined disease was clearly flawed. In a 1934 obituary honoring the children's activist Hedwig Heyl, Bäumer praised Heyl's struggle "against the calcifications and blind spots in the social order, which the masses today oppose in National Socialism."[113] Why should women who would do everything to keep their children healthy be barred from motherhood because of a higher *potential* of hereditary illness, when so many racially "healthy" women neglected their children?[114] Rather than sterilizing loving mothers or eliminating "life unworthy of life," the state needed to provide more programs to address the social consequences of industrialization: dangerous or unsanitary workplaces, higher infant mortality among the poor, the proliferation of working mothers, and the lack of safe and affordable housing.[115] Quoting Martin Luther, Bäumer thus admonished the regime: "wherever it is harmful [to men], the law should bend and give [...]. The wise ruler must leave a space for love."[116]

---

110 Repp, Reformers, pp. 108–135.

111 Bäumer, Wohlfahrtspflege.

112 Ibid., p. 329.

113 Id.: Hedwig Heyl, in: DF 41/5 (1934), pp. 302–306.

114 Id.: Eindrücke und Meinungen: Fragen einer Mutter. Zum Erbgesundheitsgesetz. in: DF 42/6 (1935), pp. 369–372, here pp. 370f.

115 Id., Nächstenliebe; Id.: Luther über Liebe und Gesetz, in: DF 41/2 (1933), p. 72; Id., Frauenbewegung; Id., Eindrücke.

116 "Also muß es ja sein, daß sie die Leut nach dem Gesetz und Werken schicken, wo sie können und ihnen gut ist. Aber wiederumb, wo es ihnen schädlich ist, soll wahrlich das Gesetz sich beugen und weichen, und der Regierer klug sein, daß er der Liebe Raum lasse und die Werk und Gesetze aufhebe [...]." Id., Luther, p. 72.

6. Conclusion

The fact that there were similarities between National-Social liberalism and National Socialism, as represented by progressive women, does not negate the strength of the German liberal tradition. Both the Naumannite liberal and Nazi movements were heterogeneous and included a powerful mix of national and social elements that had the potential to attract a wide range of adherents. Finding aspects of National Socialism potentially attractive before 1933, or indeed, right up to the Second World War, did not automatically make a person a fascist, much less a radical anti-Semite. Between the traditional cult of domesticity and a feminism centred on full socio-political equality, between life as passive victims and life as active collaborators, liberal women sought to carve out a "third way" that facilitated female participation in political, social, and economic life.[117]

In respect to the politics of *Volksgemeinschaft*, liberal women defended democracy and fought for civil rights both before and after 1933. Though willing to accommodate ethno-nationalist rhetoric, which liberals had incorporated into their own program before 1933, they found more essentialist, institutionalized Nazi racism and anti-Semitism unacceptable, refusing to exclude or eliminate individuals from society on the basis of biology. When it came to geopolitical space, liberal women were similar to other German (and European) liberals in supporting empire and wanting a systematic revision of the Versailles Treaty. For those reasons, they were generally enthusiastic about Hitler's early diplomatic victories and his efforts to restore a Greater German Reich. But liberal women always favoured a non-bellicose, multilateral revisionism along the lines Stresemann had developed in the Weimar Republic. As the foreign policy of the Third Reich became more aggressive after September 1936, and especially from September 1938, liberal women became increasingly vocal in criticizing Germany's seemingly inexorable drift toward war.

Finally, Bäumer and her colleagues made some concessions to essentialist conceptions of gender and human biology already anticipated by the Wilhelmine social reform movement. But this emphasis on women's "natural" biological advantages over male colleagues also encouraged women's entry into the economy and society.[118] Unlike many of their conservative and Nazi counterparts, liberal women defended the rights of women, families, the poor, and the sick by introducing elements of "nurture" into a debate

117 Stephenson, Women, pp. 110f.
118 Bäumer, Gestern; Id., Wohlfahrtspflege.

focused almost exclusively on "nature".[119] This approach, for all its contradictions, reveals less the political bankruptcy of German progressivism than the resilience, malleability, and allure of liberal (Naumannite) reform traditions.

In conclusion, it would be fair to argue that liberal women followed the same broad patterns of ideological non-conformity and accommodation as their male peers, but with subtle differences that had much to do with their specific relationship to the liberal reformism and liberal feminism that had emerged during the last two decades of the German Kaiserreich. In negotiating the Third Reich liberal women drew, perhaps more consciously than their male colleagues, on a progressive Naumannite tradition. While preoccupied with race and space, this tradition ultimately rejected a "National Socialism" which, in the words of Bäumer, was "without personal freedom, without [...] civility [...] [employing] propaganda instead of honesty – in truth the diabolical perversion of that which Naumann strove for as a political and social goal."[120]

---

119 Andreas Süchting-Hänger: Das "Gewissen der Nation". Nationales Engagement und politisches Handeln konservativer Frauenorganisationen 1900 bis 1937, Düsseldorf 2002, p. 399.
120 See Bäumer's notes, 17.12.1946, in BArch, Nachlass Gertrud Bäumer, N 1076, 1.

CHRISTOPHER KÖNIG

„Die Fronten sind andere geworden …"

Liberale Kulturprotestanten und der Nationalsozialismus am Beispiel
der Zeitschrift „Die Christliche Welt"

Der Marburger Theologieprofessor Martin Rade zeichnete im November
1933 für die von ihm mitgegründete Zeitschrift „Die Christliche Welt"
ein düsteres Zukunftsbild. Die politischen Veränderungen im nunmehr natio-
nalsozialistisch gewordenen Staat ebenso wie die Umwälzungen in den sich
bereitwillig dem „Dritten Reich" öffnenden evangelischen Kirchen hatten in
seinen Augen das Daseinsrecht der kulturprotestantischen Zeitschrift und der
sie tragenden Einstellungen und Werthaltungen in Frage gestellt. Obwohl bei
manchen Beobachtern der Eindruck entstanden war, die um Rade gescharten
liberalen Theologen „pfiffen schon auf [!] dem letzten Loch", durfte von
einem Einknicken oder gar von Resignation angesichts der gesellschaftlichen
Gesamtlage keine Rede sein.[1] Der streitbare Theologieprofessor und liberale
Publizist betonte, dass das in seiner Zeitschrift versammelte politische und
theologische Meinungsspektrum ein kulturelles Potential darstellte, das es für
die weitere Entwicklung von Nation und Kirche zu erhalten galt: „Mag unsre
Gruppe jetzt klein und schier ohnmächtig sein, sie ist da und hat ihre Aufgaben".[2]

Rades Versuche, nach neun Monaten der nationalsozialistischen Herrschaft stellvertretend für seine kulturprotestantischen Gesinnungsgenossen
die politischen Stimmungslagen zu bilanzieren und dabei mit erkennbarem
Trotz die organisatorischen Handlungsoptionen auszuloten, reflektieren die
tiefgreifende Verunsicherung eines überwiegend – aber keineswegs einheit-

---

1 Martin Rade: Weihnachten 1933 im Heim, in: An die Freunde (AdF), Nr. 110, 25.11.1933,
S. 1101 f.
2 Ebd.

lich – liberal ausgerichteten Intellektuellennetzwerkes durch die „nationale Revolution" Hitlers. Die ab 1930 beginnende Auseinandersetzung in der „Christlichen Welt" mit der NSDAP und ihrer Ideologie markierte einerseits deutliche politische und weltanschauliche Differenzen gegenüber dem eigenen Wertekanon, ließ sich andererseits aber nicht auf eine strikte Verweigerungshaltung festlegen.[3] Nach der „Machtübernahme" 1933 wurde neben prägnanter Kritik auch nach inhaltlichen Anknüpfungsmöglichkeiten und Wirkungsräumen im nationalen Staat gesucht. Die Reaktionsbreite reichte von der Abwehr der totalitären Ansprüche des NS-Regimes bis hin zu affirmativen Tendenzen, die jeweils mit Marginalisierungsängsten, beruflicher Kaltstellung und positioneller Ortlosigkeit zu erklären sind, aber auch weltanschaulichen Behauptungswillen erkennen lassen.

Die liberale Theologie lässt sich den Forschungen Horst Sassins zufolge neben den Bildungsinstitutionen, der Kunstszene und einigen Wirtschafts- und Verwaltungskräften als eines der Resistenzreservoirs wahrnehmen, in denen es nach 1933 gelang, trotz „Gleichschaltung" einen Unterstrom liberaler Einstellungen im Dritten Reich zu bewahren.[4] Entsprechend fragt dieser Beitrag nach den vielschichtigen Einstellungs- und Deutungsmustern, die sich in der Zeitschrift und den um sie herum gruppierten Diskursen in den 1930er Jahren gegenüber dem Nationalsozialismus niederschlugen. Drei Leitfragen stehen im Vordergrund der Analyse: Welche politischen Diagnosen zum Aufstieg des Nationalsozialismus werden formuliert? Welche Reaktionsmus-

---

3 Die bisher umfangreichste Untersuchung zu Theologie und Politik der 1886 begründeten Zeitschrift stellt die 1952 nach einer längeren Vorgeschichte erschienene Arbeit des zeitweiligen DDP-Pressechefs Johannes Rathje dar, die aufgrund fehlender Nachlassbestände trotz mancher nachkriegsbedingter Glättungen die wichtigste Darstellung des Rade-Kreises mit hohem Quellenwert bildet; Johannes Rathje: Die Welt des freien Protestantismus, Stuttgart 1952; vgl. weiterhin Matthias Wolfes: Protestantische Theologie und moderne Welt, Berlin 1999, S. 51–56; Reinhard Schmidt-Rost: Die Christliche Welt, in: Hans Martin Müller (Hg.): Kulturprotestantismus, Gütersloh 1992, S. 245–257; zur Zeit nach 1919 vgl. Hans Manfred Bock: Die Christliche Welt 1919–1933. Organisierte Akteure und diskursive Affinitäten in der kulturprotestantischen Zeitschrift, in: Michel Grunewald / Uwe Puschner (Hg.): Das evangelische Intellektuellenmilieu in Deutschland, seine Presse und seine Netzwerke (1871–1963), Bern 2008, S. 341–382; Ders.: Medienkritik und Kulturprotestantismus. Buch- und Filmkritik in der „Christlichen Welt" der Weimarer Republik, in: Dagmar Bussiek / Simona Göbel (Hg.): Kultur, Politik und Öffentlichkeit, Kassel 2009, S. 289–322; als ältere Pionierarbeit zu verschiedenen liberalen Theologen wegweisend Friedrich Wilhelm Kantzenbach: Kirchlich-theologischer Liberalismus und Kirchenkampf. Erwägungen zu einer Forschungsaufgabe, in: Zeitschrift für Kirchengeschichte 87 (1976), S. 198–320.
4 Horst Sassin: Liberale im Widerstand. Die Robinsohn-Strassmann Gruppe 1934–1942, Hamburg 1993, S. 18 f (unter Bezugnahme auf einen Gestapobericht von 1938).

ter lassen sich auf die Etablierung einer nationalsozialistischen Herrschafts-
struktur 1933 erkennen? Inwieweit gelang der Zeitschrift, ihren Lesern und
Autoren, unter den repressiven kulturellen Bedingungen des nationalsozialistischen Staates Kohäsionskräfte als liberal orientierte Reflexionsgemeinschaft
zu bewahren? Um sich diesen Fragestellungen zu nähern, zieht dieser Beitrag
die politischen Diskurse und Positionierungen in der „Christlichen Welt" sowie in dem mit ihr eng verbundenen, vertraulichen Mitteilungsblatt „An die
Freunde" heran, das Einblicke in die Binnenkommunikation der die Zeitschrift flankierenden „Vereinigung der Freunde der Christlichen Welt" ermöglicht.[5] Einleitend ist allerdings nach einer Ortsbestimmung der „Christlichen
Welt" als einer theologischen Kulturzeitschrift in den politischen Auseinandersetzungen der Weimarer Krisenjahre zu fragen.

1. „Die Christliche Welt" – ein liberales Blatt?

Die bis 1941 erscheinende „Christliche Welt" stellte auch nach 1933 das „publizistische Flaggschiff" kulturprotestantischer Einstellungen dar. Obwohl die
in der Zeitschrift verhandelten Positionen bereits in der Spätphase der Weimarer Republik deutlichen Verdrängungs- und Marginalisierungstendenzen
ausgesetzt waren, konnte das zweiwöchentlich erscheinende Blatt als theologische Kulturzeitschrift kirchlich Liberalen auch im Nationalsozialismus
ein Diskussionsforum bieten. Selbstbeschreibungen zufolge vertrat die Zeitschrift „das liberale Bürgertum, mit einem weiten Bogen nach rechts und
links", doch war sie nicht auf einen parteipolitisch zugespitzten Liberalismusbegriff hin geeicht.[6] Vielmehr blieb dieser als Programmbegriff stets umstritten, wie die teilweise vehement geführten Politikdebatten belegen, die
auf die organisatorische und intellektuelle „Vielgestaltigkeit" der diversen, in
der Forschung noch wenig ausgeloteten theologischen Vereinigungen, regionalen Bünde und Kleingruppen im kulturprotestantischen Diskursspektrum

---

5   Zur Institutionsgeschichte der Vereinigung vgl. Christoph Schwöbel (Hg.): An die Freunde. Vertrauliche, d. i. nicht für die Öffentlichkeit bestimmte Mitteilungen (1903–1934), Berlin
1993, S. V–XXXIV; Matthias Wolfes: „Das Haus der Christlichen Welt". Ein Beitrag zur Insti-
tutionalisierungsgeschichte des liberalen Protestantismus, in: Mitteilungen der Ernst-Troeltsch-
Gesellschaft 8 (1994), S. 76–106.
6   So Carl Mensing: Gegenwartschristentum, in: Hermann Mulert (Hg.): Vierzig Jahre
„Christliche Welt", Gotha 1927, S. 119–122, hier S. 121. Zum Liberalismusbegriff vgl. Anselm
Doering-Manteuffel / Jörn Leonhard: Liberalismus im 20. Jahrhundert – Aufriss einer historischen Phänomenologie, in: Dies. (Hg.): Liberalismus im 20. Jahrhundert, Stuttgart 2015,
S. 13–22; Michael Freeden: Europäische Liberalismen, in: Merkur 65 (2011), S. 1028–1046.

verweisen.[7] In dem polyvalenten Spannungsfeld der Weimarer Kultur- und Politikentwürfe besaß die „Christliche Welt" einen Laboratoriumscharakter, der konstruktive Zeitanalysen ebenso wie den Rückzug in antimoderne Stimmungslagen zuließ.[8]

Die in diesem Beitrag in den Vordergrund gestellten Debatten um Staat, Kirche und Politik lassen den liberalen Protestantismus entgegen zeitgenössischen Zuschreibungen keineswegs als überlebt, sondern als einen wahrnehmbaren Diskursfaktor erscheinen. Sie unterlagen in der Aufstiegsphase des Nationalsozialismus ab 1930 allerdings folgenden strukturellen und inhaltlichen Herausforderungen, die ihre gesellschaftliche Wirksamkeit erschwerten:

1. Die um die „Christliche Welt" gescharten, häufig als „verfassungstreue Kulturprotestanten" charakterisierten Theologen und Theologinnen bildeten eine der wichtigsten Trägergruppen demokratischer Einstellungen im Weimarer Staat und waren bis zur „Desintegration" des Weimarer Liberalismus ab 1930 überwiegend gewillt, sowohl in der kirchlichen als auch der liberalen Presse wortmächtig für den Aufbau, dann für die Stabilisierung und Verteidigung eines parlamentarischen Staatswesens zu kämpfen.[9] Bereits im Kaiserreich hatten sich vor allem im Umfeld Friedrich Naumanns enge personelle und diskursive Verbindungslinien zu politisch liberalen Parteiorganisationen

---

7 So resümierend Friedrich Wilhelm Graf: Artikel „Kulturprotestantismus", in: Religion in Geschichte und Gegenwart[4] 4 (2001), S. 1850–1852; vgl. als Aufriss grundlegend Ders.: Kulturprotestantismus. Zur Begriffsgeschichte einer theologiepolitischen Chiffre, in: Müller, Kulturprotestantismus, S. 21–77. Kurt Nowak spricht entsprechend von pluralisierten „Kulturprotestantismen"; Kurt Nowak: Kulturprotestantismus und Judentum in der Weimarer Republik, Göttingen 1991, S. 5. Zwischen den verschiedenen kulturprotestantischen Zusammenschlüssen bestanden erhebliche Differenzen, die sich vor allem an politischen und kirchenpolitischen Grundfragen entzündeten. Ohne die Diskussion an dieser Stelle führen zu können, sei andeutungsweise auf die Kursschwierigkeiten im „Bund für Gegenwartschristentum" als kulturprotestantischem Dachverband aufmerksam gemacht, die 1930 zu einem Austritt des Kreises um die „Christliche Welt" führten. Für den Frankfurter Konsistorialrat Erich Foerster stellte die Zusammenarbeit eine „künstliche Combination" dar, weil man sich über die kirchliche Einflussnahme „auf das soziale und politische Gebiet" nicht einigen konnte; Brief Erich Foerster an Heinrich Weinel, 27.11.1930, in: Universitätsarchiv Marburg, NL Rade, Ms. 839.
8 Zur Deutungsoffenheit der politischen Kultur Weimars vgl. Andreas Wirsching: „Vernunftrepublikanismus" in der Weimarer Republik. Neue Analysen und offene Fragen, in: Ders. / Jürgen Eder (Hg.): Vernunftrepublikanismus in der Weimarer Republik. Politik, Literatur, Wissenschaft, Wiesbaden 2008, S. 9–26; Wolfgang Hardtwig (Hg.): Politische Kulturgeschichte der Zwischenkriegszeit 1918–1939, Göttingen 2005.
9 Nowak, Kulturprotestantismus, S. 5; Jürgen C. Hess: Die Desintegration des Liberalismus in der Weimarer Republik, in: Hans Vorländer (Hg.): Verfall oder Renaissance des Liberalismus?, München 1987, S. 91–116.

und Verbänden gefestigt, die nach 1918 fortbestanden.[10] Nicht nur traten intellektuelle Führungsfiguren wie Otto Baumgarten, Agnes von Zahn-Harnack, Heinrich Hermelink, Martin Dibelius oder Hermann Mulert öffentlichkeitswirksam als Mandatsträger zumeist der Deutschen Demokratischen Partei (DDP) in Erscheinung. Auch zahlreiche der sich zum Kreis um Rade zurechnenden Pfarrer und akademisch gebildeten Lehrer und Lehrerinnen waren am politischen Geschehen der Republik beteiligt.[11] Die Affinität zur Weimarer Verfassung führte die Zeitschrift von vorne herein in eine defensive Rolle. Ihre Positionierungen zu Politik und Gesellschaft entstanden im Bewusstsein, im politischen Umfeld ebenso wie in den protestantischen Kirchen einer umstrittenen Minorität anzugehören, deren Anliegen auf vielfältige Widerstände stießen.

Obwohl nach einer Erklärung Martin Rades für den Kurs der Zeitschrift gelten sollte: „Politische Ziele verfolgen wir nicht", führt eine Durchsicht der Jahrgänge seit 1930 schnell zu dem Ergebnis, dass er als politisch motivierter Zeitschriftenherausgeber durchaus gezielt die Konfrontation suchte und auf die politische Positionierung hinsteuerte.[12] Das brachte der Zeitschrift eine exponierte Stellung ein: Aus Sicht der nationalprotestantischen Milieus ließen sich die in der „Christlichen Welt" publizierenden Theologen abwertend als „alte Demokraten" angreifen, die einen „längst vermoderten Liberalismus" pflegten.[13]

---

10 Vgl. zu den Wechselwirkungen zwischen politischem Liberalismus und den verschiedenen kulturprotestantischen Strömungen grundlegend Gangolf Hübinger: Kulturprotestantismus und Politik. Zum Verhältnis von Liberalismus und Protestantismus im wilhelminischen Deutschland, Tübingen 1994; zum Deutschen Protestantenverein in der Reichsgründungsära Claudia Lepp: Protestantisch-liberaler Aufbruch in die Moderne. Der deutsche Protestantenverein in der Zeit der Reichsgründung und des Kulturkampfes, Gütersloh 1996.
11 Vgl. zu den politischen Einstellungen führender kulturprotestantischer Theologen Matthias Wolfes: Die Demokratiefähigkeit liberaler Theologen. Ein Beitrag zum Verhältnis des Protestantismus zur Weimarer Republik, in: Rüdiger vom Bruch (Hg.): Friedrich Naumann in seiner Zeit, Berlin 2000, S. 287–314; Christoph Schwöbel: Gottes Stimme und die Demokratie. Theologische Unterstützung für das neue demokratische System, in: Richard Ziegert (Hg.): Die Kirchen und die Weimarer Republik, Neukirchen-Vluyn 1994, S. 37–68.
12 Martin Rade: Verschiedenes. Heraus aus dem Mißtrauen!, in: Christliche Welt (CW) 47 (1933), S. 816; vgl. die ähnlich lautende Beteuerung, dass Veranstaltungsteilnehmer im Umkreis der CW „keinem politischen Zwange" unterliegen würden; Ders.: Weihnachten 1933 im Heim, in: AdF, Nr. 110, 25.11.1933, S. 1101 f. Zu Rades politischem Werdegang vgl. Anne Christine Nagel: Martin Rade – Theologe und Politiker des Sozialen Liberalismus, Gütersloh 1996; Christoph Schwöbel: Martin Rade. Das Verhältnis von Geschichte, Religion und Moral als Grundproblem seiner Theologie, Gütersloh 1980.
13 So das deutsch-christliche Kirchenblatt Evangelium im Dritten Reich, Nr. 19, 7.5.1933. Wie die „Tägliche Rundschau" bereits 1927 giftete, befanden sich die „theologisch-liberalen

164 Christopher König

2. Die politischen Erörterungen zwischen 1930 und 1933 erfolgten in einer Phase, in der die intellektuelle und personelle Basis der „Christlichen Welt" einer dramatischen Erosion ausgesetzt war.[14] Diese Entwicklung verlief parallel zum Bedeutungsschwund der liberalen Parteien, die bei den Wahlen von 1932 auf den Status von politischen Splittergruppen herabsanken.[15] Sie wurde zudem durch einen Generationswechsel innerhalb der evangelischen Theologie verstärkt, der sich vielfach in kulturkämpferischem Gestus als Angriff auf die Theologien der vor 1914 geprägten Leitfiguren des Kulturprotestantismus darstellte, die nun als vom Zeitgeschehen überholte, bürgerlich-relativistische Bildungslehre angefeindet wurden. Solche Attacken gingen nicht nur von den Vertretern der sich als kirchlich-theologische Erneuerungsbewegung inszenierenden „dialektischen Theologie" aus.[16] Sie wurden auch durch die radikale Verneinung liberaler Denktraditionen verstärkt, die sich

---

Demokraten" um Rade auf einer Linie mit der verhassten, als „Entente Germania-Mosse-Ullstein-Vorwärts" bezeichneten Presse der Republik; vgl. Heinrich Hermelink: Vom Katholizismus der Gegenwart, in: CW 41 (1927), S. 184–187.

14 Die im Kreis der „Christlichen Welt" wiederholt als gesellschaftliches Alarmsignal wie auch als wirtschaftliches Existenzrisiko thematisierten Abonnentenzahlen spiegeln diese Entwicklung deutlich wider. Konnte sich die Zeitschrift 1918 auf einen Abonnentenstamm von 3.614 festen Beziehern verlassen, sank diese Zahl im Laufe der 1920er Jahre kontinuierlich ab. Rade wies seine Mitstreiter im August 1930 darauf hin, dass sich das Weiterbestehen des Blattes mit knapp unter 3.000 Bestellern noch eben sichern ließ; Martin Rade: Unsere Zukunft, in: AdF, Nr. 97, 20.8.1930, S. 1023–1027. Als Vergleich lässt sich auf die eng verwandte Zeitschrift „Die Hilfe" verweisen, die 1933 auf 770 Abonnenten absank, sich danach allerdings leicht erholen konnte; vgl. Elke Seefried: Einführung: Theodor Heuss in der Defensive. Briefe 1933–1945, in: Theodor Heuss: In der Defensive. Briefe 1933–1945, hg. und bearb. von Elke Seefried, München 2009, S. 15–70, hier S. 32. Setzt man die von Hans-Manfred Bock für die zwanziger Jahre zusammengestellte Autorenstatistik für die Jahre ab 1933 fort, ergibt sich allerdings das Bild einer relativ konstanten, sich sogar konsolidierenden Mitarbeiterschaft; vgl. Bock, Christliche Welt, S. 342 f. Dem kulturprotestantischen Einflussbereich blieben unter den Bedingungen der nationalsozialistischen Herrschaft also noch „wesentlich breitere Schichten" zuzurechnen, als angesichts des marginalisierten intellektuellen Führungspersonals vielfach veranschlagt wird; vgl. Kurt Nowak: Kirche und Widerstand gegen den Nationalsozialismus 1933–1945 in Deutschland. Erwägungen zu einem Forschungsproblem der kirchlichen Zeitgeschichtsschreibung unter besonderer Berücksichtigung des Luthertums, in: Carsten Nicolaisen (Hg.): Nordische und deutsche Kirchen im 20. Jahrhundert, Göttingen 1982, S. 228–270, hier S. 258.

15 Vgl. Bruce B. Frye: Liberal Democrats in the Weimar Republic. The History of the German Democratic Party and the German State Party, Carbondale 1985, S. 178 f.

16 Zur Abgrenzungsdynamik der zunächst im Umfeld der „Christlichen Welt" verankerten dialektischen Theologie vgl. jetzt D. Timothy Goering: System der Käseplatte. Aufstieg und Fall der Dialektischen Theologie, in: Zeitschrift für neuere Theologiegeschichte 24 (2017), S. 1–50.

in den intellektuellen Suchbewegungen der 1920er Jahre von der völkischen Rechten bis zu den Vertretern der „antihistoristischen Revolution" manifestierte.[17] Auch die politisch-theologischen Ordnungsentwürfe des konfessionellen Neuluthertums ließen die Richtung der „Christlichen Welt" als „inhaltlos gewordenes Christentum" erscheinen und verunglimpften zugleich die politische Zugehörigkeit ihrer Mitarbeiter als unkirchlich und national unzuverlässig.[18] Die Angriffe „auf den liberalen, kritisch und geschichtlich denkenden Kulturprotestantismus" bewirkten eine erhebliche Einschränkung der politischen und sozialpolitisch-reformerischen Reichweite der liberalen Teilgruppen innerhalb der protestantischen Bevölkerung, wie Otto Baumgarten 1932 als zeitgenössischer Beobachter ausführte.[19]

3. Zudem ließ sich in der „Christlichen Welt" selbst eine „offene Flanke" gegenüber nationalistischen Argumentationsmustern, dem neuen Volks- und Ordnungsdenken sowie eine mitunter ambivalente Haltung zum Antisemitismus kaum übersehen.[20] Obwohl etliche ihrer Protagonisten einen „Pazifismus ‚realistischer' Observanz" verfolgten, sich für Völkerverständigung einsetzten und in die Bekämpfung des Antisemitismus eingebunden waren, spiegelte

---

17 Kurt Nowak: Die „antihistoristische Revolution". Symptome und Folgen der Krise historischer Weltorientierung nach dem Ersten Weltkrieg, in: Horst Renz / Friedrich Wilhelm Graf (Hg.): Umstrittene Moderne. Die Zukunft der Neuzeit im Urteil der Epoche Ernst Troeltschs, Gütersloh 1986, S. 133–171; im Überblick: Anselm Doering-Manteuffel: Suchbewegungen in der Moderne. Religion im politischen Feld der Weimarer Republik, in: Friedrich Wilhelm Graf / Klaus Große Kracht (Hg.): Religion und Gesellschaft. Europa im 20. Jahrhundert, Köln 2007, S. 175–202.
18 Entsprechende Bemerkungen referierte Hermann Mulert: Verschiedenes. Kulturprotestantismus, in: CW 46 (1932), S. 1056. Die politischen Angriffe trafen in diesem Fall mit dem seit 1931 an der Pädagogischen Hochschullehre Kiel lehrenden Theologen Emil Fuchs einen Wortführer der „Christlichen Welt", der als „roter Parteibuchinhaber" als für die Religionspädagogik unqualifiziert beschimpft wurde.
19 Otto Baumgarten: Evangelisch-sozialer Kongreß in Karlsruhe, in: CW 46 (1932), S. 594–602.
20 Grundlegend: Friedrich Wilhelm Graf: „Wir konnten dem Rad nicht in die Speichen fallen". Liberaler Protestantismus und „Judenfrage" nach 1933, in: Ders. (Hg.): Der heilige Zeitgeist. Studien zur Ideengeschichte der protestantischen Theologie in der Weimarer Republik, Tübingen 2011, S. 483–507. Unter der Zielsetzung, protestantische Glaubensbestände für die Moderne zu replausibilisieren, entwickelten zahlreiche liberale Theologen im Umfeld Rades intellektuelle Synthesen aus Christentum und Nationalkultur, die mitunter breite Berührungsflächen mit völkischen Vorstellungen besaßen. Zu diesen bis in die 1930er Jahre nachwirkenden Rezeptionslinien sowie ihren politischen Implikationen, die zumeist an Friedrich Naumann orientiert eine neue, nationale und soziale Politik einforderten, vgl. Christopher König: Zwischen Kulturprotestantismus und völkischer Bewegung. Arthur Bonus (1864–1941) als religiöser Schriftsteller im wilhelminischen Kaiserreich, Tübingen 2018.

sich das von der Liberalismusforschung aufgewiesene komplexe Verhältnis
zwischen Liberalismus und Nationalismus auch in den politischen und theologischen Diskurslagen der Zeitschrift wider.[21] Manche Beiträge überzogen
die Weimarer Republik mit großflächigen Zeitkritiken, die auf die gegenwärtige „Erschütterung" mit kulturellen Homogenitätserwartungen und der
Forderung nach „Bindung und Dienst" antworteten oder nach einer „Neugeburt der Gemeinschaft" fragten.[22] Kurt Nowak und Friedrich Wilhelm Graf
haben in ihren Forschungen zu den theologischen Umbrüchen der späten
1920er Jahre verdeutlicht, dass die kulturprotestantischen Eliten mit ihrem
Idealbild eines nationalen Kulturstaates und dem harmonisierenden Integra-
tionsanspruch an eine protestantische „Leitkultur" einen Resonanzraum für
eine zunehmend antiliberale Rhetorik boten.[23] Die intellektuellen Auseinandersetzungen seit Ende der zwanziger Jahre reflektierten einen Klimawandel,
durch den sich die verbreiteten Begriffsspiele um „Volksgemeinschaft", Sozialreform und deutsche Kultur leicht mit nationalistischem Pathos aufladen
ließen, was die Suche nach Alternativmodellen zum Parlamentarismus stärkte
und durchaus Übergänge zum rechten, antidemokratischen Lager freistellte.
Schlaglichtartig kam diese Spannung in einer Radiosendung zum Ausdruck,
die von der norddeutschen Rundfunkanstalt Norag im Mai 1932 ausgestrahlt
wurde. Der Rundfunkbeitrag stellte die „Christliche Welt" als ein zentrales
Diskursorgan im modernen Protestantismus vor, dem es gelang, mit hoher
Sensibilität kulturelle und soziale Gegenwartsfragen zur Sprache zu bringen.

---

21 Zum Ort nationalistischer Denkmuster im Weimarer Linksliberalismus vgl. Eric Kurlander: Living with Hitler. Liberal Democrats in the Third Reich, New Haven 2009; Jürgen C. Hess: „Das ganze Deutschland soll es sein". Demokratischer Nationalismus in der
Weimarer Republik am Beispiel der Deutschen Demokratischen Partei, Stuttgart 1978; zum
Volksgemeinschaftsbegriff Marcus Llanque: Der Weimarer Linksliberalismus und das Problem
politischer Verbindlichkeit. Volksgemeinschaft, demokratische Nation und Staatsgesinnung
bei Theodor Heuss, Hugo Preuß und Friedrich Meinecke, in: Doering-Manteuffel/Leonhard,
Liberalismus, S. 157–181.
22 Paul Schütz: Zwischen Marburg 1929 und Magdeburg 1930. Eine Besinnung zwischen
der ersten und zweiten kirchenpolitischen Tagung der Jungevangelischen, in: CW 44 (1930),
S. 517–521; Paul Gerlach: Neugeburt der Gemeinschaft, in: ebd., S. 521–528; vgl. Matthias
Wolfes: Vernunftrepublikanismus und Wissenschaftsverständnis in der protestantischen Theologie, in: Wirsching/Eder, Vernunftrepublikanismus, S. 219–230; Klaus Tanner: Protestantische Demokratiekritik in der Weimarer Republik, in: Ziegert, Kirchen, S. 23–36, hier S. 34 f.
23 Graf, Kulturprotestantismus; Kurt Nowak: Geschichte des Christentums in Deutschland.
Religion, Politik und Gesellschaft vom Ende der Aufklärung bis zur Mitte des 20. Jahrhunderts, München 1995, S. 149.

Zu der gepriesenen „Zeitgemäßheit" der Zeitschrift gehörte auch ihre Bereitschaft, sich mit völkischen Denkstrukturen auseinanderzusetzen.[24]

4. Dennoch darf man die Politikdebatten in der „Christlichen Welt" ab 1930 nicht einseitig als positionelle Rückzugsgefechte lesen. Vielmehr lassen sie auf ein hohes gesellschaftspolitisches Sendungsbewusstsein schließen, das auf Rückgewinnung von verlorenem Terrain in Kirche und Gesellschaft zielte.[25] Das lässt sich etwa an dem im Januar 1932 durchgeführten Herausgeberwechsel ablesen, dessen vor allem in der Binnenkommunikation nicht reibungsloser Verlauf die intensiv geführten politischen und theologischen Kontroversen nach 1930 erkennen lassen.[26] Mit einem neuen Schriftleiter sollte der zunehmenden Isolierung der Zeitschrift entgegengearbeitet und eine „spürbare Neueinstellung" angesichts der politischen und weltanschaulichen Zerklüftungen bewirkt werden, die einerseits den „Zug der neuen Zeit" aufnehmen, aber auch dem „Erbe des guten alten Liberalismus" zu neuer Wirkung verhelfen sollte.[27] Obwohl Rade weiterhin als Kommentator sowie als intellektuelle Integrationsfigur in der „Christlichen Welt" präsent blieb, konnte die Zeitschrift mit dem Kieler Theologieprofessor Hermann Mulert an einen publizistisch erfahrenen langjährigen Mitarbeiter übergeben werden, der allerdings mit einem ausgesprochen liberalen Profil eher für die politische und generationelle Kontinuität im Kurs des Blattes als für einen programmatischen Wechsel stand. Mulert war als Naumannianer 1918 der DDP beigetreten und hatte seine Loyalität zum Weimarer Staat durch Mehrfachmitgliedschaften in prorepublikanischen Vereinigungen wie dem Reichsbanner Schwarz-Rot-Gold, dem Politischen Klub in Leipzig, dem Kieler Liberalen Verein sowie als linksliberaler Mandatsträger auf Landesebene deutlich

---

24 Theodor Bieder: Die Christliche Welt und ihr Bücherkreis. Am 6. Mai 1932 durch den Nordischen Rundfunk (Norag), Hamburg, gesprochen, in: CW 46 (1932), Umschlag.

25 Zahlreiche Analysen beklagten ab 1930, dass der Liberalismus aufgrund der „eigentümlichen Verflechtung des religiösen mit dem politischen Leben" drohe, „abgeschossen" zu werden, und die schwache „milieumäßige Basis" den Liberalen im Vergleich zu anderen politischen Lagern nur eine eingeschränkte Reichweite ermögliche; Heinrich Hermelink: Das Kerygma des freien Protestantismus, in: CW 46 (1932), S. 896–900, 916–920, hier S. 897; Hermann Mulert: Zur Lage des freien Protestantismus in Deutschland, in: ebd., S. 804–806. Zugleich waren diese Überlegungen von der Möglichkeit einer Neubelebung liberaler Wirkungsräume überzeugt.

26 Einem Rückblick Rades zufolge war diese Phase vom „Ringen um einen neuen Liberalismus" gekennzeichnet; Martin Rade: Die Vereinigung der Freunde der Christlichen Welt, in: CW 48 (1934), S. 429 f.

27 Martin Rade: Wechsel in der Redaktion der Christlichen Welt, in: AdF, Nr. 100, 27.4.1931, S. 1044; vgl. auch die programmatischen Ausführungen im Brief Martin Rade an Hermann Mulert, 18.12.1930, in: Universitätsarchiv Leipzig, NL Mulert, 03_24.

gemacht. Mit ihm besaß die Zeitschrift nach 1932 einen Schriftleiter, der wenig Bereitschaft zeigte, sich auf die NS-Ideologie einzulassen.[28] Mit Friedrich Siegmund-Schultze wurde wenigstens kurzfristig ein zweiter Theologe in die Zeitschriftenleitung eingebunden, der als Präsident des deutschen Zweigs des Internationalen Versöhnungsbundes und als Schriftleiter der ökumenisch-pazifistischen Zeitschrift „Die Eiche" für den internationalen Ausgleich im Nachkriegsdeutschland und die Freundschaftsarbeit stand und zudem als Leiter des 1933 geschlossenen Büros der „Sozialen Arbeitsgemeinschaft Berlin-Ost" eine hohe Sensibilität für sozialpolitische Fragen sicherstellte.[29] Die Zeitschrift stellte damit am Beginn des „Dritten Reiches" ein exponiertes Sprachrohr für liberale, internationale und pazifistische Positionen dar.

2. Politische Gefahr oder Zeiterscheinung? Die Wahrnehmung des Nationalsozialismus 1930 bis 1933

Martin Rade bedauerte im Mai 1932, dass die „Christliche Welt" erst spät begonnen habe, sich offensiv mit dem Nationalsozialismus auseinanderzusetzen. Das war „teils aus Neutralität, teils aus Fahrlässigkeit" geschehen und stand in deutlichem Kontrast zu der Aufmerksamkeit, mit der politische Bewegungen sonst in der Zeitschrift diskutiert wurden. Die spannungsgeladene

---

28   Die mit der Wahl von Hermann Mulert als Herausgeber der „Christlichen Welt" erfolgte Entscheidung für einen liberalen Kurs führte symptomatisch zur Trennung von dem rechten Lager zuneigenden kulturprotestantischen Autoren wie Karl Bornhausen oder Georg Wobbermin, die nach 1932 nicht mehr in der Zeitschrift publizierten; vgl. die Einschätzung von Wolfes, Moderne Welt, S. 272. Zu Mulert vgl. Matthias Wolfes: Hermann Mulert (1879–1950). Lebensbild eines Kieler liberalen Theologen, Neumünster 2000; Klaus Michael Führer: Hermann Mulert. Kirchlicher Liberalismus als politischer Protestantismus in der Weimarer Republik und im „Dritten Reich". Studien zur Biographie, Leipzig 1988; Reiner Preul (Hg.): Hermann Mulert in Kiel. Dokumentation eines Wissenschaftlichen Symposiums der Theologischen Fakultät der Christian-Albrechts-Universität aus Anlass des 50. Todestages, Kiel 2001. Zu Mulerts Auseinandersetzung mit dem Nationalsozialismus vgl. Kurt Nowak: Reflexionen eines Liberalen über Nationalsozialismus und Christentum. Anmerkungen zu einem unveröffentlichten Manuskript Hermann Mulerts, in: Junge Kirche 39 (1978), S. 19–25.
29   Zu Siegmund-Schultze und seinem vielseitigen Wirken in der Ökumene, als Pazifist und für die soziale Frage vgl. Heinz-Elmar Tenorth u. a. (Hg.): Friedrich Siegmund-Schulze 1885–1969. Ein Leben für Kirche, Wissenschaft und Soziale Arbeit, Stuttgart 2007. Zur Resistenzwirkung von Siegmund-Schultzes „Sozialer Arbeitsgemeinschaft" gegen den Antisemitismus vgl. die Einleitung in: Manfred Gailus / Clemens Vollnhals (Hg.): Mit Herz und Verstand. Protestantische Frauen im Widerstand gegen die NS-Rassenpolitik, Göttingen 2013.

öffentliche Lage ließ jedoch keine Alternative mehr zu als „Partei zu ergreifen".[30]

Tatsächlich hatte die „Christliche Welt" den politischen Arm der völkischen Bewegung durchaus als einen gesellschaftlichen Brandherd wahrgenommen, der beschleunigend auf die gesellschaftlichen Polarisierungsprozesse in der Spätphase der Weimarer Republik einwirkte.[31] Für den Breslauer Pfarrer Ernst Moering, ein DDP-Mitglied, war bereits 1926 in den vaterländischen Kampfverbänden die Bedrohung einer „nationalistischen Revolution" offensichtlich, deren Militarisierung durch „Ausrüstung mit Infanteriegewehren, Revolvern, Kleinkalibergeschossen, Gummiknüppeln" nichts anderes als die Vorbereitung zum Angriff auf die Republik darstellte.[32]

Die politischen Gegenwartsanalysen in der „Christlichen Welt" zwischen 1930 und 1933 entstanden vor dem Hintergrund einer sich verdichtenden öffentlichen Spannungslage. Sie reagierten auf das Anwachsen von antidemokratischen und antisemitischen Stimmungen und Organisationen von rechts und verbanden den Aufstieg der NS-Ideologie mit der besorgten Wahrnehmung der wirtschaftlichen Situation vor allen Dingen in den Großstädten. Der Erfolg der NSDAP wurde als alarmierendes Symptom einer schrittweisen Auflösung des staatsbürgerlichen Bewusstseins und als Zeichen einer tiefgreifenden Orientierungskrise wahrgenommen. Sowohl die konservativen Schieflagen in weiten Teilen der evangelischen Kirche als auch eine Führungslosigkeit im Parteiliberalismus wurden in der „Christlichen Welt" für die fort-

---

30 Martin Rade: 1932, in: AdF, Nr. 105, 9.5.1932, S. 1075; Ders.: Görlitz: in: ebd., S. 1075 f; vgl. auch bereits Ders.: Der Nationalsozialismus und wir, in: CW 35 (1931), S. 439 sowie rückblickend Ders.: Brief an meinen Nachfolger. Von dem früheren Herausgeber der Christlichen Welt, in: ebd. 47 (1933), S. 302 f.

31 Eine erste Erwähnung als parteipolitische Größe fand der Nationalsozialismus eher beiläufig 1928 in einem Überblicksartikel, der den rechten, im „Hofgeismarer Kreis" zusammengeschlossenen Flügel der SPD gegenüber der Hitler-Partei abgrenzte; Karl Fischer: Jungsozialismus, in: CW 42 (1928), S. 463–467.

32 Ernst Moering: Konkordat, Evangelische Kirche, Politische Parteien. Aus der Deutschen Demokratischen Partei, in: CW 40 (1926), S. 963–965. Moering repräsentiert paradigmatisch die Schnittmenge zwischen kirchlichem und politischem Liberalismus in konkreten regionalen Bezügen; als Naumannianer publizierte er in der „Hilfe". Bereits 1924 hatte er eine antinationalistische Aufklärungsschrift verfasst: Gegen völkischen Wahn. Rede an Menschen guten Willens, Berlin 1924; in ähnlicher Argumentationsrichtung: Verschiedenes. Völkische Selbstbesinnung, in: CW 40 (1926), S. 308. Biographische Informationen zu dem Troeltsch-Schüler Moering finden sich bei Martin Evang: Rudolf Bultmann in seiner Frühzeit, Tübingen 1988, S. 67–69; zu seiner Beteiligung im Verein zur Abwehr des Antisemitismus vgl. Auguste Zeiß-Horbach: Der Verein zur Abwehr des Antisemitismus. Zum Verhältnis von Protestantismus und Judentum im Kaiserreich und in der Weimarer Republik, Leipzig 2008, S. 377–387.

schreitende Erosion des Weimarer Staates verantwortlich gemacht, wobei die Äußerungen sowohl in der Zeitschrift wie auch im Briefdiskurs um Martin Rade überwiegend davon ausgingen, dass durch demokratische Bewusstseinsbildung und politische Auseinandersetzung ein Gegensteuern noch möglich sein würde.

Der Nationalsozialismus trat zunächst durch sein aggressives Agieren im öffentlichen Raum in Erscheinung. Die bewaffnete Austragung des politischen Konflikts auf der Straße wurde als Bestandteil einer zunehmenden „Balkanisierung" Deutschlands bewertet.[33] Immer wieder wurde die Verrohung der politischen Kultur beklagt, durch welche die „Würde" des parlamentarischen Betriebs und seiner Organe untergraben wurde.[34] Dass nun die „Gosse" Politik mache, habe nichts mit Demokratie zu tun, bei der es um „Verantwortlichkeit" gegebenenfalls auch gegen den Willen der entrüsteten Massen gehe.[35] Das brachte der „Christlichen Welt" allerdings scharfe Gegenreaktionen ein und den Vorwurf, die Zeitschrift habe die „junge vaterländische Bewegung" schlicht nicht verstanden, was Rade damit quittierte, dass er seine „Hilf- und Ratlosigkeit" gegenüber dem Nationalsozialismus offen zugab.[36]

Mit Ablehnung wurden die krawallartigen antisemitischen Ausschreitungen von nationalsozialistischen Studenten beobachtet, die sich zum Jahresende 1930 in antisemitischen Übergriffen in Berlin sowie in lautstarken Protesten gegen die Berufung des pazifistischen Theologen Günther Dehn auf einen Lehrstuhl nach Halle äußerten.[37] Hier agierten für Rade unbelehrbare „Rowdies und hohle Köpfe".[38] Nach den öffentlichen Eskalationen gegen liberalprotestantische Weggefährten wie den Kieler Professor Otto Baumgar-

---

33 Martin Rade: Verschiedenes. Die Balkanisierung Deutschlands, in: CW 45 (1931), S. 342.

34 Als ein prägnantes Beispiel: Verschiedenes. Vom Reichstag und von den Zwischenrufen, in: CW 45 (1931), S. 236f.

35 Martin Rade: Unerfreuliches aus Heidelberg, in: CW 45 (1931), S. 186–188.

36 Ders.: Verschiedenes. Unsere Stellung zum Nationalsozialismus, in: CW 45 (1931), S. 237.

37 Ders.: Unsere Söhne, in: CW 44 (1930), S. 1162. Bei dem „Fall Dehn" verhinderten nationalsozialistische Studentenbünde die Berufung des religiös-sozialen Pfarrers Günther Dehn zuerst an die Universität Heidelberg, dann an die Theologische Fakultät in Halle. Vgl. Martin Rade: Unerfreuliches aus Heidelberg, in: CW 45 (1931), S. 186–188; Ders.: Studententumulte in Halle, in: ebd. 45 (1931), S. 1117 und im Rückblick Ders.: Fall Dehn, in: AdF, Nr. 104, 20.2.1932, S. 1072; zum Hintergrund zuletzt Friedemann Stengel: Wer vertrieb Günther Dehn (1882–1970) aus Halle?, in: Zeitschrift für Kirchengeschichte 114 (2003), S. 384–403.

38 Brief Martin Rade an Arthur Bonus, 14.11.1930, in: Landeskirchenarchiv Eisenach, NL Bonus, 12_003.

ten[39] oder den Dortmunder Pfarrer Hans Tribukait[40] wurde mit Betroffenheit festgestellt, dass es weder den jeweiligen Universitäten noch den Kirchenbehörden gelang, sich schützend vor die angefeindeten Theologen zu stellen. Für Rade waren das deutliche Signale für eine ungezügelte und reflexionsfreie Protesthaltung, die eine eingehendere Auseinandersetzung mit den Zielen und Inhalten des Nationalsozialismus erzwangen. So teilte Rade brieflich mit: „Die Vorgänge in der Berliner Universität können mir schlaflose Nächte machen. Das sind heute unsre Studenten, Söhne von uns! Balkanmethoden über Wien zu uns gekommen und kein Stern der Hoffnung noch."[41]

Der Kreis um Rade reagierte mit Vorlesungen und Verteidigungsschriften, die mäßigend auf die Diffamierungskampagnen einzugehen suchten und die Studentenschaft zu staatsbürgerlichem Verhalten aufriefen.[42] Solche Belehrungen mussten angesichts der aufgeheizten Stimmungslagen allerdings ein erfolgloses Unterfangen bleiben. Die nationalsozialistische Studentenschaft erwies sich als eine „zähe Sorte", die sich von den publizistischen Bemü-

---

39 Otto Baumgarten gehörte aufgrund seines eindeutigen Bekenntnisses zur Weimarer Republik zu den ersten Hochschulprofessoren, die ab 1930 unter Attacken nationalsozialistischer Studenten zu leiden hatten. Baumgarten sollte auf dem für den 4.–6. Oktober 1930 geplanten „Deutschen Bachfest" als Festprediger wirken, wurde aber im Vorfeld scharf als „Landesverräter, Pazifist und Philosemit" angegriffen. Vgl. zu den Vorgängen Hasko von Bassi: Otto Baumgarten. Ein „moderner Theologe" im Kaiserreich und in der Weimarer Republik, Frankfurt 1988, S. 245–251; Kurt Meier: Die Theologischen Fakultäten im Dritten Reich, Berlin/New York 1996, S. 12–19; Martin Rade: Bücher und Schriften. Baumgarten und die Nationalsozialisten, in: CW 45 (1931), S. 39; als bürgerlich-liberale Reaktion z.B. Martin Hobohm: Der Kieler Bach-Baumgarten-Skandal, in: Abwehr-Blätter 40 (1930), S. 141 f.
40 Der den Lesern der „Christlichen Welt" bereits langjährig als demokratischer Pfarrer bekannte Tribukait hatte sich in einer kritischen Predigt über „Patriotismus, Christentum und Antisemitismus" gegen den übersteigerten Nationalismus gerichtet und damit eine Verleumdungskampagne gegen seine Person ausgelöst. Die Predigt wurde der Zeitschrift im Sommer 1931 als Broschüre beigelegt; vgl. Martin Rade: Verschiedenes. Weiteres zur politischen Neutralität der Kirche, in: CW 44 (1930), S. 1105 f; Hans Tribukait: Patriotismus, Christentum und Antisemitismus, in: Abwehr-Blätter. Mitteilungen aus dem Verein zur Abwehr des Antisemitismus 40 (1930), S. 117–130. Zu Tribukaits Wirken als Begründer des Dortmunder Ortsvereins des Vereins zur Abwehr des Antisemitismus vgl. Zeiß-Horbach, Verein, 366–371; zu den Auseinandersetzungen vgl. Ernst Brinkmann: Die evangelische Kirche im Dortmunder Raum in der Zeit von 1815 bis 1945, Dortmund 1979, S. 182–185; Günter Högl (Hg.): Widerstand und Verfolgung in Dortmund 1933–1945, Dortmund 1992, S. 290.
41 Brief Martin Rade an Arthur Bonus, 14.11.1930, in: Landeskirchenarchiv Eisenach, NL Bonus, 12_003.
42 Vgl. z.B. Hermann Mulert: Baumgarten und die National-Sozialisten, Neumünster 1930; Otto Piper: Die politische Lage und der evangelische Akademiker, in: CW 46 (1932), S. 146–153.

hungen um einen sachlich-republikanischen Kommunikationsstil wenig be-eindrucken ließ.[43] Bei Rade war eine wachsende Resignation angesichts der politischen Stimmungslage nicht zu verkennen: „Es läuft vieles anders, als man möchte. Auch mit den Nationalsozialisten."[44]

Spätestens die Septemberwahlen 1930 hatten verdeutlicht, dass der Be-stand der demokratischen Verfassung zur Disposition stand. Wenn durch die Wahlen ein „Reichstag der Unzufriedenen" zusammenkommen würde, lag darin in Rades Augen zumindest die Chance, der Öffentlichkeit die Augen über die tatsächlichen Ziele der radikalen Parteien von links und rechts zu öffnen. Für den „besonnenen deutschen Staatsbürger" konnte es hingegen nur „eine Entscheidung geben: die Parteien stärken, die ohne Furcht und Falsch zur Verfassung stehen."[45] Die deutlichen Gewinne für die NSDAP offenbarten hingegen, wie weit die demokratische Bewusstseinslage in der Bevölkerung erodiert war. Artikulierte sich im Wahlergebnis, wie Rade mein-te, eine „spürbare Kundgebung der Volksseele", dann bestand für das demo-kratische Lager ein akuter Handlungsdruck. Es war nun an dem geschickten „Staatsmann", die zentrifugalen Kräfte auf dem politischen Wege einzuhe-gen. Wie bedenklich die politische Situation aussah und wie weit die Erosion des Linksliberalismus fortgeschritten war, zeigte sich daran, dass auch Rade nicht benennen konnte, wem diese Rolle zukam.[46]

Die sich allmählich festigenden Einstellungsmuster gegenüber der NSDAP lassen sich knapp anhand einer eingehenden Analyse zusammenfassen, die der Journalist Hans E. Friedrich, ein zeitweiliger Mitarbeiter der „Frankfurter Zeitung", 1931 für die „Christliche Welt" verfasste. Friedrich war erstens der Ansicht, dass es sich bei der NSDAP nicht um eine durch ein politisches Pro-gramm gefestigte Partei, sondern um eine auf tiefliegenden antiliberalen und nationalistischen Gefühlsbeständen beruhende Bewegung handle.[47] Sie stell-te in Rades Worten offenkundig keine „Denk-Bewegung" dar, mit der man disputieren könne, sondern eine quasireligiöse „emotionale Erscheinung: Empfindung, Gefühl, Einbildung, Wille ist alles".[48] Zweitens sah man in der NSDAP eine ressentimentgeladene, kleinbürgerliche Protestformation, die

---

43 Brief Martin Rade an Hermann Mulert, 10.11.1930, in: Universitätsarchiv Leipzig, NL Mulert, 03_24.

44 Brief Martin Rade an Hermann Mulert, 18.12.1930, in: ebd.

45 Martin Rade: Verschiedenes. Nach der Reichstagswahl, in: CW 44 (1930), S. 950.

46 Ebd.

47 Hans E. Friedrich: Nationalsozialismus, in: CW 45 (1931), S. 406–410, 471–474, 553–559, 617–620, hier S. 406 f.

48 Martin Rade: Warnung an die Kirche. Vom Nationalsozialismus, in: CW 45 (1931), S. 313–318.

im Kern weder „nationale" noch „sozialistische" Anliegen verfolgte, sondern ihr Potential aus der positionellen Verunsicherung der Mittelschichten bezog, die aus Enttäuschung über die bürgerlichen Parteien und angeheizt durch die antikapitalistische und antisemitische Rhetorik der NS-Parteiführer bei ihr Anschluss gesucht hätten.[49] Als das „Mark in den Knochen der Partei" wurde erkennbar der Antisemitismus ausgemacht, wie Rade in einer Besprechung von Hitlers Programmbuch „Mein Kampf" ausführte, das bei einem „spärlichen Gewinn an Einsichten" von einem hochgefährlichen „hirnverbrannten Rassenfanatismus" durchprägt war.[50] Drittens wurde allerdings der Aufstieg der Partei mit der als krisengeschüttelt wahrgenommenen Politik der Weimarer Republik ab 1930 begründet und dadurch als eine partiell berechtigte Reaktion auf die latenten Strukturschwächen des demokratischen Systems und die schleichende „Zersetzung" der deutschen Gesellschaft durch Vermassung und Autoritätsverluste bewertet.[51] Dem stand die problematische Fehleinschätzung gegenüber, dass die Erfolgskurve der NSDAP ihren Zenit bereits überschritten habe. So prognostizierte Hermann Mulert 1932 einen baldigen Zerfall der Partei durch innere Auseinandersetzungen und programmatische Unklarheit, sobald sie in eine Regierungsbeteiligung kommen würde.[52] Wie viele liberale Theoretiker hielt man eine autoritäre Rechtskoalition unter Einschluss der Nationalsozialisten für das kleinere Übel, wenn dadurch eine Läuterung der NSDAP herbeigeführt würde.[53]

Der Kreis um Rade widmete sich ab 1931 einer intensiven Suche nach den politischen und sozialen Motiven, die den Aufstieg der NSDAP begünstigten. Dabei reagierte man sensibel auf die nationalistischen Orientierungen in starken Teilen des kirchlichen Protestantismus, die der NS-Bewegung einen ergiebigen Resonanzraum boten.[54] Die Eisenacher Tagung der „Freunde

---

49 Friedrich, Nationalsozialismus, S. 409 f.

50 Martin Rade: Hitlers „Mein Kampf", in: CW 46 (1932), S. 649–652; Ders.: Vom Tage, in: CW 45 (1931), S. 1114–1118 (veröffentlicht am 1.12.1931).

51 Friedrich, Nationalsozialismus, S. 471 f.

52 Hermann Mulert: Nach den politischen Wahlen in Deutschland, in: CW 46 (1932), S. 474–477.

53 Das lässt sich am Kurs der „Hilfe" belegen; vgl.: Jürgen Frölich: „Die Umformung des deutschen Seins erlaubt keine passive Resignation". Die Zeitschrift „Die Hilfe" im Nationalsozialismus, in: Christoph Studt (Hg.): „Diener des Staates" oder „Widerstand zwischen den Zeilen"? Die Rolle der Presse im „Dritten Reich", Münster u. a. 2007, S. 115–129; Thomas Hertfelder: „Nur Demokratie kann Deutschland wieder aufrichten". Staat und Demokratie im Hilfe-Kreis, 1918–1933, in: Philippe Alexandre / Reiner Marcowitz (Hg.): Die Zeitschrift „Die Hilfe" 1894–1944. Ein Ideenlabor in Deutschland, Bern 2011, S. 277–315.

54 Martin Rade warb unermüdlich für eine konstruktive Beteiligung des Kirchenprotestantismus am politischen Leben der Weimarer Republik und kritisierte die unreflektiert-anti-

der Christlichen Welt" im Oktober 1931 mit immerhin 66 Teilnehmern galt dem Themenkomplex „Macht und Ehre" und hatte ausdrücklich auch Rades „politische Haltung" zum Gegenstand der Auseinandersetzung.[55] In der Diskussion zeigte sich, wie gebrochen das Verhältnis zur Republik unter einigen der liberalen Theologen war. Deutlich äußerten sich nationalprotestantische Prägungen sowie tiefverankerte demokratiekritische Vorbehalte. So gab es unter den anwesenden Pfarrern mehrere Versuche, sich positiv gegenüber der völkischen Bewegung zu positionieren. Gegen den liberaltheologischen Individualismus rückten nun die „Bindungen" des Einzelnen an Volk und Staat in das Interesse der Diskussion. Moniert wurde, dass man nur auf die „Auswüchse", aber nicht auf das „Positive" des erstarkenden Radikalnationalismus blicke. Die „Opposition der Nationalsozialisten" gegen die Republik sei eine Folge der „Kriegsschuldlüge" und der Entehrung Deutschlands durch die Siegermächte. Der Nationalsozialismus konnte als ein „Abwehrmittel" gegen die „Notlage" Deutschlands gelten. Diese Äußerungen waren repräsentativ für weite Teile der protestantischen Bevölkerung, so dass sich auch die „Christliche Welt" angesichts der vielen evangelischen Anhänger der NSDAP und ihres Aufstiegs zur „Massenbewegung" in der Pflicht sah herauszuarbeiten, was das „relative Recht des Nationalsozialismus" darstelle.[56] Damit erhielten die gegen die Republik und die Weimarer Kultur gerichteten Haltungen in der NS-Bewegung eine partielle Aufwertung im Politikdiskurs der Zeitschrift, denn man gestand den Nationalsozialisten zumindest in Einzelfällen einen nationalen „Idealismus" zu, der lediglich einer Umkanalisierung bedurfte.[57] Dem im Nationalsozialismus versammelten Protestpotential wurde teilweise ein Realitätswert beigemessen, insofern sich hier scheinbar ein berechtigter Ruf nach homogener „Volksgemeinschaft", sozialer Gleichheit, machtvollem Staat und autoritärer Führerschaft artikulierte. Auch wenn man die NSDAP

---

republikanischen Haltungen in großen Teilen der kirchlichen Presse; vgl. dazu seine über mehrere Jahrgänge laufende Kommentarserie „Beiträge zu einer christlichen Politik". Ob das Aufbegehren des kleinbürgerlich-protestantischen Milieus in der Suche nach einer evangelischen Konfessionspartei als Gegengewicht zum „Zentrum" die NSDAP unterstützte, diskutierten mehrere Analysen Hermann Mulerts; vgl. z. B. Hermann Mulert: Eine evangelische Partei?, in: Die Wartburg. Deutsch-Evangelische Monatsschrift 29 (1930), S. 267–278; Ders.: Konfession und politische Parteistellung in Deutschland, in: Zeitschrift für Politik 21 (1932), S. 334–345; Ders.: Reichspräsidentenwahl, innerer Friede und protestantische Interessen, in: CW 46 (1932), S. 226–228.

55 Vgl. den Bericht von Martin Rade: Zum 5. bis 7. Oktober, in: AdF, Nr. 102, 25.8.1931, S. 1047–1049.

56 Ders.: Warnung an die Kirche. Vom Nationalsozialismus, in: CW 45 (1931), S. 313–318.

57 Vgl. z. B. Constantin von Zastrow: Gefesselte Justiz, in: CW 45 (1931), S. 330–332; ähnlich Rade: Warnung an die Kirche. Vom Nationalsozialismus, in: ebd., S. 313–318.

aufgrund ihrer „Großmäuligkeit und Verworrenheit" nicht wählen wollte, wurde die Notwendigkeit eines politischen Neuansatzes nicht grundsätzlich bestritten.[58]

Die politisch-soziale Krisenlage ermöglichte ab 1930 die Diskussion radikaler Lösungsvorschläge.[59] Solche Perspektiven traten etwa 1932 in einer Besprechung der Zeitschrift „Die Tat" zutage, die unter Hans Zehrer einen enorm wirkungsvollen, neokonservativen Kurs eingeschlagen hatte. Darin wurde der Bogen zu den Anliegen des Nationalsozialismus geschlagen, die insofern als berechtigt anzuerkennen waren, als sich in ihnen angesichts von „Krise, Not und Verfall" ein „neues Zukunftsbild" abzeichnete. Die „wirklich positiven Anregungen" der NSDAP lagen in der Ermöglichung eines nationalen „Neubaus".[60] Allerdings, so Rade, stellte der Nationalsozialismus ein „verfehltes Mittel" dar, um dem Drängen nach einem politisch-kulturellen Neuanfang angemessen zu begegnen.[61]

Diese Gemengelage entband die im Kulturprotestantismus nach 1930 angestauten Energien und verstärkte den Krisendiskurs ebenso wie die Produktion neuer Gemeinschaftsvorstellungen und die Frage nach einer Wiederauferstehung des Parteiliberalismus. Sie schlug sich einerseits in der Bereitschaft nieder, sich auf die theologischen Debatten um eine „genuin evangelische Rechts- und Staatslehre" einzulassen, die im „Volksnomos" oder verbindlichen, überzeitlichen „Schöpfungsordnungen" ein konservativ-nationales Gegenmodell zur Republik entwarfen.[62] Sie verdichteten sich andererseits in dem Motivationsstrang, der öffentlichen Desorientierung mit einer vertieften Politikdiskussion zu begegnen. In Diskursgemeinschaft mit dem linksliberalen Spektrum, besonders der „Hilfe", adressierte man die Krisenlagen als eine „innenpolitische Gärung", auf die man selbst mit nationaler Rhetorik zu antworten suchte.[63] Mit Recht befürchtete man, dass das Ideal des nationalen Rechts- und Kulturstaates, das nicht ohne Ambivalenzen in den Weimarer Jahren verfolgt worden war, zu zerfallen drohte. Die „Christliche

---

58 Briefe von Arthur Bonus an Martin Rade, 6.10.1930 und die Antwort Rades an Bonus, 14.11.1930, in: Landeskirchenarchiv Eisenach, NL Bonus, 12_003.

59 Martin Rade: Verzweiflung, in: CW 45 (1931), S. 747.

60 Arthur Bonus: Die Tat. Unabhängige Monatsschrift, in: CW (1932), S. 666–668.

61 Martin Rade: Bücher und Schriften, in: CW 45 (1931), S. 913 f.

62 Vgl. dazu die kritischen Literaturberichte von Hans Tribukait: Bücher und Schriften. Hans Gerber: Die Idee des Staates in der neueren evangelisch-theologischen Ethik, in: CW 45 (1931), S. 380 f; Heinrich Weinel: Schöpfungsordnungen. Eine neue Grundlegung der Sozialethik?, in: CW 47 (1933), S. 194–200, 242–249, 292–301.

63 Vgl. die Kommentarserie von Gertrud Bäumer: Die innenpolitische Gärung, in: Die Hilfe 36 (1930), S. 1–5, 59–63.

Welt" analysierte zutreffend, dass die öffentlichen Stimmungslagen auf die „Korrektur eines liberalistischen Staatsbegriffs" hinarbeiteten.[64] Die Vertreter liberaler Politikbilder gehörten nicht mehr zu den „Modernen", befürchtete der an der Pädagogischen Hochschule in Kiel lehrende Theologe Emil Fuchs, sondern seien längst von einem neuen Autoritätsdenken überholt worden.[65] Der Liberalismus stehe, so warnte der Architekt Stephan Hirzel, durch Führungslosigkeit, drohenden Nachwuchsmangel, Zersplitterung in Kleingruppen und Machtlosigkeit gegenüber dem Aktionismus radikaler Parteien vor seiner Selbstauflösung.[66]

Symptomatische Bedeutung für den Substanzverlust des Liberalismus wurde dem fragilen Projekt eines Zusammengehens der DDP mit dem liberal-nationalistischen Jungdeutschen Orden zur Deutschen Staatspartei 1930 beigemessen. Gertrud Bäumer bewarb diesen Schritt in der „Hilfe" als Bekenntnis zum nationalen „Volksstaat", den es durch eine starke staatstragende „Bewegung der Mitte" zu verteidigen galt.[67] Rade nahm den Zusammenschluss als taktische Stärkung zunächst zähneknirschend hin; rückblickend waren es für ihn jedoch „niederschlagende Vorgänge", die zudem dadurch Bedeutung hatten, weil sie die „spürbare Sympathie" für den Linksliberalismus im Umfeld der „Christlichen Welt" erschütterten.[68] Altgediente liberale Naumannianer aus dem Rade-Kreis wie der Breslauer Amtsrichter Constantin von Zastrow oder der nationalreligiöse Schriftsteller Arthur Bonus befürchteten im Sommer 1930, dass zur Stärkung der Republik der Weg in die SPD führen müsse, denn nur so ließ sich das Reformideal einer „Aufrichtung der Volksgemeinschaft" mit der republikanisch verstandenen „Staatsverteidigung" verbinden.[69] Für Rade und Mulert lag die Rettung hingegen in der entschiedenen Wende zu einer liberalen „Kulturpolitik", für die sich beide

---

64   Martin Rade: Warnung an die Kirche. Vom Nationalsozialismus, in: CW 45 (1931), S. 313–318.

65   Emil Fuchs: Um die ethischen Grundlagen des Gemeinschaftslebens, in: CW 45 (1931), S. 52–58, hier S. 57. Es handelte sich hierbei um eine Auseinandersetzung mit Friedrich Gogarten.

66   Stephan Hirzel: Stellung oder Bewegung, in: CW 46 (1932), S. 867–873, 922–927.

67   Vgl. Gertrud Bäumer: Dennoch Staatspartei!, in: Die Hilfe 36 (1930), S. 1082–1084.

68   Martin Rade: Beiträge zu einer christlichen Politik. 6. Der Volkentscheid und der Christliche Volksdienst, in: CW 45 (1931), S. 808–810.

69   Brief Constantin von Zastrow an Martin Rade, 9.8.1930, mit der Antwort Rades, 14.8.1930, in: Universitätsarchiv Marburg, NL Rade; Briefe Arthur Bonus an Martin Rade, 6.10.1930 und die Antwort Rades an Bonus, 14.11.1930, in: Landeskirchenarchiv Eisenach, NL Bonus, 12_003. Rade gab zu, dass die Verbindung zur Deutschen Staatspartei „schwer zu verdauen" war, warnte allerdings vor zerfasernden Ideologieexperimenten in Kleinparteien. Die Gegenwart brauche „Staatsparteien"; vgl. Nagel, Martin Rade, 287 f.

nun publizistisch energisch einsetzten. Diese müsse gegen die zentrifugalen politischen Tendenzen volksbildnerisch eine bürgerliche „Staatsgesinnung" vertiefen.[70] Dass sich der Parteiliberalismus auf dem konfessionellen Auge als blind erwies, stellte in ihren Augen eine deutliche Schwächung dar. Viel energischer müsste in der gegenwärtigen Krisenlage auf eine Aktivierung der protestantisch-liberalen Milieus gesetzt werden.[71] Eine internationale Verständigungspolitik, sozialer „Gemeinsinn", ein demokratisches Führertum und die liberale Tradition des Nationalismus waren die Bausteine, mit denen den Aufweichungserscheinungen entgegengesteuert werden sollte.[72] Die evangelisch-kirchlichen Milieus waren dabei in besonderer Weise aufgerufen, ihre Obstruktionshaltung gegenüber Weimar in einen republikanischen Geist der Verantwortung umzuwandeln, wozu Mulert nach 1930 beharrlich und in präzisen Analysen aufrief.[73]

Die „Christliche Welt" wies zwischen 1930 und 1933 also ambivalente Bewusstseinslagen auf, die zwischen Alarmiertheit und Beschwichtigung schwankten. Während man sich gegenüber dem NS-Antisemitismus und dem öffentlichen Agieren der Parteimilizen abgrenzte, gelang das gegenüber den kulturkritischen Stimmungen, der nationalen Rhetorik und dem Volksgemeinschaftsdenken weit weniger. Angesichts des politisches Klimas überrascht der Optimismus, mit dem sich Rade und Mulert bis 1933 auf eine Wiederbelebung des liberal-bürgerlichen Denkens ausrichteten. Dass nach einer gegenwärtigen Sammlungsphase der Liberalismus neu erstarken würde, sobald der „nationalsozialistische Traum verfliegt", wie Mulert 1932 hoffte,

---

70 Vgl. programmatisch zu diesem nach 1930 mehrfach aufgeworfenen Begriff bereits die Ausführungen Hermann Mulerts zum Jahrestag der Republik 1928: Staatsgesinnung und Staatskunde, in: CW 42 (1928), S. 1004–1008.
71 Vgl. z.B. Hermann Mulert: Der Liberalismus hat noch Aufgaben, in: Deutscher Aufstieg 2, Nr. 35, 28.8.1932. Bereits 1927 wurde mit Dankbarkeit ein Aufruf des Landesvorstands der DDP in Braunschweig registriert, den Protestantismus als einen „uralten Kulturfaktor" politisch nicht den konservativ-nationalen Parteien zu überlassen; vgl. Wöchentliche Chronik, in: CW 41 (1927), S. 397.
72 Martin Rade: Das Problem der Staatspartei, in: Hessisches Tageblatt 6, Nr. 247, 21.10.1930; Hermann Mulert: Die Ideale der deutschen Demokratie, in: Deutscher Aufstieg 2, Nr. 46, 13.11.1932; Ders.: Reichspräsidentenwahl, innerer Frieden und protestantische Interessen, in: CW 46 (1932), S. 226–228.
73 Vgl. dazu aus der breiten, bisher erst teilweise erfassten politischen Publizistik Mulerts z.B. Hermann Mulert: Der heutige Staat und unsere evangelischen Landeskirchen, in: Protestantenblatt 63 (1930), S. 578–581. 597–602; Ders.: Parlamentarische Mehrheitsbildung und protestantische Interessen, in: Wartburg 30 (1931), S. 45–52; Ders.: Die politische Bedeutung religiöser Gedanken, in: Volk und Kirche 5 (1932), S. 213–217; Ders.: Volkskirche und Parteipolitik, in: CW 46 (1932), S. 369–375.

dürfte eine Minderheitenposition darstellen.[74] Auch Rade warb für eine Auferstehung des Liberalismus: „Es ist wahr: das Zeitalter des Liberalismus ist tot," so referierte er 1931 einen Artikel aus der „Frankfurter Zeitung". Doch würden sich gegenwärtig seine Erben in kleinen Gruppen sammeln und um seine Erneuerung ringen. Es war für Rade eine patriotische Pflicht, eine demokratische Politikfähigkeit durch persönliche Redlichkeit, historisches Denken und christlichen Humanismus in die Zukunft zu retten: „Der Liberalismus ist tot, es lebe der Liberalismus!"[75] Noch in der Neujahrsausgabe der „Christlichen Welt" im Januar 1933 verwies er angesichts einer kulturellen „Vertrauenskrisis" auf Vernunft, Idealismus und den Glauben an das lenkende Geschichtshandeln Gottes.[76] Manche Leser befürchteten allerdings, dass die hier eingeforderte Imprägnierung gegen Autoritarismus im liberalen Geiste von den Gegnern doch eher als die letzten Zuckungen eines „abgelebten Bürgertums, sich über Wasser zu halten", bewertet würden.[77]

3. 1933: „Nationale Revolution" und Gewissensfreiheit

Große Teile des deutschen Protestantismus wurden 1933 von der Erwartung an einen politischen und religiösen Neuaufbruch der deutschen Nation erfüllt, die sich als euphorische Hochstimmung deuten lässt.[78] Das symbolisch inszenierte Anknüpfen an politische Traditionsbestände wie der „Tag von Potsdam" ermöglichte dem evangelischen Bevölkerungsteil einen leichten Einstieg in eine emphatische Selbsttransformation und Anpassung an das NS-Regime: Es bedurfte 1933 keiner Zwangsmaßnahmen, weder innerkirchlich noch durch politischen Druck, um die „Ideen von 1933" – „Volksgemeinschaft", nationales Pathos, antisemitische Stimmungen – in den pro-

---

74 Hermann Mulert: Der Liberalismus hat noch Aufgaben, in: Deutscher Aufstieg 2, Nr. 35, 28.8.1932.

75 Martin Rade: Der Liberalismus, in: CW 45 (1931), S. 77–79; vgl. auch seinen Appell im Vereinsblatt „An die Freunde": Unsere Zukunft. 3. Die liberale Theologie, in: AdF, Nr. 97, 20.8.1930, S. 1023–1027.

76 Ders.: Vertrauenskrisis, in: CW 45 (1933), S. 1–3.

77 Richard Sennewald: Pfarrer und Politik. Rückblick und Ausschau, in: CW 45 (1931), S. 843–848.

78 Manfred Gailus: 1933 als protestantisches Erlebnis: Emphatische Selbsttransformation und Spaltung, in: Geschichte und Gesellschaft 29 (2003), S. 477–511; Frank Becker: Protestantische Euphorien. 1870/71, 1914 und 1933, in: Manfred Gailus / Hartmut Lehmann (Hg.): Nationalprotestantische Mentalitäten in Deutschland (1870–1970), Göttingen 2005, S. 19–44.

testantischen Kirchenraum einströmen zu lassen.[79] Die feindlichen Mächte des jüdischen Kapitalismus, der modernen Massenkultur, des internationalen Marxismus schienen nun mitsamt der „gottlosen" Republik von Weimar überwunden.

Im Vergleich zu dem Begeisterungssturm, der die Äußerungen in der protestantischen Kirchenpresse prägte, blieben die meisten Reaktionen auf die „nationale Revolution" in der „Christlichen Welt" eher zurückhaltend. Hatte sich das protestantische Milieu insgesamt als eine „Haupteinbruchstelle" der NS-Ideologie in der Gesellschaft des Zwischenkriegszeit erwiesen, bewahrte sich die Zeitschrift den Ereignissen gegenüber einen vergleichsweise distanzierten Grundton.[80] Es war der in der Liberalismusforschung wohl noch zu wenig beachtete Beitrag Hermann Mulerts, die Formierung und gesellschaftliche Durchsetzung der nationalsozialistischen Herrschaft in der ersten Jahreshälfte 1933 aus liberaler Sicht in zahlreichen Äußerungen kritisch zu kommentieren und dabei in der „Christlichen Welt" nicht nur auf die kirchlichen Konfliktfelder, sondern auch auf ihre politischen Implikationen aufmerksam zu machen. Seit Jahresbeginn thematisierten seine oft nur kurzen Nachrichtenbeiträge die öffentlichen Provokationen, brutalen Ausschreitungen und die offenkundige Rechtsbeugung als ein taktisches Vorgehen, mit dem die NS-Parteiorgane gezielt auf eine Destabilisierung des Weimarer Rechtsstaats hinarbeiteten. Nach der Ernennung Hitlers zum Reichskanzler am 30. Januar 1933 wies er immer wieder auf die Verbindlichkeit der Weimarer Reichsverfassung hin und warnte vor juristischen Willkürakten und der Aushebelung von Grundrechten. Solche nationalsozialistischen Zeitungen, die zum Verfassungsbruch aufriefen, sollten verboten werden. Die notwendige Sicherung der „Staatsautorität" durfte nicht als Scheinargument zur Begründung von politisch motivierten Gewalttaten missbraucht werden.[81] Wie leicht es der NS-Partei fiel, auf äußerlich legalem Wege „zur Unterdrückung auch der gesetzmäßigen Opposition" vorzuschreiten, zeigten die Reaktionen auf den Reichstagsbrand vom 28. Februar.[82] Da sich uniformierte SA-Formationen nun polizeiliche Kompetenzen anmaßen durften, war der „Schein von zweierlei Recht" entstanden, der das Oppositionsspektrum mit Schärfe traf, während das brutale Vorgehen von rechts als Ordnungsmaßnahme legiti-

---

79 So die prägnante Zusammenfassung bei Gailus, 1933, S. 477; Olaf Blaschke: Die Kirchen und der Nationalsozialismus, Stuttgart 2014, hier S. 98–109.

80 Gailus, 1933, S. 477.

81 Hermann Mulert: Verschiedenes. Autoritär, in: CW 47 (1933), S. 144; Ders.: Marxismus, in: ebd., S. 179–181.

82 Ders.: Verschiedenes. Die politischen Gegensätze in Deutschland, in: CW 47 (1933), S. 238f.

miert wurde.[83] Eine einseitige Stellungnahme von kirchlichen Vertretern für den Nationalsozialismus traf auf deutliche Ablehnung.[84] Für Mulert bestand ein untrennbarer Zusammenhang zwischen „Protestantismus und politischer Freiheit, Protestantismus und Liberalismus", der ein Übergehen zur NSDAP prinzipiell ausschloss.[85] Wenn sich die NSDAP auf das Erbe des „deutschen Idealismus, von Schiller und Fichte" berufen zu können glaubte, dann habe der angefeindete Liberalismus ein viel größeres Recht dazu. Es war aber zu befürchten, dass die „freiheitlichen Ideen" dieser Traditionslinie von „antisemitischen Stimmungen" und Führerbegeisterung verdrängt würden.[86]

Nach der Märzwahl mit ihren Zugewinnen für die NSDAP versuchte Mulert publizistisch die Distanznahme gegenüber den neuen Machtverhältnissen zu fördern und seine Leserschaft von einer freiwilligen Einordnung in den werdenden NS-Staat abzuhalten. Wie Mulert programmatisch darlegte, hatte die „Pflicht" des Kreises um die „Christlichen Welt" vielmehr zu lauten: „zur Besinnung mahnen, widerstehen und, wenn es sein muß, darunter leiden."[87] Welche Brisanz diese Haltung bereits in den Tagen nach der Märzwahl besaß, konkretisierte eine Kurznachricht nur wenige Seiten weiter in der gleichen Ausgabe vom 18. März 1933, in der Mulert über den Mord an dem Kieler sozialdemokratischen Stadtverordneten Wilhelm Spiegel in Kiel als Beleg dafür berichtete, wie weit sich die öffentliche Stimmung durch „Verhetzung", antisemitische Kampagnen und die Auflösung einer objektiven Presseberichterstattung inzwischen verschoben hatte, wogegen „alle menschlich Gesinnten" zusammenzustehen hätten.[88] Der Herausgeber zeichnete in den Frühjahrsmonaten 1933 in der „Christlichen Welt" durch den Verweis auf Sittlichkeit, bürgerliche Gewissenspflichten und den Appell an Rechtsstaatlichkeit ein deutliches Bild der heraufziehenden NS-Herrschaft.[89]

---

83   Ebd.; vgl. bereits Ders.: Parteiuniform und Staatsautorität, in: Deutscher Aufstieg 2, Nr. 34, 21.8.1932.
84   So erklärten Hermann Mulert und weitere liberale Vertreter ihren Austritt aus dem „Evangelischen Bund", einem konfessionspolitischen Verband, um gegen Versuche zu protestieren, die Evangelische Kirche „als Bundesgenossin bestimmter politischer Parteien" erscheinen zu lassen; Hermann Mulert: Der Evangelische Bund, in: CW 47 (1933), S. 217–220, 317–323.
85   Ders.: Volkskirche und Parteipolitik, in: CW 46 (1932), S. 369–375.
86   Ders.: Nach den politischen Wahlen in Deutschland, in: CW 46 (1932), S. 474–477.
87   Ders.: Führertum und Gewissen, in: CW 47 (1933), S. 255 f.
88   Ders.: Verschiedenes. Gegen politischen Mord, in: CW 47 (1933), S. 288; vgl. zu weiteren Gewaltaufrufen im akademischen Umfeld Ders.: Verschiedenes. Ueber die Methoden des politischen Kampfes, in: ebd., S. 287.
89   Ders.: Verschiedenes. Autoritär, in: CW 47 (1933), S. 144; Ders.: Verschiedenes. Die politischen Gegensätze in Deutschland, in: ebd., S. 238 f; Ders.: Christentum, Volkstum, Staat, in: ebd., S. 259–262.

Martin Rades gleichzeitige Kommentierung der Ereignisse verdeutlicht hingegen, wie schwer es manchen Liberalen fiel, ein schlüssiges Konzept gegenüber der neuen politischen Lage zu entwickeln. Rade schwankte zwischen dunklen Vorahnungen und unklaren Hoffnungen, die sich zunächst auf die Stabilisierung der öffentlichen Lage und eine Rückkehr zur Legalität ausrichteten. Zum Ausgang der Märzwahlen schrieb er: „Das Ergebnis im Reich ist genau das, welches ich – nicht prophezeit, auch nicht persönlich gewünscht, aber – für das im Interesse unsres Staates bestmögliche gehalten habe."[90] Rade konnte den Wahlausgang insofern als eine „Erlösung" begrüßen, weil damit scheinbar Klarheit in der politischen Spannungslage geschaffen und dem Nationalsozialismus ein politisches Mandat zur staatlichen und gesellschaftlichen Neuordnung in der seit 1930 andauernden Krisenphase erteilt war.[91] Die Deutung dieser Äußerungen fällt nicht leicht: Sie leiten sich aus der Spannung zwischen einer wachsenden politischen Ortlosigkeit ab, aus dem Bemühen, als christlicher Publizist und demokratischer Politiker eine angemessene Handlungsvorgabe aus dem politischen Umbruch abzuleiten, und einer mental tief verankerten nationalen Ausrichtung, die eine politische Abkehr von dem als deutschem Kulturträger verstandenen Nationalstaat ausschloss.[92] Rade blieb durch seine „demokratische Gewöhnung" keine Alternative, als das rechtmäßig erfolgte Wahlergebnis und den politischen Umbruch zu akzeptieren.[93] Er ging so weit, den Erfolg der Hitler-Partei als Äußerung einer gesellschaftlichen „Masseneinstellung" hinzunehmen, die den liberal-protestantischen Kreis um die „Christliche Welt" dazu zwang, die Einstellungen gegenüber Nation, Politik und Kirche grundlegend „zu revidieren".[94]

Rade schloss sich einer verbreiteten liberalen Deutung der Ereignisse an, die in der NS-Machtübernahme nichts geringeres als eine „Revolution"

---

90 Martin Rade: Verschiedenes. Zu den Wahlen, in: CW 47 (1933), S. 287 f.

91 Ders.: Ein neuer Anfang, in: CW 47 (1933), S. 377 f.

92 Die Bedeutung einer geschichtstheologisch geformten Staatsorientierung für Rade und sein Umfeld lässt sich kaum überschätzen. Sie lässt sich z. B. an einem Andachtstext von 1927 ablesen, der auf die politische Aktivierung des Einzelnen für den Aufbau und Erhalt des Nationalstaats zielte. Hier formulierte der Liberale Rade: „Der Staat ist eine Idee. Gottes Idee", also Teil des Geschichtshandelns Gottes und teleologischer Fixpunkt der Menschheitsgeschichte; Martin Rade: Vom Staat, in: CW 41 (1927), S. 593–595.

93 Ders.: Brief an meinen Nachfolger. Von dem früheren Herausgeber der Christlichen Welt, in: CW 47 (1933), S. 302 f; vgl. Ana Maria Mariscotti de Görlitz (Hg.): Martin Rade. Theologe – Publizist – Demokrat 1857–1940, Marburg 1990, S. 205 f.

94 Ders.: Brief an meinen Nachfolger. Von dem früheren Herausgeber der Christlichen Welt, in: CW 47 (1933), S. 302 f.

wahrnahm.[95] Damit betonte er nicht nur den Zäsurcharakter der national-sozialistischen Regierungsbildung, sondern gab auch den Übergriffen und Unrechtstaten, die Rades liberalem Rechtsempfinden zutiefst widersprachen, eine politische Kontur: Die „nationale Revolution" zielte auf eine Abrech-nung mit dem Vergangenen, erledigte das, „was morsch und töricht" war, und schuf damit neues Recht.[96] Den Zeitgenossen blieben danach nur noch zwei Möglichkeiten, nämlich entweder die innere Emigration oder die von ihm wi-derwillig noch als realistische Option empfohlene Entscheidung, sich durch „mitschaffen" in das zu errichtende Staatswesen einzubringen.[97] Es wäre miss-verständlich, aus Rades Ausführungen die Selbstpreisgabe an den National-sozialismus, ein bewusstes Abtreten von der politischen Bühne oder einen biographischen Kurswechsel abzuleiten. Vielmehr zielte er darauf, dem pro-testantischen Liberalismus angesichts der gesellschaftlichen Dynamik einen Handlungsspielraum unter den neuen Machthabern zu gewährleisten, wozu ihm Zugeständnisse notwendig erschienen. Rade ging illusionär davon aus, dass „um das Neue, was werden soll, gerungen werden" könne.[98] Zugleich durfte damit nicht die Aufgabe der eigenen Traditionslinien und Wertvorstel-lungen verbunden sein: „Man wird unter den neuen Mächten und Rechtsver-hältnissen seine Ueberzeugungen und Ideale erst recht hochhalten und allem Widerstand zum Trotz zur Geltung bringen."[99]

In Rades Briefwechseln schlägt sich ein Bewusstsein zunehmender Iso-lation und ein Gefühl der Machtlosigkeit als Vertreter des nun abgeschafften demokratischen Staates nieder. Gegenüber seinem Parteifreund Erich Koch-Weser äußerte er sich am 25. März 1933 entsetzt über die Zustimmung der bürgerlichen Parteien zur Verabschiedung des Ermächtigungsgesetzes und erwog den Austritt aus der Staatspartei, deren Existenz als liberales Restre-

---

95 Ders.: Ein neuer Anfang, in: CW 47 (1933), S. 377 f. Der auf den 23.3.1933 datierte Arti-kel wurde in der „Christlichen Welt" erst mit Verzögerung in Nr. 8 vom 22.4.1933 gedruckt; er erschien zuerst in der Zeitschrift der Frankfurter „Vereinigung für Christliche Freiheit", einem kulturprotestantischen Regionalverband, der von örtlichen Vertretern der „Christlichen Welt" getragen wurde; vgl. ausführlich zu diesem Aufsatz Rades Nagel, Martin Rade, S. 247–251. Vgl. zur Deutung des NS-Aufstiegs als „Revolution" in der „Hilfe" z. B. die Ausführungen von Gertrud Bäumer: Das politische Jahr 1933, in: Die Hilfe 39 (1933), S. 2–5 (die Ereignisse for-dern zu einer „radikalen Revision" bisheriger politischer Denkweisen auf) sowie ausdrücklich Dies.: Die deutsche Revolution, in: ebd., S. 65–69; zu Heuss vgl. Seefried, Einführung, S. 21 f.
96 Martin Rade: Ein neuer Anfang, in: CW 47 (1933), S. 377 f; vgl. zur Deutung des Revo-lutionsbegriffs Nagel, Martin Rade, S. 249 f.
97 Martin Rade: Ein neuer Anfang, in: CW 47 (1933), S. 377 f.
98 Ebd.
99 Ebd.; vgl. auch Ders.: Brief an meinen Nachfolger. Von dem früheren Herausgeber der Christlichen Welt, in: CW 47 (1933), S. 302 f.

fugium nun ihre letzte Berechtigung verloren habe.[100] Dass, wie Koch-Weser zwei Tage später in seiner Antwort ankündigte, sich vielleicht irgendwann die Gelegenheit ergeben würde, eine „wirksamere Entschliessung" zu formulieren, konnte Rade kaum zufrieden stellen.[101] Es war angesichts der antisemitischen und politischen Angriffe nur zu deutlich, dass die nationale Revolution von 1933 nicht zögerte, „über Leichen" zu gehen.[102] Entsprechend schien ihm eine kompromisslose Oppositionshaltung durch „törichten Widerstand" als gefährliches Wagnis, mit dem sich sein Gesinnungsumfeld um jegliche Einflussmöglichkeit auf die Gestaltung der politischen Verhältnisse bringen konnte. Eine schroffe Verweigerungshaltung ließ sich vor diesem Hintergrund eben so wenig wie ein Aufgehen im NS-Staat begründen, sondern eher eine abwartende Defensivstellung. Auf die für die „Christliche Welt" favorisierte Haltung hatte sich Rade bereits vor dem Ermächtigungsgesetz festgelegt: „Beobachtend, kontrollierend, konservierend und protestierend."[103]

Doch lassen sich 1933 auch Anpassungsangebote aus dem liberalen Protestantismus beobachten, die überwiegend von der Sogwirkung des Volksgemeinschaftsbegriffs ausgingen. Von einzelnen liberalen Pfarrern ließ sich mit dem konfessorischen Ruf „wir sind unterwegs nach Deutschland" eine gestaltende Rolle in der als Kulturgemeinschaft verstandenen „Volksgemeinschaft" fordern.[104] Manche mit dem Rade-Kreis verbundene kulturprotestantische Einrichtung signalisierte die Bereitschaft, sich mit einer stabilen, nationalen Regierung zu arrangieren, wie die „Christliche Welt" berichtete. So erklärte der Eröffnungsvortrag des Evangelisch-sozialen Kongresses am 6. Juni 1933 vollmundig, die „politische Wendung sei zu bejahen um Deutschlands willen". Die mit Vorträgen von eng dem protestantisch-liberalen Lager verbundenen Politikern wie der Sozialpolitikerin Marie Baum oder dem ehemaligen

---

100 Briefdurchschlag Martin Rade an Erich Koch-Weser, 25.3.1933, in: Universitätsarchiv Marburg, NL Rade; vgl. Mariscotti de Görlitz, Martin Rade, S. 206; kurze Erwähnung des Schreibens auch bei Nagel, Martin Rade, S. 250. Ob Rade den Austritt vor der Selbstauflösung der Staatspartei noch vollzogen hatte, ließ sich nicht nachweisen.
101 Brief Erich Koch-Weser an Martin Rade, 27.3.1933, in: Universitätsarchiv Marburg, NL Rade.
102 Martin Rade: Ein neuer Anfang, in: CW 47 (1933), S. 377 f.
103 Ders.: Brief an meinen Nachfolger. Von dem früheren Herausgeber der Christlichen Welt, in: CW 47 (1933), S. 302 f. Ein Andachtstext Rades, der Ende April in der „Christlichen Welt" erschien, lässt sich als Verstärkung dieser Richtungsvorgabe lesen: „Aber wenn Schweigen seine Zeit hat, so sind wir zum Schweigen nicht da. Reden ist mehr. [...] Und der Mißbrauch kann das nicht aufheben"; Schweigen und Reden, in: CW 47 (1933), S. 338 f.
104 Karl Müller: Christentum, Volkstum, Staat. 9. Unterwegs nach Deutschland, in: CW 47 (1933), S. 448–451.

Reichsgerichtspräsidenten Walter Simons bestückte Tagung rief die evangelischen Kirchen dazu auf, durch „Volksverbundenheit und Wirklichkeitsnähe" die soziale Gesinnung im NS-Staat zu fördern, und appellierte, sich „dem Volksganzen dienend zur Verfügung" zu stellen.[105] Auch von Rade lassen sich vorsichtige Äußerungen finden, in denen er versuchte, aus der bildungsbürgerlich-idealistischen Tradition heraus kulturnationale Deutungsbestände zu reaktivieren. War nicht, wie er zu einem Buch von Friedrich Sieburg, dem Feuilleton-Chefs der „Frankfurter Zeitung", fragte, der Ausbau des „deutschen Wesens" als Kulturauftrag an die Intellektuellen zu verstehen?[106] Solche Überlegungen gingen von der utopischen Erwartung aus, sich die gestalterische und intellektuelle Beteiligung an der „Volksgemeinschaft" auf einem Feld zu bewahren, auf dem man nicht unmittelbar auf politische Konfliktlinien stoßen musste.

Insgesamt ergeben die Reaktionen auf den Machtergreifungsprozess ein ambivalentes Bild. Die Mobilisierungskraft der „Volksgemeinschaft" verband sich bei manchen Autoren mit harmonisierenden Gesellschaftsbildern und einer tiefsitzenden Staatsorientierung, mit autoritären Denkfiguren und einer wenigstens partiellen Akzeptanz des NS-Regimes. Ausdrücklich konnte auf diesem Hintergrund ein ideologischer Brückenschlag vom Liberalismus zum Nationalsozialismus angeregt werden, ob nicht etwa in Überwindung des westlichen Individualismus ein „nordischer Liberalismus" entwickelt werden müsse, der die Verpflichtungen gegenüber Volk und Gemeinschaft über die Freiheit des Einzelnen stelle.[107] 1934 wurde über einen „Liberalismus im Braunhemd" nachgedacht in Abgrenzung zwischen dem nunmehr als überholt geltenden Liberalismus der persönlichen Freiheitsrechte und einer „nicht-‚liberalistischen' Freiheit" der bereitwilligen und entschiedenen Unterordnung unter den nationalen Staat.[108] Auch kirchenpolitisch wurden Ängste wach, den „Anschluß an die lebendigen Kräfte des Vorwärtsdrängenden" zu verpassen und sich der nationalen Dynamik einer sozialen und politischen

---

105 So der Bericht von Otto Piper: Evangelisch-sozialer Kongreß. Braunschweig, 6. bis 8. Juni 1933, in: CW 46 (1933), S. 656–660.
106 Martin Rade: Bücher und Schriften. Es werde Deutschland, in: CW 47 (1933), S. 519 f (als Rezension des Bandes von Friedrich Sieburg: Es werde Deutschland!, Frankfurt 1933); dazu vgl. Harro Zimmermann: Friedrich Sieburg – Ästhet und Provokateur. Eine Biographie, Göttingen 2015, S. 173–188.
107 Fritz Burbach: Germanisierung des Christentums, in: CW 47 (1933), S. 1128–1133.
108 Reinhard Liebe: Der Kampf um die christdeutsche Einheit, in: CW 48 (1934), S. 348–352.

Volksbewegung zu versagen.[109] Eine Transformation des Protestantismus in eine „dritte Kirche" im „dritten Reich" ließ auf volksmissionarische Resonanz hoffen.[110] Die Erwartung, dass sich in den seit den späten 1920er Jahren verstärkt auch im Amtsprotestantismus mit Aufmerksamkeit bedachten völkisch-christlichen Religionsexperimenten konturenhaft die „deutsche Religion der Zukunft" abzeichnete, öffnete einigen Mitgliedern des Rade-Kreises wie dem Gothaer Superintendenten Fritz Burbach oder dem als Volksschriftsteller tätigen Pfarrer Paul Jaeger, einem begeisterten Naumann-Anhänger, 1933 den Weg vom Umfeld der „Christlichen Welt" zu den als nationalreligiös-sozialaktivistische Laienbewegung begrüßten Deutschen Christen. Aus diesen Entscheidungen ließ sich keineswegs eine vollständige ideologische Umarmung des Nationalsozialismus ablesen, vielmehr schlug sich in ihnen eine „teilweise Regimebejahung" nieder, die sich aus dem Gemeinschaftspathos und der propagandistischen Abrechnungsrhetorik speiste, der zufolge der Nationalsozialismus eine grundlegende Reinigung und Erneuerung des politischen und gesellschaftlichen Lebens zu bewirken versprach.[111] Besonders in Texten aus der Feder jüngerer Beiträger drückten sich diese Motivlagen aus; sie drängten auf Mitwirkungsmöglichkeiten am nationalen „Schicksal", zielten auf die schichtenübergreifende Selbstaktivierung aller durch Hebung zu „innerer Kultur" und boten dem NS-Regime ihre Beteiligung aus „innerer Verpflichtung" gegenüber der „Not" der Mitmenschen an.[112]

In der Zeitschrift standen sich abwechselnd ein ideeller Beharrungswillen, Aufweichungstendenzen und resignative Haltungen gegenüber. Eine liberale Grundorientierung wurde in der „Christlichen Welt" dort deutlicher fassbar, wo die Auflösung persönlicher, kultureller und religiöser Freiheitsrechte thematisiert wurde. Auch hier dokumentierte sich die diskursive Nähe zur linksliberalen „Hilfe".[113] In der „Christlichen Welt" wurde in der Ausgabe vom 22. April der brutale „Antisemitismus auf der Straße" als Skandal und als offensiver Rechtsbruch benannt. Der nationalsozialistische Antisemitismus wurde als ein Bruch mit der nationalkulturellen deutschen Tradition ver-

---

109 Hermann Wagner: Kirche und Volk. Ohne neue Theologie keine neue Kirche, in: CW 47 (1934), S. 114–121; vgl. Ders.: Die Kirche und der politische Mensch, in: ebd. 49 (1935), S. 149–154.
110 So der Heidelberger Privatdozent Andreas Duhm bereits 1932: Völkische Bewegung und freie Theologie, in: CW 46 (1932), S. 160–166.
111 Graf, Liberaler Protestantismus, S. 497.
112 Vgl. plakativ die Überlegungen von Herta Lange: Verwirrung der Begriffe. Eine Stimme aus der Jugend, in: CW 47 (1933), S. 800–802.
113 Vgl. etwa Theodor Heuss' Leitartikel: Gleichschaltung des Geistes, in: Die Hilfe 39 (1933), S. 265–267.

standen, der die Bedeutung der Persönlichkeit und der individuellen Bildung als Integrationsfaktoren widerrief. Er verstieß zudem gegen alle Grundprinzipien des ebenso christlich wie ethisch verstandenen Humanismus.[114] Im Mai wandte Mulert sich scharf gegen die „Gleichschaltung" im kulturellen und religiösen Leben, betonte den intellektuellen und wissenschaftlichen Gewinn, den Deutschland bisher aus der „Toleranz" gegenüber Juden und Andersdenkenden gezogen hatte, und band ein energisches Plädoyer für ein liberales Freiheitsverständnis an die Reformationsgeschichte zurück. Für ihn schuf der reformatorische Gewissensbegriff einen unlösbaren Zusammenhang mit den liberalen Grund- und Freiheitsrechten, konkret „der Freiheit für politische Aeußerungen, der Preßfreiheit, Versammlungsfreiheit", die einem „Kulturvolk" überhaupt erst die staatliche Entfaltungsfähigkeit sicherten.[115] Die Kritik an der Ausschaltung elementarer Freiheitsrechte war aus einer ebenso liberalen wie christlichen Grundhaltung begründet, schwang sich aber nicht mehr zu einer Verteidigung der Weimarer Republik auf, sondern konzentrierte sich defensiv auf den Handlungsbereich der Persönlichkeit: „In der Beherrschung der Wirtschaft, überhaupt des äußeren Lebens mag der Staat so total werden, wie er will und kann. Wenn er aber versucht, die Seelen, die Gewissen zu beherrschen, verstößt er gegen Grundsätze des Evangeliums wie der Reformation."[116]

Versuche, wenigstens im Kulturbereich geistige Refugien zu sichern, an rechtsstaatliche Grundsätze zu erinnern und im NS-Staat eine Trennung zwischen staatlich-öffentlicher und privater Sphäre zu erhalten, erwiesen sich als erfolglos. So scheiterte beispielsweise ein Unterstützungsappell für die als Professorin an der Akademie der Künste in Berlin dienstentlassene Künstlerin Käthe Kollwitz, der argumentierte, dass ihre Arbeiten einen überpolitischen Charakter besäßen. Als ein nicht unproblematischer Beobachter dieser Vorgehensweise lässt sich der liberale Apostat Wilhelm Stapel anführen, der dem

---

114 Hermann Mulert: Verschiedenes. Lagarde und der heutige Antisemitismus, in: CW 47 (1933), S. 384. Dabei trennte er den NS-Antisemitismus von dem als kulturnationalistisches Assimilations- und Integrationsdenken interpretierten Volksbegriff des völkisch-religiösen Publizisten Paul de Lagarde ab, nach dem „Deutschtum" im Gemüte liege und damit auch dem Judentum zugänglich sei. Diese defensive Argumentationslinie sollte die politischen und kulturellen Leistungen des Judentums unter Beweis stellen, verstärkte in ihrer rhetorischen Wirkung jedoch die Dissoziation zwischen Juden und Deutschen. Mit Lagarde hatte Mulert sich 1913 in einer kommentierten Textauswahl beschäftigt; Hermann Mulert: Paul de Lagarde, Berlin 1913.

115 Ders.: Nationalstaat, Freiheit der Wissenschaft und evangelisches Christentum, in: CW 47 (1933), S. 409–411.

116 Ders.: Christentum, Volkstum, Staat, in: CW 47 (1933), S. 347–359.

Kreis um Rade im Juni 1933 entgegenwarf, dass die Versuche, sich kritische Spielräume als intellektuelle Opposition in der Kultursphäre zu bewahren, unter den neuen politischen Bedingungen obsolet waren:

> „Sie überzeugen mit Ihren Worten wohl Menschen, die liberal denken, aber nicht uns. [...] Der gegenwärtige Staat, der kein bürgerlicher Rechtsstaat ist, sondern ein totaler und aktivistischer Staat, kann das Argument ‚unpolitisch' nicht gelten lassen [...]. In einem liberalen Rechtsstaat gibt es den Begriff der Opposition. In einem totalen Staat gibt es diesen Begriff nicht mehr. Auch rein staatsrechtlich nicht mehr."[117]

4. Marginalisierung und Protest

Die antisemitischen Boykottmaßnahmen und das sowohl gegen politische Gegner als auch gegen die jüdische Bevölkerung gerichtete Berufsbeamtengesetz Anfang April 1933 boten den Testfall für die liberalen Grundhaltungen der „Christlichen Welt". Für Rade manifestierte sich an diesen Ereignissen, dass an eine unbeeinträchtigte Daseinsweise unter dem NS-Regime nicht zu denken war, wie zunächst in seinem Briefdiskurs zum Ausdruck kam. Wie er gegenüber Arthur Bonus darlegte, hatten die Aprilwochen bei ihm „die schrecklichsten Eindrücke" hinterlassen. Zum Monatsende hatte das Berufsbeamtengesetz mit dem als „Märtyrertod" wahrgenommenen Selbstmord des Marburger Philologen Hermann Jacobsohn, ein ehemaliges DDP-Mitglied, ein erstes Opfer gekostet, das die Verdrängung der liberalen Intellektuellen belegte und das beabsichtigte Ende einer aufgeklärten universitären Diskurstradition unter den Nationalsozialisten markierte. Rade rückte gegenüber dem nationalsozialistischen Parteiapparat und seiner Gewaltbereitschaft deutlich auf Abstand: „Wir können uns mit dem Hakenkreuz noch nicht befreunden, zu viel Unmenschliches tut die neue Gewalt. Zu viel Feigheit duldet es."[118]

---

117 Brief Wilhelm Stapel an Arthur Bonus, 23.6.1933, in: Landeskirchenarchiv Eisenach, NL Bonus, 24_006. Stapels Argumentation nach musste in einem totalen Staat jede kulturelle Äußerungsform als politisch gelten. Von Rades Umfeld wurde die Vorgehensweise, ehemalige publizistische Verbindungen in der Hoffnung auf Unterstützung und Fürsprache zu erneuern, mehrfach gewählt. Auch Gertrud Bäumer schaltete auf diese Weise ihre publizistischen Verbindungen ein, etwa als sie im Februar 1937 Hermann Mulert bat, gegen einen „in Kiel proklamierten Boykott" ihres Romans „Adelheid" bei seinen örtlichen Kontakten zu intervenieren; Brief Gertrud Bäumer an Hermann Mulert, 22.2.1937, in: Universitätsarchiv Leipzig, NL Mulert, 03_02; als positive Rezension des Buches: Else Zurhellen-Pfleiderer: Kaiserin Adelheid, in: CW 50 (1936), S. 1116.
118 Brief Martin Rade an Arthur Bonus, 1.5.1933, in: Landeskirchenarchiv Eisenach, NL Bonus, 12_003. Rade verwies in diesem Brief neben Jacobsohn namentlich auf die Rücktritte der Hochschulprofessoren James Fran[c]k und Eduard Spranger.

Bereits im April 1933 entstand die Notwendigkeit, gegenüber ersten, als Oppositionellen des NS-Regimes verfolgten Personen durch praktische Hilfeleistung tätig zu werden. Rade nutzte dazu das Vereinshaus der „Christlichen Welt" im thüringischen Friedrichroda, um wenigstens kurzfristig den von politischen und antisemitischen Verwaltungsmaßnahmen Bedrängten Obdach zu gewähren. Das verstärkte sein Solidaritätsgefühl mit vom NS-System inkriminierten liberalen oder jüdischen Personen und vertiefte seine Oppositionshaltungen gegenüber dem neuen Regime. Zugleich setzte allerdings die polizeiliche Beobachtung gegenüber dem Rade-Kreis ein. An Bonus berichtete er am 1. Mai 1933: „Doch unser Heim wird zu einer Herberge der Gerechtigkeit. Schwer Verfolgte kehren da ein u. wir können sie nur eine Nacht behalten, weil Schupo über uns und wir des Personals nicht sicher sind. Aber die Gesinnungsgemeinschaft der Gäste war schön."[119]

Auch Mulert gegenüber dokumentierte das NS-Regime, dass an einen Fortbestand der bisherigen Diskurskultur nun nicht mehr zu denken war. Bei ihm fand der sozialdemokratische Theologe Emil Fuchs Unterstützung, auch er ein Mitglied des Rade-Kreises, der im Mai 1933 aus dem Hochschuldienst entlassen und verhaftet worden war. Mulert versteckte belastendes Schriftgut aus dem Besitz des religiösen Sozialisten im Keller seiner Wohnung und bot Fuchs nach der Entlassung aus der Haft eine Unterkunft an.[120]

Dass weder im akademischen Umfeld noch durch ein rechtliches Korrektiv oder durch eine kirchliche Erklärung ein wirksamer Protest erkennbar wurde, manifestierte in Rades Augen die völlige Erosion aller gesellschaftlichen Instanzen, von denen er eine mäßigende Steuerfunktion im NS-Staat erwartet hatte: „Schwer zu ertragen 1. das Versagen der Kirche angesichts der Judenverfolgung; 2. das Versagen der Professoren gegenüber der Vergewaltigung der wissenschaftlichen Freiheit, 3. das Versagen des Richterstandes gegenüber der Abschaffung des Rechts."[121]

Für viele bürgerliche Intellektuelle ging es nicht mehr um eine ideelle Abgrenzung aufgrund ihrer liberalen „Gesinnung u. Tradition", sondern grundsätzlich um die bürgerliche „Existenz", wie Rade ab Juli 1933 an der eigenen Person erfuhr.[122] Der bereits neun Jahre zuvor emeritierte Theologieprofessor war mit 35 weiteren Marburger Professoren – darunter seinem liberalen Fa-

---

119 Ebd. Im Nachlass konnte bisher nicht festgestellt werden, um welche Personen es sich hier handelte.
120 Vgl. den monographischen Handbucheintrag von Matthias Wolfes: Mulert, Hermann, in: Biographisch-bibliographisches Kirchenlexikon 15 (1999), S. 1043–1110.
121 Brief Martin Rade an Arthur Bonus, 1.5.1933, in: Landeskirchenarchiv Eisenach, NL Bonus, 12_003.
122 Brief Martin Rade an Arthur Bonus, 5.7.1933, in: ebd.

kultätskollege Heinrich Hermelink – von den Reinigungsmaßnahmen aufgrund des Berufsbeamtengesetzes betroffen. Rade wurde mit einem „Sündenregister" entlassen, das ihn gleichsam als politischen „Schwerverbrecher" kennzeichnete: „Nationalliberal, nationalsozial, Deutsche Fortschrittspartei, Demokratische Staatspartei. Reichsbanner Schwarzrotgold", zudem „Pazifist".[123] Er nahm es mit Verbitterung wahr, dass er aufgrund seiner Betätigung für die DDP nicht nur seine universitäre Funktion verloren hatte, sondern auch als ein „durch Regierungsbeschluß ‚entlassener' Staatsbürger" von der politischen Einflussnahme abgeschnitten war und als ein politisch unzuverlässiges „Element" galt.[124] Wie entsprechende Maßnahmen gegen weitere Personen aus dem Gesinnungsumfeld wie den Historiker Walter Goetz oder den Pfarrer und Bibliothekar Ernst Moering belegten, drängte ihre politische Position die Wortführer der „Christlichen Welt" aus der Öffentlichkeit und setzte sie aufgrund ihrer demokratischen Vergangenheit der gesellschaftlichen Marginalisierung aus.[125]

Ohne Verweis auf diese Repressalien lässt sich die Haltung des Kreises um die „Christliche Welt" in der Konsolidierungsphase des Nationalsozialismus nicht nachvollziehen. Die staatlichen Kontroll- und Domestizierungsmaßnahmen engten Mulerts publizistische Spielräume ab 1933/34 deutlich ein.[126] Ab September 1933 befürchtete die Redaktion behördliche Maßnahmen und Beschlagnahmungen.[127] Auch die Auswirkungen des Antisemitismus betrafen das Blatt, wobei hier der Verleger Leopold Klotz aus vorauseilendem Gehorsam handelte: Während die Zeitschrift in der Weimarer Republik auch jüdischen Autoren ein Forum geboten hatte, mussten Hans-Joachim Schoeps seinen Posten als Redaktionsassistent auf Druck von Klotz ebenso wie der Pazifist Friedrich Siegmund-Schultze seine Funktion als Mitherausgeber räu-

---

123 Ebd.; vgl. Brief Rade an Johannes Herz, 15.12.1933, in: Landeskirchenarchiv Dresden, Best. 160, Nr. 1, Bl. 206. Zum Kontext vgl. Andreas Lippmann: Marburger Theologie im Nationalsozialismus, München 2003, S. 167–171.
124 Ebd.
125 Unter der Rubrik „Chronik" wurde berichtet, dass Moering zunächst beurlaubt und zeitweilig in ein Konzentrationslager verbracht wurde; CW 47 (1933), S. 570.
126 Wie Mulert in einem Rückblick auf die Zeitschriftengeschichte von 1945 berichtete, wurde die „Christliche Welt" durch die „Bestellung eines halbamtlicher Mitlesers" konsequent überwacht, was er als „besonders schwere Belastung" für seine redaktionelle Arbeit empfand. Wiederholt wurden einzelne Ausgaben aufgrund der kritischen Berichterstattung beanstandet; Typoskript Hermann Mulerts: Die „Christliche Welt", in: Universitätsarchiv Leipzig, NL Mulert, 02_46, Bl. 56v.
127 Brief Martin Rade an Arthur Bonus, 28.9.1933, in: Landeskirchenarchiv Eisenach, NL Bonus, 12_003. Den Anlass für diese Befürchtungen stellte das in der Zeitschrift veröffentlichte Marburger Gutachten gegen den kirchlichen „Arierparagraphen" dar.

men, weil er wegen „Hilfe an Juden in 93 Fällen" ausgewiesen worden war.[128] Die Frage nach dem publizistischen Ort der „Christlichen Welt" im kirchlichen und im öffentlichen Leben verdichtete sich weiter, als im Frühjahr 1934 mit der „Vereinigung der Freunde der Christlichen Welt" ein wichtiges Sprachrohr liberaler Positionen nach einer Durchsuchung in Rades Haus und in seinem Umfeld ausgeschaltet wurde: „Uns geht's nicht gut. Persecutio Societatis Amicorum Mundi Christiani molesta est. Nemo scit quid futurum."[129] Auch wenn die staatlichen Zensurmaßnahmen gegenüber kirchlichen Publikationsorganen insgesamt eher lax durchgeführt wurden, war an eine Fortführung der bisherigen Arbeit nicht mehr zu denken.[130]

Damit stellte sich die Frage, wie der weitere publizistische Kurs aussehen konnte. Zunächst wurden Rückzugsüberlegungen geäußert, da, wie Otto Baumgartens Einschätzung zum Evangelisch-sozialen Kongress lautete, ein liberales Diskussionsforum, das sich gesellschaftspolitischen Fragen widmete, seine „innere Berechtigung" verloren hatte, wenn eine wissenschaftliche Diskussion „in völliger Freiheit" nicht mehr möglich wäre.[131] Hermann Mulert überlegte, ob er nicht in einem protesthaften Bekenntnisakt seine Professur niederlegen sollte, da die „Freiheit" für seine wissenschaftliche Betätigung unter dem NS-Regime nicht mehr gewährleistet war, was ihn in Gewissenszwänge bringen und bei einer systemangepassten Fortsetzung seiner Lehrtätigkeit

---

128   Vgl. Graf, Liberaler Protestantismus, S. 495; Friedrich Wilhelm Kantzenbach: Das wissenschaftliche Werden von Hans-Joachim Schoeps und seine Vertreibung aus Deutschland 1938. Eine Dokumentation aus den Briefen von H.-J. Schoeps an Martin Rade im Nachlaß M. Rade – Marburg, in: Zeitschrift für Religions- und Geistesgeschichte 32 (1980), S. 319–352. An Schoeps Stelle trat bis 1934 vorübergehend der aus der Jugendbewegung stammende Herbert Grabert, der allerdings nach seiner Hinwendung zum Nationalsozialismus und zur „Deutschen Glaubensbewegung" um Jakob Wilhelm Hauer seinen Posten als Redaktionsmitarbeiter nach tiefen Zerwürfnissen aufgeben musste. Die Stelle übernahm ab 1934 mit Otto Hubele wieder eine dem liberalen Protestantismus im engeren Sinne zuneigende Persönlichkeit. Auf die Diskussionen um Hauer und die Deutsche Glaubensbewegung kann hier nur verwiesen werden; zu den Differenzen zwischen Grabert und Mulert vgl. die Korrespondenz in: Universitätsarchiv Leipzig, NL Mulert, 03_06.
129   Postkarte Martin Rade an Arthur Bonus, 26.3.1934, in: Landeskirchenarchiv Eisenach, NL Bonus, 12_003.
130   Zur NS-„Presselenkung" vgl. Norbert Frei / Johannes Schmitz: Journalismus im Dritten Reich, München 2014, S. 20–34; Bernd Sösemann: Journalismus im Griff der Diktatur: die „Frankfurter Zeitung" in der nationalsozialistischen Pressepolitik, in: Studt, Diener, S. 11–38.
131   Stellungnahme des Geheimrat D. Otto Baumgarten, zur Tagesordnung der Vorstands- und Ausschußsitzung des Evangel.-Sozialen Kongr.[ess], in: Landeskirchenarchiv Dresden, Best. 160, Nr. 1, Bl. 174 (Abschrift).

zur impliziten Unterstützung zwingen würde.[132] In der Rückschau mag es wie eine geschmacklose Übertreibung wirken, es spiegelt aber die Wahrnehmung eines dramatischen Verlustes an Bewegungsfreiheit und existentieller Sicherheit wider, wenn Rade formulierte, dass die „Schranken unseres Konzentrationslagers" zunehmend enger gezogen wurden.[133] „In Schönheit [zu] sterben" und mit einem „rest- u. rückhaltlosen Appell" gegen die NS-Politik und den Antisemitismus die kulturprotestantische Verbandsarbeit insgesamt aufzugeben war in Martin Rades Augen dem „Jammer" der eigenen Isoliertheit in der Öffentlichkeit wie im kirchlichen Bereich vorzuziehen, besonders da sich auch in der sonstigen Presse kaum ein kritisches Wort gegen die Zustände fand.[134]

Dieser Weg einer signalhaften Selbstopferung wurde allerdings nicht beschritten. Vielmehr gelang es Mulert, die „Christliche Welt" und auch Teile des die Zeitschrift tragenden Gesinnungsnetzwerks nach 1933 als „lose Gemeinschaft" zu stabilisieren, was einem Rückzug in das Halbprivate gleichkam, zugleich aber unmissverständlich auf den Erhalt des Personen- und Gesinnungskreises zielte. „Es tut not, daß wir ein wenig zusammenrücken" und die vorhandenen Freundschaftsbeziehungen intensiver nutzen, hieß es im November 1933 ausdrücklich in dem als vertraulich verstandenen Vereinsblatt „An die Freunde". Konkret schlug Rade den nunmehr „Versprengten, Einsamen" Besuche, Briefkontakte und örtliche Treffen vor; sich selber verstand er dabei als Schaltzentrale der Kontaktvermittlung: „Wer in Not ist, soll sich an einen von uns wenden. An mich z. B., und ich kann ja sein Anliegen weitertragen."[135] Wie Rades Nachlass belegt, setzte der Kreis seine Kommunikation über ein dichtes Brief- und Informationsnetzwerk fort, das 1933 auf die naturgemäß mit einer gewissen Diskretion, aber doch als Warnsignal behandelte weltanschauliche Kaltstellung der Träger von „liberalistisch-demokratischen Anschauungen" reagierte.[136] „Der Staat Hitlers will der Sippe Friedrich Naumanns nicht wohl", lautete sein Resümee im Dezember 1933, das

---

132 Briefentwurf Hermann Mulert an Hans von Soden, Martin Rade und Wilhelm Schubring, 8.7.1933, in: Universitätsarchiv Leipzig, NL Mulert; vgl. Führer, Hermann Mulert, Ergänzungsband, S. 33 f.
133 Brief Martin Rade an Wilhelm von Pechmann, 9.2.1934, in: Bayerische Staatsbibliothek München, Pechmanniana I,2; vgl. Nagel, Martin Rade, S. 290–292.
134 Ebd.; in einer ähnlichen Formulierung mit Blick auf den Evangelisch-sozialen Kongress Brief Martin Rade an Johannes Herz, 8.12.1934, in: Landeskirchenarchiv Dresden, Best. 160, Nr. 2, Bl. 167.
135 Martin Rade: Ueber örtliche Zusammenkünfte, in: AdF, Nr. 110, 25.11.1933, S. 1110 f.
136 Brief Walter Goetz an Johannes Herz, 1.12.33, in: Landeskirchenarchiv Dresden, Best. 160, Nr. 1, Bl. 180.

den weitreichenden Rückzug seines liberalen Gesinnungsumfeldes aus dem öffentlichen Leben beschrieb.[137]

Die herausgeberische Verantwortung lag jedoch auf Mulerts Schultern, der das Blatt durch die widersprüchlichen Zensurmaßnahmen im Geflecht der nationalsozialistischen Behörden und Parteiinstanzen und das „wunderliche Hin und Her" zwischen staatlichen und kirchlichen Stellen steuern musste.[138] Es vereinfachte seine Lage nicht, dass er aufgrund seiner politischen Vergangenheit öffentlich als „geborener Deutschdemokrat" verunglimpft wurde.[139] Die Notwendigkeit, einen Ausgleich zwischen staatlichen Vorgaben, innerkirchlichen Auseinandersetzungen und dem eigenen Gewissen zu finden, erschwerte die herausgeberische Arbeit jedenfalls so, dass er 1937 befürchtete, zwischen „Skylla und Charybdis" zerrieben zu werden und auf den vorsichtigen Kurs einer generellen Selbstzensur setzte.[140] Doch belegen die in der Zeitschrift weiterhin abgedruckten Veranstaltungsberichte, Presseschauen und kirchlichen Nachrichten, dass es ihm gelang, die Vernetzung kulturprotestantischer Liberaler nach 1933 aufrecht zu erhalten. Dazu trug auch die Verknüpfung zwischen „Christlicher Welt" und „Hilfe" bei, die durch den Wiederabdruck von Aufsätzen, durch Rezensionen und durch eine zunehmende Selbsthistorisierung intensiviert wurde. Prominente Naumannianer wie Gertrud Bäumer oder Paul Rohrbach wurden als Referenten zu liberalprotestantischen Tagungen wie den als freireligiöse Einkehrtage konzipierten

---

137 Brief Martin Rade an Johannes Herz, 15.12.1933, in: Landeskirchenarchiv Dresden, Best. 160, Nr. 1, Bl. 186.
138 Brief Hermann Mulert an Wilhelm von Pechmann, 14.11.1934, in: Bayerische Staatsbibliothek München, Pechmanniana I,2 (9).
139 Hermann Mulert: Verschiedenes. Frank, Thieme, das „Deutsche Volkstum" und die „Christliche Welt", in: CW 48 (1934), S. 718 f.
140 Brief Hermann Mulert an Leopold Klotz, 16.1.1937, in: Universitätsarchiv Marburg, NL Rade. Die diesbezüglichen Bemerkungen in Mulerts und Rades Briefkorrespondenz lassen vermuten, dass die subjektiv als streng empfundenen Zensureinschränkungen nicht das tatsächliche behördliche Vorgehen abbildeten, das eher „symbolische Bedeutung" hatte und mitunter erst nachträglich reagierte. Mit viermonatiger Verspätung wurde die Ausgabe Nr. 2 vom 20.5.1935 aufgrund eines Artikels gegen Rosenberg durch Verfügung des Württembergischen Politischen Landespolizeiamtes beschlagnahmt; Johannes Kübel: Rosenberg und wir, in: CW 49 (1935), S. 56–58; vgl. Ders.: Erinnerungen. Mensch und Christ, Theologe, Pfarrer und Kirchenmann, Villingen-Schwenningen 1973, S. 114; Führer, Mulert, S. 19. Eine weitere Ausgabe wurde 1933 beschlagnahmt, in der von den antisemitischen Übergriffen auf den Landgerichtsdirektor Friedrich Weisslers berichtet wurde, der vorübergehend in einem SA-Lager festgehalten und am 4. August 1933 aus dem Dienst entlassen wurde; vgl. Horst Göppinger: Juristen jüdischer Abstammung im „Dritten Reich". Entrechtung und Verfolgung, München 1990, S. 263 f; Führer, Mulert, S. 19.

„Köngener Wochen" eingeladen oder nutzten die von den NS-Behörden genehmigten Zusammenkünfte des Evangelisch-sozialen Kongresses, um den
persönlichen Austausch zu pflegen.[141] Es gelang den örtlichen Gruppen in
Halle, Frankfurt am Main, in Gotha und Dresden ihre bisherigen Verbindungen zu erhalten und den Freundeskreis in reduzierter Form zu Vorträgen oder
zur Literaturdiskussion in kirchlichen Gemeindehäusern zusammenzuru-
fen.[142] Das hatte zweifellos nicht mehr den progressiv-akademischen Nimbus,
den die kulturprotestantischen Tagungen in den vorherigen Jahrzehnten innehatten; vielmehr war man, wie Mulert 1937 schrieb, „im kleinsten Punkte"
angekommen.[143] Dennoch blieb die „Pflege der Gesinnungsgemeinschaft mit
solchen, die uns nahe stehen [...] in lebendiger Begegnung und Wechselrede"
emotional und inhaltlich kohäsiv genug, um bis 1941 als erkennbare Forma-
tion in der NS-Gesellschaft bestehen zu können.[144] Als Diskursgemeinschaft
ließ sich ein liberales, protestantisches Gesinnungsmilieu also auch nach 1933
aufrechterhalten.

5. „Positive Kritik"? Diskursive Schwerpunkte im NS-Staat

Anfang Oktober 1933 legte Mulert dem Kreis um die „Christliche Welt" sein
Kursprogramm unter den veränderten gesellschaftlichen Bedingungen dar.
Das Blatt sollte als protestantisch motivierte Kulturzeitschrift mit gesellschaft-
licher Relevanz weiter erscheinen und sich durch „positive Kritik" in Volk und

---

141 Vgl. z.B. die Berichte: Verschiedenes. Frankfurt und Augustusburg, in: CW 51 (1937),
S. 528. Diese Organisationsweise knüpfte an die Vergemeinschaftungsformen der „Christlichen Welt" in der Wilhelminischen Ära ab 1890 an, wo der sich formierende Evangelisch-
soziale Kongress und die jährlichen Tagungen des Rade-Kreises ein enges Kooperationsnetz
darstellten. Bis zu ihrem „Schwanengesang" 1938 konnten auch die Tagungen des sächsischen
Bundes für Gegenwartschristentum stattfinden, die danach mit den Köngener Treffen zusam-
mengelegt, dann von Mulert aber neubelebt wurden; vgl. Hermann Mulert: Augustusburg
und Görlitz, in: CW 52 (1938), S. 541–543; Ders.: Gegenwartschristentum, in: ebd. 53 (1939),
S. 476–478; Ders.: Verschiedenes. Die Augustusburger Tagung für Gegenwartschristentum, in:
ebd. 54 (1940), S. 213.

142 Beispielsweise berichtete Ewald Stier, der ehemalige Vereinssekretär der Vereinigung der
Freunde der Christlichen Welt, Rade 1938 von in Halle durchgeführten Diskussionsveran-
staltungen: „wir halten unseren kleinen Kreis weiter zusammen"; Brief Ewald Stier an Martin
Rade, 20.10.1938, in: Universitätsarchiv Marburg, NL Rade.

143 Hermann Mulert: Wenn kaum noch Volkskirche, dann Gemeinde, in: CW 51 (1937),
S. 962–964.

144 Ebd. Rade fehlte 1936 die bisher intensive „Fühlung mit den Andern"; Martin Rade:
Zur Besinnung, in: CW 50 (1936), S. 17–23.

Kirche einbringen.[145] Eine rückblickende Selbstbeschreibung auf seine Tätigkeit als Zeitschriftenherausgeber von 1945 lautete folgendermaßen: Durch
einen „weiten Horizont", den Blick auf „Themen der Literatur und bildenden
Kunst" und nicht zuletzt ihren liberalen Kommunikationshintergrund war
es dem Blatt gelungen, bildungsbürgerliche Reservate gegenüber der ideologischen Verformung abzugrenzen und damit zu einer „Gefahr" für den
NS-Staat zu werden.[146] Eine umsichtige Analyse Kurt Nowaks beschreibt die
Vorgehensweise Mulerts als konsequente „Entpolitisierung" des Zeitschriften-
diskurses, der nach 1934 fast vollständig auf tagespolitische Kommentierun-
gen verzichtete. Damit entstand ein systemdistanzierter Binnendiskurs, der
streckenweise eine „Reinigung vom Gedankengut des Nationalsozialismus"
ermöglichte, allerdings nicht mit einer vollständigen Imprägnierung gegenüber der NS-Ideologie gleichzusetzen ist.[147]

Die Themenfelder, auf denen es der „Christlichen Welt" gelang, Kontinuitätslinien über 1933 hinaus zu bewahren und dabei „positive Kritik" zu entfalten, lassen sich recht deutlich identifizieren. Sie dokumentieren zugleich
die Ambivalenzen im Zeitschriftendiskurs, die zwar nicht auf ideelle Kontinuitäten zum Nationalsozialismus, aber auf eine inhaltliche Auszehrung
des liberalen Protestantismus hindeuten, die aus dessen emphatischen Ausrichtung auf den Staat als theologisch überhöhtes Produkt der Nationalgeschichte und aus der Fixierung auf ein über Kultur, Sprache und Geschichte
konstruiertes Volksverständnis resultierte.[148] In kursorischer Verknappung
lässt sich auf folgende diskursive Stränge verweisen:

1. Obwohl es der Zeitschrift nur zu deutlich war, dass der Liberalismus
als „verfemt" galt, war die Bereitschaft, über seine kulturelle, religiöse und
politische Bedeutung zu diskutieren, nach 1933 keineswegs erloschen.[149] Ab-
grenzungsdebatten über die Frage, welchen Ort die protestantisch-liberalen
Denktraditionen in der NS-Gesellschaft nach 1933 beanspruchen können,
wurden zu einem durchgängigen Diskussionsthema. Dabei diente erstens die
Herleitung der eigenen Verbandsgeschichte in Nachrufen, Kommentaren und
biographischen Aufsätzen verbunden mit häufigen Rückbezügen auf die liberale Vergangenheit von großen Teilen der Leserschaft – oft in Kommunika-

---

145   Vgl. Mulerts Vortrag im Protokoll Martin Rades: Ordentliche Mitgliederversammlung
der Vereinigung der Freunde der Christlichen Welt, in: AdF, Nr. 110. 25.11.1933, S. 1104–1109.
146   Typoskript Hermann Mulerts: Die „Christliche Welt", in: Universitätsarchiv Leipzig,
NL Mulert, 02_46, Bl. 56v.
147   Nowak, Kirche, S. 258.
148   So auch mit Bezug auf Heuss Seefried, Einleitung, S. 29.
149   Martin Rade: Verschiedenes. Wider die Verfemung des Liberalismus, in: CW 49 (1935),
S. 488.

tionsgemeinschaft mit der „Hilfe" – weniger der nostalgischen Rückschau als der prinzipiellen Begründung einer Sonderidentität, die narrativ mit den gegenwärtigen Zuständen im politischen, kulturellen und akademischen Leben kontrastiert wurde.[150] Zweitens boten das Naumann-Erbe und die Impulse des Nationalsozialen Vereins zahlreiche semantische und inhaltliche Schnittstellen an, an denen sich die wesentlichen Unterschiede zum Nationalsozialismus ebenso wie Berührungspunkte im politischen Bereich herausarbeiten ließen. So benutzte Rade bereits im März 1933 seine politische Biographie zur Positionierung auf dem vom Nationalsozialismus geschaffenen geistigen Konkurrenzfeld, indem er mit dem sozialen Liberalismus Naumanns einen politischen Denkzusammenhang aufrief, der trotz seiner demokratischen Fundierung als mindestens ebenso national zuverlässig gelten musste wie Hitlers Nationalsozialismus. Der Einsatz für das soziale und staatliche Wohl der „Volksgemeinschaft" stellte den Ideenkern der Naumann-Bewegung dar, der nun in die Defensive gedrängt war: „Ob wir ,national' waren? Wer war es mehr?"[151] Den liberalen Demokraten der „Christlichen Welt" und ihrer Ideen-

---

150 Vereinsjubiläen, Geburtstage und Biographien stellten den Kommunikationsraum zur Verfügung, im Medium der Vergangenheit die Distanz gegenüber der gegenwärtigen gesellschaftlichen Lage zu evozieren. Eine solche Wirkung konnte z. B. die Harnack-Biographie von Agnes von Zahn-Harnack entfalten, die gleichsam als Panorama einer untergegangenen intellektuellen Weltläufigkeit gelesen wurde. Das Buch gebe beim Lesen „Fragezeichen" auf, es lägen „so viel Zeichen drin", meldete Beate Bonus ihre Leseerfahrungen an Rade zurück; Postkarten Beate Bonus an Martin Rade, 8.3.1938 und 27.6.1938, in: Universitätsbibliothek Marburg, NL Rade; vgl. Rade: Die Harnack-Biographie, in: CW 50 (1936), S. 293 f sowie den Literaturbericht von Ernst Rolffs: Harnacks Bild im Geiste der Nachwelt, in: ebd. 51 (1937), S. 877–882, 919–923; Otto Dibelius: Harnack, in: Die Hilfe 42 (1936), S. 161–163. Beim Lesen falle die „Gegensätzlichkeit zu der Generation der Jahrhundertwende" auf. Vergleichbare Signale gingen von Theodor Heuss' Naumann-Biographie aus, die als Pflichtlektüre rezensiert wurde; vgl. Hermann Mulert: Bücher und Schriften. Friedrich Naumann, in: CW 51 (1937), S. 978; Ernst Moering: Der neue Friedrich Naumann, in: ebd. 52 (1938), S. 232–236. Das 50jährige Bestehen der „Christlichen Welt" 1936, Rades 80. Geburtstag im Folgejahr und das 75jährige Bestehen des Protestantenvereins 1938 boten ebenfalls den Rahmen, ohne unmittelbaren Zeitkommentar die Gegenwart mit dem intellektuellen Hintergrund zu kontrastieren: „Wie anders ist heute die Zeit!"; Martin Rade: Zur Besinnung, in: CW 50 (1936), S. 17–23; vgl. Erich Foerster: Von den Anfängen, in: CW 51 (1937), S. 295–302; Hermann Mulert: Rade, in: Die Hilfe 43 (1937), S. 124 f; Erich Meyer: Zum 75jährigen Bestehen des Protestantenvereins, in: CW 52 (1938), S. 465–467. Ein explizites Abrücken vom Nationalsozialismus, das Mulert in seinem Nachruf auf Otto Baumgarten 1934 formulierte, dessen Lebenswerk einen „scharfen Gegensatz [...] zu starken theologischen, kirchlichen, politischen Strömungen der jüngsten Zeit" markiere, gelang den späteren Rückblicken allerdings nicht mehr; Hermann Mulert: Otto Baumgarten, in: CW 38 (1934), S. 338–341.
151 Martin Rade: Dämmerstunde. Die zweite, in: CW 47 (1933), S. 322–324.

welt wurde damit eine Rechtfertigung gegenüber den Anfeindungen durch den Nationalsozialismus geliefert, denn es habe unter ihnen „auch schon gute Deutsche" gegeben, die hartnäckig um die Einheit von Volk und Vaterland kämpften.[152] Wurde mit affirmativer bis dissimulierender Tendenz die Schnittmenge in der Orientierung am „Volkstum" und der „Nationalkultur" gesucht, um mit Naumann einen „Wegbereiter eines nationalen Sozialismus" hervorzukehren, der „von uns und unserem Kreis […] in einer ganz anders gestimmten Zeit vorbereitet und als Ziel gezeigt" worden war, verwischte das jedoch keineswegs die Differenzlinien gegenüber dem Nationalsozialismus.[153] Überbrückungsangebote mussten gezielt das Demokratiepotential der Naumannbewegung umgehen und trafen zudem nicht auf Gegenliebe, wie etwa der Umgang mit der Gedenktafel an Naumanns Geburtshaus zeigte.[154] Spätestens die Reaktionen auf Theodor Heuss' Naumann-Biographie belegten, dass von seinem auf eine integrierende Sozialreform und einen starken, bürgerlich fundierten Nationalstaat gestellten Erbe in der exkludierenden NS-„Volksgemeinschaft" wenig übrig blieb, was in der resignativ bejahten Frage einmündete: „Hat er nun vergeblich gelebt"?[155]

Drittens versuchte vor allem Hermann Mulert unermüdlich die konstitutive Bedeutung von Aufklärung und Liberalismus für die deutsche Nationalgeschichte wie das Handlungsfeld der Persönlichkeit zu begründen. Ihm war dabei schmerzlich bewusst, dass sich in dem ideologischen NS-Amalgamat aus harmonisierendem Gemeinschaftsdenken, sozialem Aktivismus, Volkstumsrhetorik und dem als „positives Christentum" verkündigten na-

---

152 Ders.: Dämmerstunde. Die dritte, in: CW 47 (1933), 422 f.

153 Aus Zeitschriften. Evangelisch-sozial, in: CW 48 (1934), S. 512 als Hinweis auf eine Artikelserie von Johannes Herz, dem Generalsekretär des Evangelisch-sozialen Kongresses, in der Zeitschrift „Evangelisch-sozial", beim „Hilfe"-Verleger Hans Bott erschienen als: Nationales und soziales Christentum. Ein Auszug aus Friedrich Naumanns Gedankenwelt, Berlin-Tempelhof 1935. Vom NS-Rassismus grenzte sich diese Veröffentlichung ausdrücklich ab, indem sie mit Naumann-Zitaten die kulturelle und religiöse Uneinheitlichkeit der deutschen Bevölkerung hervorhob. Als Konfirmationsgeschenk empfohlen von Hermann Mulert: Bücher und Schriften. Nationales und soziales Christentum, in: ebd. 51 (1937), S. 230; vgl. ähnlich: Rudolf Marx: Bücher und Schriften. Friedrich Zimmer, ein deutscher Volkserzieher, in: CW 48 (1934), S. 228 f; Ludwig Bornemann: Individualismus, in: CW 47 (1933), S. 935–939.

154 Die befürchtete Marginalisierung der Liberalen wurde an symbolischen Handlungen wie der Entfernung einer Gedenktafel am Geburtshaus Naumanns sichtbar: Blick in die Zeit. Die Gedenktafel an Friedrich Naumanns Geburtshause, in: CW 49 (1935), S. 426.

155 Martin Rade: Naumann-Dank an Heuss, in: CW 52 (1938), S. 318–321; vgl. auch Ernst Wolfgang Becker: Biographie als Lebensform. Theodor Heuss als Biograph im Nationalsozialismus, in: Wolfgang Hardtwig / Erhard Schütz: Geschichte für Leser. Populäre Geschichtsschreibung in Deutschland im 20. Jahrhundert, Stuttgart 2005, S. 57–89.

tionalen Tatglauben ein Ideenspektrum niederschlug, das sich durchaus mit den Zielgebungen des Kulturprotestantismus in Einklang bringen ließ.[156] Die Zeitschrift verschwieg nicht, dass viele Protestanten durch Krisengefühl und nationales Bekehrungserlebnis den Weg vom Liberalismus zum Nationalsozialismus gegangen waren. Die erstrebte „Volksherrschaft" durfte aber nicht auf Kosten grundlegender ethischer und christlicher Prinzipien errichtet werden.[157] Durch die Erinnerung an Kant und die kritische Vernunft, an das Gewissen als Zentralort protestantischer, sittlicher Selbststeuerung und die Pflicht zur eigenständigen Entscheidung wurde zwar keine politische Widerständigkeit begründet, aber Restbestände eines humanen, liberalen Ethos als Gegenposition zur NS-Propaganda konsequent in Erinnerung gerufen. Auch wenn sich dieses Anliegen nunmehr der „gegebenen Staatswirklichkeit" unterzuordnen hatte, versuchten viele Zeitschriftenautoren, dem „absoluten Totalitätsanspruch" des NS-Staates eine Absage zu erteilen.[158] Mulert ließ liberale Mandatsträger der Zwischenkriegszeit wie die Religionspädagogen Hans Schlemmer und Hugo Hickmann zu Wort kommen, von denen die Weimarer Verfassungsorgane nun nicht mehr verteidigt, aber unter dem Hinweis auf die zunehmend bedrohte Persönlichkeits-, Geistes- und Religionsfreiheit verbindliche Grenzen des staatlichen Zugriffs auf den Kultur- und Bildungsbereich gefordert wurden.[159] Die „Christliche Welt" verstärkte diese Linie nach 1935, wie sich an einer Aufsatzserie Mulerts über das Verhältnis von Gemeinsinn, Staat und Gewissenspflichten zeigen lässt. Gegen den totalitären Anspruch des NS-Regimes wiederholte er kaum verklausuliert die liberale Forderung nach einer Begrenzung der staatlichen Einflussnahme, die nicht auf alle „Kulturgebiete" und ihre Institutionen – Kirchen, Schulen, Kunsteinrichtungen – übergreifen dürfe.[160] Noch 1938 wies Mulert in markanter Frontstellung gegen den NS-Staat auf die zivilisatorischen Leistungen von Aufklärung und Liberalismus hin, die mit Gesetzgebung und Rechtsstaatlichkeit absolutistische Herrschaftswillkür und grobe Rechtsunsicherheit eingeschränkt hätten. Selbst dort, wo liberales Denken „leidenschaftlich" ab-

---

156   Hermann Mulert: Kirchliche Lehren des Jahres 1933, in: CW 48 (1934), S. 12–18.
157   Ders.: Ethische Irrlehren, in: CW 48 (1934), S. 108–111.
158   Hugo Hickmann: Vom Auftrag des Staates, in: CW 49 (1935), S. 245–249.
159   Ebd.; vgl. Hans Schlemmer: Wünschs politische Ethik, in: CW 51 (1937), S. 829–833; Ders.: Bücher und Schriften. Deutscher Staat und evangelische Kirche, in: ebd., S. 230 f. Zu Schlemmer vgl. Dirk Menzel: Liberale Religionspädagogik und freier Protestantismus. Das Beispiel Hans Schlemmer (1885–1958), München 2001.
160   Hermann Mulert: Staat und innerstaatliche Mächte, in: CW 49 (1935), S. 295 f; Ders.: Die Pflicht zur Gemeinschaft, in: ebd., S. 318–324; Ders.: Das Recht des Gewissens, in: ebd., S. 361–364.

gelehnt werde – wie im NS-Staat –, würde eine Gesellschaft auf die stabilisierenden Mechanismen des Rechts angewiesen bleiben. Denn Nationalstaat und Hochkultur würden nicht durch Sklavengehorsam, sondern durch „kritisches Denken, Individualismus, Autonomie der Vernunft, durch Rede- und Preßfreiheit" abgesichert werden.[161]

2. Ein Feld, in dem Religionsfreiheit und staatlicher Totalitätsanspruch nach 1933 in besonderer Weise kollidierten, war der sogenannte „Kirchenkampf", über den in der Zeitschrift seit Sommer 1933 kontinuierlich berichtet wurde.[162] Die Versuche von Mulert und seinem Umfeld, für Gewissensfreiheit in einer politisch neutralen, jedenfalls nicht vom Nationalsozialismus gesteuerten evangelischen Volkskirche einzutreten, stießen auf die Zustimmung des „Hilfe"-Umfeldes, das in der „Gleichschaltung" die Zerstörung der deutschen Kulturstaatstraditionen befürchtete.[163] Sehr deutlich wurde wahrgenommen, dass durch eine kirchliche Vereinheitlichung unter staatlicher Einflussnahme keineswegs die erhoffte Einheit von Glaube, Volk und Staat, sondern vielmehr eine zunehmende Zersplitterung in der Bevölkerung bevorstand.[164] Die Kirche könne ihrer sittlich-religiösen Integrationsaufgabe nur dann gerecht werden, wenn jegliche Form eines „staatlichen Rechtszwangs" gegenüber der christlichen Frömmigkeit ausgeschlossen würde, wie Mulert im April 1933 ausführte.[165] Trotz vielfältiger individueller Beziehungsstränge

---

161 Ders.: Willensgehorsam und Denkfreiheit, in: CW 52 (1938), S. 273 f.

162 Zur Problematik dieses erinnerungspolitisch überfrachteten Begriffs vgl. Blaschke, Kirchen, S. 135–137 sowie Manfred Gailus: Protestantismus und Nationalsozialismus, in: Lucia Scherzberg / Werner Müller (Hg.): Vergangenheitsbewältigung im französischen Katholizismus und deutschen Protestantismus, Paderborn 2008, S. 155–172.

163 Theodor Heuss: Gleichschaltung des Geistes, in: Die Hilfe 39 (1933), S. 265–267; vgl. zur dichten Kommentierung der kirchenpolitischen Entscheidungen des Jahres 1933 in der „Hilfe" aus der Feder von CW-Autoren: Heinrich Hermelink: Die Deutsche Evangelische Kirche, in: Hilfe 39 (1933), S. 409–412; Friedrich Delekat: Verkirchlichung des Staates und Verstaatlichung der Kirche, in: ebd., S. 533–536; vgl. auch Mulerts Ausführungen im Organ der Deutschen Staatspartei: Die evangelische Reichskirche, in: Deutscher Aufstieg 3, Nr. 23, 4.6.1933.

164 Mulert formulierte 1935 als Resümee der NS-Kirchenpolitik, dass zwar „im Zuge rein staatlich-politischer Maßnahmen [...] eine immer umfassendere monumentale Einheit des Deutschen Reiches" sichtbar würde, während sich „im weltanschaulich-religiösen Wirkungsfeld der umgekehrte Vorgang" vollziehe; Blick in die Zeit. Vorder- und Rückseite, in: CW 49 (1935), S. 423 f. Zu den religiösen Pluralisierungsprozessen nach 1933 vgl. die Beiträge in: Manfred Gailus / Armin Nolzen (Hg.): Zerstrittene „Volksgemeinschaft". Glaube, Konfession und Religion im Nationalsozialismus, Göttingen 2011.

165 Hermann Mulert: Christentum, Volkstum, Staat, in: CW 47 (1933), S. 347–359; Ders.: Neue Kirchenverfassung und Neuer Geist, in: ebd., S. 506–509; vgl. Martin Rade: Oeffentliche Fürbitte, in: ebd., S. 433–435.

zur Bekennenden Kirche und hoher Distanz gegenüber dem theologischen und wissenschaftlichen Wildwuchs in den Reihen der NS-affinen Kirchenbewegung der Deutschen Christen blieb die „Christliche Welt" bei einer eigenständigen kirchenpolitischen Position.[166] Konnten sich Rade und Mulert dem Pfarrernotbund unter Verweis auf seine starre Orthodoxie und seinen engen Konfessionalismus nicht anschließen, hatte der liberalprotestantische Kurs auch strategische Gründe, für deren Durchsetzung Mulert ab 1935 selbst aktiv wurde.[167] Unter dem Ideal einer staatsfreien, überpolitischen Volkskirche versuchte er die Zeitschrift als Sammlungsorgan einer reichsweiten kirchlichen Mittelgruppierung zu etablieren. Erst eine von parteipolitischen Absichten völlig freie Volkskirche wäre in der Lage, ihren ethischen und religiösen Auftrag mit den dazugehörigen Implikationen wahrzunehmen.[168] Ein freier, politisch ungebundener Protestantismus sollte als nationales „Gewissen" dienen und einen ethischen Handlungsraum jenseits parteilicher Vorgaben schaffen.[169] Die Grundintention dieser die realpolitischen Machtkonstellationen häufig übersehenden Überlegungen war es, den prinzipiellen Gegensatz zum NS-Staat kirchenpolitisch zu unterlaufen, um in der so gesicherten Volkskirche ein Reservoir an ethischen Überzeugungen aufrecht zu erhalten, die sich nicht mit dem Nationalsozialismus verrechnen ließen. Mit Bedauern wurde zur Kenntnis genommen, dass es dem kirchlichen Liberalismus nicht gelang, in einem nationalen Protestantismus „B{ekennende] K[irche] und

---

166 Theologiepolitische und ethische Einwände erschwerten liberalen Theologen wie Mulert trotz häufig ähnlicher Intentionen die Beteiligung an der Bekennenden Kirche, wie Mulert umgekehrt aufgrund seiner liberalen Vergangenheit dem schleswig-holsteinischen Bruderrat nicht beitreten durfte. Mulerts Kritik fiel harsch aus: Die bekenntniskirchlichen Verbände erschienen ihm aufgrund der wiederholten Erklärung, „man stehe auf dem Boden des 3. Reiches […] halbpolitisch"; zitiert nach: Friedrich Wilhelm Kantzenbach: Widerstand und Solidarität der Christen in Deutschland 1933 bis 1945, Neustadt/Aisch 1971, S. 103; vgl. Brief Hermann Mulert an Wilhelm von Pechmann, 22.11.1934, in: Bayerische Staatsbibliothek München, Pechmanniana I,2. Der „dogmatische Kampfeseifer" würde die dringenden ethischen Konsequenzen ihres Christentums überdecken und das angesichts von Gewalt und Antisemitismus dringend notwendige „Bekenntnis der Tat" verhindern; vgl. Hermann Mulert: Läßt sich die Volkskirche erhalten?, Görlitz 1936, S. 37 f; Ders.: Ethische Irrlehren, in: CW 48 (1934), S. 108–111.
167 Hermann Mulert: Zu elfter Stunde, in: CW 51 (1937), S. 101 f; vgl. den Tagungsbericht: Volkskirchliche Tagung in Frankfurt a. M., in: ebd., S. 148–150. Die Tagung fand am 14./15.2.1937 in Frankfurt statt.
168 Führer, Mulert, S. 90; Nowak, Kirche, S. 258; vgl. kontextualisierend zu Mulerts kirchenpolitischen Vorstellungen Mandy Rabe: Zwischen den Fronten. Die „Mitte" als kirchenpolitische Gruppierung in Sachsen während der Zeit des Nationalsozialismus, Leipzig 2017, S. 322–329.
169 Vgl. Hermann Mulert: Staatskirche, in: CW 48 (1935), S. 971–974.

D[eutsche] C[hristen] zu vereinen"; stattdessen stand der Protestantismus nun unter einem behördlichen „Gewaltregiment", neben dem der lutherische Hochkonservatismus der wilhelminischen Ära zahm aussah und das kritische Potential eines freien Protestantismus erloschen war.[170]

3. Eine ambivalente Diskurslage bestand hinsichtlich des Antisemitismus. Wer die „Christliche Welt" regelmäßig las, konnte die schrittweise soziale und rechtliche Ausgrenzung der jüdischen Bevölkerung teilweise sehr konkret und über den kirchlichen Rahmen hinaus in Nachrichten, Verbandsmitteilungen, Dienstentlassungen und Nachrufen verfolgen. Hier hatte die „Christliche Welt" als Kirchenzeitschrift möglicherweise einen größeren publizistischen Freiraum als die politisch exponiertere „Hilfe".[171] Aus dem Kreis um die Zeitschrift wurden Eingaben und Appelle an die Kirche gerichtet, ihrer Verantwortung gegenüber der neuen Lage gerecht zu werden oder doch wenigstens für die getauften Juden einzutreten. Keine Akzeptanz fand der 1933 im kirchlichen Raum eingeführte, den staatlichen Vorgaben vorausgreifende „Arierparagraph", der auf die Hinausdrängung von Christen jüdischer Herkunft aus den evangelischen Gemeinden zielte.[172] Auch aktivierte sich ein liberal geprägtes Unterstützernetzwerk, das sich diskret an der Unterstützung und Hilfsvermittlung für Nichtarier beteiligte.[173] Das konnte nicht darüber hinwegtäuschen, mit welch tiefem Ohnmachtsgefühl auf den Antisemitismus reagiert wurde. Die vereinzelten Bemühungen liberaler Protestantinnen und Protestanten um politische Stellungnahme gegen den Antisemitismus liefen vor den Kirchenbehörden ins Leere und konnten in den um Positionierung bemühten Verbänden keinen Nachhall finden. Gleichsam hilflos fragte Rade: „Wieso schweigt die obere Instanz?"[174]

Weniger deutlich als die Abwehr der sozialen Ausgrenzung waren die Reaktionen auf die rechtlichen Einschränkungen gegenüber Juden. Hatten

---

170 So resümierend der ehemalige Generalsekretär der „Vereinigung der Freunde der Christlichen Welt"; Brief Ewald Stier an Martin Rade, 20.10.1938, in: Universitätsarchiv Marburg, NL Rade.

171 Vgl. zu dieser Wahrnehmung Graf, Liberaler Protestantismus, S. 494.

172 Martin Rade: Der freie Protestantismus zur kirchlichen Lage, in: CW 47 (1933), S. 528; Ders. / Hermann Mulert: Verschiedenes. Die Kirche und die Rassenfrage, in: ebd., 526–527.

173 Neben Rade ist hier auf Agnes von Zahn-Harnack zu verweisen, die Rade von ihrer halbironisch „Hort Israels" genannten Hilfstätigkeit berichtete, die aber aufgrund ihrer Bruchstückhaftigkeit nur ein „Gefühl der Beschämung" hinterließ; Brief Zahn-Harnack an Rade, 19./20.10.1936, in: Universitätsarchiv Marburg, NL Rade, MS 839; vgl. Gisa Bauer: Agnes von Zahn-Harnack und Elisabeth von Harnack: liberale Protestantinnen im Widerstand, in: Gailus/Vollnhals, Herz, S. 21–48; zu Rade vgl. Kantzenbach, Werden; zum Kontext Wolfgang Gerlach: Als die Zeugen schwiegen. Bekennende Kirche und die Juden, Berlin 1993.

174 Martin Rade: Pfingsten 1933, in: CW 47 (1933), S. 482–484.

Rade, Mulert und andere Vertreter des liberalen Kulturprotestantismus seit dem Kaiserreich häufig unter Integrationserwartungen den Rassenantisemitismus abgelehnt und eine innere Verbundenheit zwischen Christentum und Judentum anerkannt, zugleich aber auch eine kulturelle Fremdheit des Judentums nie völlig abgestritten, stand man nach 1933 einem einschneidenden rechtlichen Vorgehen gegenüber, dem die protestantischen Staatsorientierungen nur wenig entgegenzusetzen hatten. Der Berliner Theologieprofessor Arthur Titius legitimierte 1934 den vom „deutschen Staat und deutschen Volk" geführten Kampf gegen „immer weitere Rassenmischung".[175] Auch Martin Rade reagierte auf die „Nürnberger Gesetze" vom 15. September 1935 letztlich damit, dass er den Grundsatz der Rechtsgleichheit wie auch die Idee der kulturellen Assimilation des Judentums aufgab.[176] Selbst sonst regimekritische Theologen bezogen sich auf Elemente der nationalsozialistischen Weltanschauung und gaben die religiöse Verbindung zum Judentum preis, wenn sie das Christentum als eine „arteigene Religion" zu begründen suchten, eine vom Volkstum her gedachte „Bodenfrömmigkeit" einforderten oder eine universale „Travellerfrömmigkeit […] ohne Heimatgefühl" abwiesen.[177]

Bis 1935 gelang es Mulert punktuell, den NS-Rassenantisemitismus als Entrechtungssystem zu thematisieren, dem zudem als Teil einer ideologischen „Neu- und Umschulung" die wissenschaftliche Grundlage fehlte.[178] Jü-

---

175 Arthur Titius: Zur Rassenfrage, in: CW 48 (1934), S. 405–410.

176 Martin Rade: Zur deutschen Judengesetzgebung, in: CW 49 (1935), S. 994–997; vgl. dazu die Diskussion bei Gerlach, Zeugen, S. 160–163; Nagel, Martin Rade, S. 257–260.

177 Carl Mensing: Ludwig Klages und wir Christen, in: CW 49 (1935), S. 261–267. Der sächsische Pfarrer Mensing verstand sich gleichwohl als ein „alter Liberaler", der zu den „Notbrüdern", also dem Pfarrernotbund, gehörte; vgl. Ders.: Jesus als wahrer Mensch, in: CW 52 (1938), S. 517–522; zu Mensing als liberaltheologischem Verbandsfunktionär im Bund für Gegenwartschristentum vgl. Walter Feurich: Materialien zum Lebenswerk von Carl Mensing (1863–1953). Ein Beitrag zur neueren Kirchengeschichte Sachsens, Halle 1977. Mit ähnlicher Stoßrichtung äußerte sich der Berliner Stadtpfarrer Hermann Sauer: Die Heimatidee in ihrer glaubensgeschichtlichen Bedeutung, in: CW 51 (1937), S. 201–205. Spekulationen über eine „arteigene Religion" stellte besonders der Hamburger Religionsphilosoph Kurt Leese an; vgl. Kurt Leese: Rasse und Religion, in: ebd., S. 512–516; vgl. Ders.: Das Problem des „Arteigenen" in der Religion, Tübingen 1934; zu Leese vgl. Anton Knuth: Der Protestantismus als moderne Religion. Historisch-systematische Rekonstruktion der religionsphilosophischen Theologie Kurt Leeses (1887–1965), Frankfurt am Main 2005.

178 Otto Hubele: Rasse als Problem und Aufgabe, in: CW 49 (1935), S. 203–208, 251–256; vgl. Hermann Schuster: Geschichtsbewußtsein und Volksbewußtsein, in: ebd., S. 243 f; Ders.: Was sagt die Wissenschaft über Israels Urgeschichte?, in: ebd. 51 (1937), 65–77; Georg Brod: Mythus oder Christentum?, in: ebd., S. 404–408; [Otto Hubele?]: Blick in die Welt. Rasse und Bevölkerungspolitik. Rasse und Blut, in: ebd., S. 379 f; August Schowalter: Berliner Religionsgespräche, in: ebd., S. 419–423.

dische Perspektiven blieben durch Berichte und Rezensionen präsent, traten allerdings zunehmend im christlichen Deutungskorsett auf und hinter den protestantischen Auseinandersetzungen um die theologische Bedeutung des Alten Testaments zurück.[179] Deutsch-christlichen Germanisierungstendenzen wurde widersprochen und zumindest eine wissenschaftliche Aufrichtigkeit eingefordert.[180] Teilweise in religiöse Sprache gehüllt und mitunter sehr verklausuliert, übte Mulert Kritik und appellierte bis in den Weltkrieg hinein an menschliche Verhaltensweisen, ohne jedoch mehr zu einer ausdrücklichen Benennung der antisemitischen Übergriffe und Gesetzgebung zu kommen.[181] Als er noch 1941 davor warnte, dass kein „Kastenwesen" Trennlinien in der Bevölkerung aufbauen dürfe, bedurfte es einer sehr aufmerksamen Leserschaft, um darin einen Verweis auf den Antisemitismus zu finden.[182]

4. Schließlich war Mulert nicht bereit, die ökumenische und auf Völkerverständigung ausgerichtete Tradition seiner Zeitschrift aufzugeben. Das kam durch den Abdruck internationaler Autoren oder von Auslandberichten zum Ausdruck, etwa durch den für die „Hilfe" schreibenden Frankreichexperten Paul Distelbarth,[183] aber auch in regelmäßigen Berichten über internationale christliche Konferenzen, auf denen immer wieder besorgt nach der politi-

---

179   Vgl. in seiner die sozialen und menschlichen Bezüge kaum genügend aufzeigenden Problemhaftigkeit exemplarisch Gerhard Jasper: Die Theologie der jüdischen Vortrupp-Bewegung, in: CW 49 (1935), S. 784–789.

180   Das tritt beispielhaft an den Kommentaren zum 1939 als kirchlicher Beitrag zu einer dezidiert antisemitisch begründeten NS-Wissenschaft in Eisenach eingerichteten „Institut zur Erforschung und Beseitigung des jüdischen Einflusses auf das deutsche kirchliche Leben" hervor, das die CW als reines Ideologieprojekt wahrnahm; vgl. die nicht gezeichneten Beiträge: Protestantische Kultur. Evangelische Kirche und Judentum, in: CW 53 (1939), S. 424; Blick in die Welt. Spruch und Widerspruch. Konsequenz eines „arischen Christentums", in: ebd., S. 463–464; die Bewertung, dass vom Christentum ohne jüdische Grundlage nichts übrig bleibe, wird in Form eines Zitats aus der NS-Zeitschrift „Nordland" gebracht. Zum Institut vgl. die Darstellung von Oliver Arnhold: „Entjudung" – Kirche im Abgrund, Berlin 2010.

181   So forderte er 1938 mit einer paradoxen Bemerkung zu selbständiger Urteilsfähigkeit gegenüber den NS-Rechtsvorstellungen auf: „Nicht daß wir den Wert staatlicher Rechtsordnung daraufhin gering achten wollten, daß Jesus ihr Opfer geworden ist […]"; Hermann Mulert: Ärgernis und Torheit, in: CW 52 (1938), S. 508.

182   Ders.: Lutherisch, reformiert, deutschchristlich, in: CW 55 (1941), S. 198–202.

183   Hans Manfred Bock: Paul H. Distelbarth. Ein Anwalt alternativer Frankreich-Sicht und Frankreich-Politik in Deutschland, in: Paul Distelbarth: Das andere Frankreich. Aufsätze zur Gesellschaft, Kultur und Politik Frankreichs und zu den deutsch-französischen Beziehungen 1932–1953, hg. von Hans Manfred Bock, Bern/Berlin 1997, S. 3–97, zu den Kontakten zu Rade vgl. S. 19 f.

schen Lage in Deutschland gefragt wurde.[184] Auch raumpolitische Planspiele wurden mit deutlichen Bedenken thematisiert. Mulert warnte 1935 in der „Hilfe" vor einem neuen Imperialismus, der gegen den Willen der Bevölkerung in einen weiteren Weltkrieg führen könnte.[185] Als dieser nach 1939 Realität geworden war, rückte statt Kriegspropaganda die europäische Verständigung und die Errichtung einer Weltordnung auf „Grundlage dauerhaften Völkerfriedens" und „gesunder Zusammenarbeit der Menschen" in den Fokus.[186]

6. Resümee

Die Diskurse der „Christlichen Welt" ab 1930 lassen sich weder eindeutig als Beitrag zu einer liberal unterfütterten Widerständigkeit noch als Beleg für einen nationalprotestantisch begründeten *„völkisch liberalism"* deuten.[187] Bis 1933 gelangen der Zeitschrift trennscharfe Einsichten über die Politikziele der NS-Partei, auf welche die in der DDP aktiven Theologieprofessoren Martin Rade und Hermann Mulert mit einer beinahe fieberhaften publizistischen Tätigkeit zu antworten suchten. Eine Weckung der bürgerlichen Mitte durch eine erneuerte liberale Kulturpolitik sowie eine verstärkte demokratische Bewusstseinsbildung in den vielfach antidemokratische Ressentiments pflegenden evangelischen Landeskirchen waren die Mittel, durch die Rade und Mulert die Republik in ihrer akuten Krisenphase zu stärken hofften. Man nahm deutlich den durch die NS-Propaganda beschleunigten Antisemitismus wahr und reagierte auf die Übergriffe und Straßenkampfszenen, mit denen die Partei das staatliche Gewaltmonopol zu unterminieren suchte.[188] Dass die politischen Polarisierungsprozesse einen Abgesang auf liberales Denken, gar das Ende des bürgerlich-liberalen Zeitalters insgesamt ankündigen sollten,

---

184 Hermann Mulert: Das ökumenische Jahr, in: CW 51 (1937), S. 3–8; Eduard Platzhoff-Lejeune: Vom 12. Weltkongreß für freies Christentum, in: ebd., S. 708–711; Friedrich Siegmund-Schultze: Die Weltkirchenkonferenz von Oxford, in: ebd., S. 749–756, 833–836, 864–875, 909–914, 953–958, 997–1000.
185 Hermann Mulert: Imperialismus, in: Die Hilfe 41 (1935), S. 313–315; vgl. Ders.: Kriegsgewöhnung und Friedenswille, in: ebd. 42 (1936), S. 204.
186 Ders.: Von 1919 bis 1939, in: CW 54 (1940), S. 272–274; Ders.: Die Verteilung der Erde, in: ebd. 55 (1941), S. 130–136.
187 Vgl. zu diesem Begriff Eric Kurlander: The Price of Exclusion: Ethnicity, National Identity, and the Decline of German Liberalism, New York 2006.
188 So prägnant Hermann Mulert: Parteiuniform und Staatsautorität, in: Deutscher Aufstieg Nr. 34, 21.8.1932.

wurde mit Besorgnis beobachtet, aber nicht hingenommen. Der Aufstieg der NSDAP im Laufe des Jahres 1933 wurde dann als eigenes politisches Scheitern empfunden: Man habe zu spät und nicht energisch genug reagiert, lautete Martin Rades selbstkritische Analyse.

Thesenartig lässt sich formulieren:

1. Der Kreis um Martin Rade und die „Christliche Welt" befand sich trotz vielfachen Gegenwindes vor allem auf dem kirchlich-theologischen Diskursfeld in der Krisenphase der Weimarer Republik ab 1930 durchaus nicht nur auf dem organisatorisch-intellektuellen Rückzug. Aus Sicht des Herausgebers jedenfalls hatte die „Christliche Welt" Anfang der 1930er Jahre ein einheitliches Profil gewonnen und konnte auf einer geteilten Grundstimmung seiner Leser aufbauen: „Ich glaube, daß die CW jetzt die große Mehrheit der Freunde hinter sich hat."[189] Ihm war dabei durchaus bewusst, dass die Zeitschrift im kirchlichen Spektrum mit ihrer Betonung von Verfassungstreue und Republikanismus ein Sammelbecken für umstrittene Einstellungen war, die er im Sinne von Kulturstaatlichkeit, Sittlichkeit und Demokratieverständnis zu fördern hoffte: Aus seiner Sicht war die Zeitschrift „eine Heimat geworden für Geister, die anderswo keine Zuflucht fanden."[190]

2. Vor diesem Hintergrund waren Rade und Mulert 1933 auch nicht bereit, die Identität eines liberal ausgerichteten Diskursnetzwerkes vor dem sich etablierenden NS-Regime aufzugeben. War man sich einerseits der mangelnden politischen Handlungsoptionen als gesellschaftliche und kirchliche Minorität schmerzlich bewusst, signalisierte der Kreis um Rade doch deutlichen Selbstbehauptungswillen. Auch über das Verbot der „Vereinigung der Freunde der Christlichen Welt" im Jahr 1934 hinaus entwickelte Rades Umfeld in Briefen und privaten Treffen eine kohäsive Dynamik, die es möglich machte, sich bis zum Verbot der Zeitschrift 1941 als erkennbare Gruppierung um das Blatt zu scharen. Einzelne Zensurmaßnahmen und Verweise gingen bis 1941 nicht so weit, die Distribution und Lektüre der Zeitschrift einzuschränken.

3. Die relativ hohe Stabilität des Leser- und Autorenkreises um die Zeitschrift zeigt, dass es Mulert gelang, durch die kontinuierlichen Verweise auf liberale Traditionen und Denkbestände seinem Umfeld eine gewisse Resistenzkraft gegenüber der NS-Ideologie zu verleihen, die gleichwohl die öffentliche und publizistische Weiterexistenz des Kreises unter der Diktatur er-

---

189 Martin Rade: Zum 5. bis 7. Oktober, in: AdF, Nr. 102, 25.8.1931, S. 1047–1049.
190 Ders.: Freunde der Christlichen Welt in Friedrichroda, in: AdF, Nr. 103, 4.12.1931, S. 1056–1069.

möglichte.[191] Die in der „Christlichen Welt" geführten Diskurse hinterlassen
streckenweise den Eindruck, dass es der Zeitschrift möglich war, als Auffangbecken für liberale Einstellungen zu dienen, die sonst keinen publizistischen
Ort mehr finden konnten. Dafür sorgte zunächst die diskursive Nähe zur
Zeitschrift „Die Hilfe", mit der ein reger Austausch stattfand. Ab Mitte der
1930er Jahre lässt sich erkennen, dass „Hilfe"-Autoren wie Gertrud Bäumer
oder Paul Rohrbach sich verstärkt im Umfeld der „Christlichen Welt" oder
des Evangelisch-sozialen Kongresses engagierten. Die Zeitschrift bot keinen
Oppositionsdiskurs, sondern ermöglichte den Erhalt der Gruppenidentität
durch den Aufbau eines Gegennarrativs in Form einer protestantisch-liberalen Erinnerungskultur. Die „Christliche Welt" lebte aus dem Vergangenen
heraus: Rückbezüge auf den Patriotismus der Aufklärungszeit und die national-sozialen Aufbrüche um Friedrich Naumann erhielten nun neue Relevanz,
während sich die konkreten kirchlichen und öffentlichen Gestaltungsmög-
lichkeiten zusehends verringerten. Der Kreis um Martin Rade und Hermann
Mulert hielt trotzdem daran fest, liberale Denkbestände in die NS-Gesellschaft einzutragen. Eine weitergehende Erschließung der kulturprotestantischen Milieus in ihren politischen Potentialen dürfte daher auch der Liberalismusforschung weitere Tiefenschärfe verleihen. Die bürgerlich-liberalen
Wertehorizonte endeten nicht an den Zäsuren 1918 oder 1933, sondern fanden im Zeitschriftennetzwerk, in der Kommunikationsgemeinschaft mit den
Naumannianern aus dem „Hilfe"-Kreis sowie in bisher kaum erschlossenen
regionalen Zirkeln und Kreisen eine Fortsetzung.

4. Die Versuche Rades und Mulerts, sich als liberale Protestanten ein Min-
destmaß ethischer Eigenständigkeit im NS-Regime zu bewahren, ragen publizistisch insulär aus dem Zeitschriftendiskurs heraus und lassen sich nicht für
das Umfeld der Zeitschrift insgesamt geltend machen. Vielmehr reichte das
Reaktionsspektrum von Rückzug und Verweigerungshaltung bis hin zu An-
passungsbereitschaft und Kooperationsangeboten. Ohne sich vollständig mit
dem Nationalsozialismus verrechnen zu lassen, bargen die kulturprotestantischen Vorstellungen des starken Kulturstaats, der „Volksgemeinschaft" und
des „nationalen Sozialismus" breite Deckungsflächen, die eine Einordnung,
bisweilen auch eine ideologische Kooperation mit dem NS-Staat und den
gleichgeschalteten Landeskirchen ermöglichten.[192] Der staatliche „Neubau",

---

191 Zu den Begriffsspielen um „Nonkonformität", „Dissens", „Opposition" vgl. differenzie-
rend Blaschke, Kirchen, S. 191–202.
192 Zu den protestantischen Wurzeln eines „nationalen Sozialismus" vgl. Frank Fehlberg:
Protestantismus und Nationaler Sozialismus. Liberale Theologie und politisches Denken um
Friedrich Naumann, Bonn 2012.

die Überwindung moderner Unübersichtlichkeit durch nationalen Geist, schließlich auch das Versprechen einer Rechristianisierung bisweilen selbst in deutsch-reformatorischen Synthesegebäuden enthielten Schnittstellen, die manche Liberale zu bereitwilligen Unterstützern des NS-Staats werden ließen. Für manche Personen aus dem Rade-Umfeld öffnete dieses Ideenspektrum den Weg zu den Vereinigungen der „Deutschen Christen". Die „Christliche Welt" zog hier keine eindeutige Grenzlinie, sondern agierte unter dem Anspruch, als Kulturzeitschrift allseits auskunfts- und anschlussfähig zu bleiben; sie hielt zudem unter der von Mulert repräsentierten volkskirchlichen Linie gezielt einen kirchenpolitischen Mittelkurs ein. Mit Friedrich Wilhelm Graf lässt sich konstatieren, dass sich aus den liberaltheologischen Konfigurationen heraus vor allem gegenüber dem Antisemitismus nur wenig „konkrete Resistenz" entgegensetzen ließ.[193] Doch ebenso zeigt sich ein liberaler Beharrungswille, der sich auf publizistischer und organisatorischer Ebene bis in den Zweiten Weltkrieg hinein in Distanz zur NS-Ideologie realisierte.

---

193 Graf, Liberaler Protestantismus, S. 507.

Täter, Profiteure, Oppositionelle:
Handlungsspielräume und Handlungsformen
von Liberalen im NS-Regime und in Europa

BEATE MEYER

Sich selbst treu geblieben?

Der Liberale Werner Stephan in der NS-Administration

Die Hamburger Tagebuchschreiberin Luise Solmitz, die Historiker gern als „authentische Stimme" einer überzeugten Nationalsozialistin zitieren, sah sich 1933 in einem Gewissenskonflikt, der sie monatelang umtrieb: Es hätten sich so viele „Gesinnungslumpen" in die nationalsozialistische Bewegung eingeschlichen, und sie betrachtete es als vornehme Pflicht eines jeden guten „Volksgenossen", diese namhaft zu machen. Einen hatte sie besonders im Auge: Ihren Bruder Werner Stephan, der wider Erwarten von der Presseabteilung der Reichsregierung, wo er seit 1929 arbeitete, in Goebbels' neu gegründetes Reichsministerium für Volksaufklärung und Propaganda (RMVP) übernommen worden war.

Werner Stephan hatte ihr in den schwierigsten Phasen ihres Lebens (uneheliches Kind, Versorgungsehe, Scheidung, Heirat des jüdischen Kindsvaters) immer zur Seite gestanden, aber: Er war ein überzeugter Liberaler. Zu diesen hatte sie auch einst gehört, dann aber ihren Weg über die Deutschnationale Volkspartei (DNVP) zum Nationalsozialismus gefunden. So notierte sie:

> „Nun aber Werner! … Was die größten u. schäbigsten Bonzen nicht fertig brachten, er hat's gekonnt. Er, der Gesinnungslump, wie es keinen zweiten gibt. […] Wenn alles sagte: Werner fliegt, sagte ich: er ist schlauer, er ist glatter als alle, denn er ist gewissenloser. […] Er, der noch vor kurzem Amerika, Österreich, die Schweiz ‚aufklärte', d. h. aufhetzte gegen Hitler! […] Ich kann Werner nicht verraten, – darf ich Hitler verraten, der Deutschland ist?"[1]

---

1 Abgedruckt in: Frank Bajohr / Beate Meyer / Joachim Szodrzynski (Hg.): Bedrohung, Hoffnung, Skepsis. Vier Tagebücher des Jahres 1933, Göttingen 2013, S. 177 f.

Luise und ihr jüdischer Ehemann stellten nun Material über Werner Stephan zusammen und übergaben es dem Fichte-Bund, später auch anderen Stellen, damit Werner Stephans politische Vergangenheit einerseits „nach oben" gemeldet würde, andererseits jedoch ihre Urheberschaft verborgen blieb. Doch zu Luises späterer Erleichterung verlief die Denunziation im Sande und der Bruder erfuhr davon nie. Was Luise nicht wusste: Die Entscheidung, Regierungsrat Werner Stephan zu übernehmen, war „oben", nämlich von Goebbels persönlich und in voller Kenntnis der Person getroffen worden.[2]

Warum hatte sich Goebbels für Stephan entschieden, und vor allem: Warum hatte dieser das Angebot des Propagandaministers angenommen? War Werner Stephan nur ein Opportunist, wie seine Schwester annahm, oder gab es Schnittmengen in den politischen Positionen, die es dem Liberalen Werner Stephan ermöglichten, sich in das Propagandaministerium und später in die Wehrmachtspropaganda zu integrieren und davon auch bis Kriegsende nicht abzurücken? Deshalb soll im Folgenden zunächst untersucht werden, welche politischen Positionen Werner Stephan am Vorabend der nationalsozialistischen Machtübernahme einnahm. Weiter soll danach gefragt werden, welche Fähigkeiten er als Experte für das Pressewesen in seine Arbeit im Propagandaministerium einbrachte, welche Anpassungsleistungen sein Dienstherr dort erwartete und wie sich seine Beamtenlaufbahn entwickelte. Schließlich gilt die Aufmerksamkeit seinen (retrospektiven) Beurteilungen bzw. Rechtfertigungen dieser Tätigkeit angesichts seines Comebacks in der bundesdeutschen liberalen Partei.

1. Der Demokrat

Werner Stephan, geb. 1889, und seine Schwester Luise, geb. 1885, waren in Altona in einer gutbürgerlichen Familie aufgewachsen.[3] Der Vater, ein Bismarckanhänger und sogenannter „Alldeutscher", amtierte zwölf Jahre dort als Stadtverordneter, während Werner schon als Jugendlicher Flugblätter für den linksliberalen Kandidaten verteilte. 1913 hatte Werner Stephan sein Abitur abgelegt und dann bis zur Einberufung zum Wehrdienst Nationalökonomie studiert. Aus dem Ersten Weltkrieg kehrte er als Oberleutnant, ausgezeichnet

---

2 Werner Stephan: Acht Jahrzehnte erlebtes Deutschland. Ein Liberaler in vier Epochen, Düsseldorf 1983, S. 220 f.
3 Zur Familie Stephan vgl. Beate Meyer: Zwischen Begeisterung und Skepsis. Die Wandlung der Luise Solmitz im Spiegel ihrer Tagebücher, in: Bajohr/Meyer/Szodrzynski, Bedrohung, S. 127–142.

mit dem EK I, zurück, setzte das Studium jedoch nicht fort, sondern begann, in Bremen journalistisch und als Parteisekretär für die Deutsche Demokratische Partei (DDP) zu arbeiten. 1922 avancierte er zu ihrem Reichsgeschäftsführer. 1924/25 gehörte er dem Reichsbanner Schwarz-Rot-Gold an, das seine Partei mitgegründet hatte. 1926 heiratete er Else Kieselhorst, die er in liberalen Kreisen um Theodor Tantzen kennengelernt hatte. Das Ehepaar bekam zwei Söhne.

Im Jahre 1927 scheiterte Werner Stephans Kandidatur zum Abgeordneten des Preußischen Landtages knapp. Damit schied für ihn eine Berufsperspektive als Politiker aus, und er trat im Frühjahr 1929 in die Presseabteilung der Reichsregierung ein, die zum Auswärtigen Amt gehörte. Dort arbeitete er zunächst für Gustav Stresemann, wurde verbeamtet und 1930 zum Regierungsrat ernannt. Nebenher blieb er für die DDP-Nachfolgerin Deutsche Staatspartei tätig, schrieb Artikel und Kolumnen für Gertrud Bäumers Zeitschrift „Die Hilfe" und – anonym – als Auftragsarbeit Theodor Tantzens eine Anti-Nazi-Broschüre mit dem Titel „Bürger und Bauer erwache. Gegen die nationalsozialistischen Reichszerstörer".[4] Diese Schrift ließ er über das Auswärtige Amt im großen Stil im Ausland verteilen. Sie endete:

> „Nationalsozialismus heißt Vernichtung der deutschen Kultur, der deutschen Wirtschaft, des deutschen Staates. Nationalsozialismus heißt Zerstörung aller überlieferten Werte, aller Autorität und dahinter – Chaos. Mit dieser Bewegung gibt es kein Paktieren! Alle positiven Kräfte des deutschen Landvolks, des Bürgertums, der Arbeiterschaft müssen sich zusammentun, um dem trüben Spuk der Hitler-Nachbeter ein Ende zu machen."[5]

Zwar positionierte sich Stephan mit dieser Schrift als vehementer Gegner des Nationalsozialismus, doch fällt gleichzeitig auf, dass er diesem nicht die drohende Beseitigung von Freiheit und Demokratie vorwarf. Stattdessen – so Stephan – bräche im Falle der NS-Machtübernahme ein anarchisches „Chaos" aus, das den „deutschen Staat" und die staatliche „Autorität" unterhöhlen werde. Nicht das Gegensatzpaar Freiheit versus Diktatur, sondern Chaos versus Ordnung bestimmte seine Argumentation. Was aber, wenn im Falle der NS-Machtübernahme das Chaos und der Zerfall der Nation ausblieben? Und wenn als politisches Fernziel Deutschland wieder zu (alter?) Größe geführt werden sollte? Hier deuteten sich bereits jene argumentativen Brücken an, mit denen der auf Nation und staatliche Ordnung fixierte Liberale Werner

---

4   Anonymus: Bürger und Bauer erwache! Gegen die nationalsozialistischen Reichszerstörer. Der Freiheit gewidmet!, Oldenburg 1931, URL: www.tantzen.com/uploads/docs/Buerger BauerErwache.pdf [26.6.2018].
5   Ebd., S. 32.

Stephan sein „Mitmachen" nach 1933 vor sich rechtfertigen konnte und die ihm nach 1945 ein Weitermachen ermöglichten.

Bereits während seiner beruflichen Tätigkeit für die DDP hatte sich Stephan nicht durch politische Ideen profiliert, sondern seine Rolle als fähiger Organisator und Analytiker des politischen Geschehens gefunden. Dies spiegelt sich ebenso in den Protokollen der Führungsgremien der DDP und der Deutschen Staatspartei wider, die er oftmals als Protokollant selbst anfertigte. Auch die von ihm verfasste Parteigeschichte „Aufstieg und Verfall des Linksliberalismus" zeugte in erster Linie von seinen organisatorisch-analytischen Fähigkeiten: Wenn er auf hunderten Seiten überhaupt als Person kenntlich wird, dann, um ein neues Organisationsschema oder einen Werbefeldzug vorzustellen, um mit scharfem Blick für gesellschaftliche Veränderungen und deren Folgen Wahlergebnisse zu analysieren oder organisatorische und strukturelle Defizite seiner Partei oder deren Gliederungen herauszuarbeiten.[6] Nicht immer lag er damit richtig: 1930 beobachtete er mit Sorge, dass „die entwurzelten Schichten des Bürgertums" der NSDAP zuliefen, glaubte aber noch, ginge es dem Mittelstand künftig besser, würde diese Partei wieder verschwinden.[7] Ein Jahr später hatte er diese Hoffnung aufgeben müssen. Wenn er in der oben zitierten Broschüre „Bürger und Bauer erwache" die Absichten, das Auftreten und die ausgebliebenen Erfolge der nationalsozialistischen Reichstagsabgeordneten analysierte, sah er überall Fehler, Dürftigkeit, Weltfremdheit und gefährliches Auftrumpfen der NSDAP-Vertreter, die er dem „entwurzelten Mittelstand" zurechnete.[8] Seine Kritik zielte vor allem auf die politische Praxis der Nationalsozialisten. In der politischen Semantik wie bei einzelnen Teilzielen zeichneten sich zwischen Stephan, der dem rechten Flügel des Linksliberalismus zuzurechnen war, und den Nationalsozialisten neben fundamentalen Differenzen auch gewisse Schnittmengen ab:

> Nationalpolitisch wird [von der NSDAP; B.M.] die Verwirklichung des großdeutschen Gedankens verlangt, die Aufhebung der Friedensverträge, die Zuteilung von Kolonialgebieten. Das Verlangen nach dem großdeutschen Staat ist jedem deutschen Volksgenossen selbstverständlich. Es findet seinen Niederschlag in den Programmen aller deutschen Parteien. Tatsächlich aber haben die Nationalsozialisten seiner Ver-

---

6   Vgl. Konstanze Wegner / Lothar Albertin: Linksliberalismus in der Weimarer Republik. Die Führungsgremien der Deutschen Demokratischen Partei und der Deutschen Staatspartei 1918–1933, Düsseldorf 1980, Beispiele S. 461, 470; Werner Stephan: Aufstieg und Verfall des Linksliberalismus 1918–1933. Geschichte der Deutschen Demokratischen Partei, Göttingen 1973, Beispiele S. 307–310.

7   Werner Stephan: Entwurzelter Mittelstand. Zur Berufsstatistik der nationalsozialistischen Reichstagsfraktion, in: Die Hilfe 36 (1930), H. 52, S. 1285–1288, hier S. 1288.

8   Ebd.

wirklichung bisher nur Hindernisse in den Weg gestellt. Der erste Schritt zur Errichtung des großdeutschen Reiches muß der Anschluß Österreichs sein."[9]

Solche punktuellen Übereinstimmungen – nicht zuletzt in der Semantik – haben zu Stephans „Mitmachen" nach 1933 zweifellos beigetragen.

Zwingend war diese Entwicklung allerdings nicht, fürchtete er im Januar 1933 doch zu Recht, aus dem Staatsdienst entlassen zu werden. Dank der Fürsprache prominenter nationalsozialistischer Journalisten änderte sich zunächst nichts für ihn.[10] Auch nach den März-Wahlen 1933 und nachdem die Pressestelle dem neugeschaffenen Reichsministerium für Propaganda und Volksaufklärung eingegliedert worden war, blieb alles beim Alten. Goebbels persönlich soll entschieden haben, Stephan wegen „Kenntnis des technischen Apparates"[11] zu behalten, was seine organisatorischen und analytischen Fähigkeiten einschloss, und der Minister revidierte dies bis März 1945 nicht.

2. Im Propagandaministerium

Nun begann die Zeit, die die familiäre Überlieferung Stephans „Trauma" nennt:[12] die zwölfjährige Tätigkeit in einem der zentralen Ministerien des Deutschen Reichs, wo politische Informationen und deren propagandistische Verwertung, Verdrehung bzw. die Entscheidung zu ihrer Geheimhaltung zusammenliefen.

Zu den Aufgaben des stellvertretenden Abteilungsleiters Werner Stephan gehörte die Vorbereitung der täglichen Pressekonferenz für die Schriftleiter der Zeitungen. Dieses Gremium war nach dem Ersten Weltkrieg von Journalisten selbst geschaffen worden. Goebbels wandelte es in ein Instrument der Presselenkung um. Stephan und sein Vorgesetzter gehörten zu den 20 – später bis zu 40 – ständigen Teilnehmern (Stand 1940) dieser Veranstaltung. Hier erhielten die ca. 150 Journalisten nicht nur Anweisungen für die Berichterstattung,[13]

---

9 Anonymus, Bürger, S. 6.

10 Stephan, Jahrzehnte, S. 215 f.

11 Lebensbeschreibung Werner Stephan, 25.9.1946, in: Bundesarchiv Berlin (BArch), Sammlung Berlin Document Center, Personenbezogene Unterlagen der Reichskulturkammer (RKK), R 9361 V/155048; vgl. auch Biographisches Handbuch des deutschen Auswärtigen Dienstes 1871–1945, Bd. 4, hg. von Maria Keipert, Paderborn u. a. 2012, S. 352.

12 Enno Stephan: Seinerzeit in Babelsberg. Unveröffentlichte Familienchronik, o. D., S. 9.

13 Willi A. Boelcke (Hg.): Kriegspropaganda 1939–1941. Geheime Ministerkonferenzen im Reichspropagandaministerium, Stuttgart 1966, S. 70; Max Bonacker: Goebbels' Mann beim Radio. Der NS-Propagandist Hans Fritzsche (1900–1953), München 2007, S. 45.

sondern es wurden auch unerwünschte Themen benannt und einzelne Artikel gelobt oder gerügt, was oft, aber nicht immer, Stephan übernahm. Während der Sitzungen wurde er mit weiteren Aufgaben betraut wie Verteilerlisten erstellen, Informationen weiterleiten und ähnliches.[14] Später, als Reichspressechef Otto Dietrich Goebbels im eigenen Hause Konkurrenz machte, verwandelten sich die Pressekonferenzen in „Ministerkonferenzen" mit Vorkonferenzen, und es kam Dietrichs „Tagesparole" hinzu, die ebenfalls täglich eingeholt, formuliert und – noch einmal abgestimmt – auf einer Konferenz, die Stephan ebenfalls leitete, weitergegeben werden musste.[15] Zudem wertete Stephan die Auslandspresse aus, d. h. er kannte dadurch auch die Inhalte nichtzensierter Medien aus demokratischen Staaten.

Im Ministerium hatte Stephan kleinere Konflikte zu lösen, die sich aus der NS-Politik ergaben, beispielsweise als die studentischen Verbindungen gleichgeschaltet wurden und einige Alte Herren Einspruch erhoben.[16] Werner Stephan besaß ganz offensichtlich großes Verhandlungsgeschick, konnte schnell das Wesentliche vom Unwesentlichen trennen und pragmatisch mit den Gesprächspartnern nach Lösungen suchen. Als geschulter politischer Kopf erfasste er stets sofort, welche Folgen ein Ereignis oder eine Entscheidung zeitigen konnten und wie sich diese auf die NS-Propaganda auswirken würde.

Kurzum: Werner Stephan gehörte zwar nicht zu den Mächtigen, doch bewegte er sich im RMVP und ab 1938 als persönlicher Referent Otto Dietrichs jahrelang im Zentrum der Macht. Damit nahm er nach eigenen Worten einen „Logenplatz" ein, einen hervorragenden „Beobachtungsposten", um die Entwicklung des NS-Staates aus nächster Nähe zu verfolgen[17] – und, was er sich nie in seiner Tragweite eingestand, sie in Maßen auch zu befördern. Er hatte dabei gelegentlich mit Hitler oder Himmler zu tun, fand sich auf Dietrichs Anordnung auf dem Berghof oder in der Wolfsschanze ein und verhandelte mit Speer über eine Villa für seinen neuen Dienstherrn. Bisweilen nahm das Ehepaar Stephan an repräsentativen Anlässen teil, wie beim Besuch des ungarischen Reichsverwesers Horthy oder zum Abschluss der Olympiade. Er erlebte nicht nur, wie die Goebbels-Propaganda arbeitete, sondern trug aktiv zu deren Erfolg bei, ein Ziel, das er bis zum Ende des Krieges nicht in Frage

---

14 Vgl. weitere Beispiele dafür in: Boelcke, Kriegspropaganda, passim.
15 Vgl. Doris Kohlmann-Viand: NS-Pressepolitik im Zweiten Weltkrieg. Die „Vertraulichen Informationen" als Mittel der Presselenkung, München u. a. 1991, S. 69–71, hier S. 70.
16 Schreiben von Werner Stephan an (Wilhelm) Kaffl (Reichsstudentenführung), 16.2.1938, mit handschriftlichem Vermerk „erledigt nach Rücksprache", in: BArch, Reichsstudentenführung / NS-Deutscher Studentenbund, NS 38_29.
17 Stephan, Jahrzehnte, S. 251.

stellte. Aber er registrierte auch, wie er später konstatierte, dass Vorgesetzte wie beispielsweise Alfred-Ingemar Berndt (Leiter der Pressekonferenz) ihren Mitteilungen an die Presse nicht einmal den Anstrich von Wahrheit gaben.[18] Mit Stephans Ernennung zu Dietrichs persönlichem Referenten wurde er allerdings Berndt gegenüber weisungsbefugt.[19]

Stephan ging in seiner 1983 publizierten Biographie relativ offen und selbstkritisch mit seiner damaligen Tätigkeit um, wenngleich er einige Aspekte aussparte, wie beispielsweise die in enger Zusammenarbeit mit der NSDAP-Pressestelle und der SS organisierten Reisen für Journalisten in die Konzentrationslager Dachau und Sachsenhausen. Laut Krings wurden den Schriftleitern dabei Gefangene aus jeder Häftlingskategorie „vorgestellt": von den Politischen ein „nordischer Typ", von den übrigen „körperlich Verbildete" oder „gemein und brutal Wirkende", je nach NS-Klischee für diese Gruppe. Anschließend bat Himmler zum Empfang.[20] Journalisten besichtigten später auch die Ghettos im Osten; ob Stephan damit zu tun hatte, kann nicht mit Sicherheit geklärt werden.

3. Die Krise

Warum blieb Werner Stephan 1933 auf seinem Posten? Nach eigenem Bekunden hatte ihm die Ehefrau zugeraten, er habe also Rücksicht auf die Familie genommen, insbesondere auf seine Mutter, die auf seine finanzielle Unterstützung angewiesen gewesen sei. Als sich im November 1938 eine Emigrationsmöglichkeit nach England angeboten habe, habe er diese mit der gleichen Begründung ausgeschlagen.[21]

Musste er jedoch deshalb im RMVP eine nicht unwichtige Funktion ausüben? Hier diente ihm – zumindest retrospektiv – die Angst, „ins Konzentrationslager verbracht und ausgelöscht zu werden", als Erklärung. Andererseits aber habe ihn das Verbleiben in „tiefe Scham", „Verzweiflung" und eine schwere psychische Krise gestürzt, eine Depression mit psychosomatischen

---

18 Nach Stefan Krings: Hitlers Pressechef. Otto Dietrich. Eine Biographie, Göttingen 2010, S. 335.

19 Bonacker, Goebbels' Mann, S. 45.

20 Krings, Pressechef, S. 429 f. Krings stützt sich auf ein Dokument vom 15.10.1939, aus dem Verschiebungen der Pressetermine, nicht aber gesichert die Durchführung der Besichtigung hervorgehen; Dokument in: BArch, Persönlicher Stab Reichsführer SS, NS 19/1396; vgl. auch Bonacker, Goebbels' Mann, S. 224.

21 Stephan, Jahrzehnte, S. 253.

Auswirkungen.[22] Äußerlich stets umgeben von zahlreichen Kollegen, Freunden oder Familienmitgliedern, habe er sich innerlich vereinsamt gefühlt. Zwar traf er weiterhin (ehemals) Liberale im Uhle-Kreis,[23] den er einst mit Erich Koch-Weser (inzwischen nach Brasilien emigriert) ins Leben gerufen hatte, doch hatten sich diese mittlerweile auch den Zeitläuften angepasst und andere, ehemals Deutschnationale wie Nationalsozialisten, waren hinzugekommen.[24] „Liberal konnte man nur in kleinen Konventikeln sein – und in der Emigration", konstatierte er Jahre später.[25] Über seine Probleme habe er anfangs nicht einmal mit seiner radikal-liberalen Ehefrau sprechen können. Er habe sich schließlich selbst damit stabilisiert, dass er beschlossen habe, seine Position zu nutzen, um Gefährdeten zu helfen. Privat begründete er seinen Verbleib im Propagandaministerium damit, dass er und seine Kollegen dort weitgehend vor den Zumutungen der NSDAP geschützt gewesen seien, die in anderen Ministerien üblich waren.[26]

Diese Hilfe für Gefährdete, vor allem mit einem Publikationsverbot belegte Journalisten, bewegte sich stets im Rahmen seiner legalen Möglichkeiten. Meist konnte er vermitteln, Informationen beschaffen oder ähnliches. Pressevertreter, denen er aus der Weimarer Zeit bekannt war, wandten sich deshalb bevorzugt an ihn. Vielzitiert sind seine wiederholten Interventionen für Theodor Heuss, der es ihm verdankte, unter Pseudonym bzw. einem Kürzel weiterhin schreiben zu dürfen.[27] Auch Otto Dietrichs Biograph Stefan Krings hebt Werner Stephans Tüchtigkeit und Zuverlässigkeit als Ministerialbeamter hervor und weist darauf hin, dass die Journalisten ihn als „vergleichsweise

---

22 Ebd., S. 236–240. Die längeren Krankheitszeiten (Grippeerkrankungen) spiegeln sich auch in den zeitgenössischen Tagebucheintragungen seiner Schwester; vgl. Bajohr/Meyer/ Szodrzynski, Tagebücher, passim; sein emigrierter jüdischer Arzt Ernst Mayer bestätigte retrospektiv eine psychosomatische Erkrankung für Stephans Entnazifizierungsverfahren; vgl. Dr. Ernst Mayer, 13.7.1946, in: BArch, R 9361 V/155048.
23 Benannt nach Friedrich Reinhard Uhle (1890–1973).
24 Zur Zusammensetzung des Kreises vgl. Stephan, Jahrzehnte, S. 226 f.
25 Hans Reif / Friedrich Henning / Werner Stephan (Hg.): Geschichte des Liberalismus, Bonn 1976, S. 126.
26 Mündliche Auskunft Enno Stephan vom 4.10.2017.
27 Elke Seefried: Einführung, in: Theodor Heuss: In der Defensive. Briefe 1933–1945, München 2009, S. 49 f; Theodor Heuss an Siegfried Melchinger, 28.4.1944, in: ebd., S. 487 f; Rainer Burger: Theodor Heuss als Journalist. Beobachter und Interpret von vier Epochen deutscher Geschichte, Münster 1999, S. 366–370; zu Theodor Heuss' Beurteilung Werner Stephans vgl. Katharina Grannemann / Lea Ruland: „In Ansehung der Grundthesen des Nationalsozialismus teilte er gewiss meine Auffassung": Das Gutachten für Werner Stephan vom 26.05.1946, in: Ines Soldwisch / Jürgen Frölich (Hg.): Theodor Heuss im Original. Ausgewählte Dokumente in der Analyse, Hamburg 2013, S. 51–70, hier S. 54.

kooperationsbereiten Beamten" empfanden.[28] Es kam dem Ministerium zugute, dass er als Person „einen Rest bürgerlicher Verlässlichkeit ausstrahlte".[29] Wobei ihm die Journalistin Margret Boveri durchaus ein gelegentlich besonders schroffes bzw. rigoroses Auftreten attestierte und vermutete, er habe damit angesichts seiner politischen Vergangenheit den Gesinnungswandel nach oben beweisen wollen.[30]

Stephan setzte sich nicht nur für Journalisten, sondern auch für seinen jüdischen Schwager und seine „halbjüdische" Nichte ein und versuchte, für sie Ausnahmegenehmigungen zu erwirken bzw. arrangierte einen Vorsprachetermin wegen einer Heiratserlaubnis im Reichssicherheitshauptamt. Letzterer blieb ohne Erfolg für die Verlobten, trug Stephan aber eine Verwarnung ein, so dass er künftig den Briefwechsel mit der „jüdisch versippten" Schwester nicht mehr direkt führte und diese ihn fortan als X in ihrem Tagebuch chiffrierte.[31]

Seine psychische Krise hatte bis Mitte der 1930er Jahre angehalten. Aber mit dem neuen Selbstbild eines Mannes, der seiner Familie gerecht wurde, seine berufliche Tätigkeit angemessen ausübte und gleichzeitig Bedrängten im Rahmen seiner Kompetenzen half, stabilisierte er sich wieder.

In seiner Autobiographie scheint allerdings öfter – und je mehr Jahre ins Land gingen, desto häufiger – eine verbindende Schnittmenge zwischen den Nationalsozialisten und Werner Stephan auf: Die Nation, Deutschland, das Vaterland, von dem er „alle furchtbaren Dinge wußte und dennoch blieb [...] weil ich mich als Deutscher fühlte und das Land nicht verlassen wollte".[32] Hatte er 1930 noch befürchtet, eine nationalsozialistische Machtübernahme würde Deutschland ins Chaos stürzen, so blieb dies doch weitgehend aus. Zwar ging der Machtwechsel mit Terror gegen Andersdenkende und ein Jahr später mit Mordaktionen gegen innerparteiliche Konkurrenten einher, doch die Einheit der Nation wurde nicht in Frage gestellt. Eine nationalsozialisti-

28   Krings, Pressechef, S. 343.
29   Bonacker, Goebbels' Mann, S. 47.
30   Margret Boveri: Wir lügen alle. Eine Hauptstadtzeitung unter Hitler, Olten/Freiburg i. Br. 1965, S. 546.
31   Vgl. Beate Meyer: „Ich schlüpfe unbeachtet wie eine graue Motte mit durch". Die Wandlungen der Luise Solmitz zwischen 1933 und 1945 im Spiegel ihrer Tagebücher, in: Frank Bajohr / Sybille Steinbacher (Hg.): „... Zeugnis ablegen bis zum letzten". Tagebücher und persönliche Zeugnisse aus der Zeit des Nationalsozialismus und des Holocaust, Göttingen 2015, S. 61–80, hier S. 68 sowie S. 77.
32   So Stephan 1978 in einem Vortrag; vgl. Ders., Jahrzehnte, S. 323; auch zit. bei Ernst Klee: Das Personenlexikon zum Dritten Reich. Wer war was vor und nach 1945?, Frankfurt a. M. 2003, S. 591.

sche „Volksgemeinschaft" war sicher nicht die Idealvorstellung, der Werner Stephan zum Ende der Weimarer Republik angehangen hatte, beruhte diese politische Utopie doch im Wesentlichen auf der Ausgrenzung derer, die nicht dazu gehören sollten, insbesondere der Juden. Diese Haltung teilte Stephan nicht. Doch wie er waren in den 1920er Jahren viele (Links)Liberale von ihrer Überzeugung, dass die Zugehörigkeit zur Nation die Gewähr für politisch verbindliches Kollektivhandeln gewährleiste,[33] zugunsten (unterschiedlicher) Vorstellungen einer „Volksgemeinschaft" abgerückt, die – anders als die nationalsozialistische Ausprägung – jedoch keine breite Anhängerschaft in der Bevölkerung gefunden hatte. Die Nationalsozialisten hingegen boten ihm mit ihrer Version der klassenüberwindenden „Volksgemeinschaft" auch ein verbindendes Element, und ihre Erhöhung und Überhöhung der Nation vertrug sich nicht nur mit Werner Stephans Haltung zu Deutschland. Dieses Vaterland musste aus seiner Sicht gestärkt und – später während des Krieges – um jeden Preis erhalten werden.

Zwar schuf der Nationalsozialismus neue Hierarchien und Werte, die sich ungeachtet des Alters aus Partei- und SS-Rängen herleiteten, behielt jedoch auch alte teilweise bei, die auf Ausbildung, erworbenen Fähigkeiten, Beamtenränge und damit verbundener Autorität beruhten. Im Propagandaministerium, wo Werner Stephan sich bewegte, konnte er als Regierungsrat mit seinem Fachwissen und organisatorischen Fähigkeiten seine Stellung durchaus behaupten. So fuhr er auf dem Mitte der 1930er Jahre eingeschlagenen Kurs fort, setzte seine beruflichen und politischen Kenntnisse im RMVP ein und vergrößerte sein persönlich-berufliches Netzwerk stetig, was zum Erfolg seiner Arbeit nicht unmaßgeblich beitrug. Bald befanden sich unter seinen Ansprechpartnern auch SS-Leute bis hin zu führenden Parteigrößen wie dem späteren NSDAP-Gauleiter Paul Wegener, ein entfernter Verwandter von Werner Stephans Ehefrau, den er 1944 für die Entlassung Theodor Tantzens einspannen konnte, der nach dem Attentat auf Hitler am 20. Juli 1944 verhaftet worden war.

---

33 Marcus Llanque: Der Weimarer Linksliberalismus und das Problem politischer Verbindlichkeit. Volksgemeinschaft, demokratische Nation und Staatsgesinnung bei Theodor Heuss, Hugo Preuß und Friedrich Meinecke, in: Anselm Doering-Manteuffel / Jörn Leonhard (Hg.): Liberalismus im 20. Jahrhundert, Stuttgart 2015, S. 157–181, hier S. 162.

4. Der Beamte

Wie beurteilte Werner Stephans Arbeitgeber Joseph Goebbels seinen Unterge-benen? Dieser äußerte sich – ausweislich seiner Tagebücher – nicht oft, wenn aber, dann neutral oder zufrieden mit dessen Arbeit.[34] Schon am 1. August 1934 erfolgte Stephans Beförderung zum Oberregierungsrat; 1938 ernannte Reichspressechef Otto Dietrich ihn auf Goebbels Empfehlung hin zu seinem persönlichen Referenten.[35] Retrospektiv wertete Stephan die Ernennung als berufliche Benachteiligung, weil er bei den Umstrukturierungen anlässlich Dietrichs Eintritt ins Ministerium eigentlich nach Dienst- und Lebensalter habe befördert werden müssen.[36] Tatsächlich wurde jedoch auch er beför-dert: An Hitlers Geburtstag, am 20. April 1938, hielt er die Ernennung zum Ministerialrat in Händen.[37] Einen Tag zuvor hatten die Verantwortlichen der anderen Ministerien dem noch im Eilverfahren zugestimmt, wobei das Innen-ministerium darauf hinwies, „dass die vorgesehene Beförderung des Genann-ten im Hinblick auf seine politische Vergangenheit eine große Vergünstigung bedeute".[38] Das Damoklesschwert seiner politischen Vergangenheit schwebte also nach wie vor über ihm, obwohl er mittlerweile – nach seinen Worten auf Goebbels' Betreiben hin – NSDAP-Mitglied (mit der Nr. 5193072) geworden war. Die Mitgliedskarte vermerkt als Eintrittsdatum den 1.5.1937. Dieses Ein-trittsdatum erhielten alle im Jahr 1937 nach Aufhebung der Mitgliedersperre eingetretenen Parteigenossen, auch wenn sie ihre Mitgliedschaft erst in der zweiten Jahreshälfte beantragt hatten.[39] Die nächsten sieben Jahre wurde er dann „bei allen Beförderungen übergangen", angeblich hatte Bormann ihn für „politisch unzuverlässig" erklärt, wie er vom stellvertretenden Reichspres-

---

34 So beispielsweise: „Stephan will den Ersatz für die P. K. [Propagandakompanie; B. M.] aus dem Feldheer … sonst bekommen wir wieder den üblen Typ des Schmalspuroffiziers. Da hat er recht." Eintrag vom 8.5.1940, in: Die Tagebücher von Joseph Goebbels, Teil 1: Auf-zeichnungen von 1923–1941, Bd. 1.8: April–November 1940, hg. von Elke Fröhlich, Mün-chen 1998, S. 100.
35 Personalbogen, in: BArch, Reichsfinanzministerium, R 2, 104189.
36 Lebensbeschreibung Werner Stephan, 25.9.1946, in: BArch, Personenbezogene Unter-lagen der RKK, R 9361 V/155048, S. 2.
37 Personalbogen, in: BArch, Reichsfinanzministerium, R 2, 104189; Biographisches Hand-buch, S. 352.
38 Lebensbeschreibung Werner Stephan, 25.9.1946, in: BArch, Personenbezogene Unter-lagen der RKK, R 9361 V/155048, S. 2.
39 Werner Stephan datierte später aus Gründen, die hier offen bleiben müssen, seinen Par-teieintritt stets auf den 1.5.1938, vgl. Stephan, Jahrzehnte, S. 249, oder gegenüber den Alli-ierten, Karteikarte Stephan, Dossier 969, in: BArch, Personenbezogene Unterlagen der RKK, 9361 V/155048.

sechef Helmut Sündermann erfahren haben wollte.[40] Die „berufliche Benachteiligung" hielt sich jedoch in Grenzen; zwar stiegen linientreue NSDAP- oder SS-Mitglieder schneller auf, aber konnte dies sein Vergleichsmaßstab sein?

Ministerialrat Stephan befand sich nach der Ernennung zu Dietrichs persönlichem Referenten in einer gewiss nicht einfachen Situation zwischen seinen beiden konkurrierenden Vorgesetzten Goebbels und Dietrich, aber offensichtlich löste er auch dieses Problem, ohne Schaden zu nehmen. Es gelang ihm sogar, den täglich versammelten Schriftleitern die differierenden inhaltlichen oder politischen Positionen der beiden zu verdeutlichen, ohne diese explizit als unterschiedlich zu benennen.[41] Welche Klippen er bei diesen Gesprächen und im direkten Kontakt mit Goebbels wie Dietrich umschiffte, erwähnte er später in seinem Buch „Joseph Goebbels. Dämon einer Diktatur",[42] in dem er die beiden als Gegensatzpaar skizziert, mit keinem Wort.

5. Kriegspropaganda – Der „Fachprüfer Wort"

Mit Kriegsbeginn wurde Stephan offiziell im RMVP beurlaubt – tatsächlich führte er einen Teil seiner Arbeit dort aber fort – und der neugeschaffenen Propaganda-Ersatz-Abteilung zugeordnet (später WPr. = Wehrmachtspropaganda),[43] wo er nun als OKW-Angehöriger galt und vom Oberleutnant zum Hauptmann befördert wurde.

Das Jahr 1939 erwies sich in mehrfacher Hinsicht als „Schicksalsjahr" für Stephan: Zum einen starb seine Ehefrau, und er wurde alleinerziehender Vater. Zum anderen kam er nun an eine Stelle, an der er nach eigenem Bekunden „wirklich nützlich" sein konnte, eine „dankbare Aufgabe" erfüllte, die „ganz nach seinem Herzen" war.[44] Als Ausbilder und „Fachprüfer Wort"[45]

---

40 Lebensbeschreibung Werner Stephan, 25.9.1946, in: BArch, Personenbezogene Unterlagen der RKK, 9361 V/155048, S. 3.
41 Fritz Sänger: Politik der Täuschungen. Missbrauch der Presse im Dritten Reich. Weisungen, Informationen, Notizen 1933–1939, Wien 1975, S. 136.
42 Werner Stephan: Joseph Goebbels. Dämon einer Diktatur, Stuttgart 1949.
43 Vgl. Daniel Uziel: Propaganda, Kriegsberichterstattung und die Wehrmacht. Stellenwert und Funktion der Propagandatruppen im NS-Staat, in: Rainer Rother / Judith Prokasky (Hg.): Die Kamera als Waffe. Propagandabilder des Zweiten Weltkrieges, München 2010, S. 13–36, hier S. 18–20, URL: https://zeithistorische-forschungen.de/sites/default/files/medien/material/2015-2/Uziel_2010.pdf?language=de [26.6.2018].
44 Werner Stephan: Erinnerungen (= unpublizierte, noch nicht überarbeitete Memoiren), zit. nach Enno Stephan, Babelsberg, S. 249 f; vgl. auch Stephan, Jahrzehnte, S. 257.
45 Jochen Lehnhardt: Die Waffen-SS: Geburt einer Legende. Himmlers Krieger in der NS-Propaganda, Paderborn 2017, S. 96.

wurde ihm jetzt die Arbeit „eine wahre Freude". Gegründet worden war die neue Stelle, weil sich die Propagandisten aus der Wehrmacht zwar als gute Soldaten, aber wenig erfolgreiche Journalisten entpuppt hatten, und bei den Journalisten, die das RMVP geschickt hatte, verhielt es sich umgekehrt. Nun sollten gemeinsame Anstrengungen das Dilemma beheben: Werner Stephan oblag es, geeignete Männer auszuwählen, sie zu schulen, ihre Berichte zu „redigieren" und an die ca. 2.000 inländischen Zeitungen und mehr als 10.000 Zeitschriften und die ausländische Presse zu verteilen.[46] Stephan begründete seine „Freude" an der Arbeit vor allem damit, dass die Jungschriftleiter, die er auswählte, „zum differenzierten Sehen, zum komplexen Erfassen, das der Liberalismus in die Welt gebracht hat",[47] befähigt gewesen seien.

Die Ausgewählten wurden zunächst eine Woche in Berlin geschult; dort hielten Stephan und andere aus dem Propagandaministerium ihnen Vorträge, dann ging es an die Front.

Rückschläge in der Kriegsführung bewirkten im Winter 1941/42 einen „dramatischen Anstieg des Bedarfs an psychologischer Kriegsführung", d. h. an Kampfpropaganda zur Demoralisierung feindlicher Soldaten.[48] Bis Ende 1942 wuchsen die Propagandakompanien (PK) deshalb auf eine Stärke von 15.000 Personen an, nach der Schlacht um Stalingrad wurden sie allmählich wieder verkleinert. Während die PK-Berichte anfangs bei den inländischen Lesern auf große Resonanz stießen, verloren sie mit der Kriegswende 1943 ihre Glaubwürdigkeit, da sie weiterhin Siegeszuversicht verbreiteten.[49] Mit der Reduzierung einher ging die Erweiterung von Werner Stephans Zuständigkeit: Er zeichnete nun auch für die Bildberichter verantwortlich, seine Dienstbezeichnung lautete jetzt „Fachprüfer Presse".[50]

Die Abteilung Wehrmachtspropaganda, die mit vergleichbaren Stellen der Partei und der SS teils konkurrierte, teils zusammenarbeitete, sollte aber auch „Mittler zwischen Front und Heimat" sein und später vor allem die Moral im Deutschen Reich positiv beeinflussen.[51] Werner Stephan setzte auf gute Zusammenarbeit mit den Partei- und den SS-Propagandastellen, beispielsweise sorgte er für die Veröffentlichung einer Artikel-Serie zur Waffen-SS-Division Wiking von seinem Kollegen Wilfrid Bade in seinem Kompetenzbereich.[52]

---

46 Werner Stephan: Kriegsberichter, zit. nach Enno Stephan, Babelsberg, S. 252 f.
47 Stephan, Jahrzehnte, S. 258.
48 Uziel, Propaganda, S. 19 f.
49 So die These von Lehnhardt, Waffen-SS, S. 107.
50 Mündliche Auskunft Enno Stephan vom 4.10.2017.
51 Lehnhardt, Waffen-SS; vgl. auch Ortwin Buchbender: Das tönende Erz. Deutsche Propaganda gegen die Rote Armee im Zweiten Weltkrieg, Stuttgart 1971, S. 17.
52 Lehnhardt, Waffen-SS, S. 217.

Die Anweisungen, Kontrolle und Wertung der Berichte der Soldaten aus den Propagandakompagnien durch die Fachprüfer bewirkten, dass selbstredend nur genehme Texte zur Veröffentlichung weitergegeben wurden, „entscheidend war [...] allein die beabsichtigte Wirkung, die genaue Faktenlage demgegenüber zweitrangig"[53], urteilt der Historiker Jochen Lehnhardt. In dieser Hinsicht unterschied sich Stephans Arbeit hier nicht sehr von der im RMVP. Wie andere Journalisten auch erhielten die Kommandeure der Propagandakompanien täglich Anweisungen, welche Themen in nächster Zeit zu behandeln oder zu unterlassen seien.

Durch die neue Aufgabe pendelte Werner Stephan nun zwischen dem Ministerium in Berlin, der Wehrmachtspropaganda in Potsdam und seinem Wohnort Babelsberg. Er trug stets im Dienst die Wehrmachtsuniform und ließ sich für offizielle Anlässe zwei weiße Uniformröcke schneidern.[54] Im Ministerium leitete er nach wie vor die Tagesparolenkonferenz und erledigte Schreibtischarbeit. Aber: In seiner neuen Funktion konnte er nun an alle Fronten reisen, von Biarritz bis Dünkirchen, um sich ein Bild von der Kriegslage zu verschaffen. Hin und wieder schrieb er als Anschauungsmaterial für seine Kriegsberichter selbst Artikel, die ebenfalls veröffentlicht wurden.[55]

6. Kein Mitleid

Dass im September 1941 der gelbe Stern zur Kennzeichnung der Juden eingeführt wurde, erörterte die Familie Stephan bei Tisch,[56] die nachfolgenden Deportationen jedoch offensichtlich nicht, und Stephan verlor in seiner Autobiographie kein Wort darüber. Seine Haltung gegenüber den Vorgängen in der eigenen Umgebung blieb beobachtend. Nur selten griff er aktiv ein, wie als er beispielsweise einen Industriellen anzeigte, der Zwangsarbeiter (französische Kriegsgefangene) zur Umgestaltung seines Gartens eingesetzt hatte, statt diese in der Produktion zu beschäftigen.[57] Und auch hier nahm er nur Anstoß an der persönlichen Bereicherung des Unternehmers, nicht an dem Unrecht der zur Zwangsarbeit verschleppten Menschen.

Im Herbst 1942 führte ihn eine Reise nach Krakau ins Generalgouvernement, wo er die Grabrede auf einen verstorbenen ehemaligen Kollegen (Karl

---

53 Ebd., S. 99.
54 Mündliche Auskunft Enno Stephan vom 4.10.2017.
55 Beispiel Frankreich-Feldzug; vgl. Werner Stephan, Erinnerungen, zit. nach Enno Stephan, Babelsberg, S. 280 ff.
56 Ebd., S. 344.
57 Ebd., S. 343.

Bömer) hielt. Bei dieser Gelegenheit bat der dortige Pressereferent ihn, sein Versetzungsgesuch an die Front zu unterstützen. In seinen Memoiren zitiert Stephan den Pressereferenten wie folgt: „Entsetzliches geschieht: Juden und Polen werden zu tausenden in Lager gesperrt und durch Massenvernichtungsmittel umgebracht."[58] In Auschwitz hatte der Judenmord gerade begonnen, wie der junge Mann ihm „bewiesen" habe (wie, bleibt unerwähnt). Stephan, der für sich eine solche Versetzung an die Front um jeden Preis vermeiden wollte, half ihm offensichtlich, Soldat zu werden. Er selbst fügte diese neue Information – wie so vieles – seinem gesammelten Wissen hinzu: „Ich wusste nun, was den meisten Deutschen verborgen blieb, dass Massenmord zu Hitlers System gehört."[59] Nach dem Krieg berichtete er seinem Sohn: „Ich habe damals in Krakau gefragt, ob es das große Ghetto noch gebe, und was eigentlich aus den Krakauer Juden würde. Die Antwort lautete: ‚Die werden alle umgebracht!'"[60]

Mit dem Gedanken, seinen Posten zu verlassen, spielte er jedoch nach seinen Aufzeichnungen nur, wenn ihm bewusst wurde, dass er trotz seiner Verdienste im Ministerium und der Propaganda Abteilung schon wegen seiner politischen Vergangenheit keine Aussicht auf Karriere oder Beförderung hatte.[61] Fast trotzig feierte er im Mai 1944 im Kollegenkreis sein fünfzehnjähriges Dienstjubiläum und notierte zufrieden, dass seine Vorgesetzten sich deshalb genötigt sahen, anerkennende Worte für seine Arbeit zu finden.[62]

Kein Mitleid brachte er auf, wollte einer der von ihm ausgewählten Kriegsberichter seinen Posten verlassen. Als ihn ein solcher bat, von der Front weg versetzt zu werden, empfand Stephan dessen Bitten als „unter seinem menschlichen Niveau". Der Mann habe – so Stephans Eintrag in sein Kriegstagebuch – mit „wachsender Eindringlichkeit" geschrieben. „Er hat wohl Hilfe von mir erwartet. Unmöglich konnte ich ihn als Kriegsberichter abberufen. Trauriges Ende eines jungen, wertvollen Menschen."[63] Der Mann war gefallen.

Neben vielen anderen Themen kreisten Reportagen, die von den Kriegsberichtern aus Polen, der Sowjetunion, aber auch Westeuropa eintrafen, oftmals um die jüdischen Ghettos, antijüdische Maßnahmen und Deportationen.[64]

---

58 Stephan, Jahrzehnte, S. 266; leicht abweichend die von Enno Stephan zitierten Erinnerungen, Ders., Babelsberg, S. 392.
59 Stephan, Jahrzehnte, S. 267.
60 Enno Stephan, Babelsberg, S. 392.
61 Werner Stephan: Kriegstagebuch, Eintrag vom 1.5.1944, zit. nach Enno Stephan, Babelsberg, S. 492 f.
62 Ebd., S. 493 f.
63 Ebd., S. 652.
64 Uziel, Propaganda, S. 22.

Sie sollten die Leser (bei den Bildberichten die Zuschauer) überzeugen, dass die betroffenen Juden ein „gerechtes Schicksal ereilte".[65] Doch die Fachprüfer hielten dieses eingereichte Material weitgehend zurück, und es blieb unveröffentlicht,[66] vermutlich weil es trotz der Gewöhnung der deutschen Bevölkerung an die Judenverfolgung immer noch einen gegenteiligen Effekt gezeitigt hätte. Von diesen Details berichtete Stephan in seinen Memoiren nicht.

Werner Stephans tägliches Leben als alleinerziehender Vater mit Haushälterin gestaltete sich zwar kriegsbedingt manchmal schwierig, aber es war ihm durchaus möglich, Erholungsreisen mit den Söhnen (so 1943 und 1944) zu unternehmen, und bei Dienstreisen in die besetzten Gebiete nächtigte er in guten Hotels, genoss das dortige Essen, kaufte Mitbringsel ein oder hängte – wie im Falle der Reise nach Krakau – einige Urlaubstage mit den Söhnen an.[67] D. h. trotz der Kriegssituation lebte er im Vergleich zu anderen recht gut.

7. Hilfe für einen Freund

Nach dem Attentat auf Hitler am 20. Juli 1944 wurde u. a. Theodor Tantzen verhaftet, dem Stephan immer noch eng verbunden war. Eine Zugehörigkeit zu den Verschwörern konnte Tantzen nicht nachgewiesen werden. Fünf Monate blieb er dennoch in Haft. Werner Stephan, dessen Verbindung zu Tantzen bekannt war, meinte im Amt Misstrauen gegen sich zu bemerken,[68] aus dem jedoch nichts folgte. Dennoch (oder gerade deshalb?) trug Goebbels ihm auf, einen Bericht über den nichtöffentlichen Prozess gegen Johannes Popitz[69] zu verfassen. So wohnte Werner Stephan Roland Freislers Verhandlungen bei, während er gleichzeitig über seine vielfältigen Kontakte den Stand der Ermittlungen gegen Tantzen eruierte. Als er erfuhr, dass gegen Tantzen nichts vorlag, konnte er über seine Verbindung zum NSDAP-Gauleiter und

---

65 Ebd., S. 23.

66 Ebd.

67 So besuchte er beispielsweise Florenz, Siena und Rom mit ausführlichem Besichtigungsprogramm im März 1944; Stephan, Kriegstagebuch, Eintrag vom 15.3.1944, S. 476.

68 Martina Neumann: Theodor Tantzen. Ein widerspenstiger Liberaler, Hannover 1998, S. 298.

69 Nationalkonservativer, verhandelte 1943 mit Himmler wegen Friedensverhandlungen mit den Westmächten, hatte eine Zeit auf der Liste des Stauffenberg-Kreises für den Posten des Finanz- u. Kultusministers gestanden, war zwar aus dieser gestrichen, aber dennoch nach dem Attentat verhaftet worden. Popitz wurde vom Volksgerichtshof am 3.10.1944 zum Tode verurteilt und gehenkt; vgl. Anne Nagel: Johannes Popitz (1884–1945). Görings Finanzminister und Verschwörer gegen Hitler. Eine Biographie, Köln/Weimar/Wien 2015.

SS-Obergruppenführer Paul Wegener dessen Freilassung erreichen.[70] Nach Kriegsende revanchierten sich Stephan und Tantzen mit einem Leumundszeugnis bei dem Ex-Gauleiter, der die Stadt Bremen noch bis zum letzten Mann verteidigt und dabei u. a. den Tod mehrerer hundert Soldaten verschuldet hatte, wofür er später (milde) verurteilt wurde.

8. „Verstärkte Ungnade"?

Als Goebbels Ende März schließlich in der Konkurrenz mit Otto Dietrich den Sieg davontrug und Hitler letzteren am 31. März 1945 entließ, wollte der Propagandaminister wieder „weit ausholen" und dafür sein Haus von „renitenten" und „defaitistischen" Elementen säubern.[71] Stephan wurde für die „weitere Verwendung beim Militär" freigegeben. „Ich blieb der einzige ‚Renitente', der entfernt wurde", stellte er in seinen Memoiren fest, ohne zu erläutern, wann er sich denn als renitent erwiesen hatte, „ein Defaitist war ich bestimmt nie".[72] Im Übrigen war er auch nicht der einzige Entlassene, denn auch sein Kollege Helmut Sündermann und andere mussten gehen. Stephan fühlte sich nun „in einem Vakuum", das er eigentlich erst für die Zeit nach Kriegsende erwartet hatte.[73] Am 9. April wurde er in den Ruhestand versetzt. Werner Stephan interpretierte später, er sei entweder nicht für würdig befunden worden, an der nationalsozialistischen Götterdämmerung teilzuhaben, oder man habe ihn hinausgeworfen: Goebbels habe ja 1933 angekündigt, „wenn wir Sie eines Tages nicht mehr brauchen, werde ich es Ihnen sagen." 1945 notierte er: „Ich sehe daraus den Beweis verstärkter Ungnade",[74] doch irgendwelche Repressionen folgten nicht. Ganz offiziell wickelte er die Abteilung nach Plan ab, feierte am 12. April mit den Kollegen Abschied und wechselte mit dem Einverständnis der Abteilung WPr nach Hamburg.[75]

Dort stieg er zunächst im feinen Hotel Atlantik ab, bevor er zu seiner Mutter zog, besichtigte dann die Stellungen östlich und südlich der Stadt und verfasste einige Durchhalteartikel für die Hamburger Zeitung und das Deut-

---

70 Neumann, Tantzen, S. 296–303.

71 Schreiben von Stephan an (Fritz) Fillies, 2.11.1977, in: BArch, Militärarchiv, Sachthematische und biographische Sammlung zur deutschen Militärgeschichte 1849–1945, MSG 2/3338; vgl. auch Krings, Pressechef, S. 432.

72 Ebd.; später deutete Stephan das Adjektiv „renitent" als persönliche Auszeichnung für sich um; vgl. Stephan, Jahrzehnte, S. 330.

73 Stephan, Kriegstagebuch, Eintrag vom 12.4.1945, S. 655.

74 Ebd., Eintrag vom 9.5.1945, S. 659.

75 Ebd., Eintrag vom 12.4.1945, S. 660.

sche Nachrichtenbüro (DNB), den letzten für die Frontzeitung am 2. Mai 1945. In seinem Kriegstagebuch zeigte er sich „zufrieden, meine Gedanken formuliert und in diesem vorgeschrittenen Stadium etwas Grundsätzliches gesagt zu haben."[76] Am 3. Mai nahmen die Briten ihn und die anderen Presseleute, sechs Offiziere und zwei Stenographen, im Funkhaus für eine Nacht fest. Damit endete seine Arbeit für die Wehrmachtspropaganda, die er buchstäblich bis zur letzten Minute im Sinne des NS-Regimes geleistet hatte.

Er blieb zunächst auf freiem Fuß in Hamburg. Sein jüdischer Schwager hoffte auf seine Mitarbeit bei der „Union", einer bereits genehmigten Einrichtung, die den NS-Einfluss zurückdrängen wollte, doch Stephan wusste: „Für mich gibt es jetzt nur eines: taktvollste Zurückhaltung."[77]

9. „Taktvollste Zurückhaltung"

Da Werner Stephan fürchtete, in der britischen Zone Probleme bei der Entnazifizierung zu bekommen (jemand hatte ihm in Aussicht gestellt, er würde wohl Werftarbeiter werden müssen), wechselte er in die US-Zone, wo er sich 1946 einige Monate verbarg und dann stellte. In der Internierungshaft verfasste er auf Anordnung eine Studie „Kriegsberichter – eine Propagandatruppe für die Wehrmacht". Hier zog er Bilanz:

> „In den Archiven des Oberkommandos der Wehrmacht lagen 90.000 Originale von Kriegsberichten, die die Pressemänner in 68 Kriegsmonaten geschrieben hatten. Weit über eine Million Abdrucke in deutschen und ausländischen Zeitungen waren damit erzielt worden. Die PK-Bilder erreichten eine achtstellige Zahl. Kein Zweifel: Hunderte von Männern hatten im Rahmen der Propaganda-Kompanien ihr Bestes gegeben. Würde irgendjemand ihnen das, was sie geleistet hatten, je danken? Niemand hat das erwartet ..."[78]

Im Entnazifizierungsverfahren rechtfertigte er sich für den letzten Durchhalteartikel damit, dass er diesen auf Befehl geschrieben habe. Der fertige Text sei (von anderen) redigiert worden und Stephan selbst, dann gedruckt, „reichlich heroisch" erschienen. Doch er habe ja seinen Zweck erfüllt, Hamburg sei gerettet worden.

> „Nichts konnte mir ferner liegen, als in jenem Augenblick eine militaristische Einstellung zu dokumentieren. Ich habe mich aber der peinlichen Pflicht, eine Minute

76 Ebd., Eintrag vom 26.4.1945, S. 681.
77 Ebd., Eintrag vom 15.5.1945, S. 706.
78 Stephan, Kriegsberichter, S. 689.

vor dem Zusammenbruch noch mit meinem Namen an die Öffentlichkeit zu gehen, nicht entzogen, weil ich überzeugt war, dass nach dem Sturz des Hitler-Regimes meine Gesamthaltung in 12 Jahren und nicht ein einzelner Artikel für das Urteil über mich ausschlaggebend sein würde."[79]

Er konnte nicht nur Leumundszeugnisse von Tantzen und Heuss, der ihn gar in die Nähe von Widerstandskämpfern rückte und seine berufliche Position nicht als selbst gewählt, sondern als „tragisch" bezeichnete,[80] sondern auch des Sozialdemokraten Fritz Sänger (damals Braunschweiger Zeitung), Wilhelm Heitmüller (NWDR) und von acht Journalisten vom German News Service beibringen. Es endete mit der Einstufung Kategorie IV mit Einschränkungen, also Mitläufer. Die Einschränkung bedeutete, dass er kein Beamter mehr werden konnte.

Die Alliierten hatten ursprünglich beabsichtigt, Otto Dietrich und den leitenden Mitarbeitern des Propagandaministeriums, darunter auch Werner Stephan, der bereits entnazifiziert war, den Prozess zu machen, gaben dies Vorhaben aber 1947 auf.[81] Stattdessen bezogen sie Dietrich als Angeklagten in den Wilhelmstraßenprozess ein, und Werner Stephan und andere leitende Mitarbeiter traten nun als (Entlastungs-)Zeugen auf.[82] Sie wirkten laut Stefan Krings vergleichsweise glaubwürdig, verniedlichten die Rolle Dietrichs zwar nicht, aber in der Art der Zeugenschaft ging es ihnen – so Krings – nicht zuletzt um die eigene Rechtfertigung.[83] Dietrich, 1949 zu sieben Jahren Haft verurteilt, wurde bereits ein Jahr später begnadigt.

Werner Stephan hatte in der Internierungszeit nicht nur die Kriegsberichter-Studie verfasst, sondern auch eine Studie über Goebbels und eine über die Presse im Dritten Reich geschrieben. Die beiden letztgenannten

---

79 Erklärung Stephan, o.D., 1946, in: BArch, Personenbezogene Unterlagen der RKK, R 9361 V/155048, S. 2.
80 Leumundszeugnis Theodor Heuss, 26.5.1946, in: BArch, R 9361 V/155048, S. 3: „Ob Stephan an den internen Gegenbewegungen gegen die Hitlerei der Jahre 1943 und 1944 beteiligt gewesen ist, vermag ich nicht zu sagen. Ich bin im Sommer 1943 von Berlin weggezogen und ohne Verbindung mit ihm geblieben. Er erschien mir in einer tragischen Position verfangen, da ich ihn für nüchtern genug halte, dass er früh die Auswegslosigkeit der deutschen Situation sah, aber beamtlich zu stark gebunden, um äußerlich den Bruch zu vollziehen, der ja auch ein höchst riskantes Unternehmen gewesen wäre."; vgl. auch Grannemann/Ruland, Gutachten, S. 62.
81 Eike Fesefeldt: Nazi-Propagandisten und die Nürnberger Prozesse. Der Strafe entkommen, 20.11.2015, URL: https://www.lto.de/recht/feuilleton/f/nuernberger-prozesse-propaganda-verfahren-nationalsozialismus/2/ [8.9.2017].
82 Krings, Pressechef, S. 452; zu Werner Stephans Beschreibung der Zeugenschaft vgl. Stephan, Jahrzehnte, S. 289 f.
83 Krings, Pressechef, S. 453.

fügte er dann zusammen zu seinem bereits erwähnten Buch „Joseph Goebbels. Dämon einer Diktatur", das er 1949 publizieren konnte. Trotz des irreführenden, aber verkaufsträchtigen Titels dämonisierte er seinen ehemaligen Vorgesetzten keineswegs, sondern reihte, um neutrale Betrachtung bemüht, vor allem Beobachtungen aneinander. Von ihm selbst, Werner Stephan, war nicht die Rede. Er verharrte auch hier in der Rolle des Beobachters mit Logenplatz, der weder Verantwortung noch gar irgendeine Schuld trug. Sein Nachfolger als Bundesgeschäftsführer der FDP und Laudator Barthold Witte wendete denselben Sachverhalt später auf Stephans Lebenswerk bezogen positiv: Stephan sei „stets als Mann der zweiten Reihe in einer – keineswegs unwichtigen – Nebenrolle" geblieben.[84]

Doch ganz im Hintergrund bleiben und seine Verdienste verschweigen mochte er nicht. Seine Tagebücher von 1939 bis 1943 waren verloren gegangen, doch hatte er die Aufzeichnungen von 1944/45 sowie seine persönlichen Papiere zurückbekommen. So schrieb er bereits im US-Kriegsgefangenenlager und dann in den 1950er Jahren seine Memoiren, die 1983, noch einmal überarbeitet, unter dem Titel „Acht Jahrzehnte erlebtes Deutschland" erschienen.

10. Wieder da – Werner Stephans Rückkehr in die Öffentlichkeit

Theodor Heuss' Unterstützung ermöglichte Werner Stephan die relativ schnelle Rückkehr ins öffentliche Leben.[85] Angelika Schaser hat darauf hingewiesen, dass die Mehrheit der Liberalen nach 1933 in Deutschland verblieben waren und meist in einer „Grauzone zwischen Anpassung und Resistenz" gelebt hatten. Nach 1945 entwarfen sie „ein weitgehend homogenes Bild des widerständigen Liberalismus im Nationalsozialismus" in ihren Erinnerungstexten.[86] Hier fand auch Werner Stephan seinen Platz als einer, der im nationalsozialistischen Apparat gewirkt hatte, wo er anderen Liberalen half. Allerdings scheute er sich dann doch, seine Memoiren in der frühen Nachkriegszeit zu veröffentlichen, damit wartete er tunlichst und konzentrierte sich stattdessen auf einen beruflichen Neuanfang.

Zwar wurde er angesichts seiner Vergangenheit nicht noch einmal Beamter oder Politiker, wirkte aber in leitender Funktion in verschiedenen Institutio-

---

84   Barthold C. Witte: Liberaler in schwierigen Zeiten. Werner Stephan (15. August 1895 – 4. Juli 1984), in: Jahrbuch zur Liberalismus-Forschung 18 (2006), S. 239–254, hier S. 253.
85   Grannemann/Ruland, Gutachten, S. 55 ff.
86   Angelika Schaser: Erinnerungskartell. Der Nationalsozialismus in den Darstellungen der Liberalen nach 1945, in: Dies. (Hg.): Erinnerungskartelle. Zur Konstruktion von Autobiographien nach 1945, Bochum 2003, S. 49–80, hier S. 53 f.

nen: 1951 wurde er Geschäftsführer der „Dankspende des deutschen Volks", 1953 Pressereferent der Deutschen Forschungsgemeinschaft, und 1955 bis 1959 war er Bundesgeschäftsführer der FDP. Er schrieb u. a. eine Geschichte des Liberalismus in Deutschland mit und gehörte zu den Initiatoren für die Gründung der Friedrich-Naumann-Stiftung. Er hinterließ Zeugnisse und Selbstzeugnisse und die erwähnten Memoiren. Stephan selbst berichtet von späteren vereinzelten Angriffen, die er persönlich motiviert sah,[87] aber insgesamt scheinen seine liberalen Mitstreiter seinen öffentlich-selbstkritischen Umgang mit seiner zwölfjährigen Tätigkeit eher gewürdigt als ihm seine Partizipation am Unrechtsregime verübelt zu haben.[88] Und so reagierte er, wie Angelika Schaser hervorhebt, mit Unverständnis, als Heinrich Lübke ihm einen Orden wegen seiner Zeit bei Goebbels verweigerte.[89] Doch zum 80. Geburtstag erhielt er endlich das Große Bundesverdienstkreuz aus den Händen des liberalen NRW-Innenministers Burkhard Hirsch, verliehen vom liberalen Bundespräsidenten Walter Scheel. Er dankte zufrieden mit „Spät kommt er – doch er kommt".[90]

11. Resümee

Im Vorangegangenen wurde Werner Stephans Biographie skizziert und versucht, seine politischen Positionen, sein jeweiliges Selbstbild und seine Sicht auf das NS-Regime herauszuarbeiten. Bei der Vielzahl der von Stephan hinterlassenen Zeugnisse geht es weniger darum, ihm Ausgespartes oder Verschwiegenes nachzuweisen. Aber es gilt, dem nachzuspüren, was – nicht nur ihn – bewogen hatte, in diesem Regime, dessen verbrecherische Dimension er bereits vor 1933 klar erkannt hatte, zu verbleiben und ihm mit großem Einsatz zu dienen. Hier kamen vor allem zwei Momente zusammen: Seine Identifikation mit den Belangen der Nation und der staatlichen Ordnung sowie gewisse Schnittmengen in der politischen Semantik („Volksgemeinschaft", Großdeutschland) einerseits und das „Angebot" andererseits, das die Nationalsozialisten nicht allen, aber einer Zahl von Regimegegnern unterbreiteten. Diese sollten eine Aufgabe erfüllen, die sie aufgrund ihrer spezifischen Qualifikationen besonders gut bewältigen konnten. Gekoppelt war es mit dem Versprechen, beinahe wie zuvor leben zu können: gut zu verdienen, einen Titel

---

87 Ebd., S. 66.
88 Witte, Liberaler, S. 254.
89 Schaser, Erinnerungskartell, S. 66; Stephan, Jahrzehnte, S. 329.
90 Stephan, Jahrzehnte, S. 329.

zu führen und durch die Nähe zur Macht sogar gestiegenes gesellschaftliches Ansehen zu genießen. Die Forderung, sich mit NS-Zielen zu identifizieren, war damit zunächst nicht verbunden. Später wurden zwar Unterwerfungs- gesten wie der Parteieintritt u. ä. gefordert, nicht aber eine innere Überzeu- gung. Die Aufgabe, vor die Stephan sich gestellt sah, für den reibungslosen Ablauf im Pressewesen zu sorgen, empfand er sicher unter den veränderten Bedingungen, verglichen mit der Weimarer Zeit, als Herausforderung, die er mit seinen spezifischen Fähigkeiten auch gut bewältigte. Ein Lob Hitlers für eine gute Leistung erfreute ihn sichtlich: „Wieder hatte ich, wie schon 1934, auf ein wichtiges Ereignis frühzeitig hingewiesen.“[91] Schätzte er eine Situation zutreffender ein als Otto Dietrich, was öfter vorkam, bestätigte ihm dies seine Fähigkeiten. „Nützlich sein“ und – dann bei der Kriegspropaganda – *wirklich* nützlich“ zu sein kam seiner Persönlichkeit entgegen (und dabei nicht auf eine gesicherte materielle Basis des Lebens verzichten zu müssen wohl auch). Nach Überwindung seiner psychischen Krise fand er seine Linie zwischen Hilfestellung und reiner Beobachtung, d. h. er unterstützte die einen, immer im legalen Rahmen bzw. in seinem beruflichen Kompetenzbereich, und re- gistrierte vergleichsweise emotionslos, was den anderen geschah.

Die Dimensionen des NS-Unrechts pflegte er mit dieser beobachtenden Haltung hinzunehmen: Weder änderte er sein Verhalten, als politische oder jüdische Freunde flüchteten, noch angesichts der Toten des sog. Röhm-Putschs, weder als die deutschen Juden deportiert wurden noch angesichts der massen- haften Ermordung der ausländischen Juden in den besetzten Gebieten. Der Rassen- und Vernichtungskrieg verlor zwischen privatem Registrieren und beruflicher Umsetzung einer Deutschland dienenden Propaganda seine scho- ckierende Wirkung. Es ging nicht mehr um die „Zerstörung aller überlieferten Werte“ (so Stephan 1931), sondern um die Erfüllung einer Aufgabe, um den Erhalt Deutschlands. Empathie für die Opfer war nicht seine Sache, selbst dann nicht, wenn es sich um seine Schutzbefohlenen wie den gefallenen jun- gen Kriegsberichterstatter handelte. Empathie war der eigenen Familie und dem engsten Umfeld vorbehalten.

Stephans Liberalismus aus der Zeit vor 1933 reduzierte sich während der NS-Zeit im Wesentlichen auf den Verbleib im einstmals liberalen Diskussions- zirkel und die Hilfestellung für einige ausgewählte frühere Parteifreunde. War er sich selbst treu geblieben, wie er und seine Freunde es nach 1945 behaupte- ten? Sicher in dem Sinne, dass er seine Fähigkeiten und Fertigkeiten bis 1933, zwischen 1933 bis 1945 und danach wieder in Institutionen, Organisationen und einer Partei wie der FDP nutzbringend einsetzen konnte. Wieder gab es

---

91   Ebd., S. 246.

Schnittmengen, die den Übergang ermöglichten. Und so zum Demokraten gewandelt, sah er sich bezüglich der NS-Zeit auch eher als Opfer, weil er nicht angemessen befördert worden war, denn als Täter. Schließlich hatte er sich für viele eingesetzt, die sonst brotlos geworden oder unschuldig (auch im Sinne des Regimes) in Haft geblieben wären. Hinzu kam der aus seiner Sicht höchst erfolgreiche Einsatz in der Wehrmachtspropaganda, der junge Soldaten zu Höchstleistungen qualifiziert hatte. Dies alles sollte aus seiner Sicht die zwölf Jahre Tätigkeit im Propagandaministerium nicht nur allemal aufwiegen, sondern auch gewürdigt werden. Und dank des liberalen „Erinnerungskartells" setzte sich diese Perspektive nach einer Karenzzeit auch durch.

JOACHIM SCHOLTYSECK

Liberale Unternehmer und „Arisierungen"

Einige Fallbeispiele und ein Ausblick

1. Fragestellung und Forschungsstand

Wie verhielten sich liberale Unternehmer, um die es in dieser Betrachtung gehen soll, gegenüber dem aufkeimenden aggressiven Antisemitismus, der sich nach 1933 immer stärker auch in der deutschen Wirtschaftswelt bemerkbar machte? Oder anders gefragt: Schützte die bewährte und vielfach eingeübte liberale Einstellung davor, sich an „Arisierungen" zu beteiligen? Wo liegen die ideellen Schnittmengen, Kontinuitäten und Parallelitäten zwischen Liberalismus und Nationalsozialismus, wenn es um die „Arisierungen" im „Dritten Reich" geht? Zu diesem Fragenkomplex fehlen noch einschlägige zusammenfassende Untersuchungen.[1] Dieser Befund mag zunächst einmal erstaunen, denn die gemeinsamen Bezüge liegen auf der Hand. Aber Unternehmer wagten es nach 1933 nicht mehr, sich zu einer der Parteien zu bekennen, die sich den politischen Liberalismus auf die Fahnen geschrieben hatten. Es fällt daher angesichts fehlender zeitgenössischer Quellen schwer, ein klares Bild von ihren politischen Präferenzen nach 1933 zu zeichnen. Unbestritten ist allerdings, dass sie selbst im NS-Regime, wie Avraham Barkai betont hat, „vor oder neben ihrer wirtschaftlichen Funktion Deutsche mit verschiedenen politischen Überzeugungen, erziehungsbedingten Eigenschaften und moralischen Normen" und „nicht nur durch ihre wirtschaftlichen Interessen bestimmt" waren.[2]

---

1 Zu den erheblichen Forschungsdefiziten bereits Horst Möller: Bürgertum und bürgerlich-liberale Bewegungen nach 1918, in: Lothar Gall (Hg.): Bürgertum und bürgerlich-liberale Bewegungen in Mitteleuropa seit dem 18. Jahrhundert, München 1997, S. 293–342.
2 Avraham Barkai: Die deutschen Unternehmer und die Judenpolitik im „Dritten Reich", in: Geschichte und Gesellschaft 15 (1989), S. 227–247, hier S. 229.

Das Bild des politischen Liberalismus in den Jahren zwischen 1933 und 1945 wird in der Forschung in überwiegend dunklen Farben gezeichnet. Deren Repräsentanten seien „mehr oder weniger überzeugte Nazis" geworden, hätten sich angepasst, mitgemacht, sich still verhalten und versucht, „sich und ihre Familien irgendwie durchzubringen und zu überleben", so ein durchaus typisches Verdikt der FDP-Politikerin Hildegard Hamm-Brücher aus den 1980er Jahren, das häufig wiederholt wird.[3] Dass es nicht ganz so einfach war und es neben Opportunismus auch Widerstandsgeist gab, zeigen der vor einiger Zeit erschienene Forschungsüberblick aus der Feder von Jürgen Frölich[4] sowie einige neuere Werke zum liberalen Widerstand.[5] Die Annahme hingegen, der deutsche Liberalismus habe „nach seinem politischen Scheitern eine geistige Kraft" dargestellt, die den Nationalsozialisten die Durchsetzung ihres Totalitätsanspruchs erschwert und sogar „partiell unmöglich" gemacht habe, wie Werner Jochmann es einmal in den 1970er Jahren formuliert hat,[6] ist nach wie vor umstritten.

Das Unternehmer-Verhalten in der NS-Zeit kann inzwischen als gut erforscht gelten, obwohl eine wirklich überzeugende Synthese, wie sie Henry A. Turner für die Jahre bis zur nationalsozialistischen Machtübernahme vorgelegt hat,[7] bislang immer noch aussteht. Bis heute herrschen unterschiedliche Ansichten darüber, ob für Unternehmer überhaupt spezifische handlungsleitende Werte gelten. Ökonomische Aspekte haben in der Forschung

---

3 Hildegard Hamm-Brücher: Das Versagen des politischen Liberalismus vor und nach 1933 und seine Folgewirkungen nach 1945, in: Peter Steinbach (Hg.): Widerstand. Ein Problem zwischen Theorie und Geschichte, Köln 1987, S. 44–56, hier S. 47; vgl. ganz ähnlich Ralf Dahrendorf: Deutschland und die Liberalen 1933 und 1983, in: Liberal 25 (1983), S. 227–231; Hartmut Mehringer: Widerstand und Emigration. Das NS-Regime und seine Gegner, München ²1998, S. 116.
4 Jürgen Frölich: Opposition und Widerstand auf liberaler Grundlage, in: Peter Steinbach / Johannes Tuchel (Hg.): Widerstand gegen die nationalsozialistische Diktatur, Berlin 2004, S. 167–184.
5 Manuel Limbach: Bürger gegen Hitler. Vorgeschichte, Aufbau und Wirken des bayerischen „Sperr"-Kreises, Göttingen 2019; Wolfgang Hardtwig: Freiheitliches Bürgertum in Deutschland. Der Weimarer Demokrat Eduard Hamm zwischen Kaiserreich und Widerstand, Stuttgart 2018; Winfried Becker: Der bayerische Widerstandskreis um Franz Sperr und Otto Geßler, in: Ulrich Karpen (Hg.): Europas Zukunft. Vorstellungen des Kreisauer Kreises um Helmuth James Graf von Moltke, Heidelberg 2005, S. 3–51; vgl. auch Joachim Scholtyseck: Robert Bosch und der liberale Widerstand gegen Hitler 1933–1945, München 1999.
6 Diese Verteidigung mancher liberaler Positionen findet sich in: Werner Jochmann: Der deutsche Liberalismus und seine Herausforderung durch den Nationalsozialismus, in: Rudolf von Thadden (Hg.): Die Krise des Liberalismus zwischen den Weltkriegen, Göttingen 1978, S. 115–128, hier S. 126.
7 Henry A. Turner: Die Großunternehmer und der Aufstieg Hitlers, Berlin 1985.

bei der Betrachtung des Antisemitismus zunächst noch lange Zeit nur eine „untergeordnete Rolle" gespielt.[8] In den 1960er Jahren war es zunächst einmal darum gegangen, die administrativ-bürokratischen Strukturen der wirtschaftlichen Ausplünderung nachzuzeichnen, während die Motive der „Arisierer" aus nachvollziehbaren Gründen, wie etwa in der Pionierstudie von Helmut Genschel aus dem Jahr 1966, noch nicht im Zentrum standen.[9] Die ebenso wichtige Studie von Avraham Barkai nahm, zu einer Zeit, als von einer „Täterforschung" im heutigen Sinn noch nicht die Rede sein konnte, die Opferperspektive und die Abwehrstrategien der Entrechteten in den Blick.[10] Heute hingegen ist die wirtschaftliche Verdrängung der Juden hinsichtlich der Rolle der Parteidienststellen, der verschiedenen Ministerien auf Reichs- und regionaler Ebene, der Handelskammern, der Gauwirtschaftsberater, der Finanz- und Steuerbehörden, der Notariate sowie der Banken und Unternehmen umfassend erforscht.[11] Die lange vorherrschende Ansicht, die Juden seien nach 1933 ökonomisch noch eine Zeit lang verschont worden, ist inzwischen

---

8 Ingo Loose: Massenraubmord? Materielle Aspekte des Holocaust, in: Frank Bajohr / Andrea Löw (Hg.): Der Holocaust. Ergebnisse und Fragen der Forschung, Frankfurt a.M. 2015, S. 141–164, hier S. 143.
9 Helmut Genschel: Die Verdrängung der Juden aus der Wirtschaft im Dritten Reich, Göttingen u.a. 1966.
10 Avraham Barkai: Vom Boykott zur „Entjudung". Der wirtschaftliche Existenzkampf der Juden im Dritten Reich 1933–1943, Frankfurt am Main 1987.
11 Vgl. bereits die Dokumentation in: Tradition. Zeitschrift für Firmengeschichte und Unternehmerbiographie 3 (1958), besonders die Vorbemerkung des Herausgebers (S. 193–196) sowie die Beiträge von Hans J. Robinsohn: Ein Versuch sich zu behaupten (S. 197–206); Ernst Bernheimer: Unter der Hitlerregierung (S. 207–211) sowie Otto Bernheimer: Aus den „Erinnerungen eines alten Münchners" (S. 212–214). Daneben der Überblick bei Benno Nietzel: Die Vernichtung der wirtschaftlichen Existenz der deutschen Juden 1933–1945. Ein Literatur- und Forschungsbericht, in: Archiv für Sozialgeschichte 49 (2009), S. 561–613; Dieter Stiefel (Hg.): Die politische Ökonomie des Holocaust. Zur wirtschaftlichen Logik von Verfolgung und „Wiedergutmachung", München 2001; Alfons Kenkmann: The Looting of Jewish Property and the German Financial Administration, in: Gerald D. Feldman / Wolfgang Seibel (Hg.): Networks of Nazi Persecution. Bureaucracy, Business and the Organization of the Holocaust, New York/Oxford 2005, S. 148–167; Axel Drecoll: Der Fiskus als Verfolger. Die steuerliche Diskriminierung der Juden in Bayern 1933–1941/42, München 2009; Martin Friedenberger: Fiskalische Ausplünderung. Die Berliner Steuer- und Finanzverwaltung und die jüdische Bevölkerung 1933–1945, Berlin 2008; Christiane Kuller: Bürokratie und Verbrechen. Antisemitische Finanzpolitik und Verwaltungspraxis im nationalsozialistischen Deutschland, München 2013; Michael Kißener / Andreas Roth: Notare in der „Volksgemeinschaft". Das westfälische Anwaltsnotariat 1933–1945, Baden-Baden 2017, bes. S. 313–445; Eva-Maria Roelevink / Jan-Otmar Hesse: Geschichtspolitik und die deutsche Unternehmensgeschichte, in: Zeitschrift für Unternehmensgeschichte 63 (2018), S. 1–6; Sebastian Brünger: Geschichte und Gewinn. Der Umgang deutscher Konzerne mit ihrer NS-Vergangenheit, Göttingen 2017.

widerlegt. Das „Netzwerk der Ausplünderung"[12] und seine Dimension ist mit Blick auf Städte wie Berlin, Hamburg, Leipzig, Köln, München, Frankfurt am Main, Nürnberg und Fürth durch Einzelstudien inzwischen bekannt.[13]

2. Liberale Unternehmer zwischen Demokratie und Diktatur: Ein Hort der Antisemitismusgegner?

In der Wirtschaft des Kaiserreiches und der Weimarer Republik waren Unternehmer deutlich überproportional in den liberalen Parteien engagiert und entsprechend signifikant weniger dem linken und katholischen Milieu verhaftet. Nach 1918 waren sie überwiegend in der rechtsliberalen Deutschen Volkspartei (DVP) und, wenn auch im geringeren Ausmaß, in der linksliberalen Deutschen Demokratischen Partei (DDP) zu finden, die am deutlichsten freihändlerisch und universalistisch ausgerichtet war.[14] Die DDP hatte sich zudem insbesondere der Verteidigung der Rechte der jüdischen Minderheit in Deutschland verschrieben und wurde wohl von mehr als der Hälfte aller deutschen Juden als „ihre" Partei gewählt. Zahlreiche DDP-Mitglieder waren zudem Mitglieder des „Vereins zur Abwehr des Antisemitismus". Im inoffiziellen Parteihandbuch fanden sich Sätze, die an Deutlichkeit nichts zu wünschen übrig ließen: Der Antisemitismus sei eine „unmoralische Bewegung, weil er an die niedrigsten Instinkte" appelliere und „auf einer Unzahl längst widerlegter, aber immer und immer wieder vorgebrachter Lügen, Fälschungen und Verleumdungen" beruhe.[15]

---

12 Vgl. Susanne Meinl / Jutta Zwilling: Legalisierter Raub. Die Ausplünderung der Juden im Nationalsozialismus durch die Reichsfinanzverwaltung in Hessen, Frankfurt am Main/New York 2004, S. 48–57, hier S. 57.
13 Christoph Kreutzmüller: Ausverkauf. Die Vernichtung der jüdischen Gewerbetätigkeit in Berlin 1930–1945, Berlin 2012; Britta Bopf: „Arisierung" in Köln, Köln/Bonn 2004, S. 356 sowie 359; Hanno Balz: Die „Arisierung" von jüdischem Haus- und Grundbesitz in Bremen, Bremen 2004, S. 62 f; Karl-Heinz Metzger u. a.: Kommunalverwaltung unterm Hakenkreuz. Berlin-Wilmersdorf 1933–1945, Berlin 1992, bes. S. 180–183; Monika Gibas (Hg.): „Arisierung" in Leipzig. Annäherung an ein lange verdrängtes Kapitel der Stadtgeschichte der Jahre 1933 bis 1945, Leipzig 2007; Mathias Henkel / Eckart Dietzfelbinger (Hg.): Entrechtet. Entwürdigt. Beraubt. Die Arisierung in Nürnberg und Fürth, Petersberg 2012; Maren Janetzko: Die „Arisierung" mittelständischer jüdischer Unternehmen in Bayern 1933–1939. Ein interregionaler Vergleich, Ansbach 2012.
14 Vgl. Patrick Bormann / Judith Michel / Joachim Scholtyseck (Hg.): Unternehmer in der Weimarer Republik, Stuttgart 2016.
15 Oswald Riedel (Hg.): Das ABC der DDP, Berlin 1927, S. 21.

Die liberalen Parteien wurden allerdings in der Agonie der Weimarer Republik politisch zerrieben und führten schon 1932/33 nur noch ein Schattendasein. Die Unternehmer betrachteten weniger den Staat selbst als vielmehr die Weimarer Republik als misslungenes Experiment, weil diese in ihren Augen zum sozialdemokratischen und gewerkschaftlichen Werkzeug verkommen sei[16] und ihr zudem augenscheinlich eine „klare Autorität" fehle.[17] Es fiel ihnen leicht, die Demokratie aufzugeben, die ihre Erwartungen enttäuscht hatte: Die politische Einflussnahme auf das parlamentarische System hatte sich ihrer Ansicht nach als schwierig und keineswegs immer erfolgreich erwiesen.[18]

3. Unternehmer im „Dritten Reich"

Die nationalsozialistischen Vorstellungen von Wirtschaft waren mit den Überzeugungen der meisten Unternehmer und Manager – Stichwort „Zinsknechtschaft" – kaum kompatibel. Zunächst standen Unternehmer selbst im Visier der Nationalsozialisten. Schon in „Mein Kampf" hatte Hitler seine Abneigung gegen alles ausgedrückt, was der Nationalsozialismus als „liberalistisch" betrachtete und verachtete. Das bezog sich auf die demokratischen Freiheitsrechte und auf die ökonomischen Aspekte. Hitler verkündete 1937 vor dem Reichstag unmissverständlich sein wirtschaftspolitisches Credo:

> „Entscheidend ist der Wille, der Wirtschaft stets die dienende Rolle dem Volke gegenüber zuzuweisen und dem Kapital die dienende Rolle gegenüber der Wirtschaft. Der Nationalsozialismus ist, wie wir wissen, der schärfste Gegner der liberalistischen Auf-

---

16 Vgl. Jürgen John: Zur politischen Rolle der Großindustrie in der Weimarer Staatskrise. Gesicherte Erkenntnisse und strittige Meinungen, in: Heinrich August Winkler (Hg.): Die deutsche Staatskrise 1930–1933. Handlungsspielräume und Alternativen, München 1992, S. 215–237.
17 Gerald D. Feldman: Politische Kultur und Wirtschaft in der Weimarer Zeit. Unternehmer auf dem Weg in die Katastrophe, in: Zeitschrift für Unternehmensgeschichte 43 (1998), S. 3–18, hier S. 7; vgl. Eric Kurlander: The Price of Exclusion. Ethnicity, National Identity, and the Decline of German Liberalism 1898–1933, New York u. a. 2006; Ders.: Living with Hitler. Liberal Democrats in the Third Reich, London 2009.
18 Werner Plumpe: Der Reichsverband der Deutschen Industrie und die Krise der Weimarer Republik, in: Andreas Wirsching (Hg.), Herausforderungen der parlamentarischen Demokratie. Die Weimarer Republik im europäischen Vergleich, München 2007, S. 129–157; daneben Wolfram Pyta: Vernunftrepublikanismus in den Spitzenverbänden der deutschen Industrie, in: Andreas Wirsching / Jürgen Eder (Hg.): Vernunftrepublikanismus in der Weimarer Republik. Politik, Literatur, Wissenschaft, Stuttgart 2008, S. 87–108; Adam Tooze: Ökonomie der Zerstörung. Die Geschichte der Wirtschaft im Nationalsozialismus, München 2007, S. 127–135.

fassung, dass die Wirtschaft für das Kapital da ist und das Volk für die Wirtschaft. Wir waren daher auch vom ersten Tag an entschlossen, mit dem Trugschluss zu brechen, dass etwa die Wirtschaft ein ungebundenes, unkontrolliertes und unbeaufsichtigtes Eigenleben führen könne. Eine freie, das heißt ausschließlich sich selbst überlassene Wirtschaft kann es heute nicht mehr geben."[19]

Insofern wurden im „Dritten Reich" diejenigen Tendenzen konsequent verfolgt und geahndet, die als „liberalistisch" galten und an die verachtend als „System" bezeichnete Weimarer Republik erinnerten. Zahlreiche Liberale, die sich vor 1933 politisch exponiert hatten, wurden vom NS-Staat als Gegner angesehen.[20] Die „Machtergreifung" ging zudem mit antikapitalistischen Aktionen der „braunen Revolutionäre" einher, meist eigenmächtige Versuche verschiedener Parteistellen und „Alter Kämpfer", die jahrelang die „Bewegung" unterstützt hatten und nun in Industrie und Handel eine Prämie für ihren Einsatz forderten. Die Übergriffe, zum Teil existenzbedrohende „Usurpationsgelüste und Enteignungen bis hin zu Terror und Gewalt", sorgten für entsprechende Verunsicherung,[21] zumal die Signale der neuen Machthaber keineswegs so eindeutig waren, um als Beruhigung zu dienen. Beispielsweise führte Reichswirtschaftsminister Kurt Schmitt in einer Rede vom 20. Juli 1933 aus, dass er sich die Möglichkeit von Eingriffen offen halten müsse, „da der nationalsozialistische Staat für sich in Anspruch nehme, dass er den Dingen in der Wirtschaft nicht freien Lauf lasse".[22] Ein amerikanischer Diplomat berichtete zur gleichen Zeit: „Die Eigentümer großer Fabriken sind völlig verunsichert, was die Dauerhaftigkeit ihrer jetzigen Positionen in den Firmen angeht; sie befürchten jeglicher Gesetzlichkeit Hohn sprechende Maßnahmen, die sie der Kontrolle über ihre Geschäfte berauben."[23]

Diese ständigen Übergriffe führten dazu, dass auch in der Privatwirtschaft die Trennlinie zwischen „öffentlichem Amt und privater Sphäre" regelmäßig

---

19   Verhandlungen des Reichstags, Bd. 459, 1. Sitzung, 30.1.1937, S. 8.
20   Hierzu bereits Bruce B. Frye: Liberal Democrats in the Weimar Republic. The History of the German Democratic Party and the German State Party, Carbondale/Edwardsville 1985, S. 189–194.
21   Vgl. Joachim Fest: Hitler. Eine Biographie, Frankfurt am Main/Berlin 1973, S. 575; Michael von Prollius: Das Wirtschaftssystem des Nationalsozialismus 1933–1939. Steuerung durch emergente Organisation und politische Prozesse, Paderborn 2003, S. 274.
22   Udo Wengst: Der Reichsverband der deutschen Industrie in den ersten Monaten des Dritten Reiches, in: Vierteljahrshefte für Zeitgeschichte 28 (1980), S. 94–110, hier S. 107 bzw. 109.
23   Zit. nach Christoph Buchheim: Unternehmen in Deutschland und NS-Regime. Versuch einer Synthese, in: Historische Zeitschrift 282 (2006), S. 351–390, hier S. 390.

verwischt wurde.[24] Erst 1934 fand das Intermezzo der NS-Interventionen ein vorübergehendes Ende; die folgenden Jahre waren in dieser Hinsicht durch eine merkliche Beruhigung gekennzeichnet. Der „Prozess der innerstaatlichen Strukturveränderungen" verlief gleichwohl auch in der Wirtschaft „wie eine zeitlich gestreckte Fortsetzung der Gleichschaltungsaktionen in der Machtergreifungsphase".[25] Das Wirtschaftssystem blieb formal intakt und ermöglichte in den Jahren des sogenannten nationalsozialistischen „Wirtschaftswunders" die Fortführung der typischen Marktgeschäfte. Selbst Vertreter der Wirtschaft, die sich als Liberale verstanden, waren jetzt nur zu gerne bereit, dem vermeintlich staatlichen Handlungsdruck nachzugeben.[26] Im Geschäftsalltag gab es – vom üblichen Stöhnen über bürokratische Behinderungen durch das auch ökonomisch expansive NS-Regime abgesehen – bald nur noch wenig Anlass zur Klage. Viele Unternehmer setzten trotz der ökonomischen Krise auf das liberale Wirtschaftssystem, mit dem sie vertraut waren und das sie unverändert als Fortschritts- und Wohlstandsmotor ansahen. Sie waren der Ansicht, dass es sich bei den Nationalsozialisten um ökonomisch ebenso unerfahrene wie unfähige Propagandisten und Nichtskönner handelte. Als das Regime eine innenpolitische Wende vollzog, die den Unternehmen zugutekam und eher auf Wohlverhalten als auf Zwangsmaßnahmen setzte, schwenkte man um so schneller in die von Hitler intendierte Richtung,[27] arrangierte

---

24 Frank Bajohr: Ämter, Pfründe, Korruption, in: Andreas Wirsching (Hg.): Das Jahr 1933. Die nationalsozialistische Machteroberung und die deutsche Gesellschaft, S. 185–199, hier S. 188.

25 Dieter Rebentisch: Führerstaat und Verwaltung im Zweiten Weltkrieg. Verfassungsentwicklung und Verwaltungspolitik 1939–1945, Stuttgart 1989, S. 535; daneben Ders.: Innere Verwaltung, in: Kurt G. A. Jeserich / Hans Pohl / Georg-Christoph von Unruh (Hg.): Deutsche Verwaltungsgeschichte, Bd. 4: Das Reich als Republik und in der Zeit des Nationalsozialismus, Stuttgart 1985, S. 732–774; Michael Ruck: „Beharrung im Wandel". Neuere Forschungen zur deutschen Verwaltung im 20. Jahrhundert, in: Neue Politische Literatur 42 (1997), S. 200–256 und 43 (1998), S. 67–112; Ders.: Die deutsche Verwaltung im totalitären Führerstaat 1933–1945, in: Jahrbuch für Europäische Verwaltungsgeschichte 10 (1998), S. 1–48; Ders.: Die Tradition der deutschen Verwaltung, in: Anselm Doering-Manteuffel (Hg.): Strukturmerkmale der deutschen Geschichte des 20. Jahrhunderts, München 2006, S. 95–108.

26 Ingo Köhler: Die „Arisierung" der Privatbanken im Dritten Reich. Verdrängung, Ausschaltung und die Frage der Wiedergutmachung, München 2005.

27 Tooze, Ökonomie, S. 756 f; vgl. Buchheim, Unternehmen, S. 356; Jonas Scherner: Anreiz statt Zwang. Wirtschaftsordnung und Kriegswirtschaft im „Dritten Reich", in: Norbert Frei / Tim Schanetzky (Hg.): Unternehmen im Nationalsozialismus. Zur Historisierung einer Forschungskonjunktur, Göttingen 2010, S. 140–155.

sich und opferte die „unternehmerische(n) Freiheiten" sowie die „liberalen Wirtschaftsprinzipien und Überzeugungen."[28]

Die Anpassung an Hitlers Herrschaft fiel um so leichter, als die Grundmaximen unternehmerischen Handelns nach 1933 gewahrt blieben: „Selbst unter den Bedingungen einer zunehmend [...] regulierten Wirtschaft" konnten Unternehmer, wenn sie mit der richtigen Strategie agierten, im operativen Geschäft Gewinne erzielen, um das eigene Fortbestehen „zu sichern und auf den Märkten erfolgreich zu sein".[29] Ideologische Linientreue war für die Machthaber nicht unbedingt notwendig. Ihnen reichte es aus, wenn sie die Privatwirtschaft für ihre eigenen Zwecke nutzen konnten. Unter diesen Bedingungen besaßen die Unternehmer sogar eine gewisse „Verhandlungsmacht".[30] Die auf „beiderseitigen Zugeständnissen und wirtschaftlicher Interessenkoordination beruhende ‚Symbiose'"[31] zwischen Nationalsozialismus und Unternehmern wurde durch Anreizsysteme gefördert. Die Gewinnerwartung blieb für sie entscheidende Antriebskraft: Im Sinne des Regimes zu produzieren fiel umso leichter, als die Erträge nicht lange auf sich warten ließen. Die Verbraucherpreise wurden ebenso wie die Löhne streng kontrolliert[32] und die Wirtschaft profitierte von der einsetzenden „Sonderkonjunktur", in deren Folge sich die Auftragsbücher wieder füllten. Die „Kombination aus wachsender Binnennachfrage, mangelnder Außenkonkurrenz, steigenden Preisen

---

28   Lothar Gall / Manfred Pohl: Einleitung, in: Dies. (Hg.): Unternehmen im Nationalsozialismus, München 1998, S. 11.

29   Jörg Osterloh / Harald Wixforth: Einleitung, in: Dies. (Hg.): Unternehmer und NS-Verbrechen. Wirtschaftseliten im „Dritten Reich" und in der Bundesrepublik Deutschland. Frankfurt am Main 2014, S. 9–30, hier S. 11.

30   Jonas Scherner: Die Logik der Industriepolitik im Dritten Reich. Die Investitionen in die Autarkie- und Rüstungsindustrie und ihre staatliche Förderung, Stuttgart 2008, S. 282 f.

31   Willi A. Boelcke: Die Kosten von Hitlers Krieg. Kriegsfinanzierung und finanzielles Kriegserbe in Deutschland 1933–1948, Paderborn 1985, S. 50.

32   Vgl. André Steiner: Der Reichskommissar für die Preisbildung – „eine Art wirtschaftlicher Reichskanzler"?, in: Rüdiger Hachtmann (Hg.): Hitlers Kommissare. Sondergewalten in der nationalsozialistischen Diktatur, Göttingen 2006, S. 93–115, hier S. 57–69; Ders.: Von der Preisüberwachung zur staatlichen Preisbildung. Verbraucherpreispolitik und ihre Konsequenzen für den Lebensstandard unter dem Nationalsozialismus in der Vorkriegszeit, in: Ders. (Hg.): Preispolitik und Lebensstandard. Nationalsozialismus, DDR und Bundesrepublik im Vergleich, Köln u. a. 2006, S. 23–85, hier S. 50–58; Markus Albert Diehl: Von der Marktwirtschaft zur nationalsozialistischen Kriegswirtschaft. Die Transformation der deutschen Wirtschaftsordnung 1933–1945, Stuttgart 2005, S. 58 f; Hans Dichgans: Zur Geschichte des Reichskommissars für die Preisbildung, Düsseldorf 1977.

und relativ statischen Löhnen" schuf Voraussetzungen, „unter denen es kaum mehr möglich war, *keine* gesunden Profite einzufahren".[33]

4. Die Unternehmer und die „Arisierungen"

Es reicht nicht aus, die „ökonomische Rationalität" als „Generalerklärung" für die Ausbeutung anzuführen.[34] Zweifelslos war auch bei Unternehmern die Ansicht verbreitet, die Juden seien für ihr Schicksal mitverantwortlich. Bei der Verdrängung aus Unternehmen, Vorständen und Aufsichtsräten war neben dem Druck der Partei und ihrer Organisationen und teilweise auch der Belegschaften und neben Profiterwägungen vielfach „vorauseilender Gehorsam" ausschlaggebend.[35] Schon 1933 zeigten sich die zunehmenden Anfeindungen im Boykott jüdischer Geschäfte[36] und den ersten Versuchen, „Arisierungen" durchzuführen. Der Vorstandssprecher der Deutschen Bank Georg Solmssen beschrieb am 9. April 1933 gegenüber dem Aufsichtsratsvorsitzenden Franz Urbig, wie sehr der bisher in der Geschäftswelt herrschende liberale Geist gefährdet war:

> „Lieber Herr Urbig, die Ausstoßung der Juden aus dem Staatsdienst, die nunmehr durch Gesetz vollzogen ist, drängt die Frage auf, welche weiteren Folgen sich an diese, auch von dem gebildeten Teile des Volkes als selbstverständlich hingenommenen Maßnahmen für die Wirtschaft knüpfen werden. Ich fürchte, wir stehen noch am Anfang einer Entwicklung, welche zielbewußt, nach wohlaufgelegtem Plane auf wirtschaftliche und moralische Vernichtung aller in Deutschland lebenden Angehörigen der jüdischen Rasse, und zwar völlig unterschiedslos, gerichtet ist. Die völlige Passivität der nicht zur nationalsozialistischen Partei gehörenden Klassen, der Mangel jeden Solidaritätsgefühls, der auf Seite[n] all derer zu Tage tritt, die bisher in den fraglichen Betrieben mit jüdischen Kollegen Schulter an Schulter gearbeitet haben, der immer deutlicher werdende Drang, aus dem Freiwerden von Posten selbst Nutzen zu ziehen und das Totschweigen der Schmach und des Schadens, die unheilbar allen denen zugefügt werden, die obgleich schuldlos, von heute auf morgen die Grundlage ihrer Ehre und Existenz vernichtet sehen – alles dieses zeigt eine so hoffnungslose Lage, daß es verfehlt wäre, den Dingen nicht ohne jeden Beschönigungsversuch ins Gesicht zu sehen."[37]

---

33 Tooze, Ökonomie, S. 137 f (Hervorhebung im Original).
34 Dan Diner: Rationalisierung und Methode. Zu einem neuen Erklärungsversuch der „Endlösung", in: Vierteljahrshefte für Zeitgeschichte 40 (1992), S. 359–382, hier S. 365.
35 Buchheim, Unternehmen, S. 374.
36 Hannah Ahlheim: „Deutsche, kauft nicht bei Juden!" Antisemitismus und politischer Boykott in Deutschland 1924 bis 1935, Göttingen 2011.
37 Georg Solmssen an Franz Urbig vom 9. April 1933, zit. nach Harold James: Die Deutsche Bank im Dritten Reich, München 2003, S. 43 f.

Solmssen sollte mit dieser düsteren Vorhersage recht behalten. Er wurde aus der Bank herausgedrängt und urteilte nach dem Zweiten Weltkrieg, dass „führende Schichten, insbesondere der Wirtschaft, gegenüber den ersten Ausartungen des Nazismus, insbesondere auf dem Gebiet des Antisemitismus, im Grossen und Ganzen sofort zu Kreuze gekrochen" seien und ihre früheren Bindungen „rücksichtslos verleugnet" hätten.[38] Mancher Unternehmer sah es aber nicht als Widerspruch an, „sich reserviert gegenüber der antisemitischen Propaganda zu zeigen, zugleich aber sein persönliches Fortkommen auf dem Rücken der Juden oder durch die Enteignung jüdischen Besitzes zu betreiben".[39]

Durch die antijüdische Repressionspolitik entstand schrittweise ein regelrechter „Arisierungsmarkt". Dies stellte ein indirektes und vorteilhaftes Partizipationsangebot dar, das auch liberale Unternehmer in ihrem – in „normalen Zeiten" üblichen – Opportunismus nutzten. In der Hanse- und Handelsstadt Hamburg, die etwas auf ihren Liberalismus hielt, ist die Zahl derjenigen, die von der finanziellen Ausschaltung der Juden profitierten, auf rund 100.000 geschätzt worden. Angesichts der vielfältigen Schikanen entschlossen sich in der Folge immer mehr jüdische Geschäftsleute, sich von ihren Unternehmen zu trennen. Seit 1936/37 erhöhte sich der Druck noch mehr, ebenso die Zahl der behördlichen Verordnungen und Erlasse. Im Dezember 1936 stellte ein „Gesetz gegen Wirtschaftssabotage" die illegale Vermögensausfuhr ins Ausland unter Todesstrafe. Eine „Verordnung über die Anmeldung des Vermögens von Juden" vom 26. April 1938 erzwang für alle Beträge über 5.000 RM eine Meldung beim zuständigen Finanzamt. Im November 1938 dekretierte eine Verordnung die „Ausschaltung der Juden aus dem deutschen Wirtschaftsleben". Unangekündigte Buch- und Betriebsprüfungen der Finanzämter boten die Gelegenheit, hohe und nicht überprüfbare Vermögenssteuer-Nachforderungen zu stellen, gegen die kein Einspruch möglich war. Im Reichsgebiet wurden insgesamt etwa 100.000 Unternehmen jüdischer Besitzer liquidiert oder mussten verkauft werden.

Ganz unabhängig von der sich einschleichenden und schließlich weitverbreiteten „Erosion der Kaufmannsmoral"[40] sowie der „zunehmende[n]

---

38 Georg Solmssen an Oswald Rösler vom 19. Dezember 1953, zit. nach Martin Münzel: Die Verdrängung jüdischer Vorstands- und Aufsichtsratsmitglieder aus Berliner Großunternehmen im NS-Staat, in: Christoph Biggeleben / Beate Schreiber / Kilian J. L. Steiner (Hg.): „Arisierung" in Berlin, Berlin 2007, S. 95–120, hier S. 101.
39 Dietmar Süß: Leistung, Aufstieg und Vernichtung, in: Vierteljahrshefte für Zeitgeschichte 62 (2014), S. 463–467, hier S. 466.
40 Dieter Ziegler: Erosion der Kaufmannsmoral. „Arisierung", Raub und Expansion, in: Frei/Schanetzky, Unternehmen, S. 156–168.

Abstumpfung im Hinblick auf die Verwerflichkeit des eigenen Handelns"[41] ist der Zeitpunkt des Erwerbs zu berücksichtigen. Bis 1938 blieben bei der Veräußerung jüdischen Eigentums die Ermittlung des Kaufpreises und die Vertragsgestaltung noch weitgehend den Käufern und Verkäufern überlassen. Die „Arisierungen" unterschieden sich in den äußeren Formen nicht grundsätzlich von herkömmlichen Unternehmensverkäufen: Es gab aufwendige Verhandlungen, die über Rechtsanwälte, Schätzer und Sachverständige geführt wurden und schließlich in einen Kaufvertrag mündeten, der die äußere Form eines ganz legalen Geschäfts vermittelte. Die scheinbar kontinuierlichen Traditionen des marktwirtschaftlichen Procedere machte es Käufern relativ leicht, sich in der Illusion zu wiegen, einen „normalen" Geschäftsabschluss getätigt zu haben. Die Erwerber waren in den Traditionen des Rechtsstaats erzogen worden und hatten das Bild vom „ehrbaren Kaufmann" verinnerlicht. Um diese Fiktion zu erhalten oder zumindest den Schein dafür zu wahren, waren Legalität und ein korrekter äußerer Rahmen mit notariellen Beglaubigungen, juristischen Expertisen und der Absegnung durch staatliche Organe geradezu unabdingbar. Diese Legitimationsstrategien, in denen die Enteignungen mit Brief und Siegel gleichsam veredelt wurden, waren ein oftmals unbewusstes Mittel, das eklatante faktische Unrecht zu ignorieren. Der nationalsozialistische „Doppelstaat" funktionierte nicht nur als „Maßnahmenstaat", sondern parallel dazu auch als traditioneller „Normenstaat", der erst allmählich unterging.[42]

Persönliche Beziehungen „machten einen kaufmännisch weitgehend korrekten Ablauf zumindest wahrscheinlicher".[43] Da alles „in einer Grauzone von Schikane und Rechtsbeugung"[44] stattfand, fordert dies ein differenziertes Urteil für die Vorgänge in einer aus den Fugen geratenen Zeit, in der die Spielregeln des Rechtsstaates ihre Gültigkeit verloren hatten. Der schwierige Sachverhalt entzieht sich, so hat Hans Rothfels festgestellt, einer „schematischen Betrachtung", weil zunächst geklärt werden muss, ob ein bestimmtes Verhalten aus Opportunismus geschah, aus bequemer Selbsttäuschung oder vielleicht doch aus dem festen Willen, wirklich Schlimmeres zu verhindern.[45]

---

41   Buchheim, Unternehmen in Deutschland, S. 376 f.

42   Ernst Fraenkel: Der Doppelstaat, Neuausgabe Hamburg 2001.

43   Ingo Köhler: Werten und Bewerten. Die kalte Technik der „Arisierung" 1933–1938, in: Hartmut Berghoff / Jürgen Kocka / Dieter Ziegler (Hg.): Wirtschaft im Zeitalter der Extreme. Beiträge zur Unternehmensgeschichte Deutschlands und Österreichs. Im Gedenken an Gerald D. Feldman, München 2010, S. 316–336.

44   Ziegler, Erosion, S. 156–168.

45   Hans Rothfels: Die deutsche Opposition gegen Hitler. Eine Würdigung, Neuausgabe Zürich 1994, S. 66.

Weil jedoch die Abtretungen nie freiwillig erfolgten, kann von einem „angemessenen Preis" nicht die Rede sein. Gleichwohl bleibt die Frage für die Einzelfalluntersuchung wichtig, ob eher ein dem Marktwert entsprechender Preis gezahlt oder dieser gedrückt wurde bzw. ob sogar ein sogenannter „Goodwill" eingerechnet wurde.

Ab 1937/38 nahm die Ausplünderung „gleichförmige und bürokratischsystematische Züge"[46] an. Die Praxis, den „guten Namen" des Unternehmens und den Kundenstamm zu berücksichtigen, war seit April 1938 allerdings nach geltendem Recht verboten. Zug um Zug wurden „Arisierungen" zu einem wahren „Bereicherungswettlauf"[47] und einem „Förderungsprogramm für Nachwuchsunternehmer".[48] Man muss nicht alle Thesen unterstützen, die von einem „Volksstaat" sprechen, in dem alle Deutschen von der wirtschaftlichen Ausbeutung der Juden profitiert hätten.[49] Aber es ist frappierend zu sehen, wie viele Nutznießer inzwischen an den „Arisierungen" beteiligt waren: Makler, Treuhand- und Schätzungsgesellschaften, Rechtsanwälte jeglicher Couleur, Sachverständige, „Schiedsrichter" und natürlich die Unternehmer selbst. Bei denjenigen, die sich an „Arisierungen" beteiligten, lässt sich das gesamte Verhaltensspektrum erkennen, von „rücksichtslosen Ausbeutern" bis zu „verständnisvollen Geschäftsleuten, die angemessene Entschädigungen zu zahlen versuchten."[50]

Fast ausnahmslos betonten Unternehmer nach 1945 die „Legalität" der Vorgänge, vor allem, wenn diese bis 1937 abgewickelt worden waren, und sie bestritten vehement eine spezifische Einwirkung des Nationalsozialismus. Vielmehr betonten sie die angebliche Normalität der Verkäufe, mit denen man dem jüdischen Eigentümer sogar einen Gefallen getan habe. In vielen Fällen präsentierten sich die Erwerber in den Restitutions- und Rückerstattungsverfahren nach 1945 sogar als die eigentlichen Opfer der Verhältnisse. Offenbar hatten diese aber zugleich ein schlechtes Gewissen, denn in der

---

46 Frank Bajohr: „Arisierung" und wirtschaftliche Existenzvernichtung im Nationalsozialismus, in: Andrea Bambi / Axel Drecoll (Hg.): Alfred Flechtheim. Raubkunst und Restitution, Berlin/Boston 2015, S. 29–35, hier S. 30.

47 Frank Bajohr: Arisierung als gesellschaftlicher Prozeß. Verhalten, Strategien und Handlungsspielräume jüdischer Eigentümer und „arischer" Erwerber, in: Irmtrud Wojak / Peter Hayes (Hg.): „Arisierung" im Nationalsozialismus. Volksgemeinschaft, Raub und Gedächtnis, Frankfurt am Main/New York 2000, S. 15–30, hier S. 15.

48 Frank Bajohr: „Arisierung" in Hamburg. Die Verdrängung der jüdischen Unternehmer 1933–1945, Hamburg 2003, S. 316.

49 Götz Aly: Hitlers Volksstaat. Raub, Rassenkrieg und nationaler Sozialismus, Frankfurt am Main 2005.

50 Bajohr, „Arisierung" in Hamburg, S. 315–319.

ganz überwiegenden Zahl der Fälle wurden die Rückerstattungen still und heimlich durch die Rechtsabteilungen der Unternehmen abgewickelt, ohne dass von den Vorgängen etwas an die Öffentlichkeit drang – die Zweifelhaftigkeit selbst vieler der „freundlichen Arisierungen" war offenkundig. Vielfach führten Unternehmer ins Feld, sie seien der Ansicht gewesen, dass sich gegen die Verdrängung der Juden aus der deutschen Wirtschaft ohnehin nichts habe machen lassen. Aber auch das ist nicht zutreffend: Bei „Arisierungen" verfügten Unternehmer über ungleich größere Handlungsspielräume als beispielsweise bei der Beschäftigung von Zwangsarbeitern. Auf Fremdarbeiter konnten Unternehmen spätestens im Zweiten Weltkrieg kaum verzichten, wenn sie nicht die Werkstore zusperren wollten. An „Arisierungen" hätte sich hingegen niemand beteiligen müssen.

Die Bewertung der „Arisierungen" – von blanker Raffgier über opportunistische Aneignungsbereitschaft bis zur kaufmännischen Hilfe – bleibt dennoch schwierig. Alle „arischen" Erwerber ahnten oder wussten, dass sie sich auf ein Verfahren mit einem geradezu faustischen Charakter eingelassen hatten. In einer kaum auszulotenden Dunkelzone hatten sie eine moralische Mitschuld, die ein Spezifikum totalitärer Staaten ist.

5. Liberale Unternehmer und „Arisierungen"

Wie verhielten sich jedoch dezidierte Liberale bei „Arisierungen"? Fälle wie die AEG zeigen, dass auch dort, wo Liberale und Hitlergegner wie Hermann Bücher an der Spitze des Vorstands standen, Juden aus den Unternehmen gedrängt wurden.[51] An dieser Stelle sollen – ohne Anspruch auf Vollständigkeit – einige Beispiele aufgeführt werden, die das Spektrum des „Arisierungsverhaltens" liberaler Unternehmer illustrieren.

Das prominenteste Beispiel ist wahrscheinlich das Stuttgarter Elektrounternehmen Robert Bosch. Für den Pionier Bosch, der in seiner Jugend der Sozialdemokratie zuneigte und später „Naumannianer" wurde, blieb die Maxime bestimmend, sich nicht am „Unglück der Juden" bereichern zu wollen. Der „Betriebsführer" des Unternehmens Hans Walz war ein dezidiert Linksliberaler, stand in engem Kontakt mit Leo Baeck, dem Präsidenten der „Reichsvertretung der deutschen Juden", und ermöglichte einer Vielzahl von Juden die Flucht ins rettende Ausland, wofür er 1969 vom Staat Israel als „Gerech-

51 Thomas Irmer: „Es wird der Zeitpunkt kommen, wo das alles zurückgezahlt werden muss". Die AEG und der Antisemitismus, in: Biggeleben/Schreiber/Steiner, Arisierung, S. 121–149.

ter unter den Völkern" geehrt wurde.[52] „Arisierungen" im Geschäftsinteresse fanden nicht statt, lediglich der Kauf von Aktien aus der Gruppe der Victoria-Versicherungen, weil die jüdischen Aktionäre nicht länger in Deutschland bleiben wollten und ihre Anteile „an eine seriöse und potente deutsche Persönlichkeit zu einem angemessenen Preis" verkaufen wollten. Ähnlichen Charakter hatte die „Arisierung" des Juweliergeschäfts Robert Koch in Frankfurt am Main, in die Bosch ebenso unvermittelt verwickelt wurde wie im Sommer 1937 bei der Berliner Teppichbodenfirma G. Feibisch & Co. AG. Dem jüdischen Bankier Herbert Goetz, der bei diesen Geschäften vermittelt hatte, wurde 1938 zudem die Emigration nach Chile durch eine Finanzhilfe in Höhe von 3.000 holländischen Gulden erleichtert.[53] Mit der Beteiligung an der in jüdischem Besitz befindlichen Fernsehentwicklungsgesellschaft FESE im Jahr 1938 ist jedoch auch ein Fall bekannt, bei dem Vertreter der Bosch-Gruppe offenkundig gegen den Willen des Verkäufers handelten.[54]

Auch der Unternehmer Ernst Leitz, Inhaber der Firma, die Leica-Kameras und hochwertige optische Geräte sowie Mikroskope herstellte, war ein überzeugter Liberaler, Mitbegründer der DDP in Wetzlar, der sich in ständigem Konflikt mit der NSDAP befand. Seine vielfältige Hilfe für jüdische Verfolgte ist gut dokumentiert. An „Arisierungen" war er bezeichnenderweise nicht beteiligt.[55] Der Stahlmagnat Otto Wolff, unter anderem maßgeblich an den Unternehmen Phoenix und Rheinische Stahlwerke beteiligt, hatte in der Weimarer Republik der DVP nahegestanden und die Partei bzw. deren Presseorgane unterstützt. Sein 1931 ausgeschiedener Teilhaber Ottmar Strauss musste 1936 in die Schweiz emigrieren. Bei der 1938 erfolgten „Arisierung" des Vermögens verhielt sich Wolff gegenüber seinem langjährigen Kompagnon korrekt und war „auch nicht auf seinen persönlichen Vorteil bedacht".[56]

---

52 Joachim Scholtyseck: Die Firma Robert Bosch und ihre Hilfe für Juden, in: Michael Kißener (Hg.): Widerstand gegen die Judenverfolgung, Konstanz 1996, S. 155–226.

53 Scholtyseck, Robert Bosch, S. 269 f; Peter Theiner: Robert Bosch. Unternehmer im Zeitalter der Extreme. Eine Biographie, München 2017, S. 312–314.

54 Johannes Bähr / Paul Erker: Bosch. Geschichte eines Weltunternehmens, München 2013, S. 183–192, bes. S. 191 f.

55 Vgl. Knut Kühn-Leitz (Hg.): Ernst Leitz. Ein Unternehmen mit Zivilcourage in der Zeit des Nationalsozialismus, Hanau ²2008. Unberücksichtigt bleiben an dieser Stelle Fälle wie derjenige von Theodor Eschenburg, der weniger als Unternehmer denn als Funktionär und Manager an „Arisierungen" beteiligt war und dessen Haltung kontrovers diskutiert wird.

56 Dittmar Dahlmann: Otto Wolff (1881–1940). Ein evangelischer Kaufmann aus dem Rheinland, in: Bormann/Michel/Scholtyseck, Unternehmer in der Weimarer Republik, S. 291–303; Eckart Conze: „Titane der modernen Wirtschaft". Otto Wolff (1881–1940), in: Peter Danylow / Ulrich S. Soénius (Hg.): Otto Wolff. Ein Unternehmen zwischen Wirtschaft

Der Bankier und langjährige Reichswirtschaftsminister Hjalmar Schacht wiederum war als Linksliberaler dem „jungliberalen Verein" der National-liberalen Partei beigetreten und hatte 1918 als Mitbegründer der DDP für viele programmatische Formulierungen verantwortlich gezeichnet. Auf diese demokratischen und kosmopolitischen Tendenzen sowie auf die hilflose und irrige Absicht, den Antisemitismus auf dem Rechtsweg bekämpfen zu wollen, berief er sich nach 1945 beharrlich vor seinen Nürnberger Richtern. Ob man bei Schacht wirklich von einem „moderaten Antisemitismus" sprechen kann, ist bis heute umstritten.[57] Richard Merton, der als jüdischer Unternehmer aus dem Vorstand der Metallgesellschaft herausgedrängt wurde, hat nach 1945 zwischen denjenigen unterschieden, die er für das NS-Unrecht verantwortlich machte, und denjenigen, denen er persönlich verbunden blieb wie zum Beispiel Männern wie Hermann Josef Abs und Hjalmar Schacht. Wie diese erstaunliche Differenzierung durch eines der Opfer zu erklären und zu bewerten ist, sollte die Forschung zukünftig beschäftigen.[58]

Einer der bemerkenswertesten Fälle für die komplexen „Arisierungszusammenhänge" liberaler Industrieller betrifft das 1849 gegründete Unternehmen Freudenberg, im 20. Jahrhundert einer der bedeutendsten Lederhersteller Europas. In der Weimarer Republik dehnte die Firma ihre Geschäfte erfolgreich auf das Feld der Dichtungstechnik und ab Mitte der 1930er Jahre auch der „Lederersatzstoffe" und auf den Schuhverkauf aus. Die Freudenbergs dachten traditionell politisch liberal und lehnten den Nationalsozialis-

---

und Politik, München 2005, S. 99–152, hier S. 134–138; vgl. auch Jost Dülffer: Die „Gruppe Otto Wolff" 1929–1945, in: Danylow/Soénius, Otto Wolff, S. 153–244, hier S. 155–158.

57   Albert Fischer misst den öffentlichen Ansprachen Schachts, in denen natürlich kein kritisches Wort gegen das Regime fallen durfte, eine ausgesprochen hohe Bedeutung zu. Geradezu akribisch zieht er jede gegen „Juden" gerichtete Aussage oder Stellungnahme heran, um Schachts latenten oder auch offenen Antisemitismus zu belegen. Albert Fischer: Hjalmar Schacht und Deutschlands „Judenfrage". Der „Wirtschaftsdiktator" und die Vertreibung der Juden aus der deutschen Wirtschaft, Köln/Weimar/Wien 1995, S. 223. Ähnlich spricht auch Christopher Kopper davon, Schacht sei „keinesfalls von antisemitischen Einstellungen frei" gewesen und habe die konsequente Anwendung des „Berufsbeamtengesetzes" in der öffentlichen Verwaltung gebilligt; Christopher Kopper: Bankiers unterm Hakenkreuz, München/ Wien 2005, S. 53 f; vgl. John Weitz: Hitlers Bankier: Hjalmar Schacht, München 1998; Harold James: Hjalmar Schacht. Der Magier des Geldes, in: Ronald Smelser / Rainer Zitelmann (Hg.): Die braune Elite 2. 21 weitere biographische Skizzen, Darmstadt 1999, S. 206–218; Joachim Scholtyseck: Hjalmar Schacht. Opportunistischer Weltgänger zwischen Nationalsozialismus und Widerstand, in: Bankhistorisches Archiv 33 (1999), S. 38–46.

58   Martin Münzel: Die jüdischen Mitglieder der ökonomischen Elite Frankfurts nach 1933. Aspekte der Ausschaltung aus dem Wirtschaftsbürgertum, in: Osterloh/Wixforth, Unternehmer, S. 33–64.

mus ab. Dennoch entsprach ihr Handeln in den Jahren des „Dritten Reiches" immer weniger ihren politischen Idealen. Der jüdische Eigner der großen Schuhkette Tack, Hermann Krojanker, versuchte im Frühjahr 1933, die drohende Übernahme seines Unternehmens durch die Nationalsozialisten mit Hilfe einer lediglich formalen „Gleichschaltung" zu konterkarieren. Als dies misslang, strebte er eine „freundschaftliche" Übernahme durch Freudenberg an, die schließlich im Herbst 1933 durch eine einvernehmliche vertragliche Einigung mit dem langjährigen Geschäftspartner erreicht wurde. Dieser hätte sich auf die Übernahme allerdings sicherlich nicht eingelassen, wenn er nicht Perspektiven für eine vorteilhafte Entwicklung der eigenen Firma gesehen hätte. Freudenberg glaubte, einem jüdischen Geschäftspartner helfen zu können, und für die unmittelbaren Beteiligten verlief die Übernahme noch weitgehend in den Bahnen von traditionellen Verkaufsverhandlungen ab, obwohl die hässlichen Begleitumstände bereits die ganze Aggressivität des gerade erst etablierten NS-Regimes zeigten. Freudenberg zählte mit dem Blick auf die „Arisierungen" von Tack und anderer Firmen des Ledergewerbes wohl am ehesten zu den 20 Prozent der Käufer, die sich als „gutwillige und verständnisvolle Geschäftsleute charakterisieren lassen, die jüdische Eigentümer angemessen zu entschädigen versuchten" und keine Bündnisse mit den Genehmigungsinstanzen schlossen, um ihren eigenen Vorteil „möglichst rücksichtslos durchzusetzen".[59] Die Praxis, die Vorbesitzer durch versteckte bzw. geheime Zahlungen angemessen zu entschädigen, wurde aufgrund der zunehmend restriktiven Devisenbestimmungen immer schwieriger. Freudenberg sah

> „sich als ein Käufer, der für die vom Regime geschaffene Zwangslage nicht verantwortlich war und die ‚Normalität' des Geschäfts auch dadurch gewahrt sah, dass er schon vor der Etablierung des NS-Regimes von der Firma Tack ein Verkaufsangebot erhalten hatte. Eine solche Form von ‚Arisierung' ist von jenen zu unterscheiden, die in den Jahren der völligen Entrechtung der Juden stattfanden."[60]

Auf einem anderen Blatt steht der weitere Umgang mit den ehemaligen jüdischen Inhabern. Die geschäftsmäßige Kühle, mit der man sich von weiteren jüdischen Tack-Mitarbeitern trennte, zeigt, dass man einen Pakt mit dem Teu-

---

59 Bajohr, „Arisierung" in Hamburg, S. 315–319; zur Gesamtbewertung Joachim Scholtyseck: Freudenberg. Ein Familienunternehmen in Kaiserreich, Demokratie und Diktatur, München 2016, S. 111–179; auf zu schmaler Aktenbasis die journalistische Arbeit von Johannes Ludwig: Boykott, Enteignung, Mord. Die „Entjudung" der deutschen Wirtschaft. München 1992, bes. S. 148–151.
60 Petra Bräutigam: Mittelständische Unternehmer im Nationalsozialismus. Wirtschaftliche Entwicklungen und soziale Verhaltensweisen in der Schuh- und Lederindustrie Badens und Württembergs, München 1997, S. 309.

fel eingegangen war. Dass es auf dem einmal beschrittenen Weg kein Zurück mehr gab, belegt zudem die Tatsache, dass die „Arisierung" von Tack zwar die erste, aber beileibe nicht die letzte „Arisierung" der Firma Freudenberg war. Mit der Zeit schlich sich eine gewisse Routine bei den „Arisierungen" ein, die seit 1937 geschäftsmäßiger abgewickelt wurden und in denen sich bisweilen Herzlosigkeit in den nüchternen Tonfall der Briefwechsel mischte. Ob dies Abgebrühtheit oder Fatalismus war, lässt sich aus den Quellen so gut wie nie erkennen. Der Versuch, die kaufmännische Seriosität und den menschlichen Anstand zu wahren, wurde fortan nicht länger konsequent durchgehalten. So groß die Spannbreite der verschiedenen „Arisierungsvorgänge" sein mochte, es überwiegt der Eindruck, dass sich Freudenberg zumindest bei den deutschen Firmen nicht bereichern wollte. Richard Freudenberg war der „kluge, kalkulierende und vollkommen zuverlässige Geschäftsmann", als den ihn der Geschäftsfreund Arthur Hirsch bezeichnete, als er 1944 vom FBI im amerikanischen Exil befragt wurde. Er sei selbst dann noch mit den Hirschs befreundet geblieben, „when it was dangerous to be friendly with Jews".[61]

Auf der schiefen Bahn, von der die Unternehmensleitung keinen Absprung fand, ging es unerbittlich weiter bergab, wie die „Arisierungen" unter anderem der Firmen Kern und Nahm zeigen. Die Tatsache, dass man sich seit 1937/38 darüber Gedanken machte, welche jüdischen Firmen wohl ins eigene Portfolio passen würden und welche Unternehmen besser liquidiert werden sollten, zeigte jedoch die negativen Tendenzen. Geschäfte, die nun auf einmal möglich waren, wurden, auch wenn sie offenkundig gegen bisher geltende Regeln des Anstands verstießen, zunehmend als „normale und akzeptable" Gelegenheit wahrgenommen.[62] Wie sehr sich die Kategorien inzwischen verschoben hatten, bewiesen die Versuche in den Jahren 1938/39, nach dem „Anschluss" und nach dem Münchener Abkommen in jüdischem Familienbesitz befindliche Firmen in Österreich bzw. im Sudetenland dem Tack-Imperium anzugliedern. Dies scheiterte jedoch, weil die lokalen Machthaber die Übernahme durch „reichsdeutsche" Großunternehmen ablehnten und regionale „mittelständische" Interessenten bevorzugten.

Diese aggressive Geschäftspolitik setzte sich im Zweiten Weltkrieg fort. Das Ziel der Ausschaltung der Juden aus der Wirtschaft erreichte überall im von der Wehrmacht besetzten Europa „eine erstaunlich große Akzeptanz […] teils aus ideologischer Überzeugung, teils aus politischem Pragmatismus und

---

61 Scholtyseck, Freudenberg, S. 157.
62 Gerald Feldman / Youssef Cassis / Ulf Olsson: The Evolution of Financial Institutions and Markets in Twentieth Century Europe, Hampshire 1995, S. 30.

nicht zuletzt auch aus individuellen Bereicherungsabsichten heraus".[63] Viele, wenn nicht sogar die meisten deutschen Unternehmer betrieben „Arisierungsprojekte" außerhalb der deutschen Grenzen erheblich ungehemmter als im Reich. Vielfach herrschte die Überzeugung vor, „mit dem Eigentum der Juden buchstäblich machen zu können, was man wolle."[64] Im Fall der Firma Freudenberg wurde der große Schuhproduzent Chaussures André im besetzten Frankreich Objekt der Begierde. Ob hinter dem Versuch, sich an der in Nancy beheimateten Firma zu beteiligen, eine regelrechte Expansionsstrategie auf den Spuren der Wehrmacht stand, ob die Sorge vor Rivalen wie Salamander oder der französischen Filiale von Bata ausschlaggebend war oder ob einfach die Chancen genutzt wurden, die sich durch die Okkupation boten, ist schwer zu entscheiden. Die vielfach vorhandene „Goldgräberstimmung" war zwar nicht zu beobachten, aber wie selbstverständlich versicherte sich die Firma des Rückhalts der Reichsministerien, verschiedener Besatzungsbehörden sowie französischer Strohmänner. Und man setzte darauf, dass es „einen europaweit verbreiteten Konsens darüber gab, dass der Besitzstand der jüdischen Bevölkerungen zu umfangreich und ihr Einfluss zu groß sei."[65] Letztlich scheiterte die deutsche Firma jedoch an der geschickten Obstruktionspolitik der französischen Behörden im Kollaborationsregime von Vichy, die „Arisierungen" lieber in Eigenregie durchführten. Bemerkenswerterweise wollte Freudenberg die jüdischen Inhaber der Chaussures André wenigstens ordnungsgemäß auszahlen, während die französischen Partner die jüdischen Eigner am liebsten vollkommen entschädigungslos enteignet hätten.[66]

Ausgesprochen komplex gestaltete sich die Rückerstattungspraxis des geraubten Eigentums.[67] Nach 1945 hatten die überlebenden jüdischen Eigentümer meistens kein Interesse, in ein Land zurückzukehren, das ihnen Heimat

---

63 Constantin Goschler: Die Enteignung der Juden und die Europäisierung des Holocaust, in: Berghoff/Kocka/Ziegler, Wirtschaft, S. 337–353, hier S. 342.

64 Loose, Massenraubmord, S. 147.

65 Ebd., S. 153.

66 Vgl. Scholtyseck, Freudenberg, S. 303–311.

67 Jürgen Lillteicher: Raub, Recht und Restitution. Die Rückerstattung jüdischen Eigentums in der frühen Bundesrepublik, Göttingen 2007; Norbert Frei / Josef Brunner / Constantin Goschler (Hg.): Die Praxis der Wiedergutmachung. Geschichte, Erfahrung und Wirkung in Deutschland und Israel, Göttingen 2009; Constantin Goschler: Schuld und Schulden. Die Politik der Wiedergutmachung für NS-Verfolgte seit 1945, Göttingen 2005; Ders. / Jürgen Lillteicher (Hg.): „Arisierung" und Restitution. Die Rückerstattung jüdischen Eigentums in Deutschland und Österreich nach 1945 und 1989, Göttingen 2002; Ders.: Wiedergutmachung. Westdeutschland und die Verfolgung des Nationalsozialismus 1945–1954, München 1992, bes. S. 114–126; Tobias Winstel: Verhandelte Gerechtigkeit. Rückerstattung und Entschädigung für jüdische NS-Opfer in Bayern und Westdeutschland, München 2006.

und Besitz geraubt hatte. Bisweilen lagen die Unternehmen inzwischen auch in Schutt und Asche. Die als „freundschaftlich" interpretierten einvernehmlichen Übernahmen wurden ebenso wie die übrigen „Arisierungen" fast immer durch Restitutionsvergleiche geregelt, ohne dies öffentlich bekanntzumachen. Aber auch hier fehlte häufig das Augenmaß, wenn man beispielsweise bei „arisierten" Schuhgeschäften darauf beharrte, es habe sich um „ein reelles Geschäft" gehandelt und man habe den jüdischen Eigentümern dazu verholfen, „das bestmögliche aus der damaligen politischen Situation herauszuholen."[68]

6. Fazit

Was lässt sich über die präsentierten Fälle hinaus grundsätzlich zum Verhältnis von Liberalismus und „Arisierung" sagen? Insgesamt handelte es sich nicht um ein zentralisiertes staatliches Enteignungsverfahren mit anschließender Verteilung, sondern um einen Prozess teilweise gegenläufiger Tendenzen mit einer Vielzahl von Akteuren. Und insgesamt war es das „vielleicht Bedrückendste an dieser materiellen ‚Teilhabe', dass sie in der Regel keiner genaueren Planung bedurfte. Waren die Grenzen einmal abgesteckt, entwickelte sich etwa der Vermögensentzug fast von selbst."[69] Die äußere trügerische Normalitätsfassade einer marktgesteuerten Wirtschaft, die die Folie der „Arisierungen" bildete, trug zur besonderen Anfälligkeit und Verwundbarkeit jener Liberalen bei, die ansonsten keine begeisterten Anhänger des Nationalsozialismus waren. Erleichtert wurde das Mitmachen durch den Umstand, dass die wirtschaftliche Entrechtung phasenweise erfolgte, es manchen jüdischen Unternehmern anfangs zunächst sogar noch gelang, sich zu behaupten, „von der anziehenden Konjunktur zu profitieren und teilweise als Lieferanten sogar indirekt am Rüstungsboom" zu partizipieren.[70] Dies verstärkte die Tendenz zum Mitmachen. Unternehmer, die eigentlich einem Milieu angehörten, in dem zumindest in der Selbstbeschreibung „Tugenden wie Initiative, Wagemut und Freiheit vorwalten", verstanden es offenbar besser, sich mit dem Regime zu arrangieren als manche Repräsentanten von Organisationen wie der Wehrmacht, wo prinzipiell „Gehorsam das leitende Karriereprinzip" darstellte.[71] Bei sich einengenden Spielräumen wurden bislang geltende rechtliche Normen und moralische Grundsätze zunehmend ausgehebelt, und

68 Vgl. Scholtyseck, Freudenberg, S. 175–179.
69 Loose, Massenraubmord, S. 157.
70 Bajohr, „Arisierung" und wirtschaftliche Existenzvernichtung, S. 31.
71 Klaus Hildebrand: Das Dritte Reich, München 2009, S. 214.

zwar unabhängig davon, wie sich Unternehmer religiös, politisch oder weltanschaulich in den Jahren positioniert hatten, in denen dies noch gefahrlos
möglich gewesen war. Die meisten Menschen, so haben es Frank Bajohr und
Andrea Löw ausgedrückt, handelten so, „wie sie es unter den gegebenen Verhältnissen und aufgrund ihrer persönlichen Interessen für sinnvoll hielten,
sodass sich auch solche Menschen bisweilen an antijüdischen Maßnahmen
beteiligten, die den Antisemitismus ablehnten."[72]

Für Unternehmen, so unterschiedlich sie sich zwischen 1933 und 1945
verhielten, „gilt wohl generell, dass ihr Verhalten in der Diktatur im Großen
und Ganzen dem Durchschnittsverhalten der deutschen Bevölkerung entsprach, dessen Mehrheit sich zwischen den Extremen von Begeisterung und
Opposition im Bereich des mehr oder weniger zustimmenden Opportunismus befand."[73] Dieser allgemeine Befund bestätigt sich beim Blick auf die
große Spannbreite der verschiedenen „Arisierungsvorgänge" bei den liberalen
Unternehmern. Ob hinter dem Erwerbsvorgang jeweils eine bestimmte Strategie steckte, lässt sich allerdings nur fallweise beantworten. Generalisierend
lässt sich auch bei Unternehmen aus dem liberalen Milieu erkennen, dass die
Hemmschwelle immer weiter sank. Dies spiegelte die allgemeine Tendenz der
Brutalisierung im NS-Staat sowie die „zunehmende Verrohung des Unterneh-
merverhaltens" wider.[74] Die durch eine liberale Handschrift gekennzeichneten Firmen Leitz und Bosch haben sich nicht bzw. nur im geringen Ausmaß
an „Arisierungen" beteiligt, die ebenfalls liberal denkenden Unternehmer aus
der Familie Freudenberg haben sich, trotz allen Abscheus vor dem NS-Regime und bei Aufrechterhaltung des familiären Verständnisses vom „ehrbaren
Kaufmann", Zug um Zug auf dieses abschüssige Gleis begeben. Aber hier war
wenigstens noch die Einsicht in die Unrechtmäßigkeit der „Arisierung" zu
spüren, anders als bei vielen anderen Unternehmern, die entweder nie liberal
gewesen waren oder ihre liberalen Überzeugungen im „Jahrhundert der Extreme" aufgegeben hatten.

---

72 Frank Bajohr / Andrea Löw: Tendenzen und Probleme der neueren Holocaustforschung:
Eine Einführung, in: Dies., Holocaust, S. 9–30, hier S. 1; vgl. Frank Bajohr: „Community
of Action" and Diversity of Attitudes: Reflections on Mechanisms of Social Integration in
National Socialist Germany, 1933–45, in: Martina Steber / Bernhard Gotto (Hg.): Visions of
Community in Nazi Germany, Oxford 2014, S. 187–199.
73 Werner Plumpe: Unternehmensgeschichte im 19. und 20. Jahrhundert, Berlin/Boston
2018, S. 127.
74 Ralf Banken: Kurzfristiger Boom oder langfristiger Forschungsschwerpunkt? Die neuere
deutsche Unternehmensgeschichte und die Zeit des Nationalsozialismus, in: Geschichte in
Wissenschaft und Unterricht 56 (2005), S. 183–196, hier S. 188.

PHILIPP MÜLLER

Transformation des Liberalismus

Die Internationale Handelskammer im NS-Regime während der 1930er Jahre[*]

Was den konzeptuellen Kern des Liberalismus ausmacht, war noch nie unumstritten. Eine der bekanntesten Kontroversen wird bis heute zwischen Vertretern des sogenannten klassischen und des sozialen Liberalismus geführt, in der beide Seiten einander vorwerfen, liberalen Grundprinzipien und Traditionen nicht gerecht zu werden.[1] Nimmt man die jüngeren Debatten um das Verhältnis zwischen Liberalismus und Kolonialismus sowie die Frage nach der Existenz eines nicht-westlichen Liberalismus hinzu, droht die Bestimmung von Liberalismus angesichts der Bedeutungsvielfalt zu einem Akt zu werden, der die eigenen Vorannahmen stillschweigend als die eigentlich liberalen ausgibt oder einer explizit normativen Setzung folgt.[2]

Ein Strang jüngerer Ansätze in der *intellectual history* hat diese zweite Möglichkeit zu einer ernst zu nehmenden Option erklärt. So plädiert u. a. Martin Jay dafür, eine über zeitliche Kontexte hinausreichende Wirkungskraft von Ideen stärker in den Vordergrund zu stellen. Der den Ideen von bestimmten Intellektuellen wie John Locke oder John Stuart Mill inhärente Möglichkeitshorizont entfalte sich zum einen erst in der historischen Entwicklung und werde deshalb nur unabhängig von bestimmten zeitlich-lokalen Kontexten

* Für hilfreiche Kommentare danke ich Juri Auderset und Quinn Slobodian.
1 Vgl. den Überblick von Michael Freeden / Marx Stears: Liberalism, in: Michael Freeden / Lyman Tower Sargent / Marc Stears (Hg.): The Oxford Handbook of Political Ideologies, Oxford 2013, S. 329–347.
2 Vgl. für eine Forschungsübersicht Philipp Müller: Freihandel, Imperialismus und Neoliberalismus. Neuere Untersuchungen zum Wirtschaftsliberalismus im 19. und 20. Jahrhundert, in: Ewald Grothe u. a. (Hg.): Liberalismus-Forschung nach 25 Jahren. Bilanz und Perspektiven, Baden-Baden 2016, S. 145–176.

erkennbar. Zum anderen mache erst die Rekonstruktion dieses inhärenten Möglichkeitshorizonts das kritische Potential sichtbar, das bestimmte Ideen der Vergangenheit auch in der Gegenwart entfalten könnten.[3] Vertreter der *intellectual history* wie David Armitage glauben, dass eine solche transtemporale Ideengeschichte die normative Seite von Ideen expliziter in die öffentliche Debatte einführen und damit eine verloren gegangene gesellschaftspolitische Relevanz der Geschichtswissenschaften wiederbeleben könne.[4]

Der offene Rekurs auf ein normatives Verständnis von Liberalismus beinhaltet allerdings Schwierigkeiten. Insbesondere ist unklar, wie die Festlegung eines normativen Kerns von Liberalismus die Bedeutungsvielfalt des Begriffs einschränken und damit die historische Fassbarkeit des Phänomens erleichtern soll. Denn zweifellos sind die möglichen normativen Ansprüche auf eine relevante Bedeutung liberaler Ideen in der Gegenwart wie bereits in der Vergangenheit vielfältig, und wie zwischen diesen gegenwärtigen Ansprüchen vermittelt werden kann, bleibt in dem angeführten Vorschlag offen. Der Verweis auf einen etablierten Kanon liberaler Vordenker bietet diesbezüglich keine Hilfe, weil diese Festlegung selbst das Ergebnis einer normativen Setzung in der Deutungsgeschichte ist. Während so etwa ein Bezug auf John Locke in der Vergangenheit heute als Beleg für liberales Denken angesehen werden kann, wäre das über weite Strecken des 19. Jahrhunderts nicht der Fall gewesen – Locke wurde erst im Verlauf des 20. Jahrhunderts zu einer zentralen Figur der liberalen Tradition erklärt.[5]

Um eine letztlich nur ideologisch zu rechtfertigende Festlegung auf eine Bedeutung von Liberalismus zu vermeiden, ist vorgeschlagen worden, von einem Plural der Liberalismen zu sprechen, die im Sinne einer Familienähnlichkeit verbunden seien. Auf diese Weise soll eine konzeptuelle Vielfalt zugelassen werden, die der Geschichte des Liberalismus gerechter wird als die Betonung einer partikularen Doktrin.[6] Auch damit wird das Problem jedoch nur verschoben, denn ohne eine Definition dessen, was eine solche Familien-

---

3 Vgl. Martin Jay: Historical Explanation and the Event. Reflections on the Limits of Contextualization, in: New Literary History 42 (2011), S. 557–571; nuancierter Peter Gordon: Contextualism and Criticism in the History of Ideas, in: Darrin M. McMahon / Samuel Moyn (Hg.): Rethinking Modern European Intellectual History, Oxford 2014, S. 32–55.
4 Die Vorschläge von Armitage beschränken sich dabei nicht auf die *intellectual history*; vgl. Jo Guldi / David Armitage: The History Manifesto, Cambridge (Mass.) 2014.
5 Vgl. Duncan Bell: What is Liberalism?, in: Political Theory 42 (2014), S. 682–715, hier S. 691–698.
6 Vgl. für diesen Vorschlag Michael Freeden: European Liberalisms. An Essay in Comparative Political Thought, in: European Journal of Political Theory 7 (2008), S. 9–30; Freeden folgend Catherine Audard: Qu'est-ce que le libéralisme? Ethique, politique, société, Paris 2009.

ähnlichkeit ausmacht, bringt der Verweis auf sie eine Lösung nicht näher. Vielmehr steht man erneut vor der Schwierigkeit einer normativen Setzung – nun, was eine liberale Familienähnlichkeit ist.[7]

Demgegenüber verfolge ich in diesem Aufsatz den Gedanken, dass es keinen universalhistorischen Kern von politischem oder wirtschaftlichem Liberalismus gibt, sondern allein eine Geschichte der Entwicklung liberaler Vorstellungen. Statt ein normatives Zentrum zum Ausgangspunkt zu machen, steht der Wandel von Liberalismus in neuen institutionellen, gesellschaftlichen und politischen Kontexten im Mittelpunkt. Der Gehalt von Liberalismus verändert sich dabei nicht willkürlich oder diskontinuierlich, weil sich historische Akteure in einer Tradition des Liberalismus verorten, um mit ihrem Anspruch auf seine erneute Anwendung ernst genommen zu werden. Zugleich verschieben sie mit der Anwendung unter neuen Bedingungen seinen konzeptuellen Gehalt. Die Bedeutungsverschiebungen liberaler Konzepte in der Vorstellung ihrer Fortsetzung machen damit die eigentliche Geschichte des Liberalismus aus.[8]

Im Folgenden will ich zeigen, dass Unternehmervertreter in der Internationalen Handelskammer während des Nationalsozialismus sich einerseits in der Tradition des Liberalismus verorteten und andererseits versuchten, diese Tradition an ihre Gegenwart anzupassen. Sie verstanden sich als Liberale, die ihre Sicht auf die zeitgenössische Wirtschaft mit dem Anspruch vertraten, den überkommenen durch einen zeitgemäßen Liberalismus zu ersetzen. Konkret bedeutete dieses Verständnis, dass sie eine Verständigung auf selbstverwaltete Formen der Marktkoordination als Weg auffassten, um ein von staatlichen und anderen Handelsbarrieren möglichst freies und zugleich vor Risiken geschütztes Wirtschaftshandeln zu ermöglichen. Mit der Forderung nach Marktkoordination verstieß man bewusst gegen traditionelle liberale Konzepte von Freihandel und unternehmerischem Individualismus und erklärte sie unter den Bedingungen der Gegenwart für unzeitgemäß. Eine solche Auffassung war nicht repräsentativ für die Unternehmerschaft der 1930er Jahre insgesamt – eine allgemein akzeptierte Auffassung gab es nicht –, sie war aber besonders unter Verbandsvertretern stark verbreitet und wurde deshalb in der Internationalen Handelskammer vielfach diskutiert. Paradoxerweise

---

7　Dementsprechend ist auch eine normative Sicht hinter Michael Freedens Ansatz zu erkennen; vgl. Bell, Liberalism, S. 688.

8　Zur Bestimmung des Wandels von Liberalismus durch die Überschreitung von Kontexten vgl. Philipp Müller: Liberale Kannibalisierung. Zum Problem einer Globalgeschichte der Ideen, in: Zeitschrift für Ideengeschichte 10 (2016), S. 107–113. Vgl. für das 19. Jahrhundert Jörn Leonhard: Liberalismus. Zur historischen Semantik eines europäischen Deutungsmusters, München 2001.

trugen gerade das nationalsozialistische Rüstungsprogramm und die damit verbundenen wirtschaftlichen Schwierigkeiten dazu bei, dass diese liberalen Reformvorstellungen an institutionellem Rückhalt gewannen und damit auch in der Praxis zusätzliche Relevanz erlangten. In diesem Sinn lässt sich von einem Zusammenspiel zwischen neuem Wirtschaftsliberalismus und NS-Regime sprechen, in dem sich unterschiedliche Zielvorstellungen ergänzten und wechselseitig beförderten.

Im Folgenden wird zunächst die wachsende Bedeutung der deutschen Beteiligung an der Internationalen Handelskammer während der ersten Jahre des Nationalsozialismus dargestellt, weil nur so verständlich wird, in welchem politischen und institutionellen Rahmen Vorstellungen von einer Anpassung des Liberalismus an Relevanz gewinnen konnten. Anschließend wird erklärt, dass diese Anpassung einerseits durch die Interessen von Regime und deutschen Unternehmern und andererseits durch die Vorstellungen von einem zeitgemäßen Wirtschaftsliberalismus in der Internationalen Handelskammer bedingt war. Schließlich soll gezeigt werden, wie diese Auffassungen in den späten 1930er Jahren auf die Verhandlungen zur Förderung der deutsch-französischen Wirtschaftsbeziehungen einwirkten.

1. Die deutsche Delegation der IHK im Kontext von Weltwirtschaftskrise und NS-Machtübernahme

Die Gründung der Internationalen Handelskammer wurde 1919 in Atlantic City beschlossen, vor allem auf Initiative des französischen Handelsministers Étienne Clémentel. Ständiger Sitz wurde Paris, wo in der Regel auch die leitenden Organe Verwaltungsrat und Exekutivkomitee tagten.[9] Der vorübergehende Ausschluss Deutschlands von internationalen Gremien nach dem Ersten Weltkrieg sorgte dafür, dass die deutsche Delegation erst mit etwas Verspätung im Juni 1925 aufgenommen wurde. Sowohl die britischen und amerikanischen Vertreter der IHK als auch die Spitzenvertreter deutscher Unternehmerverbände waren indes von den Vorteilen einer deutschen Mitarbeit an den in der Handelskammer verhandelten Fragen bereits zuvor fest überzeugt. Ein für den Eintritt werbender Bericht des Deutschen Industrie- und Handelstags vom Mai 1925 erklärte zur Tätigkeit der Kammer:

---

9 Vgl. Monika Rosengarten: Die Internationale Handelskammer. Wirtschaftspolitische Empfehlungen in der Zeit der Weltwirtschaftskrise 1929–1939, Berlin 2001, S. 44.

„Es gibt kaum eine wirtschaftspolitische Frage von internationaler Bedeutung, die nicht in den Organen der I. H. K. eingehend durchberaten worden wäre. Genannt seien hiervon lediglich folgende Probleme: Vereinheitlichung des Wechsel- und Scheckrechts, des Seerechts, der Wirtschaftsstatistik, der Zollformalitäten; Abbau der Ein- und Ausreise-Vorschriften […] Aus der Tatsache, dass den Arbeiten der I. H. K. im Auslande grosser Wert beigemessen wird, ist zu schliessen, dass sie auch beträchtliche praktische Erfolge verzeichnen kann."[10]

Deutschland erhielt nach dem Beitritt eine den USA, Großbritannien und Frankreich gleichwertige Vertretung im Verwaltungsrat und im Exekutivkomitee zugesprochen und besetzte bald wichtige Ausschüsse zu Einzelfragen mit unternehmerischen Sachverständigen. Deutsche Wirtschaftsverbände und Handelskammern konnten nunmehr ordentliche Mitglieder, einzelne Firmen außerordentliche Mitglieder werden. Die eigentliche Vermittlungsarbeit zwischen Internationaler Handelskammer und deutschen Unternehmern blieb dabei in der Hand einer nationalen Delegation, die sich vor allem aus Repräsentanten des Reichsverbands der Deutschen Industrie und weiteren zentralen Weimarer Unternehmerorganisationen zusammensetzte. Die Mitglieder der „Deutschen Gruppe der Internationalen Handelskammer" waren professionelle Interessenvertreter oder Unternehmer, die neben der IHK weitere Funktionen in Vorstand und Präsidium nationaler Verbände innehatten. Den ersten Vorsitz übernahm der Berliner Bankier und Präsident des Deutschen Industrie- und Handelstages (DIHT) Franz von Mendelssohn. Geschäftsführer wurde Eduard Hamm, der kurz zuvor auch die Geschäftsführung des Deutschen Industrie- und Handelstages übernommen hatte.[11] Aufgrund der starken Bindung an die Unternehmerorganisationen bewirkte der Beitritt zur Internationalen Handelskammer so keine unmittelbare Internationalisierung der unternehmerischen Wirtschaftsbeziehungen, sondern vielmehr eine Ausweitung des Aktionsradius der nationalen Verbände auf die internationale Ebene.

Mit dieser internationalen Ebene war in der Zwischenkriegszeit vor allem Europa gemeint.[12] Zwar gab es auch eine Delegation aus Japan und Mitglie-

---

10 Deutscher Industrie- und Handelstag, Berlin 4.5.1925, Die Internationale Handelskammer (IHK), in: Archiv des Instituts für Zeitgeschichte München (IfZ), Nachlass Gerhard Riedberg, ED 347/25, S. 3 f.
11 Vgl. Wolfgang Hardtwig: Freiheitliches Bürgertum in Deutschland. Der Weimarer Demokrat Eduard Hamm zwischen Kaiserreich und Widerstand, Stuttgart 2018, S. 202–234; Gerd Hardach: Der Deutsche Industrie- und Handelskammertag 1861–2011. Der Spitzenverband der Industrie- und Handelskammern im Wandel der Zeit, Berlin 2011, S. 63–64; Dieter Schäfer: Der deutsche Industrie- und Handelstag als politisches Forum der Weimarer Republik, S. 35–38. Siehe zu Hamm den Beitrag von Manuel Limbach in diesem Band.
12 Vgl. Rosengarten, Internationale Handelskammer, S. 159–162.

der aus südamerikanischen oder asiatischen Ländern. Neben Vertretern aus den USA kamen die Präsidenten, Ausschussvorsitzenden und Hauptredner auf den Kongressen jedoch nahezu ausschließlich aus west- und nordeuropäischen Staaten. Deutsche wie französische und britische Vertreter rechtfertigten ihre Konzentration auf europäische Wirtschaftsfragen damit, dass Europa durch die Folgen des Weltkriegs und den Versailler Vertrag wirtschaftlich geschwächt und in eine Vielzahl kleiner Staaten zersplittert worden sei, deren Wirtschaftsbeziehungen nicht nur durch Zölle, sondern auch durch unterschiedliche Maß- und Währungsmaßstäbe behindert würden. Europa gegenüber stünden die durch den Krieg ökonomisch erstarkten USA, deren Produktionskraft und Binnenmarkt die Europäer wenig entgegenzusetzen hätten.[13] Die hieraus entstehenden Debatten der Internationalen Handelskammer mündeten 1929 in der Gründung einer eigenen Kommission, in der die innereuropäischen Wirtschaftsbeziehungen und das Wirtschaftsverhältnis zwischen Europa und den USA explizit zu einem für die kommenden Jahre zentralen Thema der IHK erklärt wurde.[14] Eine stärkere Kooperation innerhalb Europas zur Etablierung von institutionalisierten Regelungen des Handels hielt man dabei für eine vordringliche Aufgabe. Erst wenn man gemeinsame Standards zur Berechnung von Transportmengen oder allgemeingültige Formeln für den Abschluss von Kauf- und Lieferverträgen gefunden hatte, schien eine Steigerung des europäischen Handelsvolumens möglich. Allerdings waren diese Fragen in der Internationalen Handelskammer durchaus mit Konflikten zwischen den nationalen Delegationen verbunden, die im Zuge der Weltwirtschaftskrise zum Ausbruch kamen.

Das Engagement der Deutschen Gruppe in der Internationalen Handelskammer hing dabei davon ab, inwieweit sie von den Verbänden und Unternehmen in Deutschland selbst Unterstützung erfuhr. Ein wichtiger Gradmesser hierfür war die Zahl der ordentlichen und außerordentlichen Mitglieder, deren Jahresbeiträge die Finanzierung der Delegierten sicherten. In dieser Hinsicht blieb der Erfolg während der Weimarer Republik durchwachsen: Während die Mitgliederzahl aufgrund umfangreicher Werbearbeit im ersten Jahr schnell auf 105 ordentliche und immerhin 27 außerordentliche Mitglie-

---

13 Vgl. u. a. René-Paul Duchemin: La crise actuelle, ses causes et ses conséquences du point de vue français, Neuilly 1932; Clemens Lammers: Autarkie, Planwirtschaft und berufsständischer Staat?, Berlin 1932.
14 Vgl. Minutes of the 31st Meeting of the Council, 18.10.1929, S. 5 f, in: Archives de la Chambre de commerce internationale (Paris) (ACCI). Vgl. als Überblick zum Verhältnis zwischen Europa und den USA nach dem Ersten Weltkrieg Mary Nolan: The Transatlantic Century. Europe and America 1890–2010, Cambridge (Mass.) 2012, S. 76–103.

der stieg, wuchs sie bis 1929 eher langsam und begann nach Ausbruch der Weltwirtschaftskrise zurückzugehen.[15]

Ein wichtiger Grund hierfür war sicherlich die schwierige ökonomische Lage durch die Krise, die für viele Unternehmen und Einzelverbände eine Mitgliedschaft zu teuer machte. Zugleich war die Stellung der neuen internationalen Wirtschaftsgremien bereits zuvor von Seiten der Privatindustrie mit gelegentlichem Misstrauen beobachtet worden. Während Wirtschaftsvertreter bezüglich des beratenden Wirtschaftskomitees des Völkerbunds nicht sicher waren, inwieweit sie sich gegen staatliche Vertreter würden durchsetzen können, drohte in der Internationalen Handelskammer der außereuropäische, sprich amerikanische Einspruch gegen europäische Vorschläge, notwendig erscheinende Maßnahmen zu unterminieren. Bereits auf der Weltwirtschaftskonferenz in Genf von 1927 unternahmen europäische Verbandsführer deshalb Versuche eines eigenen, unabhängigen Zusammenschlusses der zentralen europäischen Industrieverbände.[16] Nach Beginn der Weltwirtschaftskrise erschien vielen Unternehmern und Verbänden die Tätigkeit der IHK aufgrund der politischen und wirtschaftlichen Dissonanzen in den internationalen Wirtschaftsbeziehungen schließlich kaum noch aussichtsreich. Die Abkehr Großbritanniens und der USA vom Goldstandard, die Devisenregulierung in Deutschland und die Einführung von strengen Einfuhrkontingenten in Frankreich in den frühen 1930er Jahren machten Verhandlungserfolge auf internationaler Ebene zunehmend unwahrscheinlich. Im Verwaltungsrat der Internationalen Handelskammer kam es über der Frage, welche Richtungsempfehlungen man zur Vorbereitung der Weltwirtschaftskonferenz geben sollte, zu schweren Meinungsverschiedenheiten. Bereits zuvor wurde die französische Delegation von britischer und amerikanischer Seite unter Druck gesetzt, eine Rückstellung der Reparationsforderungen an Deutschland auf-

---

15 Bis 1929 traten 143 ordentliche Mitglieder aus Deutschland bei. Vgl. die Mitteilungen der Deutschen Gruppe der Internationalen Handelskammer im Bestand zur Internationalen Handelskammer des Archivs des IfZ, ED 708/1–458 sowie das Schreiben zum Mitgliederstand von Eduard Hamm an Gerhard Riedberg, 26.2.1926, in: Archiv des IfZ, Nachlass Riedberg, ED 347/30.

16 Niederschrift über die Besprechung zwischen dem Reichsverband der Deutschen Industrie und der Federation of British Industries am 4. und 5.7.1927 in Berlin, in: Bundesarchiv (BArch) Koblenz, Nachlass Paul Silverberg, N 1013, 236, S. 12; Neil Rollings / Matthias Kipping: Private Transnational Governance in the Heyday of the Nation-State. The Council of European Industrial Federations, in: Economic History Review 61 (2008), S. 415.

grund der Weltwirtschaftskrise zu unterstützen. Die Weltwirtschaftskonferenz in London von 1933 entpuppte sich bekanntlich als großer Fehlschlag.[17]

Eine Mitgliedschaft in der IHK konnte unter diesen Voraussetzungen als verzichtbar erscheinen. Bereits auf der Präsidiumssitzung der Deutschen Gruppe im Oktober 1932 wurde als Erklärung der aktuellen Schwierigkeiten, die eigene Arbeit in der IHK durch Mitgliederbeiträge zu finanzieren, angeführt: „Die Arbeit der IHK habe […] nicht genügend praktische Erfolge aufzuweisen, so dass den zu werbenden Mitgliedern der Nutzen und die Wichtigkeit für ihren Beitritt nicht überzeugend genug klar gemacht werden könne [sic]."[18]

Diese Einschätzung änderte sich nach der Machtübernahme durch die Nationalsozialisten. Während das Regime den Völkerbund verließ und auch die Zusammenarbeit mit der Internationalen Arbeitsorganisation, der ILO in Genf, praktisch beendete,[19] blieb die Deutsche Gruppe der Internationalen Handelskammer als eigene Organisation bestehen und erfuhr im Zuge der Neuordnungsversuche im unternehmerischen Verbandswesen aus Gründen, die noch ausführlicher erläutert werden, keine wesentlichen Veränderungen. Einige Mitglieder der Deutschen Gruppe wie der Geschäftsführer Eduard Hamm mussten ihren Posten räumen und wurden durch Wirtschaftsvertreter ersetzt, die dem Nationalsozialismus näher standen. Zugleich übten viele der älteren Mitglieder ihre Funktionen unverändert weiter aus – so der Präsident der Gruppe, Abraham Frowein, und der ständige Vertreter bei der IHK in Paris, Gerhard Riedberg. Das frühere Präsidiumsmitglied des Reichsverbandes der Deutschen Industrie Hermann Bücher blieb Mitglied des Beirats der Deutschen Gruppe. Clemens Lammers trat zwar wie Frowein aus dem Vorstand des Reichsverbandes der Deutschen Industrie zurück, blieb jedoch Vorsitzender einer zentralen Kommission der IHK zur Produktions- und Marktkoordination. Den weiterhin vorhandenen Spielraum in der deutschen Delegation der IHK zeigt der Umstand an, dass es Reichswirtschaftsminister Walther

---

17 Vgl. den Procès-verbal de la XXIXème session du Conseil, 12./13.4.1929 sowie Procès-verbal de la XXXVIIème session du Conseil, 23./24.10.1931, in: ACCI. Monika Rosengarten ist zu sehr darum bemüht, eine einheitliche wirtschaftspolitische Linie der Internationalen Handelskammer als vernachlässigte Alternative in der Weltwirtschaftskrise herauszuarbeiten, und übersieht darüber die Gegensätze unterschiedlicher ökonomischer Ansichten; vgl. Rosengarten, Internationale Handelskammer, hier S. 127 f.

18 Niederschrift über die Sitzung des Präsidiums der Deutschen Gruppe der Internationalen Handelskammer am 26.10.1932, in: Archiv des IfZ, ED 347/32, S. 5.

19 Das Reichsministerium für Volksaufklärung und Propaganda ließ lediglich eine Fortsetzung der Kontakte nach Genf durch einen „Korrespondenten des Internationalen Arbeitsamtes" in Berlin zu. Vgl. das entsprechende Informationsschreiben von Wilhelm Clausen an Harold Butler, 9.4.1936, in: Archives du Bureau international du travail (Genève), XC 24/1/2.

Funk auch 1938 nicht gelang, seinen eigenen Kandidaten als Nachfolger des Vorsitzenden Frowein durchzusetzen. Obwohl den Delegationsmitgliedern die Vorstellungen des Ministeriums bekannt waren und es aus diesem Grund zu Diskussionen in der Gruppe kam, wählten sie den Bremer Aufsichtsratsvorsitzenden des Norddeutschen Lloyd Karl Lindemann und stellten sich damit erfolgreich gegen den unmittelbaren Eingriff des Regimes.[20]

Die Kontinuität auf personeller und organisatorischer Ebene wurde von einem baldigen Aufschwung der Mitgliederzahlen begleitet. Bereits ab 1934 hielten sich Austritte und Neueintritte aus Deutschland die Waage; anschließend nahm die Zahl der neuen Mitglieder vor allem durch den Beitritt von Einzelunternehmen zu. Auch wenn man dabei die Zahl der Eintritte mit anderen Ländern vergleicht, war der Zuwachs in Deutschland ungewöhnlich. Gegenüber 1933 bedeutete dies bis 1937 eine Verdoppelung der Mitgliedsunternehmen auf knapp 370. Deutschland stellte damit hinter den USA die größte Mitgliedergruppe der Internationalen Handelskammer.[21] In der Deutung dieses Phänomens gilt es, den Zusammenhang von zwei Dingen zu berücksichtigen: Einerseits die praktischen wirtschaftlichen Interessen der Unternehmer und des NS-Regimes, andererseits die damit verbundene Verstärkung der unternehmerischen Auffassung eines zeitgemäßen Liberalismus.

2. Überkreuzte Interessen: Die Internationale Handelskammer im Blick von Unternehmen und NS-Staat

Das neue Interesse der Unternehmer in Deutschland an der Internationalen Handelskammer war zum einen dadurch begründet, dass sich hier Möglichkeiten des privatwirtschaftlichen Kontakts boten, die aufgrund der

---

20 Vgl. das Schreiben von Abraham Frowein an Reichswirtschaftsminister Funk, 2.6.1938, in: Archiv des IfZ, Nachlass Riedberg, ED 347/17. Zumindest in den Kreisen der Internationalen Handelskammer galt Lindemann trotz seiner NSDAP-Mitgliedschaft ab 1938 und seiner späteren Verstrickung in die deutsche Besatzungspolitik in den Niederlanden nicht als Nationalsozialist, sondern als Liberaler. Der damalige Generalsekretär der IHK Pierre Vasseur schrieb Lindemann nach dem Krieg angesichts des Verfahrens der Alliierten gegen ihn: „Moi qui connais vos pensées depuis 1937, votre libéralisme, qui sais avec quelle antipathie vous subissiez le régime totalitaire qui comme vous le disiez dès 1938 ‚mène le monde à la catastrophe', je ne puis croire qu'on vous assimile aux ‚nazifiés'." Schreiben von Pierre Vasseur an Karl Lindemann, 14.5.1947, in: Archiv des IfZ, Nachlass Riedberg, ED 347/24.

21 Vgl. Gerhard Riedberg: Vortrag im Deutschen Club, 22.6.1937, in: Archiv des IfZ, Nachlass Riedberg, ED 347/46, S. 16–17, sowie 58ème session du Conseil, 21.10.1938. Membership. Document No. 6706, in: Baker Library, Harvard Business School. Winthrop W. Aldrich Papers, Special File IV, Carton 1.

staatlich verordneten Umstellung auf Rüstungsproduktion und der damit verbundenen Devisenkontrollen nur noch eingeschränkt vorhanden waren. Aus den kontinuierlichen Beschwerden von Unternehmern in den Berichten der Wehrwirtschaftsinspektoren geht hervor, dass der schwache Export und die mit der Rüstungswirtschaft verbundene Konzentration auf den heimischen Markt vielfach Anlass zur Sorge boten. Offenbar fragten sich Unternehmer, inwiefern sich Investitionen in ein neues Maschinenarsenal oder in Fertigungshallen lohnten, wenn sie nicht durch Aussicht auf Ausfuhrmöglichkeiten gesichert waren, die auch nach dem Ende der staatlichen Aufträge noch bestehen würden. In diesem Sinne berichtete etwa die Wehrwirtschaftsinspektion Nürnberg im Juni 1936, die Unternehmer des eigenen Wehrkreises befürchteten „spätere Krisenursachen, wenn es nicht gelingt, die Exportquote im gleichen Tempo und Umfang zu steigern, wie einmal die Aufträge der öffentlichen Hand abebben müssen".[22] Nur eine Intensivierung der Außenhandelsbeziehungen konnte aus dieser Perspektive ein dauerhaftes wirtschaftliches Wachstum in Deutschland sichern, und die Mitgliedschaft in der Internationalen Handelskammer erschien diesbezüglich als Chance zur Vermittlung außenwirtschaftlicher Kontakte.[23]

Zudem hatten die Unternehmer die Schwierigkeiten in Erinnerung, die durch die Einschränkung der auswärtigen Wirtschaftsbeziehungen im Ersten Weltkrieg entstanden waren. Aus dieser Erfahrung wusste man, dass einmal abgerissene Wirtschaftsbeziehungen nicht leicht wiederzubeleben waren – insbesondere, wenn andere Wirtschaftsmächte die Gelegenheit nutzten, um ihre eigenen Exportkapazitäten zu erweitern. Für beide Aspekte – den Erhalt bestehender Geschäftsbeziehungen wie die Reaktion auf Unternehmungen der Konkurrenz – bot die Internationale Handelskammer Möglichkeiten der Vermittlung und Information, nicht zuletzt mit Blick auf die hier besonders engagierten westeuropäischen Delegationen. Zwar wurden aufgrund der Devisenschwäche des Reichs die Tauschgeschäfte mit Südosteuropa auf Betreiben des Reichswirtschaftsministers Hjalmar Schacht ausgebaut. Auch 1938 überstieg der deutsche Handelsverkehr mit Westeuropa, sogar ohne Großbri-

---

22 Bericht der Wirtschafts-Inspektion XII, Nürnberg 19.6.1936, in: BArch Freiburg, RW 19/14.

23 Wenig überraschend waren die Beschwerden aus der Hamburger Wehrwirtschaftsinspektion diesbezüglich besonders häufig. Im Bericht vom Januar 1936 hieß es: „Die Stimmung in Wirtschaftskreisen ist unverändert. Man hält nach wie vor eine Belebung des Auslandsgeschäfts für die notwendige Grundlage eines weiteren Wirtschafts-Aufschwunges, und ist in dieser Beziehung nicht optimistisch." Stand der wirtschaftlichen Lage im Gebiet der Wehrwirtschafts-Inspektion X. Ende Januar 1936, in: BArch Freiburg, RW 19/10.

tannien, jedoch den südosteuropäischen noch um das Zweifache.[24] Die Sorge vor den aus der Konzentration auf die Rüstungsindustrie resultierenden wirtschaftlichen, währungstechnischen und außenpolitischen Konsequenzen motivierte 1935 Hermann Bücher – Beiratsmitglied der Deutschen Delegation und Vorsitzender des AEG-Konzerns – zu einem Memorandum, in dem er auf die Abhängigkeit deutscher Unternehmen von auswärtigen Rohstoffen hinwies und zugleich eindringlich auf die verbesserten Chancen für den deutschen Export im Fall einer deutsch-französischen Verständigung, etwa im Rahmen einer französischen Gold-Anleihe, aufmerksam machte.[25] Für die Anbahnung privatwirtschaftlicher Beziehungen war schon in der Weimarer Zeit die Internationale Handelskammer eine Kontaktbörse gewesen. Nach der NS-Machtübernahme wurde sie zum einzigen internationalen Forum, um Beziehungen zu ausländischen Wirtschaftsverbänden und Unternehmen zu pflegen und an internationalen Abmachungen beteiligt zu werden. Damit stieg aus Sicht deutscher Unternehmer offenbar auch ihre Attraktivität.

Ein weiterer, nicht zu unterschätzender Grund für den verstärkten Zuspruch zur IHK war das Interesse an ihr durch die nationalsozialistische Führung. Das Regime förderte die Deutsche Gruppe der IHK, auch wenn man dafür ganz eigene Motive hatte.[26] Hitler ließ dem Kongress der IHK in Wien schon im Sommer 1933 durch die deutsche Delegation Grußworte ausrichten und lud den niederländischen Präsidenten der Internationalen Handelskammer kurz darauf offiziell zu Gesprächen in die Reichskanzlei. Hier versicherte er ihm Deutschlands Interesse an einem „lebendigen Güteraustausch mit der Welt"[27]. Hintergrund dieser Bemühungen war das Wissen um die wirtschaftliche Abhängigkeit der eigenen Rüstungsprogramme von guten Außenhandelsbeziehungen. Für die Einfuhr zentraler Rohstoffe wie Eisenerz

---

24 Vgl. die Angaben bei Avraham Bavai: Das Wirtschaftssystem des Nationalsozialismus. Ideologie, Theorie, Politik 1933–1945, Frankfurt/Main 1988, S. 236; Albrecht Ritschl: NS-Devisenbewirtschaftung und Bilateralismus in Zahlen, in: Eckart Schremmer (Hg.): Geld und Währung vom 16. Jahrhundert bis zur Gegenwart, Stuttgart 1993, S. 289–314, hier S. 310f.

25 Vgl. Hermann Bücher: [Memorandum zum deutsch-französischen Wirtschaftsverhältnis (ohne Titel)], in: BArch Freiburg, RW 19/1322b.

26 Auf die wechselseitige Förderung von Internationalismus und Nationalsozialismus allgemein haben u. a. aufmerksam gemacht: Madeleine Herren: Fascist Internationalism, in: Glenda Sluga / Patricia Clavin (Hg.): Internationalism. A Twentieth-Century History, Cambridge 2017, S. 191–212; Sandrine Kott: Dynamiques de l'internationalisation. L'Allemagne et l'organisation du travail (1919–1940), in: Critique internationale 52 (2011), S. 69–84.

27 Zum Besuch Fentener van Vlissingens in der Reichskanzlei vgl. die Mitteilung des Deutschen Nachrichtenbüros, 27.4.1934, in: BArch Berlin-Lichterfelde, 43 I/327. Zum Grußwort Hitlers an den Kongress der Internationalen Handelskammer in Wien das Schreiben des Staatssekretärs der Reichskanzlei an den Reichsminister des Auswärtigen, 25.5.1933, in: ebd.

und Kautschuk, die auch nach Beginn des Vierjahresplans 1936 nicht in aus-
reichendem Maße in Deutschland gefördert oder hergestellt werden konnten,
war ein hoher Export notwendig. Nur auf diese Weise bestand Hoffnung auf
die Erwirtschaftung einer ausreichenden Devisenmenge für den rüstungsnot-
wendigen Import.[28] Ein Element in den Bemühungen, diese Ziele zu erreichen, wurde für die NS-Führung die Internationale Handelskammer.

Eine solche Integration privatwirtschaftlicher Unternehmerorganisationen in wirtschaftspolitische Strategien des Außenhandels war im NS-Regime
zwar kein systematisch verfolgtes Ziel – hierfür war das auch aus anderen
Politikbereichen bekannte Nebeneinander verschiedener Stellen von Staat,
Partei, Militär und Gesellschaft zu ausgeprägt.[29] Dennoch erhielt die NS-Führung durch den Einbezug der industriellen Verbände mögliche Instrumente
der Einflussnahme, die über mehr wirtschaftliche Kompetenzen verfügten als
die Akteure staatlicher Stellen oder der NSDAP. Die sogenannte „Gleichschaltung" brachte im Fall der privaten Unternehmerverbände so häufig lediglich
eine Zusammenfassung alter Strukturen in einheitliche Organisationen unter
bereits zuvor amtierenden Führungsfiguren oder die Umbenennung alter
Fachverbände in die neuen Wirtschaftsgruppen. Ein grundlegender Wandel,
der nach der Machtübernahme noch von Unternehmervertretern befürchtet
worden war, blieb dagegen aus.[30]

Diese Entwicklung war mit der Delegation quasi-staatlicher Funktionen
an die Verbände verbunden. Insbesondere Hjalmar Schacht sorgte als Wirtschaftsminister dafür, dass im Zuge des unter seiner Leitung entworfenen
„Neuen Plans" den Unternehmerorganisationen neue Aufgabenbereiche zu-
gewiesen wurden. Im Bereich des Außenhandels betraf dies u. a. die Regu-

---

28 Vgl. bes. Michael Ebi: Export um jeden Preis. Die deutsche Exportförderung von 1932–
1938, Stuttgart 2004; Adam Tooze: Ökonomie der Zerstörung. Die Geschichte der Wirtschaft
im Nationalsozialismus, München 2007; Hans-Erich Volkmann: Außenhandel und Aufrüstung in Deutschland 1933–1939, in: Ders. (Hg.): Ökonomie und Expansion. Grundzüge der
NS-Wirtschaftspolitik, München 2003, S. 103–144.
29 Vgl. für den wirtschaftlichen Bereich weiterhin Peter Hüttenberger: Nationalsozialistische Polykratie, in: Geschichte und Gesellschaft 2 (1976), S. 417–442. Vgl. allgemein Rüdiger
Hachtmann: „Systemverfall" oder „Neue Staatlichkeit"? Thesen zur Struktur des NS-Regimes,
in: Frank Bösch / Martin Sabrow (Hg.): ZeitRäume. Potsdamer Almanach des Zentrums für
Zeithistorische Forschung 2011, Göttingen 2012, S. 89–100.
30 Dies hat am Beispiel des Übergangs des Vereins Deutscher Maschinenbau-Anstalten in
die Wirtschaftsgruppe Maschinenbau gezeigt Matt Bera: Lobbying Hitler. Industrial Asso-
ciations Between Democracy and Dictatorship, New York/Oxford 2016, S. 92–94. Ähnlich
zum Übergang des Reichsverbandes der Deutschen Industrie in den Reichsstand der Industrie
Johannes Bähr / Christopher Kopper: Industrie, Politik, Gesellschaft. Der BDI und seine Vor-
gänger, Göttingen 2019, S. 117.

lierung von Preisen und Devisen und die Kontrolle internationaler Kartell-
verbindungen. So betraute man die Wirtschaftsgruppen mit der Funktion,
die sogenannte Ausfuhrförderumlage einzuziehen, die der Subventionierung
des Exports diente und damit die Einnahme von Devisen steigern sollte.
Die Kontrolle der Ausfuhrpreise übernahmen die sogenannten Prüfstellen,
deren Leitung ebenfalls den unternehmerischen Wirtschaftsgruppen über-
antwortet wurde.[31] Bei aller sich bald erweisenden ökonomischen Unzulänglichkeit dieser Maßnahmen zeigten sie doch, dass das Regime aufgrund der
Probleme in der Umsetzung seiner Rüstungspläne die privatwirtschaftlichen
Organisationen einzubinden suchte. Hjalmar Schacht erklärte in diesem Sinne Ende 1937: „Die wehrwirtschaftlichen Vorbereitungen der letzten Jahre
haben zu dem Ergebnis geführt, daß die Organisation der gewerblichen Wirtschaft sowohl zur Vorbereitung wie auch zur Verwirklichung der geplanten
Maßnahmen nicht entbehrt werden kann."[32] Trotz aller Einschränkungen,
die den einzelnen Unternehmen durch das NS-Regime entstanden, war die
Einbindung der Industrie in die staatlichen Rüstungspläne aus Sicht der Ver-
bandsführungen nicht einfach als autoritärer Eingriff in die Privatwirtschaft
zu verstehen, sondern bedeutete zugleich einen Legitimationsgewinn ihrer
Organisationen. Auch ein Gegner der Nationalsozialisten wie das ehemalige
Vorstandsmitglied des Reichsverbandes der Deutschen Industrie (RDI) Clemens Lammers erkannte in den Veränderungen Chancen für die privatwirtschaftlichen Verbände, ihre wirtschaftspolitische Bedeutung zu steigern. Vor
der Internationalen Handelskammer erklärte er 1935 in einer allgemein gehaltenen, aber wohl auf Deutschland bezogenen Formulierung, dass es ihm
scheine,

> „als ob die Linie völliger Restriktion von den Regierungen in ihrer überwiegenden
> Mehrheit nicht eingeschlagen werden soll; vielmehr deute[t] manches auf die Absicht
> der Regierungen, das privatwirtschaftliche Organisationswesen mehr als bisher den
> Bedürfnissen der öffentlichen Wirtschaftspolitik dienstbar zu machen."[33]

---

31 Vgl. Daniela Kahn: Die Steuerung der Wirtschaft durch Recht im nationalsozialistischen
Deutschland. Das Beispiel der Reichsgruppe Industrie, Frankfurt/Main 2006, S. 214–224;
Tooze, Ökonomie der Zerstörung, S. 118 ff.

32 Aus dem Schreiben von Reichswirtschaftsminister Hjalmar Schacht an Albert Pietzsch,
Leiter der Reichswirtschaftskammer, vom 2.11.1937 über die verstärkte Beteiligung der staats-
monopolistischen Wirtschaftsorganisationen an der Kriegsvorbereitung, in: Dietrich Eich-
holtz / Wolfgang Schumann (Hg.): Anatomie des Krieges. Neue Dokumente über die Rolle
des Monopolkapitalismus bei der Vorbereitung und Durchführung des Zweiten Weltkrieges,
Berlin 1969, S. 157.

33 Der VIII. Kongreß der Internationalen Handelskammer, in: Mitteilungen der Deutschen
Gruppe der Internationalen Handelskammer 5 (1935), S. 5.

In dieses Muster fügte sich auch der Umgang des NS-Regimes mit der deutschen Delegation der Internationalen Handelskammer. Da es sich hier um die Beteiligung an einer internationalen Organisation handelte, erhoffte sich die NS-Führung offenbar nicht nur einen Beitrag zur Lösung eigener wirtschaftlicher Schwierigkeiten, sondern auch eine Beruhigung der internationalen Sorge vor der deutschen Rüstung. Besonders deutlich wurden diese Versuche einer Indienstnahme der Internationalen Handelskammer 1937, als der alle zwei Jahre stattfindende Kongress der IHK in Berlin tagte.

Der Berliner Kongress wurde mithilfe des NS-Regimes zu einem Großereignis und verzeichnete eine in der Zwischenkriegszeit davor und danach nie wieder erreichte Zahl an Teilnehmern. Die nationalsozialistische Führung konnte diesen Umstand für sich als Erfolg verstehen, zeigte man sich doch um kein Mittel verlegen, die internationalen Gäste für sich einzunehmen. Der Präsident der IHK Fentener van Vlissingen wurde von Hjalmar Schacht wegen seiner Bemühungen um die Verbesserungen der internationalen Wirtschaftsbeziehungen das Verdienstkreuz des Ordens vom Deutschen Adler mit dem Stern verliehen, eine erst seit Mai des Jahres bestehende Auszeichnung für ausländische Staatsangehörige. Propagandaminister Joseph Goebbels lud die Teilnehmer zu einem abendlichen Festprogramm auf die Pfaueninsel in der Havel.[34] Bereits auf der Eröffnungsveranstaltung in der Deutschen Oper präsentierte sich die Reichsführung in Gestalt von Hitler, Goebbels und Schacht. Bei Eintritt Hitlers durch ein Ehrenspalier der Leibstandarte begrüßten ihn die über 1000 anwesenden Gäste stehend mit erhobenem rechten Arm. Hermann Göring, Reichsminister und Beauftragter für den Vierjahresplan, hielt die Eröffnungsrede und forderte die Teilnehmer auf, in ihren Heimatländern die politischen Voraussetzungen für eine bessere Integration Deutschlands in die Weltwirtschaft herstellen zu helfen.[35]

Hinter den Bemühungen der NS-Führung und dem Interesse der in- und ausländischen Unternehmerschaft stand die beiderseits gehegte Hoffnung, durch die Internationale Handelskammer die politischen und wirtschaftlichen Beziehungen zwischen Deutschland und Westeuropa zu verbessern, auch wenn die damit letztlich verfolgten Ziele nicht übereinstimmten. Aus Sicht vieler europäischer Vertreter der IHK war das Treffen eine Gelegenheit, ihre Vorstellungen eines zeitgemäßen Liberalismus zu diskutieren und hier-

---

34 Vgl. Bericht über den IX. Kongreß der Internationalen Handelskammer, in: Mitteilungen der Deutschen Gruppe der Internationalen Handelskammer 4 (1937), S. 33.
35 Vgl. die Wiedergabe von Görings Rede im Bericht des Deutschen Nachrichtenbüros, Berlin 28.6.1937, in: BArch Berlin-Lichterfelde, R 43/II/324a.

bei auch die Möglichkeiten zu nutzen, die durch den vom NS-Regime verursachten staatlichen Rückenwind entstanden.

3. Marktkoordination als Erneuerung des Liberalismus

Eines der zentralen Themen auf dem Berliner Kongress der Internationalen Handelskammer war eine stärkere Koordination und Kooperation unter den Marktteilnehmern zur Verbesserung der Handelsbedingungen. Seit dem Zeitpunkt ihrer Gründung war es ein prinzipielles Ziel der IHK, durch eine institutionelle Regulierung des Weltmarkts die Bedingungen für den Warenverkehr zu verbessern. Grundsätzlich war die Forderung nach regulierenden Maßnahmen zum Schutz vor Marktrisiken seit jeher Bestandteil des unternehmerischen Liberalismus. Im Gegensatz zu universitären Ökonomen hatten sie es nicht mit idealen Modellvorstellungen, sondern mit realen Szenarien der wirtschaftlichen Existenzsicherung zu tun und waren deshalb auf einen Liberalismus bedacht, der Vorteilssuche und Risikominimierung miteinander verband.[36] Die wiederkehrende gesellschaftliche und wirtschaftliche Instabilität in den 1920er und 1930er Jahren führte indes dazu, dass überkommene liberale Konzepte wie Freihandel, Goldstandard und Individualismus kritischer diskutiert wurden als zuvor. Ökonomen, Unternehmer und wirtschaftliche Interessenvertreter suchten nach neuen wirksamen Möglichkeiten der Intervention in einer drängenden wirtschaftlichen Krisenlage.

Eine stärkere Koordination des Marktes erschien vielen nun allein Gewähr gegen ein Ende der kapitalistischen Wirtschaft und damit eines vom Staat unabhängigen Unternehmertums zu bieten. Besonders aus Sicht europäischer Mitglieder stellten demnach Handelsbeziehungen auf der Basis von Vereinbarungen statt auf der Basis von individueller Vorteilssuche und Preismechanismus eine entscheidende Anpassung des Liberalismus an die zeitgenössischen europäischen Verhältnisse dar. Einen ungebremsten Freihandel assoziierten Anhänger dieser Auffassung mit den vergangenen Wirtschaftsverhältnissen des 19. Jahrhunderts und bezeichneten ihn häufig abschätzig als „Manchester-Liberalismus".[37] In der Gegenwart schienen demgegenüber

---

36   Vgl. für die Unterscheidung von idealem und realem Liberalismus Wolfgang Streeck / Lane Kenworthy: Theories and Practices of Neocorporatism, in: The Handbook of Political Sociology. States, Civil Society, and Globalization, Cambridge (Mass.) 2005, S. 441–460, hier S. 448.

37   Siehe etwa die Ausführungen von René-Paul Duchemin: La rationalisation sur le Plan International. Vortrag auf der Tagung des deutsch-französischen Studienkomitees am 12.12.1927, in: Politisches Archiv des Auswärtigen Amts (PAAA), R 70532.

internationale Absprachen, wie sie durch die Organisation der IHK möglich wurden, zukunftsweisend für eine Stabilisierung und Förderung privater und zwischenstaatlicher Wirtschaftsbeziehungen.

Entsprechende Ansichten wurden in dieser Zeit von Teilen der Unternehmervertreter nicht nur in der Internationalen Handelskammer vertreten, sondern auch in anderen internationalen Gremien wie dem beratenden Wirtschaftskomitee des Völkerbundes. Auch auf dem häufig für die Anfänge des „Neoliberalismus" namhaft gemachten Colloque Lippmann, das 1938 in Paris stattfand, waren sie Bestandteil der Diskussionen.

Anlass für das Pariser Treffen von 1938 war das Buch des amerikanischen Sozialphilosophen Walter Lippmann „The Good Society", das gerade in französischer Übersetzung erschienen war. Zum einen sollten auf der Tagung die Gründe für den zeitgenössischen Niedergang des Liberalismus diskutiert, zum anderen Wege seiner möglichen Erneuerung erörtert werden. Teilnehmer verglichen dabei die überkommene Vorstellung eines auf Laissez-Faire und individueller Konkurrenz beruhenden Marktliberalismus mit einem völlig regellosen Straßenverkehr, der durch das „Gesetz des Dschungels" bestimmt werde. Nur durch den Erlass von Verkehrsregeln könnten wirtschaftliche Anarchie und damit verbundene Wirtschaftskrisen verhindert werden.[38] Von diesem Befund ausgehend, wollte man in den Diskussionen zu einer Anpassung der liberalen Doktrin an die eigene Zeit beitragen.[39] Die geladenen Ökonomen – darunter Friedrich Hayek, Alexander Rüstow, Wilhelm Röpke und Ludwig von Mises – waren sich in den zu beschreitenden Wegen einer liberalen Renaissance zwar nicht einig, stritten jedoch vor allem um die Frage, unter welchen öffentlich-institutionellen Bedingungen ein freier Markt herzustellen und dauerhaft zu sichern sei. Demgegenüber vertraten anwesende Unternehmervertreter wie der Konzernchef des französischen Elektroherstellers Alsthom und Verbandspräsident des Syndicat Général de la Construction Électrique Auguste Detœuf die Ansicht, dass nur eine Koordination von Markthandlungen durch die ökonomischen Akteure selbst die fehlgeschlagene Steuerung von Produktion und Verbrauch durch den Markt ersetzen könne. Demnach war das Festhalten an Ideen des klassischen Wirtschaftsliberalismus gleichbedeutend mit einer mittelfristigen Zerstörung des Liberalismus. Denn, so Detœuf, die kollektiven Abhängigkeiten und Schick-

---

38 Vgl. Louis Rougier: Allocution, in: Serge Audier (Hg.): Le colloque Lippmann. Aux origines du „néo-libéralisme", Lormont 2012, S. 415.
39 Vgl. Serge Audier: Is there a French Neoliberalism?, in: Raf Geenens / Helena Rosenblatt (Hg.): French Liberalism from Montesquieu to the Present Day, Cambridge (Mass.) u. a. 2012, S. 208–229; François Denord: Néolibéralisme version française. Histoire d'une idéologie politique, Paris 2007, S. 118–120.

sale, die durch den freien Marktkapitalismus und die Vormacht einer kleinen Elite geschaffen würden, führten in eine Situation, die nur noch durch eine staatswirtschaftliche Transformation zu lösen sei. Gegen diese Entwicklungen biete die Organisation durch die Marktteilnehmer selbst Schutz. Individuelle Verantwortung und Freiheit seien deshalb nur durch einvernehmliche vertragliche Koordination zu erhalten.[40] Diese Vorschläge überzeugten auf dem Treffen keine der anwesenden Ökonomen-Fraktionen. Sie waren besonders in Kreisen der deutschen und französischen Wirtschaftsverbände jedoch seit den 1920er Jahren beständiges Gesprächsthema und wurden hier vielfach als Möglichkeit einer Reform des Liberalismus verstanden.[41]

Im Rahmen der IHK hatten vergleichbare Vorstellungen zur Folge, dass Unternehmervertreter die Kammer als Forum zur Verständigung auf gemeinsame Regeln des Warenverkehrs zu nutzen suchten. In der Praxis bedeutete dies, dass man an einheitlichen Maßeinheiten von Frachtcontainern und Musterkoffern arbeitete, um die Kosten im internationalen Güterverkehr zu senken, oder diskutierte, wie der Warentransport auf der Schiene und auf der Straße so koordiniert werden konnte, dass bestehende Bedingungen optimal genutzt und für Eisenbahn- und Automobilunternehmen zukunftsträchtig zu gestalten waren. Man führte Verhandlungen über eine allgemeine Senkung der Kosten für internationale Telefongespräche und Telegraphengebühren. Auf dem Berliner Kongress legte man zudem einen besonderen Akzent auf die Auswirkungen internationaler Kartelle.

Diese Frage beschäftigte die Internationale Handelskammer in verstärktem Maße seit dem Antritt Fentener van Vlissingens als Kammerpräsident, der in unternehmerischen Absprachen ein dauerhaftes Instrument zur Absicherung gegen die Folgen von Wirtschaftskrisen erkannte. Im Oktober 1933 war auf seinen Vorschlag hin die bestehende Kommission zu Kartellbeziehungen erweitert worden, um weitere Förderungsmöglichkeiten des internationalen Handels auf diesem Wege zu prüfen. Vorsitzender der „Kommission für Produktions- und Marktkoordination" wurde Clemens Lammers, der aufgrund seiner früheren Tätigkeit im Rahmen des Völkerbunds und der

---

40 In einem kurz nach dem Treffen verfassten Rückblick auf Walter Lippmann erklärte Detœuf: „La doctrine libérale classique, la doctrine de Manchester est aussi dangereuse que le marxisme. En voulant conserver les privilèges, elle détruit autant que ceux qui prétendent les transférer tous à l'État; car elle crée des malheurs collectifs, et une société ne se maintient que si les hommes malheureux sentent qu'ils sont personnellement responsables de leur malheur." Auguste Detœuf: Où va la liberté, in: Conferencia (2.12.1939), S. 260–277, hier S. 273.
41 Vgl. Philipp Müller: Kapitalismus der Vermittlung. Neo-Liberalismus in Deutschland und Frankreich nach dem Ersten Weltkrieg, in: Anselm Doering-Manteuffel / Jörn Leonhard (Hg.): Liberalismus im 20. Jahrhundert, Stuttgart 2015, S. 97–126.

Internationalen Handelskammer als ausgewiesener Experte in Kartellfragen galt.[42] Wenige Monate vor Kongressbeginn, im März 1937, hatte Lammers in seiner Funktion als Vorsitzender der Kommission zur Produktions- und Marktkoordination der Kammer eine ausführliche Studie überreicht, in der er die Entwicklung verschiedener Typen internationaler privatwirtschaftlicher Absprachen vorstellte und Einschätzungen zu den Möglichkeiten einer durch Unternehmer organisierten Außenwirtschaft abgab. Dabei warnte Lammers eindringlich vor der fehlenden Bereitschaft von Unternehmern, internationale Absprachen auf privatwirtschaftlicher Ebene zu unterstützen. Wolle man den liberalen Gedanken in zeitgemäßer Form erhalten, dürfe man nicht den Regierungen die Initiative zur Koordination des Marktes überlassen.

> „Steht das Unternehmertum abseits, statt sachverständig Hand anzulegen, dann können die Dinge in vielen Fällen einen Verlauf nehmen, der nicht unbedingt nötig sein würde. Wenige Regierungen dürften an und für sich bestrebt sein, dort wirtschaftliche Verantwortung zu übernehmen, wo in zufriedenstellender Weise unter Rücksichtnahme auf die Allgemeinheit private Zusammenschlüsse das erstrebte Ziel erreichen können."[43]

Eines der von Lammers angeführten Beispiele war das internationale Aluminiumkartell „Alliance Aluminium Compagnie", das bereits seit 1933 als internationaler Puffer fungierte, indem es große Teile der Lagerbestände der beteiligten Konzerne aufkaufte und wieder auf den Markt brachte, sobald die Preise eine gewisse Grenze überschritten. Das Kartell regelte auch die durch die militärische Aufrüstung in Deutschland entstandenen Veränderungen: Da eine Deckung des gestiegenen deutschen Aluminiumbedarfs aus den Beständen der „Alliance Aluminium Compagnie" angesichts der knappen Devisen der Reichsbank nicht möglich war, einigte man sich auf eine Sondergenehmigung für die deutschen Vereinigten Aluminiumwerke, die Produktion zu erhöhen, wenn der Konzern im Gegenzug zusicherte, von allen Exporten abzusehen.[44]

Der französische Unternehmer Louis Marlio war nicht nur Vorsitzender dieses Kartells, sondern seit ihrem Bestehen auch Mitglied der von Lammers

---

42 Rapport de la Commission de Programme au Conseil, Annexe au Procès-verbal de la XLIVème session du conseil, Document No 5.314, S. 2, in: Archives Nationales (CAMT), 40 AS 95.

43 Vgl. Clemens Lammers: Internationale Kartelle, Brüssel 1937, S. 8.

44 Vgl. Marco Bertilorenzi: The International Aluminium Industry during the 1930s. Between International Cartel Governance and National Strategic Policies, in: Entreprises et histoire 76 (2014), S. 20–40.

geleiteten Kommission der Internationalen Handelskammer.[45] Zudem nahm Marlio an der Pariser Tagung zur Wiederbelebung des Liberalismus um Walter Lippmann teil und wurde im Anschluss an das Treffen mit der hier beschlossenen Leitung des „Centre international d'études pour la rénovation du libéralisme" betraut – also gerade jenes Zentrums, das in der jüngeren Literatur als wichtiger Ausgangspunkt des Neoliberalismus im späteren 20. Jahrhundert gilt und das die Mont Pèlerin Society nach dem Zweiten Weltkrieg auf den Weg zu bringen half.[46] Marlio vertrat hier wie auf dem Berliner Kongress der Internationalen Handelskammer die Überzeugung, dass eine internationale Koordination des Marktes keine Einschränkung, sondern die Voraussetzung für einen zeitgemäßen Liberalismus darstelle:

> „Während es zu Beginn des 19. Jahrhunderts als Antithese des Liberalismus galt, bietet das Kartell durch ein denkwürdiges Paradox heute eines seiner letzten Bollwerke, indem es das wirtschaftliche Gleichgewicht dann erhält, wenn die Vereinbarung frei und fakultativ bleibt. Man muss hierin einen unerwarteten Reflex des kapitalistischen Organismus sehen, angesichts des unzulänglichen Spiels der ökonomischen Selektion unter den Bedingungen einer konzentrierten und mechanisierten Industrie."[47]

Zeitgemäßer Liberalismus bedeutete in dieser Perspektive Koordination der Akteure auf dem Markt durch die wirtschaftliche Selbstverwaltung nationaler und internationaler Verbände. Aus Sicht von programmatisch orientierten Interessenvertretern wie Louis Marlio oder Clemens Lammers in der IHK-Kommission für Produktions- und Marktkoordination zeigte sich im Voranschreiten dieser Entwicklung der Erfolg einer Reform des Liberalismus. Entscheidend schien daran, dass zum einen eine Koordination internationalen

---

45 Vgl. Marlios Ausführungen zum Thema in: Der Staat und die Förderung von Produzenten-Vereinbarungen. Das Kartell als Faktor des Ausgleichs zwischen Erzeugung und Verbrauch. Ein Interview mit Louis Marlio, in: Internationale Wirtschaft, hg. v. der Internationalen Handelskammer 5 (Oktober 1933), S. 6–7. Vgl. zu Marlio Henri Morsel: Louis Marlio, position idéologique et comportement politique. Un dirigeant d'une grande entreprise dans la première moitié du XXe siècle, in: Ivan Grinberg / Florence Hachez-Leroy (Hg.): Industrialisation et sociétés en Europe occidentale de la fin du XIXe siècle à nos jours, Paris 1997, S. 106–124.
46 Vgl. u. a. Audier, French Neoliberalism, S. 219 f; Denord, Néolibéralisme, S. 122 f. Bei der Gründung der Mont Pèlerin Society spielte Marlio keine Rolle mehr.
47 „[P]ar un paradoxe très curieux, le cartel, considéré au début du XIXe siècle comme l'antithèse du libéralisme, en constitue aujourd'hui l'un des derniers remparts, en maintenant l'équilibre économique, dans la mesure où il reste facultatif et libre, il faut voir là un réflexe inattendu de l'organisme capitaliste, en présence du jeu insuffisant de la sélection économique dans les industries concentrées et mécanisées." Louis Marlio: Le sort du capitalisme, Paris 1938, S. 135.

Handel erhalten und ausweiten half und dass zum anderen nicht der Staat, sondern die privatwirtschaftlichen Verbände diese Vermittlungsarbeit leisteten. In dieser Perspektive gehörten unbeschränkter unternehmerischer Individualismus und freie Konkurrenz einer vergangenen Epoche an, die in der Gegenwart durch Absprachen und Vereinbarungen zwischen den Produzenten zu ersetzen waren. Clemens Lammers führte aus:

> „Der Unterschied gegenüber früher liegt nur darin, daß der Bedarf und damit die Nachfrage sich nicht mehr in gleicher Freiheit entwickeln und auch durch private Initiative nicht mehr im früheren Ausmaß angeregt werden kann. […] Dieser Gesamtzustand stellt die private Planung, wie sie sich in den mannigfaltigen organisatorischen Bestrebungen der Wirtschaftskreise ausdrückt, vor […] neue Aufgaben. Soweit nicht etwa der Staat selbst im Einzelfalle die Führung übernimmt, muß die Wirtschaft ihre […] Organisationsgabe in einer bislang unerhörten Weise anspannen, um ihre Aufgaben zu erfüllen."[48]

Die den Unternehmerverbänden vom NS-Regime überantworteten Aufgaben der Kontrolle nationaler und internationaler Kartelle wie auch die Förderung der deutschen Beteiligung an der IHK konnten aus dieser Perspektive als Stütze der eigenen Bemühungen um einen zeitgemäßen Liberalismus verstanden werden. Dieser Zusammenhang verfestigte sich kurz vor Beginn des Zweiten Weltkriegs auf bilateraler deutsch-französischer Ebene.

4. Wirtschaftsliberalismus in der Praxis: Unternehmerabsprachen vor dem Zweiten Weltkrieg

Das politische und ökonomische Interesse an privatwirtschaftlichen Absprachen deutscher Unternehmer mit ausländischen Firmen, die auf dem Berliner Kongress der Internationalen Handelskammer und darüber hinaus zum Ausdruck kam, konkretisierte sich praktisch in den nahezu zeitgleich stattfindenden Verhandlungen zu einem neuen deutsch-französischen Handelsvertrag und den daran anschließenden Vereinbarungen. An ihnen wird nicht nur deutlich, dass die auf dem Kongress der IHK von Unternehmervertretern propagierte Notwendigkeit einer stärkeren wirtschaftlichen Koordination insbesondere für die Marktverhältnisse in Europa relevant wurde, sondern auch, dass diese Ansichten aus einer staatlichen Unterstützung in Deutschland und Frankreich wichtige Ressourcen der Legitimation ziehen konnten. Die von Lammers und

---

48 Clemens Lammers: Die Organisation der Erzeugung, in: Deutsche Wirtschafts-Zeitung. Organ der Reichswirtschaftskammer 32/26, 27.6.1935, S. 604.

Marlio vorgebrachten Vorschläge einer Anpassung des Marktliberalismus an die Verhältnisse ihrer Zeit erhielten in den deutsch-französischen außenwirtschaftlichen Gesprächen institutionellen Rückhalt, weil den privaten Verbänden eine neue, quasi-öffentliche Funktion zugesprochen wurde.

Eine wichtige Voraussetzung dieses Zusammenspiels wirtschaftlicher, staatlicher und ideologischer Aspekte war der Umstand, dass sich die Hoffnungen des NS-Regimes auf eine privatwirtschaftliche Vermittlung mit einer Bereitschaft zur politischen Annährung in den zuständigen französischen Ministerien trafen.[49] Französische Offizielle trugen nicht nur der Sorge heimischer Exporteure Rechnung, die das seit Jahren schrumpfende Handelsvolumen zwischen Deutschland und Frankreich beklagten, sondern glaubten auch, mittels einer engeren wirtschaftlichen Beziehung zu Deutschland die militärische Bedrohung des Nachbarstaats einhegen zu können. Aus dieser Sicht bestand die Möglichkeit, Deutschland auf dem Weg gesteigerter Exportmöglichkeiten nach Frankreich von seinem Rüstungskurs abzubringen. Die deutsche Hoffnung auf Devisen durch den Außenhandel schien demnach ein erfolgversprechender Hebel, um eine nicht militärischen Zwecken dienende Industrieproduktion in Deutschland zu stärken. Im französischen interministeriellen Austausch hieß es explizit: „Um exportfähige Produkte auszuführen – eine notwendige Bedingung um Versorgungsgüter kaufen zu können – muss das Reich aufhören, ausschließlich für die Rüstung zu produzieren. Daher ist der Ausbau von Handelsbeziehungen [...] verbunden mit einer Politik der Rüstungsbegrenzung."[50]

---

49 Vgl. Sylvain Schirmann: Le commerce entre la France et l'Allemagne. De la crise à la guerre, in: Ders. / Jean-François Eck / Stefan Martens (Hg.): L'économie, l'argent et les hommes. Les relations franco-allemandes de 1871 à nos jours, Paris 2009, S. 131–143; Frédéric Clavert: Attempts at a Franco-German Economic Rapprochement during the Second Half of the 1930's, in: Carine Germond / Henning Türk (Hg.): A History of Franco-German Relations in Europe. From „Hereditary Enemies" to Partners, New York 2008, S. 125–136; Hans-Jürgen Schröder: Deutsch-französische Wirtschaftsbeziehungen 1936–1939, in: Klaus Hildebrand / Karl Ferdinand Werner (Hg.): Deutschland und Frankreich 1936–1939, München 1981, S. 387–407.

50 „Pour exporter des produits exportables, condition nécessaire pour pouvoir ‚acheter des vivres', le Reich doit cesser de produire exclusivement en vue de l'armement. Ainsi l'extension des échanges commerciaux, considérée comme vitale par le Chancelier Hitler, se trouve liée à une politique de limitation des armements." Le Ministre des affaires étrangères à Monsieur le Ministre du commerce, 15.2.1939, in: Archives du ministère des affaires étrangères (AMAE), Sous-directions des relations commerciales, C 3.1. Vgl. zur Überzeugung der Regierung Blum, dass eine politische Verständigung mit Deutschland unmittelbar mit einer ökonomischen Verständigung verbunden sei, Gordon Dutter: Doing Business with the Nazis. French Economic Relations under the Popular Front, in: Journal of Modern History 63 (1991), S. 296–326.

Der am 10. Juli 1937 neu geschlossene Handelsvertrag zeigte allerdings relativ schnell, dass er zu keiner befriedigenden Steigerung des deutsch-französischen Handels führen konnte, da er die Höhe der französischen Exporte an die Höhe der Importe aus Deutschland band. Nicht zuletzt die andauernde Wirtschaftskrise in Frankreich und die Schwäche des Franc trugen dazu bei, dass die Importe aus Deutschland und damit auch die französischen Ausfuhren nach kurzem Anstieg bald wieder zurückgingen.[51] Zusätzlich angespornt durch das Münchner Abkommen vom September 1938 und den anschließenden Besuch des deutschen Außenministers Joachim von Ribbentrop in Paris drängten der neue französische Botschafter Robert Coulondre in Berlin und das Außenministerium deshalb zu einer erneuten Initiative. Der vielversprechendste, da am stärksten mit der wirtschaftlichen Praxis verbundene Weg schien ihnen, durch den Handelsvertrag eröffnete, jedoch noch wenig genutzte Aspekte einer wirtschaftlichen Kooperation von den nationalen Unternehmerverbänden aushandeln zu lassen. „Das beste Verfahren wäre es, die ‚Confédération Nationale du Patronat Français' einzuladen, sich mit dem ‚Reichsverband der Deutschen Industrie' in Verbindung zu setzen, um gemeinsam die Bedingungen einer konzertierten Aktion zu untersuchen."[52]

Mit diesem Plan griff das französische Außenministerium auf Erfahrungen der deutsch-französischen Wirtschaftskommission von 1931/32 zurück, in der die nationalen Unternehmerverbände CGPF und RDI bereits die Regie übernommen und eine Vielzahl an privatwirtschaftlichen Absprachen zwischen deutschen und französischen Unternehmen vermittelt hatten.[53] In Anlehnung an dieses Vorgehen überantwortete man nun die Vorbereitung der zu behandelnden Fragen auf französischer Seite einer Gruppe von drei Unternehmervertretern, die nicht nur über praktische Erfahrungen in der Organisation bilateraler Wirtschaftsgespräche verfügten, sondern auch beken-

---

51 Vgl. Note sur les relations franco-allemandes, 21.2.1939, in: AMAE, Relations commerciales, C 3.1.

52 „La meilleure procédure à suivre serait d'inviter la ‚Confédération Nationale du Patronat Français' à se mettre en rapport avec le ‚Reichsverband der Deutschen Industrie' en vue de l'examen en commun des conditions d'une action concertée." Relation économique avec l'Allemagne. Note pour le Ministre, 22.2.1939, in: AMAE, Relations commerciales, C 3.1, 5. Sowohl die Bezeichnung „Reichsverband der deutschen Industrie" als auch „Confédération nationale du patronat français" waren zu diesem Zeitpunkt bereits nicht mehr korrekt.

53 Vgl. zu dieser Kommission Eric Bussière: La France, la Belgique et l'organisation économique de l'Europe 1918–1935, Paris 1992, S. 379 ff. Vgl. allgemein zur personell-institutionellen Verbindung zwischen Außenpolitik und Privatwirtschaft am Beispiel Frankreichs Laurence Badel: Diplomatie et grands contrats. L'État français et les marchés extérieurs au XXe siècle, Paris 2010.

nende Reformer des Wirtschaftsliberalismus waren.[54] Neben Louis Marlio, der in eben dieser Zeit die Leitung des „Centre international d'études pour la rénovation du libéralisme" übernahm, gehörte der Gruppe Daniel Serruys an, Vorsitzender des Verbandes französischer Kalk- und Zementunternehmer. Zugleich leitete Serruys die französische Sektion der „Ligue européenne de coopération économique", die gegen eine staatliche Reglementierung des innereuropäischen Handels kämpfte, und saß mit Jacques Lacour-Gayet dem ebenfalls liberal-proeuropäisch eingestellten „Comité d'action économique et douanière" vor.[55] Der dritte Unternehmervertreter war Claude-Joseph Gignoux, der neue Vorsitzende der Confédération générale du patronat français, der seit seinem Amtsantritt für eine Reform der traditionellen Haltung französischer Unternehmer warb und erst wenige Wochen zuvor in einem Zeitungsartikel erklärt hatte, dass nur eine Koordination wirtschaftlichen Handelns durch die unternehmerische Selbstverwaltung unter den gegenwärtigen Bedingungen den Liberalismus erhalten könne: „Ich behaupte, dass die handgreiflichste Realität diese ist: Die Organisation der Unternehmerschaft ist in der Situation, in der wir uns befinden, nicht tödlich für die Freiheit: Sie ist das letzte Mittel, das uns zu ihrer Rettung bleibt."[56]

Insbesondere drei Möglichkeiten schienen bislang in der Umsetzung des deutsch-französischen Handelsvertrags nicht ausgeschöpft: eine Prüfung des bilateralen Handels einzelner Güter, die Zusammenarbeit deutscher und französischer Firmen auf dritten Märkten wie etwa Spanien sowie eine Kooperation deutscher und französischer Unternehmen in den französischen Kolonien. Französische und deutsche Vorstellungen trafen sich dabei vielfach. In einem Schreiben an das Auswärtige Amt vom Frühjahr 1939 listete die Reichsgruppe Industrie die mittlerweile von ihr gesammelten Kooperationsvorschläge deutscher Unternehmen auf: Demnach bestand in einer Reihe von Branchen der Wunsch, mit der französischen Seite privatwirtschaftliche Kooperationsvereinbarungen zu schließen. Als aussichtsreich galt u. a. der Verkauf von Produkten der Maschinenbauindustrie nach Frankreich, insbeson-

---

54 Vgl. Note sur les relations franco-allemandes, 21.2.1939, S. 13.
55 Vgl. Laurence Badel: Un milieu libéral et européen. Le grand commerce français 1925–1948, Paris 1999, S. 103–105 sowie Denord, Néolibéralisme, S. 63 f.
56 „J'affirme que la réalité la plus évidente est celle-ci: la discipline de la profession, dans la situation où nous sommes, n'est pas meurtrière pour la liberté: elle est le dernier moyen qui nous reste de la sauver." Claude-Joseph Gignoux: L'État et la Profession, in: La Journée Industrielle (19.1.1939). Zu Gignoux vgl. Gilles Richard: Comment devient-on permanent patronal dans les années vingt? L'exemple de Claude-Joseph Gignoux, in: Olivier Dard / Gilles Richard (Hg.): Les permanent patronaux. Éléments pour l'histoire de l'organisation du patronat en France dans la première moitié du XXe siècle, Metz 2005, S. 93–108.

dere durch die Öffnung der Märkte in den französischen Kolonien.[57] Eine in diesem Bereich gefundene Regelung interessierte sowohl französische Unternehmen, die in Nordafrika für die Förderung von Eisenerz und Bauxit auf deutsche Maschinenbauprodukte hofften, als auch das NS-Regime, das für die Herstellung von Rüstungsgütern diese Rohstoffe dringend benötigte und hier die Möglichkeit eines Kompensationsgeschäfts sah. Noch im Juli 1939 suchte vor diesem Hintergrund ein leitender französischer Kolonialbeamter die diesbezüglichen Bedenken im Pariser Außenministerium zu zerstreuen, indem er vorrechnete, dass vergleichbar vorteilhafte Absatzbedingungen für die marokkanische Eisenerzproduktion andernorts nicht zu finden und die Minen ohne Ausfuhrmöglichkeiten nach Deutschland von der Schließung bedroht seien.[58]

Die Verhandlungen machen deutlich, dass deutsche und französische Unternehmen ein reges Interesse am Ausbau der bilateralen Handelsbeziehungen durch den Abschluss von wirtschaftlichen Absprachen hatten und darin sowohl von Seiten der deutschen wie der französischen staatlichen Führung bestärkt wurden – auch wenn die Ziele der jeweiligen Parteien sich dabei in Teilen widersprachen. Das NS-Regime ließ die Vermittlung außenwirtschaftlicher Beziehungen durch die Unternehmerverbände bewusst zu, um auf diese Weise neue Möglichkeiten zu finden, der im Zuge ihres Rüstungsprogramms aufgetretenen wirtschaftlichen Schwierigkeiten Herr zu werden. Die hierdurch in den deutsch-französischen Gesprächen der späten 1930er Jahre forcierte Koordination wirtschaftlicher Akteure war dabei Teil einer programmatischen Reformdebatte, die auf internationaler Ebene nicht zuletzt in der Internationalen Handelskammer ein Forum fand. Unternehmervertreter wie Louis Marlio und Clemens Lammers warben hier für die Überzeugung, dass der Ausbau von Handelsbeziehungen auf der Vermittlung von wechselseitigen Vereinbarungen beruhe und diese Vermittlung eine neue, zeitgemäße Form biete, die den klassischen Liberalismus ersetzen könne.

5. Fazit

Nimmt man bekannte liberale Ökonomen wie Wilhelm Röpke oder Friedrich von Hayek zum Maßstab, scheinen Wirtschaftsliberalismus und NS-Regime

---

57 Vgl. Aufzeichnung: Industrielle Zusammenarbeit zwischen deutschen und französischen Industriegruppen, nach dem Schreiben der Reichsgruppe Industrie vom 4.2. und 11.3.1939, in: PAAA, R 70538.

58 Le Général d'armée Nogues, résident Général de France au Maroc, Commandant en chef à son Excellence, Monsieur Georges Bonnet, Ministre des affaires étrangères, 8.7.1939, in: AMAE, Relations commerciales, C.R.1.

in den späten 1930er Jahren nur als Gegenspieler denkbar. Für Röpke waren Sowjetunion und Nationalsozialismus gleichermaßen Vertreter eines von ihm bekämpften wirtschaftlichen „Kollektivismus", der für ihn in unmittelbarer Verbindung zum politischen Totalitarismus stand. Hayeks Schrift „The Road to Serfdom" von 1944, zu deren deutscher Ausgabe Röpke das Vorwort schrieb, betont ebenfalls, dass sich Faschismus und Sozialismus darin ähnelten, auf eine Substitution des Marktes durch staatliche Planung zu zielen, die das Individuum in das bloße Mittel eines propagierten Allgemeinwohls verwandle.[59] Aus diesen Stimmen jedoch die eigentliche oder vorherrschende Form des Wirtschaftsliberalismus der Zeit abzuleiten wäre ein Anachronismus, der den späteren Erfolg einer „neoliberalen" Fraktion der Mont Pèlerin Society in die Zwischenkriegszeit zurückprojiziert und die damalige Heterogenität liberaler Vorstellungen in den unterschiedlichen Gesprächskontexten verkennt.[60] Bereits die sogenannte Freiburger Schule der Ordoliberalen um Walter Eucken konnte bei allen grundsätzlichen politischen Differenzen deshalb eine wirtschaftliche Beratertätigkeit für das NS-Regime entfalten, weil man sich hierdurch Einfluss auf eine zukünftige Wirtschaftsordnung versprach und mit Teilen der nationalsozialistischen Wirtschaftspolitik übereinstimmte.[61] Die Unternehmervertreter in der Internationalen Handelskammer vertraten eine andere Auffassung von Wirtschaftsliberalismus als die Freiburger ökonomische Theorie, nutzten den Nationalsozialismus jedoch ebenfalls, um den eigenen Vorstellungen zu mehr Durchsetzungskraft zu verhelfen.

Bereits in den 1920er und 1930er Jahren wandten sich wirtschaftliche Interessenvertreter bewusst gegen eine aus ihrer Sicht traditionalistische Auffassung des Marktliberalismus und setzten ihr Formen einer stärkeren Marktkoordination durch Absprachen entgegen. Wichtiger Ausgangspunkt dieser Vorstellung war, dass die Einrichtung von kollektiven Regeln des Marktes nationale Handelsschranken beseitigen und Wirtschaftsbeziehungen erleichtern konnte. Zugleich sollten diese Regeln Schutz vor den Risiken des Marktes bieten, die nach Einschätzung von Unternehmervertretern im Zuge der

---

59 Vgl. Jean Solchany: Wilhelm Röpke, l'autre Hayek. Aux origines du néoliberalisme, Paris 2015, hier S. 297–303; Angus Burgin: The Great Persuasion. Reinventing the Free Market since the Depression, Cambridge (Mass.) 2012, S. 88 f.
60 Diese Heterogenität betonen u. a. Daniel Stedman Jones: Masters of the Universe. Hayek, Friedman, and the Birth of Neoliberal Politics, Princeton / Oxford 2012; Serge Audier: Néo-libéralisme(s). Une Archéologie intellectuelle, Paris 2012; Ben Jackson: At the Origins of Neo-Liberalism. The Free Economy and the Strong State, 1930–1947, in: The Historical Journal 53 (2010), S. 129–151.
61 Vgl. Ralf Ptak: Vom Ordoliberalismus zur Sozialen Marktwirtschaft. Stationen des Neoliberalismus in Deutschland, Opladen 2004, S. 62–72.

Weltwirtschaftskrise existentielle Ausmaße angenommen hatten. Von besonderer Bedeutung blieb dabei, dass die Koordination entsprechender Regeln und Absprachen durch die Unternehmer selbst erfolgte und nicht staatlichen Stellen überlassen wurde. Institutionalisierte privatwirtschaftliche Organisationen wie die Internationale Handelskammer waren vor diesem Hintergrund gewissermaßen natürliche Orte, an denen entsprechende Ansichten besondere Prominenz erlangten: Die Herstellung eines durch gemeinsame Regulierung gekennzeichneten Marktes war hier Daseinszweck, auch wenn die einzelnen Vorstellungen über Mittel und Ausmaß einer solchen Regulierung stark voneinander abweichen konnten. In der Internationalen Handelskammer und den nationalen europäischen Unternehmerverbänden, die ihre Delegationen stellten, wurden Vorschläge und Maßnahmen aus diesem Grund bereits in den 1920er Jahren beständig diskutiert. Erst die durch das NS-Regime geschaffene Situation der Rüstungsindustrie trug jedoch in wichtiger Hinsicht zur Stärkung ihrer praktischen Relevanz bei. Dies äußerte sich nicht nur auf dem Kongress der Internationalen Handelskammer von 1937 in Berlin, sondern auch in den deutsch-französischen Wirtschaftsverhandlungen, die bis in den Sommer 1939 von Vertretern der organisierten Wirtschaft geführt wurden.

Dass die damit charakterisierten Vorstellungen von einer notwendigen Anpassung des Wirtschaftsliberalismus mit dem Zweiten Weltkrieg keineswegs ihr Ende fanden, zeigte bereits der erste Nachkriegskongress der Internationalen Handelskammer in Montreux 1947. Der französische Delegierte und frühere Vorsitzende des nationalen Kohleverbandes Henri de Peyerimhoff führte in der Sektion zum Verhältnis von Privatunternehmen und Staat aus, dass ein freies Unternehmertum in der Moderne von der kollektiven Regulierung des Marktgeschehens abhängig sei und die Internationale Handelskammer gerade in der unabhängigen, selbstverwalteten Organisation dieser Regulierung ihre Aufgabe sehen müsse: „Wir haben die Freiheit gewählt, aber entweder sie wird diszipliniert oder es wird keine Freiheit geben. Es ist die Aufgabe der Internationalen Handelskammer, dies zu proklamieren und dem freien Unternehmen zu erklären."[62]

---

62 „Nous avons choisi la liberté, mais ou elle sera disciplinée ou il n'y aura pas de liberté. Il appartient à la C.C.I. de le proclamer et le dire à libre entreprise." Henri de Peyerimhoff de Fontenelle: L'entreprise Privée et l'Étatisme dans la Production et le Commerce, in: L'Économie internationale. Revue de la Chambre de Commerce Internationale XIII/3 (August 1947), S. 26; vgl. hierzu ausführlicher Philipp Müller: Zeit der Unterhändler. Koordinierter Kapitalismus in Deutschland und Frankreich zwischen 1920 und 1950, Hamburg 2019, S. 372–386.

MANUEL LIMBACH

Bayerische Liberale im Widerstand gegen Hitler

Eduard Hamm und Otto Geßler

Der Weg in den Widerstand gegen den Nationalsozialismus blieb in der letzten Konsequenz eine individuelle Charakterfrage. Die eigene Gedankenwelt konnte hierfür nur bedingt konstitutiv sein. Denn auch die Angehörigen des Widerstands besaßen bisweilen identische, zumindest aber parallele politische Zielvorstellungen mit der Gegenseite. Dies gilt es, für einige nationalkonservativ geprägte Widerständler festzustellen,[1] traf aber ebenso auf jene zu, die sich dem politischen Liberalismus zuordnen lassen. Die politische Sozialisation konnte zwar den Weg in den Widerstand in manchen Fällen ebnen. Gleichsam konnte sie aber dem potentiellen Widerständler Steine in den Weg legen und ihn für die NS-Ideologie, -Propaganda und praktische Politik empfänglich machen.

Mit Eduard Hamm und Otto Geßler fanden zwei im Liberalismus des Kaiserreichs und des Königreichs Bayern sozialisierte sowie in der Weimarer Republik in Regierungsverantwortung stehende Politiker der Deutschen Demokratischen Partei (DDP) nach 1933 ihren Weg in den Widerstand gegen Hitler. Beide schlossen sich einem konspirativen Gesprächskreis in München um den bayerischen Kronprinzen Rupprecht von Wittelsbach und den letzten Bayerischen Gesandten in Berlin Franz Sperr an und sollten in der Fol-

---

1 Als Beispiele seien an dieser Stelle Johannes Popitz und Carl Friedrich Goerdeler zu nennen, die beide die NS-Machtübernahme 1933 begrüßten, jedoch in Verwaltungsverantwortung rasch mit dem NS-Regime in Konflikt gerieten; vgl. Anne C. Nagel: Johannes Popitz (1884–1945). Görings Finanzminister und Verschwörer gegen Hitler. Eine Biographie, Köln 2015; Ines Reich: Carl Friedrich Goerdeler. Ein Oberbürgermeister gegen den NS-Staat, Köln 1997.

gezeit zur Führungsriege des so genannten „Sperr-Kreises" zählen.[2] Dieser Kreis beschäftigte sich mit der Zeit nach dem Nationalsozialismus, was auch die Planungen für den möglichen Regimewechsel in Bayern miteinschloss.[3] Während des Krieges geriet der Kreis durch Kontakte zu reichsweiten Widerstandsgruppen, wie etwa dem „Kreisauer Kreis", in das Fahrwasser des Attentats vom 20. Juli 1944. Die anschließenden Ermittlungen der Gestapo führten auch nach Bayern, und die Führungsgruppe des „Sperr-Kreises" wurde verhaftet.

Die enge persönliche Freundschaft zwischen Eduard Hamm und Otto Geßler, ihre ähnlichen politischen Karrierewege als Anhänger Friedrich Naumanns und als Mitglieder der DDP sowie ihre gemeinsame Widerstandstätigkeit im bayerischen „Sperr-Kreis" legen eine vergleichende Betrachtung ihres Verhältnisses zum Nationalsozialismus vor dem Hintergrund ihrer liberalen Prägung nahe.

Zunächst gilt es, in einem kurzen biographischen Abriss erstens die politische Sozialisation von Eduard Hamm und Otto Geßler bis zum Ende des Ersten Weltkriegs sowie zweitens ihre Erfahrungen und Einstellungen als Politiker in den Jahren der Weimarer Republik zu skizzieren, um hieraus die spezifischen Voraussetzungen, Triebkräfte und Grenzen einer späteren Widerstandtätigkeit im „Dritten Reich" abzuleiten. Zentral ist hier die Frage nach ihrem frühen Verhältnis als Liberale zum Nationalsozialismus.

---

2 Im Rahmen seiner Dissertation hat sich der Verfasser dieses Beitrags ausführlich mit dem bayerischen „Sperr-Kreis" auseinandergesetzt; Manuel Limbach: Bürger gegen Hitler. Vorgeschichte, Aufbau und Wirken des bayerischen „Sperr-Kreises", Göttingen 2019; Ders.: Der „Sperr-Kreis". Bayerischer Widerstand gegen den Nationalsozialismus, in: Rafaela Hiemann / Christoph Studt (Hg.): „Weder überflüssig noch unterlegen". Neue Forschungen zum Widerstand im „Dritten Reich", Augsburg 2016, S. 121–138; Wolfgang Hardtwig / Manuel Limbach: Bürger gegen Hitler, in: Süddeutsche Zeitung, Nr. 163 vom 18.7.2014 sowie weiterhin Winfried Becker: Franz Sperr und sein Widerstandskreis, in: Hermann Rumschöttel / Walter Ziegler (Hg.): Franz Sperr und der Widerstand gegen den Nationalsozialismus in Bayern, München 2001, S. 83–173.

3 Vgl. Winfried Becker: Politischer Katholizismus und Widerstand, in: Peter Steinbach / Johannes Tuchel (Hg.): Widerstand gegen den Nationalsozialismus, Bonn 1994, S. 235–245, hier S. 244. Becker orientiert sich bei seiner Definition des Widerstandsbegriffs, der sich der Verfasser dieses Beitrags anschließt, an einer gängigen, vierstufigen Systematisierung des kirchlichen Widerstands; Klaus Gotto / Hans Günter Hockerts / Konrad Repgen: Nationalsozialistische Herausforderung und kirchliche Antwort, in: Klaus Gotto / Konrad Repgen (Hg.): Die Katholiken und das Dritte Reich, Mainz ³1990, S. 173–190. Im Hinblick auf die Kategorisierung des Widerstandsbegriffs sei weiterhin verwiesen auf Ulrich von Hehl: Nationalsozialistische Herrschaft, München ²2001, S. 89–100.

In einem dritten Schritt soll untersucht werden, wie ihre politische Sozialisation ihre Haltung im „Dritten Reich", ihre Sichtweise auf die NS-Politik und damit auch ihre Widerstandsbereitschaft und Widerstandtätigkeit beeinflusste. Es gilt zu erörtern, inwiefern Hamm und Geßler in den 1930er und frühen 1940er Jahren Liberale waren, wo das Liberale zum Vorschein kam und inwieweit ihre liberale Prägung eine spezifische Ambivalenz in der Haltung zum Nationalsozialismus hervorrief. Viertens sollen die Beziehungen des „Sperr-Kreises" zum reichsweiten Widerstand in den Blick genommen und hierbei insbesondere hinterfragt werden, ob sich Geßler und Hamm von anderen Angehörigen des Widerstandes in Bezug auf ihr Denken und Handeln abgrenzen lassen.

1. Bayerische Liberale im Kaiserreich

Otto Geßler wurde am 6. Februar 1875 im württembergischen Ludwigsburg geboren. Gebürtig war er somit kein Bayer, empfand jedoch Lindau am Bodensee, wohin seine Familie 1887 umzog, sowie das angrenzende bayerische Westallgäu als seine eigentliche Heimat.[4] Nach dem Abitur in Dillingen studierte Geßler Rechtswissenschaften in Erlangen, Tübingen und Leipzig. Das Erste Große Staatsexamen legte er 1898 mit dem Prädikat „hervorragend befähigt" ab, wurde 1900 in Erlangen mit „summa cum laude" zum Dr. jur. promoviert und absolvierte schlussendlich das Zweite Staatsexamen als siebtbester unter 183 Kandidaten. Seine hervorragenden Leistungen verdankte er nach eigenen Angaben seiner Mitgliedschaft in der Erlanger Akademisch-Musikalischen Verbindung (AMV) Fridericiana, in der die Studenten dazu angehalten wurden, strebsam zu sein.[5]

Eduard Hamm wurde am 16. Oktober 1879 in Passau geboren.[6] Auf dem humanistischen Gymnasium bei St. Stephan in Augsburg legte er 1898 ein Einser-Abitur ab. Sein hervorragender Schulabschluss garantierte Hamm die

4 Vgl. Otto Gessler: Reichswehrpolitik in der Weimarer Zeit, hg. von Kurt Sendtner. Mit einer Vorbemerkung von Theodor Heuss, Stuttgart 1958, S. 27–29.
5 Vgl. ebd., S. 541. Zu den Fridericianern vgl. Karl Eduard Haas: Die Akademisch-Musikalische Verbindung Fridericana im Sondershäuser Verband, vormals Studentengesangverein Erlangen, Erlangen 1982.
6 Vgl. nun Wolfgang Hardtwig: Freiheitliches Bürgertum in Deutschland. Der Weimarer Demokrat Eduard Hamm zwischen Kaiserreich und Widerstand, Stuttgart 2018, hier S. 21–26; Manuel Limbach: Eduard Hamm. Ein Weimarer Liberaler im Widerstand gegen den Nationalsozialismus, in: Jahrbuch zur Liberalismus-Forschung 23 (2011), S. 241–255, hier S. 244–246.

Aufnahme ins renommierte Maximilianeum in München.[7] Während des Jura-Studiums, das Hamm als Bester seines Jahrgangs mit dem Zweiten Staatsexamen 1905 abschloss, trat er dem Akademischen Gesangverein München (AGV) bei, dem auch schon sein Vater angehört hatte.[8]

Sowohl Geßler als auch Hamm waren also Mitglieder in musischen Studentenverbindungen, die ein liberales Selbstverständnis besaßen.[9] In diesem liberalen Umfeld bildeten sich erste politische Freundeskreise, auf die beide in den Jahren des Widerstandes gegen Hitler zurückgreifen konnten. Der politische Liberalismus spielte für sie insofern schon während ihres Studiums eine wichtige Rolle.

Eduard Hamm trat 1906 als Beamter in den bayerischen Staatsdienst ein.[10] Otto Geßler begann seine juristische Karriere 1903 in München,[11] ließ sich jedoch bereits 1904 in Straubing vom dortigen „Jungliberalen Verein" zum

---

7 Vgl. Gertrud Hardtwig-Hamm: Zum Gedenken an Herrn Reichsminister a. D. Dr. h. c. Eduard Hamm, o. D., in: Bayerisches Hauptstaatsarchiv (BayHStA), Nachlass Eduard Hamm, 110, S. 1–12, hier S. 3 (Die Seitenzahlen beziehen sich auf das Manuskript).

8 Johann Baptist Hamm (Jahrgang 1841) hatte sich seinerzeit von der „Zeitstimmung des bürgerlichen Fortschritts u[nd] der liberalen Staatsführung" unter Maximilian II. tief beeindrucken lassen und sich entschieden, nach seinem Studium in den Staatsdienst zu treten; vgl. Lebenserinnerungen für die Familie von Eduard Hamm, o. D., in: Nachlass Eduard Hamm (Privatbesitz Hamburg).

9 Mit Stolz blickte eine Festschrift des AGV 1911 auf die Gründungsjahre des Vereins zurück: Man habe durch die „freiheitliche und bürgerliche" Ausrichtung „in schroffe[m] Gegensatz zu allen an der Münchener Universität damals bestehenden Verbindungen" gestanden und bewiesen, dass man „auch ohne die bunte Mütze auf dem Kopf" ein richtiger Student sein könne, „dass studentische Fröhlichkeit auch in freien Formen gedeiht und sogar besser gedeiht als unter engen, halbverstandenen oder ganz unverstandenen Kommentregeln und dass nicht der Schmiss des Besiegten des Jünglings höchstes Sehnen zu bilden habe"; Georg Leidinger: Geschichte des Akademischen Gesangvereins München 1861–1911, München 1911, S. 11.

10 Seinen Dienst trat er 1906 als Hilfsreferent im bayerischen Justizministerium an. Weitere Stationen führten ihn unter anderem als Rechtsrat nach Lindau am Bodensee sowie als Bezirksamtsassessor nach Memmingen. 1911 in die Landesverwaltung ins Staatsministerium des Innern zurückgekehrt, wurde er 1916 als Vertreter Bayerns zur Zentral-Einkaufsgesellschaft nach Berlin versetzt, ehe er in München zunächst in der bayerischen Landesfettstelle und schließlich als Legationsrat im bayerischen Staatsministerium des Äußeren Verwendung fand; BayHStA, Personalakt Eduard Hamm, MInn 57604.

11 Gleich Hamm trat Geßler als Hilfsreferent ins bayerische Justizministerium ein, ging von dort aus als 3. Staatsanwalt ans Landgericht Straubing und wurde 1905 Gewerberichter in München. 1911 erfolgte seine Wahl zum Bürgermeister von Regensburg, 1913 die zum Oberbürgermeister von Nürnberg; BayHStA, Personalakt Otto Geßler, MInn 80408.

Vorsitzenden wählen.[12] Die „Jungliberalen" hatten sich um die Jahrhundertwende auf Reichsebene innerhalb der rechtsstehenden Nationalliberalen Partei gebildet. Sie suchten nun eine „Synthese nationaler, liberaler und sozialer
Ideale" zu erreichen.[13] Damit standen sie den Ideen Friedrich Naumanns sehr
nahe, der in die gleiche Richtung dachte und auf Reichsebene eine engere
Verbindung von „Demokratie und Kaisertum" befürwortete.[14] Auch Hamm
gehörte „als Mitarbeiter zu den jungliberalen Vereinen"[15] und wurde Mitglied des „Naumann-Kreises" in München.[16] Spätestens seit 1908 scheinen
sich Hamm und Geßler persönlich gekannt zu haben.[17]

Die Gründung der „Liberalen Arbeitsgemeinschaft" 1910 in Regensburg
führte zu einer weiteren Institutionalisierung der „Jungliberalen". Otto Geßler, der sich im Raum Regensburg und Straubing bereits politisch einen Namen gemacht hatte, trat als erster Vorsitzender an ihre Spitze und verstand es
fortan, das ihm besonderes Renommee und eine politische Machtbasis ein-
bringende Amt als berufliches Sprungbrett zu nutzen. Nachdem der bisherige
Erste Bürgermeister von Regensburg unerwartet verstorben war, wählten die
Stadtverordneten Geßler mit Zweidrittelmehrheit 1911 zu seinem Nachfolger. Dies war offenbar in erster Linie dem Betreiben des linken Flügels der
Liberalen zu verdanken. Insbesondere die „Altliberalen" beargwöhnten die
Wahl des „radikalen" Jungliberalen.[18]

Als Erster Bürgermeister von Regensburg und mit seiner damit verbundenen Mitgliedschaft im Bayerischen Städtetag erlangte Otto Geßler überregio-
nale Bekanntheit. Nicht einmal drei Jahre später erreichte ihn das Angebot
aus Nürnberg, in der fränkischen Großstadt Oberbürgermeister zu werden.

---

12 Vgl. Hermann Stoller: Reichswehrminister Dr. Otto Geßler, in: Jahrbuch des Landkreises
Lindau 21 (2006), S. 26–55, hier S. 29.

13 Gessler, Reichswehrpolitik, S. 543.

14 Vgl. Friedrich Naumann: Demokratie und Kaisertum. Ein Handbuch für innere Politik,
Berlin ⁴1905. Hier entwarf Naumann das Bild eines sozialen und demokratischen Caesars an
der Spitze der Nation.

15 Zit. n. Annedore Leber u. a. (Hg.): Das Gewissen steht auf. Lebensbilder aus dem deutschen Widerstand 1933–1945, Neuauflage Mainz 1984, S. 356.

16 Vgl. Gertrud Hardtwig-Hamm: Aus der privaten Lebenssphäre von Eduard Hamm, Frühjahr 1947, in: BayHStA, Nachlass Eduard Hamm, 110, S. 11.

17 Vgl. Familienchronik von Eduard und Maria Hamm. 1. Buch (1907–1918), in: Nachlass
Eduard Hamm (Privatbesitz München).

18 Geßlers Wahl war tatsächlich mehr als umstritten: Vor allem die Zentrumsfraktion sah
Geßler „auf der schärfsten Richtung des radikalen zentrumsfresserischen Jungliberalismus"
und war der Ansicht, dass ein Stadtoberhaupt das Vertrauen der gesamten Bürgerschaft genießen müsse; Zur Bürgermeisterwahl in Regensburg, in: Regensburger Anzeiger, Nr. 621 vom
12.12.1910, in: BayHStA, Personalakt Otto Geßler, MInn 80408.

Im Dezember 1913 erfolgte seine Wahl durch die Nürnberger Stadtverordneten, eine Koalition aus Liberalen und Sozialdemokraten.[19]
    Innenpolitisch befürworteten Otto Geßler und Eduard Hamm den Bis-
marckschen Föderalismus. Bismarck und Naumann bezeichnete Geßler als
„die beiden Leitsterne" seiner politischen Prägung.[20] Gleich Hamm sah er
in der Reichseinigung die größte Errungenschaft Bismarcks. Diese habe allerdings den einzelnen deutschen Staaten nicht ihre Eigenständigkeit genommen. Der Föderalismus des neuen Reiches stand laut Geßlers frühem
Biographen vielmehr „in voller Harmonie zum bayerischen Staats- und
Selbstbewußtsein und zur treuen Anhänglichkeit an das bayerische Königshaus".[21] Auch Hamm zeigte sich in dieser Hinsicht zeit seines Lebens als ein
Verehrer Bismarcks. Dieser habe „die Deutschen zum Staatsvolk" gemacht,
indem er den „Zusammenschluss von Nord und Süd zu dem einen Reich"
erreicht habe. Der Reichskanzler habe eine Politik der inneren Einheit betrieben. Von der Reichseinheit hätten alle Reichsteile profitiert.[22] Daneben befürworteten Hamm und Geßler im Sinne Naumanns seit der Jahrhundertwende
einen Demokratisierungsprozess bei gleichzeitigem Erhalt der Monarchie.
Beide standen treu zum bayerischen Königshaus, zeigten sich jedoch angetan
von der Idee einer Verbindung von Demokratie und Kaisertum. Das vor 1914
fehlende Engagement des Bürgertums für die Etablierung einer „wirklichen
Volksmonarchie" sollte Hamm später beklagen.[23]
    Auch außenpolitisch offenbarten Geßler und Hamm als Anhänger der
„Weltpolitik"-Idee ihre liberale Prägung sowie ihre Nähe zu den politischen
Vorstellungen Friedrich Naumanns, insbesondere zu dem von ihm mitge-
prägten „liberalen Imperialismus".[24] Anlässlich einer Rede zum 10. Todestag

---

19 Vgl. Stoller, Reichswehrminister Dr. Otto Geßler, S. 30.
20 Gessler, Reichswehrpolitik, S. 44.
21 Ebd., S. 43. Die Autobiographie Geßlers wurde durch den Journalisten Kurt Sendtner
herausgegeben. Dieser stellte dem Werk einen eigenen Abschnitt über Geßler mit dem Titel
„Der Lebensweg" voran, S. 19–96.
22 Rede Eduard Hamm anlässlich der Einweihung eines Bismarck-Denkmals in Lindau am
Bodensee, 1931, in: Nachlass Eduard Hamm (Privatbesitz München). Hamm führte zugleich
die Sozialgesetzgebung als ein Aushängeschild Bismarckscher Innenpolitik an, die „staatlichem Denken entwachsen" sei. Dagegen habe er sich im Kulturkampf sowohl im Ziel als auch
in den Mitteln vergriffen.
23 Manuskript einer Wahlrede Eduard Hamms, [1920], in: BayHStA, Ministerium für
Handel, Industrie und Gewerbe (MHIG) 305, S. 38 (die Seitenzahlen beziehen sich auf das
Manuskript).
24 Vgl. zur „Weltpolitik"-Idee des Bürgertums und der Linksliberalen im Kaiserreich im Besonderen Peter Theiner: Sozialer Liberalismus und deutsche Weltpolitik. Friedrich Naumann
im Wilhelminischen Deutschland (1860–1919), Baden-Baden 1983. Zu Begriff und Konzept

Otto von Bismarcks positionierte sich Eduard Hamm deutlich zur Wilhel-minischen Außenpolitik. In ihr sah er nicht mehr und nicht weniger als die Möglichkeit, sich als Weltmacht zu etablieren, und ein Mittel zur Lösung der sozialen Probleme in Deutschland:

> „Neue Zeiten, neue Ziele! In mancher Hinsicht stehn wir nicht mehr in Bismarcks Zeit. Immer wieder kehrt bei ihm der Gedanke [wieder], dass mit den Errungen-schaften von 1870/71 das deutsche Volk politisch und wirtschaftlich gesättigt sei. […] Aber unser Volk wächst und wir freuen uns dessen im völkischen Ehrgeiz, denn wir brauchen Volksmassen, damit wir Weltmacht bleiben gegenüber den Riesenrei-chen der Briten, Russen und des neuen Weltteils, und deutsches Denken, Fühlen und Schaffen eine Macht bleibe in der Menschheit und für die Menschheit. Die Massen aber brauchen Arbeit und Raum. Um ihretwillen vor allem bedürfen wir des Panzer-kleides unserer Rüstung zu See und Land, damit deutscher Fleiß sich entfalten und deutsche Schiffe alle Meere befahren können".[25]

Hier lassen sich, insbesondere auf der semantischen Ebene, bereits vor dem Ersten Weltkrieg gewisse Parallelen zwischen Liberalismus und Nationalso-zialismus erkennen. Der „Volkstums"-Gedanke sowie die Überzeugung, dass das deutsche Volk Raum benötigt, um sich zu entfalten, erinnern durchaus – wenn auch ohne rassistischen Unterton – an die spätere nationalsozialistische völkische Ideologie und „Lebensraum"-Idee. Doch darf nicht übersehen wer-den, dass verschiedene vom Nationalsozialismus aufgegriffene und perver-tierte Begrifflichkeiten bereits im Kaiserreich en vogue waren, diese später den politischen Diskurs in der Weimarer Republik bestimmten und selbstver-ständlich auch von Liberalen im politischen Kampf um die Deutungshoheit verwendet wurden.[26]

---

eines vor allem von Friedrich Naumann geprägten „liberalen Imperialismus" siehe auch den Beitrag von Ulrike Jureit in diesem Band.

25 „Bismarckrede zum 10jährigen Todestag am 30. Juli 1908", in: Nachlass Eduard Hamm (Privatbesitz München). Die Rede stammt aus einem Heft, in dem Hamms Frau Maria Hamm, geb. von Merz, die wichtigsten Reden ihres Mannes handschriftlich aufgezeichnet hat. Eine ähnliche Rede hielt Eduard Hamm 1911 in Memmingen. Aus dieser zitiert Wolfgang Hardt-wig: Der Weimarer Demokrat Eduard Hamm 1879–1944. Persönliches Profil und politisches Handeln zwischen Kaiserreich und Widerstand, in: Ders.: Deutsche Geschichtskultur im 19. und 20. Jahrhundert, München 2013, S. 313–356, hier S. 319 f; vgl. außerdem Ders., Freiheit-liches Bürgertum, S. 43 f.

26 Vgl. etwa zum Begriff der „Volksgemeinschaft" und dessen Verwendung durch pro-minente Linksliberale Marcus Llanque: Der Weimarer Linksliberalismus und das Problem politischer Verbindlichkeit. Volksgemeinschaft, demokratische Nation und Staatsgesinnung bei Theodor Heuss, Hugo Preuß und Friedrich Meinecke, in: Anselm Doering-Manteuffel / Jörn Leonhard (Hg.): Liberalismus im 20. Jahrhundert, Stuttgart 2015, S. 157–181; Wolfgang Hardtwig: Volksgemeinschaft im Übergang. Von der Demokratie zum rassistischen Führer-

2. Liberale Politiker der Weimarer Republik

Einen tiefen Einschnitt bildete für Otto Geßler und Eduard Hamm das Ende des Ersten Weltkriegs. Geßler will im November 1918 vergeblich den Versuch unternommen haben, die politisch Verantwortlichen zum Handeln zu bewegen und den Bestand der Monarchie zu retten.[27] Hamm sprach in jenen Tagen stets vom „Einsturz" des politischen Systems.[28] In einer Wahlkampfrede im Jahr 1920 übte er scharfe Kritik an der Rolle der bayerischen Eliten gegen Kriegsende, die es versäumt hätten, als Träger des Staates die politische Entwicklung hin zu einer mit dem Liberalismus kompatiblen Volksmonarchie frühzeitig zu erkennen. Es habe an der Bereitschaft gefehlt, die Monarchie zu verteidigen. Dagegen griff er eben jene an, die nun eine Rückkehr zur Monarchie anstrebten.[29]

Die Revolution 1918/19 und die Münchener Räterepublik sollten zum „Trauma" des liberalen Bürgertums in Bayern werden. Die Erlebnisse dieser Jahre brannten sich tief in dessen Gedächtnis ein und sollten den Widerstand von Eduard Hamm und Otto Geßler im „Dritten Reich" nachhaltig beeinflussen. Die als „Chaos" empfundenen Wochen und Monate legte man nicht zuletzt dem Bürgertum und der Beamtenschaft zur Last, die „völlig führerlos und deshalb auch ratlos" die Dinge hätten laufen lassen.[30] Im Falle des Zusammenbruchs des NS-Regimes wollte man es nicht erneut zu gewaltsamen Unruhen und zu einem Aufstieg der Kommunisten kommen lassen.[31] Ein

---

staat, in: Detlef Lehnert (Hg.): Gemeinschaftsdenken in Europa. Das Gesellschaftskonzept „Volksheim" im Vergleich 1900–1938, Köln/Weimar/Wien 2013, S. 227–253; Jörn Retterath: „Was ist das Volk"? Volks- und Gemeinschaftskonzepte der politischen Mitte in Deutschland 1917–1924, Berlin/Boston 2016.

27 Vgl. Gessler, Reichswehrpolitik, S. 109. In diesem Zusammenhang zitiert Geßler aus einer in jenen Tagen von ihm selbst verfassten Aufzeichnung: „Die große Masse steht der Entwicklung wenigstens äußerlich ohne besondere Teilnahme, ohne vollen Ernst gegenüber. Und die regierenden Schichten? Die Intelligenz unseres Beamtentums und unseres Bürgertums? Äußerlich jedenfalls schmählich zusammengebrochen"; ebd.

28 Vgl. Rudolf Decker: „Eduard Hamm", o. D., in: BayHStA, Nachlass Eduard Hamm, 110.

29 Hamm erklärte: „Schade nur, dass die so sprechen, gerade diejenigen sind, die die Monarchie, als sie im Empfinden des Volkes lebendig war, nicht zu einer wirklichen Volksmonarchie werden liessen, sondern als Höflingsmonarchie verkümmerten [gemeint: verkümmern ließen; M.L.] und so mit Schuld daran sind, dass die alte Staatsform statt sich im Laufe einer organischen Entwicklung zu wandeln, sich zerbrach"; Manuskript einer Wahlrede Eduard Hamms, [1920], in: BayHStA, MHIG, 305, S. 38.

30 Gessler, Reichswehrpolitik, S. 109.

31 Vgl. Schreiben von Otto Geßler an Rudolf Flach, 28.2.1946, in: BayHStA, Nachlass Eduard Hamm, 5.

Versagen des Bürgertums im entscheidenden Augenblick durfte sich nicht wiederholen.

Als Mitbegründer der Deutschen Demokratischen Partei in Bayern gehörten Geßler und Hamm jener Partei an, die in der Frühphase der Weimarer Republik mit am stärksten bereit war, Demokratie und Parlamentarismus zu verteidigen.[32] Mit dem Nationalsozialismus gerieten beide früh aneinander. So traten sie etwa für ein Verbot des „Völkischen Beobachters" und des „Miesbacher Anzeigers" ein.[33] Im Rahmen einer Artikelreihe in der Deutschen Wirtschafts-Zeitung, einem Organ des Deutschen Industrie- und Handelstages (DIHT), unternahm Eduard Hamm im Sommer und Herbst 1932 den Versuch, die Öffentlichkeit über die wirtschaftspolitische Inkompetenz der NSDAP aufzuklären.[34] Immer wieder verwies er auf die „mittelalterlichen Vorstellungen"[35] des nationalsozialistischen Wirtschaftsprogramms. Einen faden Beigeschmack zu dieser sachlichen, teilweise spöttischen Entzauberung der NS-Wirtschaftspolitik sowie einen Hinweis auf die Beziehung zwischen bürgerlich-liberalen und nationalsozialistischen Tugenden hinterließen derweil die Bemerkungen am Ende des letzten Artikels. Hier wurde auf die durchaus „sittlichen Grundlagen des Nationalsozialismus" aufmerksam gemacht, die „zum Teil auf die besten Eigenschaften deutschen Menschentums" zurückgingen: „Die soldatische Zucht, die freilich nicht immer frei von militärischer Spielerei bleibt, das starke Gefühl der Kameradschaft, die Bereitschaft zum Gehorchen und Sichunterordnen verdienen Achtung auch der grundsätzlich Andersdenkenden."[36]

In ihrer Haltung zur Weimarer Republik gingen Otto Geßlers und Eduard Hamms Ansichten weit auseinander. Hamm trat früh als Verteidiger der Demokratie in Erscheinung. Er war nicht nur Liberaler, sondern auch Demokrat.

---

32 Auf ihre politischen Karrieren in den 1920er Jahren kann hier nur sehr kurz eingegangen werden: Geßler trat früh als Reichsminister für Wiederaufbau in ein Reichskabinett ein, wechselte dann jedoch ins Reichswehrministerium. Hier sollte er mit einer Amtszeit bis 1928 der am längsten amtierende Minister der Weimarer Republik werden. Hamm machte zunächst als Handelsminister in Bayern Karriere. Anschließend wechselte er – zugleich Reichstagsabgeordneter – als Staatssekretär in die Reichskanzlei in Berlin, um dann als Wirtschaftsminister ins Kabinett Wilhelm Marx einzutreten. Mitte der 1920er Jahre schloss sich Hamm der Geschäftsführung des Deutschen Industrie- und Handelstages an.

33 Vgl. Protokoll des Bayerischen Ministerrats, 13.6.1921, in: BayHStA, StK 9518. Vgl. hierzu auch Gessler, Reichswehrpolitik, S. 265 f.

34 Die Artikelreihe erschien anonym unter dem Titel „Das Wirtschaftsprogramm des Nationalsozialismus", in: Deutsche Wirtschafts-Zeitung (DWZ), 29. Jg., Nr. 33, 18.8.1932; Nr. 34, 25.8.1932; Nr. 36, 8.9.1932; Nr. 38, 22.9.1932; Nr. 39, 29.9.1932; Nr. 40, 6.10.1932.

35 Das Wirtschaftsprogramm des Nationalsozialismus, in: DWZ, 29. Jg., Nr. 36, 8.9.1932.

36 Ebd.

In seiner bereits zitierten Wahlkampfrede forderte er „eine starke bürgerliche Schutzwehr für die Demokratie". Der „Staat freier Einzelpersönlichkeiten" könne „kein anderer sein als ein demokratischer Staat". Hamm sah eine „Lebensbedingung" des „demokratischen Staatswesens darin, dass das Bürgertum aus innerer Überzeugung auf seine Seite" trete.[37] Das Ziel müsse die „breite Front des Staatsbürgertums" sein, „in der Bauer, Bürger, Beamter und Arbeiter zusammenstehen".[38] Wenn auch Hamm die Überwindung der Klassenschranken im Sinn hatte, lässt sich sein Konzept vom „Staatsbürgertum" kaum in die Nähe der nationalsozialistischen Auslegung der „Volksgemeinschaft" rücken. Während er zum Wohle des Reichs und seiner Bevölkerung auf den Kompromiss, auf Aussöhnung und Integration setzte, propagierte die NS-Ideologie die offene Konfrontation und bewusste Ausgrenzung ganzer Bevölkerungsteile, die nicht der „Volksgemeinschaft" angehören sollten. Hitler sagte Weimar offen den Kampf an, derweil Hamm sich als Reichstagsabgeordneter ausdrücklich zur Republik bekannte: Diese sei „unendlich vielen zunächst nur eine Vernunftsache". Ihm dagegen sei sie eine „Herzenssache". Eine „andere deutsche Staatsform" könne er sich weder „für den Wiederaufbau des Vaterlandes" noch für die „Verschmelzung aller Klassen und Stände" vorstellen.[39]

Im Gegensatz zu Hamm lässt sich Otto Geßler aus heutiger Perspektive nicht einmal als „Vernunftrepublikaner" bezeichnen.[40] Er blieb zeit seines Lebens Herzensmonarchist. Sein Beispiel zeigt, dass aus dem liberalen Lager nicht jeder die pro-republikanische Haltung Hamms teilte. Mehr noch: Der deutsche Liberalismus insgesamt entfernte sich gegen Ende der Weimarer Republik teilweise von seinen parlamentarischen und auch demokratischen Zielen. Dies galt auch für die Linksliberalen.[41] Sie folgten damit in gewisser

---

37　Manuskript einer Wahlrede Eduard Hamms, [1920], in: BayHStA, MHIG, 305, S. 42.
38　Es müsse das „verantwortliche Staatsbürgertum aller Klassen" erreicht werden, verkündete Hamm wenig später im Reichstag; Verhandlungen des Reichstags. 1. Wahlperiode 1920. Bd. 356. Stenographische Berichte, 249. Sitzung, 12.7.1922, Berlin 1922, S. 8469–8477, hier S. 8476.
39　Ebd., S. 8475 f.
40　Thomas Hertfelder hat gezeigt, dass Geßler diesen Begriff zu Unrecht für sich beanspruchte. Im Gegensatz zu Meinecke, auf den der Begriff zurückgeht, habe Geßler die Republik „nur als unumstößliche Tatsache" akzeptiert und eben nicht versucht, „ihre Legitimität mit historischen und funktionalen Argumenten zu begründen"; Thomas Hertfelder: „Meteor aus einer anderen Welt". Die Weimarer Republik in der Diskussion des Hilfe-Kreises, in: Andreas Wirsching / Jürgen Eder (Hg.): Vernunftrepublikanismus in der Weimarer Republik. Politik, Literatur, Wissenschaft, Stuttgart 2008, S. 29–55, hier S. 30.
41　Jürgen C. Heß: Überlegungen zum Demokratie- und Staatsverständnis des Weimarer Liberalismus, in: Hartmut Boockmann / Kurt Jürgensen / Gerhard Stoltenberg (Hg.): Geschichte und Gegenwart. Festschrift für Karl Dietrich Erdmann, Neumünster 1980, S. 289–311.

Weise Otto Geßler, der sich spätestens seit 1924 der DDP stetig entfremdete und Anfang 1927 schließlich aus der DDP ausgetreten war, nachdem sich die Partei gegen eine Beteiligung an einer Mitte-Rechtsregierung ausgesprochen hatte.[42] In seiner Betrachtung über „Die Träger der Reichsgewalt" sah Otto Geßler 1931 angesichts der Krise des parlamentarischen Systems – seit 1930 stellten die extremistischen Parteien NSDAP und KPD fast ein Drittel der Abgeordneten des Reichstags – die Notwendigkeit zu entschiedenem Handeln und zur „Errichtung der gesetzlichen Diktatur" auf Grundlage des Art. 48 Abs. 2 WRV:„Das bedeutet außerordentliche Vollmachten für den verantwortlichen Staatslenker und Beseitigung aller unnötigen Hemmungen, die sich aus dem Gesetz und dem parlamentarischen Betrieb für seine Entschlüsse und Handlungen ergeben."[43]

Geßler dachte somit an eine „diktatorische" Stärkung des Reichspräsidenten. Dieser könne aber auch dem Reichskanzler, einem Reichsminister oder irgendeiner anderen Persönlichkeit die „Stellung eines Diktators" einräumen, wenn parallel die Befugnisse des Reichstags beschnitten würden.[44] Dieser war aus Geßlers Sicht mit zu viel Macht ausgestattet. Aufgrund der Parteienzersplitterung sei es ihm jedoch schwierig bis unmöglich, noch eine Mehrheit zustande zu bringen. Dies lastete Geßler vor allem dem Verhältniswahlsystem an, das „die ganze Zerrissenheit" des deutschen Volkes zum Vorschein bringe.[45]

Fast zeitgleich äußerte sich Eduard Hamm im Rahmen der Gespräche über die Bildung einer neuen Mittelpartei kritisch über die politische Wirksamkeit einer Parteineugründung.[46] Vielmehr sprach er sich für einen gemeinsamen Entschluss der existierenden Parteien aus, „sich ganz betont hinter die Führungspersönlichkeit des Reichskanzlers zu stellen". Notwendig sei seiner Ansicht nach „die plebiszitarische Grundlage einer verfassungsmäßigen Diktatur". Man müsse sich für die Notwendigkeit eines Führers aussprechen, von dem man jedoch verlangen müsse, „daß er sachlich und zeitlich richtig han-

---

42 Vgl. Jürgen C. Heß: Die Liberalen und die Reichswehr, in: Ders.: Demokratisches Engagement. Beiträge aus drei Jahrzehnten, Münster 2003, S. 63–77, hier S. 70.

43 Otto Geßler: Die Träger der Reichsgewalt, Hamburg u. a. 1931, S. 70.

44 Ebd., S. 72–74.

45 Ebd., S. 53.

46 Einerseits würde sich die Öffentlichkeit „kaum mehr (…) für die Frage des Versuchs der Zusammenlegung von Parteien und Grüppchen" interessieren. Andererseits „würde schon schwierig sein, unter den Anwesenden ein gemeinsames Programm, das man doch dem Herrn Reichskanzler unterbreiten müsse, auszuarbeiten, und mit einem Kompromißprogramm, das vielleicht zustande käme, wäre doch dem Herrn Reichskanzler nicht gedient"; Aktenvermerk des Staatssekretärs Pünder über eine Besprechung mit Hamm, in: Politik und Wirtschaft in der Krise 1930–1932. Quellen zur Ära Brüning, Bd. 2, Düsseldorf 1980, S. 986–988, hier S. 986.

dele, ohne ihn auf Einzelheiten festzulegen".[47] Wenig später wiederholte er seine Aufforderung mit den Worten: „Zaudern gibt es nicht, wenn wir nicht in die historische Schuld von 1918 verfallen wollen. (…) Für Brüning, aber kein bedingungsloser, sondern ein kritischer Bund".[48] Die „historische Schuld von 1918" motivierte Hamm also bereits gegen Ende der Weimarer Republik, für deren Stabilisierung einzutreten. Später sollten hierin die Wurzeln seiner Widerstandstätigkeit liegen.

In außenpolitischer Hinsicht hatte seit Mitte der 1920er Jahre der „Mitteleuropa"-Gedanke Friedrich Naumanns für Geßler und Hamm wieder an Bedeutung gewonnen.[49] Naumanns Ansatz war „machtpolitisch inspiriert, aber verfassungspolitisch föderativ".[50] Er wirkte sich sehr prägend auf seine Anhängerschaft aus.[51] Das auf den ersten Blick identische Ziel der Erweiterung des deutschen Machtbereiches auf Mittel- und Südosteuropa ließ aus ihrer Sicht nach 1933 die frühen Revisions- und Expansionsbestrebungen des NS-Regimes als gerechtfertigt erscheinen.

Wie Naumann empfohlen hatte, schlossen sich Geßler und Hamm nationalen und transnationalen Nichtregierungs-Organisationen an, um über den Weg der wirtschaftlichen Einigung Mitteleuropas einem politischen, staatenbündischen Zusammenschluss näherzukommen und um im Ausland um Verständnis für die aus ihrer Sicht berechtigten Ausdehnungsbedürfnisse Deutschlands in diesem Raum zu werben.[52] So sollte etwa der Abbau von

---

47 Ebd., S. 986.

48 Niederschrift über eine Besprechung in der Deutschen Gesellschaft Berlin im Nachlass Passarge, zit. n. ebd., S. 987, Anm. 3.

49 Naumann hatte als Reaktion auf die geplatzten imperialen Träume des Kaiserreichs mit seinem Opus Magnum „Mitteleuropa" ein neues identifikationsstiftendes, außenpolitisches Konzept erarbeitet, das eine auf Mittel- und Südosteuropa beschränkte Kompensation der imperialen Vorstellungen vergangener Tage darstellte; vgl. Friedrich Naumann: Mitteleuropa, Berlin 1915.

50 Wolfgang Hardtwig: Friedrich Naumann in der deutschen Geschichte, in: Jahrbuch zur Liberalismus-Forschung 23 (2011), S. 9–28, hier S. 27; auch abgedruckt in Ders., Deutsche Geschichtskultur, S. 289–311, hier S. 308.

51 Die Nachwirkungen „Mitteleuropas" werden u. a. von Eric Kurlander beschrieben, der nicht zuletzt den Missbrauch des Konzepts durch die Nationalsozialisten skizziert: „On the contrary, the Nazis had in many ways appropriated (and perverted) liberal concepts (Mitteleuropa, Volksgemeinschaft, Anschluss, treaty „revision") and arguments (self-determination, opposition to western imperialism, the need for Lebensraum) developed and defended by Weimar Democrats before and after the First World War"; Eric Kurlander: Living with Hitler. Liberal Democrats in the Third Reich. New Haven/London 2009, S. 150.

52 Naumann hatte es als „aussichtsloses Beginnen" bezeichnet, „Mitteleuropa nur mit politischen Maßnahmen einigen zu wollen […]" und deshalb empfohlen, sich zunächst durch „Wirtschaftsvereine" aneinander anzunähern: „Diese Art von Zusammenkünften muß grund-

Handelshemmnissen im Donauraum unter anderem durch eine deutsch-österreichische Zollunion den Revisionszielen dienlich sein.[53] Dies unterschied ihre wirtschaftspolitischen Vorstellungen grundsätzlich von Außenwirtschaftskonzepten der Nationalsozialisten, die beispielsweise die Abschottung vom internationalen Agrarmarkt für Deutschland im Sinn hatten.[54] Die aus volkstumspolitischen Gründen befürwortete, aber durch das „Anschlussverbot" im Frieden von Saint-Germain 1920 verhinderte Vereinigung Deutschlands mit Österreich sowie die Revision der im Vertrag von Versailles 1919 festgelegten Ostgrenze sollten letztlich ganz im Naumannschen Sinne einen „mitteleuropäischen" Wirtschaftsraum unter großdeutscher Hegemonie Wirklichkeit werden lassen.

Im Februar 1930 benannte Eduard Hamm auf der 5. Mitteleuropäischen Wirtschaftstagung in Breslau, der Vorläuferin des 1931 gegründeten Mitteleuropäischen Wirtschaftstags (MWT),[55] seine diesbezüglichen außenpolitischen Positionen. Ausgehend von der Feststellung, dass es den mitteleuropäischen Staaten, zu denen er auch Frankreich zählte, gegenüber den außereuropäischen Nationen in der Regel an „räumliche[n] und auch sonstige[n] natürliche[n] Wirtschaftsvoraussetzungen" fehle, prophezeite er den Niedergang der europäischen Kultur, wenn es nicht gelinge, zu einer wirtschaftlichen Einigung Mitteleuropas zu gelangen. Die Schaffung eines mitteleuropäischen Wirtschaftsbündnisses sollte nicht allein „ökonomische Notwendigkeiten" erfüllen, „sondern darüber hinaus höheren geistigen und kulturellen Zielen […] dienen".[56]

---

sätzlich vermehrt und geregelt, und aus unverbindlichen Kongressen müssen dauernde Arbeitsgemeinschaften gestaltet werden"; Naumann, Mitteleuropa, S. 133.

53 Für Hardtwig ist Eduard Hamm „der großdeutsche Anhänger einer deutsch-österreichischen Zollunion"; Hardtwig, Freiheitliches Bürgertum, S. 266. Die Südostaktivitäten Hamms fanden dabei noch vor Beginn der Weltwirtschaftskrise auch im deutschen Regierungshandeln ihre Unterstützer. Tatsächlich ist noch in der Amtszeit Stresemanns, der zumindest offiziell zu den „Mitteleuropa"-Projekten lange Zeit Distanz hielt, eine Schwerpunktverlagerung der deutschen Außenpolitik hin zum südost- und osteuropäischen Raum feststellbar; vgl. ebd., S. 254.

54 Nicht zuletzt an dieser Maßnahme ließ Eduard Hamm als Herausgeber der Deutschen Wirtschafts-Zeitung 1932 deutliche Kritik üben; vgl. Das Wirtschaftsprogramm des Nationalsozialismus, in: DWZ, 29. Jg., Nr. 39, 29.9.1932, S. 781.

55 Vgl. zum Mitteleuropäischen Wirtschaftstag Carl Freytag: Deutschlands „Drang nach Südosten". Der Mitteleuropäische Wirtschaftstag und der „Ergänzungsraum Südosteuropa" 1931–1945, Göttingen 2012.

56 Eduard Hamm: Grundlagen und Wege eines mitteleuropäischen Wirtschaftsblocks, in: Mitteleuropäische Wirtschaftspolitik 1 (1930), S. 59–68, hier S. 61.

Im gleichen Jahr trat Otto Geßler an die Spitze des „Vereins für das Deutschtum im Ausland" (VDA).[57] Klares Ziel des VDA war es, mit Hilfe der deutschen Minderheiten im Ausland auf eine Revision des Versailler Vertrages hinzuwirken sowie der Bildung eines mitteleuropäischen Einheitsblocks näher zu kommen.[58]

Eduard Hamm und Otto Geßler ließen sich somit bereits gegen Ende der Weimarer Republik von Gedanken leiten, die innenpolitisch auf eine Stärkung der Reichsgewalt zuliefen sowie außenpolitisch Raum- und Volkstumsgedanken aufgriffen und eine Expansion nach Südosteuropa in den Blick nahmen. Die nicht zuletzt von bürgerlich-liberalen Konzeptionen gespeisten Ideen, die in den erwähnten Organisationen propagiert wurden, ähnelten semantisch den Vorstellungen der Nationalsozialisten. Angesichts dieser Parallelen sollten Hamm und Geßler – trotz ihrer bereits offenbarten kritischen Sicht auf die NSDAP – nach 1933 zunächst Schwierigkeiten haben, sich in Gänze von der NS-Politik zu distanzieren.

3. Liberale „Systemfeinde" im „Dritten Reich"

Ab 1933 rückten Eduard Hamm und Otto Geßler ins politische Abseits. Beide lehnten den Parteieintritt ab. Hamms Bereitschaft, auf Ministerialebene seine politische Erfahrung einzubringen, sei nach eigenen Angaben ignoriert worden.[59] Von einer Telefon- und Postüberwachung gingen beide in den folgenden Jahren aus. Die Aufnahme in das SD-Register zur „Erfassung führender Männer der Systemzeit" zeigt, dass sie zumindest unter Beobachtung standen.[60] Ihre Handlungsspielräume waren somit bereits durch ihre politische Rolle als liberale Reichspolitiker der Weimarer Republik deutlich eingeschränkt. Ihre liberale Herkunft bestärkte Hamm und Geßler einerseits in ihrer Widerstandtätigkeit, verstellte aber zeitweise einen klaren Blick auf die Ziele des NS-Regimes.

---

57 Vgl. Hans-Adolf Jacobsen: Hans Steinacher. Bundesleiter des VDA 1933–1937. Erinnerungen und Dokumente, Boppard am Rhein 1970, S. XXXVIII.
58 Vgl. hierzu die Ausführungen Hugo Groths, in: Verein für das Deutschtum im Ausland. Jahrbuch für 1922, Berlin 1922, S. 40.
59 Vgl. Schreiben von Eduard Hamm an Heinrich F. Albert, 17.9.1939, in: BayHStA, Nachlass Eduard Hamm, 80.
60 Vgl. Karteikarten zur Überwachung Hamms, in: Bundesarchiv (BArch), R 58/9630; zur Überwachung Geßlers, in: BArch, R 58/9612.

Zwecks Aufrechterhaltung bürgerlicher Traditionen beteiligten sich einige Liberale nach 1933 an Gesprächsrunden mit politisch Gleichgesinnten.[61] Auch die früheren liberalen Reichsminister Eduard Hamm und Otto Geßler hielten ihre langjährigen Kontakte aufrecht. Sie verkehrten weiterhin in politischen Runden, die sich zum Frühstück oder Mittagessen in Restaurants zusammenfanden und den politischen Status quo erörterten. Für Geßler und Hamm bildeten diese Kontakte eine wichtige Grundlage für ihre Widerstandtätigkeit. Schließlich standen nicht alle Gesprächsteilnehmer abseits des politischen Machtzentrums. Die Zugehörigkeit zum bürgerlichen Milieu schuf in dieser Hinsicht also zumindest die Möglichkeit, sich gegenüber den neuen Machthabern weltanschaulich zu behaupten und deren Informationsmonopol zu durchbrechen.

Als geschäftsführendes Präsidialmitglied des Deutschen Industrie- und Handelstags (DIHT) hatte Eduard Hamm von 1928 an eine nahezu wöchentlich in seiner Berliner Wohnung stattfindende Gesprächsrunde etabliert, an der Personen des öffentlichen Lebens aus Politik, Wirtschaft und Industrie teilnahmen.[62] Die Gesprächsrunde blieb zunächst über die „Zeitenwende" 1933 bestehen. Häufigster Teilnehmer an den Treffen war Hamms engster politischer Freund Otto Geßler. Intensiv blieben die Kontakte zu seinen früheren Kollegen aus den Jahren seiner Staatssekretär- und Reichsministertätigkeit. Gleichsam liefen die persönlichen Verbindungen Hamms und Geßlers aus ihrer liberalen Parteivergangenheit weiter, wie etwa die zu Theodor Heuss, Eugen Schiffer, Fritz Elsas und Hermann Dietrich.

Nach einer Intrige schied Eduard Hamm im Frühjahr 1933 aus dem DIHT aus.[63] Nur mit Unterstützung des Reichsjustizministers Franz Gürtner

---

61 Vgl. hierzu den Abschnitt „Bürgerliche Lebenswelt" bei Elke Seefried: Einführung. Theodor Heuss in der Defensive. Briefe 1933–1945, in: Theodor Heuss: In der Defensive. Briefe 1933–1945, hg. und bearb. v. Elke Seefried, München 2009, S. 15–70, hier S. 51–61. Neben dem noch genauer zu beschreibenden Gesprächskreis bei Eduard Hamm existierte unter anderem eine Tischrunde bei dem ehemaligen DDP-Reichsminister Eugen Schiffer. Neben Eduard Hamm, Otto Geßler und Theodor Heuss nahm auch der spätere Kopf des „Kreisauer Kreises" Helmuth James Graf von Moltke ab 1936/37 an diesem so genannten „Schifferkreis" teil; vgl. Ger van Roon (Hg.): Helmuth James Graf von Moltke. Völkerrecht im Dienste der Menschen, Berlin 1986, S. 20.
62 Seine Frau Maria führte in ihrem Haushaltbuch Teilnehmerlisten der Treffen. Diese zeigen, dass Hamm sein Amt beim DIHT dazu nutzte, weiterhin politischen Einfluss auf das politische Tagesgeschäft in Berlin auszuüben; vgl. Haushaltbuch Maria Hamm, in: Nachlass Eduard Hamm (Privatbesitz München).
63 Vgl. Karlheinrich Rieker: Reichsminister a. D. Dr. Eduard Hamm im Deutschen Industrie- und Handelstag (Manuskript), in: BayHStA, Nachlass Eduard Hamm, 42; vgl. zu dem Vorgang auch Hardtwig, Freiheitliches Bürgertum, S. 385 f.

erreichte Hamm seine Zulassung als Rechtsanwalt an der Rechtsanwaltskammer Berlin.[64] Zwar trat er nicht als Rechtsanwalt vor Gericht auf, stand aber regelmäßig Freunden und Nachbarn rechtsberatend zur Seite. Bemerkenswert war sein Einsatz für den liberalen Leipziger Historiker Walter Goetz, mit dem Hamm befreundet war. Goetz wurde wegen seiner politischen Vergangenheit auf Grundlage des „Gesetzes zur Wiederherstellung des Berufsbeamtentums" vom 7. April 1933 als Universitätsprofessor zwangsemeritiert.[65] Hamm teilte seinem Freund mit äußerster Vorsicht, jedoch eindeutig mit: „Über die persönlich-sittliche Seite Ihrer Angelegenheit brauche ich mich nicht näher zu äußern."[66] Gemeinsam erreichte man nach mehrmonatigen Auseinandersetzungen mit den sächsischen Behörden die Aufhebung der Entscheidung und die Versetzung Goetzes mit vollen Bezügen in den ordentlichen Ruhestand.[67]

Doch rückten für Otto Geßler und Eduard Hamm ab Mitte der 1930er Jahre vor allem außenpolitische Fragen in den Vordergrund.[68] Hier konnten sie sich auch noch in gewisser Weise politisch engagieren. Die NS-Außenpolitik nahmen beide in der Folgezeit kritisch, aber nicht selten auch mit Wohlwollen zur Kenntnis. Obwohl Geßler Ende April 1933 von Hitler die Zusicherung erhalten hatte, dass der VDA keine staatlichen Eingriffe zu befürchten habe,[69] also auch er im Amt bleiben würde, erfolgte nur wenige Tage

---

64 Vgl. hierzu die Korrespondenz zwischen Hamm und Gürtner von Ende 1933, in: BArch, R 3001/24109, 175–183 sowie vor allem die Notiz Gürtners nach einem diesbezüglichen Gespräch mit dem Staatssekretär im Preußischen Justizministerium: „Wird keine Schwierigkeiten machen"; Notiz Gürtners auf Schreiben von Eduard Hamm an Franz Gürtner, 2.12.1933, in: BArch, R 3001/24109, 183.

65 Vgl. den Schriftwechsel zwischen Eduard Hamm und Walter Goetz, in: BayHStA, Nachlass Eduard Hamm, 97 sowie in: BArch, Nachlass Walter Goetz, N 1215, 118. Vgl. zu diesem Sachverhalt auch Wolf Volker Weigand: Walter Wilhelm Goetz 1867–1958. Eine biographische Studie über den Historiker, Politiker und Publizisten, Boppard am Rhein 1992, insbes. S. 319–323.

66 Schreiben von Eduard Hamm an Walter Goetz, 29.7.1934, in: BArch, Nachlass Walter Goetz, N 1215, 118.

67 Vgl. Abschrift des Schreibens des Sächsischen Ministeriums für Volksbildung an Walter Goetz, 21.8.1935, sowie die hieran angehängte Verfügung des Reichsstatthalters von Sachsen, 12.7.1935, in: BayHStA, Nachlass Eduard Hamm, 97.

68 Der Verfasser hat sich in einem jüngst erschienenen Beitrag mit den außen- und friedenspolitischen Aktivitäten und Vorstellungen der Liberalen Eduard Hamm und Otto Geßler auseinandergesetzt und diese mit den bereits gründlich erforschten Ansichten und Programmen verschiedener bürgerlicher Widerständler und Widerstandsgruppen verglichen; vgl. Manuel Limbach: „Anständig" und „dauernd". Friedensvorstellungen im bürgerlich-liberalen Widerstand gegen Hitler, in: Jahrbuch zur Liberalismus-Forschung 31 (2019), S. 173–197.

69 Vgl. Schreiben von Rudolf Heß an Hans Steinacher, 2.6.1933, abgedr. in: Jacobsen, Steinacher, S. 16. Jacobsen verweist hier in Anm. 6 auf ein Gespräch Geßlers und Seebohms

später intern seine Abwahl.[70] Anschließend musste er seine außenpolitischen und volksdeutschen Ideen in anderen Organisationen vertreten. 1934 wurde er Vorsitzender der Deutsch-Österreichischen Arbeitsgemeinschaft (DÖAG).[71] Als dessen Mitglied trat auch Hamm seit 1927 in Erscheinung.[72] Im Gegensatz zu vielen anderen ging er allerdings davon aus, dass der politischen zunächst eine behutsame wirtschaftliche Annäherung zwischen Deutschland und Österreich vorausgehen müsste.[73] Diesen Weg wählte er bis zum März 1938.

Auch nach seinem Umzug nach München 1936 ließ der Einsatz Hamms für die außenpolitischen Interessen Deutschlands nicht nach. Seine Arbeit für den Münchener Rotary-Club[74] verstand er ausdrücklich als Tätigkeit im Zei-

---

(2. Vorsitzender des VDA) mit Hitler am 28.4.1933, in dem letzterer offenbar seine Auffassung hinsichtlich des Fortbestehens des VDA in personeller und programmatischer Hinsicht kundgetan habe.

70 Es scheint so, als habe Geßler sich zu diesem Zeitpunkt der Unterstützung der Partei sicher sein können, die ihm in der entscheidenden Sitzung am 30.4. mit Reichsleiter Alfred Rosenberg sogar einen Befürworter für seine Wiederwahl zur Seite stellen sollte. Dennoch erfolgte Geßlers Abwahl nicht ohne Hintergedanken des Wahlausschusses. Aus dessen Sicht hätte eine Wiederwahl Geßlers – aufgrund seiner Parteivergangenheit – wohl zwangsläufig die Gleichschaltung des VDA zur Folge gehabt. Diesem Ansinnen der Partei wollte man durch die Wahl des Österreichers Hans Steinacher, der zur jüngeren Generation zählte und ein anerkannter Vorkämpfer für das deutsche Volkstum war, zuvorkommen; vgl. hierzu die Aufzeichnung Steinachers „Meine Wahl zum ‚Reichsführer' des VDA 1933", in: Jacobsen, Steinacher, S. 1–8, insbes. S. 4, Anm. 3.

71 Vgl. zur DÖAG vor allem Winfried R. Garscha: Die Deutsch-Österreichische Arbeitsgemeinschaft. Kontinuität und Wandel deutscher Anschlußpropaganda und Angleichungsbemühungen vor und nach der nationalsozialistischen „Machtergreifung", Wien/Salzburg 1984.

72 Vgl. ebd., S. 108.

73 Vgl. ebd., S. 146–156.

74 In München hat der dortige Rotary Club eine die eigene Vergangenheit durchaus kritisch beleuchtende Studie herausgegeben; vgl. Paul U. Unschuld (Hg.): Chronik des Rotary Club München zum 75. Jubiläum seiner Gründung 1928–2003, München 2003. Der Rotary Club München schloss nach 1933 seine jüdischen Mitglieder oder offensichtliche Regimegegner aus. So musste etwa der Schriftsteller Thomas Mann den Club verlassen; vgl. Karl-Josef Kuschel: „Ist es nicht jener Ideenkomplex bürgerlicher Humanität?" Glanz und Elend eines deutschen Rotariers – Thomas Mann, in: Thomas Mann Jahrbuch 19 (2006), S. 77–124, insbes. S. 106–113. Doch blieb Rotary International aufgrund seiner weltweiten Vernetzung und seines Anspruchs, der Völkerverständigung zu dienen, dem NS-Regime verdächtig. Trotz Einspruchs seiner Mitglieder, allen voran Eduard Hamms (vgl. Schreiben von Eduard Hamm an Franz Gürtner, 15.8.1937, in: BArch, R 3001/24113), wurde die Arbeit der Rotarier als Freimaurerei eingestuft und daher Beamten und NSDAP-Mitgliedern die Mitgliedschaft verboten. Nachdem dieses Verbot ausgeweitet worden war, lösten sich die deutschen Clubs mit Wirkung zum 15.10.1937 selbst auf.

chen der Völkerverständigung. Dabei ging es ihm darum, für das Ausland die aus seiner Sicht berechtigten Anliegen des Reiches und des deutschen Volkes verständlich zu machen.[75] Wenn Hamm auch eigens erklärte, dass es nicht darum ginge, die nationalsozialistische Politik im Ganzen zu beschönigen, hielt er es für richtig, die sozialen und wirtschaftlichen Erfolge des Regimes gegenüber dem Ausland hervorzuheben, um einer dort existierenden Kriegs-befürchtung zu begegnen.[76] Obwohl er mit der NS-Innenpolitik in vielen Punkten nicht übereinstimmte, nahm Hamm – überzeugt von der grund-sätzlichen Berechtigung der deutschen Anliegen und offenbar in Unkenntnis der tatsächlichen Bestrebungen Hitlers – in Kauf, dass durch seine Arbeit das Ansehen Hitler-Deutschlands im Ausland insgesamt gesteigert wurde.

Otto Geßler zog im März 1937 auf einer Tagung des österreichischen Pendants der DÖAG in Wien seine Schlüsse aus den sich im Umbruch be-findlichen globalen Kräfteverhältnissen.[77] In seiner Argumentation, die letzt-lich in der Überzeugung mündete, dass die Weltgeschichte ein ständiger „Lebenskampf der Völker" untereinander sei, nahm er Bezug auf die macht-politische Entwicklung in Europa. Demnach hätten Frankreich und England Deutschland lediglich als „passive Macht" akzeptieren wollen.[78] Zudem sei erst mit Bismarck das Deutsche Reich geeint worden, das europäische Gleich-gewicht zugunsten Deutschlands aus den Fugen geraten und in Mitteleuropa ein „Kraftfeld allerersten Ranges" entstanden.[79] Der Erste Weltkrieg und der

---

75 Vgl. Schreiben von Eduard Hamm an Herrn Präsidenten Dr. Matschoss und den Herrn Sekretär Freiherr von Gleichen des Rotary-Klubs Berlin, 4.4.1936, in: BayHStA, Nachlass Eduard Hamm, 44.

76 Hierauf zielte Hamm mit seinem Schreiben vom November 1936 ab: „Dabei kann es m. E. nicht darauf ankommen, nationalsozialistisches Denken und Handeln im Bereich des Staatlichen schlechthin zu rechtfertigen zu suchen, sondern nur darauf, Verständnis für den geschichtlichen Werdegang zu wecken, die grossen Leistungen besonders auf wirtschaftlichem und sozialem Gebiet, in der Beseitigung der Lehre vom Klassenkampf, in der Schaffung einer betriebsgemeinschaftlichen Ordnung zu zeigen, das Eigenrecht des deutschen Volkes auf Selbstbestimmung seiner Lebensordnung darzutun und gegen die Befürchtung von Angriffs-absichten mit guten Gründen Stellung zu nehmen"; Schreiben von Eduard Hamm an den Herrn Präsidenten und den Herrn Sekretär des Rotary-Klubs Berlin, München, 25.11.1936, in: BayHStA, Nachlass Eduard Hamm, 44.

77 Vgl. Otto Geßler: Das deutsche Volk und die europäische Ordnung. Rede gehalten am 8.3.1937 auf der Tagung der Österreichisch-Deutschen Arbeitsgemeinschaft in Wien, Mün-chen 1937.

78 Das Interesse Frankreichs sei von jeher gewesen, Deutschland möglichst klein zu halten und einen „mitteleuropäischen Ohnmachtsraum" zu schaffen; vgl. ebd., S. 5 f.

79 Ebd., S. 10.

Versailler Vertrag hätten dieser europäischen Ordnung ein künstliches Ende bereitet.

Geßler vertrat die „Auffassung, daß ein großes Volk auch große Politik machen muß und vor dem Wort Machtpolitik nicht zurückschrecken darf".[80] In England und Frankreich sei man dagegen zu spät zu der Erkenntnis gelangt, dass die Versailler Friedensordnung den Interessen und Bedürfnissen des deutschen Volkes grundsätzlich widerspreche. Deutschland habe daher seit 1933 eine selbständige Revision vorgenommen. An dieser übte Geßler keinerlei Kritik. Im Gegenteil: Deutschland werde im Hinblick auf die deutschstämmigen Gebiete Europas die Revision weiter betreiben, wenn Frankreich und England nicht zur Vernunft kommen würden. Dabei sei eine europäische Einigung laut Geßler zwingend notwendig, damit Europa im bevorstehenden Kampf um die Kulturhoheit mit den aufstrebenden Weltvölkern bestehen könne. Doch sei eine wirkliche europäische Völkerverständigung und Ordnung aus Geßlers Sicht nur möglich, wenn das Machtzentrum in Mitteleuropa akzeptiert, das deutsche Volkstum in Europa und in der Welt sein Selbstbestimmungsrecht erhalten und den Interessen und der Kraft des deutschen Volkes Rechnung getragen würde.[81]

Hamm und Geßler standen mit ihren außenpolitischen Vorstellungen mehr denn je in der Tradition Friedrich Naumanns. Die Schaffung eines mitteleuropäischen Kultur- und Wirtschaftsraumes sollte aus ihrer Sicht letztlich auch Europa, das sich gegenüber aufstrebenden Kulturräumen und Weltvölkern behaupten müsse, zugutekommen. Wie Geßler so ging es auch Eduard Hamm, der jahrelang als Mitglied der deutschen Delegation zur Internationalen Handelskammer nach Paris reiste, nicht um die Hegemonie in Europa, sondern schlussendlich um den Ausgleich mit Frankreich im Sinne Naumanns und auf diesem Wege um eine Stabilisierung und Erneuerung Europas.[82] Die Gedankengänge der früheren Reichsminister Hamm und Geßler waren weniger national- denn liberalkonservativer Natur. Ihr Wunsch nach einer

---

80 Ebd., S. 11.
81 Vgl. ebd., S. 14–16.
82 Vgl. Gerhard Riedberg: Eduard Hamms Wirken in der Internationalen Handelskammer, 20.10.1946, in: BayHStA, Nachlass Eduard Hamm, 42. Im Jahr 1915 sah Friedrich Naumann keinerlei Möglichkeit, zu einem separaten Frieden mit Frankreich zu kommen, da dieses sich voll und ganz in Abhängigkeit zur britischen Großmacht begeben habe. Er hoffte aber ausdrücklich, „dass sie in ferner Zukunft sich einmal zu Mitteleuropa rechnen werden"; Naumann, Mitteleuropa, S. 2. Zu Naumann als Macht- und Verständigungspolitiker gegenüber Frankreich vgl. Philippe Alexandre: Ein früher Verständigungspolitiker? Friedrich Naumann und Frankreich, in: Jahrbuch zur Liberalismus-Forschung 23 (2011), S. 95–112; vgl. hierzu auch den Beitrag von Philipp Müller zur Internationalen Handelskammer in diesem Band.

Führungsrolle Deutschlands in und für Europa entsprach ihrem Verständnis von der Bedeutsamkeit der deutschen Kultur und der Größe des deutschen Volkes. Ihnen ging es jedoch nicht primär um die Vormachtstellung, sondern um die Gleichberechtigung und Akzeptanz deutscher Interessen.

Der innere Konflikt Eduard Hamms im Hinblick auf die Bewertung der NS-Politik wurde nach dem erfolgten „Anschluss" Österreichs im März 1938 besonders deutlich. „So sehr ich mir im Inneren manches anders wünschte, mehr deutsch in wohl bemessener Freiheit, so sehr freue ich mich dieses ganz großen Ereignisses", so Hamm. Und weiter: „Für uns Leute im Schatten zwischen 1918 und 1933 muss es genügen, selbst sich nach schwachen Kräften zum gleichen Ziel bemüht zu haben".[83] Hamm ging also aufgrund seines liberalen Staats- und Rechtsverständnisses zu Hitlers Innenpolitik deutlich auf Distanz. Außenpolitisch erblickte er jedoch eine Zielidentität mit seinen eigenen politischen Vorstellungen. In einem Brief an den österreichischen Wirtschaftsfachmann Richard Riedl vom 23. März 1938 ging Hamm deshalb in seinem Lob der Hitlerschen Außenpolitik sogar noch weiter, als er in „dem ungeheuren weltgeschichtlichen Ereignis" eine „„Wendung durch Gottes Fügung!' im Namen des wahren Rechts" erkannte und von der „genial zupackende[n] Tat des Führers" sprach.[84] Für ihn war mit dem „Anschluss" zwar der „Endpunkt im Verhältnis zwischen dem Bismarckschen Reich und Deutschösterreich" erreicht. Doch sollte dieses Ereignis zugleich nur der „Ausgangspunkt neuer Besitzfestigung und -ausweitung des d[eutschen] Volkstums darüber hinaus in Mitteleuropa" sein.[85]

Dass Hitler im „Anschluss" vor allem die notwendige Voraussetzung für seine weitergehenden Eroberungspläne im Osten Europas sah,[86] erkannten Hamm und Geßler – im Gegensatz zu anderen – offenbar nicht.[87] Angesichts der revisionistischen Erfolge Hitlers, für die auch sie sich über Jahre hinweg

---

83 Schreiben von Eduard Hamm an Friedrich Heilbron, 18.3.1938, in: BayHStA, Nachlass Eduard Hamm, 85; vgl. zu Hamms Sicht auf den „Anschluss" Österreichs Hardtwig, Freiheitliches Bürgertum, S. 420 f.
84 Schreiben von Eduard Hamm an Richard Riedl, 23.3.1938, in: BayHStA, Nachlass Eduard Hamm, 91.
85 Ebd.
86 Vgl. Klaus Hildebrand: Das Dritte Reich, München ⁶2003, S. 38.
87 Im „Münchener Abkommen" von Ende September 1938 sah Eduard Hamm die Grundlage eines „wirklichen inneren Frieden[s]". Auf dem Höhepunkt der so genannten „Appeasementpolitik" der einstigen Siegermächte erblickte Hamm keine diplomatische Schwäche des Westens gegenüber Hitler-Deutschland, sondern einen lobenswerten Schritt in die richtige Richtung. Dies unterschied ihn von Widerständlern wie Carl Friedrich Goerdeler oder Ludwig Beck, für die das „Münchener Abkommen" einen schweren Rückschlag in ihrem Bemühen bedeutete, Hitler, der aus ihrer Sicht eindeutig auf einen Krieg zusteuerte, durch einen Umsturz

mit allen Kräften eingesetzt hatten, schienen sie hiervor die Augen zu verschließen. Zu sehr waren sie davon überzeugt, dass Deutschlands Ansprüche auf seine ehemaligen Besitzungen sowie auf die Gebiete mit überwiegend deutschsprachigem Bevölkerungsanteil rechtens seien. Noch im Oktober 1939 reagierte Hamm mit Unverständnis auf die inkonsequente politische Haltung Frankreichs und Englands und schob ihnen die Verantwortung für den Ausbruch des Krieges zu: Beide Länder seien zunächst auf die aus seiner Sicht berechtigten Ansprüche Deutschlands widerwillig eingegangen, um dann angesichts der „letzten Bereinigungsfragen" Deutschland doch den Krieg zu erklären.[88] Hamm konnte oder wollte derweil nicht glauben, dass Hitler über die Revision des Versailler Vertrages hinausgehende Eroberungs- und Vernichtungspläne im Sinn hatte.[89] Hamms Ansichten verdeutlichten indes die grundsätzliche Differenz zu den tatsächlichen Bestrebungen Hitlers. Dieser sah im Polenfeldzug nicht das Ende einer Revisionspolitik, sondern lediglich eine Zwischenstation seiner Eroberungs- und Lebensraumpolitik.

Auch das NS-Regime machte sich keine Illusionen über die tatsächlichen außenpolitischen Ansichten der ehemaligen „Systempolitiker". Wenige Tage nach dem euphorisch begrüßten „Anschluss" Österreichs mussten Geßler und Hamm mit Bestürzung die erzwungene Auflösung der DÖAG zur Kenntnis nehmen.[90] Obwohl man die „Bestrebungen der Organisation auch staatspolitisch" gutheißen konnte, wie es Ende März 1938 in der Begründung für die Auflösung hieß, sei man von staatspolizeilicher Seite niemals davon

---

im Inneren zu entmachten; vgl. hierzu das Kapitel „Septemberverschwörung" in Joachim Fest: Staatsstreich. Der lange Weg zum 20. Juli, Berlin [5]2004, S. 76–104.

88   In einem Schreiben an den ständigen deutschen Vertreter der deutschen Gruppe bei der Internationalen Handelskammer, Gerhard Riedberg, bedauerte Hamm Mitte Oktober 1939 die Haltung Frankreichs und Englands: „Jetzt haben wir die Folge davon, dass Frankreich und England nicht selbst an einer sich aufzwingenden Neuordnung rechtzeitig teilnahmen, sondern trotz Einsicht in die Unhaltbarkeit der ‚Ordnung' von Vers[ailles] starr ablehnten. Das besonders Tragische ist wohl, dass man noch wichtigere und größere Bereinigungen wenn auch missmutig hingenommen hatte und jetzt, über die letzten Bereinigungsfragen der Krieg ausbrach. […] Gerade jetzt war der Krieg auch vom Standpunkt der Westmächte widersinnig; entweder früher oder später, wenn wirklich das Reich über die Bereinigung von Versailles und über die Ordnung seines Volksraums und nächsten Umlands hinaus nach der ‚Weltherrschaft' langen würde"; Schreiben von Eduard Hamm an Gerhard Riedberg, 21.10.1939, in: BayHStA, Nachlass Eduard Hamm, 91.

89   Vgl. ebd.

90   Eduard Hamm wurde als einzig erreichbares DÖAG-Mitglied ins Wittelsbacher-Palais gerufen, wo ihm die Gestapo die Auflösung der Organisation sowie die Sicherstellung ihrer Akten und ihres Vermögens mitteilte. Ein Einspruch Hamms blieb erfolglos; vgl. Schreiben von Eduard Hamm an Heinrich F. Albert, 18.3.1938, in: BayHStA, Nachlass Eduard Hamm, 80.

ausgegangen, dass von einem Mann mit einer politischen Vergangenheit wie
Otto Geßler an der Spitze der DÖAG eine „ehrliche Annäherungspolitik im
nationalsozialistischem Sinne" zu erwarten gewesen wäre.[91]

Wenn sich die Intentionen von Geßler und Hamm auch deutlich von
jenen Hitlers unterschieden, lässt sich festhalten, dass beiden zu dieser Zeit
bereits aktiven Protagonisten des „Sperr-Kreises" eine prinzipielle Distanzierung von der NS-Außenpolitik zumindest bis zum Ende des Polenfeldzugs
nicht gelang. Erst Ende Oktober 1939 erhielten Geßler und Hamm von Franz
Kempner, Hamms Nachfolger als Chef der Reichskanzlei, den wichtigen
Hinweis auf die tatsächlichen außenpolitischen Ziele Hitlers, als sie von den
Kriegsvorbereitungen auf Holland und Belgien erfuhren.[92] Nun erst setzte
sich bei beiden die grundsätzliche Erkenntnis durch, dass Hitler keine europäische Friedensordnung im Sinne Naumanns, sondern vielmehr die gewaltsame Hegemonie auf dem europäischen Kontinent und die Unterdrückung
fremder Völker anstrebte.

4. Bürgerlich-liberaler Widerstand

Trotz aller Ambivalenzen gegenüber der NS-Außenpolitik beteiligten sich
Hamm und Geßler seit Mitte der 1930er Jahre führend am Aufbau des „Sperr-
Kreises", einer in der Forschung lange unterschätzten Widerstandsgruppe gegen den Nationalsozialismus. Die Motive und Ziele der Widerstandstätigkeit
des „Sperr-Kreises" waren eng verknüpft mit der politischen Sozialisation und
den Erfahrungen seiner führenden Mitglieder. Franz Sperr war in den Jahren
seiner beruflichen Tätigkeit bei der Bayerischen Gesandtschaft in Berlin stets
als bayerischer Föderalist aufgetreten. Spätestens seit diesen Berliner Jahren
war er mit Otto Geßler und Eduard Hamm bekannt. Die Interessen Bayerns
vertrat Sperr nach 1933 auch im Widerstand. Im „Sperr-Kreis" nahm er nicht
nur diesbezüglich eine Führungsrolle ein.[93] Doch lassen sich die Handlungen,
Motive und Ziele des Kreises nicht ohne das bürgerlich-liberale Fundament
erklären, das vor allem Hamm für den Widerstandskreis legte, aber auch Geß-

---

91 Geheime Staatspolizei München an den Bayerischen Ministerpräsidenten Ludwig Sie-
bert, München, 25.3.1938, BayHStA, StK 5215.
92 Vgl. Schreiben von Franz Kempner an Eduard Hamm, 31.10.1939, in: BayHStA, Nachlass Eduard Hamm, 86.
93 Vgl. Manuel Limbach: Franz Sperr (1878 bis 1945), in: zur debatte 1 (2018), S. 21–24.

ler, der zwar stets Herzensmonarchist blieb, doch seine liberalkonservative Gesinnung niemals vollständig aufgab.[94]

Das Hauptziel des „Sperr-Kreises" war die Errichtung einer „Auffangorganisation", die im Falle des erhofften Zusammenbruchs des „Dritten Reiches" Sicherheit und Ordnung in Bayern durchsetzen und bewahren sollte. Hierfür gewannen Hamm, Geßler und Sperr bis 1944 mindestens 66 Vertrauensleute. Man fühlte sich in hohem Maße verantwortlich, nicht erneut den Fehler des Bürgertums aus den Jahren 1918/19 zu begehen und unvorbereitet mit dem Einsturz des bisherigen Systems konfrontiert zu werden. Chaotische Zustände durch eine erneute Machtübernahme der radikalen Linken galt es zu verhindern. Die Widerstandsgruppe zielte somit nicht unmittelbar auf den Sturz Hitlers, sondern lenkte den Blick auf die möglichen Konsequenzen eines Zusammenbruchs. Angesichts der „Kriminalisierungskategorien" des NS-Regimes überschritt der „Sperr-Kreis" dennoch bereits durch dieses Handeln die „Schwelle zur Aktivität".[95]

Die Schaffung einer „Auffangorganisation" versuchte Otto Geßler in Gestapo-Haft als höchst vernünftig zu rechtfertigen.[96] Er führte es auf sein Ethos zurück, stets für das Wohl des Vaterlandes einzutreten. Es sei seine Pflicht gewesen, Vorbereitungen auch für den Fall zu treffen, dass ein Sieg oder ein Verständigungsfriede nicht erreicht werden könnten.[97] Das Gegenteil hätte er als feige empfunden: „Ja, wir mußten dies tun, denn auch nach der nat. soz. Weltanschauung ist das Volk ewig, und außerdem gibt es in der Landkarte kein Loch. […] Für mich wäre mit dem Zusammenbruch die deutsche Geschichte noch nicht zu Ende gewesen: Große Völker können fallen, zugrunde gehen nur liederliche."[98]

---

94 Vgl. hierzu etwa Geßlers Vorstellung zur Reichsreform, wie er sie gegenüber dem bayerischen Kronprinzen Rupprecht 1932 kundtat. Hier favorisierte er die „Möglichkeit eines Zusammenlegens preussischer Ministerien mit Reichsministerien unter Sicherstellung einer Autonomie der süddeutschen Staaten"; BayHStA, Abt. III Geheimes Hausarchiv (GHA), Autobiographische Aufzeichnungen des Kronprinzen Rupprecht (AA KPR), Mappe 14, S. 175. Geßler verband somit seine bayerisch-monarchistische Einstellung mit einer aus seiner Sicht notwendigen und im politischen Liberalismus jener Jahre weit verbreiteten Position für eine stärkere Unitarisierung des Reiches.
95 Becker, Politischer Katholizismus, S. 244.
96 Vgl. Hans-Adolf Jacobsen (Hg.): „Spiegelbild einer Verschwörung". Die Opposition gegen Hitler und der Staatsstreich vom 20. Juli 1944 in der SD-Berichterstattung, Bd. 1, Stuttgart 1984, S. 396–398.
97 Geßler erklärte hierzu: „Gelang es nicht, zu siegen oder aus der militärischen Lage heraus zu einem Verständigungsfrieden zu kommen, so war mit der Zerstörung des Reiches als mit einer festen Tatsache zu rechnen."; ebd., S. 398.
98 Ebd.

Den Zusammenbruch des Jahres 1918 gab Geßler als prägende Erfahrung an, aus der er seine Konsequenzen gezogen habe: „Schaffung von Macht zur Wiederherstellung einer gewissen Ordnung, Bereitstellung des täglichen Brotes, die Werterhaltung der Geldzeichen und Arbeitsbeschaffung, um die Menschen von der Straße zu holen". Dies seien seine Gedankengänge im Jahr 1943 gewesen, die sich damit „weitab von Verfassungsfragen und anderem" bewegt hätten. Mit solchen hätten sich in jenen Tagen nur „weltfremde Menschen" befassen können, während er sich auf das für „die Masse" Wesentliche beschränkt habe, nämlich „primum vivere".[99]

Damit umschrieb Geßler die grundsätzlichen Gedankengänge und Handlungen des „Sperr-Kreises", die sich in der Tat primär um die Zeit nach Untergang des „Dritten Reiches" gedreht hatten. Natürlich verschwieg er, dass die Konspiration des bayerischen Widerstandskreises in politisch-ideologischem Gegensatz zum Nationalsozialismus bereits Mitte der 1930er Jahre durch Besprechungen mit dem bayerischen Kronprinzen Rupprecht eingesetzt hatte. Von der Notwendigkeit der Beseitigung des NS-Regimes waren Geßler und Hamm früh überzeugt. Das „wie" stand allerdings weitgehend außerhalb ihrer Erwägungen. Geßler berief sich später darauf, aufgrund der eigenen Abseitsstellung hierauf auch gar keinen Einfluss gehabt zu haben. „Wann" ein möglicher Umsturz geschehen könnte, war jedoch sehr wohl für sie relevant: Sie begriffen es als ihre Aufgabe, dafür Sorge zu tragen, dass im Falle des Zusammenbruchs nicht erneut „die Unterwelt", „die Strasse" in den Besitz der Macht gelangte.[100] Ihrer politischen Sozialisation entsprach es, durch Schaffung einer „Auffangorganisation" frühzeitig Vorbereitungen zur Übernahme der Macht in Bayern zu treffen. Das befürchtete Machtvakuum sollte von traditionellen bürgerlichen Eliten gefüllt werden, die sich im „Dritten Reich" weitestgehend „sauber" gehalten hatten.

Neben Franz Sperr stellte vor allem Eduard Hamm die Kontaktaufnahme mit den Vertrauensleuten her. Im Mittelpunkt der Erörterungen stand dabei stets die Rückkehr zu rechtsstaatlichen Verhältnissen in der bayerischen Heimat. Die Führungsriege des „Sperr-Kreises" trat zudem für ein stark föderalistisch geprägtes Nachkriegsdeutschland ein. Wenn Hamm und Geßler auch gegen Ende der Weimarer Republik im Rahmen der Diskussionen

---

99 Ebd.
100 Vgl. Schreiben von Otto Geßler an Rudolf Flach, 28.2.1946, in: BayHStA, Nachlass Eduard Hamm, 5 sowie „Ausführungen von H. Minister a. D. Dr. Geßler anlässlich der Gedenkstunde für Franz Sperr in München am 9. Dez. 1950", abgedr. bei Winfried Becker: Franz Sperr und sein Widerstandskreis, in: Hermann Rumschöttel / Walter Ziegler (Hg.): Franz Sperr und der Widerstand gegen den Nationalsozialismus in Bayern, München 2001, S. 83–173, hier S. 164–167, insbes. S. 166.

um die Reichsreform für eine stärkere Zentralisierung des Reiches plädiert hatten, hielten sie an der Notwendigkeit der Souveränität der süddeutschen Länder und der „Forderung nach möglichst weitgehender Dezentralisierung von Aufgaben und Rechten" stets fest.[101] Die bayerische Herkunft und Nähe zur früheren Wittelsbacher Monarchie verstärkten in dieser Hinsicht ihre Widerstandstätigkeit. Bewusst legte sich der „Sperr-Kreis" auf eine Begrenzung seiner „Auffangorganisation" auf Bayern fest. Praktisch entschied er sich, am Wiederaufbau des Reiches aus der Region heraus mitzuwirken.[102] Dies bot ihm einige Vorteile: In Bayern konnte man auf einen großen politischen Freundes- und Bekanntenkreis zurückgreifen. Um Posten der Verwaltung, der Wirtschaft, der Justiz usw. mit Vertrauensleuten zu besetzen und somit im entscheidenden Moment die Macht in Bayern zu übernehmen, war es dennoch notwendig, die Werbungstätigkeit und die zu diesem Zweck notwendigen Reisen in Bayern zu tarnen. Eduard Hamm nutzte hierfür eine Anstellung als Berater bei der Münchener Rückversicherungsgesellschaft.[103]

Zudem erfreute sich die Wittelsbacher Monarchie nach wie vor großer Beliebtheit in Bayern.[104] Kronprinz Rupprecht als Integrationsfigur an der Spitze Bayerns dürfte zumindest für die Übergangszeit von der Diktatur zum Rechtstaat eine Option gewesen sein. Für Otto Geßler stand diese Möglichkeit außer Frage.[105] Zur Überraschung seiner Gesprächspartner konnte sich auch Eduard Hamm für die Zeit „danach" die Rückkehr zur Monarchie vor-

---

101   In Bezug auf Hamm Hardtwig, Freiheitliches Bürgertum, S. 341. Hiermit erklärte Hardtwig zugleich die „neuerliche Gewichtsverschiebung in Hamms Verfassungsvorstellung nach 1933, hin zur Wiederherstellung der bayerischen Monarchie"; ebd., S. 341 f.

102   Während er selbst am Aufbau der „Auffangorganisation" in Bayern mitwirkte, fragte Eduard Hamm im Sommer 1944 beim früheren DDP-Reichsminister Hermann Dietrich an, ob man nicht auch in Baden „eine lokale Regierung aufziehen" könne; vgl. Bericht Hermann Dietrich, 23.7.1946, in: BayHStA, Nachlass Eduard Hamm, 108.

103   Vgl. hierzu den Abschnitt zur Tarnung der konspirativen Bestrebungen bei Limbach, Bürger gegen Hitler, S. 176–203.

104   Zumindest galt dies für die traditionellen bürgerlichen Eliten im Land. So trat etwa die über Jahre hinweg maßgebliche politische Kraft, die Bayerische Volkspartei (BVP), in den Jahren der Weimarer Republik als „unbedingt staatsneutrale" Partei in Erscheinung, die allerdings ihre antirepublikanische Grundeinstellung und ihre klare Affinität zur Monarchie kaum verbarg; vgl. Martina Steber: „… dass der Partei nicht nur äußere, sondern auch innere Gefahren drohen". Die Bayerische Volkspartei im Jahr 1933, in: Andreas Wirsching (Hg.): Das Jahr 1933. Die nationalsozialistische Machteroberung und die deutsche Gesellschaft, Göttingen 2009, S. 70–91, hier S. 78 f.

105   Vgl. hierzu den Tagebucheintrag von Ulrich von Hassell, 22.3.1940, in: Die Hassell-Tagebücher 1938–1944. Aufzeichnungen vom Andern Deutschland, nach d. Handschr. rev. u. erw. Ausg., hg. von Friedrich Freiherr Hiller von Gaertringen, Berlin 1988, S. 182 f, hier S. 183.

stellen. So erinnerte sich etwa der Oberbürgermeister von München, Karl Scharnagl, nach Kriegsende:

> „Bei den Besprechungen mit Dr. Hamm haben wir alle politischen Probleme erörtert, auch die Monarchie. Ich war angenehm überrascht, wie positiv Dr. Hamm zu diesen Fragen eingestellt war. [...] Selbstverständlich erörterten wir auch eine demokratische Staatsführung unter starker Betonung des bayer[ischen] Standpunktes."[106]

Otto Geßler, der für den „Sperr-Kreis" die Kontakte zum Ausland hin knüpfte, hielt ab 1940 laufend Kontakt zum Kronprinzen, der wenige Monate nach Kriegsbeginn nach Florenz ins Exil gegangen war. Geßler tauschte sich mit Rupprecht regelmäßig über die politische Lage und die Vorbereitungen der Zeit „danach" aus. Und so ist es nicht verwunderlich, dass Rupprechts Denkschriften, die dieser den Westalliierten zukommen ließ, deutliche liberale Einflüsse erkennen lassen. Aus Sicht des Kronprinzen sollte etwa der Staat „der individuellen Entwicklung des Einzelnen keine Hindernisse bereiten und nur insofern dessen Betätigung Schranken setzen oder ihn zu Dienstleistungen heranziehen, als dies zum Wohle der Gesamtheit erforderlich" sei.[107]

Die politische Sozialisation der führenden Köpfe des „Sperr-Kreises" bestimmte auch ihre Haltung in den zahlreichen Gesprächen mit verschiedenen reichsweiten Widerstandsgruppen in den Jahren 1943/44. Diese waren notwendig, wollte man sich doch für die eigene Widerstandtätigkeit in Bayern über Pläne, Ziele und mögliche Umsturzversuche auf dem Laufenden halten, auch um womöglich auf diese Einfluss ausüben zu können.

Der „bayerische Standpunkt" und das föderale Prinzip wurden in diesen Gesprächen teilweise vehement vertreten. So empfahl Geßler etwa dem als „Motor" des zivilen Widerstands gegen Hitler geltenden Carl Friedrich Goerdeler, er solle sich nicht den bayerischen Kopf zerbrechen. In Bayern wisse man sehr genau, was im Fall der Fälle zu tun sei.[108] Geßlers klare Positionierung in dieser Frage dürfte zwar auch durch seine monarchische Gesinnung und seine enge Verbundenheit zur Wittelsbacher Monarchie zu erklären sein. Doch stand seine Sozialisation im Liberalismus des Königreichs Bayern hierzu nicht im Widerspruch. Geßler war weiterhin ein Anhänger des Bismarck-

---

106 Karl Scharnagl: Die politische Tätigkeit des Herrn ehem. Staatsministers Dr. Hamm, 30.7.1946, in: BayHStA, Nachlass Eduard Hamm, 110.
107 Vgl. Bemerkungen über den Staat, GHA, AA KPR, Mappe 23, S. 164; vgl. hierzu auch Dieter J. Weiß: Die Staatsauffassung Kronprinz Rupprechts von Bayern. Ein Verfassungsentwurf aus dem deutschen Widerstand, in: Konrad Ackermann / Alois Schmid / Wilhelm Volkert (Hg.): Bayern vom Stamm zum Staat. Festschrift für Andreas Kraus zum 80. Geburtstag, München 2002, S. 547–560, hier S. 553.
108 Vgl. Jacobsen, „Spiegelbild einer Verschwörung", S. 523.

schen Föderalismus, der den Ländern weitgehende Souveränität garantiert hatte. Dass er zu Beginn der 1930er Jahre im „Bund zur Erneuerung des Reiches" – gleich der Mehrheit der Liberalen – mehr einheitsstaatlichen Vorstellungen anhing, lässt sich durch seine Sicht auf die vermeintlichen Konstruktionsfehler der Weimarer Republik erklären. Die Gründung des Bundesstaates sei 1919 unter „völliger Beseitigung des Grundgedankens des Bismarckschen Reiches" erfolgt, und dabei sei vor allem versäumt worden, das Verhältnis der Länder zum Reich klar zu bestimmen.[109] Insbesondere die Beendigung des Dualismus Preußen/Reich hielt Geßler 1931 für zwingend notwendig. Als bayerischer Liberaler stand derweil für ihn die staatliche Integrität Bayerns und somit eine vollständige Unitarisierung des Reiches nie zur Debatte. In seinem Auftreten gegenüber dem „Preußen" Goerdeler lässt sich deshalb wohl eine klare Positionierung für ein föderalistisch geprägtes Reich erkennen, die Geßlers bayerisch-liberaler Sozialisation zumindest nicht widersprach.[110]

Als der „Kreisauer Kreis" um Helmuth James Graf von Moltke an den „Sperr-Kreis" mit dem Wunsch der zum Umsturz bereiten Militärs herantrat, Bayern solle die Initialzündung zum Umsturz liefern, lehnte Sperr dies ebenso konsequent ab wie die Neuordnungspläne der „Kreisauer", die auf eine Teilung Bayerns hinausliefen.[111] Wenn auch Äußerungen von Hamm und Geßler in diesem Zusammenhang nicht überliefert sind, lässt ihre Arbeit im Widerstandskreis, die stets auf die staatliche Integrität Bayerns abzielte, ihre eindeutige Zustimmung zu Sperrs Haltung annehmen.

Und auch zu einer nachhaltigen Unterstützung der Umsturzbestrebungen des 20. Juli 1944 fand sich der „Sperr-Kreis" nicht bereit. Bereits die Aussage Eduard Hamms im Vorfeld eines geplanten Gesprächs Sperrs mit Claus Schenk Graf von Stauffenberg verdeutlicht die skeptische Einstellung gegen-

---

109 Geßler, Träger, S. 101. Die Hegemonie Preußens sei beseitigt worden und die Länder in ihren Rechten derart beschränkt, dass an der Berechtigung der Bezeichnung „Länder" gezweifelt werde; vgl. ebd.

110 Hierzu passend findet sich in Kronprinz Rupprechts Denkschriften aus seiner Exilzeit, die Geßler kritisch begutachtete, ein Plädoyer für einen Staatenbund nach dem Vorbild des britischen Commonwealth, bei dem die einzelnen Länder nahezu autark existierten. Bayerns Verbleib in einem reaktivierten Bundesstaat zog Rupprecht erst nach einer Zeit des autarken Übergangs der Einzelstaaten und nur im Falle des Erhalts oder der Rückgewinnung der außenpolitischen Handlungsfähigkeit Deutschlands in Betracht; vgl. Bemerkungen über den Staat, in: GHA, AA KPR, Mappe 23, S. 187 sowie Abschrift Memorandum Kronprinz Rupprecht, o. D., wahrscheinlich Frühjahr 1943, in: The National Archives Kew (TNA), FO 371/34458, S. 1–6, hier S. 4.

111 Vortrag des RA. Dr. Franz Reisert, Augsburg, über das Thema: Bayern im Deutschen Widerstand und Franz Sperr. Gehalten am Sonntag, den 27.1.1952 im Restaurant Holzmüller in München (Manuskript), S. 1–20, hier S. 15, Nachlass Franz Reisert (Privatbesitz).

über einer ungenügend vorbereiteten Aktion. Hamm riet Sperr, nach Bamberg zu fahren, „um einmal zu hören, was Stauffenberg will. Dies verpflichte ja zu nichts."[112] Zu sehr befürchtete man offenbar, dass ein Umsturz im Sommer 1944 nur eine neue „Dolchstoßlegende" nach sich ziehen könnte. Die Kritik am Zeitpunkt des geplanten Attentats ging mit jener an der angeblich mangelhaften Vorbereitung der Zeit „danach" einher. Entsprechend scheint sich Sperr gegenüber Stauffenberg Anfang Juni 1944 geäußert zu haben.[113]

Trotz der klaren Ablehnung des NS-Unrechtsstaates muss also eine Inflexibilität im Handeln konstatiert werden. Diese rührte nicht zuletzt aus der eigenen Sozialisation her. Obwohl man seit geraumer Zeit um die deutschen Gräueltaten im Osten wusste,[114] konnte man sich – wahrscheinlich bedingt durch das bürgerlich-liberale Verantwortungsbewusstsein für die bayerische Heimat – nicht zu einer unmittelbaren Beteiligung am Attentat vom 20. Juli 1944 entschließen. Ein deutlicher Unterschied gegenüber den konspirativen Gesprächspartnern Goerdeler, Moltke und Stauffenberg ist an dieser Stelle zu vermerken. Die ehemaligen liberalen Reichsminister Eduard Hamm und Otto Geßler wollten durch ihren Widerstand, der sich in erster Linie auf die Schaffung einer „Auffangorganisation" konzentrierte, ein mögliches Chaos in Bayern verhindern, nahmen damit jedoch zugleich eine Fortsetzung der NS-Verbrechen in Kauf.

Trotz dieser Einstellung wurde Otto Geßler – offenbar ohne sein Wissen – auf einer Liste der Verschwörer als Politischer Beauftragter für den Wehrkreis VII (also Bayern) vermerkt.[115] Seine Verhaftung erfolgte unmittelbar nach dem gescheiterten Attentat. Auch Eduard Hamm, Franz Sperr und mehrere weitere Mitglieder des „Sperr-Kreises" gerieten in die Fänge der Gestapo. Während Sperr von Roland Freisler aufgrund seines Treffens mit Stauffenberg zum Tode verurteilt und hingerichtet wurde, wählte Hamm vermutlich unmittelbar im Anschluss an ein Gestapo-Verhör den Freitod. Zuvor hatte er noch grundsätzlich die nationalsozialistischen Rechtsauffassungen seit 1933 kritisiert.[116] Geßler wurde in Gefangenschaft schwer gefoltert, überlebte aber das Kriegsende.

---

112 Vgl. Jacobsen, „Spiegelbild einer Verschwörung", S. 390.
113 Vgl. vor allem Ludwig Berz: Auf- und Ausbau des Widerstandes (Manuskript, o. D.), S. 1–17, S. 16, in: Universitätsarchiv Erlangen (UAE), G 1/7 Nr. 1 [NL Ernst Meier]; Erwin Hardtwig: Nachtrag zur Lebensskizze von Eduard Hamm, Manuskript, o. D., in: BayHStA, Nachlass Eduard Hamm, 110.
114 Vgl. Gertrud Hardtwig-Hamm: Aus der privaten Lebenssphäre von Eduard Hamm, Frühjahr 1947, in: BayHStA, Nachlass Eduard Hamm, 110.
115 Vgl. Jacobsen, „Spiegelbild einer Verschwörung", S. 78.
116 Vgl. ebd., S. 390.

Der Widerstandskreis war seiner Spitze beraubt. Wenn sich auch einzelne Mitglieder an der so genannten „Freiheitsaktion Bayern" im April 1945 beteiligten, blieb die überwiegende Mehrheit bis Kriegsende im Verborgenen. Die nicht zuletzt von Hamm und Geßler angestellten und auf liberalem und föderalem Gedankengut basierenden inhaltlichen und personellen Vorbereitungen für die Zeit „danach" sollten dadurch das Jahr 1945 überdauern. Denn zumindest die Vertrauensleute des „Sperr-Kreises" sollten Positionen im bayerischen Staat, in seiner Verwaltung, der Wirtschaft und Justiz erlangen und damit zum rechtsstaatlichen Wiederaufbau Bayerns beitragen.

5. Fazit

Die ambivalente Beziehungsgeschichte zwischen Liberalismus und Nationalsozialismus manifestiert sich auch in den Biographien von Eduard Hamm und Otto Geßler. Die Einflüsse des politischen Liberalismus, der Freiheits- und Rechtsstaatsgedanke, aber auch föderale und monarchistische Ordnungsvorstellungen bestimmten ihr politisches Leben und sollten ihren Widerstand gegen den Nationalsozialismus entscheidend prägen.

Politisch sozialisiert im Liberalismus des Königreichs Bayern und als langjährige Anhänger Friedrich Naumanns hatten Hamm und Geßler in der Weimarer Republik hohe politische Ämter bekleidet und die Geschicke des Reiches maßgeblich mitgeprägt. Nach 1933 gerieten sie politisch ins Abseits, entschlossen sich jedoch, der politischen Entwicklung nicht tatenlos zuzusehen und sich dem Widerstand zuzuwenden. Der eigene Wunsch nach einem starken Führer, der zu Beginn der 1930er Jahre im bürgerlich-liberalen Lager weit verbreitet war, brachte Geßler und Hamm im „Dritten Reich" – im Gegensatz zu vielen ihrer Landsleute – nicht ins Wanken. Aus ihrer Sicht durften Freiheit und Rechtsstaatlichkeit nicht der Politik eines Führers zum Opfer fallen, der statt der Überwindung der Staatskrise die Überwindung der Verfassung im Sinn hatte und somit nicht eine zeitweise, „verfassungsmäßige", sondern eine dauerhafte, totalitäre Diktatur aufzubauen gedachte. Ihr liberaler Wertekompass und ihre individuelle Charakterstärke führten, obwohl beide – Geßler deutlicher als Hamm – gegen Ende der 1920er Jahre auch nationalkonservativen Ordnungsmustern folgten, nicht zu einer Unterstützung, sondern zu einer grundsätzlichen Ablehnung des NS-Regimes.

Durch die Fortsetzung bürgerlich-liberaler Gesprächskreise war es ihnen möglich, das NS-Informationsmonopol zu durchbrechen. Gleichzeitig nutzten sie diese Runden, um mögliche Vertrauensleute für den Widerstandskreis zu gewinnen. Während sie die NS-Innenpolitik von Beginn an als unrechtsstaatlich ablehnten, lag in ihren Augen im Hinblick auf Hitlers Außenpolitik bis 1939 eine Zielidentität mit der „Mitteleuropa"-Idee Friedrich Naumanns vor. Dies erschwerte es Hamm und Geßler, die eigentlichen außenpolitischen Ziele des NS-Regimes frühzeitig zu erkennen. Beide ließen sich allerdings nur vorübergehend von dieser Parallelität blenden und sollten mit Beginn des Krieges ihren Widerstand gegen Hitler durch die Ausweitung des konspirativen Netzwerks sogar noch intensivieren.

Eduard Hamm und Otto Geßler waren ganz im bürgerlich-liberalen Sinne bereit, Verantwortung für Bayern und das Reich zu übernehmen. Der gemeinsame Erfahrungshorizont war das ausschlaggebende Motiv und gab sogleich die Richtung ihres Widerstandes vor. Ein Machtvakuum wie 1918/19 durfte nach einem erfolgten Zusammenbruch des „Dritten Reiches" nicht erneut entstehen. Daher liefen alle Aktivitäten des bürgerlichen „Sperr-Kreises", in dem sie eine führende Rolle spielten, auf die Errichtung einer „Auffangorganisation" hinaus, die im Falle eines Regierungswechsels in Berlin in Bayern zur Stelle sein sollte. Dies grenzte den Kreis von anderen Widerstandsgruppen ab, die einen möglichen Umsturz aktiv vorantrieben. Zu einer nachhaltigen Unterstützung der Attentatspläne vom 20. Juli 1944 zeigten sich Geßler und Hamm deshalb nicht bereit. Zu unklar und unvorbereitet erschienen ihnen die unterschiedlichen Vorstellungen für die Zeit nach einem erfolgreichen Staatsstreich. Auf ein Vabanquespiel wollte man sich nicht einlassen.

Eduard Hamm und Otto Geßler hatten seit jeher als Liberale Verantwortung für Deutschland und ihre Heimat Bayern übernommen. Dies galt für die Jahre der Wittelsbacher Monarchie ebenso wie für die Zeit der Weimarer Republik. Aus dieser Verantwortung heraus leisteten sie auch nach 1933 Widerstand gegen den Nationalsozialismus.

IRIS NACHUM

Sudetendeutsche Zweckbündnisse

Interaktionsmuster zwischen Liberalen und Nationalsozialisten bzw.
der Henleinpartei in der Tschechoslowakei der Zwischenkriegszeit[*]

D er plötzliche Tod von Ludwig Spiegel, der die liberale Deutschdemokratische Freiheitspartei (DDFP) im tschechoslowakischen Senat vertrat, löste
im August 1926 eine Flut an Beileidsbekundungen aus.[1] Sogar der Staatspräsident der Tschechoslowakei, Tomáš Garrigue Masaryk, kondolierte in einem
Telegramm an die Leitung der Deutschen Universität Prag, an welcher der
Staats- und Verwaltungsrechtler Spiegel als Dekan der juristischen Fakultät
gewirkt hatte.[2] Auch die vielen Trauernden, die sich bei der Beerdigung am
Straschnitzer jüdischen Friedhof in Prag einfanden, bezeugten das hohe Ansehen, das der im 62. Lebensjahr Verstorbene in der sudetendeutschen und in
der tschechischen Öffentlichkeit genoss. Selbst die Deutsche Nationalsozialistische Arbeiterpartei (DNSAP) ließ es sich nicht nehmen, in einem Schreiben
an die DDFP ihre „herzliche Teilnahme" auszudrücken: „Wir haben Herrn

---

[*]   Der vorliegende Beitrag basiert teilweise auf Forschungsergebnissen, die im Rahmen des
vom Europäischen Forschungsrat (ERC) geförderten Projekts „JudgingHistories. Experience,
Judgement, and Representation of World War II in an Age of Globalization", FP7/2007–
2013/ERC Grant Agreement No. 340124, PI: Prof. Dan Diner, erarbeitet wurden.
1   Vgl. Spiegel, Käthe, in: Wiener Library, Tel Aviv University. WI WARC, 001543977, Do-
cuments Section, 0521. Zur DDFP vgl. Jaroslav Šebek: Politické strany německé menšiny
[Politische Parteien der deutschen Minderheit], in: Jiří Malíř / Pavel Marek (Hg.): Politické
strany. Vývoj politických stran a hnutí v českých zemích a Československu 1861–2004, Bd. 1:
Období 1861–1938 [Politische Parteien. Die Entwicklung der politischen Parteien und Bewegungen in den böhmischen Ländern und in der Tschechoslowakei 1861–2004, Bd. 1: Die
Periode 1861–1938], Brno 2005, S. 861–891, hier S. 887–889; Jörg Osterloh: Nationalsozialistische Judenverfolgung im Reichsgau Sudetenland 1938–1945, München 2006, S. 104.
2   Beileidskundgebung des Präsidenten Masaryk, in: Deutsche Zeitung Bohemia (im Folgenden: Bohemia), 21.8.1926.

Prof. Dr. Spiegel als mutigen Gelehrten, welcher dem deutschen Volke, zu dem er sich aufrichtig bekannte, gern das Rüstzeug seiner wissenschaftlichen Gelehrsamkeit lieh, und als entgegenkommenden parlamentarischen Kollegen stets geschätzt und widmen ihm ein gutes Gedenken."[3]

Rückblickend mag es verwundern, dass ausgerechnet sudetendeutsche Nationalsozialisten huldigende und wertschätzende Worte – wenn auch post mortem – über einen liberalen Volksvertreter fanden, der zudem jüdischer Herkunft war. Die Würdigung ist indes auf zwei wesentliche Gründe zurückzuführen. Erstens standen noch Mitte der 1920er Jahre vergleichsweise gemäßigte Exponenten mit an der Spitze der DNSAP. Wie im vorliegenden Beitrag zu zeigen sein wird, war diese personelle Konstellation eine Voraussetzung dafür, dass sich unmittelbar nach dem Ersten Weltkrieg eine besondere Dynamik zwischen der DNSAP und der DDFP entwickeln konnte. Denn auch wenn die nationalsozialistischen und die liberalen Protagonisten diametral entgegengesetzte Sichtweisen – auch und vor allem in der sogenannten Judenfrage – vertraten, verfolgten sie zeitweise gemeinsame Interessen, machten doch beide Parteien für die sudetendeutsche Minderheit in der Tschechoslowakei der Zwischenkriegszeit Politik. Zweitens, und hiermit verbunden, hatten beide Parteien ihre ideologischen und personellen Wurzeln im deutsch-tschechischen Nationalitätenkonflikt der Habsburgermonarchie. Während sich die DDFP als Nachfolgerin der am 29. Juni 1896 in Prag gegründeten elitären Deutschen Fortschrittspartei (DFP) und somit als Verwalterin des deutschliberalen Erbes des alten Österreichs positionierte,[4] ging die DNSAP aus der am 15. November 1903 im nordböhmischen Aussig (Ústí nad Labem) von Fabrikarbeitern und Handwerkern ins Leben gerufenen Deutschen Arbeiterpartei in Österreich (DAP) hervor.[5] Wie im Folgenden dargelegt werden soll, ist um die Jahrhundertwende dann jenes Hand-

---

3 Beileidskundgebungen der deutschen Partei, in: ebd. Zur DNSAP vgl. Andreas Luh: Die Deutsche Nationalsozialistische Arbeiterpartei im Sudetenland. Völkische Arbeiterpartei und faschistische Bewegung, in: Bohemia. Zeitschrift für Geschichte und Kultur der böhmischen Länder (im Folgenden: BohZ) 32 (1991), S. 23–38; Ronald M. Smelser: Hitler and the DNSAP. Between Democracy and Gleichschaltung, in: BohZ 20 (1979), S. 137–155.
4 Zur DFP vgl. Lothar Höbelt: Kornblume und Kaiseradler. Die deutschfreiheitlichen Parteien Altösterreichs 1882–1918, Wien 1993, insb. S. 120–124.
5 Die Reichskonferenz der deutschen Arbeiterschaft Österreichs, in: Znaimer Wochenblatt, 28.11.1903. Zur DAP vgl. Andrew G. Whiteside: Nationaler Sozialismus in Österreich vor 1918, in: Vierteljahrshefte für Zeitgeschichte 4 (1961), S. 333–359; Michael Wladika: Hitlers Vätergeneration. Die Ursprünge des Nationalsozialismus in der k. u. k. Monarchie, Wien 2005, insb. S. 516–576.

lungsmuster entstanden, das die Interaktionen zwischen der DDFP und der DNSAP nach der Gründung der Tschechoslowakei ermöglichen sollte.

Im Zentrum des vorliegenden Beitrags steht also die Frage nach der Beziehung zwischen der DDFP und den sudetendeutschen Nationalsozialisten in der Ersten Tschechoslowakischen Republik (1918–1938). Um dieses Verhältnis besser zu verstehen, wird im ersten Teil des Beitrags die Gründungsgeschichte der deutschliberalen sowie jener der nationalsozialistischen Vorläuferpartei in der Habsburgermonarchie erörtert. Der Gegenstand des zweiten Teils sind die Interaktionsprozesse zwischen der DDFP und der DNSAP seit dem Ende des Ersten Weltkriegs. In diesem Teil werden die Entwicklungsgeschichten der beiden Parteien skizziert, die zwischenparteilichen Kontaktzonen analysiert sowie der Frage nachgegangen, welche Argumente die Parteien ins Feld führten, um ihre Anhänger von der Legitimität dieser Interaktionen zu überzeugen.

Um einem Parteiverbot durch den tschechoslowakischen Staat zuvorzukommen, löste sich die DNSAP im Herbst 1933 selbst auf. Im weiteren Verlauf fanden viele ehemalige DNSAP-Mitglieder in der von Konrad Henlein kurz davor gegründeten Sudetendeutschen Heimatfront (SHF, seit 1935 Sudetendeutsche Partei, SdP) eine neue politische Heimat, was dazu führte, dass sich die SHF/SdP mit dem Vorwurf konfrontiert sah, eine nationalsozialistische Ersatzorganisation zu sein.[6] Das offizielle Bekenntnis der Henleinpartei zum Nationalsozialismus erfolgte im April 1938. Aus diesem Grund behandelt der letzte Teil des Artikels die Kontakte zwischen der DDFP und der SHF/SdP.

1. Zum deutschfreiheitlichen Vermächtnis in der Spätphase der Habsburgermonarchie

Sowohl die DFP als auch die DAP entstammten dem breiten deutschfreiheitlichen Spektrum der altösterreichischen Parteienszenerie. Seit 1867 hatten die sich als das eigentliche Staatsvolk der multinationalen Habsburgermonarchie definierenden Deutschfreiheitlichen die Mandatsmehrheit im österreichischen Reichsrat besessen. Konnten sie zunächst die reaktionären Kräfte des Feudalismus, Absolutismus und Klerikalismus mit vereinten Kräften zurückdrängen, zerfielen sie nach ihrer herben Wahlniederlage von 1879 in mehrere

---

6   Zur SHF/SdP vgl. Osterloh, Judenverfolgung, S. 80–100.

deutschliberale und deutschnationale Gruppierungen, aus denen später die DFP (1896) und die DAP (1903) hervorgingen.[7]

Das Verhältnis der liberalen und der nationalen Strömungen zueinander ist bis heute in der Historiografie umstritten. Aus sozialpolitischer Sichtweise ist der elitäre deutschösterreichische Liberalismus mit seinem hartnäckigen Festhalten an der angeblichen Überlegenheit der deutschen Kultur zur Jahrhundertwende im Deutschnationalismus aufgegangen.[8] Peter Pulzer sprach sogar vom „Versagen des Liberalismus" in Österreich. Die Liberalen hätten den neuen Kräften, dem antisemitischen Deutschnationalismus, der antisemitischen katholischen Sozialreform sowie der Sozialdemokratie – die Köpfe dieser Massenbewegungen hatten ursprünglich dem liberalen Lager angehört – das politische Feld überlassen. Schon vor dem Ausbruch des Ersten Weltkriegs sei daher in Österreich „fast nichts mehr vom Liberalismus übriggeblieben".[9]

Pieter Judson entwickelte eine andere historiografische Perspektive.[10] Der These von der missglückten bürgerlich-liberalen Revolution in Österreich trat er mit dem Argument entgegen, dass angesichts der Festschreibung einer Verfassung, der Verankerung des Rechtsstaates, der Säkularisierung des Schulwesens und der Anerkennung der Grundrechte die Revolution von 1848 nur streckenweise als gescheitert und die liberale Herrschaft der 1860er und 1870er Jahre sogar als besonders gelungen anzusehen sei. Auch habe der Liberalismus in den 1880er Jahren keineswegs vor den drei neuen Massenparteien kapituliert, sondern habe im Gegenteil auf regionaler und lokaler Ebene (insbesondere in den böhmischen Ländern, das heißt in Böhmen, Mähren und Österreich-Schlesien) überraschend effektiv auf die neuen Herausforderungen reagiert. Denn anstatt sich weiterhin des universalen liberalen Diskurses (Stichwort: die Gleichheit vor dem Recht) zu bedienen, hätten sich die deutschliberalen Funktionäre die partikularistische Rhetorik – allerdings

---

7   Zur Geschichte der Deutschfreiheitlichen in der späten Habsburgermonarchie vgl. Jonathan Kwan: Liberalism and the Habsburg Monarchy, 1861–1895, New York 2013.
8   Die folgende historiografische Analyse der Beziehungsgeschichte zwischen dem Deutschnationalismus und dem Deutschliberalismus in der Habsburgermonarchie basiert auf Ernst Hanisch / Peter Urbanitsch: Die Prägung der politischen Öffentlichkeit durch die politischen Strömungen, in: Helmut Rumpler / Peter Urbanitsch (Hg.): Die Habsburgermonarchie 1848–1918, Bd. 8.1: Politische Öffentlichkeit und Zivilgesellschaft. Vereine, Parteien und Interessenverbände als Träger der politischen Partizipation, Wien 2006, S. 15–111, insb. S. 35 f.
9   Peter G. J. Pulzer: Die Entstehung des politischen Antisemitismus in Deutschland und Österreich 1867–1914, Göttingen 2004, S. 172.
10   Pieter M. Judson: Exclusive Revolutionaries. Liberal Politics, Social Experience, and National Identity in the Austrian Empire, 1848–1914, Ann Arbor 1996; vgl. die Zusammenfassung von Judsons Werk in Hanisch/Urbanitsch, Prägung, S. 36 f.

nicht unbedingt auch das rassenantisemitische Element – der Deutschnationalen angeeignet.[11] Die Deutschliberalen hätten sich fortan weniger als Staatsvolk, sondern als bürgerliche Interessengemeinschaft wahrgenommen und hätten so – alternativ zum rassischen Volksbegriff der Deutschnationalen und zum Klassenbewusstsein der Sozialdemokraten – die Vision einer deutschen „Volksgemeinschaft" propagiert, wonach als „Deutscher" galt, wer in Abgrenzung zu anderen Nationalitäten ein subjektives Bekenntnis (beispielsweise in Volkszählungen) zum Deutschtum ablegte.[12] Mittels der deutschnationalen (sprich: antitschechischen) Argumentationsmuster sei es dem deutschen Liberalismus – vor allem in seinen Hochburgen in Böhmen und Mähren – gelungen, einige neue Wähler, insbesondere aus dem Kleinbürgertum, anzusprechen und somit das liberale Erbe von 1848 und den 1860er/1870er Jahren bis ins 20. Jahrhundert hinein zu erhalten. Der Liberalismus sei also keineswegs vom Deutschnationalismus in die Knie gezwungen worden, sondern habe die nationale Rhetorik zum Zweck des politischen Überlebens für sich zu instrumentalisieren gewusst.[13]

Die DFP kann als Beleg für Judsons These herangezogen werden, schließlich unterschied sich ihre nationalpolitische Diskursstrategie – zuweilen mit Ausnahme des Rassenantisemitismus – kaum von jener der Deutschnationalen. So deklarierte sich die DFP auf ihrer Gründungsfeier zwar als „Partei der Freiheit und des wirtschaftlichen Fortschritts, des Deuschthums und der Verfassung". Gleichzeitig rief sie das „deutsche Volke in Böhmen" dazu auf, „mit gesteigerter Kraft und der höchsten nationalen Empfindlichkeit für die Vertheidigung des deutschen Bodens" einzustehen. Es gehe um die „rücksichtslose Vertheidigung der Interessen des deutschen Volkes. Das deutsche Volk und nur dieses allein ist berufen, in Österreich die führende Stellung einzunehmen".[14] Unentwegt predigten die Deutschliberalen in Böhmen und Mähren das Mantra, dass nur eine gesamtdeutsche „Einheitsfront", also der Zusammenschluss aller deutschen Kräfte und Parteien, dem politischen und wirtschaftlichen Aufstieg der Tschechen Einhalt gebieten könne. Infolgedessen etablierte sich die DFP als Speerspitze im Nationalitätenkampf gegen die Tschechen. Die Partei „ging durch die harte Schule des Nationalismus […],

---

11 Judson, Revolutionaries, S. 3 f, 9–11, 193.
12 Zum liberalen Volkstumsbegriff vgl. Markus Llanque: Der Weimarer Linksliberalismus und das Problem politischer Verbindlichkeit. Volksgemeinschaft, demokratische Nation und Staatsgesinnung bei Theodor Heuss, Hugo Preuß und Friedrich Meinecke, in: Anselm Doering-Manteuffel / Jörn Leonhard (Hg.): Liberalismus im 20. Jahrhundert, Stuttgart 2015, S. 157–181.
13 Judson, Revolutionaries, S. 201, 270.
14 Die deutsche Vertrauensmännerversammlung in Prag, in: Prager Tagblatt, 30.6.1896.

zu dessen schärfsten Vorkämpfern sie bald zählte", brachte es der Journalist Paul Kisch (1883–1944) auf den Punkt.[15] Allerdings agierte die vornehmlich aus städtischen Groß- und Bildungsbürgern, insbesondere aus Industriellen, Professoren, Rechtsanwälten und Journalisten bestehende Partei als „Generalstab ohne Armee".[16] Die Massen konnte sie landesweit nicht mobilisieren. Dennoch gelang es ihr, in den böhmischen Ländern dank der antitschechischen Rhetorik ihre Position als größte deutsche Partei zu wahren.[17]

Ähnlich verhielt es sich mit der DAP, die sich ebenfalls auf die Freiheitlichkeit berief.[18] Im Parteiprogramm hieß es: „Wir sind eine freiheitliche nationale Partei, welche mit aller Schärfe die reaktionären Bestrebungen, die feudalen, klerikalen und kapitalistischen Vorrechte sowie jeden fremdvölkischen Einfluß bekämpft."[19] Auf ihrem im August 1904 im nordböhmischen Trautenau (Trutnov) einberufenen ersten Parteitag bekannte sich die DAP zum „Volkstumskampf" und stilisierte dabei die ins deutschböhmische Industriegebiet eingewanderten tschechischen Arbeiter zum Feindbild schlechthin. Unter dem Motto „national und sozial"[20] positionierte sich die Partei als völkische und zugleich proletarische Alternative zu den radikaldemokratischen Alldeutschen und zur Sozialdemokratie. Folglich setzte sich das DAP-Programm aus einem widersprüchlichen Sammelsurium von antimarxistischen und antikapitalistischen Elementen zusammen.[21]

Viele der leitenden DAP-Funktionäre sollten auch in der späteren DNSAP wichtige Ämter besetzten. Zu nennen ist hier insbesondere der aus einer mährischen Weberfamilie stammende Hans Knirsch (1877–1933), der sowohl zu den Gründungsvätern der DAP als auch der DNSAP gehörte und von 1919 bis 1926 als Vorsitzender der letztgenannten Partei amtierte.[22] Obwohl die

---

15 P[aul] K[isch]: Deutsche Einheitsparteien. Ein Beitrag zur österreichischen Parlamentsgeschichte, in: Bohemia, 11.6.1916.

16 Lothar Höbelt: Die Deutschfreiheitlichen Österreichs, in: Dieter Langewiesche (Hg.): Liberalismus im 19. Jahrhundert. Deutschland im europäischen Vergleich, Göttingen 1988, S. 161–171, hier S. 166.

17 Vgl. Karl Richter: Statistische Übersichten zur Entwicklung der böhmischen Länder und ihre Bedeutung in Zisleithanien 1848–1914, in: Karl Bosl (Hg.): Handbuch der Geschichte der böhmischen Länder, Bd. 3: Die böhmischen Länder im Habsburgerreich 1848–1919. Bürgerlicher Nationalismus und Ausbildung einer Industriegesellschaft, Stuttgart 1968, S. 448–463, hier S. 460–463 (Tabellen A–D).

18 Vgl. Erster Parteitag der deutschen Arbeiterpartei in Oesterreich, in: Deutsches Südmährerblatt, 26.8.1904.

19 Zit. nach Whiteside, Sozialismus, S. 334.

20 Wladika, Vätergeneration, S. 525.

21 Whiteside, Sozialismus, S. 354.

22 Zu Hans Knirsch vgl. ebd., S. 335 f.

DAP stets eine kleine parlamentarische Partei blieb, konnte sie seit dem Jahr 1910 vor allem in den nordböhmischen Industriestädten beachtliche Wahlerfolge erzielen.[23] Seit dieser Zeit bezeichneten sich die DAP-Mitglieder untereinander als „Nationalsozialisten".[24] Gegen Ende des Ersten Weltkrieges, auf dem Wiener Parteitag im Mai 1918, erfolgte die Umbenennung der DAP in Deutsche Nationalsozialistische Arbeiterpartei (DNSAP) –,[25] ein Vorgang, der quasi einer Neugründung der Partei gleichkam.[26]

In Bezug auf den Antisemitismus unterschied sich die DAP in einem ganz wesentlichen Punkt von der DFP. Kam ihm in der DAP anfangs noch eine untergeordnete Rolle zu, fungierte er im überarbeiteten Parteiprogramm von 1913 bereits als elementarer Bestandteil der Parteiideologie.[27] Hingegen hatte die DFP schon auf ihrem Gründungsparteitag im Jahr 1896 festgelegt, dass sie den Antisemitismus aus Prinzip nicht akzeptiere: „Nun und nimmer kann es zugegeben werden, daß die Gleichheit aller Staatsbürger und Confessionen, sei es vor dem Gesetze, sei es in der Ausübung desselben, in irgend einer Weise beeinträchtigt werde. Es ist mit den Grundsätzen der Freiheit und des Fortschrittes einfach unvereinbar, dies zu dulden."

Allerdings stellte die DFP auch klar, dass es „unmöglich" sei, den Kampf gegen den Judenhass als „eine Hauptaufgabe unsere Partei zu erblicken".[28] Noch in der Mitte des 19. Jahrhunderts hatten die Deutschliberalen die antijüdischen Vorurteile und Stereotype als reaktionäres, irrationales und religiöses Überbleibsel aus der Vormoderne bekämpft und die Hoffnung gehegt, dass sich der Antisemitismus durch eine aufklärende Bildung und eine rationale Argumentation aus der Welt schaffen lasse. Nachdem der Antisemitismus vor dem Fortschrittsoptimismus aber partout nicht weichen wollte und angesichts ihres landesweiten Machtverlustes überdachten die deutschliberalen Exponenten ihre Einstellung zum Antisemitismus und tolerierten ihn bereits um die Jahrhundertwende als eine politische Meinung wie jede andere.[29] Die Politik der Deutschliberalen sei seit den 1880er Jahren „eine Kette peinlicher

---

23 Ebd., S. 344.

24 Wladika, Vätergeneration, S. 577.

25 Die „deutsche nationalsozialistische Arbeiterpartei", in: Reichspost (Wien), 7.5.1918.

26 Wladika, Vätergeneration, S. 579.

27 Ebd., S. 529, 570.

28 Die deutsche Vertrauensmännerversammlung in Prag, in: Prager Tagblatt, 30.6.1896.

29 Judson, Revolutionaries, S. 227, 260; vgl. Peter G. J. Pulzer: The Austrian Liberals and the Jewish Question, 1867–1914, in: Journal of Central European Affairs 23 (1963), S. 131–142.

Kapitulationen gegenüber dem Antisemitismus" gewesen, fasste Christoph Stölzl zusammen.[30]

Auch hier entwickelte Pieter Judson eine alternative Deutung. Aus seiner Sicht hätten die deutschliberalen Entscheidungsträger vor dem Antisemitismus nicht kapituliert, habe doch die Einführung des „Arierparagrafen" in die liberalen Parteistatuten nicht zur Diskussion gestanden. Dass der Judenhass von ihnen nicht mehr bekämpft, sondern quasi zur Privatsache erklärt worden war, habe allerdings die Voraussetzung dafür geschaffen, dass die Deutschliberalen nunmehr bereit waren, zum Zweck ihres Machterhalts politische Kompromisse mit den Antisemiten einzugehen.[31]

Und so schloss sich die DFP im Februar 1910 mit anderen deutschfreiheitlichen Parteien, die alle mehr oder weniger antisemitisch eingestellt waren, zum Deutschen Nationalverband zusammen.[32] Diesem unter der Führung des deutschliberalen Reichsratsabgeordneten Gustav Groß (1856–1935) wirkenden parlamentarischen Parteienbündnis gehörte auch die DAP an.[33] Auf Betreiben der DFP wurde der „Arierparagraf" in die Organisationsstatuten zwar nicht aufgenommen, der Antisemitismus im Verband war dennoch virulent, was von den Deutschliberalen passiv zur Kenntnis genommen wurde.[34] Die in Wien erscheinende zionistische „Jüdische Zeitung" stellte fest: „Ein mächtiger Gegner der österreichischen Juden ist der deutsche Nationalverband".[35]

Das auch später in der Tschechoslowakei der Zwischenkriegszeit praktizierte liberale Handlungsschema – gegen den „Arierparagrafen" in den eigenen Reihen einzutreten, aber sonst aus realpolitischen Gründen mit den Antisemiten zu „packeln" – führte zum Bruch vieler deutschgesinnter Juden mit den Deutschliberalen. In der Revolutionszeit von 1848 und in den vier Jahrzehnten danach waren die Juden in den böhmischen Ländern und in Wien überwiegend liberal, also pro-deutsch eingestellt. Immerhin hatte das Judentum in Österreich dem deutschen Liberalismus seine völlige Emanzipation zu verdanken. Angesichts der liberalen Permissivität gegenüber dem Antisemitismus wandten sich seit den 1890er Jahren zahlreiche Juden dem

---

30 Christoph Stölzl: Kafkas böses Böhmen. Zur Sozialgeschichte eines Prager Juden, München 1975, S. 56.

31 Vgl. Judson, Revolutionaries, S. 260.

32 Die Gründung des Deutschen Nationalverbandes, in: Prager Tagblatt, 27.2.1910.

33 Abgeordnete Knirsch über Tagesfragen, in: Prager Tagblatt, 22.4.1912.

34 Vgl. Steven Beller: Germans and Jews as Central European and „Mitteleuropäisch" Elites, in: Peter Stirk (Hg.): Mitteleuropa. History and Prospects, Edinburgh 1994, S. 61–85, hier S. 72.

35 Gesinnungsgenosse!, in: Jüdische Zeitung. National-Jüdisches Organ, 28.4.1911.

Zionismus, aber vor allem der deutschen Sozialdemokratie zu.[36] In den böhmischen Ländern erfolgte insbesondere unter den Juden aus der Unterschicht eine Neuorientierung hin zur tschechischen Nation.[37] Und dennoch, einige bildungs- und großbürgerliche Juden blieben vor und nach 1918 treue Deutschliberale,[38] so dass die Prager Sektion der schrumpfenden DFP bereits vor dem Ausbruch des Ersten Weltkriegs „fast ganz" aus Personen jüdischer Herkunft bestand.[39]

Nachdem der geschäftsführende DFP-Vorsitz im Jahr 1916 an den dynamischen Rechtsprofessor Bruno Kafka (1881–1931) übertragen worden war, erlebte die Partei eine gewisse Renaissance.[40] Der seit 1919 als Mitbesitzer der in Prag erscheinenden auflagenstarken „Deutschen Zeitung Bohemia" und später als Dekan (1923/24 und 1928/29) der juristischen Fakultät der Deutschen Universität Prag wirkende Kafka war es auch, der nach der Gründung der Tschechoslowakei die Deutschliberalen – bzw. das, was von ihnen übriggeblieben war – in der Deutschdemokratischen Freiheitspartei (DDFP) vereinte. Obwohl im Jahr 1922 als geschäftsführendes DDFP-Vorstandsmitglied abgelöst, blieb Kafka bis zu seinem Tod der unangefochtene „Star der Liberalen".[41] Der gebürtige Prager – er war ein Cousin zweiten Grades des Schriftstellers Franz Kafka – hatte am 24. September 1904 dem Prager Magistrat seinen Austritt aus der Israelitischen Kultusgemeinde und seinen Eintritt in die katholische Kirche bekannt gegeben.[42]

Zusammenfassend kann festgehalten werden, dass ungeachtet der weltanschaulichen Divergenzen – hier die proletarisch geprägte und rassenantisemitische DAP, dort die großbürgerlich orientierte und den „Arierparagrafen" ablehnende DFP – sich beide Parteien dem freiheitlichen, sprich: antiklerikalen

---

36 Steven Beller: Patriotism and the National Identity of Habsburg Jewry, 1860–1914, in: Leo Baeck Year Book 46 (1996), S. 215–238.

37 Kateřina Čapková: Czechs, Germans, Jews? National Identity and the Jews of Bohemia, New York 2012, S. 92–104.

38 Vgl. Hanisch/Urbanitsch, Prägung, S. 59.

39 Stölzl, Kafkas böses Böhmen, S. 81.

40 Verjüngende Organisation, in: Montagsblatt aus Böhmen, 20.5.1916; vgl. Norbert Linz: Der Bund der Landwirte in der Ersten Tschechoslowakischen Republik. Struktur und Politik einer deutschen Partei in der Aufbauphase, Wien 1982, S. 137.

41 So der ursprünglich der deutschen Sozialdemokratie angehörende, im Jahr 1938 der SdP beigetretene Historiker Emil Franzel in seinen Memoiren; Emil Franzel: Gegen den Wind der Zeit. Erinnerungen eines Unbequemen, München 1983, S. 196.

42 Schreiben des Magistrats der königlichen Hauptstadt Prag an die Israelitische Cultusgemeinde Repraesentanz Prag / Prager Oberrabbinat, 24.9.1904, Stempel Rabbinat: 5.10.1904, in: Archiv Židovského muzea v Praze [Archiv des jüdischen Museums in Prag], Fond 178: Židovská náboženská obec Praha [Jüdische Kultusgemeinde Prag], Sign. 128.403, S. 192 f.

und antimarxistischen Lager zugehörig sahen. Auch verfolgten beide eine gesamtösterreichische Politik, waren aber im Grunde genommen deutschböhmische Interessengruppen, die ihre Legitimation aus dem antitschechischen „Volkstumskampf" bezogen. Und nicht zuletzt: Beide Parteien hatten vor dem Ausbruch des Ersten Weltkriegs ein zweckorientiertes Handlungsmuster entwickelt, wonach sie zum Schutz deutscher Interessen bereit waren, im Rahmen von Parteienbündnissen miteinander zu kooperieren.

2. Deutschliberale-nationalsozialistische Zweckgemeinschaften

Die Errichtung der Tschechoslowakei am 28. Oktober 1918 und die Eingliederung des „Sudetenlandes", das heißt der mehrheitlich von der deutschen Bevölkerung besiedelten böhmischen, mährischen und sudetenschlesischen Randgebiete in das Staatsterritorium, trafen die DNSAP, die DFP sowie die anderen sudetendeutschen Parteien völlig unvorbereitet. Bis zur vollständigen Konsolidierung des deutschen Parteienwesens sollten noch Monate vergehen. Allein die deutschen Sozialdemokraten hatten ihre Handlungsfähigkeit nicht eingebüßt. Am 4. März 1919 riefen sie im Namen des „Selbstbestimmungsrechts" zu einem Generalstreik im Sudetengebiet auf, bei dem für den Verbleib der Randgebiete bei Österreich bzw. für ihren Anschluss an Deutschland demonstriert wurde. Die übrigen sudetendeutschen Parteien beteiligten sich an den Demonstrationen, denn der Gedanke, dass die über drei Millionen Sudetendeutschen nunmehr eine nationale Minderheit von 22,3 Prozent an der Gesamtbevölkerung der Tschechoslowakei stellen sollten und ihre in der Habsburgermonarchie genossenen Privilegien zu verlieren drohten, war für viele der Betroffenen nur schwer zu ertragen.[43]

Nachdem am 10. September 1919 der Friedensvertrag von St. Germain die Zuordnung der sudetendeutschen Gebiete zur Tschechoslowakei endgültig besiegelt hatte, hielten die deutschen Parteien ihre ersten Parteitage unter dem neuen tschechoslowakischen Regime ab. Schon bald begann sich die sudetendeutsche Parteienlandschaft in „Negativisten" und „Aktivisten" zu gliedern. Während das negativistische Lager eine Kooperation mit dem tschechoslowakischen Staat weiterhin prinzipiell ablehnte, setzte bei den aktivistischen Politikern ein Prozess des Umdenkens ein. Sie bejahten die tschechoslowakische Demokratie und zeigten sich bereit, unter gewissen Um-

---

43 Ladislav Lipscher: Die parteipolitische Struktur der Minderheiten und ihre staatsrechtlichen Vorstellungen zur Lösung der nationalen Frage in der Tschechoslowakei (1918–1930), in: BohZ 22 (1981), S. 342–380, hier S. 342.

ständen mit ihr zusammenzuarbeiten, um so die politische und soziale Lage der Sudetendeutschen zu verbessern.[44] Unter der Forderung nach dem Selbstbestimmungsrecht verstanden sie nunmehr die Errichtung einer territorialen oder zumindest kulturellen Autonomie der Sudetendeutschen auf tschechoslowakischem Boden.[45]

Nach dem Zusammenbruch der Habsburgermonarchie hatte sich die DNSAP in einen österreichischen und einen sudetendeutschen Ableger gespalten. Letzterer firmierte seit dem nationalsozialistischen Parteitag vom November 1919 in Dux (Duchov) unter dem Namen Deutsche Nationalsozialistische Arbeiterpartei der Tschechoslowakischen Republik.[46] Mit dem Zusatz „der Tschechoslowakischen Republik" distanzierte sich die Partei offiziell vom irredentistischen Anschluss-Gedanken. Dementsprechend verkündete Knirsch auf dem Parteitag, dass sich die DNSAP „auf den Boden des Staates" stelle.[47] Und so nahm die DNSAP an Gemeinde- und Parlamentswahlen teil und entsandte Vertreter ins Abgeordnetenhaus und in den Senat.

Gleichwohl handelte es sich bei der DNSAP um eine negativistische Partei. Dass sie lediglich ein Lippenbekenntnis zum Aktivismus und zum tschechoslowakischen Staat ablegte, um einem Parteiverbot wegen Irredentismus zu umgehen,[48] offenbarten ihre regelmäßigen Propagandaaktivitäten in der sudetendeutschen Provinz für den Anschluss des Sudetenlandes an Deutschland sowie ihre seit August 1920 bestehenden regen Kontakte zur Nationalsozialistischen Deutschen Arbeiterpartei (NSDAP) in München. Die gemeinsamen Veranstaltungen in Deutschland nutzen die DNSAP-Gastredner zur Verbreitung antiliberaler, großdeutscher und antisemitischer Inhalte.[49] In den folgenden Jahren stieg die Zahl der DNSAP-Mitglieder zwar kontinuierlich an, die Parteihochburgen blieben allerdings auf die nordböhmischen

---

44 Vgl. Osterloh, Judenverfolgung, S. 66. Dem aktivistischen Lager gehörten neben der DDFP die deutschen Sozialdemokraten, die Deutsche Christlichsoziale Volkspartei (DCSVP) sowie der Bund der Landwirte (BdL) an. Die DNSAP und die Deutsche Nationalpartei (DNP) zählten zum negativistischen Lager; vgl. Jörg Kracik: Die Politik des deutschen Aktivismus in der Tschechoslowakei 1920–1938, Frankfurt a. M. 1999.

45 Vgl. Lipscher, Struktur, S. 344–347.

46 Vgl. Verhandlungsschrift des Gesamtparteitages der Deutschen Nationalsozialistischen Arbeiterpartei der tschechoslowakischen Republik am 15. und 16. November 1919 in der Turnhalle zu Dux, Aussig 1919.

47 Die Stellung der deutschen nationalsozialistischen Arbeiterpartei zum tschechoslowakischen Staate, in: Bohemia, 18.11.1919.

48 Ronald M. Smelser: Das Sudetenproblem und das Dritte Reich 1933–1938. Von der Volkstumspolitik zur Nationalsozialistischen Außenpolitik, München 1980, S. 51.

49 Osterloh, Judenverfolgung, S. 70–73; Luh, Arbeiterpartei, S. 25.

Industriegebiete und einige Orte in Nordmähren und Schlesien beschränkt.[50] In Prag hatte die Partei bis Anfang der 1930er Jahre – außer unter den sudetendeutschen Studenten – kaum Anhänger.[51]

Trotz der ideologischen Nähe zur NSDAP behielt die DNSAP bis in die zweite Hälfte der 1920er Jahre ihre Eigenständigkeit, erhielt folglich von den reichsdeutschen Nationalsozialisten keine Direktiven und war zudem weitaus stärker als ihre Schwesterpartei proletarisch ausgerichtet.[52] Zudem zeigte sich die DNSAP bereit (wie schon die DAP zuvor), zur Durchsetzung ihrer Interessen mit anderen sudetendeutschen Gruppierungen Kooperationen einzugehen.[53] Dass die Partei zu dieser Zeit dann auch von verhältnismäßig gemäßigten Kräften gelenkt wurde, zeigt das Beispiel des DNSAP-Abgeordneten Josef Patzel (1876–1927), der zu den Gründungsvätern des Nationalsozialismus im alten Österreich gehört hatte. Der über gute Kontakte zu tschechischen Politikern verfügende Patzel soll sich im Jahr 1926 für einen Regierungsbeitritt der DNSAP eingesetzt haben.[54] In der antisemitischen Hetzkampagne gegen den jüdischen Professor der Deutschen Universität Prag, Samuel Steinherz, wetterte Patzel im Jahr 1922 gegen den „jüdischen Eroberungsgeist".[55] Nichtsdestoweniger war er der Unterzeichner des eingangs zitierten Beileidsschreibens für Ludwig Spiegel.[56]

Die sudetendeutschen Nationalsozialisten sahen sich zudem als die eigentlichen „Pioniere des Nationalsozialismus".[57] So hatte der DNSAP-Chefideologie und ehemalige Mitverfasser des DAP-Parteiprogramms, Rudolf Jung (1882–1945), bereits in seiner im Jahr 1919 publizierten Schrift *Der nationale Sozialismus* sechs Jahre vor der Veröffentlichung von Hitlers *Mein Kampf* die auf großdeutschen, rassenantisemitischen und völkischen Elementen basierende nationalsozialistische Weltanschauung konzipiert. „Der Nationalsozialismus ist in den Sudetenländern entstanden", ließ das „Prager Tagblatt" dementsprechend seine Leser kurz nach der DNSAP-Selbstauflösung

---

50 Linz, Bund, S. 134 f.
51 Vgl. Osterloh, Judenverfolgung, S. 103.
52 Smelser, Sudetenproblem, S. 48–50. Zum „sozialistischen Kurs" der norddeutschen NSDAP in den 1920er Jahren vgl. Armin Nolzen: Straßer, Gregor, in: Neue Deutsche Biographie 25 (2013), S. 478 f.
53 Smelser, Hitler, S. 146.
54 Mads Ole Balling: Von Reval bis Bukarest. Statistisch-Biographisches Handbuch der Parlamentarier der deutschen Minderheiten in Ostmittel- und Südosteuropa 1919–1945, Bd. 1, Kopenhagen 1991, S. 339; Luh, Arbeiterpartei, S. 26, Anm. 12.
55 Zit. nach Osterloh, Judenverfolgung, S. 113.
56 Beileidskundgebungen der deutschen Partei, in: Bohemia, 21.8.1926.
57 Smelser, Hitler, S. 146.

im Jahr 1933 wissen.[58] Jung hob in seiner Schrift hervor, dass die DNSAP eine „freiheitliche und streng völkische Partei" sei.[59] Mit dem Freiheitsbegriff verknüpfte er die Idee eines „deutschen Staates", in dem „jegliche Fremdherrschaft aller Arten abgestreift wird". Und weiter: „Nicht der römisch-jüdische Herrschafts-, sondern der germanische Führergedanke soll im deutschen Staate maßgebend sein. Dann wird auch in ihm echte republikanische Freiheit und nicht die heutige Schwindeldemokratie herrschen."[60] Jungs Freiheitsbegriff zielte auf eine antisemitische, antidemokratische und antiliberale Gesellschaftsordnung und widersprach daher grundsätzlich dem liberal-demokratischen Freiheitsverständnis der Deutschliberalen.

Die DDFP konstituierte sich dann auch im Herbst 1919 unter dem Motto „deutsch, demokratisch und frei"[61] und knüpfte somit nahtlos am national-liberalen Besitz- und Bildungs-Ethos der DFP des alten Österreichs an.[62] Mitunter wurde bei Parteiveranstaltungen die Chiffre 1848 angeführt, um so an die liberalen Werte des 19. Jahrhunderts anzuschließen. „Die 48er Revolution war eine Erhebung des deutschen Geistes, aber auch der Demokratie gleichzeitig", rief beispielsweise der ehemalige Reichsratsabgeordnete Ernst Viktor Zenker bei einer DDFP-Wählerversammlung dem Publikum in Erinnerung.[63] Im Parteigedächtnis habe sich „die große liberale Überlieferung" eingebrannt, urteilte demgemäß der reichsdeutsche Gesandte Samuel Saenger. Und weiter: „Das Parteiprogramm [der DDFP] mutet ganz alt und wie von einer seit 1848 stehen gebliebenen Uhr abgeschrieben an".[64]

---

58 Aufstieg und Ende der DNSAP, in: Prager Tagblatt, 5.10.1933.

59 Rudolf Jung: Der nationale Sozialismus. Seine Grundlagen, sein Werdegang und seine Ziele, München 1922, S. 80; zu Jung vgl. Eva Hahn: Über Rudolf Jung und vergessene sudetendeutsche Vorläufer und Mitstreiter Hitlers, in: Hans Henning Hahn (Hg.): Hundert Jahre sudetendeutsche Geschichte. Eine völkische Bewegung in drei Staaten, Frankfurt a. M. 2007, S. 91–143.

60 Jung, Sozialismus, S. 84 f.

61 Vgl. Deutsch, demokratisch und frei, in: Bohemia, 10.12.1919.

62 Die DDFP entstand am 28. September 1919 in Aussig aus dem Zusammenschluss der DFP-Böhmen mit der am 8. Dezember 1918 ebenfalls in Aussig gegründeten liberalen Deutschen Demokratischen Partei. Ende November 1919 trat der DDFP die DFP-Mähren bei; vgl. Linz, Bund, S. 140 f.

63 Nationalismus und Demokratie, in: Reichenberger Zeitung, 26.3.1920. Der „Freidenker" Zenker (1865–1946) bezeichnete sich in den 1930er Jahren als Antisemit und begrüßte den Nationalsozialismus. Zu Zenker vgl. John W. Boyer: Culture and Political Crisis in Vienna. Christian Socialism in Power, 1897–1918, Chicago 1995, S. 181–183, 185.

64 Saenger an Auswärtiges Amt, 18.7.1921, in: Deutsche Gesandtschaftsberichte aus Prag. Innenpolitik und Minderheitenprobleme in der Ersten Tschechoslowakischen Republik, Teil I:

Im DDFP-Gründungsmanifest vom September 1919 hieß es, dass zur „freisinnigen und demokratischen Weltanschauung" der Partei die Forderung nach „Aufklärung und Bildung" gehöre: „Jedem Tüchtigen, ob Mann, ob Frau, muß jeder Bildungsweg kostenlos offen stehen".[65] Darüber hinaus verteidigte die Partei das Prinzip des „Privateigentums" und setzte sich für die Stärkung der „Privatwirtschaft" ein, unterstützte allerdings auch „soziale Reformen" und bekämpfte dabei die „Auswüchse des Großkapitals".[66] Auf nationalpolitischer Ebene kämpfte die DDFP für den Umbau der Tschechoslowakei in einen die Selbstverwaltung der Deutschen anerkennenden Nationalitätenstaat.[67] Aus der Sicht der Liberalen konnte die Durchsetzung dieser Autonomie-Lösung nur auf dem Weg des Zusammenschlusses aller deutschen Parteien zu einem „Bollwerk (…) gegen jedwede nationale Bedrückung" realisiert werden.[68] Auch was den Topos der „Einheitsfront" betraf, griff die DDFP auf die alte DFP-Rhetorik zurück.

Bereits auf der DDFP-Gründungsversammlung am 9. Dezember 1919 in Pilsen (Plzeň) legten die Liberalen ein Bekenntnis zur „aktiven Politik" ab: Die Partei wolle in „nationaler, wirtschaftlicher, kultureller Beziehung" am Aufbau des Staates „mitarbeiten".[69] Obwohl die DDFP zu den Vorreitern des Aktivismus gehörte, bildete sich innerhalb der Gruppierung ein starker negativistischer Flügel um den späteren Parteiobmann Josef Jelinek (1864–1934)[70] und um den langjährigen Prager Stadtrat Josef Eckstein (1866–1936).[71] Auf der Pilsner Gründungsversammlung sprach sich die DDFP zudem eindeutig gegen den Antisemitismus aus.[72] Sie sollte die einzige etablierte deutschbürgerliche Partei in der Tschechoslowakei bleiben, die deutschbewusste Juden grundsätzlich willkommen hieß.[73] Noch stärker als vor 1918 traten liberale Funktionäre jüdischer Herkunft sowohl auf nationaler (Kafka, Spiegel und Franz Bacher) als auch auf kommunaler Ebene (beispielsweise Eckstein) als Gralshüter der deutschen Interessen auf. Von den insgesamt sechs DDFP-

---

Von der Staatsgründung bis zum ersten Kabinett Beneš 1918–1921, München 2003, S. 480 (Dokument 202).

65 Deutsch-demokratische Freiheitspartei, in: Bohemia, 1.10.1919.

66 Von der Deutsch-demokratischen Freiheitspartei, in: Reichenberger Zeitung, 10.4.1920.

67 Vgl. Šebek, Politické strany, S. 887f; Lipscher, Struktur, S. 346f.

68 Deutsch-demokratische Freiheitspartei, in: Bohemia, 1.10.1919.

69 Deutsch, demokratisch und frei, in: Bohemia, 10.12.1919.

70 Kracik, Politik, S. 123.

71 Ines Koeltzsch: Geteilte Kulturen. Eine Geschichte der tschechisch-jüdisch-deutschen Beziehungen in Prag (1918–1938), München 2012, S. 109.

72 Deutsch, demokratisch und frei, in: Bohemia, 10.12.1919.

73 Osterloh, Judenverfolgung, S. 104.

Repräsentanten, die im Laufe der Ersten Tschechoslowakischen Republik Parlamentssitze innehatten, stammten drei aus jüdischem Elternhaus.[74] Sehr zum Leidwesen ihrer Funktionäre wurde die Partei daher von den sudetendeutschen Antisemiten oft und gerne als „Judenschutztruppe" diffamiert.[75]

Die DDFP stand der linksliberalen Deutschen Demokratischen Partei (DDP) der Weimarer Republik ideologisch nahe und pflegte in den 1920er Jahren auch gute Kontakte zu ihr. Auf dem Saazer (Žatec) DDFP-Parteitag von 1923 hielt zum Beispiel der DDP-Reichstagsabgeordnete und spätere Reichsminister des Innern, Wilhelm Külz (1875–1948), einen Gastvortrag, in dem er die gemeinsamen demokratischen und rechtsstaatlichen Grundwerte der beiden Parteien hervorhob.[76] So wie die DDP kultivierte die DDFP das elitäre Profil einer die Interessen des urbanen Bildungs- und Besitzbürgertums vertretenden Honoratiorenpartei. In den kommenden Jahren sackte die durch Überalterung gekennzeichnete DDFP in der Wählergunst jedoch deutlich ab.[77] Zudem konnte sich die Partei nur in Prag und Brünn (Brno) sowie in einigen wenigen böhmischen Industriestädten etablieren.[78] Dennoch: Dank des Bekanntheitsgrades und der Achtung, die manche liberale Parlamentarier (insbesondere Bruno Kafka und Ludwig Spiegel) sowohl in der deutschen als auch in der tschechischen Teilgesellschaft genossen, sowie dank der ideologischen und personellen Nähe der Partei zu den großen deutschsprachigen Tageszeitungen in der Tschechoslowakei („Deutsche Zeitung Bohemia", „Prager Tagblatt", „Reichenberger Zeitung") war der Einfluss der Liberalen auf den sudetendeutschen Diskurs, zumindest in den 1920er Jahren, weitaus größer, als es ihre Wahlergebnisse vermuten lassen.

Ungeachtet ihrer unüberbrückbaren ideologischen Divergenzen befanden sich die DDFP und die DNSAP im Jahr 1919 in einer ähnlichen Lage, konnten doch beide Nischenparteien nicht genug Wähler mobilisieren, um auf eigene Faust in bestimmte Stadtregierungen einzuziehen. Wollten die Deutschliberalen und die Nationalsozialisten am kommunalen politischen

---

74 Gemeint sind Kafka, Spiegel und Bacher.
75 Von der Deutsch-demokratischen Freiheitspartei, in: Reichenberger Zeitung, 10.4.1920.
76 Reichstagsabgeordneter Dr. Külz, in: Bohemia, 9.1.1923. Auf dem Brünner DDFP-Parteitag von 1920 überbrachte der DDP-Hauptgeschäftsführer Robert Jansen (1881–1924) die Grüße seiner Partei; vgl. Die Grüße der reichsdeutschen Demokraten, in: Bohemia, 6.7.1920. Zum Linksliberalismus in der Weimarer Republik vgl. Larry Eugene Jones: German Liberalism and the Dissolution of the Weimar Party System, 1918–1933, Chapel Hill/London 1988.
77 Alfons Adam: Unsichtbare Mauern. Die Deutschen in der Prager Gesellschaft zwischen Abkapselung und Interaktion (1918–1938/39), Essen 2013, S. 395.
78 Linz, Bund, S. 141.

Leben an gewissen Orten teilhaben, mussten sie, wie im Folgenden zu zeigen sein wird, mit anderen Parteien Kooperationsabkommen schließen.[79]

Als am 15. Juni 1919 die ersten Gemeindewahlen in der Tschechoslowakei abgehalten wurden, steckten die Deutschliberalen, die DNSAP und andere sudetendeutsche Parteien noch mitten in der Aufbauphase (die Konstituierung der DFP zur DDFP erfolgte erst im Herbst 1919). Dennoch nahmen die Parteien an den Wahlen teil, denn diese wurden als letzte Chance angesehen, dem Ausland und den neuen tschechoslowakischen Machthabern das vermeintlich geschlossene Festhalten der Deutschen am Selbstbestimmungsrecht vor Augen zu führen.[80] In mehreren Gemeinden wurden ad hoc parteiübergreifende deutsche Kandidatenlisten gebildet. Die deutschen Sozialdemokraten schlugen allerdings von vornherein eine Kooperation mit den Bürgerlichen (und den Nationalsozialsten) aus. In der tschechoslowakischen Hauptstadt schloss sich die DFP zusammen mit der DNSAP und anderen deutschen Parteien zum „Deutschbürgerlichen und nationalsozialistischen Hauptwahlausschuß für Groß-Prag – Deutsche Wahlgemeinschaft" zusammen.[81]

Der sperrige Name war dem Umstand geschuldet, dass die DNSAP eine Sonderposition im Rahmen des Parteienbündnisses beanspruchte: Sie sah sich auch weiterhin als proletarische Partei, die eine Annäherung an die deutschen Sozialdemokraten suchte und nicht den Anschein erwecken wollte, als würde sie bürgerliche Interessen vertreten.[82] Dessen ungeachtet sollte der Name „Deutsche Wahlgemeinschaft" Einigkeit unter den Parteien suggerieren. Schließlich wollte man als deutsche „Einheitsfront" wahrgenommen werden, die gegen die vorgestellte tschechische Übermacht ankämpfte. Dementsprechend wandte sich das vom populären Kommunalpolitiker Eckstein angeführte Bündnis mit folgenden Worten an die Prager deutsche Öffentlichkeit: „Die Deutschbürgerlichen und Nationalsozialisten haben vor dem

---

79   Zu den Kooperationsabkommen in Prag von 1919 bis 1931/32 vgl. Koeltzsch, Kulturen, S. 99–115; Alfons Adam: „Prag ist und bleibt ein slawisches Prag." Die deutschen Parteien in den Prager Kommunalwahlen der Ersten Republik, in: Dietmar Neutatz / Volker Zimmermann (Hg.): Die Deutschen und das östliche Europa. Aspekte einer vielfältigen Beziehungsgeschichte, Essen 2006, S. 227–246.

80   Kracik, Politik, S. 51.

81   Der Deutschen Wahlgemeinschaft gehörten zudem die Deutsche Christlichsoziale Volkspartei (DCSVP), der Bund der Landwirte (BdL), die Deutsche Gewerbepartei (DGP) und die Deutsche Nationalpartei (DNP) an; vgl. Koeltzsch, Kulturen, S. 100, Anm. 33. Die deutschen Sozialdemokraten stimmten einer Listenkoppelung mit der Deutschen Wahlgemeinschaft zu; vgl. Adam, Mauern, S. 350.

82   Ronald M. Smelser: Nazis without Hitler. The DNSAP and the First Czechoslovak Republic, in: East Central Europe 4 (1977), S. 1–19.

Eintritt in den Wahlkampf all die sonst trennenden politischen Unterschiede beiseite gestellt und betonen das ihnen allen Gemeinsame, das Bekenntnis zum deutschen Volke".[83] Was das Wahlbündnis freilich verschwieg, war, dass der Volkstumsbegriff der DDFP und der DNSAP im krassen Gegensatz zueinander stand. Während die liberale Version auf kulturellen Parametern fußte, sich zum Deutschtum bekennende Juden somit als Teil des deutschen Volkes anerkannte, beruhte der nationalsozialistische Volkstumsbegriff auf einer völkisch-rassischen Vorstellung, die Juden kategorisch vom deutschen Volk ausschloss.[84]

Auf der Kandidatenliste der Deutschen Wahlgemeinschaft befanden sich mehrere deutschliberale Funktionsträger jüdischer Herkunft.[85] Dass diese mit den Nationalsozialisten und anderen Antisemiten kooperierten, traf auf großes Unverständnis und bittere Empörung der Zionisten, die in Prag ebenfalls um die Stimmen der deutschen Juden buhlten.[86] Um ihre jüdische Wählerschaft nicht an die jüdischen Parteien oder an die deutschen Sozialdemokraten zu verlieren, baute die DFP die volkstumskämpferische Rhetorik des alten Österreichs weiter aus:

„Es ist gewiß ein nicht geringes Opfer, wenn der deutsche Jude heute eine Liste abgeben soll, auf der er unter den [deutschen; I. N.] Wahlwerbern erklärte Anhänger der Klerikalen und der Antisemiten findet. Da aber ganze Listen und nicht einzelne Kandidaten gewählt werden, so blieb nichts anderes übrig, als alle anderen Fragen hinter das Hauptziel, die Erhaltung des deutschen Lebens in Prag, zurückzustellen und sich auf gemeinsame Kandidaten zu einigen. Es wird damit an keinen Juden das niedrige Ansinnen gestellt, daß er etwa sein Judentum lächerlich oder kriecherisch verleugnet; das wäre ebenso charakterlos als zwecklos. Es ist eine Zweckgemeinschaft [...]. Nichts anderes. Der deutsche Jude in Prag, dem an der Erhaltung der deutschen Schule, des deutschen Theaters, der Reste deutschen gesellschaftlichen Lebens in Prag gelegen ist, kann nicht anders, als deutsch wählen. Wählt er anders, so heißt das, daß er den Boden kampflos den tschechisch-nationalen Entdeutschungstendenzen ausliefert."[87]

83 Zit. nach Adam, Mauern, S. 348.
84 Zu den linksliberalen und völkischen Volkstumsbegriffen in der Weimarer Republik vgl. Llanque, Linksliberalismus, insb. S. 158 f; Jörn Retterath: „Was ist das Volk?" Volks- und Gemeinschaftskonzepte der politischen Mitte in Deutschland 1917–1924, Berlin 2016.
85 Vgl. Adam, Mauern, S. 347.
86 Koeltzsch, Kulturen, S. 111–113.
87 Die Gemeindewahlen. Bewußte und trotzdem deutschgesinnte Juden!, in: Bohemia (Abendblatt), 13.6.1919. Zu den tschechoslowakischen Gemeindewahlen mussten die Wähler und Wählerinnen mit den ihnen zugeschickten Kandidatenlisten im Wahllokal erscheinen. Es herrschte Wahlpflicht.

Zum einen waren also die liberalen Exponenten bereit, im Interesse ihres politischen Überlebens mit der DNSAP zu kooperieren, zum anderen sprachen sie sich gegen den Antisemitismus aus; einerseits versuchte die DFP/DDFP, ihr Image als „Judenschutztruppe" loszuwerden, andererseits wollte sie die ihr verbliebenen jüdischen Wähler nicht verlieren. Um sich aus dieser Zwickmühle zu lösen, griffen die Liberalen auf das noch aus der Zeit der Habsburgermonarchie stammende Argumentationsmuster zurück, das besagte, dass die „Tschechisierung" nur mit vereinten deutschen Kräften gestoppt werden könne. Die Bildung der „Einheitsfront" läge daher auch im Interesse der sich zum Deutschtum bekennenden Juden. Die alarmistische, antitschechische Diskursstrategie verfehlte ihr Ziel nicht. Die „Zweckgemeinschaft" erhielt auf Anhieb 9.980 Stimmen.[88] In Prager Stadtteilen mit relativ hohem jüdischen Bevölkerungsanteil schnitt sie sogar überdurchschnittlich gut ab.[89] Und so wurde Eckstein, dank deutsch-jüdischer, aber auch mit Hilfe nationalsozialistischer Stimmen, zum Stadtrat gewählt.

Zur besseren Koordination ihrer gemeinsamen nationalpolitischen Aktivitäten riefen die deutschen Parteien (mit Ausnahme der Sozialdemokraten) im Oktober 1919 die „Deutschpolitische Arbeitsstelle" (seit 1926 „Deutschpolitisches Arbeitsamt", DPA) ins Leben.[90] In dieser als Auskunftszentrum für sudetendeutsche Belange dienenden Einrichtung wirkten die Nationalsozialisten Patzel und Knirsch neben den Liberalen Kafka und Eckstein.[91] Die parteiübergreifende Zusammenarbeit beinhaltete die Publikation von Informationsbroschüren[92] sowie die Einreichung von Beschwerden gegen die Tschechoslowakei beim Völkerbund.[93]

---

88   Die Zahl bezieht sich auf die in Inner-Prag und in den Prager Vorortgemeinden abgegebenen Stimmen; vgl. Koch an Auswärtiges Amt, 20.9.1923, in: Deutsche Gesandtschaftsberichte aus Prag. Innenpolitik und Minderheitenprobleme in der Ersten Tschechoslowakischen Republik, Teil II: Vom Kabinett Beneš bis zur ersten übernationalen Regierung unter Švehla 1921–1926, München 2004, S. 173 (Dokument 68). In den inneren Prager Stadtbezirken erhielt die Deutsche Wahlgemeinschaft 5.034 Stimmen; vgl. Adam, Mauern, S. 352.
89   Ebd., S. 353.
90   Zum DPA vgl. Adam, Mauern, S. 357 f, 368; Linz, Bund, S. 221.
91   Deutschpolitisches Arbeitsamt, in: Reichenberger Zeitung, 23.4.1928; vgl. Deutschpolitisches Arbeitsamt (Hg.): Jahres-Bericht über das Jahr 1930, Reichenberg 1930.
92   Deutschpolitische Arbeitsstelle (Hg.): Die staatsrechtlichen Erklärungen der Abgeordneten und Senatoren der Deutschen, Magyaren und Slowaken in der ersten Volksvertretung der tschechoslowakischen Republik, Prag 1920; Deutschpolitisches Arbeitsamt (Hg.): Rechte und Pflichten aller Personen deutscher Nationalität (Muttersprache) bei der Volkszählung 1930, Prag o.J.
93   Vgl. Deutschpolitische Arbeitsstelle (Hg.): Denkschrift der am 18. und 25. April 1920 gewählten deutschen Abgeordneten und Senatoren des Deutschen Parlamentarischen Verban-

Nachdem sich die Deutsche Wahlgemeinschaft als erfolgreich erwiesen hatte, strebten die DDFP und die DNSAP auch im Vorfeld der ersten tschechoslowakischen Parlamentswahlen am 18. April 1920 Kooperationen mit anderen deutschen Parteien an. Die DNSAP schloss ein überregionales, „auf arischer Auffassung fußendes"[94] Wahlbündnis mit der streng negativistischen und völkischen Deutschnationalen Partei (DNP), die aus der „deutschnationalen Konkursmasse" der Habsburgermonarchie hervorgegangen war.[95] Die DDFP richtete ihrerseits „an alle nationalen deutschen Parteien den Appell, das Trennende zu überwinden und sich zu einem gemeinsamen Vorgehen zu einigen".[96] In den mährischen Wahlkreisen Iglau (Jihlava), Brünn und Ungarisch-Hradisch (Uherské Hradiště), das heißt in den von Deutschen weniger dicht besiedelten Orten, wo es auf jede deutsche Wählerstimme anzukommen schien, sowie in Prag trat dann die DDFP zusammen mit der DNSAP und anderen deutschen Parteien auf einer gemeinsamen Kandidatenliste an.[97]

Bei einer Wahlveranstaltung in Prag warb die DDFP für die dortige von Kafka angeführte Liste, „auf die sich die deutschbürgerlichen und nationalsozialistischen Parteien geeinigt haben", mit dem Verweis: „Unter keinen Umständen darf eine deutsche Stimme der jüdisch-nationalen Liste […] zugewendet werden."[98] Wie schon in den Gemeindewahlen im Jahr zuvor bereitete den liberalen Funktionsträgern nicht die Kooperation mit den Nationalsozialisten, sondern der mögliche Verlust deutsch-jüdischer Wählerstimmen an die Zionisten Sorge. In den Wahlen erzielte die DDFP landesweit 32.595 der deutschen Stimmen und stellte mit 2,1 Prozent die kleinste sudetendeutsche Partei, die den Sprung ins Parlament schaffte.[99] Daraufhin zogen für die DDFP Kafka und Carl Kostka (1870–1957) ins Abgeordnetenhaus sowie

---

des der tschechoslowakischen Nationalitätenversammlung an den Völkerbund betreffend die Verletzungen der Minderheitsschutzbestimmungen des zwischen den alliierten und assoziierten Hauptmächten einerseits, der tschechoslowakischen Republik anderseits abgeschlossenen Vertrages von St. Germain en Laye vom 10. September 1919, Prag 1920.
94 Ein Wahlaufruf der Nationalpartei, in: Bohemia, 28.3.1920.
95 Norbert Linz: Die Binnenstruktur der deutschen Parteien im ersten Jahrzehnt der ČSR, in: Karl Bosl (Hg.): Die demokratisch-parlamentarische Struktur der Ersten Tschechoslowakischen Republik, München 1975, S. 201–223, hier S. 219.
96 Deutschdemokratische Freiheitspartei, in: Bohemia, 19.3.1920.
97 Die gemeinsame Wahlwerber-Listen der Deutschen Nationalpartei und der Nationalsozialen, in: Bohemia, 28.3.1920. Bei den anderen deutschen Parteien handelte es sich um die DNP, die DCSVP und den BdL; vgl. Balling, Reval, S. 265; Linz, Bund, S. 222 f.
98 Tendenziöse Irreführung, in: Bohemia, 28.3.1920.
99 Stimmenstärkste deutsche Partei wurden die Sozialdemokraten mit 43.5 Prozent der deutschen Wählerstimmen. Das DNSAP-DNP-Wahlbündnis wurde von 20.7 Prozent der deutschen Wähler gewählt; vgl. Kracik, Politik, S. 74.

Josef Jelinek und Ludwig Spiegel in den Senat ein.[100] Die Liberalen konnten somit wieder einen Achtungserfolg – auch dank der Unterstützung der DNSAP – erzielen.

Im Mai 1920 schlossen sich dann die DDFP-Parlamentarier mit anderen sudetendeutschen Parteien zum „Deutschen Parlamentarischen Verband" zusammen. Die Deutschpolitische Arbeitsstelle fungierte als Verbandskanzlei.[101] Auf dem ersten DDFP-Reichsparteitag vom Juli 1920 betonte Kafka, dass ihm der „grundsätzliche Entschluß" zur gemeinsamen Parlamentsarbeit nicht nur mit Deutschbürgerlichen, sondern auch mit der DNSAP und den deutschen Sozialdemokraten „nicht schwer" gefallen sei, bestehe doch unter den Wählern sämtlicher deutscher Parteien „die Sehnsucht nach nationaler Einheit". Bei den Sozialdemokraten seien die Vorstöße zur Gründung eines parlamentarischen „Zweckverbandes" allerdings von vornherein aussichtslos gewesen. Auch die Nationalsozialisten haben „es leider abgelehnt, einem solchen Verband beizutreten".[102] In der Tat hatte die DNSAP ihren Beitritt zum Verband von der Teilnahme der deutschen Sozialdemokraten abhängig gemacht. So erklärte der DNSAP-Abgeordnete Patzel, dass seine Partei „keinen bürgerlichen Verband mitbilde, dessen Spitze sich deutlich gegen den Sozialismus richten würde".[103] Nichtsdestoweniger kam die Partei von ihrem Grundsatz bald ab und trat im Oktober 1920 dem Verband bei.[104] Im Zuge der Verbandsaktivitäten beteiligten sich die Nationalsozialisten im April 1922 an einer von den deutschbürgerlichen Parteien an den Völkerbund adressierten Petition, in welcher der tschechoslowakischen Regierung die Missachtung der Minderheitenrechte zum Vorwurf gemacht wurde.[105] Der Verfasser der Beschwerde war Ludwig Spiegel.[106]

Die den Deutschen Parlamentarischen Verband seit seiner Gründung begleitende ideologische Kluft zwischen den „Aktivisten" und den „Negativisten" vertiefte sich im Sommer 1922, insbesondere nachdem sich die DNP und die DNSAP zur „Deutschen Kampfgemeinschaft" zusammengeschlossen hatten. War man zunächst noch bemüht, den Schein einer deutschen Einheitsfront aufrecht zu erhalten, traten im November 1922 die zwei nega-

---

100 Balling, Reval, S. 265.

101 Zum Deutschen Parlamentarischen Verband vgl. Linz, Bund, S. 254–259.

102 Die parlamentarische Tätigkeit der Partei, in: Bohemia, 6.7.1920.

103 Josef Patzel: Parlamentstatistik und parlamentarischer Verband, in: Bohemia, 12.5.1920.

104 Linz, Bund, S. 258.

105 Jaroslav Kučera: Minderheit im Nationalstaat. Die Sprachenfrage in den tschechisch-deutschen Beziehungen 1918–1938, München 1999, S. 67.

106 Wilhelm Medinger: Zehn Jahre seit der sudetendeutschen Beschwerde an den Völkerbund, in: Bohemia, 15.10.1932.

tivistischen Parteien aus dem Verband aus, was zu dessen endgültiger Auflösung führte.[107] Kafka bedauerte, dass nun der parlamentarische „Kampf" der deutschen Parteien „geschwächt" sei.[108]

Eine der wenigen überlieferten Quellen, die sich aus Sicht der sudetendeutschen Nationalsozialisten mit der Teilnahme der DDFP an den parteiübergreifenden Zweckbündnissen auseinandersetzte, ist ein von Max Karg (geb. 1892), dem Chefredakteur des DNSAP-Organs „Der Tag", verfasster Artikel. Der Anlass des Artikels war eine vom „Bohemia"-Chefredakteur Albert Wesselski (1871–1939) auf einer DDFP-Versammlung in Teplitz im Mai 1923 gehaltene Rede, in der dieser zur „Judenfrage im Sudetendeutschtum" Stellung nahm.[109] Laut Wesselski sei die Mehrheit der deutschbewussten Juden nach der Gründung der Tschechoslowakei „deutsch geblieben", woran sich auch nichts ändern würde. Sollte aber von deutscher Seite der Antisemitismus nicht eingestellt werden, würde der Nachwuchs dieser Juden vom Deutschtum abrücken oder sich in der Nationalitätenfrage neutral verhalten. Kargs Erwiderung auf diese Warnung druckte Wesselski am 12. Mai 1923 in der „Bohemia" ab.[110] Aus Kargs Sicht müssten die Deutschen klären, wer ihr „Hauptfeind sei: der Jude oder der Tscheche. Bis jetzt herrsche überall Inkonsequenz: Keine der arischen Parteien verzichtete auf den Antisemitismus als Agitationsmittel, aber alle saßen sie zusammen mit den jüdischen demokratischen Parlamentariern". Und Karg weiter: „In Wahrheit stehen die Dinge so: die deutsch-tschechische Auseinandersetzung beherrscht das politische Kampffeld derart, daß uns die Tschechen als Hauptfeinde gegenüber stehen."[111]

Der nationalsozialistische Chefredakteur präsentierte drei Optionen, zwischen denen die Sudetendeutschen zu wählen hätten: 1. „Die Tschechen als Hauptfeinde" auffassen. In diesem Fall sei es „unklug, durch eine rücksichtslose antisemitische Propaganda die Juden, die sich zur deutschen Sprache bekennen, den Tschechen in die Arme zu treiben". 2. „Im Juden den Hauptfeind [sehen], gegen den sich die arischen Völker verbinden müssen". In diesem Fall sei es „mehr als unklug, sich mit deutsch sprechenden Juden zusammen zu setzen, um Pläne gegen die Tschechen zu schmieden". 3. „Tschechen und Juden für gleich gefährliche Feinde" betrachten. „So müssen wir den Kampf

107 Linz, Bund, S. 316, 320.
108 Bruno Kafka: War der Zeitpunkt schon jetzt richtig?, in: Reichenberger Zeitung, 3.12.1922.
109 Albert Wesselski: Judenfrage im Sudetendeutschtum, in: Bohemia, 12.5.1923.
110 Ebd.
111 Ebd.

gegen beide aufnehmen, ohne uns mit einem von ihnen zu verbinden".[112] Karg nahm also zur ambivalenten Haltung der Nationalsozialisten gegenüber der DDFP Stellung. Einerseits war die DNSAP dem Rassenantisemitismus verschrieben, andererseits erkannte sie, dass durch eine Nichtkooperation mit den Liberalen unweigerlich dringend benötigte Wählerstimmen dem deutschen Lager verloren zu gehen drohten. Das Dilemma gegenüber der DDFP fasste Karg mit den Worten zusammen:

> „Es gibt nur ein Entweder – oder. Wollen wir keine jüdische Stimme verlieren zu Gunsten der Tschechen, anerkennen wir die jüdischen Abgeordneten deutscher Zunge als parlamentarische Bundesgenossen im Kampfe um das Deutschtum in diesem Staate, – so müssen wir den antisemitischen Kampf zurückstellen, wenigstens so weit die politische Seite der Judenfrage in Betracht kommt. Führen wir diesen antisemitischen Kampf aber heraußen, so ist es wieder ausgeschlossen, daß auf dem Boden des Parlamentes deutsch-jüdische Koalitionen geschlossen werden. Denn dann haben wir gar kein Interesse, die Juden der deutschen Sprache zu erhalten, sondern müssen froh sein, wenn dieses zersetzende Ferment sich in das Tschechentum hineinfrißt."

Die Schlüsselfrage, so Karg, der sich die deutschen Parteien stellen müssten, laute deshalb: „Entweder mit den Juden oder gegen die Juden." Es sei „Aufgabe" der DNSAP, diese Frage zunächst in den eigenen Parteireihen zu entscheiden, um „einer unerträglichen Unaufrichtigkeit sämtlicher sudetendeutscher Parteien einmal ein Ende zu machen". Diese würden dann dem „Echo der Partei folgen müssen".[113]

Kurzum, am Anfang der 1920er Jahre war die Position mancher Nationalsozialisten, was die Zweckbündnisse mit den deutschliberalen Juden betraf, noch nicht restlos geklärt. Und so beteiligten sich die Nationalsozialisten auch in den Prager Gemeindewahlen von 1923 an einem von Eckstein angeführten Wahlbündnis namens „Deutschpolitischer Arbeitsblock".[114] Wieder sah sich der deutschbürgerliche und nationalsozialistische „Hauptwahlausschuß" genötigt, die Zweckgemeinschaft vor ihren (zionistischen und sozialdemokratischen) Kritikern zu rechtfertigen:

> „Wir haben es auch durchaus nicht nötig, das [sic!] Kompromiß in Prag als etwas anderes hinzustellen, als es ist, nämlich als eine Zweckvereinigung, um in dieser Stadt möglichst viele deutsche Stimmen zu vereinigen und die Zahl der Prager Deutschen in ihrer vollen Bedeutung wirksam werden zu lassen. Es ist wahr, daß neben Deutsch-

---

112 Ebd.
113 Ebd.
114 Neben der DNSAP und der DDFP gehörten dem „Deutschen Arbeitsblock" die DCSVP und die DNP an; vgl. Adam, Prag, S. 234.

nationalen deutsche Juden, neben Christlichsozialen Nationalsozialisten stehen. Es wird eben der Deutschnationale für den deutschen Juden, dafür aber wieder der deutsche Jude für den Deutschnationalen stimmen. Das ist nun einmal das Wesen des Kompromisses, bei dem einem höheren Ziel zuliebe gewisse Opfer gebracht werden müssen".[115]

Dass das alte Argumentationsmuster, wonach lediglich eine parteiübergreifende „Einheitsfront" wirksam gegen die angebliche „Tschechisierung" vorgehen könne, von seiner Überzeugungskraft nichts verloren hatte, zeigte sich schließlich am Wahlausgang: Mit den auf den Deutschpolitischen Arbeitsblock entfallenen 13.543 Stimmen wurde Ecksteins Amtszeit als Prager Stadtrat um weitere vier Jahre verlängert.[116]

Mitte der 1920er Jahre erfuhr die DNSAP einen Radikalisierungsschub, der in Jungs Parteiübernahme im Oktober 1926 seinen vorläufigen Höhepunkt fand.[117] Auch aus diesem Grund kamen in den zukünftigen Prager Gemeindewahlen keine gemeinsamen liberalen-antisemitischen Wahllisten mehr zustande. Nichtsdestoweniger blieb im Stadtparlament die deutsche Koalition unter liberaler Federführung bestehen.[118] Zudem suchte die DNSAP seit den späten 1920er Jahren keine Verbindung mehr zur deutschen Sozialdemokratie.[119]

Da sich neben der DNSAP auch keine andere deutsche Partei zu einer Zusammenarbeit mit der DDFP bereit erklärte, verzichteten die Liberalen auf eine aussichtslose Kandidatur bei den Parlamentswahlen von 1925.[120] Drei Jahre später wendete sich das Blatt zugunsten der DDFP. Aus Protest gegen den sturen Negativismus trat der DNP-Abgeordnete Alfred Rosche (1884–1947) im Mai 1928 aus seiner Partei aus und schloss sich mit einigen Mitstreitern am 4. August 1928 mit der DDFP zur bürgerlich-aktivistischen „Deutschen Arbeits- und Wirtschaftsgemeinschaft" (DAWG) zusammen.[121] In den Parlamentswahlen vom 27. August 1929 schaffte die DAWG auf Anhieb den

---

115 Wir und die Sozialdemokraten. Deutsche Wähler und Wählerinnen Groß-Prags!, in: Bohemia, 8.9.1923 (Flugblatt).
116 Obwohl die Zahl der die deutsche Zweckgemeinschaft unterstützenden Wähler in Groß-Prag in absoluten Zahlen anstieg (von 9.980 im Jahr 1919 auf 13.543 im Jahr 1923), sank ihr relativer Prozentsatz; vgl. Adam, Prag, S. 236.
117 Vgl. Luh, Arbeiterpartei, S. 27.
118 Koeltzsch, Kulturen, S. 109.
119 Smelser, Nazis, S. 5.
120 Kracik, Politik, S. 144.
121 Zur DAWG-Gründungsgeschichte vgl. Šebek, Politické strany, S. 885–889.

Sprung in die Nationalversammlung.[122] Carl Kostka vertrat daraufhin wieder die DDFP im Senat, während Bruno Kafka und Josef Jelinek ins Abgeordnetenhaus gewählt wurden. Nach ihrem Ableben wurden sie von Franz Bacher (1884–1945) respektive Ludwig Wokurek (1868–1950) abgelöst.[123]

Die im Jahr 1929 einsetzende Weltwirtschaftskrise wirkte sich auf die exportorientierte Textil- und Konsumgüterindustrie im Sudetenland, vor allem in den nordböhmischen Wirtschaftszentren, besonders verheerend aus. Hohe Arbeitslosigkeit und drohende Verelendung trieben der DNSAP massenweise politisch radikalisierte Sudetendeutsche zu. Allein zwischen 1930 und 1932 verdoppelte sich die DNSAP-Mitgliederzahl auf über 61.000. Bei den neuen Parteigenossen handelte es sich vor allem um jüngere Sudetendeutsche, die von der sich im benachbarten Deutschland rasch ausbreitenden Hitlerbewegung tief beeindruckt waren und danach strebten, die Kontakte zur NSDAP zu intensivieren.[124] Während die ältere Generation der DNSAP-Führer weiterhin den Schein wahrte und an der Pro-forma-Forderung nach einer Autonomie-Lösung der Sudetenfrage festhielt, wurde unter den jungen Parteimitgliedern der Ruf nach dem Anschluss des Sudetenlandes an das Deutsche Reich immer lauter.[125] Auf Betreiben der jungen Parteibasis erfolgte die Unterordnung unter die NSDAP und die damit einhergehende Umstrukturierung der DNSAP von einer völkischen Arbeiterpartei in eine faschistische Massenbewegung.[126]

Einem bevorstehenden Parteiverbot wegen Staatsfeindlichkeit kam die DNSAP – sie war zwischenzeitlich mit 150.000 Mitgliedern zur mitgliederstärksten sudetendeutschen Partei sprunghaft angewachsen[127] – durch ihre Selbstauflösung am 3. Oktober 1933 zuvor. Tags darauf wurde auch die einen Zusammenschluss mit der DNSAP anvisierende DNP behördlich eingestellt.[128] An diesem Punkt begann Konrad Henleins (1898–1945) politischer Aufstieg.

---

122   Die DAWG kandidierte auf einer gemeinsamen Liste mit dem BdL und der Karpatendeutschen Partei; vgl. Kracik, Politik, S. 200.
123   Balling, Reval, S. 278.
124   Smelser, Sudetenproblem, S. 52.
125   Ralf Gebel: „Heim ins Reich!" Konrad Henlein und der Reichsgau Sudetenland (1938–1945), München 1999, S. 30.
126   Osterloh, Judenverfolgung, S. 75; Luh, Arbeiterpartei, S. 29.
127   Ebd., S. 32.
128   Einstellung der Tätigkeit der DNSAP und DNP, in: Bohemia, 5.10.1933; vgl. Kracik, Politik, S. 246 f.

3. Interaktionen zwischen der DDFP und der Henleinpartei

Am 1. Oktober 1933 verlas Henlein in Eger (Cheb) einen Aufruf zur „Sammlung des gesamten Sudetendeutschtums" in einer von ihm angeführten Bewegung namens „Sudetendeutsche Heimatfront" (SHF): Die „auf ständischer Grundlage aufgebaute" SHF ziele auf die „Zusammenfassung aller Deutschen in diesem Staate, die bewußt auf dem Boden der Volksgemeinschaft und der christlichen Weltanschauung stehen". Dieses nationalpolitische Ziel wolle sie „unter Anerkennung des Staates" erreichen.[129] Das Bekenntnis zur Tschechoslowakei, die Betonung der christlichen Werte und vor allem die Hervorhebung des ständischen Gedankens – die Semantik des Aufrufs ließ „deutlich die Handschrift des Kameradschaftsbundes" erkennen.[130] Henlein war ein frühes Mitglied dieser von 1926 bis 1934 existierenden, für den Umbau der Tschechoslowakei in einen Nationalitätenstaat unter der Hegemonie des Deutschen Reichs eintretenden Kaderorganisation, war allerdings aus ihr bereits vor der SHF-Gründung ausgetreten.[131]

Das theoretische Fundament des Kameradschaftsbundes lieferten ein katholischer Universalismus und ein autoritär aufgeladenes Ständestaatsprinzip, wie es der österreichische Philosoph und Nationalökonom Othmar Spann (1878–1950) propagierte. Trotz ideologischer Überschneidungen zwischen der Lehre Spanns und dem Nationalsozialismus – insbesondere, was die betont antidemokratische, antiliberale und antimarxistische Gesinnung sowie das Führerprinzip betraf – unterschieden sie sich auch und vor allem in der Definition des Volkstumsbegriffs. Im Gegensatz zu den Nationalsozialisten verstand Spann das Volkstum nicht als biologisch-rassische Einheit, sondern als eine auf kulturellen Merkmalen abgestellte „geistige Gemeinschaft".[132]

Obwohl also das SHF-Gründungsmanifest in der Diktion des Kameradschaftsbundes gehalten war und zudem ein explizites Bekenntnis zum Staat beinhaltete, hegten die tschechoslowakische Öffentlichkeit und die deutschen Sozialdemokraten die nicht unbegründete Vermutung, dass es sich bei der Henleinpartei um einen Wolf im Schafspelz handelte: Dafür sprach, dass ihr

---

129 Henleins Aufruf: An alle Sudetendeutschen, in: Bohemia, 1.10.1933.

130 Jörg K. Hoensch: Der Kameradschaftsbund, Konrad Henlein und die Anfänge der Sudetendeutschen Heimatfront, in: Eduard Mühle (Hg.): Mentalitäten – Nationen – Spannungsfelder. Studien zu Mittel- und Osteuropa im 19. und 20. Jahrhundert, Marburg 2001, S. 101–135, hier S. 123.

131 Vgl. Der „Kameradschaftsbund" rechtfertigt sich, in: Pilsner Tagblatt, 30.10.1933; Volker Zimmermann: Die Sudetendeutschen im NS-Staat. Politik und Stimmung der Bevölkerung im Reichsgau Sudetenland (1938–1945), Essen 1999, S. 45.

132 Hoensch, Kameradschaftsbund, S. 108–110.

die Mehrheit der ehemaligen DNSAP- und DNP-Mitglieder beitrat. Auch der Gründungszeitpunkt (knapp vor der Auflösung der DNSAP und der DNP) sowie die NSDAP-ähnliche Inszenierung der SHF-Auftritte nährten den Verdacht, die SHF sei eigentlich eine von Berlin gesteuerte nationalsozialistische Tarngruppierung, die nur deshalb staatsbejahende, sprich aktivistische Töne anschlug und sich beim Antisemitismus zügelte, um einem Parteiverbot durch die tschechoslowakischen Behörden zu entgehen. Über der Henleinpartei schwang dann bis zu den Parlamentswahlen vom Mai 1935 das Damoklesschwert der Zwangsauflösung.[133]

Die Frage, ob die Henleinpartei von Haus aus als Ersatzpartei für die DNSAP und die DNP gegründet worden war oder – zumindest in ihrer Anfangszeit – mit dem Nationalsozialismus nichts zu tun hatte, ist auch in der Historiografie umstritten.[134] Dabei wäre es zu kurz gegriffen, die aktivistische Selbstpositionierung der SHF analog zu den DNSAP-Lippenbekenntnissen zum tschechoslowakischen Staat zu setzen. Tatsächlich bot die SHF nicht nur den ehemaligen DNSAP- und DNP-Mitgliedern eine neue politische Heimat, sondern zog aus allen Richtungen der sudetendeutschen Parteienlandschaft Wähler an.[135] Henlein selbst wies mit dem Verweis, dass seine Partei den „Arierparagrafen" nicht in den Parteistatuten führe, den Vorwurf von sich, eine nationalsozialistische Bewegung ins Leben gerufen zu haben.[136] In der Konsolidierungsphase bestand die SHF-Leitung aus Kameradschaftsbündlern, doch schon bald verschärfte sich der Machtkampf um die Parteiführung zwischen ihnen und den im „Aufbruchkreis" zusammengeschlossenen ehemaligen DNSAP-Funktionären. Dem offen nationalsozialistische, großdeutsche und rassenantisemitische Ideen propagierenden Aufbruchkreis waren Henleins vermeintliche aktivistische Äußerungen ein Dorn im Auge.[137]

---

133 Jens-Hagen Eschenbächer: Zwischen Schutzbedürftigkeit und Alleinvertretungsanspruch. Die Beziehungen der Sudetendeutschen Heimatfront zu den traditionellen bürgerlichen deutschen Parteien in der Tschechoslowakei 1933–1935, in: BohZ 39 (1998), S. 323–350, hier S. 325.

134 Zur historiografischen Kontroverse um die Henleinpartei vgl. Mark Cornwall: „A Leap into Ice-Cold Water". The Manoeuvres of the Henlein Movement in Czechoslovakia, 1933–1938, in: Ders. / R. J. W. Evans (Hg.): Czechoslovakia in a Nationalist and Fascist Europe 1918–1948, Oxford 2007, S. 123–142.

135 Christoph Boyer / Jaroslav Kučera: Die Deutschen in Böhmen, die Sudetendeutsche Partei und der Nationalsozialismus, in: Horst Möller / Andreas Wirsching / Walter Ziegler (Hg.): Nationalsozialismus in der Region. Beiträge zur regionalen und lokalen Forschung und zum internationalen Vergleich, München 1996, S. 273–285, hier S. 276.

136 Osterloh, Judenverfolgung, S. 81.

137 Zimmermann, Sudetendeutschen, S. 46.

Aus der damaligen Sicht der DDFP-Leitung handelte es sich jedenfalls bei der SHF um eine staatsbejahende Partei. Immerhin ähnelten die kommunizierte Zielsetzung und die politische Rhetorik der Henleinpartei jener der DDFP. Tatsächlich sprachen beide davon, die Angehörigen der deutschen „Volksgemeinschaft" unter einem Dach „versammeln" zu wollen (Stichwort: Einheitsfront).[138] Und so versuchte der deutschliberale Spitzenpolitiker Franz Bacher, die DDFP (bzw. die DAWG) als mögliche Kooperationspartnerin der SHF ins Gespräch zu bringen. Ohne Wahlabkommen – und sei es auch mit der SHF – hatten die Deutschliberalen ja keine Chance, wieder ins Parlament gewählt zu werden. Aufgrund dessen betonte Bacher in einer am 24. März 1934 gehaltenen Rede: „An der Ehrlichkeit und Aufrichtigkeit von Henleins Wollen zu zweifeln, haben wir durchaus keine Ursache."[139]

Die politischen Annäherungsversuche der DDFP gegenüber der SHF blieben nicht ohne Resonanz. Am 22. März 1934 teilte Henlein dem führenden DDFP-Gründungsmitglied Ernst Lustig (1882–1942)[140] mit, dass die „S.H.F. den von Lustig gestellten Antrag auf Abschluss eines Wahlübereinkommens durch den [SHF-]Führerrat in Form eines Sicherungswahlkreises für die D.A.W.G grundsätzlich angenommen habe".[141] Die Henleinpartei zeigte also anfangs durchaus Interesse, eine gemeinsame Kandidatenliste mit der liberalen „Judenschutztruppe" in bestimmten Städten aufzustellen, sollte doch durch diese Kooperation der Verdacht zerstreut werden, die SHF sei eine nationalsozialistische Tarnorganisation. In diesem Sinn richtete der Kameradschaftsbündler und spätere NS-Gouverneur des Distrikts Radom, Ernst Kundt (1897–1947),[142] am 10. Mai 1934 ein Schreiben an Henlein, in dem er seinem Duzfreund eindringlich dazu riet, an die Deutschliberalen mit dem Vorschlag eines „Wahlabkommens" in Prag und Brünn heranzutreten: „Unter Wahrung der Selbstständigkeit" der DDFP und „lediglich für den Wahlzweck" sollte ein liberales Abgeordnetenmandat durch die SHF abgesichert

---

138 Dietmar Neutatz: Der Wahlsieg der Sudetendeutschen Partei 1935 und die Macht der Diskurse, in: Matthias Stadelmann / Lilia Antipow (Hg.): Schlüsseljahre. Zentrale Konstellationen der mittel- und osteuropäischen Geschichte, Stuttgart 2011, S. 293–311, hier S. 305 f.
139 Henleins Gedankengut. Eine Rede des Abg. Dr. Bacher, in: Bohemia, 25.3.1934.
140 Der als Direktor der „Anker"-Versicherung in Prag amtierende Lustig wurde am 26. Oktober 1942 vom Ghetto Theresienstadt ins Vernichtungslager Auschwitz deportiert und dort zusammen mit seiner Frau ermordet; auch sein Sohn und seine Tochter wurden in Auschwitz umgebracht. Die Sterbe- bzw. Deportationsdaten der Familie Lustig sind abrufbar unter URL: http://www.holocaust.cz/en/database-of-victims/victim/107866-arnost-lustig [7.2.2019].
141 Mantelnote, Beilage I (Gedächtnisprotokoll), [o.O.] [o.J.], in: Národní archiv Praha [Nationalarchiv der Tschechischen Republik, Prag, im Folgenden: NA], Fond 503: Sudetoněmecká strana [Sudetendeutsche Partei, SdP], Ktn. 68 (39-DP, DAWG, DGP, 1934–1935).
142 Zu Ernst Kundt vgl. Balling, Reval, S. 350 f.

werden.[143] Um Henleins etwaige Bedenken zu zerstreuen, fügte Kundt hinzu, dass die Vereinbarung nicht außerhalb der Wahlkreise Prag und Brünn gelten würde – „Du wärest also in den eigentlich deutschen Wahlkreisen damit gar nicht belastet" – und verwies zudem auf das in der Vergangenheit erfolgte Abkommen zwischen der DNSAP, der DNP und der DDFP, „wodurch die Wahl von Kafka und Spiegel möglich wurde".[144]

Die brisante Kontaktaufnahme zwischen der SHF und der DDFP kam alsbald dem reichsdeutschen Gesandten Walter Koch zu Ohren, der am 30. Mai 1934 nach Berlin berichtete, Henlein verhandle mit DDFP-Repräsentanten über ein zukünftiges Abkommen, wobei es vor allem um die Aufbringung der kommenden SHF-Wahlkosten gehe. Unter der Bedingung, dass Henlein ihre Parlamentsmandate garantiere, hätten sich die DDFP-Leute bereit erklärt, sich an den Ausgaben der SHF zu beteiligen. In SHF-Kreisen habe sich Henlein dahingehend geäußert: „Er sei kein Antisemit, und er müsse nun nolens volens auf diesem Standpunkt stehen bleiben. Aber gegenüber der Regierung wäre die Verbindung mit einer ausgesprochen philosemitischen Gruppe das beste Alibi gegen die Vorwürfe von dieser Seite, er wolle nur die aufgelösten nationalen sudetendeutschen Parteien fortsetzen."[145] Die SHF-Kosten im Vorfeld der Parlamentswahlen vom Mai 1935 wurden dann allerdings nicht durch DDFP-Mittel mitfinanziert, sondern größtenteils von reichsdeutschen Quellen getragen.[146]

Auf dem DDFP-Reichsparteitag Ende Juli 1934 betonten Bacher und Kostka, dass für sie ein Zusammengehen mit der SHF zwar nicht in Frage komme, was die nationalpolitischen und kulturellen Angelegenheiten betreffe, könnten sie sich aber eine Kooperation mit Henlein vorstellen.[147] Nachdem die SHF-DDFP-Verhandlungen im Frühling 1934 im Sande verlaufen waren, kam es Ende 1934/Anfang 1935 zu einer erneuten Kontaktaufnahme zwi-

---

143 Schreiben Kundt an Henlein, 10.5.1934, in: NA, Fond 503, Ktn. 66 (35-DA, 1934–1937, Teil 3). Das Schreiben ist abgedruckt in František Štěpán: Die Zusammenarbeit der deutschen bürgerlichen Parteien mit den Henlein-Faschisten in den Jahren 1933–1935. Eine Dokumenten-Auswahl, München 1978, S. 40–42.

144 Ebd.

145 Koch an Auswärtiges Amt, 30.5.1934, in: Deutsche Gesandtschaftsberichte aus Prag. Innenpolitik und Minderheitenprobleme in der Ersten Tschechoslowakischen Republik, Teil IV: Vom Vorabend der Machtergreifung in Deutschland bis zum Rücktritt von Präsident Masaryk 1933–1945, München 1991, S. 114 f (Dokumente 53 und 53a).

146 Osterloh, Judenverfolgung, S. 89.

147 Jaroslav César / Bohumil Černý: Politika německých buržoazních stran v Československu v letech 1918–1938 [Die Politik der deutschen bürgerlichen Parteien in der Tschechoslowakei in den Jahren 1918–1938], Bd. 2: 1930–1938, Praha 1962, S. 267.

schen den Unterhändlern der beiden Parteien,[148] bei der die Aufstellung einer gemeinsamen Kandidatenliste in Mährisch-Ostrau (Moravská Ostrava) in den kommenden Parlamentswahlen sowie der Gastbeitritt der DDFP-Mandatare in den zukünftigen SHF-Parlamentsklub vereinbart wurden.[149] Allerdings bestimmte der SHF-Hauptrat am 24. März 1935, dass mit der DDFP „keinerlei Verbindungen einzugehen" seien.[150] Und so wurde die Fühlungnahme zwischen den beiden Parteien vonseiten der SHF abrupt abgebrochen. Am 31. März 1935 beendete dann auch die „Rosche-Gruppe" die Zusammenarbeit mit der DDFP und schloss sich der SHF an.[151]

Nach Henleins Erdrutschsieg bei den Parlamentswahlen am 19. Mai 1935 – die SdP errang 68 Prozent der deutschen Wählerstimmen und wurde somit stärkste deutsche Partei – spitzte sich der innerparteiliche Konflikt in der SdP zu. Schrittweise mussten die Spann-Anhänger ihre Führungspositionen an die an Auftrieb gewinnenden ehemaligen DNSAP-Mitglieder abtreten.[152] In dieser angespannten Situation richtete Henlein am 19. November 1937 ein vertrauliches Schreiben an Hitler, in dem es hieß, „Die SdP muß ihr Bekenntnis zum Nationalsozialismus als Weltanschauung und als politischem [sic!] Prinzip tarnen." Die Partei wünsche sich „nichts mehr […] als die Einverleibung des sudetendeutschen Gebietes, ja des ganzen böhmisch-mährisch-schlesischen Raumes in das Reich", müsse „aber nach außen hin für die Erhaltung der Tschechoslowakei und die Integrität seiner Grenzen eintreten".[153] „Der 19. November 1937 ist", so Ralf Gebels Schlussfolgerung, „das späteste Datum, mit dem eindeutig festgestellt werden kann, daß die Sudetendeutsche Partei zur ‚Fünften Kolonne' Hitlers in der Tschechoslowakei geworden war – und Henlein ihr Anführer."[154]

Im April 1938 bekannte sich die SdP offiziell zum reichsdeutschen Nationalsozialismus und nahm so nun auch den „Arierparagraphen" in ihre Sta-

---

148 Štěpán, Zusammenarbeit, S. 23.
149 Das (undatierte) „Wahlübereinkommen" wurde allerdings nicht unterschrieben; vgl. Mantelnote, Beilage I und III, [o. O.] [o. J.], in: NA, Fond 503, Ktn. 68 (39-DP, DAWG, DGP, 1934–1935).
150 Protokoll, Hauptrat, 24.3.1935, in: NA, Fond 503, Ktn. 68 (39-DP, DAWG, DGP, 1934–1935).
151 Eschenbächer, Schutzbedürftigkeit, S. 347.
152 Zimmermann, Sudetendeutschen, S. 46–48, 53 f.
153 Henlein an Konstantin von Neurath, 19.11.1937, in: Akten zur deutschen Auswärtigen Politik 1918–1945, Serie D: 1937–1945, Bd. 2: Deutschland und die Tschechoslowakei (1937–1938), Baden-Baden 1950, S. 40–51, hier S. 47 (Dokument 23, Anlage: Bericht für den Führer und Reichskanzler über aktuelle Fragen der deutschen Politik in der tschechoslowakischen Republik).
154 Gebel, Reich, S. 55.

tuten auf.[155] Der im Monat zuvor vollzogene „Anschluss" Österreichs an das Deutsche Reich hatte unter den Sudetendeutschen euphorische Jubelstürme ausgelöst,[156] die sich auch in der SdP-Mitgliederzahl niederschlugen. Konnte die SdP zum Jahresende 1937 über eine halbe Million Mitglieder verzeichnen, war die Millionengrenze bereits im Mai 1938 überschritten.[157] Angesichts der „raschen Selbstnazifizierung der sudetendeutschen Gesellschaft"[158] und des zunehmenden SdP-Terrors lösten sich sämtliche DDFP-Ortsgruppen in der Grenzregion am 3. April 1938 auf.[159] Es waren also nicht die reichsdeutschen Nationalsozialisten, sondern die von vielen SdP-Anhängern propagierte antijüdische und antiliberale Hetze, die der Grund für die Liquidation des deutschliberalen Organisationswesens im Sudetenland war. Bereits ein halbes Jahr vor dem „Anschluss" der böhmischen und mährischen Grenzgebiete an das Deutsche Reich war der deutsche Liberalismus aus der Öffentlichkeit im Sudetenland ausgeschaltet worden.

Die gemeinsam gehegte Hoffnung der SdP-Leitung und der ehemaligen DNSAP-Funktionäre, die reichsdeutschen Stellen würden die SdP und die DNSAP als gleichwertige Schwesterorganisationen der NSDAP anerkennen, sollte sich nach dem „Anschluss" des Sudetenlandes im Oktober 1938 nicht erfüllen.[160] So fand der letzte SdP-Parteitag am 16. Oktober 1938 in Aussig statt. Danach wurden die SdP-Institutionen in die NSDAP überführt.[161]

4. Fazit

Zusammenfassend kann festgestellt werden, dass in der Tschechoslowakei der Zwischenkriegszeit drei wesentliche Kontaktzonen zwischen den sudetendeutschen Liberalen und den Nationalsozialisten existierten: die als sudetendeutsches Informationszentrum funktionierende Deutschpolitische Arbeitsstelle, die ortsgebundenen Wahlbündnisse (zum Beispiel in Prag) sowie der zwischen 1920 und 1922 wirkende Deutsche Parlamentarische Verband. Die aus der Spätphase der Habsburgermonarchie herrührenden Interaktionen (Stichwort: Deutscher Nationalverband) zwischen den Repräsentanten der DFP/DDFP und der DNSAP erreichten dabei ihren Höhepunkt im Vorfeld

155 Osterloh, Judenverfolgung, S. 140–142.
156 Ebd., S. 137.
157 Zimmermann, Sudetendeutschen, S. 58.
158 Osterloh, Judenverfolgung, S. 95.
159 DDF-Zentrale bleibt bestehen, in: Bohemia, 5.4.1938.
160 Zimmermann, Sudetendeutschen, S. 119 f.
161 Gebel, Reich, S. 128.

tschechoslowakischer Gemeinde- und Parlamentswahlen im Jahr 1919 und in der ersten Hälfte der 1920er Jahre. Über die punktuellen Wahlbündnisse hinaus wurden die Kontakte indes auch in den folgenden Jahren weitergeführt. Die sich hierbei ergebene inhaltliche Zusammenarbeit zwischen den beiden Parteien fokussierte sich auf bestimmte nationalpolitische Initiativen wie beispielsweise die gegen die Tschechoslowakei eingebrachten Beschwerden beim Völkerbund.

Zudem ist festzuhalten, dass die Interaktionen zwischen den Liberalen und den Nationalsozialisten nicht bilateral, sondern stets im Verbund mit anderen sudetendeutschen Parteien abliefen. Das Interaktionsmuster zwischen der DDFP und der DNSAP war dabei durch Ambivalenzen geprägt: Zum einen sollte durch die überparteilichen Zweckgemeinschaften die Einflussnahme der beiden Parteien auf die Tagespolitik (zum Beispiel in der Prager Stadtpolitik) abgesichert und sollten gemeinsame sudetendeutsche Anliegen (beispielsweise gegenüber dem Völkerbund) durchgesetzt werden. Zum anderen brachte die heikle Zusammenarbeit – zwischen der DDFP und Antisemiten bzw. zwischen der DNSAP und Juden – die Deutschliberalen wie die Nationalsozialisten in Erklärungsnot vor der eigenen Wählerschaft und vor den Parteikritikern, schien die Kooperation doch der jeweiligen Parteiideologie (also Befürwortung oder Ablehnung des Rassenantisemitismus) grundsätzlich zu widersprechen. Die eigentliche Herausforderung der DDFP-DNSAP-Interaktionen bestand also nicht in der Frage nach der Positionierung gegenüber dem tschechoslowakischen Staat, kurz: Aktivismus oder Negativismus, sondern im Umgang der beiden Parteien mit der „Judenfrage" (Teilnahme bzw. Ausschluss der deutschgesinnten Juden an bzw. aus der deutschen „Volksgemeinschaft").

Dass die sudetendeutschen Liberalen und die Nationalsozialisten nach dem Ende des Ersten Weltkriegs die Gründung von Interessengemeinschaften überhaupt in Erwägung zogen, ist letztendlich einem zweckorientierten Handlungsmuster geschuldet. Immerhin agierten die Deutschen in der Tschechoslowakei – im Gegensatz zu den Deutschen im Deutschen Reich – aus der Position einer nationalen Minderheit heraus und fanden aus diesem Grund – trotz scharfer ideologischer Differenzen, auch und vor allem in der „Judenfrage" – oft zu einem gemeinsamen Nenner. Und so waren die DDFP und die DNSAP durchaus zuweilen geneigt, im Namen der „deutschen Einheitsfront" antitschechische Zweckbündnisse einzugehen. In diesem Zusammenhang ist hervorzuheben, dass, während die Nationalsozialisten ihre Anhängerschaft kontinuierlich ausbauen konnten, die Liberalen mit einem starken Wählerschwund zu kämpfen hatten. Die Bildung parteiübergreifender Zweckgemeinschaften zur Absicherung ihres Einzugs ins Parlament oder in bestimmte Stadtregierungen war daher für die DDFP eine dringlichere Angelegenheit als für die DNSAP.

Solange relativ moderate Nationalsozialisten in der DNSAP das Sagen hatten, arrangierte man sich mit der DDFP und stimmte zur Wahrung sudetendeutscher Interessen der punktuellen Kooperation mit den „Judenliberalen" zu. Dass die Henleinpartei in ihrer Anfangszeit das Aufstellen einer gemeinsamen Kandidatenliste mit der DDFP in bestimmten Städten erwog, hatte jedoch einen anderen Grund, denn durch eine Kooperation mit den Liberalen sollte der Verdacht zerstreut werden, die SHF sei eine nationalsozialistische Tarnpartei.[162]

Mit dem Einmarsch der Wehrmacht in die „Rest-Tschechei" bzw. mit der Errichtung des Protektorats Böhmen und Mähren im März 1939 gaben die DDFP-Ortsgruppen Prag und Brünn ihre Auflösungen bekannt.[163] Die der Partei verbliebenen jüdischen Anhänger wurden von den Nationalsozialisten entrechtet und verfolgt und in vielen Fällen ermordet. Der deutsche Liberalismus in den böhmischen Ländern hatte somit für immer aufgehört zu existieren.

---

162 Vgl. Štěpán, Zusammenarbeit, S. 40–42.
163 Adam, Prag, S. 244, Anm. 82.

Transatlantische Perspektiven
auf den Nationalsozialismus: Liberale im Exil

HELKE RAUSCH

Elastischer Vernunftliberalismus

Ernst Jäckh als transatlantischer Grenzgänger

Nach „dem Liberalismus im 20. Jahrhundert" ist aus historischer Sicht schwer zu fahnden, selbst wenn sich die Suche auf Deutschland beschränkt. Wenn die weit aufgefächerte internationale historische Forschung jüngeren Datums sich auf einen Standpunkt einigen kann, dann wohl auf diese Einsicht. Denn welche politischen Positionen und Werthaltungen zeitgenössisch als „liberal" gelten konnten, wofür und wogegen man sich mit dieser Zuordnung aussprach, führt schon mitten hinein in erst teilweise aufgeschlüsselte historische Szenen, in denen Verfechter und Gegner des „Liberalismus" aufeinandertrafen und in denen „liberale" Werthaltungen verfochten, aufgegeben oder adaptiert wurden.[1]

Wie fluide oder inkonsistent die Haltung deutscher „Liberaler" auch immer gewesen sein mag, traf sie angesichts des erstarkenden Rechtsnationalismus und schließlich der Machtergreifung von 1933 auf ihre ultimativste Herausforderung. Dabei ist die Vielzahl von zeittypischen Konstellationen, in denen deutsche „Liberale" agierten, vielleicht selten so breit gewesen wie im nahen Vorfeld, während und unmittelbar nach Ende der nationalsozialistischen Diktatur.[2]

Aus diesem Grund lohnt der genauere Blick auf symptomatische Momente und Konstellationen, in denen sichtbar wird, wie sich „liberales" Personal

---

1 Vgl. Michael Freeden: Liberalism: A Very Short Introduction, Oxford ²2017; Anselm Doering-Manteuffel / Jörn Leonhard (Hg.): Liberalismus im 20. Jahrhundert, Stuttgart 2015; Moritz Föllmer: Führung und Demokratie in Europa, in: Tim B. Müller / Adam Tooze (Hg.): Normalität und Fragilität: Demokratie nach dem Ersten Weltkrieg, Hamburg 2015, S. 177–197.
2 Vgl. Jens Hacke: Existenzkrise der Demokratie. Zur politischen Theorie des Liberalismus in der Zwischenkriegszeit, Frankfurt a. M. 2018.

im Umfeld von 1933 platzierte. Weder wird dann ein in Whig-Manier obsie-
gender, irgendwie prinzipientreuer Liberaler sichtbar, noch entsteht eine Ka-
tastrophenerzählung vom scheiternden Liberalen. Stattdessen erlaubt es die
biographische Engführung zum einen, exemplarisch den ganz eigenen und
eigentümlichen Windungen nachzugehen, die liberale Wege angesichts der
Machtergreifung nahmen. Dabei werden inkonsistente Arrangements sichtbar, zu denen sich Liberale bereitfanden. Zum anderen fällt auf, dass und wie
transnationale Ressourcen – in Gestalt entsprechender Netzwerke schon vor
1933 und während des Exils – für vom neuen Regime herausgeforderte Liberale als erweiterte Handlungs- und Denkspielräume wichtig wurden.

Vor diesem Problemhorizont und mit diesen Akzenten kommt exemplarisch der langjährige Leiter der Berliner Hochschule für Politik zwischen 1920
und 1933 Ernst Jäckh ins Visier. Naturgemäß fallen nicht alle Aspekte und
Phasen einer in vielfacher Hinsicht schillernden Biographie ins Gewicht.[3]
Stattdessen wird von einem Schlüsselmoment 1933 aus argumentiert, in dem
Jäckh tatsächlich auf Hitler traf. Von dort aus lassen sich Verbindungslinien
zu zentralen Momenten in Jäckhs politischer Biographie erst vor und dann ab
1933 bis in die 1950er Jahre hinein zeichnen: Als Hochschulleiter kam Jäckh
nämlich bei einer Unterredung mit Hitler am 1. April 1933 zu seinem unmit-
telbarsten Direktkontakt mit dem neuen Regime. Der Handlungsdruck, sich
gegenüber den neuen Machthabern zu positionieren, schien akut. In seinen
Memoiren und andernorts zeichnete Jäckh gern ein hagiographisches Bild
von seinem überlegenen Umgang mit Hitler. Demnach trat er dem Diktator
phoenixgleich als standhaft liberaler Regimegegner entgegen und widersetzte
sich Hitlers Ansinnen, die Hochschule sofort für die neue, systemkonforme
Wissenschaft zu requirieren.[4] Wie auch immer Jäckhs Beziehungsstrategie

---

3 Biographische Daten liefern Christhard Schrenk: Friedrich Naumann und Heilbronn –
Einblicke in das „Netzwerk" Jäckh, Bruckmann, Heuss, in: Jahrbuch zur Liberalismus-Forschung 23 (2011), S. 29–45; Walter Mogk: „Jäckh, Ernst", in: Neue Deutsche Biographie 10
(1974), S. 264–267.
4 Das gilt auch dann, wenn wenig Anlass besteht, der ominösen Selbstheroisierung zu folgen, die Jäckh nach verschiedenen Seiten hin und in praktisch jeder Publikation nach 1933
auftischte, wenn er von der Unterredung mit Hitler berichtete; vgl. Ernst Jäckh: Weltstaat.
Erlebtes und Erstrebtes, Stuttgart 1960, S. 129–139. Unter anderem behauptete Jäckh, er habe
Hitler ermorden, ihn aber nicht zum Märtyrer machen wollen; vgl. ebd., S. 131. Auch habe
Hitler versucht, Jäckh als ausgewiesenen Regimegegner zu beeindrucken; vgl. ebd., S. 132.
Den Memoiren zufolge diktierte er auch die „Tagesordnung" des Gesprächs mit Hitler; vgl.
ebd. Von diesen und ähnlichen Stilisierungen rückte Theodor Heuss, 1933 noch etwas näher
an Jäckhs Erzählung, später weiter ab; vgl. zunächst Heuss an Friedrich Mück, 1.4.1933, in:
Theodor Heuss: In der Defensive. Briefe 1933–1945 hg. und bearbeitet von Elke Seefried,
München 2009, S. 146, sowie später Heuss an Toni Stolper, 11.8.1960, in: Theodor Heuss:

gegenüber dem Nationalsozialismus Anfang 1933 tatsächlich ausgesehen haben mag, sein Kalkül schlug gründlich fehl. Die offizielle Gleichschaltung der Hochschule zog sich zwar noch hin, bis das Institut 1937 als Reichsanstalt firmieren und schließlich 1940 den auf den Nationalsozialismus hin genordeten „Auslandswissenschaften" zugeschlagen werden sollte.[5] Jäckh musste aber noch 1933 weichen. Schon Ende April löste er den Verein Deutsche Hochschule für Politik e. V. auf und setzte sich wenige Wochen später ins britische und ab 1940 ins US-amerikanische Exil ab.[6]

Das Aufeinandertreffen vom 1. April 1933 hatte durchaus Elemente liberaler Beharrlichkeit.[7] Dass damit aber erst ein kleiner Teil von Jäckhs Beziehungen zum Nationalsozialismus geklärt ist, wird deutlich, sobald sich der Blick über den Berliner Begegnungsmoment hinaus weitet. Das Spannungsfeld von erzählter und faktischer Konfrontation des liberalen Hochschulleiters mit Hitler 1933 ist nämlich noch systematischer vermessbar. Es lässt sich abschreiten über Jäckhs (wissenschafts-)politische Voten und Taktiken bis 1933 in Deutschland, ab 1933 im Exil und schließlich im Blick auf einige Interventionen in den 1950er Jahren in der Bundesrepublik. In seinen wechselhaften Positionierungen in diesem langen Zeitrahmen werden Erfahrungen, Erwartungen und Kalküle sichtbar, mit denen sein ganz eigener Liberalismus imprägniert war.

Jäckhs Haltung erscheint als eine Art elastischer Vernunftliberalismus: Zum einen interessierte er sich wenig bis gar nicht für die sozioökonomischen Infrastrukturen und pluralistischen Funktionserfordernisse der kriegsgezeichneten deutschen Nachkriegsgesellschaft. Ob er sich zu einem republikanischen oder demokratischen System in Deutschland bekennen mochte, war gar nicht klar. Stattdessen trieben ihn in allererster Linie die nationalstaatlichen Belange Nachkriegsdeutschlands in der europäischen und internationalen Politik um. In den 1920er Jahren war er damit durchaus anschlussfähig

---

Privatier und Elder Statesman. Briefe 1959–1963, hg. und bearbeitet von Frieder Günther, Berlin/Boston 2014, S. 230.

5 Vgl. Steven D. Korenblat: A School for the Republic? Cosmopolitans and Their Enemies at the Deutsche Hochschule für Politik, 1920–1933, in: Central European History 39.3 (2006), S. 394–430; Alfons Söllner: Gruppenbild mit Jäckh. Anmerkungen zur „Verwissenschaftlichung" der Deutschen Hochschule für Politik während der Weimarer Republik, in: Ders.: Deutsche Politikwissenschaftler in der Emigration. Studien zu ihrer Akkulturation und Wirkungsgeschichte, Opladen 1996, S. 31–54.

6 Vgl. Ernst Jäckh an Theodor Heuss, 3.5.1933, in: Bundesarchiv (BArch), Nachlass Theodor Heuss, N 1221, 382, zit. nach Heuss, Defensive, S. 146, Anm. 1.

7 Vgl. Jürgen Frölich: Opposition und Widerstand auf liberaler Grundlage, in: Peter Steinbach / Johannes Tuchel (Hg.): Widerstand gegen die nationalsozialistische Diktatur 1933–1945, Bonn 2004, S. 167–184.

an den liberalen Verständigungs-Internationalismus seiner Tage. Aber Jäckhs revisionistischem Argument und den Relikten seines alten Kulturimperialismus ordnete sich vieles unter. Er blieb auf die Idee fixiert, eine vor allem zu den westeuropäischen Nachbarn und den USA hin offene, durch ständige Nahkontakte und „Aussprachen" ausgehandelte liberale Nachkriegsordnung mit zu betreiben, in der „Krieg als Mittel nationaler Politik" ausschied. Das rational und wissenschaftlich basierte „sich Verstehen" zielte aber immer zuallererst darauf, die deutsche Verlierernation zu rehabilitieren.[8]

Zum anderen häuften sich die Anzeichen für eine beachtliche Elastizität dieser vernunftliberalen Position. Noch im März 1933 ging Jäckh nämlich davon aus, Absprachen mit den Nationalsozialisten treffen zu können, die der Hochschule eine politikferne Nische garantieren würden. Er spekulierte darauf, sich den totalitären Zudringlichkeiten der neuen Machthaber zu entziehen, indem er auf das bei ihrer Gründung 1920 noch maßgebliche „Überparteilichkeits"-Ethos der Hochschule verwies.[9] Sein Schützling Theodor Heuss teilte und billigte Jäckhs Strategie. Auch er hoffte auf Arrangements unterhalb der Gleichschaltungsebene und pflegte die Fiktion einer Nische für propagandaferne Wissenschaft selbst nach der Machtergreifung. Die Diskriminierung und Exklusion jüdischer und missliebiger Wissenschaftler an der Hochschule im Gefolge des sogenannten Berufsbeamtengesetzes hielt er ähnlich wie Jäckh zumindest zu einem Zeitpunkt, als deren Ausmaß noch nicht absehbar war, für notfalls unvermeidlich.[10]

Hinzu kommt, dass Jäckh, anders als in den Memoiren geschildert, seinen nationalsozialistischen Ansprechpartnern gegenüber Verhandlungsspielräume aufmachte. Er erwog, den Lehrbetrieb an der Hochschule staatlich beaufsichtigen zu lassen und die Forschungsarbeiten zugunsten „auslandswissenschaftlicher", sogenannter „weltpolitischer" Themen zu öffnen.[11] Vom

---

8 Vgl. Ernst Jäckh: Beiträge zum Locarno- und Kellogg-Vertrag, in: Ders. (Hg.): Politik und Wissenschaft. Zehn Jahre Deutsche Hochschule für Politik, Berlin 1930, S. 3–12, hier S. 10 und 12.

9 So Ernst Jäckh, 23.3.1933, in: Geheimes Staatsarchiv Preußischer Kulturbesitz, Berlin/ Dahlem (GStA PK), I. HA, Rep. 303, Bd. 172. Zur Exklusion jüdischer und politisch unerwünschter Wissenschaftler vgl. Michael Grüttner / Sven Kinas: Die Vertreibung von Wissenschaftlern aus den deutschen Universitäten 1933–1945, in: Vierteljahrshefte für Zeitgeschichte 55 (2007), S. 123–186.

10 Vgl. Theodor Heuss an Friedrich Mück, 14.3.1933, in: Heuss, Defensive, S. 118–122, hier S. 119: „Wenn wir unter das Ministerium Goebbels kommen, macht das uns sicher kaputt. Wenn begriffen wird, daß Wissenschaft etwas anderes ist als Propaganda, mag es gehen, aber vielleicht mit personellen Opferungen."

11 Vgl. aus der dichten Korrespondenz Jäckhs mit den Philanthropen zum Beispiel das Schreiben Jäckhs an seinen Kontaktmann im Pariser europäischen Büro der Stiftung John van

überparteilichen liberalen Gründungskonsens, der 1920 die Hochschule zu einem Prestigeobjekt der Weimarer Koalition gemacht hatte, bewegte sich Jäckh damit weit weg und unternahm stattdessen Grenzgänge. Seine Beziehung zur nationalsozialistischen Führung war in diesem Moment also deutlich offener, als es zu einem Narrativ liberaler Beharrlichkeit passen konnte.

1. Imprägnierungen und Taktiken des liberalen Grenzgängers

Bevor Jäckh 1933 direkt auf Hitler traf, war sein Liberalismus schon vielfach und außerordentlich ambivalent geprägt. a) Als Hochschulgründer war er zunächst einmal außenpolitischer Vernunftrepublikaner, seit Ende der 1920er Jahre aber in der gleichen Funktion auch schon Koalitionär einer Gruppe Nationalradikaler. b) Daneben etablierte er sich über seine Kontakte zu US-Stiftungen als transatlantischer Wissenschaftsdiplomat in revisionistischer Absicht. Er spekulierte darauf, dass die wissenschaftliche Expertise über die sich gerade erst formierende Disziplin der Internationalen Beziehungen, wie die Hochschule sie bereitstellen sollte, zugleich ein Unterpfand für den Weg Deutschlands in den Völkerbund und in die Mitte der europäischen Nachkriegsordnung darstellen würde. c) Damit eng verschwistert, klang bei Jäckh aus der Weltkriegsphase noch ein gediegener deutscher Kulturimperialismus nach, der den Abstand zum Radikalnationalismus verkürzen konnte.

Es war dieses in dreifacher Hinsicht sperrige ideelle Gepäck, eine Art synkretistischer Vernunftliberalismus, das Jäckh 1933 unweigerlich in die Unterredung mit Hitler schleppte und das ihn über Arrangements in einer antiliberalen Grauzone nachdenken ließ, bevor es ihn doch ins Exil trieb.

a) Nach einer Übereinkunft mit den neuen Machthabern suchte Jäckh 1933 nicht zuletzt, um mit der Hochschule einen bemerkenswerten intellektuellen Ort im Gefüge der Weimarer Republik zu erhalten. 13 Jahre zuvor hatte er seine illustre Rolle an der Spitze der neu gegründeten Berliner Institution gemeinsam mit Theodor Heuss übernommen. Damit realisierten sie in erster Linie eine an der Pariser École libre des sciences politiques orientierte Idee Friedrich Naumanns vom Januar 1918 zu einer Staatsbürgerschule, die posthum regelrecht an Jäckh übergegangen war.[12] Die Hochschulgründer operierten als „Verlegenheits"-Republikaner": Zur demokratischen Republik be-

---

Sickle am 7.4.1933 und van Sickles Notiz an den Direktor der New Yorker Social Sciences-Abteilung der Rockefeller Foundation Edmund E. Day, 30.3.1933, in: Rockefeller Archive Center, Tarrytown/New York (RAC), Rockefeller Foundation Archives (RFA) RG 1.1/717S/19/177.

12 Vgl. Christophe Charle: Entre l'élite et le pouvoir, in: Le Débat 64 (1991/2), S. 84–98.

kannten sie sich eher formell und aus funktionalen Erwägungen, begrüßten sie als Ersatz für die mit Kriegsende und Revolution definitiv untergegangene Monarchie, als unter den neuen außen- und innenpolitischen Bedingungen der Nachkriegsphase nicht aktiv erkämpften, aber akzeptablen Ordnungsrahmen. Über die Binnenausstattung der Republik als demokratisches Gemeinwesen war damit noch nichts gesagt.[13] Das Bekenntnis mehr zur republikanischen Ordnung als zum demokratischen Verfahren atmete deutlich den Geist Naumann'scher Denkart, wonach eigentlich das plebiszitäre Volkskaisertum den Erfordernissen des modernen Industriestaats entsprach. Naumanns Votum für die Republik hatte sich ebenso wenig wie das der Verfassungstheoretiker von Weimar mit einer besonderen Erwartung an den Zugewinn individueller Partizipationsrechte verbunden. Eher firmierte die Republik als diejenige Ordnung, die nach dem ernüchternden Kriegsende den „Volksstaat" am ehesten einhegte.[14] In diesem Sinne war auch Jäckh als Naumannianer auf die Frage fixiert, wie „Führer" und politische „Eliten" der republikanischen Ordnung Stabilität verleihen konnten. Er erwartete, dass es nach dem Legitimitätsschwund der Monarchie jetzt eine vordringliche Aufgabe der Republik war, die nationale Einheit zu sichern und dafür an der Hochschule politisches und diplomatisches Personal zu schulen.[15]

Diese Sichtweise spielte eine zentrale Rolle in Jäckhs hochschulpolitischen Strategien der 1920er und 30er Jahre. Denn er hatte nicht nur einflussreiches Personal im Hochschulvorstand gesammelt, sondern fädelte auch mit einer intensiven Reisediplomatie seit Mitte der 1920er Jahre enge und bald kapitalintensive Kontakte zu großen US-amerikanischen Stiftungen ein. Die US-amerikanischen Dollars trugen die halb staatlich, halb privat finanzierte Hochschule in Zeiten einbrechender Institutsbudgets im Umfeld der Welt-

---

13 Vgl. Andreas Wirsching: „Vernunftrepublikanismus" in der Weimarer Republik. Neue Analysen und offene Fragen, in: Ders. / Jürgen Eder (Hg.): Vernunftrepublikanismus in der Weimarer Republik. Politik, Literatur, Wissenschaft, Stuttgart 2008, S. 9–26; Korenblat, School.
14 Vgl. Friedrich Naumann: Demokratie als Staatsgrundlage. Vortrag, gehalten am 4.3.1919 in der Stadtkirche zu Jena, Berlin 1919, hier v. a. S. 6 f; Ders.: Der Volksstaat kommt!, in: Die Hilfe 41 (10.10.1918), S. 481, zit. nach Thomas Hertfelder: „Meteor aus einer anderen Welt". Die Weimarer Republik in der Diskussion des Hilfe-Kreises, in: Wirsching/Eder, Vernunftrepublikanismus, S. 29–55, hier S. 33; Jürgen Frölich: Friedrich Naumanns „Mitteleuropa". Ein Buch, seine Umstände und seine Folgen, in: Rüdiger vom Bruch (Hg.): Friedrich Naumann in seiner Zeit, Berlin/New York 2000, S. 245–268; Marcus Llanque: Demokratisches Denken im Krieg. Die deutsche Debatte im Ersten Weltkrieg, Berlin 2000.
15 Vgl. Ernst Jäckhs Rede anlässlich der Hochschuleröffnung [ohne Titel], in: Politische Bildung. Wille, Wesen, Ziel, Weg. Sechs Reden, gehalten bei der Eröffnung der Deutschen Hochschule für Politik, Berlin 1921, S. 28–32. Vgl. so auch Hans Kelsen: Vom Wesen und Wert der Demokratie, in: Archiv für Sozialwissenschaft und Sozialpolitik 47 (1920/21), S. 50–85.

wirtschaftskrise durch die krisengezeichneten frühen 1930er Jahre und sicherten ihren Bestand. Zudem verbuchte Jäckh damit immense symbolische Kapitalzuwächse. Denn die Dollargeschenke der Stiftungen gratifizierten Jäckh und die Hochschule vor den Augen der akademischen Weltöffentlichkeit und zogen die Berliner Einrichtung nach Jahren der Marginalisierung deutscher Wissenschaftler in die Mitte der internationalen Scientific Community.[16]

Jäckh erarbeitete sich privilegierten Zugang zum Führungspersonal des internationalistisch-liberalen Carnegie Endowment for International Peace und der Rockefeller-Stiftung.[17] Im Frühjahr 1927 holte er einen Carnegie Lehrstuhl für Internationale Beziehungen und Geschichte an die Hochschule, der renommierte linke und liberale Internationalisten wie den Präsidenten der International Arbeitsorganisation (ILO) Albert Thomas nach Berlin brachte. Dazu warb Jäckh 1931 eine zusätzliche Stiftungsprofessur ein und betrieb 1931/32 das Projekt, eine Art Grundlagenforschung in Sachen Internationale Beziehungen auf den Weg zu bringen.[18]

Tatsächlich schienen die Erwartungen an den Pazifismus- und Verständigungseffekt eines solchen Wissenschaftsinternationalismus auf beiden Atlantikseiten fast schon atemberaubend hoch. Die progressivistischen amerikanischen Liberalen in den Reihen der Rockefeller- und Carnegie-Stiftungen standen für einen szientistischen Konsens. Sie vertrauten darauf, dass eine ausdrücklich wissenschaftsbasierte, rationale Politik Konflikte in der internationalen Politik optimal lösen könne und überhaupt ein wirkungsvolles Instrument zur Pazifizierung darstelle. Der philanthropische Szientismus speiste sich aus einer bis ins ausgehende 19. Jahrhundert zurückreichenden Emphase

---

16 Vgl. Daniel Laqua: Transnational Intellectual Cooperation, the League of Nations, and the Problem of Order, in: Journal of Global History 6.2 (2011), S. 223–247.

17 Vgl. z. B. Butler an Jäckh, 5.5.1930, in: Carnegie Endowment for International Peace, Centre Européen Records, Columbia University / New York, Rare Book and Manuscript Library CEIP CE/183/3 und Beardsley Ruml an Jäckh, 6.4.1928, in: RAC Laura Spelman Rockefeller Memorial Records (LSRM) III.6/51/537.

18 Vgl. Van Sickles Memo über sein Gespräch mit Jäckh, 18.7.1933, in: RAC RFA RG 1.1/717S/19/178; Helke Rausch: Professionalisierung als diplomatische Strategie: das US-amerikanische Carnegie Endowment in Europa vor 1945, in: Matthias Middell / Isabella Löhr / Hannes Siegrist (Hg.): Kultur und Beruf in Europa, Stuttgart 2012, S. 217–226; Joseph W. Winn: Nicholas Murray Butler: The Carnegie Endowment for International Peace, and the Search for Reconciliation in Europe, 1919–1933, in: Peace & Change 31.4 (2006), S. 555–584; Katharina Rietzler: Philanthropy, Peace Research and Revisionist Politics: Rockefeller and Carnegie Support for the Study of International Relations in Weimar Germany, in: GHI Bulletin 5 (2008), S. 61–79; Deniz Kuru: Who f(o)unded IR: American philanthropies and the discipline of International Relations in Europe, in: International Relations 31.1 (2017), S. 42–67.

für die Sozialwissenschaften als Modernisierungsvehikel. „International Relations" sollten zu einer hochgradig politikrelevanten Wissenschaftsressource ausgebaut werden. Nicht nur an der Hochschule sollten sie einer Expertise voranhelfen, die es ermöglichen würde, die Nachkriegsweltordnung rational und affektfrei, fernab der alten Kriegsnationalismen auszuhandeln.[19] Es passte zu dieser amerikanischen Erwartung, wenn Jäckh eine „Friedensakademie" zu lancieren versuchte, die die Bedingungen für friedliche internationale Beziehungen erforschen und eine Art Friedenswissenschaft begründen sollte.[20]

Die rechtskonservative Gegengründung zur Hochschule, das Politische Kolleg, hatte Jäckh unterdessen anfangs noch in die Schranken gewiesen. Bald setzte er sich allerdings rhetorisch geschickt über den Umstand hinweg, dass das Kolleg bald erstarkte und der vernunftrepublikanische Gründungskonsens der Hochschule bröckelte. Im Grunde betrieb er diese Erosion aktiv mit: Nach dem Eintritt der DNVP in die Reichsregierung hatte sich das Kolleg seit 1927 noch gegen Jäckhs Willen in eine Arbeitsgemeinschaft mit der Hochschule gedrängt. Ab etwa 1930 begann Jäckh allerdings, sich mit den extremen Nationalisten aus dem Kolleg-Milieu um den DNVP-Abgeordneten und erzkonservativen Historiker Martin Spahn[21] und den radikalnationalistischen „Volkstum"-Forscher Max Hildebert Boehm zu arrangieren.[22] Mit dieser Strategie stand Jäckh keineswegs allein; er teilte sie nicht zuletzt mit dem im nationalsozialistischen Jargon „halbjüdischen" Arnold Wolfers.[23] Beide erschienen erheblich zur Rechten hin biegbar, frustriert von der Kriegs-

---

19 Vgl. Helke Rausch: Akademische Vernetzung als politische Intervention in Europa. Internationalismus-Strategien US-amerikanischer Stiftungen in den 1920er Jahren, in: Jahrbuch für Universitätsgeschichte 18 (2015), S. 163–186.

20 Vgl. die Korrespondenz um eine „Friedensakademie" und „Stresemann-Stiftung" in CEIP, CE/324/4; Carnegie Endowment for International Peace Yearbook 1932, Washington D.C. 1932, S. 59–61; Robert Curtius: Memorial to Gustav Stresemann, in: International Conciliation 263 (1930), S. 563–572. Die Akademie kam nie zustande.

21 Vgl. Martin Spahn: Bericht über das Politische Kolleg, seine Art und Tätigkeit in den Jahren 1920/25, in: Mitteilungen des Politischen Kollegs 2 (1925), S. 14–20; Ernst Haiger: Politikwissenschaft und Auslandswissenschaft im „Dritten Reich". (Deutsche) Hochschule für Politik 1933–1939 und Auslandswissenschaftliche Fakultät der Berliner Universität 1940–1945, in: Gerhard Göhler / Bodo Zeuner (Hg.): Kontinuitäten und Brüche in der deutschen Politikwissenschaft, S. 94–136.

22 Vgl. u. a. Max Hildebert Boehm: Volkstum und Demokratie, in: Probleme der Demokratie, Berlin 1928 (Politische Wissenschaft. Schriftenreihe der Deutschen Hochschule für Politik in Berlin und des Instituts für Auswärtige Politik in Hamburg, hg. von A. Wolfers, Bd. 5), S. 48–66.

23 Vgl. Arnold Wolfers: The Crisis of Democratic Regime in Germany, in: International Affairs 11 (1932), S. 757–783.

erfahrung und überzeugt vom außenpolitischen Entwicklungsrückstand des deutschen Staates. Liberale Faschismusanalysen waren von daher auch nicht ihre Sache.[24]

Hier wurde Jäckhs bis in unklare Graubereiche hinein elastischer Vernunftliberalismus sichtbar. Er öffnete sich strategisch der auch in der Hochschule massiv ansteigenden Rechten und verharmloste tunlichst deren prinzipiellen Anti-Liberalismus gegenüber den amerikanischen Gesprächspartnern und in öffentlichen Stellungnahmen.[25] Das fällt auch dann ins Gewicht, wenn offen bleiben muss, wie stark solche Konzessionen das Gründungsparadigma der Hochschulmitarbeiter beschädigten. Denn in keiner seiner zahllosen Varianten war der deutsche Zwischenkriegsliberalismus bereits ein dezidiert westlich-demokratischer Konsensliberalismus, wie er erst seit den 1940er Jahren und unter den Bedingungen des frühen Kalten Kriegs entstehen konnte.[26]

b) Jäckhs vernunftliberales Profil wurde auch an anderer Stelle deutlich. Seit Mitte der 1920er Jahre hatten die Philanthropen ihm ausgedehnte Vortragsreisen in den USA gesponsert. Dabei nutzte er die öffentliche Bühne, um zu demonstrieren, dass „sich für die deutsche Republik als Folge der Versailler Nachkriegspolitik eine Mission des Friedens als naturnotwendig ergeben habe."[27] In die erhitzten inneramerikanischen Debatten über die Haltung der USA zum Internationalismus mischte er sich darüber hinaus ein, indem er für eine US-amerikanische Mitgliedschaft im Völkerbund warb.[28] Jäckh tat alles dafür, mit solchen öffentlichen Voten möglichst sichtbar zu werden.[29] Sie knüpften deutlich an seinen politischen Aktivismus seit Kriegsende und

---

24 Vgl. Jens Hacke: Selbstkritik und Selbstzweifel. Zur Krise des liberalen Denkens in der Zwischenkriegszeit, in: Ewald Grothe / Ulrich Sieg (Hg.): Liberalismus als Feindbild, Göttingen 2014, S. 153–182.

25 Vgl. Ernst Jäckh: Political Forces in the Reichstag, in: Foreign Affairs 10 (Januar 1932), S. 332; seine hinhaltenden Stellungnahmen gegenüber dem Stiftungsverantwortlichen John Van Sickle, vgl. Ders., Memo, 18.7.1933, in: Van Sickles Memo über sein Gespräch mit Jäckh vom 18.7.1933, in: RAC RFA RG 1.1/717S/19/178. Zum Kolleg und zur kritischen Institutsgeschichte Rainer Eisfeld: Ausgebürgert und doch angebräunt. Deutsche Politikwissenschaft 1920–1945, mit einer Würdigung des Autors von Hubertus Buchstein, Baden-Baden ²2013.

26 Vgl. Anselm Doering-Manteuffel: Antifaschismus und Emigration – Transfers und Verflechtungen im beginnenden Ost-West-Konflikt, in: Ders./Leonhard, Liberalismus, S. 203–218.

27 Vgl. Berliner Tagblatt, 9.12.1926 (Jäckhs neue Vortragsreihe).

28 Vgl. Boston Daily Globe, 9.12.1926 (Dr. Jackh talks on ‚New Germany') und The Cornell Daily, 14.12.1926, 1 (Dr. Ernst Jaeckh to give lecture).

29 Entsprechend veröffentlichte er die Vorträge als Ernst Jäckh: The New Germany. Three Lectures, London 1927.

sein Engagement für die Deutsche Liga für Völkerbund seit 1918 an.[30] In dieser Funktion forderte er, staatsnah im Umfeld des Auswärtigen Amtes (AA), einen deutschen Beitritt zum Völkerbund für den Fall, dass dieser reformiert und für deutsche Interessen geöffnet würde. Zugleich grenzte er sich deutlich vom zeitgenössischen Verdikt rechtskonservativer Parteien und der extremen Linken ab, für die der Völkerbund ausschließlich zu einer Versailler Infrastruktur zählte, die Deutschland gängelte.[31] Als der von Jäckh geleitete Arbeitsausschuss Deutscher Verbände, den rechte und liberale Kräfte auch aus der Privatindustrie finanzierten, die „Kriegsschuld"-Diskussion befeuerte und – wiewohl weniger rabiat als die Rechte – sich gegen die „Alleinschuldthese" der Alliierten verwahrte, spielte Jäckh aber keine prominente Rolle.[32]

Demgegenüber verfocht er in der Liga nationale Interessen und erneut eine klar szientistische Diplomatie: Völkerrechtliche Expertise und überhaupt die wissenschaftliche Bearbeitung anstehender Sachfragen nicht zuletzt an der Hochschule sollten das Projekt des Völkerbunds respektabel und konsensfähig machen.[33] Ein „streng wissenschaftlicher" Kommentar der Liga zum Friedensvertrag, so Jäckh, würde der deutschen Revisionsforderung eine Art unentrinnbare Rationalität verleihen.[34] Als die Liga Anfang 1921 in den Weltverband der Völkerbundgesellschaften aufgenommen wurde und sie generell enge Kontakte gleichermaßen zum Völkerbundsekretariat wie zum AA unterhielt, sah er diese Strategie auch aufgehen.[35]

Schließlich konzentrierte er sich zunehmend darauf, seine Kontakte zu den Stiftungen und seine öffentlichen Auftritte dafür zu nutzen, für ein Ende der deutschen Reparationsverpflichtungen zu werben, das allein Deutschland stabilisieren und vor „Hitlerismus" und „Kommunismus" schützen könne.[36] In der völkerrechtlichen Gleichstellung Deutschlands sah er Anfang der

---

30 Vgl. Jost Dülffer: Vom Internationalismus zum Expansionismus. Die Deutsche Liga für Völkerbund, in: Wolfgang Elz / Sönke Neitzel (Hg.): Internationale Beziehungen im 19. und 20. Jahrhundert, Paderborn u. a. 2003, S. 251–266.
31 Vgl. Ernst Jäckh: Die Gründung der Deutschen Liga für Völkerbund, in: Völkerbund. Monatsschrift der Deutschen Liga für Völkerbund 1 (1928), S. 18 ff.
32 Vgl. Ulrich Heinemann: Die verdrängte Niederlage. Politische Öffentlichkeit und Kriegsschuldfrage in der Weimarer Republik, Göttingen 1983, S. 120–154, 288, Anm. S. 278.
33 Vgl. Ernst Jäckh: Der Völkerbundgedanke in Deutschland während des Weltkrieges, Berlin 1929; Ders.: L'idée de Société des Nations en Allemagne pendant la guerre, in: Esprit International / The International Mind 3.11 (Juli 1929), S. 393–415.
34 Vgl. Jäckh an den Ministerialdirektor im Auswärtigen Amt Ernst von Simson, 18.7.1919, Politisches Archiv des Auswärtigen Amtes (PAAA), R 133810, zit. nach Joachim Wintzer: Deutschland und der Völkerbund, Paderborn 2006, S. 161.
35 Vgl. Wintzer, Deutschland, S. 206–208, 225 f.
36 Vgl. Daily Boston Globe, 14.12.1931 (Warns of Peril in Squeezing Germany).

1930er Jahre die letzte und einzige Chance, den Aufstieg des Nationalsozialismus in einem Deutschland zu verhindern, das sich andernfalls von „moralischer Schuldsprechung" gedemütigt und depraviert empfinden würde.[37] Ähnlich wollte Jäckh an der Hochschule eine zukunftsfähige politikwissenschaftliche Expertise produzieren lassen, die die Teilnahme Deutschlands an der Völkerbundgemeinschaft beschleunigen sollte.[38]

Der transatlantische Nexus beflügelte also Jäckhs Wissenschaftsinternationalismus in revisionistischer Absicht. Wie so häufig in der Geschichte amerikanischer Wissenschaftsförderung in Europa und Deutschland[39] machten die Dollarströme nach Berlin Jäckh nicht zum weisungsgebundenen Zahlungsempfänger. Stattdessen verstand er es, den progressiven Idealismus der amerikanischen Stiftungen als Steilvorlage für eigene Belange zu nutzen. Gerade darin war er überaus versiert. Zu diesem Selbstverständnis gehörte freilich auch eine Art unausgesprochener Konsens, dass die amerikanisch geförderte Wissenschaft an der Hochschule unter liberalen Rahmenbedingungen und nicht als Auftragswissenschaft der neuen Machthaber zustande kommen würde. Die Rockefeller-Stiftung mochte sich nach 1933 nicht immer an diese Vorgabe halten und auch über diese Zäsur hinweg wiederholt in Deutschland aktiv bleiben;[40] an der Hochschule allerdings war man konsequent und stoppte die Zuwendungen, sobald Jäckh zurücktrat.

c) Dass Jäckh sich mit den nationalsozialistischen Machthabern zu arrangieren versuchte, trug sicher auch Züge einer verzweifelten Defensivstrategie, die es ermöglichen sollte, die Hochschule zu sichern. Gleichzeitig schien die politische Wegstrecke, die Jäckh dafür zurückzulegen hatte, nicht in jeder Hinsicht überdimensional weit. Dass er während der Vorkriegs- und Weltkriegsjahre klar in einem kulturimperialistischen Kriegsnationalismus verankert war, machte ihn nicht vorderhand zum Sympathisanten des Nationalsozialismus, mochte aber zumindest in außen- und nationalpolitischer Hinsicht den Abstand verkürzen. Zu Beginn des Jahrhunderts nämlich hatte er sich als junger Heilbronner Journalist dem reformistischen, quasi „linken" Liberalismus im Umfeld Friedrich Naumanns zugeordnet. Ihm wollte er neue Wähler-

---

37 Vgl. Ernst Jäckh: Die Politik Deutschlands im Völkerbund, Genf 1932, S. 29.
38 Vgl. Ernst Jäckh: Jahresbericht der Hochschule 1927, zit. nach Ders.: Zur Gründung und Entwicklung der Deutschen Hochschule für Politik, in: Ders. (Hg.): Politik als Wissenschaft. Zehn Jahre Deutsche Hochschule für Politik, Berlin 1930, S. 175–202, hier S. 199 f; vgl. auch Ders.: Vorwort, in: Ders., Politik als Wissenschaft, S. V–IX.
39 Vgl. Rausch, Vernetzung.
40 Vgl. Helke Rausch: Sympathy for the Devil? American support for German Sciences after 1933, in: Maria Björkman / Patrik Lundell / Sven Widmalm (Hg.): Intellectual Collaboration with the Third Reich. Treason or reason?, London/New York 2019, S. 119–133.

reservoirs erschließen und ihn zur aufsteigenden Sozialdemokratie, aber auch zur anti-agrarischen konservativen Mittelschicht hin öffnen.[41]

Im Sinne Naumanns war Jäckh den Prinzipien eines imperialistisch-expansiven, militärisch und protestantisch grundierten deutschen Nationalismus verpflichtet.[42] Er hatte Naumanns „Mitteleuropa"-Idee von 1915 verinnerlicht und plädierte für eine deutsche Kulturhoheit und politische Kontrolle über das multiethnische „Mitteleuropa" bis weit in den Osten.[43] Den antisemitischen Annexionisten, für die die aggressive Ostexpansion Deutschlands schwache Kolonialmacht kompensieren sollte, folgte er allerdings nicht, sondern dachte ethnisch inklusiver und universalistischer.[44]

Dennoch nutzte Jäckh in der Beziehungskonstellation mit dem Nationalsozialismus 1933 dieses inkohärente Gedankenerbe des deutschen Liberalismus. Er beschritt absichtsvoll den schmalen Grat zwischen der moderat-imperialistischen, wenn auch dezidiert nicht-rassistischen Naumann'schen Mitteleuropa-Idee und ihrer – von Jäckh eigentlich so nie mitvollzogenen – aggressiv-expansionistischen Umdeutung durch die deutsche Rechte seit Kriegsende. Zu solchen Einschätzungen passte, dass er noch im Frühjahr 1932 die Weimarer Republik durch den aufsteigenden Nationalsozialismus nicht gefährdet sehen wollte. Trete die NSDAP der Regierung bei, entspräche dies nur dem Einschluss der Deutschnationalen in die Stresemann-Regierung 1924, aus deren Mitte, so Jäckh beschwichtigend, der Dawes-Plan und die

---

41 Vgl. u. a. Jürgen Frölich: „Rechts steht Rom und Ostelbien, links steht Königsberg und Weimar." Friedrich Naumann, die Gegner und die potentiellen Verbündeten des Liberalismus, in: Ewald Grothe / Ulrich Sieg (Hg.): Liberalismus als Feindbild, Göttingen 2014, S. 113–133; Ursula Krey: Friedrich Naumann und seine „freiwillige Gefolgschaft". Ein zivilgesellschaftliches Netzwerk mit religiösen Wurzeln und politischen Auswirkungen auf die junge Bundesrepublik (1890–1960), in: Frank-Michael Kuhlemann / Michael Schäfer (Hg.): Kreise – Bünde – Intellektuellen-Netzwerke: Formen bürgerlicher Vergesellschaftung und politischer Kommunikation 1890–1960, Bielefeld 2017, S. 71–108.

42 Vgl. Wolfgang Hardtwig: Friedrich Naumann in der deutschen Geschichte, in: Jahrbuch zur Liberalismus-Forschung 23 (2011), S. 9–28, hier S. 21–23. Zu den vielen Signalen von Jäckhs massiver Selbstmobilisierung 1914 zählt u. a. die Reihe politischer Flugschriften, die er seit 1914 unter dem Titel „Der Deutsche Krieg" in der Stuttgarter Verlagsanstalt herausgab; vgl. u. a. deren erstes Heft: Paul Rohrbach: Warum es der Deutsche Krieg ist, Stuttgart/Berlin 1914.

43 Vgl. u. a. Ernst Jäckh: „Mitteleuropa" als Organismus, in: Deutsche Politik 25 (16.6.1916), S. 1065–1080.

44 Vgl. Eric Kurlander: Between Völkisch and Universal Visions of Empire: Liberal Imperialism in Mitteleuropa, 1890–1918, in: Matthew Fitzpatrick (Hg.): Liberal Imperialism in Europe, London 2012, S. 141–166; Stefan Vogt: Subalterne Positionierungen. Der deutsche Zionismus im Feld des Nationalsozialismus in Deutschland 1890–1933, Göttingen 2016, S. 170, S. 206 f, S. 209.

Locarno-Verträge erwachsen seien. Die aufsteigende „Hitlerites" schien ihm nicht die liberale Verständigungs- und Friedenspolitik der 1920er Jahre zu gefährden.[45] Solche Einebnungen brachten ihn auch dazu, sich den „auslandswissenschaftlichen" Avancen des Regimes gegenüber der Hochschule 1933 zunächst zu öffnen. Am Ende allerdings zog er zurück. Die kulturimperialistische Imprägnierung hatte ihn ein Stück weit anpassungswillig an die neuen deutschen Machthaber gemacht. Zur Komplizenschaft verleitete sie ihn am Ende aber nicht.

Für die Rolle und politischen Dispositionen des Liberalen Jäckh vor 1933 ergibt sich aus alledem ein heterogenes Bild. Seine Haltung gegenüber dem Nationalsozialismus während der voranschreitenden 1920er Jahre und bis 1933 schien mehrfach geprägt: von einem eigenwillig-internationalistischen Vernunftliberalismus und von einem revanchistischen Wissenschaftsinternationalismus. Hinzu sollte ein nach rechts aufgeschlossener kulturimperialistischer Nationalismus als Prägefaktor kommen, von dem im Zusammenhang mit Jäckhs Orientinteresse vor und nach 1945 gleich noch die Rede ist. All dies bewog Jäckh dazu, die Bindekraft der Weimarer Demokratie kaum ausdrücklich zu thematisieren oder sie jedenfalls nicht zuallererst in einem Set unveräußerlicher Werte oder einer pluralen politischen Praxis zu sehen, sondern aus der Perspektive einer strategischen „internationalen Politik". Der kritische Blick auf die totalitäre Übergriffigkeit des Nationalsozialismus, die sich bis zum Frühjahr 1933, als Jäckh Deutschland verließ, durchaus schon angekündigt hatte, blieb demgegenüber für ihn zweitrangig. Daraus entstanden die prekären Abgrenzungsnöte von 1933.

2. Nachjustierungen im angloamerikanischen Exil

Dass Jäckh die Direktkonfrontation mit dem Nationalsozialismus 1933 beendete, indem er ins Exil ging, erwies sich als Defensive und Offensive in einem: Er entzog sich – defensiv –, ohne das Hochschulprojekt und vor allem seine liberalen Vertreter halten zu können, aber er wusste – offensiv – angloamerikanische Plattformen zu nutzen, die er seinem Wissenschaftsinternationalismus verdankte. Das angloamerikanische Exil bot ihm neue Spielräume, leitete ihn aber nicht erkennbar zu einem diversifizierten, ausdrücklich kritischeren Blick auf den Nationalsozialismus an.

Alte Kontakte in das recht heterogene Diskussionsmilieu des britischen Internationalismus erlaubten es Jäckh, seine Karriere in London weiterzuverfol-

---

45 Vgl. Jäckh, Forces, S. 332.

gen. Auf diesem Weg wurde er noch 1933 Direktor der New Commonwealth Society und Gründer des New Commonwealth Institute in London. Schon vor 1933 hatte er in diesem Kreis des britischen Pazifisten David Davies die Forderung nach einer internationalen Polizeimacht unterstützt, die Konflikte unterhalb der Schwelle zum Krieg aussteuern sollte.[46] Auch sympathisierte Jäckh mit Davies' missionarisch-edukativem Internationalismus: Er wollte die Society als elitäre Denkfabrik Expertenberichte anfertigen und forschungsbasierte Kampagnen für die Internationalismus-Agenda betreiben sehen.[47]

Jäckhs alte war also seine neue Mission.[48] In der New Commonwealth-Bewegung fand er seinen politischen Standpunkt im angespannten Politik- und Diskurszusammenhang der 1930er Jahre: Zum einen teilte er die Emphase, die der offizielle Beginn der internationalen Abrüstungskonferenz im Februar 1932 ausgelöst hatte, und wollte dem Konzept einer internationalen Konfliktkontrolle dringend mehr zivilgesellschaftliche Resonanz verschaffen. Zum anderen hielt Jäckh dieses Programm einmal mehr für anschlussfähig, um die deutsche Forderung nach Revision der Versailler Nachkriegsordnung zu unterstützen und auf eine gleichberechtigte Einbeziehung Deutschlands in ein neues kollektives Sicherungssystem zu drängen.[49]

1935 gelang es Jäckh, ein Rockefeller-Stipendium für seine Tätigkeit am Commonwealth Institut für drei Jahre einzuwerben. Auch erhielt er 1939 amerikanische Gelder, um am völkerbundeigenen Graduate Institute of International Studies in Genf eine Studie zum regionalen Föderalismus in Europa anzufertigen.[50] Eher Episode blieben daneben Jäckhs Versuche, sich gegenüber der britischen Regierung als Deutschlandexperte in Stellung zu bringen. Nichts Anderes hatte er versucht, als er wenige Monate vor Ausbruch des

---

46 Vgl. David Davies: Letter to John Bull and Others, London 1932, bzw. Ders.: Ein Weltgendarm? Briefe an John Bull, Michel und andere, mit einem Geleitwort von Ernst Jäckh, Berlin 1932.
47 Vgl. Ernst Jäckh: Internationale Luftmacht, in: The New Commonwealth 2.4 (1934), S. 5f. Vgl. zum Kontext Michael Pugh: Policing the World: Lord Davies and the Quest for Order in the 1930s, in: International Relations 16.1 (2002), S. 97–115 und Christoph Johannes Ploß: Die „New Commonwealth Society". Ein Ideenlaboratorium für den supranationalen europäischen Integrationsprozess, Stuttgart 2017, S. 119, 127f auch kurz, aber eher unscharf zu Jäckh.
48 Vgl. The Times, 3.11.1933. So auch Jäckhs Stellungnahme im Rahmen des zweiten Jahrestreffens des New Commonwealth Institute; vgl. The Second Annual Meeting, in: The New Commonwealth 6.3 (1935), S. 295f, hier S. 296.
49 Vgl. Ernst Jäckh: Geleitwort, in: Davies, Weltgendarm, S. 9–12; Ders.: Ideologisches zur Abrüstung, in: Zeitschrift für Politik 21 (1932), S. 784–794.
50 Vgl. die Grantzusage in: RAC RFA RG 1.1/401/74/980 und die Absprachen zum Genfer Forschungsprojekt in: RAC RFA RG 1.1/100S/104/941.

Zweiten Weltkriegs die außenpolitischen Schachzüge und die Ideologie des deutschen Regimes erklärte, indem er jetzt eine dramatische Sonderwegthese von der zivilisatorisch rückständigen deutschen Nation entwarf.[51] Ganz symptomatisch für den eng begrenzten Aktionsradius politischer Flüchtlinge in Großbritannien konnte er allerdings kaum politischen Einfluss nehmen.[52] Ohne deutsche Exilregierung fehlten die Voraussetzungen dafür, mit der britischen Regierung offiziell zusammenzuarbeiten. Erst lange nach Jäckhs Weggang aus London sollten sich für liberale und linke Exilintellektuelle in Großbritannien Optionen in der psychologischen Kriegsführung und der antideutschen Propaganda im Rahmen der 1943 etablierten Political Warfare Executive auftun.[53]

An die Exilantenorganisationen der späten 1930er Jahre suchte Jäckh übrigens keinen Anschluss. Vom 1939 in England gegründeten Kommunismusaffinen Freien Deutschen Kulturbund, der eine Freie Deutsche Hochschule ins Leben rief, blieb Jäckh ebenso weit entfernt wie von den jüdischen Selbsthilfegruppen, von denen die wichtigsten wie die Association of Jewish Refugees ohnehin erst 1941 entstand, als Jäckh Großbritannien bereits verlassen hatte.[54] Die Adaptabilität, die er kurz vor seiner Flucht aus Deutschland 1933 in Berlin an den Tag gelegt hatte, betraf also nicht alle politischen Richtungen.

Seit der britischen Kriegserklärung an Deutschland am 3. September 1939 und besonders ab Mai 1940 spitzte sich für Jäckh die Lage aber ohnedies massiv zu. Die britische Regierung reagierte auf die Massenpanik vor einem deutschen Angriff auf England und vor nationalsozialistischen „fünften Kolonnen" inzwischen, indem sie die sogenannten „enemy aliens" internierte, und fand erst ab Sommer 1940 allmählich zu einer beschwichtigenden Haltung.[55] Unter diesen Bedingungen zog Jäckh 1940 mit einem Stipendium der

---

51 Vgl. Ernst Jäckh: The German Drive in the Balkans (Address given at Chatham House on June 22nd, 1939), in: International Affairs 18 (1939), S. 763–783, hier S. 767.
52 Vgl. Lothar Kettenacker: Der Einfluss der deutschen Emigranten auf die britische Kriegszielpolitik, in: Gerhard Hirschfeld (Hg.): Exil in Großbritannien. Zur Emigration aus dem nationalsozialistischen Deutschland, Stuttgart 1983, S. 80–105.
53 Vgl. Anthony Glees: Das deutsche politische Exil in London 1939–1945, in: Hirschfeld, Exil, S. 62–79.
54 Vgl. Andrea Reiter: ‚I didn't want to float; I wanted to belong to something.' Refugee Organizations in Britain 1933–1945, in: Yearbook of the Research Centre for German & Austrian Exile Studies 10 (2008), S. IX–XVI; Anthony Grenville: The Association of Jewish Refugees, in: ebd., S. 89–111; Charmian Brinson / Richard Dove: The Continuation of Politics by Other Means: The Freie Deutsche Kulturbund in London, 1939–1946, in: ebd., S. 1–25.
55 Vgl. Wendy Webster: Enemies, Allies and Transnational Histories: Germans, Irish, and Italians in Second World War Britain, in: Twentieth Century British History 25.1 (2014), S. 63–86.

Carnegie-Stiftung in die USA. An der New Yorker Columbia Universität erhielt er eine Gastprofessur für Internationale Beziehungen im Nahen Osten. Damit zeichnete sich bereits ab, was nach 1945, in der Inkubationsphase des frühen Kalten Krieges, noch einmal stärker gelten sollte, als Jäckh in die 1948 erfolgte Gründung des Near and Middle East Institute der Columbia University involviert war, das er ab 1950 mit leitete: Er reaktivierte jetzt seinen liberalen Kulturimperialismus aus den Jahren des Ersten Weltkriegs unter den neuen Zeichen des Kalten Krieges in veränderter Form.[56]

Freilich war der Weg vom Orientalisten um 1914 zum Experten für den sogenannten Mittleren Osten durchaus lang. In der Rückschau erweist er sich als Paradestück liberaler „adaptability": Vor und nach dem Ersten Weltkrieg war Jäckh tief im kaiserzeitlichen Orientalismus und Philoturkismus unter liberalen Imperialisten und Militärs verwurzelt.[57] Als Gründer einer Deutsch-Türkischen Vereinigung im Februar 1914 hatte er auf eine kultur- und bildungspolitische Annäherung zwischen den Deutschen und den nach internen Krisen gefestigten Jungtürken gesetzt. Zu diesem Zweck initiierte er deutsche Türkei- und türkische Deutschlandmissionen, die die Eliten beider Länder für das Kooperationsprojekt anwerben sollten.[58] Jäckh hoffte, die neue Türkei nicht nur kultur- und wirtschaftspolitisch eng an Deutschland angebunden,[59] sondern als kleinasiatische Kolonie des Reichs regelrecht germanisiert zu sehen. Den Kriegseintritt des Osmanischen Reichs an der Seite Deutschlands bewertete er daher als Chance, mit der expansiven Orientpolitik der Ententemächte zu konkurrieren.[60]

---

56 Vgl. Dwight C. Miner / L. Gray Cowan (Hg.): A History of the School of International Affairs and Associated Area Institutes: Columbia University. The Bicentennial History of Columbia University, New York/London 1954.

57 Vgl. Ernst Jäckh: Der aufsteigende Halbmond, Stuttgart/Berlin 1908 u.ö.; Ders.: Deutschland im Orient nach dem Balkankrieg, München 1913. Das zeitgenössische Echo auf Jäckhs Schriften blieb eher verhalten, vgl. z.B. G. Herlts Rezension in: Weltwirtschaftliches Archiv 7 (1916), S. 201 f.

58 Vgl. Jürgen Klosterhuis: Friedliche Imperialisten. Deutsche Auslandsvereine und auswärtige Kulturpolitik, 1906–1918, Bd. 2, Frankfurt a.M. 1994, S. 563–698, hier v.a. S. 595–657.

59 Vgl. Jäckh, Deutschland im Orient, S. 148–59; vgl. mit ähnlichem Tenor der Orientalist und Hochschulmitbegründer Carl Heinrich Becker: Die Welt des Islams 3.2 (1915), S. 101–120. Zum Kontext Suzanne Marchand: German Orientalism in the Age of Empire. Religion, Race, and Scholarship, Washington D.C. 2009.

60 Vgl. auch Jäckh, Deutschland im Orient, S. 40 u.ö.; The Washington Post, 2.7.1915, 3 (New Blow at Britain: Germans Building Railways for Invasion of Egypt).

Und schon damals brachte sich Jäckh als Türkeiexperte für die deutsche Außenpolitik in Stellung.[61] Dazu suchte er den Schulterschluss mit den nicht-annexionistischen, sogenannten friedlichen Imperialisten im Umfeld des Nachrichtenbüros des Reichsmarineamtes, das die deutsche Auslandspropaganda verantwortete und anti-türkische Voten streng zensierte.[62] Über die brutale ethnische Zwangshomogenisierung und gewalttätige Pogrompolitik der Jungtürken gegen die Armenier hatte sich seine Orientpropaganda leicht hinweggesetzt.[63]

Überhaupt hatte der Kriegsausbruch Jäckh in einen veritablen Publikationstaumel versetzt, ließ ihn massenweise politische Flugschriften herausgeben und eine ganze Orient-Bücherei begründen.[64] Sein Projekt einer deutsch-türkischen Hochschule verfolgte er demgegenüber nur vorsichtig, um die nationalistischen türkischen Eliten nicht zu düpieren. Hinter den ähnlich gelagerten politischen Kulturoffensiven insbesondere Frankreichs, Großbritanniens, aber auch der USA,[65] die ganze Netze hunderter von Schulen installiert hatten, blieb er von daher zurück.[66]

Auch angesichts dieses politischen Aktivismus hatte Jäckh das Ende des Ersten Weltkrieges als Zäsur erlebt. Sobald die Ententemächte nach dem Waffenstillstand im Oktober 1918 deutsches Militär aus dem Gebiet des Osmanischen Reichs zum Abzug zwangen und die diplomatischen Kontakte kappten,

---

61 Dabei spricht einiges dafür, dass Jäckh Dichte und Bedeutung seiner Türkeikontakte dramatisch überwertete. Vgl. aber Ernst Jäckh: Der Goldene Pflug. Lebensernte eines Weltbürgers, Stuttgart 1954, S. 125.

62 Vgl. Kloosterhuis, Friedliche Imperialisten, S. 135–142.

63 Margaret Lavinia Anderson: Helden in Zeiten eines Völkermords? Armin T. Wegner, Ernst Jäckh, Henry Morgenthau, in: Rolf Hosfeld (Hg.): Johannes Lepsius – Eine deutsche Ausnahme: Der Völkermord an den Armeniern, Humanitarismus und Menschenrechte, Göttingen 2013, S. 126–171, besonders S. 138–147, hier S. 143. Vgl. zum Kontext Rolf Hosfeld / Christin Pschichholz (Hg.): Das Deutsche Reich und der Völkermord an den Armeniern, Göttingen 2017.

64 Vgl. Jürgen von Ungern-Sternberg / Wolfgang von Ungern-Sternberg: Der Aufruf „An die Kulturwelt!" Das Manifest der 93 und die Anfänge der Kriegspropaganda im Ersten Weltkrieg, Frankfurt a. M. ²2013, S. 120. Die Flugschriftenreihe umfasste bis Sommer 1915 bereits über 50 Hefte. Jäckh steuerte selbst ein Heft zur „Deutsch-türkischen Waffenbrüderschaft" bei.

65 Vgl. Ussama S. Makdisi: Artillery of Heaven: American Missionaries and the Failed Conversion of the Middle East, Ithaca 2008.

66 Vgl. Volker Schult: „Im Interesse der deutschen Weltgeltung". Deutsche Bildungspolitik im Osmanischen Reich am Beispiel des Istanbul Sultanisi (Istanbul Lisesi), in: Archiv für Kulturgeschichte 96.1 (2014), S. 81–106, hier S. 89 f; Malte Furhmann: Germany's Adventures in the Orient: A History of Ambivalent Semicolonial Entanglements, in: Volker Langbehn / Mohammad Salama (Hg.): German Colonialism: Race, The Holocaust, and Postwar Germany, New York 2011, S. 123–145, hier S. 135 f.

war seine Orientemphase zunächst geschwunden. Vom ethnisch aggressiven Kemalismus distanzierte er sich jetzt eher. In der deutsch-türkischen Vereinigung, die bis Mitte der 1920er Jahre von einer Massenorganisation zu einem elitären Club geschrumpft war, wurde er jedenfalls kaum mehr sichtbar.[67] Zu Jäckhs Haltung in der frühen Weimarer Phase passte das Türkei-Argument der nach rechts abdriftenden sogenannten Asienkämpfer nicht; ebenso wenig wie ihre Behauptung, Deutschland stehe der Türkei nahe, weil es wie sie von den Alliierten zerschlagen worden sei.[68] Diese Einschätzung hielt sich offenbar, denn in die Türkei auszuweichen kam für ihn 1933 anders als für einen Teil der deutschen Emigration offenbar nicht infrage.[69]

Im US-amerikanischen Exil, für das er sich stattdessen entschied, galten in den 1940er Jahren allerdings ganz neue Regeln. Seine alte Orientexpertise taugte nur als Eintrittskarte, weil Jäckh sie entlang der spezifisch US-amerikanischen Deutungsachsen der 1940er und 50er Jahre nachjustierte. Schon vor und vor allem mit Kriegsende nämlich wuchs das US-amerikanische Interesse an der als „Middle East" bezeichneten Region rasch, nachdem sie anders als Südamerika oder Asien zuvor kaum im Fokus der US-Außenpolitik gelegen hatte. Zum einen registrierten US-amerikanische Beobachter nämlich, wie sich aus den noch ganz jungen, instabilen Staaten wie Syrien und dem Libanon (1945), Libyen (1951) oder Tunesien und Marokko (1956), die aus der britischen und französischen Dekolonisierung hervorgingen, politische Erwartungen an die USA zu richten begannen. Zum anderen wollte man die formative Phase im Mittleren Osten unbedingt zu amerikanischen Gunsten nutzen und die regionale Ordnung als Teil einer antisowjetischen Containment-Strategie im frühen Kalten Krieg stabilisieren.[70] Das zum Teil noch ganz einem kulturellen Orientalismus verpflichtete regionenspezifische Spezialwissen, das das amerikanische Office of Strategic Services unter Zeit- und Handlungsdruck im Krieg generiert hatte, reichte aber für langfristigere

---

67 Vgl. Ernst Jäckh: Die Türkei und Deutschland, in: Mitteilungen der Deutsch-Türkischen Vereinigung 2.7 (1919), S. 1–3, hier S. 3, zit. nach Sabine Mangold-Will: Begrenzte Freundschaft: Deutschland und die Türkei 1918–1933, Göttingen 2013, S. 259–264.

68 Vgl. Mangold-Will, Begrenzte Freundschaft, S. 438.

69 Vgl. Regine Erichsen: Deutsche Wissenschaftler im türkischen Exil. Zum historischen Wandel der Anschauungen, in: Christopher Kubaseck / Günter Seufert (Hg.): Deutsche Wissenschaftler im türkischen Exil. Die Wissenschaftsmigration in die Türkei 1933–1945, Würzburg 2016, S. 41–46.

70 Vgl. Osamah F. Khalil: The Crossroads of the World U. S. and British Foreign Policy Doctrines and the Construct of the Middle East, 1902–2007, in: Diplomatic History 38.2 (2014), S. 299–344; Matthew F. Jacobs: Imagining the Middle East. The Building of an American Foreign Policy, 1918–1967, Chapel Hill 2011, u. a. S. 28 f.

Planungen der US-Administrationen nicht mehr aus. Von daher sah man sich dort unter massivem Druck, politisch anwendbare Middle East Studies zu konzipieren und institutionell zu verankern. Die regionale Expertise sollte kooperationswillige Regime identifizieren und Interventionen gegen radikal-nationalistische Unabhängigkeitsbestrebungen vorbereiten helfen.[71]

Die US-Administration hatte dabei auch das private philanthropische Establishment an ihrer Seite. Die Rockefeller- und die Ford-Stiftung bauten die Columbia-Universität neben Princeton, der Johns Hopkins University und der University of Michigan zu den wichtigsten akademischen Stützpunkten der neuen Area-Expertise auf. Das war Jäckhs Chance. Tatsächlich gelang es ihm, in die Gründung des Asia bzw. Near and Middle East Institute an der Columbia-Universität 1948 involviert zu werden, zu dessen Direktor er 1950 aufsteigen sollte.[72] Am Institut trat er nicht so sehr als originärer Forscher hervor, sondern sah seine Aufgabe vor allem darin, eine breite Expertise zum Middle East zu ermöglichen und mit enzyklopädischen Sammelbänden gleichermaßen für das Institut und für seine Sichtbarkeit in der Politik zu werben.[73]

Jäckhs Publikationen zur arabischen Region wurden in der amerikanischen und internationalen Fachwelt durchaus rezipiert.[74] In die vorderste Reihe der anfangs bevorzugt aus Großbritannien rekrutierten Middle East-Experten drang er aber nicht vor.[75] Das mochte auch daran liegen, dass er nicht die Primärinteressen seiner amerikanischen Kollegen teilte: Zum einen war er weniger auf das Modernisierungsparadigma fokussiert, demzufolge sich die US-amerikanische Rolle gegenüber dem Mittleren Osten aus der Rollenverteilung zwischen amerikanischem Modernisierungspionier und arabischen

---

71 Vgl. Bruce Cumings: Boundary Displacement: Area Studies and International Studies During and After the Cold War, in: Christopher Simpson (Hg.): Universities and Empire: Money and Politics in the Social Sciences During the Cold War, New York 1998, S. 159–188.

72 Vgl. Affairs of Dr. Ernest Jaeckh [sic!], Director of the Asia Institute in New York, 1947, in: National Archives, Kew/London FO 371/61541/2035.

73 Vgl. Ern[e]st J[a]ckh [sic!] (Hg.): Background of the Middle East, Ithaca, 1952.

74 Gleich in der ersten Ausgabe der Institutszeitschrift des 1946 gegründeten Washingtoner Near and Middle East Institute in Washington war eine Rezension enthalten zu Ernst Jäckh: The Rising Crescent. Turkey, Today and Tomorrow, New York 1944. Vgl. Bibliography of Periodical Literature Source: Middle East Journal 1.1 (1947), S. 111–122, hier S. 122. Das gleiche Forum bewarb später noch vor Erscheinen Ernst Jäckhs bei der renommierten Cornell University Press erschienenes Buch Background of the Middle East, vgl. Middle East Journal 6.4 (1952), Rückseite. Im Middle East Journal 7.1 (1953), S. 110, wurde das Buch rezensiert.

75 Vgl. für ein knappes Panorama Zachary Lockman: Contending Visions of the Middle East. The History and Politics of Orientalism, Cambridge 2004, S. 99–147. Zum Diskussionsstand in der Gründungsphase vgl. H. P. H.: Political Trends in the Middle East. Third Annual Conference on Middle East Affairs, Middle East Journal 3.2 (1949), S. 243–248.

Epigonen ergab.[76] Zum anderen ging es ihm nicht in erster Linie darum, im Stil der Cold War Science zu spekulieren, ob und wie sehr die als autokratisch, aber anti-säkular aufgefassten arabischen und muslimischen Gesellschaften für den Kommunismus empfänglich waren.[77] Auch entwarf er anders als etwa der fast 50 Jahre jüngere deutschstämmige Politikwissenschaftler an der Princeton University Manfred Halpern keine politischen Planungsmodelle, die die Sicherheit und Stabilität in der Region handfest machtpolitisch gewährleisten helfen sollten.[78]

Insgesamt schienen die Exilstationen Jäckhs Liberalismus von daher weniger imprägniert zu haben, als die engen angloamerikanischen Netzwerke nahelegen konnten. Was seine wissenschaftsdiplomatischen Erwartungen anging, mochte die Bilanz etwas anders aussehen. Für seinen politischen Blick auf Deutschland, den die biographische Erfahrung mit der US-Demokratie nicht erkennbar verändert zu haben schien, wird sie zutreffen. Im Exil bewies er eine stupende Flexibilität. Er verstand es, sich in den ganz unterschiedlichen britischen und US-amerikanischen Systemkontexten zu positionieren und damit jene „adaptability" unter Beweis zu stellen, die den Liberalismus im 20. Jahrhundert im Angesicht extrem antiliberaler Regime resilient gemacht hat.[79] Die Spielräume, die ihm das Exil und damit auch der US-amerikanische Cold War Consensus Liberalism boten – nämlich die Umdeutung seines kulturimperialistischen Kriegsnationalismus zur Türkeiexpertise und zur Area Studies-Kompetenz für die US-amerikanische Außenpolitik – nutzte er seit den 1940er Jahren für seine eigenen Themen und Zwecke, aber ohne sich dabei in irgendeiner Form als Liberaler ausweisen zu wollen.

3. Aussparungen: Jäckh in der jungen Bundesrepublik

Die Rückkehr nach Deutschland Anfang der 1950er Jahre fiel nicht fulminant aus. Jäckh entschloss sich nicht zur Remigration, sondern reiste lediglich sporadisch noch einmal in die Bundesrepublik. In den intellektuellen und politischen Orientierungsdebatten Westdeutschlands trat er nur gelegentlich in Erscheinung. Äußerte sich Jäckh dann aus seiner Sicht zur Sachlage, wurde

---

76 Vgl. Daniel Lerner: The Passing of Traditional Society. Modernizing the Middle East, Glencoe/Illinois 1958.

77 Vgl. so tendenziell der britische Orientkenner Bernard Lewis: The Emergence of Modern Turkey, Oxford 1961.

78 Vgl. Manfred Halpern: The Politics of Social Chance in the Middle East and North Africa, Santa Monica/Kalifornien 1963 (RAND Report).

79 Vgl. Tony Judt: Postwar. A history of Europe Since 1945, New York 2006.

er öffentlich wenig wahrgenommen. Die wenigen greifbaren Voten aus der Phase nach 1945 stehen insofern eher für Jäckhs angestrengten Versuch, noch einmal eine zentrale Rolle als „Mittler"[80] und Visionär zu reklamieren, die bestenfalls eindringlich genannt werden kann.

1951 meldete er sich mit einer überarbeiteten und stark ergänzten Auflage seines Buches von 1929 über „Amerika und wir" öffentlich zurück. Darin ließ er sich zu eigentümlichen Roosevelt-Elogen hinreißen, die zeigten, dass ihn das präsidiale Charisma mehr ansprach als der Umstand, dass der New Deal für eine dezidiert demokratische und liberale Krisenpolitik unter dem Druck der Weltwirtschaftskrise stand, die sich markant von der deutschen Politik der 1930er Jahre unterschieden hatte. Dass der Liberalismus in den USA die Krise überstanden hatte, wenn auch im Zuge massiver innenpolitischer Überwerfungen, reflektierte Jäckh ebenso wenig wie die augenfällig konträre Entwicklung im Deutschland der 1930er und 40er Jahre.[81] Mit seiner Roosevelt-Verehrung mochte Jäckh in den 1930er Jahren in Emigrantenkreisen nicht allein stehen, wo man häufig große Hoffnungen auf den US-Präsidenten als Anti-Hitler gesetzt hatte.[82] Nach 1945 allerdings justierte Jäckh hier nicht nach.

Bei der sogenannten Neugründung der Berliner Hochschule für Politik 1948/49 – und noch, als man diese Gründung 1959 als Otto-Suhr-Institut in die Freie Universität Berlin integrierte – spielte der Nestor der Weimarer Hochschule keine zentrale Rolle. Seine ambivalente Funktion als letzter Hochschuldirektor vor der Gleichschaltung schien der Westberliner Neukonzeption jetzt nicht zuträglich.[83] Andere (R-)Emigranten wie namentlich Ernst Fraenkel gewannen, sobald sie zur neuen Hochschule stießen, rasch Profil. Nicht so Jäckh. Im neuen Gründerkreis der Nachkriegs-Hochschule von 1948/49 blieben die ehemaligen sozialdemokratischen Widerstandskämpfer um Otto Suhr unter sich.[84]

---

80 Vgl. Jäckh, Goldene Pflug, S. 12.

81 Vgl. Ernst Jäckh: Amerika und wir, 1926–1951. Amerikanisch-deutsches Ideen-Bündnis, Stuttgart 1951, S. 121–145.

82 Vgl. Joachim Radkau: Die deutsche Emigration in den USA. Ihr Einfluß auf die amerikanische Europapolitik 1933–1945, Düsseldorf 1971, S. 73–84; vgl. auch den Beitrag von Ernst Wolfgang Becker über Gustav Stolper in diesem Band.

83 Zum Eröffnungsvortrag hatte man Heuss eingeladen, der zu den Menschenrechten in der politischen Bildung sprach; vgl. Theodor Heuss: Erzieher zur Demokratie. Briefe 1945–1949, hg. und bearbeitet von Ernst Wolfgang Becker, München 2007, S. 461.

84 Vgl. Gerhard Göhler / Hubertus Buchstein: Deutsche Hochschule für Politik / Otto-Suhr-Institut / Fachbereich Politische Wissenschaft. Die ersten fünfzehn Jahre, in: Karol Kubicki / Siegward Lönnendonker (Hg.): Gesellschaftswissenschaften an der Freien Universität Berlin, Göttingen 2013, S. 101–114.

Symptomatisch für den öffentlichen Diskurs der späten 1940er und 50er Jahre in der Bundesrepublik war das Institutsnarrativ der Berliner Neugründung nicht mit der Frage nach der Erosion des Liberalismus an der Hochschule vor 1933 befasst. Zu dieser Leerstelle trug auch Jäckh bei. Denn er wiederholte nur beharrlich die Widerstandserzählung, zu der er die Szene seiner Begegnung mit Hitler ausbaute. Daneben arbeitete er an einer Kontinuitätsfiktion, in der Weltkrieg, Holocaust, Kalter Krieg und die Teilung Deutschlands nicht vorkamen.[85] Der Nationalsozialismus im Gehege der Hochschule wurde auf einige wenige stilisierte Verräterfiguren wie den Russlandexperten Otto Hoetzsch oder den Juristen Fritz Berber externalisiert.[86]

Ansonsten trat Jäckh eher am Rand in Erscheinung. Etwa versuchte er, die 1932 an der TH Stuttgart gegründete und 1951 trotz massiver Schäden und Verluste stark dezimiert wiedereröffnete George Washington-Bibliothek in ein eigenes Amerika-Institut umzubauen. Anfang der 1950er Jahre hatte er dazu von der Columbia-Universität aus eine George Washington Foundation geleitet. In die erhoffte Rolle als liberaler transatlantischer Vermittler und Manager schlüpfte er aber kaum. Zwar ließ sich das Robert Bosch-Unternehmen als Sponsor anwerben, amerikanische Spender hingegen fehlten. Das Institut nahmen am Ende umtriebige Remigranten wie allen voran Arnold Bergstraesser und, beratend, auch Karl Löwith und Hans Rothfels in die Hand.[87] Sinnbild für den emanzipatorischen Duktus dieser Remigrantengeneration verlor das Institut, Ende der 1950er Jahre von der Mannheimer Soziologie absorbiert, seinen Amerikabezug ganz, sodass Jäckhs transatlantische Ambition ohne Nachhall blieb. Seine Aktivitäten in der Deutsch-Türkischen Gesellschaft wuchsen sich währenddessen nicht mehr zu einem politischen Engagement aus, auch wenn sie ihn immer mal wieder zu Türkeireisen und Ehrungen brachten.[88]

---

85 Jens Hacke: „Volksgemeinschaft der Gleichgesinnten". Liberale Faschismusanalysen und die Wurzeln der Totalitarismustheorie, in: Mittelweg 36 23.4 (2014), S. 53–73.

86 Vgl. Ernst Jäckh: Die „alte" Hochschule für Politik 1920–1933, in: Ders. (Hg.): Otto Suhr. Geschichte der Deutschen Hochschule für Politik, Berlin 1952 (Schriftenreihe der Deutschen Hochschule für Politik Berlin), S. 5–32, hier S. 16.

87 Vgl. Heuss an Jäckh, 24.2.1954, in: Theodor Heuss: Der Bundespräsident. Briefe 1949–1954, hg. und bearbeitet von Ernst Wolfgang Becker, Martin Vogt, Wolfram Werner, Berlin/Boston 2012, S. 423; Jäckh, Weltstaat, S. 260–270; Gisela Strunz: American Studies oder Amerikanistik? Die Deutsche Amerikawissenschaft und die Hoffnung auf Erneuerung der Hochschulen und der politischen Kultur nach 1945, Wiesbaden 1999, S. 200, 249–257. Das interdisziplinär aufgestellte Stuttgarter Institut für amerikanische Kultur wurde am Ende als unabhängiges Forschungsinstitut finanziell von Bund, Land und Kommunen gefördert.

88 Vgl. im Elogen-Ton Max R. Kaufmann: Ernst Jäckh und die Deutsch-Türkische Freundschaft (Anhang: Ernst Jäckhs 21. Türkeireise 1958 auf Einladung der Regierung in Ankara zu

1954 veröffentlichte Jäckh ein Jahr vor seinem achtzigsten Geburtstag und fünf Jahre vor seinem Tod fast 500 eng beschriebene Seiten Memoiren. Darin bastelte er mit bisweilen gewagter Metaphorik daran, sich unter anderem als „Zivil-Apostel" zu stilisieren. In seinen Netzwerken, die Diplomatie, Parteien, Religionen und Kontinente verbunden hätten, sah er sich als ständigen Motor und Initiator, absichtsvoll frei, weil staatsfern und damit, so schien gemeint, politisch stets integer.[89] Zivilität feierte er als eine systemindifferente Tugend, als seine „geistige und politische Freiheit".[90] Jetzt äußerte er sich bekenntnishaft: „Demokratie" erschien ihm „fundamental identisch" mit „Politik" und „Religion", galt als „Selbstverständliches", als optimale Anerkennung von Pluralität und „Menschenrechten", die „übernational" gültig seien.[91] Mit dem Nationalsozialismus konkret setzte er sich unterdessen, ganz im Stil der geschichtsvergessenen deutschen „Schlussstrich"-Politik der 50er Jahre, nicht auseinander.[92] Deutschland nach 1945 kam gelegentlich als „gevierteilte Kolonie" in den Blick. Das Deutschland seiner Tage erlebte er kurz gesagt als Verfassungsstaat mit „wiedergewonnener Souveränität."[93] Daneben verwandte er wenig Energie darauf, rückblickend noch einmal nach den Gründen für Weimars Scheitern an seinen antidemokratischen Feinden und nach dem Problem definitorischer Grauzonen zu fragen, in die auch er sich zuletzt an der Hochschule begeben hatte.

Aus historischer Sicht lassen sich Exilantenprofile und die Wege verfolgter Liberaler nach 1933 auch nur ins angloamerikanische als einem von vielen Exilen schwer schematisieren. Genauso scheint die Population der deutschen Remigranten und der dauerhaft Exilierten nach 1945 sehr heterogen.[94] Selbst dann aber fällt auf, das Jäckh nicht den zahlreichen renommierten liberalen oder linken Exilanten wie Franz Neumann, Hajo Holborn, Arnold Brecht oder Hans Speier zuzurechnen ist, die, oftmals als Stipendiaten der Rocke-

---

Verleihung der Ehrendoktorwürde der Universität Ankara), in: Paul Lediger / Ulrich Hillebrand (Hg): Deutsch-Türkische Beziehungen im Jahrhundert zwischen Erstem Weltkrieg und Gegenwart, Münster 2017, S. 208 f.

89 Vgl. Jäckh, Goldene Pflug, S. 8 f, 80, 84, 173 ff. Jäckhs Schreibstil erscheint einigermaßen undurchdringlich. Die Kapitel mischen Aphorismen, Episodenhaftes, Sammlungen von Jäckh-Elogen und eine eher verquast und haltlos wirkende Metaphysik. Klare politische Positionierungen kommen kaum zustande. Es dominieren assoziative, ahistorische Perspektiven.

90 Vgl. ebd., S. 9.

91 Vgl. ebd., S. 52, 84, 95.

92 Vgl. Norbert Frei: Vergangenheitspolitik. Die Anfänge der Bundesrepublik und die NS-Vergangenheit, München 2012 [1996].

93 Vgl. Jäckh, Goldene Pflug, S. 64.

94 Vgl. u. a. Daniel Bessner: Democracy in Exile. Hans Speier and the Rise of the Defense Intellectual, Ithaca/London 2018, S. 1–14.

feller-Stiftung, von den USA aus oder noch direkter als Remigranten nach 1945 den intellektuellen und politischen Ideenhaushalt des jungen deutschen Weststaates ausstaffierten.[95]

4. Auf der Suche nach der liberalen Substanz – ein Fazit

In Jäckhs Erinnerungen und politischen Schriften ist die Schlüsselbegegnung mit Hitler fast zu einem etwas platten Showdown zwischen dem aufrechten Liberalen und dem Inbegriff des extremen Antiliberalismus verkommen.[96] Diese Farce hat Jäckh bis zum Ende nie substanziell neu bewertet.

Jäckhs exponierte Rolle bei der Gründung und Entwicklung der Deutschen Hochschule für Politik in Berlin erwies sich als der wohl symptomatischste Ausdruck seiner ganz eigenen Variante eines Weimarer Vernunftliberalismus. Der war zum einen massiv geprägt von der Erfahrung des Weltkriegs und dessen als demütigend erlebten Ausgangs. Daher priorisierte Jäckh die Frage, wie Versailles revidierbar und Deutschland zügig außenpolitisch aufgewertet werden sollte. Zum anderen trat er an der Hochschule hauptsächlich als transatlantischer Wissenschaftsliberaler in revisionistischer Absicht auf. Die Allianz vor allem mit amerikanischen Philanthropen sollte die Option eröffnen, an Traditionen transatlantischer Nähe vor 1914 anzuknüpfen und – jenseits der propagandistisch-aufgeregten Debatte der Kriegsjahre um eine antiwestliche deutsche Kultur – nach 1918 die deutsche Wissenschaft mitsamt ihrer politischen Agenda international hoffähig zu machen.

Zwar hoffte Jäckh auch hier, die Stiftungskontakte in Prestige- und Terraingewinne für seine völkerbundpolitische Agenda umzumünzen. Der Wissenschaftsinternationalismus behielt aber eine darüber hinausreichende liberale Signatur: Hochgradig anknüpfungsfähig an den progressiven Szientismus der US-amerikanischen Philanthropen, zielte Jäckh darauf ab, mit der „Politik als Wissenschaft" auch einer friedlichen Nachkriegsordnung zuzuarbeiten. Die Affinität zu den amerikanischen Stiftungen hätte ihn von daher gegenüber dem Nationalsozialismus resistent machen können. In den Amerikabezügen spielte aber gerade nicht der New Deal-Liberalismus, sondern

---

95 Vgl. Udi E. Greenberg: Germany's Postwar Re-education and Its Weimar Intellectual Roots, in: Journal of Contemporary History 46.1 (2011), S. 10–32; Tim B. Müller: Krieger und Gelehrte. Herbert Marcuse und die Denksysteme im Kalten Krieg, Hamburg 2010; Nicholas W. Balabkins: Gusav Stolper's Influence on U.S. Industrial Disarmament Policy in West Germany, 1945–1946, in: Jürgen Backhaus (Hg.): The Beginning of Scholarly Economic Journalism. The Austrian Economist and the German Economist, New York 2011, S. 147–162.
96 Vgl. Ernst Jäckh: The War for a Man's Soul, New York 1943, S. 63.

fast ausschließlich das Kalkül eine Rolle, dass von der anderen Atlantikseite wichtige Schützenhilfe für die deutsche Rekonvaleszenz zu erwarten stand. Die Kombination aus liberalem Wissenschaftsinternationalismus und politischem Revisionismus machte aus Jäckh keinen liberalen Systemgegner des Nationalsozialismus.

Sein Vernunftliberalismus besagte auch, dass es nicht die Aufgabe der Liberalen an der Hochschule oder andernorts in der Weimarer Gesellschaft war, eine Art Demokratiekern in der Mitte eines liberalen, meinungsoffenen Milieus gegenüber dem Nationalsozialismus zu verteidigen. Jäckhs politische Überlegungen und Bekenntnisse waren ganz außenpolitisch gepolt. Zustand und Entwicklungsziel der inneren Ordnung, Fragen nach den klassischen Versprechen und Normen liberaler Gesellschaftsvisionen wie politische Partizipation, individuelle Rechtsgarantien und soziale Verfasstheit klangen dagegen kaum an.[97] Thematisierte er – selten – die innenpolitische Ordnung der Weimarer Republik, dann erschien als deren Kristallisationskern fast ausschließlich der Zwang zum überparteilichen Konsens zugunsten einer internationalen Außenpolitik und einer langfristigen völkerrechtlichen Aufwertung Deutschlands.[98] Unter diesen Denkvoraussetzungen war plausibel, dass er sich die Hochschule 1933 durchaus in einer weitgehend vom System ausgesparten Nische vorstellen konnte: So lange Wissen produziert würde, das dem – mit der nationalsozialistischen Ideologie allerdings nicht deckungsgleichen – außenpolitischen Kalkül Jäckhs entsprach, war er zu Arrangements auch im systemischen Graubereich bereit. Es war ein Symptom für einen unausgereiften Vernunftliberalismus, wenn Jäckh die antiliberalen Vorstöße der Nationalkonservativen nicht als heftigen politischen Affront auffasste. Seine kulturimperialistische Neigung ließ ihn durchaus über flexible Arrangements mit der politischen Rechten nachdenken.

Jäckhs Karriereende in Berlin stand für eine Mischung aus Defensive und etwas halbherziger Resignation des Liberalen vor dem Nationalsozialismus. Den Zudringlichkeiten des Regimes entzog er sich. Aber er fand zu keiner klaren Haltung angesichts der brachialen intellektuellen und moralischen Flurschäden, die der Nationalsozialismus lange vor den noch anstehenden, für ihn freilich unvorhersehbaren Eskalationen der Folgejahre schon anrichtete, als man vor Jäckhs Augen mit der Zwangsrelegation von Hochschulmitarbeitern begann. Das frappante Maß bereitwilliger Selbstnazifizierung einer

---

97 Vgl. Ernst Jäckh: Deutschland. Das Herz Europas. Nationale Grundlagen internationaler Politik, Berlin/Leipzig 1928.

98 Vgl. ebd., S. 102, 113; Ernst Jäckh: Ideologisches zur Abrüstung, in: Zeitschrift für Politik 21 (1932), S. 784–794.

klaren Mehrheit deutscher Akademiker[99] erlebte er eher von Ferne, setzte sich damit aber faktisch nie auseinander.

Die Exiljahre erwiesen sich vor diesem Hintergrund als wichtige transformative Phase, ohne dass am Ende klar würde, ob und wie er tatsächlich seine Haltung gegenüber dem Nationalsozialismus grundlegend neubewertete. In London dominierte noch das revisionistische Interesse, in New York allerdings konnte Jäckh zum Middle East-Experten nur werden, wenn er das konsensliberale Credo der US-Administration nicht torpedierte. Seine Stippvisiten in der Bundesrepublik der 1950er Jahre nutzte er jedenfalls nicht vordringlich dafür, seine Position ausdrücklich liberal zu norden. Stattdessen entstand nach 1945 bei ihm kein starker Liberalisierungsimpuls für das neue demokratische Nachkriegsdeutschland. In dieser letzten biographischen Phase, als er sporadisch in die junge Bundesrepublik zurückkehrte, verkörperte er einen Typus von exilierten Liberalen, der im Kategorienspektrum der historischen Exilforschung bislang wenig sichtbar ist. Der doppelten Transformation zum Internationalismus- und Türkeiexperten im angloamerikanischen Exil der 1930er und 1940er Jahre stand jetzt eine auffällige retrospektive Starre während der 1950er Jahre gegenüber. Wo das angloamerikanische Potential andere deutsche Exilantenbiographien zwar nicht selten unter Druck setzte, häufig aber liberal beflügeln konnte, hatte es bei Jäckh keine vergleichbare Nachwirkung, weil er sich einer kritischen Retrospektive auf die Rolle des deutschen Liberalismus gegenüber dem Nationalsozialismus nach 1933 weitgehend verschloss.

Besonders weit weg erschien er vom Typ eines Exilanten wie Ernst Fraenkel, der, in den Zwischenkriegsjahren sozialistisch imprägniert, im US-Exil vor allem über die Bedeutung intermediärer Instanzen und repräsentativ-parlamentarischer Elemente für die Demokratie nachdachte. Als Remigrant sollte Fraenkel auch die nicht-sozialistische Bundesrepublik vor allem als demokratische Gesellschaft auffassen, zu der er sich bekannte.[100] Graduell näher mochte Jäckh Remigranten wie dem in den Weimarer Jahren rechtskonservativen, ähnlich wie Jäckh eher außenpolitisch revanchistischen Typus des 1937 widerwillig emigrierten Arnold Bergstraesser stehen. Ihm ging es auch nach dem amerikanischen Exil zentral um eine stabile Staatsordnung.

---

99 Vgl. Rüdiger Hachtmann / Sören Flachowsky / Florian Schmaltz (Hg.): Ressourcenmobilisierung. Wissenschaftspolitik und Forschungspraxis im NS-Herrschaftssystem, Göttingen 2017.

100 Vgl. u. a. Alfons Söllner: Ernst Fraenkel und die Verwestlichung der politischen Kultur in der Bundesrepublik Deutschland, in: Margrit Seckelmann / Johannes Platz (Hg.): Remigration und Demokratie in der Bundesrepublik nach 1945. Ordnungsvorstellungen zu Staat und Verwaltung im transatlantischen Transfer, Bielefeld 2017, S. 99–128.

Von der Bundesrepublik distanzierte Bergstraesser sich an manchen Stellen pluralismuskritisch.[101] Von solchen politisch-intellektuellen Biographien unterschied sich Jäckh doppelt. Anders als Fraenkel vor 1933 rechnete er mit der Weimarer Republik nicht als Arrangement von demokratischen Institutionen und binnengesellschaftlichen Dynamiken, sondern befasste sich fast ausschließlich mit ihrer außenpolitischen Reputation und machtpolitischen Position im Nachkriegseuropa. Anders als Bergstraesser, der sich zurück in der Bundesrepublik zumindest auf seine Weise aktiv an der „Liberalisierung als Lernprozess"[102] beteiligte, schien sich Jäckh dem Schritt vom Weimarer Vernunftliberalen zum liberalen Demokraten bis zuletzt zu entziehen. Aus der unmittelbaren Anschauung der britischen und amerikanischen Demokratien, die anders als Deutschland durch die Schmelzphase der Extreme hindurchgekommen waren, destillierte Jäckh – anders als Fraenkel oder selbst Bergstraesser – wenig Konkretes heraus, was ihn neu mit der Bundesrepublik hätte verbinden können.

Am Ende mag darin die eigentliche Symptomatik seiner politischen Biographie als Teil einer Beziehungsgeschichte zwischen deutschem Liberalismus und Nationalsozialismus im 20. Jahrhundert liegen: Sie blieb schillernd, von Widersprüchen und Gegenläufigkeiten geprägt, erwies sich als Serie wechselnder Adaptabilitäten. Jäckhs Liberalismus mochte nicht fluider sein als der vieler Zeitgenossen im Deutschland und Europa seiner Tage, aber der vernunftliberale Bekenntniskern[103] blieb doch denkbar klein, beschränkte sich fast allein auf Jäckhs hohe Erwartungen an eine rational ausgehandelte internationale Ordnung, in die Deutschland machtpolitisch deutlich sichtbar eingebunden sein sollte. Diese Ordnung schien jedenfalls im Umfeld seines Völkerbundenthusiasmus, seines transatlantischen Wissenschaftsinternationalismus vor 1933 und im Exil durch, als Jäckh zwar nach wie vor nicht etwa auf individuelle Freiheitsrechte oder einen wie auch immer definierten sozia

---

101 Vgl. Arnd Bauerkämper: Demokratie als Verheißung oder Gefahr? Deutsche Politikwissenschaftler und amerikanische Modelle bis zur Mitte der 1960er Jahre, in: Ders. / Konrad Jarausch / Markus Payk (Hg.): Demokratiewunder. Transatlantische Mittler und die kulturelle Öffnung Westdeutschland 1945–1970, Göttingen 2005, S. 253–280.

102 Vgl. Ulrich Herbert: Liberalisierung als Lernprozess, in: Ders. (Hg.): Wandlungsprozesse in Westdeutschland. Belastung, Integration, Liberalisierung 1945–1980, Göttingen 2002, S. 7–49.

103 Im Sinne von Michael Freeden: European Liberalisms. An Essay in Comparative Political Thought, in: European Journal of Political Theory 7.1 (2008), S. 9–30, hier S. 13, verstanden als Set unhintergehbarer Werthaltungen wie „rationality, liberty, individuality, controlled power and progress" usw.; vgl. auch Ders.: The Elusiveness of European (Anti-)liberalism, in: Dieter Gosewinkel (Hg.): Anti-liberal Europe. A Neglected Story of Europeanization, New York/Oxford 2015, S. 33–44, hier besonders S. 35 f.

len Fortschritt pochte, im totalitären Zusammenhang aber zumindest für sich keine politische Existenzmöglichkeit mehr sah. Aber Jäckhs Abgrenzungen gegenüber dem Antiliberalismus bleiben im Kontext einer noch ganz unaufgearbeiteten Beziehung des liberalen Exilanten zu Nationalsozialismus und Holocaust im Westdeutschland der 1950er Jahre völlig verschwommen.

ERNST WOLFGANG BECKER

Deutschlands langer Sonderweg in den totalitären Etatismus

Der liberale Wirtschaftspublizist Gustav Stolper und seine
Auseinandersetzung mit dem Nationalsozialismus*

Wer war Gustav Stolper? „War er ein großer Ökonom?"[1] Die Antwort, die das Wirtschaftsmagazin „WirtschaftsWoche" im September 2016 darauf gab, ist zunächst ernüchternd. Anders als dem Sohn Wolfgang, Ökonomieprofessor in Ann Arbor, verdanke die Wissenschaft Gustav Stolper keine „bahnbrechende Erkenntnis"; er habe es noch nicht einmal zum ordentlichen Professor an einer Universität gebracht. Alles in allem sei „die Geschichte seines Wirkens in Österreich und in Deutschland die Geschichte eines doppelten Scheiterns". Andererseits würdigte das Wirtschaftsblatt Stolper als leidenschaftlichen und brillanten Wirtschaftspublizisten und liberalen Politiker, der in der Weimarer Republik die innovative Zeitschrift „Der deutsche Volkswirt" gegründet hatte, die nach der NS-Zeit 1949 wieder reanimiert und 1970 schließlich in „WirtschaftsWoche" umbenannt wurde. Dem Vater dieses Blattes erweist der Redakteur schließlich seine Referenz mit der Artikelüberschrift: „Wir alle wollen seine Enkel sein." Und die Schar seiner Enkel vermehrt sich fortlaufend durch die jährliche Verleihung des Gustav-Stolper-Preises des Vereins für Socialpolitik. Er wird vergeben für wirtschaftswissenschaftliche Erkenntnisse, welche die öffentliche Diskussion über wirtschaftliche Zusammenhänge und Probleme beeinflusst habe. Zu den Preisträgern gehören u. a. Carl Christian von Weizsäcker und Hans-Werner Sinn.

---

* Für wertvolle Hinweise, Kritik und Anregungen danke ich Jens Hacke.
1 Vgl. auch im Folgenden Konrad Handschuch: Gustav Stolper. Wir alle wollen seine Enkel sein, in: Wirtschaftswoche 30.9.2016, URL: http://www.wiwo.de/unternehmen/dienstleister/gustav-stolper-wir-alle-wollen-seine-enkel-sein/14630056.html [31.9.2018].

Doch außer seiner Rolle als Begründer einer traditionsbildenden Wirtschaftszeitschrift und als Namensgeber eines Preises ist von Gustav Stolper nicht viel in Erinnerung geblieben. In den großen Gesamtdarstellungen über die Weimarer Republik sucht man seinen Namen – von Einzelfunden abgesehen – weitgehend vergeblich. Die Forschung zum Parteiliberalismus nimmt sich seiner vor allem als vermeintlicher Hoffnungsträger an, als er 1929 auf dem Mannheimer Parteitag der Deutschen Demokratischen Partei (DDP) seine wirtschafts- und sozialpolitischen Vorstellungen präsentierte.[2] Die jüngere, zumeist ideengeschichtlich orientierte Forschung betont vor allem die Reformdebatten über eine Neuformierung des Liberalismus angesichts der Krise der parlamentarischen Demokratie und der Herausforderungen durch Faschismus und Nationalsozialismus in der Zwischenkriegszeit.[3] Doch auch in diesem Lernprozess hin zu einer liberalen, sozialen und wehrhaften Demokratie sowie bei der Herausbildung der verschiedenen Spielarten des Neoliberalismus kommt Stolper allenfalls die Rolle einer bedeutungsarmen Randfigur zu.[4] Wirtschaftshistorischen Arbeiten ist Stolper allenfalls eine Erwähnung bei der kritischen Diskussion des sogenannten Wagemann-Plans (Januar 1932) des Präsidenten des Statistischen Reichsamtes zur Geldpolitik wert.[5] Einige wenige Aufsätze und eine Dissertation beschäftigen sich näher mit dem „Deutschen Volkswirt".[6] 1933 emigriert, hatte Stolper an einer li-

---

2   Vgl. Werner Stephan: Aufstieg und Verfall des Linksliberalismus. Geschichte der Deutschen Demokratischen Partei, Göttingen 1973, S. 418 f; Dieter Langewiesche: Liberalismus in Deutschland, Frankfurt a. M. 1988, S. 268–270; sehr kritisch in der Beurteilung von Stolpers Wirtschaftsprogramm Werner Schneider: Die Deutsche Demokratische Partei in der Weimarer Republik 1924–1930, München 1978, S. 170–175.

3   Vgl. beispielsweise Jens Hacke: Existenzkrise der Demokratie. Zur politischen Theorie des Liberalismus in der Zwischenkriegszeit, Frankfurt a. M. 2018; Tim B. Müller: Nach dem Ersten Weltkrieg. Lebensversuche moderner Demokratien, Hamburg 2014; Edmund Fawcett: Liberalism. The Life of an Idea, Princeton 2014.

4   Neben der in Anm. 2 genannten Literatur vgl. Anthony Nicholls: Freedom with Responsibility. The Social Market Economy in Germany 1918–1963, Oxford 1994; Philip Plickert: Wandlungen des Neoliberalismus. Eine Studie zur Entwicklung und Ausstrahlung der „Mont Pèlerin Society", Stuttgart 2008; Ralf Ptak: Vom Ordoliberalismus zur Sozialen Marktwirtschaft. Stationen des Neoliberalismus in Deutschland, Opladen 2004.

5   Vgl. Hauke Janssen: Nationalökonomie und Nationalsozialismus. Die deutsche Volkswirtschaftslehre in den dreißiger Jahren des 20. Jahrhunderts, vierte überarbeitete Auflage, Marbach 2012, S. 420–422; Claus-Dieter Krohn: Wirtschaftstheorien als politische Interessen. Die akademische Nationalökonomie in Deutschland 1918–1933, Frankfurt a. M./New York 1981, S. 162 f; vgl. auch Roman Köster: Die Wissenschaft der Außenseiter. Die Krise der Nationalökonomie in der Weimarer Republik, Göttingen 2011.

6   Vgl. Heinz Rieter: Der *deutsche Volkswirt* 1926 bis 1933. Eine Fallstudie zur publizistischen Umsetzung wirtschaftspolitischer Konzeptionen, in: Erich W. Streissler (Hg.): Studien zur

beralen Resistenz, Opposition oder gar an einem aktiven Widerstand gegen das nationalsozialistische Regime – auch aus dem Exil heraus – keinen Anteil und spielt deshalb in der Widerstandsforschung keine Rolle.[7] Ebenso hat die Exilforschung Stolper kaum entdeckt.[8] Allenfalls sein möglicher Einfluss auf die Deutschlandpolitik der USA wird hervorgehoben.[9] Abgesehen von der Lebensbeschreibung durch seine Ehefrau Toni Stolper, die trotz Quellennähe und wichtigem Detailwissen die nötige Distanz zu ihrem Protagonisten vermissen lässt, und einigen biographischen Skizzen liegt keine umfassende, wissenschaftlich fundierte Biographie Stolpers vor.[10]

Entwicklung der ökonomischen Theorie XVII. Die Umsetzung wirtschaftspolitischer Grundkonzeptionen in die kontinentaleuropäische Praxis des 19. und 20. Jahrhunderts, II. Teil, Berlin 1998, S. 95–153; Hansjörg Klausinger: Gustav Stolper, *Der deutsche Volkswirt*, and the Controversy on Economic Policy at the End of the Weimar Republic, in: History of Political Economy 33 (2001), S. 241–267; Barbara Sattler: Der deutsche Volkswirt, Kiel 1982.

7   Zum liberalen Widerstand vgl. Jürgen Frölich: Opposition und Widerstand auf liberaler Grundlage, in: Peter Steinbach / Johannes Tuchel (Hg.): Widerstand gegen die nationalsozialistische Diktatur 1933–1945, Bonn 2004, S. 167–184. Zu einem liberalen Repräsentanten des Widerstands vgl. jüngst die Biographie von Wolfgang Hardtwig: Freiheitliches Bürgertum in Deutschland. Der Weimarer Demokrat Eduard Hamm zwischen Kaiserreich und Widerstand, Stuttgart 2018.

8   Vgl. z.B. Claus-Dieter Krohn: Wissenschaft im Exil. Deutsche Sozial- und Wirtschaftswissenschaftler in den USA und die New School for Social Research, Frankfurt a.M./New York 1987; Matthias Stoffregen: Kämpfen für ein demokratisches Deutschland. Emigranten zwischen Politik und Politikwissenschaft, Opladen 2002.

9   Joachim Radkau bezeichnet Stolper als einen „der einflußreichsten deutschen Emigranten" in den USA, ohne diesen Einfluss freilich belegen zu können; vgl. Joachim Radkau: Die deutsche Emigration in den USA. Ihr Einfluß auf die amerikanische Europapolitik 1933–1941, Düsseldorf 1971, S. 232; vgl. auch Nicholaus W. Balabkins: Gustav Stolper's Influence on U.S. Industrial Disarmament Policy in West Germany, 1945–1946, in: Jürgen Georg Backhaus (Hg.): The Beginnings of Scholary Economic Journalism. The Austrian Economist and The German Economist, Heidelberg u.a. 2011, S. 147–162; mit Bezügen auf Stolper auch Thomas Reuther: Die ambivalente Normalisierung. Deutschlanddiskurs und Deutschlandbilder in den USA 1941–1955, Stuttgart 2000.

10   Vgl. Toni Stolper: Ein Leben in Brennpunkten unserer Zeit. Wien, Berlin, New York. Gustav Stolper 1888–1947, Tübingen ²1960; Fritz Bade: Gustav Stolper, in: Weltwirtschaftliches Archiv 62 (1949), S. 3–10; Harro Molt: Hegemonialbestrebungen der deutschen Außenpolitik in den letzten Jahren der Weimarer Republik. Gustav Stolpers „Dienstag-Kreis", in: Jahrbuch des Instituts für deutsche Geschichte 5 (1976), S. 419–448; Sabine Wenhold: Gustav Stolper: Mentor of a Young German Democrat, in: Backhaus, Beginnings, S. 93–108; Knut Hansen: Demokrat zwischen Wirtschaft und Politik – der Publizist Gustav Stolper (1888–1947), in: Liberal. Vierteljahreshefte für Politik und Kultur 37 (1995), Bd. 1, S. 67–72; Karl Holl: Stolper, Gustav, in: Biographisches Handbuch der deutschsprachigen wirtschaftswissenschaftlichen Emigration nach 1933, hg. von Harald Hagemann und Claus-Dieter Krohn, Bd. 2, München 1999, S. 691–695.

Wer war also Gustav Stolper? Und was kann er zur Erhellung des Beziehungsgeflechts zwischen Liberalismus und Nationalsozialismus beitragen?

1. Gustav Stolper und die Suche nach einem zeitgemäßen Liberalismus

Geboren 1888 in Wien als Sohn jüdischer Einwanderer aus Polen studierte Gustav Stolper Jura und Nationalökonomie und wurde in den Rechtswissenschaften promoviert.[11] Vom in Wien grassierenden Antisemitismus fühlte er sich innerlich, so seine Ehefrau rückblickend, kaum betroffen: „Sein Verhältnis zum jüdischen Glauben, zur jüdischen Tradition und gar zum jüdischen Nationalismus war kampflos negativ."[12] So trat er aus der jüdischen Gemeinschaft aus und blieb seitdem ohne kirchliche Bindungen. Seit 1912 arbeitete er als Redakteur, später Mitherausgeber beim „Österreichischen Volkswirt", einem am Londoner „Economist" orientierten Wirtschaftsblatt. 1917 wurde er zum Generalkommissär für Kriegs- und Übergangswirtschaft mit Kabinettsrang ernannt. Im Ersten Weltkrieg geriet er in den Bannkreis Friedrich Naumanns und dessen Programm eines erneuerten, sozial und nationalistisch getönten Liberalismus in der modernen Industriegesellschaft. Für Naumanns Mitteleuropa-Konzept warb er in Österreich und arbeitete es wirtschaftspolitisch weiter aus.[13] In dieser Zeit begann auch die lebenslange Freundschaft mit Theodor Heuss.[14] Nach dem Krieg agitierte Stolper für die Vereinigung Österreichs mit dem Deutschen Reich. Dort hatte er sich auf vielen Reisen und mit zahlreichen Vorträgen ein Beziehungsgeflecht aufgebaut und wurde Vorstandsmitglied im Verein für Socialpolitik. Kurzfristig gehörte er 1918/19 der von ihm mitbegründeten „Bürgerlich-Demokratischen Partei" an, die bei den Wahlen zur österreichischen Nationalversammlung nicht reüssieren konnte.

Als Stolper Anfang 1925 die Leitung des „Berliner Börsen-Couriers" angetragen wurde, siedelte er nach Deutschland über. Ein Jahr darauf gründete er den „Deutschen Volkswirt", eine bald renommierte und mit bis zu 10.000 Exemplaren stark verbreitete Wochenzeitschrift mit großem Einfluss auf die wirtschaftspolitischen Debatten in der Weimarer Republik. Zahlreiche bekannte Autoren schrieben dort über wirtschaftliche, politische und

---

11 Vgl. auch im Folgenden Stolper, Leben; Bade, Gustav Stolper; Hansen, Demokrat; Holl, Stolper.
12 Stolper, Leben, S. 159.
13 Gustav Stolper: Das mitteleuropäische Wirtschaftsproblem, Wien/Leipzig 1917.
14 Vgl. Joachim Radkau: Theodor Heuss, München 2013, S. 108; Stolper, Leben, S. 103; Theodor Heuss: Erinnerungen 1905–1933, Tübingen ⁴1963, S. 224–227.

soziale Fragen, so zum Beispiel Joseph Schumpeter, Wilhelm Röpke, Alexander Rüstow, Friedrich Hayek, Hermann Höpker Aschoff, Hans Kelsen und Theodor Heuss. Themen waren beispielsweise die Rolle des Staates in der Industrie- und Wettbewerbswirtschaft, ordnungspolitische Fragen zwischen Kapitalismus und Sozialismus oder Theorien einer rationalen, ökonomischen Gesetzen gehorchenden Prozesspolitik. Grundsätzlich zielte das Blatt gegen die Jüngere Historische Schule der Nationalökonomie und orientierte sich wirtschaftstheoretisch an der österreichischen Neoklassik.[15] Bereits kurz nach seiner Umsiedlung wurde Stolper 1926 in den Reichsvorstand der DDP kooptiert und gehörte 1930–1932 dem Reichstag an. Er galt in seiner Partei als junger Hoffnungsträger und Wirtschaftsexperte, war gut vernetzt und Teilnehmer zahlreicher Gesprächskreise, in denen er Informationen aus erster Hand für seine publizistische Tätigkeit erhielt und Einfluss auf politische Entscheidungen ausübte.[16]

NS-kritische Artikel im „Deutschen Volkswirt" führten im Frühjahr 1933 zu einem mehrwöchigen Verbot der Zeitschrift. Stolper, als liberaler Demokrat und wegen seiner jüdischen Abstammung ohnehin gefährdet, beschloss auszuwandern und den „Deutschen Volkswirt" zu verkaufen. Anfang Juli verließ er Deutschland – ein schwerer Schritt, wie er seinem einstigen Parteifreund und Mentor Hjalmar Schacht schrieb:

> Denn Sie, der Sie vielleicht mehr von meinem politischen Glaubensbekenntnis wissen als die meisten meiner Freunde, können ermessen, was für mich der Abschied von Deutschland bedeutet, und noch dazu der Abschied von einem Deutschland, dem ich trotz allem, was mir geschehen mag, mit Leib und Seele verbunden bleibe. Ich verlasse dieses Land, weil man mich hier nicht leben läßt, aber ich werde niemals mich als Emigrant, sondern stets als deutscher Bürger fühlen."[17]

Dennoch gelang es Stolper, sich zügig mit der neuen Lebenssituation zu arrangieren. Über England erreichte er die USA, von denen er sich als klassischem Einwanderungsland die besten Integrationschancen versprach. Er assimilierte sich zügig, lernte in kurzer Zeit die englische Sprache und befasste sich intensiv mit den politischen und wirtschaftlichen Entwicklungen seines Gastlandes. 1934 wurde er vom Deutschen Reich ausgebürgert und erwarb 1939 die amerikanische Staatsangehörigkeit. Die Gründung eines amerikanischen „Volkswirts" misslang, aber mit seiner Berichts- und Beratertätigkeit für

---

15 Vgl. Rieter, Deutsche Volkswirt, S. 125–129.
16 Vgl. anhand des „Dienstag-Kreises", dem Politiker, Diplomaten und Publizisten angehörten, Molt, Hegemonialbestrebungen.
17 Stolper an Hjalmar Schacht, 2.7.1933, zitiert in: Stolper, Leben, S. 326.

europäische Banken, die sich in einigen hundert Wirtschaftsberichten niederschlug, sowie mit der Vermögensverwaltung europäischer Anleger hatte er ein
solides Auskommen. Er hielt Vorträge über Wirtschafts- und Außenpolitik
und verfasste Artikel für Zeitschriften wie „Foreign Affairs". Zudem veröffentlichte er drei Monographien: „German Economy 1870–1940" (1940),[18]
„This Age of Fable. The Political and Economic World we Live in" (1942)[19]
und „German Realities" (1948).[20] Kontakte pflegte er zu amerikanischen Intellektuellen und Liberalen wie Walter Lippmann und Dorothy Thompson
sowie zu Emigranten wie Joseph Schumpeter, Hans Staudinger und Heinrich
Brüning. Er beriet Alvin Johnson beim Aufbau der University in Exile an der
New School for Social Research. Er zeigte sich beeindruckt von der Dynamik der amerikanischen Demokratie und befürwortete einen amerikanischen
Kriegseintritt, ohne sich aber der Kriegspropaganda zur Verfügung zu stellen.[21] Gegen Ende des Krieges wandte er sich gegen die Deutschlandpläne der
Regierung Roosevelt. Er nahm an der dritten Hoover-Mission im Frühjahr
1947 teil und verfasste den entsprechenden Bericht mit. Unerwartet starb er
Ende Dezember 1947 in New York.

Die Beziehungsgeschichte zwischen Liberalismus und Nationalsozialismus lässt sich auf verschiedenen Ebenen betrachten und analysieren, wie die
Einführung zu diesem Band herausgearbeitet hat. Im Falle von Gustav Stolper sind einige davon nicht relevant und würden zu kurzschlüssigen, enthis-
torisierenden Ergebnissen führen. So lassen sich ideologische Kontinuitäten
und Schnittmengen zwischen liberalen Einstellungen Stolpers und einer offenen NS-Weltanschauung konstruieren, wenn einzelne Aspekte und Begriffe
isoliert herausgegriffen werden. Stolper gehörte nicht zum kosmopolitischen
linken Flügel der DDP, sondern vertrat einen revisionistischen „demokratischen Nationalismus".[22] Er war Anhänger von Naumanns Mitteleuropa-Kon-

---

18 Gustav Stolper: German Economy 1870–1940, New York 1940; deutsch unter dem Titel:
Deutsche Wirtschaft 1870–1940. Kaiserreich – Republik – Drittes Reich, Stuttgart 1950; fort-
geführt von Karl Häuser und Knut Borchardt in 2 Auflagen 1964 und 1966.
19 New York 1942.
20 New York 1948; deutsch unter dem Titel: Die deutsche Wirklichkeit. Ein Beitrag zum
künftigen Frieden Europas, Hamburg 1949; zum Einfluss von Theodor Heuss auf die Entstehung des Buches bei einem gemeinsamen Urlaub im Sommer 1947 in Sils Maria vgl. Radkau,
Heuss, S. 295–298.
21 Laut Auskunft der National Archives and Records Administration lässt sich eine Zusammenarbeit mit dem Nachrichtendienst „Office of Strategic Services" (OSS) des US-amerikanischen Kriegsministeriums nicht nachweisen.
22 Vgl. Jürgen C. Heß: „Das ganze Deutschland soll es sein". Demokratischer Nationalismus in der Weimarer Republik am Beispiel der Deutschen Demokratischen Partei, Stuttgart
1978.

zept, forderte eine komplette Revision der Versailler Verträge und plädierte für einen Anschluss Österreichs an das Deutsche Reich.[23] Damit vertrat er Positionen eines breiten politischen Spektrums in der Weimarer Republik. Im Gegensatz zur völkischen Rechten war Stolpers Nationalismus aber eng verbunden mit einer Bejahung der Weimarer Verfassungsordnung und der liberalen Demokratie sowie einer internationalen Verständigungspolitik.

Auch die im Linksliberalismus verbreitete Einheitssehnsucht nach einer „Volksgemeinschaft" war zunächst demokratisch grundiert und in einem inklusiven Sinne gemeint. Die „Volksgemeinschaft" stand für die emotionale Seite der Nation, um die Bevölkerung in einer Willensgemeinschaft an die nationale Demokratie zu binden und über alle Gegensätze hinweg zu versöhnen.[24] Zudem war Stolpers pluralistisches und individualistisches Demokratie- und Freiheitsverständnis ohnehin nur schwerlich kompatibel mit einem totalitären Volksgemeinschaftsbegriff auf der extremen Rechten: „Parteipolitik ist nur der notwendige und erwünschte Ausdruck der konkurrierenden Kräfte und Interessen in der Gesellschaft" und gehöre zum Wesen demokratischer Politik.[25] Ebenso wenig kann der Ruf nach „Führung" per se als undemokratisch diskreditiert und in die Nähe zum Nationalsozialismus gerückt werden. Vielmehr sollte dem Prinzip der Persönlichkeit in der Massendemokratie Geltung verschafft werden. „Nur die Demokratie", fasst Moritz Föllmers die Quintessenz eines solchen Denkens zusammen, „sei imstande, für eine sozial breite und verfahrensmäßig legitime Führerauslese zu sorgen".[26]

---

23 Vgl. ebd., S. 180 f; auch Eric Kurlander: Living with Hitler. Liberal Democrats in the Third Reich, New Haven/London 2009, S. 176. Noch im Exil sah Stolper die NS-Außenpolitik bis 1939 in der revisionistischen Tradition der Weimarer Republik; vgl. Stolper, Age of Fable, S. 309–317.

24 Vgl. Wolfgang Hardtwig: Volksgemeinschaft im Übergang. Von der Demokratie zum rassistischen Führerstaat, in: Detlef Lehnert (Hg.): Gemeinschaftsdenken in Europa. Das Gesellschaftskonzept „Volksheim" im Vergleich 1900–1938, Köln/Weimar/Wien 2013, S. 227–253; Marcus Llanque: Der Weimarer Linksliberalismus und das Problem politischer Verbindlichkeit. Volksgemeinschaft, demokratische Nation und Staatsgesinnung bei Theodor Heuss, Hugo Preuß und Friedrich Meinecke, in: Anselm Doering-Manteuffel / Jörn Leonhard (Hg.): Liberalismus im 20. Jahrhundert, Stuttgart 2015, S. 158–181; Ernst Wolfgang Becker: Die normative Dimension der Realpolitik. Linksliberalismus und Ermächtigungsgesetzgebung in der Weimarer Republik, in: Jahrbuch zur Liberalismus-Forschung 28 (2016), S. 91–118.

25 Gustav Stolper: Überparteilichkeit, in: Der deutsche Volkswirt (DV) 2, Nr. 15, 13.1.1928, S. 455.

26 Moritz Föllmer: Führung und Demokratie in Europa, in: Tim B. Müller / Adam Tooze (Hg.): Normalität und Fragilität. Demokratie nach dem Ersten Weltkrieg, Hamburg 2015, S. 177–197, hier S. 182; vgl. auch Archie Brown: Der Mythos vom starken Führer. Politische Führung im 20. und 21. Jahrhundert, Berlin 2018.

Stolper prognostizierte schon Ende 1929, dass mit der Krise der parlamentarischen Demokratie auch die „Führerauslese verdorben" sei.[27] Demokratie und Führertum waren im Umfeld des Linksliberalismus keine Gegensätze. Ebenso lassen sich autoritäre Sehnsüchte von manchen liberalen Demokraten, die der Sicherung der Demokratie dienten, auch als „Ausweis der Selbstverständlichkeit des parlamentarischen Systems lesen".[28]

1933 emigrierte Stolper, so dass es nach den Verhandlungen über den Verkauf des „Deutschen Volkswirts" keine weiteren Kontaktzonen zum NS-Regime gab. Das breite Spektrum an möglichen Verhaltensweisen gegenüber dem Nationalsozialismus, wie es sich an Liberalen wie Eduard Hamm, Theodor Heuss oder Werner Stephan zeigt,[29] ist für Stolper irrelevant. Ebenso hat er weder in der Weimarer Republik noch in den knapp eineinhalb Jahrzehnten seines Aufenthaltes in den USA ein umfassendes, systematisches Werk über den Nationalsozialismus, seine Ideologie und Herrschaftspraxis vorgelegt. Anders als sein enger Freund Theodor Heuss oder als der Journalist Konrad Heiden, die Anfang der dreißiger Jahre ihre Arbeiten über Adolf Hitler und den Nationalsozialismus vorlegten,[30] finden sich bei Stolper darüber nur einige Artikel vor allem im „Deutschen Volkswirt" oder einzelne Passagen in den im US-amerikanischen Exil verfassten Schriften.

Der Publizist Gustav Stolper hat hingegen Zeitdiagnosen über die politische und wirtschaftliche Entwicklung der ersten Hälfte des 20. Jahrhunderts verfasst. Auf der Grundlage seiner Vorstellungen von einem fortschrittlichen Liberalismus bettete er den Nationalsozialismus und andere totalitäre Ideologien wie Sozialismus und Faschismus in ein Geschichtsnarrativ ein. Deshalb fragt dieser Aufsatz nach Stolpers Deutung des Nationalsozialismus aus dem Geist des Liberalismus. Vice versa spürt er zugleich der Selbstreflexion und den Wandlungen des Liberalismus nach, hervorgerufen von der Aus-

---

27 Gustav Stolper: Wo stehen wir?, in: DV 4, Nr. 12/13, 20.12.1929, S. 369–372, hier S. 372.
28 Tim B. Müller: Von der „Whig-Interpretation" zur Fragilität der Demokratie. Weimar als geschichtstheoretisches Problem, in: Geschichte und Gesellschaft 44 (2018), S. 430–465, hier S. 443, mit Verweis auf Anthony McElligott: Rethinking the Weimar Repubic. Authority and Authoritarianism 1916–1936, London u. a. 2014.
29 Zu Hamm und Stephan vgl. die Beiträge von Manuel Limbach und Beate Meyer in diesem Band; zu Heuss vgl. die entsprechenden Kapitel in den Biographien von Ernst Wolfgang Becker: Theodor Heuss. Bürger im Zeitalter der Extreme, Stuttgart 2011; Peter Merseburger: Theodor Heuss. Der Bürger als Präsident. Biographie, München 2012; Radkau, Theodor Heuss.
30 Vgl. Konrad Heiden: Geschichte des Nationalsozialismus. Die Karriere einer Idee, Berlin 1932; Theodor Heuss: Hitlers Weg. Eine historisch-politische Studie über den Nationalsozialismus, Stuttgart 1932.

einandersetzung mit der Zäsurerfahrung des Ersten Weltkrieges,[31] mit der Krisenwahrnehmung der Zwischenkriegszeit und mit den Herausforderungen von Faschismus und Nationalsozialismus.[32] Wie ist Stolper in die Reformulierungsversuche des Liberalismus aus der totalitären Bedrohung heraus zu verorten? Und welche Bedeutung kommt seinem Exilland zu, in dem der New Deal Möglichkeitsräume für einen erneuerten Liberalismus zu eröffnen schien?

Dieser Beitrag schließt sich der Deutung der jüngeren Liberalismus-Forschung an, dass Liberalismus „niemals eine essenzialistische Ideologie war, ein unwandelbares Ideenkonstrukt, das gleichsam hermetisch aus sich selbst heraus wirkte."[33] Vielmehr betonen Wissenschaftler wie Michael Freeden die „Flüssigkeit des Liberalismus", die einer „Mischung aus historischer Kontingenz und wiederkehrenden Denkmustern" sowie einer spezifischen „Konfiguration von politischen Begriffen" geschuldet ist. So ist mittlerweile von einer Vielzahl europäischer „Liberalismen" die Rede, die durch variable Kombinationen und Gewichtungen von Kernbegriffen wie Rationalität, Freiheit, Individualität, Geselligkeit, Rechtsstaatlichkeit, kontrollierte Macht und Fortschritt immer noch „Familienähnlichkeiten" aufweisen.[34] Unterschiedliche nationale Traditionen und Kontexte sowie eine fortwährende kritische Neubestimmung der eigenen Positionen in den Abgrenzungskämpfen gegenüber anderen Ideologien führten zu Vielfalt und Ambivalenzen des Liberalismus. In der „diachronen Anreicherung von historischen Gehalten" sieht Jörn Leonhard den Grund für die Schwierigkeit, Liberalismus in einem einheitlichen Sinne zu definieren.[35] Zugleich erklärt sich daraus aber auch die An-

---

31 Vgl. beispielsweise Jörn Leonhard: Krieg und Krise. Der Liberalismus 1914–1918 im internationalen Vergleich, in: Doering-Manteuffel/Leonhard, Liberalismus, S. 69–94.

32 Vgl. Hacke, Existenzkrise; Ders.: „Volksgemeinschaft der Gleichgesinnten". Liberale Faschismusanalysen und die Wurzeln der Totalitarismustheorie, in: Mittelweg 36 23 (2014), H. 4, S. 53–73.

33 Anselm Doering-Manteuffel / Jörn Leonhard: Liberalismus im 20. Jahrhundert – Aufriss einer historischen Phänomenologie, in: Dies., Liberalismus, S. 13–32, hier S. 17.

34 Vgl. Michael Freeden: Europäische Liberalismen, in: Merkur 65 (2011), H. 11, S. 1028–1046. hier S. 1028 f; Ders.: Liberalism. A Very Short Introduction, Oxford 2015, S. 15, 58–64.

35 Vgl. Jörn Leonhard: Semantische Deplazierung und Entwertung. Deutsche Deutungen von *liberal* und *Liberalismus* nach 1850 im europäischen Vergleich, in: Geschichte und Gesellschaft 29 (2003), H. 1, S. 5–39, hier S. 35; vgl. auch Judith Shklar, die davon ausgeht, dass der Liberalismus „im Laufe jahrelanger ideologischer Kämpfe seine Identität vollständig eingebüßt" habe; Judith Shklar: Der Liberalismus der Furcht, mit einem Vorwort von Axel Honneth und Essays von Michael Walzer, Seyla Benhabib und Bernard Williams, hg. von Hannes Bajohr, Berlin 2013, S. 26.

passungsfähigkeit und Resilienz von Liberalismus, wie sie Tony Judt als eines der erstaunlichen Merkmale des 20. Jahrhunderts betont.[36]

Wenn Liberalismus nicht auf die Geschichte politischer Parteien beschränkt wird, dann erzählt er in der ersten Hälfte des 20. Jahrhunderts nicht nur eine Niedergangsgeschichte, sondern wird in ideengeschichtlicher Perspektive zu einer „Abfolge von Lernprozessen und Anpassungsleistungen".[37] In dieser Perspektive soll auch Gustav Stolper betrachtet werden. Beeinflusst vom sozial-liberalen und nationalistischen Denken Friedrich Naumanns entwickelte er kein programmatisches liberales Konzept, sondern steht für einen fluiden Liberalismus, der das Verhältnis von Politik, Staat und Wirtschaft reflektierte und dabei auf das offene „Weltanschauungsfeld" des Nationalsozialismus[38] traf.

2. Der Erste Weltkrieg als Epochenbruch für den Liberalismus: Überwältigung der Wirtschaft durch den Staat

Der Erste Weltkrieg mit seinen Gewalterfahrungen hatte Zukunftserwartungen des Liberalismus in beschleunigter Weise entwertet.[39] Der im 19. Jahrhundert verankerte universale liberale Fortschrittsglaube war erschüttert worden; die Zukunft entzog sich dem Denken in Kontinuitäten und dem Fortschrittsparadigma. Die Fundamentalerfahrung des Ersten Weltkrieges diente auch Gustav Stolper als Katalysator und Angelpunkt bis in die Exilzeit hinein, um seine liberalen Anschauungen neu zu justieren. So machte er im Oktober 1929 auf dem Mannheimer Parteitag der DDP deutlich:

> „Der Krieg hat die Selbstverständlichkeit unseres bürgerlichen Denkens vernichtet, er hat die Selbstverständlichkeit der staatlichen Ordnung vernichtet, in der wir vor dem Kriege gelebt haben. Dieser Krieg hat das Verhältnis zwischen Staat und Wirtschaft, zwischen Staat und Gesellschaft, das Verhältnis zwischen Staat und Individuum von

---

36   Tony Judt / Timothy Snyder: Nachdenken über das 20. Jahrhundert, Frankfurt a. M. 2015, S. 395.

37   Hacke, Existenzkrise, S. 401.

38   So betont Lutz Raphael pointiert, dass der Nationalsozialismus keine feste Einheit sei und keinen Markenkern habe, sondern Anleihen an heterogenen Ideologemen gemacht habe; vgl. Lutz Raphael: Radikales Ordnungsdenken und die Organisation totalitärer Herrschaft: Weltanschauungseliten und Humanwissenschaftler im NS-Regime, in: Geschichte und Gesellschaft 27 (2001), S. 5–40.

39   Vgl. Doering-Manteuffel/Leonhard, Liberalismus, S. 22–24.

Grund auf revolutioniert. [...] das ist das Ende jeden Versuchs, Liberalismus jemals wieder in manchesterlichen Formen zu wollen."[40]

Und noch 13 Jahre später ist es die Zäsur von 1914, die zum Ausgangspunkt für Stolpers Gegenwartsdiagnose „This Age of Fable" wird: „On August I, 1914, this age of fable began. From that day on everything, simply everything, was thrown into doubt. [...] In the holocaust [!] of 1914 most accepted values and standards and, what is more, the mere assumption of fixed values and standards were lost and have not yet been recovered."[41]

Worin lag nun diese Zäsur, die Stolper seit dem Ersten Weltkrieg diagnostizierte? Jörn Leonhard hat mehrere strukturell neue Herausforderungen für den Liberalismus im Krieg herausgearbeitet:[42] ein integraler Nationalismus, der die liberale Idee einer pluralen Gesellschaft infrage stellte; zunehmende politische Gestaltungsansprüche des Militärs als extrakonstitutionellem Machtfaktor; die Expansion der politischen, sozialen und wirtschaftlichen Ansprüche des Interventionsstaates; die Erwartungen des von den Kriegsfolgen betroffenen Bürgers an den Staat und damit die Entwicklung vom *warfare state* zum *welfare state*; schließlich neue Strukturen im Verhältnis von Staat, Arbeit und Kapital. Im Zeichen einer „expandierenden Kriegsstaatlichkeit" traten an „die Stelle von wirtschaftlichen Marktmechanismen" zunehmend „neue Konzepte und Praktiken eines organisierten Kriegskapitalismus mit erheblichen staatlichen Eingriffsrechten".[43] So entstanden „Mischformen zwischen privatwirtschaftlichen und öffentlich-staatlichen Ordnungsmodellen", beflügelt von den Debatten über „organisierten Kapitalismus" und Gemeinwirtschaft.[44]

Vor allem mit dieser breiten Tendenz einer fortschreitenden Durchdringung von Politik und Wirtschaft setzte sich Gustav Stolper auseinander. Bereits im 19. Jahrhundert habe sich „mit der Entwicklung des Kapitalismus eine immer raschere Ausdehnung der Staatsfunktionen" angebahnt. Die Wirtschaft sei deshalb „in immer empfindlichere Abhängigkeit von der Politik [geraten], wie die Rücksicht auf wirtschaftliche oder angebliche Interes-

---

40 Gustav Stolper: Die wirtschaftlich-soziale Weltanschauung der Demokratie. Programmrede auf dem Mannheimer Parteitag der Deutschen Demokratischen Partei am 5. Oktober 1929, Berlin 1929, S. 7 f.

41 Stolper, Age of Fable, S. 12.

42 Vgl. auch im Folgenden Leonhard, Krieg, S. 74–76.

43 Jörn Leonhard: Liberale und Liberalismus nach 1918 – Herausforderungen und Forschungsperspektiven, in: Heuss-Forum, Theodor-Heuss-Kolloquium 2015, URL: http://www.stiftung-heuss-haus.de/heuss-forum_thk2015_leonhard [18.10.2018], S. 1.

44 Leonhard, Krieg, S. 76.

sen der Wirtschaft der Politik immer schärfer das Gesetz des Handelns vor-
schreibt."[45] So sei dem deutschen Kapitalismus auch „in seiner Glanzzeit […]
eine reichliche Beimischung von Staats- und Verbandseingriffen" zu eigen.[46]
Der Kapitalismus sollte durch Gesetze gezähmt werden. Stolper befand sich
mit dieser Einschätzung der „nationalistisch-etatistischen Tradition" des
Wirtschaftslebens in Deutschland im Gleichklang mit den Kathedersozialis-
ten um Gustav Schmoller, insbesondere mit Adolph Wagners „Gesetz der
wachsenden Staatstätigkeit".[47] Vor allem war es wohl dem Einfluss Friedrich
Naumanns und dessen Werk „Neudeutsche Wirtschaftspolitik" zu verdanken, dass Stolper in der entstehenden Industriegesellschaft mit seinen Mo-
nopolisierungs- und Rationalisierungstendenzen nicht mehr „das freie Spiel
der Kräfte", sondern „den Staat als Hintergrund" für den Kapitalismus sah,
um die Zügellosigkeit der Konkurrenz durch Gesetze zu bändigen und die
Produktion zu regeln. Naumanns sozial-liberaler Etatismus brach eine Lanze
für die Annäherung von Kapitalismus und Sozialismus.[48]

Der Prozess einer wechselseitigen Durchdringung von Politik und Wirtschaft fand laut Stolper seinen vorläufigen Höhepunkt im Ersten Weltkrieg,
wie er in seinem programmatischen Auftaktartikel im „Deutschen Volkswirt"
vom Oktober 1926 betont:

> „Der Weltkrieg vollendet jäh diese Entwicklung. […] Der Krieg […] hat zum ersten-
> mal die Wirtschaft in ihrer Gesamtheit dem Staat und seinem Lebenswillen dienstbar
> gemacht. […] Politik und Wirtschaft waren auf einmal ‚vergesellschaftet', das Indivi-
> duum als Selbstzweck ausgelöscht, die Behauptung von Staat und Gesellschaft zum
> obersten Gesetz erhoben."[49]

Dieser Primat von Politik und Gesellschaft über die Wirtschaft und das Individuum sah Stolper auch in den Nachkriegsdemokratien Mittel- und Westeuropas wirken, denn in diesen „bleibt die Abhängigkeit des Individuums von
den Geschicken des Staates und damit von seinen politischen Entschlüssen,
seinen Handlungen und Unterlassungen bestehen." Damit habe sich auch

---

45 Gustav Stolper: Politik und Wirtschaft, in: DV 1, Nr. 1, 1.10.1926, S. 11–13, hier S. 11.
46 Stolper, Deutsche Wirtschaft, S. 58.
47 Vgl. Avraham Barkai: Das Wirtschaftssystem des Nationalsozialismus. Ideologie, Theorie, Politik 1933–1945, Frankfurt a. M. 1988, S. 68–87; vgl. zum Verhältnis von Politik und
Wirtschaft vor allem Stefan Scholl: Begrenzte Abhängigkeit. ‚Wirtschaft' und ‚Politik' im
20. Jahrhundert, Frankfurt a. M. 2015, zur Jahrhundertwende vor allem S. 70–78.
48 Friedrich Naumann: Neudeutsche Wirtschaftspolitik, Berlin-Schöneberg 1906, S. 341;
Hacke, Existenzkrise, S. 280–282; Thomas Hertfelder: Von Naumann zu Heuss. Über eine
Tradition des sozialen Liberalismus in Deutschland, Stuttgart 2013, S. 16–19.
49 Gustav Stolper: Politik und Wirtschaft, in: DV 1, Nr. 1, 1.10.1926, S. 11–13, hier S. 11.

ein „neuer Machtbegriff" durchgesetzt: „Mächtig ist nicht mehr der Staat, der über die meisten und stärksten Waffen verfügt, mächtig ist vor allem […] der Staat, der die wirtschaftlichen und sozialen Existenzgrundlagen der Bürger zu festigen und gegen Angriffe von außen zu verteidigen vermag."[50]

Gustav Stolper stieß damit in Debatten über Politik und Wirtschaft vor, die in der Tradition des deutschen Korporativismus und Interventionsstaats standen und im „Umverteilungs- und Subventionsstaat" (Knut Borchardt) der Weimarer Republik intensiviert wurden.[51] Auf der Suche nach einer Friedenswirtschaft fanden Diskussionen über Gemeinwirtschaft und Sozialisierung von Schlüsselindustrien statt.[52] Bereits im Zeichen der Kriegswirtschaft hatte Stolper für die planmäßige Lenkung der Produktion durch „Kriegsverbände" plädiert, weil dies den Interessen der Gesamtwirtschaft am meisten nütze und Krisen sich dadurch abschwächen ließen.[53] Auch noch nach dem Krieg trat er in Österreich für eine Lenkung der Wirtschaft zugunsten des öffentlichen Wohls in Form einer Gemeinwirtschaft ein. Ordnungspolitisch mündeten seine korporatistischen Vorstellungen von einem „Wirtschaftsparlament" in einer Planwirtschaft, in der Unternehmer und Arbeitnehmer die Wirtschaft lenkten. Dem Staat kamen hingegen sozialpolitische Aufgaben wie die Wohnungswirtschaft und die Regulierung des Mietmarktes zu.

Im Laufe der zwanziger Jahre, nach seiner Übersiedlung nach Berlin, entfernte sich Stolper von gemeinwirtschaftlichen Vorstellungen und gehörte dem wirtschaftsliberalen Flügel der DDP an.[54] Dennoch hielt er an seinem Urteil fest, dass der Krieg, „das Verhältnis zwischen Staat und Wirtschaft, zwischen Staat und Gesellschaft, das Verhältnis zwischen Gesellschaft und Individuum von Grund auf revolutioniert" habe, und „das ist das Ende jeden Versuchs, Liberalismus jemals wieder in manchesterlichen Formen zu wollen."[55] Hinter diesen Entwicklungsstand könne man in einer Massendemokratie und Industriegesellschaft nicht mehr zurückfallen. In seiner Programmrede auf

---

50 Ebd., S. 12. Ähnlich argumentiert Stolper acht Jahre später im amerikanischen Exil; vgl. Gustav Stolper: Politics versus Economics, in: Foreign Affairs, April 1934, Sonderdruck, in: Bundesarchiv (BArch), Nachlass Gustav und Toni Stolper, N 1186, 70.

51 Vgl. Hans-Ulrich Wehler: Deutsche Gesellschaftsgeschichte, Bd. 4: Vom Beginn des Ersten Weltkriegs bis zur Gründung der beiden deutschen Staaten 1914–1949, München 2003, S. 268–271; Scholl, Abhängigkeit, S. 79 f.

52 Hacke, Existenzkrise, S. 280–307.

53 Vgl. auch im Folgenden Hansen, Demokrat, S. 67–69.

54 Vgl. das kritische Urteil über Stolpers kapitalismusfreundliches Wirtschaftsprogramm auf dem Mannheimer Parteitag, das sich wirtschaftsdemokratischen Konzeptionen verweigert habe, bei Schneider, Deutsche Demokratische Partei, S. 168–175.

55 Stolper, Weltanschauung, S. 8.

dem Mannheimer Parteitag der DDP 1929 über die „wirtschaftlich-soziale
Weltanschauung der Demokratie" versuchte Stolper, die neue Rolle des Staates in das kapitalistische System einzubinden, das er weiterhin für notwendig
hielt: „Daß der Kapitalismus und nur der Kapitalismus imstand ist, ein Maxi-
mum an materiellem Reichtum zu schaffen und damit die Grundbedingung
für die jeweils erreichbare größte Wohlfahrt des einzelnen, das beweist die
Geschichte der kapitalistischen Wirtschaft der letzten hundert Jahre."[56] Nach
Ansicht Stolpers sei „heute bereits mehr als die Hälfte des gesamten deutschen
Volkseinkommens öffentlich, politisch in seiner Höhe und in seinem Verwen-
dungszweck bestimmt."[57] Deshalb müsse der Staat über seine Finanz- und
Steuerpolitik Wirtschafts- und Sozialpolitik betreiben, um das Massenelend
zu beseitigen, um zu einer gerechteren Einkommensverteilung einschließlich Gewinnbeteiligung der Arbeiter in großen Unternehmen zu gelangen
und um eine bessere Kapitalbildung zu fördern. Dem Staat komme also eine
zentrale Rolle zu: „Demokratie bejaht deshalb den Staat als Vollstrecker ihres
sozialen Willens."[58] Jenseits von Klassenkampf und Diktatur habe der demokratische Staat den sozialen und wirtschaftlichen Interessenausgleich zum
Ziel. An Grundprinzipien der liberalen Marktlogik wollte Stolper freilich
nicht rühren, wenn er die Freiheit des Individuums bzw. des Unternehmers,
die freie Verfügung über die Produktionsmittel und das Privateigentum für
unantastbar hielt.[59] So sehr Stolper im Staat einen der zentralen Akteure in
der Demokratie sah, hielt er fest am liberalen Fundamentalglauben „an den

---

56 Ebd., S. 27. Bemerkenswert ist, dass Stolper in seiner Grundsatzrede den Begriff „Liberalismus" meidet und stattdessen von „Demokratie" spricht, worunter er einen sozialen
Liberalismus verstand; zum Sozialliberalismus vgl. Karl Holl / Günter Trautmann / Hans
Vorländer (Hg.): Sozialer Liberalismus, Göttingen 1986; Detlef Lehnert (Hg.): Sozialliberalismus in Europa: Herkunft und Entwicklung im 19. und frühen 20. Jahrhundert, Wien/Köln/
Weimar 2012.
57 Stolper, Weltanschauung, S. 9 f.
58 Ebd., S. 42. Ähnlich zur staatlichen Aufgabe im Wirtschaftssektor ein Artikel vom Juni
1928 im „Deutschen Volkswirt": „Jede moderne vernünftige Wirtschaftspolitik [...] muß mit
der bewußten, positiven Anerkennung der staatlichen Aufgabe im Bereich der Wirtschaft
beginnen. Diese Aufgabe liegt nicht in der Zertrümmerung der Organisation, sondern in
ihrer Kontrolle, liegt nicht in der Atomisierung, sondern in der bewußten Erhaltung oder
Schaffung wirksamer Konkurrenzverhältnisse. Deshalb kann unter Umständen just das liberale Prinzip die Wirtschaft der öffentlichen Hand rechtfertigen oder fordern, wo diese Wirtschaft entweder Funktionen übernimmt, die die Privatwirtschaft nicht erfüllen kann, oder wo
sie (zum Beispiel bei den öffentlichen Banken) heilsame Konkurrenz gegen private Monopol-
tendenzen begründet." Gustav Stolper: Zwischen freier und gebundener Wirtschaft, in: DV 2,
Nr. 38, 22.6.1928, S. 1295–1297, hier S. 1297.
59 Vgl. Stolper, Weltanschauung, S. 42 f.

freien Menschen, nicht an die staatliche Maschine", die zu verwalten und zu kontrollieren, nicht selbst zu wirtschaften habe.[60]

3. Die Auseinandersetzung mit dem Nationalsozialismus

Seit 1930 setzte sich Gustav Stolper im „Deutschen Volkswirt" zunehmend mit der nationalsozialistischen Bewegung und ihren Wahlerfolgen auseinander. So wie andere Liberale auch entwickelte er Frühformen der Totalitarismustheorie, ohne dabei strukturelle Vergleiche anzustellen.[61] Nationalsozialismus und Kommunismus seien „eng verwandte Giftpflanzen", die der Hass auf die parlamentarische Demokratie und den Kapitalismus eine.[62] Beide würden den demokratischen Staat und sein Gewaltmonopol negieren sowie jegliche Kompromissbildung ausschließen und seien daher nicht verhandlungsfähig.[63] Es bestehe überhaupt keine Grundlage für eine „geistige" und „parlamentarische Auseinandersetzung" mit dem Nationalsozialismus, „die begrifflich Austausch von Argumenten, Diskussionen auf gleicher geistiger Ebene voraussetzt." Das NS-Programm führe zu Diktatur, Autarkie, Inflation und damit zum Zusammenbruch der Wirtschaft und zum Bürgerkrieg.[64] Letztlich bleibe von ihm nichts anderes übrig als „eine Geste der Gewalttätigkeit, Gewalt um ihrer selbst willen, ziellos und daher sinnlos, vernichtend und deshalb niemals schöpferisch. Gegen das Prinzip der Vernichtung kann ein Staat nur kämpfen, er kann nicht mit ihm paktieren."[65] So war es nur schlüssig, dass Stolper der sogenannten Abnutzungstheorie eine klare Absage erteilte, da bei einer antidemokratischen und antiparlamentarischen Bewegung gerade nicht zu erwarten sei, dass diese die einmal – auch legal – errun-

---

60 Ebd., S. 43; vgl. auch Gustav Stolper: Der gefesselte Kapitalismus, in: DV 2, Nr. 33, 18.5.1928, S. 1115–117; ähnlich auch bei Naumann, so die Deutung von Traugott Jähnichen: Neudeutsche Kultur- und Wirtschaftspolitik. Friedrich Naumann und der Versuch einer Neukonzeptualisierung des Liberalismus im Wilhelminischen Deutschland, in: Rüdiger vom Bruch (Hg.): Friedrich Naumann in seiner Zeit, Berlin/New York 2000, S. 151–166, vor allem S. 162.

61 Vgl. Hacke, Volksgemeinschaft; Ders., Existenzkrise, S. 126–202.

62 Gustav Stolper: Falsche Kampffronten, in: DV 4, Nr. 48, 29.8.1930, S. 1631–1633, hier S. 1631.

63 Ders.: Notwahlen, in: DV 4, Nr. 51, 19.9.1930, S. 1727–1729, hier S. 1728.

64 Vgl. Ders.: Der 31. Juli, in: DV 6, Nr. 44, 29.7.1932, S. 1447 f; Ders.: Was nun?, in: DV 6, Nr. 45, 5.8.1932, S. 1479 f.

65 DV 4, Nr. 52, 26.9.1930, S. 1751 f.

gene Macht wieder hergeben werde.[66] Mit diesen Ansätzen einer demokrati-
schen Wehrhaftigkeit[67] stand Stolper durchaus im Gegensatz zu führenden
Parteifreunden in der DDP, die am 23. März 1933 auch im Glauben an diese
Abnutzungstheorie im Reichstag dem Ermächtigungsgesetz zustimmten.[68]

Nach Hitlers Machtübernahme begann Stolper in der Emigration, den
Nationalsozialismus in das Geschichtsnarrativ der zunehmenden Verflechtung von Politik und Wirtschaft zu verorten, das er bereits in der Weimarer
Republik vertreten hatte. Das NS-Regime als *fait accompli* geriet nun zum
radikalen Schlusspunkt einer Entwicklung, die Stolper als das „Vordringen
des Staates in das Wirtschaftsleben der Nation" kennzeichnete. So formulierte er bereits im Vorwort seiner Wirtschaftsgeschichte, die 1940 auf Englisch
erschien, seine Leitthese: „Ohne die Errungenschaften der Vorläufer wären
Hitler und der Nationalsozialismus nicht möglich gewesen. Die immer weitere Ausdehnung der Macht des Staates und seiner Verantwortlichkeit für die
Geschicke des deutschen Volkes haben im totalitären Regime der Nazis nur
ihre letzte Vollendung gefunden".[69] Stolper attestierte der Wirtschaftsverfas-
sung der Weimarer Republik staatssozialistische Züge. So sei der Staat über
die Reichskreditgesellschaft quasi als Bankier aufgetreten und habe eine be-
herrschende Stellung im deutschen Bankenwesen eingenommen, bevor dann
in der Bankenkrise 1931 die Regierung Brüning die Verstaatlichung der Banken vorangetrieben habe und damit der staatliche Einfluss auf die Industrie
gestiegen sei.[70] Stolper beklagte, dass das öffentliche Schlichtungswesen und
die amtlichen Schiedsgerichte Teil einer staatlichen Wirtschaftspolitik gewesen seien, um „politische Löhne" festzusetzen. Zudem habe der Staat durch
den öffentlichen Sektor der Daseinsvorsorge von Verkehr über Energie bis
hin zum Wohnungsbau ohnehin eine zentrale Rolle eingenommen. Damit
sei dem Nationalsozialismus in der Wirtschaftskrise, welche die Bevölkerung
dem allzuständigen demokratischen Staat von Weimar angelastet habe, der
Boden vorbereitet worden: „Der Weg zum totalitären Staat war gut gepflastert
worden. Die nationalsozialistische Regierung brauchte bloß die von ihren
Vorgängern geschmiedeten Werkzeuge der Staatsgewalt für ihre eigenen Zwe-

---

66 Vgl. DV 5, Nr. 1, 3.10.1930, S. 6; vgl. auch Gustav Stolper: Brüning, in: DV 6, Nr. 3,
16.10.1931, S. 79 f, hier S. 80.
67 Vgl. Hacke, Existenzkrise, S. 203–279.
68 Vgl. Ernst Wolfgang Becker: Ermächtigung zum politischen Irrtum. Die Zustimmung
zum Ermächtigungsgesetz von 1933 und die Erinnerungspolitik im ersten württemberg-badischen Untersuchungsausschuß der Nachkriegszeit, Stuttgart 2001.
69 Stolper, Deutsche Wirtschaft, S. XI.
70 Ebd., S. 120, 128 f.

cke nützen."[71] Das freie Individuum könne so endgültig der Gemeinschaft und damit den Forderungen des Staates unterworfen werden.[72] Was zunächst scheinbar im Ersten Weltkrieg seinen Abschluss gefunden habe, setze sich weiter fort: „Die Tendenz zum ‚Etatismus', zur Allmacht des Staates, die die ganze deutsche Geschichte seit Deutschlands Wiedergeburt unter preußischer Führung beherrscht, hatte ihren Höhepunkt erreicht."[73] Doch letztlich treibe der Staat diese Allmachtsphantasien immer weiter bis hin zur Autodestruktion, wie der Kriegsausbruch 1939 nahelege: „Der Moloch Staat kann niemals Halt machen, in Deutschland so wenig wie in Rußland oder anderswo. Er frißt seine eigenen Kinder, bis er stirbt."[74]

Stolper konstruierte letztlich einen deutschen Sonderweg, dessen Ausgangspunkt er immer weiter zurück verlagerte. In seinem zweiten im Exil entstandenen Buch „This Age of Fable" war es – in Anlehnung an Oswald Spengler – ein preußischer Sozialismus als Ausdruck einer hierarchischen, antiliberalen, antibürgerlichen, antiindividualistischen und antikapitalistischen Ordnung, die den Aufbau effektiver Staatsunternehmen begünstigt habe. Sozialisierung und allgegenwärtige Wirtschaftskontrolle hätten also schon 150 Jahre vor Hitler begonnen.[75] Und schließlich spannte Stolper den Bogen einer Sonderentwicklung gar über 300 Jahre zurück, als sich Deutschland nach dem Dreißigjährigen Krieg vom Westen getrennt und sich kein politisches Bewusstsein gebildet habe, in dem der Liberalismus hätte Fuß fassen können.[76]

Werfen wir einen kurzen Blick auf einige andere deutsche, vor allem stärker links zu verortende Emigranten in den USA, die sich in ihren einflussreichen Werken mit dem Ursprung, der Entwicklung und dem Charakter von Nationalsozialismus, Faschismus und Kommunismus – teils vergleichend – befassten und damit Einfluss auf die Nachkriegsplanungen ausübten,[77] und ordnen Stolper dort skizzenhaft ein. Der Politikwissenschaftler Franz Neumann stellte in seinem „Behemoth" (1942) die These vom „totalitären Monopolkapitalismus" auf, mit der er einen Zusammenhang von Kapitalismus

---

71 Ebd., 137.
72 Ebd., S. 145 f.
73 Ebd., S. 13.
74 Ebd.
75 Vgl. Stolper, Age of Fable, S. 134 f; vgl. auch Ders., Deutsche Wirklichkeit, S. 219.
76 Vgl. Stolper, Age of Fable, S. 338.
77 Vgl. Radkau, Emigration, S. 223–246; Krohn, Wissenschaft, S. 145–156; Petra Marquardt-Bigman: Amerikanische Geheimdienstanalysen über Deutschland 1942–1949, München 1982.

und Nationalsozialismus konstruierte.[78] Stolper hingegen hielt ökonomische Gründe wie auch die Förderung durch Industrielle für den Aufstieg Hitlers für sekundär[79] und machte dafür gerade die intensiven Eingriffe des Staates in die kapitalistische Marktordnung verantwortlich. Der Sozialwissenschaftler Emil Lederer entwickelte 1940 in „State of the Masses" Ansätze einer Totalitarismustheorie. Der „totalitäre Staat" habe ein politisches System hervorgebracht, das auf einer amorphen Masse basiere und der autoritären Lenkung bedürfe. Die Marxsche Vision einer klassenlosen Gesellschaft sei ohne Eigentumsänderung ad absurdum geführt worden, so dass Lederer sich von dieser sozialistischen Utopie verabschiedete. Er forderte einen „realistischen Sozialismus" ein, der den sozialen Konflikt nicht mehr dichotomisch zwischen Arbeit und Kapital, sondern zwischen pluralistischen Interessen ansiedelt.[80] Auch für Stolper rückte das Phänomen der Massen für die Zeit nach 1918 in den Fokus, weil daraus eine andere Form der Politik und Regierung resultiere.[81] Die Masse in der Demokratie war für ihn aber kein Bedrohungsszenario, sondern vielmehr Movens, einen zeitgemäßen, sozial grundierten Liberalismus zu formulieren.

Von Lederer beeinflusst, findet sich in Sigmund Neumanns „Permanent Revolution" (1942) eine umfassende vergleichende Analyse der totalitären Regime in Deutschland, Italien und der Sowjetunion, die zum Machterhalt die revolutionäre Dynamik institutionalisieren.[82] Einen derart breiten, systematisch vergleichenden Ansatz finden wir bei Stolper nicht; aber auch er machte deutlich, dass das NS-Regime zugrunde gehe, sobald es seinen Bewegungscharakter verliere: „Hitler will never admit to his consciousness the obvious fact that by its very nature his regime cannot bear peace and quiet."[83] Der Wirtschaftswissenschaftler Eduard Heimann schließlich untersuchte in seinem Werk „Communism, Fascism or Democracy" (1938)[84] als Antwort auf den gesellschaftlichen Strukturwandel den Transformationsprozess von Kapitalismus und Demokratie, der über „klassischen Sozialismus", Kommunismus

---

78 Franz Neumann: Behemoth. The Structure and Practice of National Socialism, London 1942.
79 Vgl. Stolper, Deutsche Wirtschaft, S. 144; Ders., Age of Fable, S. 327–329, auch S. 190–217.
80 Emil Lederer: State of the masses. The threat of the classless society, New York 1940, S. 169–173.
81 Stolper, Age of Fable, S. 16–18.
82 Sigmund Neumann: Permanent Revolution. The Total State in a World at War, New York 1942.
83 Stolper, Age of Fable, S. 333 f.
84 Eduard Heimann: Communism, Fascism or Democracy?, New York 1938.

und Faschismus zu verfolgen sei. Um Fehlentwicklungen der Demokratie zu korrigieren, plädierte er für eine sozialstaatliche Weiterentwicklung des Liberalismus, für eine Kombination aus Sozialismus und Liberalismus, aus Adam Smith und Karl Marx: „Sozialpolitik verstand er [Heimann; E.W.B.] nicht als störendes Element in einer freien Marktwirtschaft, sondern als konsequente Weiterentwicklung des ökonomischen Liberalismus aus dessen eigenem Freiheitsimpetus heraus."[85] Damit hatte sich Heimann in der Auseinandersetzung mit totalitären Ideologien einem sozialen Liberalismus angenähert, den Stolper bereits in der Weimarer Republik vertreten hatte.

Die nationalsozialistische Judenverfolgung oder der Holocaust fanden weder im Werk Stolpers noch anderer deutscher Emigranten in den USA großen Widerhall, auch wenn sie jüdischer Abstammung waren. Vielmehr war es eine „kühle, funktionalistische Interpretation", so im Fall von Franz Neumanns „Behemoth", „die den nationalsozialistischen Antisemtismus letztlich auf eine von vielen Repressionsformen reduzierte".[86] Diese Deutung entsprach einer Grundtendenz in den Geheimdienstanalysen über Deutschland, in denen Berichte über den Massenmord an den europäischen Juden keine große Beachtung fanden.[87] Der Judenmord wurde in der amerikanischen Öffentlichkeit als Teil der deutschen Besatzungspolitik angesehen und in seiner Tragweite nicht erkannt; andernfalls hätte sich das Bild über die Deutschen in den USA schon in den ersten Kriegsjahren dramatisch gewandelt.[88] Gustav Stolper war sich der Gefahren für die Juden durchaus bewusst, wenn er bis 1938 bei seinen Besuchen in Wien seine jüdischen Freunde vergebens zur Emigration zu bewegen suchte.[89] Doch das Ausmaß des industriellen Massenmords an den Juden während des Zweiten Weltkrieges war Stolper vermutlich nicht bekannt; es überstieg wohl seine Vorstellungskraft wie auch die anderer Emigranten. Rassenantisemitismus und irrationale Dimensionen des Nationalsozialismus hatten in seinen ökonomisch und etatistisch verengten Gegenwartsdiagnosen keinen Platz.

---

85 Vgl. Gerhard Besier: No longer a „German patriot"? Eduard Heimann an der New School for Social Research, in: Mike Schmeitzner (Hg.): Totalitarismuskritik von links. Deutsche Diskurse im 20. Jahrhundert, Göttingen 2007, S. 161–175, hier S. 165.
86 Marquardt-Bigman, Geheimdienstanalysen, S. 78.
87 Vgl. ebd., S. 78 f.
88 Vgl. Michaela Hoenicke Moore: Know your Enemy. The American Debate on Nazism, 1933–1945, Cambridge 2010, S. 193–197; vgl. auch Walter Laqueur: Was niemand wissen wollte. Die Unterdrückung der Nachrichten über Hitlers „Endlösung", Frankfurt a.M./Berlin/Wien 1981.
89 Vgl. Stolper, Leben, S. 387 f.

Gustav Stolpers Interpretation des Nationalsozialismus lässt sich also punktuell in den einschlägigen Werken anderer Emigranten wiedererkennen, auch wenn sein Geschichtsnarrativ von der zunehmenden Verstaatlichung der Wirtschaft, die im Nationalsozialismus ihren Höhepunkt erreicht habe, in dieser eindimensionalen Form für sich steht. Stolper und andere Emigranten standen dabei unter dem Einfluss ihres amerikanischen Gastlandes und dem dortigen intellektuellen Klima, das auf ihr politisch-ideologisches Selbstverständnis zurückwirkte. Um diese Transfers und Verflechtungen soll es am Beispiel von Gustav Stolper im Folgenden gehen.[90]

4. Gustav Stolper in der Emigration: Die Auseinandersetzung mit New Liberalism und New Deal

Als Stolper 1933 in die USA emigrierte, geriet er in laufende Debatten zur Neubestimmung des Liberalismus und zur Einschätzung des Nationalsozialismus, die vor dem Hintergrund des New Deal geführt wurden. Ihre Wurzeln hatte diese Transformation des Liberalismus in den USA bereits kurz nach der Jahrhundertwende in der „Progressive Movement", die u. a. beeinflusst wurde durch die Rezeption des deutschen Kathedersozialismus.[91] Liberale Reformdenker um John Dewey, Walter Lippmann und die New School of Social Research entwickelten aus dem Krisenbewusstsein über die moderne Gesellschaft einen „New Liberalism", der die soziale Konstitution des Individuums akzentuierte. Diese „Progressives" wollten den interventionistischen, planenden Sozialstaat unter gleichzeitiger Beibehaltung der sozialen Selbstorganisation begründen und auf diese Weise Individuum, Staat und Gesellschaft versöhnen. Nach 1918 gerieten diese Ideen aber in die Defensive.

Der New Deal reaktivierte diese soziale Umdeutung des Liberalismus. Er speiste sich längerfristig auch aus der intensiven Beobachtung sozialpolitischer Debatten und Reformen im Europa der Zwischenkriegszeit und erwies

---

90 Vgl. Anselm Doering-Manteuffel: Antifaschismus und Emigration. Transfers und Verflechtungen im beginnenden Ost-West-Konflikt, in: Ders./Leonhard, Liberalismus, S. 203–218, hier S. 204.

91 Vgl. Jörn Leonhard: Progressive Politics and the Dilemma of Reform: German and American Liberalism in Comparison, 1880–1920, in: Maurizio Vaudagna (Hg.): The Place of Europe in American History: Twentieth-Century-Perspektives, Turin 2007, S. 115–132, vor allem S. 123, 126 f; allgemein Friedrich Jaeger: Amerikanischer Liberalismus und zivile Gesellschaft. Perspektiven sozialer Reform zu Beginn des 20. Jahrhunderts, Göttingen 2001; James T. Kloppenberg: Uncertain Victory. Social Democracy and Progressivism in European Thought, 1870–1920, New York/Oxford 1986.

sich als ein transatlantisches Projekt.[92] Um die Wirtschaftskrise Anfang der
dreißiger Jahre in den Griff zu bekommen, sollte durch die aktive Rolle des
Staates ökonomisches Wachstum mit sozialer Sicherheit und staatsbürgerli-
cher Freiheit verbunden werden.[93] Die Neudefinition des Liberalismus im
New Deal führte zu einer Änderung im Verständnis von Freiheit, wie sie
Roosevelt 1941 in seiner Four-Freedom-Address auch als globales Projekt ver-
kündete: dass politische, bürgerliche, ökonomische und soziale Rechte und
Freiheiten zentral für eine demokratische Gesellschaft seien.[94]

Den USA wurde bereits in der Weimarer Republik von Linksliberalen
und Sozialreformern Modellcharakter für grenzenlose Prosperität, Befrie-
dung sozialer Konflikte, soziale Mobilität und Dynamik sowie für Spielräume charismatischer Persönlichkeiten in einer Demokratie zugeschrieben.[95]
Moritz Julius Bonn erklärte Amerika zum „Testfall des demokratischen Kapitalismus" und regte nach dem New Yorker Börsencrash 1929 sozialpolitische
Maßnahmen an.[96] Im New Deal der Regierung Roosevelt als Reaktion auf
die drastische Wirtschaftskrise sahen viele Emigranten ein vielversprechen-
des Experiment für die Vereinbarkeit von Liberalismus, Kapitalismus, Demokratie und Wohlfahrtsstaat.[97] Nach seiner Ankunft im Herbst 1933 in New
York geriet Gustav Stolper in die erste Phase der New-Deal-Politik Roosevelts,
mit der eine Transformation des amerikanischen Liberalismus begann. Stolpers Geschichtsnarrativ, wonach das zunehmende Vordringen des Staates in
das Wirtschaftsleben eine Diktatur wie den Nationalsozialismus begünstigt
habe, hätte nahegelegt, die umfassenden staatsdirigistischen Maßnahmen der
Roosevelt-Regierung, die Verlagerung der Macht auf die Exekutive und den
Ausbau einer zentralstaatlichen Bürokratie abzulehnen. Die „Verwandtschaft"

---

92 Vgl. Daniel T. Rodgers: Atlantiküberquerungen. Die Politik der Sozialreform, 1870–
1945, Stuttgart 2010, S. 467–556, vor allem S. 473–476.

93 Vgl. Ariane Leendertz: Zeitbögen, Neoliberalismus und das Ende des Westens, oder: Wie
kann man die deutsche Geschichte des 20. Jahrhunderts schreiben?, in: Vierteljahrshefte für
Zeitgeschichte 65 (2017), H. 2, S. 191–217, vor allem S. 206.

94 Vgl. Maurizio Vaudagna: Understanding Freedoms: American Liberalism in the Age
of Franklin D. Roosevelt, in: Doering-Manteuffel/Leonhard, Liberalismus, S. 183–199, hier
S. 191, 194; vgl. auch Kiran Klaus Patel: The New Deal. A Global History, Princeton 2016.

95 Vgl. Marcus Gräser: Charisma, „Führung" und Demokratie. Amerika-Bild und Amerika-
Rezeption in liberalen Milieus der Weimarer Republik, in: Heuss-Forum, Theodor-Heuss-Kol-
loquium 2015, URL: www.stiftung-heuss-haus.de/heuss-forum_thk2015_gräser [20.11.2018],
S. 5–9.

96 Hacke, Existenzkrise, S. 325–332, hier S. 325; vgl. zum Amerika-Bild von Ernst Jäckh
den Beitrag von Helke Rausch in diesem Band.

97 Vgl. Hacke, Existenzkrise, S. 371 f; Stoffregen, Kämpfen, S. 262; Marquardt-Bigman, Geheimdienstanalysen, S. 69.

des New Deal mit den sozialstaatlichen Maßnahmen der Diktaturen in Italien und Deutschland war bereits zeitgenössischen Beobachtern aufgefallen.[98] Konservative in den USA zweifelten, ob die etatistische Politik des New Deal mit der Verfassung vereinbar, ob soziale Sicherheit mit Freiheit kompatibel sei.[99]

Dieser Kritik schloss sich Stolper nicht an. Vielmehr begrüßte er grundsätzlich die New-Deal-Politik Roosevelts.[100] In einer Artikelserie im politischen Magazin „Survey Graphic" setzte er sich 1935 aus seiner Position als Emigrant heraus mit „Your United States" auseinander. Auch wenn er die Wirksamkeit von Einzelmaßnahmen der wirtschaftlichen Zentralplanung durch die „National Recovery Administration" (NRA) skeptisch sah, bewunderte er gerade das Verfahren von Trial and Error, die undogmatische Politik des Experiments, die keine Fehler scheue, ohne das politische System zu gefährden. Anfang 1935 war Roosevelt für Stolper „a man of daring, stark, sincere will to reform [...] who was grown realistic in the hard school of experience".[101] Staatliche Planung in demokratischen Systemen sei nie umfassend und werde immer unkontrollierbare Ergebnisse nach sich ziehen, es sei denn, sie sei totalitär wie in Deutschland oder in der Sowjetunion und führe damit zu einer Diktatur.[102] Doch gerade in dieser Lernfähigkeit von Demokratien, die getragen werden von freien, kritikfähigen und fehlbaren Bürgern, sah Stolper eine größere Effizienz als in korrupten Diktaturen.[103] Grundsätzlich entsprach die herausragende Stellung des amerikanischen Präsidenten seinem Verständnis von einer demokratischen Führerauslese, aber er erkannte auch die Problematik des charismatischen Führertums Roosevelts und der neuen technischen Möglichkeiten der Massenbeeinflussung durch Radio und Kino, die Demokratien wie auch Diktaturen entgegenkamen.[104] Eine Entwicklung zu einem despotischen System befürchtete er in den USA vor dem Hintergrund der demokratischen Verfassungstradition und der Basisideologie einer

---

98 Vgl. Wolfgang Schivelbusch: Entfernte Verwandte. Faschismus, Nationalsozialismus, New Deal 1933–1939, München/Wien 2005; Kiran Klaus Patel: „Soldaten der Arbeit". Arbeitsdienste in Deutschland und den USA 1933–1945, Göttingen 2003.

99 Vgl. Vaudagna, Understanding Freedoms, S. 190, 193; Ders.: Conservative Critics of the New Deal in the 1930s: Towards Authoritarian Europeanization, in: Ders., Place of Europe, S. 267–321.

100 Zur Roosevelt-Verehrung unter Emigranten vgl. Radkau, Emigration, S. 73–79.

101 Gustav Stolper: Your United States, in: Survey Graphic, Febr. 1933, S. 60–62, hier S. 60.

102 Vgl. Ders., Age of Fable, 76f; 282.

103 Vgl. ebd., S. 352.

104 Vgl. Ders., Politics versus Economics, S. 9; Ders., Age of Fable, S. 29.

Demokratie als Lebensform („American Way of Life")[105] aber nicht. Als der Kongress sich im Juli 1937 einer Gesetzesvorlage Roosevelts verweigerte, mit der dieser den Supreme Court zu seinen Gunsten reorganisieren wollte, sah Stolper darin eine notwendige Beschränkung der präsidentiellen Macht.[106].

Bei aller Kritik, die Stolper an den materiellen Resultaten der NRA, der Währungsexperimente und des Sozialstaatsausbaus äußerte,[107] waren es vor allem die ideellen Konsequenzen des New Deal, die für ihn anschlussfähig waren. Indem die Roosevelt-Regierung unter grundsätzlicher Beibehaltung der individuellen Freiheit und der Marktwirtschaft mit ihren Reformvorhaben steuernd in Wirtschaft und Gesellschaft eingriff, schienen Kapitalismus und Demokratie vereinbar. So konnte Stolper im New-Deal-Liberalismus eine Spielart seines Verständnisses eines sozialen Liberalismus erkennen, der die Interessen des Individuums an das Gemeinwohl band und dem Staat eine regulierende Aufgabe in der Finanz- und Steuerpolitik sowie in der Sozialgesetzgebung zuwies. Ein kapitalistisches System könne nur funktionieren, wenn es auf starke, verantwortliche Gewerkschaften und für die Durchsetzung der Sozialgesetzgebung auf eine ausgebaute, erfahrene und unabhängige Beamtenschaft zurückgreife. Von beidem seien die USA aber auch nach den Maßnahmen des New Deal immer noch ein Stück weit entfernt.[108]

Angesichts radikal progressivistischer auf der einen und reaktionärer Kritik an Roosevelts Politik auf der anderen Seite plädierte Stolper in seinem Abschlussartikel der Reihe „Your United States" unter dem Titel „Your Pessimism?" für einen Liberalismus, der Kapitalismus und Demokratie mit dem sozialen Ausgleich verbindet:

> „Capitalism and democracy are systems possible only with an equilibrium of social powers. It is this equilibrium that is being denied and therefore assailed by both the radical and the reactionary. But this equilibrium is, in every respect, the essential manifestation of the liberal spirit, of the spirit of liberty and equality that considers

---

105   Redebeitrag von Gustav Stolper, in: A Conference on Reserves for Postwar Contingencies. Termination of War Contracts, 8.7.1943, in: BArch, N 1186, 71, S. 59; vgl. zu dieser Einschätzung unter Emigranten auch Stoffregen, Kämpfen, S. 260.

106   Vgl. Wirtschaftsbericht Nr. 85, 27.7.1937, in: BArch, N 1186, 95.

107   Nachdem der Supreme Court zentrale Maßnahmen des New Deal 1935 als verfassungswidrig erklärt hatte, kritisierte Stolper die Überschätzung der NRA für die wirtschaftliche Erholung; vgl. Wirtschaftsbericht Nr. 45, 20.6.1935, in: BArch, N 1186, 93; vgl. auch Stolper, Age of Fable, S. 70–77.

108   Vgl. Gustav Stolper: Your United States: American Pessimism?, in: Survey Graphic, September 1935, S. 447–449, hier S. 449; zur Kritik am defizitären amerikanischen Verwaltungs- und Verfassungssystem vgl. Ders., Age of Fable, S. 355–358.

any usurpation of power of man over man as unbearable because incompatible with his dignity as well as his material, moral, and intellectual rights."[109]

Dieses Gleichgewichtsdenken verfolgte Stolper vor dem Hintergrund der umstrittenen wie prekären und sich permanent korrigierenden New-Deal-Politik, die innerhalb des demokratischen und kapitalistischen Systems eine Vermittlung zwischen Individuum, Gesellschaft und Staat suchte. Liberalismus als Ideologie von Maß und Mitte[110] benötigt zu seiner Selbstvergewisserung die Flankierung durch gegensätzliche Kräfte.[111] Auf dieses Denkmuster griff auch Stolper in seiner Zeitdiagnose „Age of Fable" zurück, ein Buch, das ihm „mehr am Herzen als alle meine früheren Arbeiten" lag und mit dem er die „Grundlage eines fortschrittlichen Liberalismus" freilegen wollte.[112] Das Zeitalter der Mythen habe mit dem Ersten Weltkrieg begonnen, als in beispielloser Weise akzeptierte Werte und Standards in Zweifel gezogen wurden. Die Folge dieser Umbruchsphase sei, dass entweder überholte Wahrheiten noch geglaubt würden oder die Komplexität der Welt zu Fabeln reduziert werde.[113] Stolper hingegen wollte diese Mythen decouvrieren. Dazu bediente er sich gegensätzlicher Begriffspaare und schuf damit Antagonismen, deren Fiktionalität er zu entlarven suchte. So stellte er beispielsweise Individualismus und Kollektivismus, Marktwirtschaft und Planwirtschaft, Production for Profit und Production for Use, besitzende und nichtbesitzende Nationen oder dekadente Demokratie und effiziente Diktatur gegenüber. Totalitäre Systeme wie der Nationalsozialismus oder Kommunismus griffen auf derartige simplifizierende Dualismen zurück, wenn sie liberale Demokratie und Marktwirtschaft mit Chaos, staatssozialistische Diktatur und Planwirtschaft mit Ordnung verbinden würden.[114] Diese binäre Perspektive weichte Stolper auf, indem er zum Beispiel freie Marktwirtschaft und Planwirtschaft in ihrer Reinform als Mythen demaskierte und die planerische Komponente von Individuen, Unternehmen und Regierungen auch im Kapitalismus

---

109   Gustav Stolper: Your United States: American Pessimism?, in: Survey Graphic, September 1935, S. 449.

110   Vgl. Peter Fischer: Mitte, Maß und Mäßigkeit. Zur Idee und Relevanz eines gesellschaftlichen Mittebezuges, Hamburg 2007, S. 203–214. Wilhelm Röpke stellte eine Aufsatzsammlung unter den Titel „Maß und Mitte", Erlenbach/Zürich 1950.

111   Vgl. Herfried Münkler: Mitte und Maß. Der Kampf um die richtige Ordnung, Berlin 2010, S. 22.

112   Stolper an Eberhard Wildermuth, 17.9.1946, in: BArch, N 1186, 62.

113   Stolper, Age of Fable, S. 19 f.

114   Ebd., S. 46–50.

hervorhob.[115] Ebenso betonte er auf der anderen Seite die reaktionären und totalitären Elemente einer sozialistischen Planwirtschaft, die auch für den Nationalsozialismus zuträfen.[116] In den Experimenten des New Deal sah er das Ringen um ein Gleichgewicht zwischen den Extremen: das Streben nach Freiheit des Individuums im ungeregelten Kapitalismus einerseits und die Begrenzungen durch einen intervenierenden Staat und seine – freilich in den USA unterentwickelte – Bürokratie andererseits.[117] Im Zeitalter der polaren Mythen schien ein fluider, adaptiver Liberalismus, wie Stolper ihn im New Deal sah, das Gebot der Stunde.[118] Der Nationalsozialismus in Deutschland hatte hingegen nach Ansicht Stolpers Maß und Mitte gänzlich verloren.

5. Planungen für die Nachkriegszeit: Die liberal-universalistische Wende in der Deutung des Nationalsozialismus

Während des Zweiten Weltkrieges rückte zunehmend das nationalsozialistische Deutschland als Kriegsgegner in den Fokus der öffentlichen Debatte in den USA. Diese kreiste um die Frage, ob der Nationalsozialismus bzw. das NS-Regime oder die gesamte deutsche Nation der Feind sei. Ist der Nationalsozialismus ein tief in der deutschen Geschichte verankertes Produkt und entspricht der Wesensart der Deutschen, wie es die auch in den USA einflussreichen Deutungen des britischen Lords Robert Vansittart nahelegten?[119] Oder sind die Deutschen letztlich Opfer einer NS-Elite geworden und damit zumindest partiell für die Verbrechen ihres Landes exkulpiert („Gangster-Metapher")?[120] Von den Antworten auf diese Fragen über den Stellenwert des Nationalsozialismus in der deutschen Geschichte hingen auch die Nachkriegsplanungen für Deutschland ab. Liberale neigten zur zweiten Deutung und kritisierten die vermeintlich rassistischen Tendenzen des Vansittartismus.[121] Gegen Ende

---

115   Ebd., S. 66–69.
116   Ebd., S. 129–134.
117   Vgl. zum Gleichgewichtsdenken im Liberalismus, aus dem sich die Idee einer liberalen sozialen Demokratie herleiten lasse, Stephen Holmes: Passions and Constraint. On the Theory of Liberal Democracy, Chicago 1995.
118   Darin unterschied sich Stolper diametral von dem liberalen Apostaten und völkischen Publizisten Wilhelm Stapel, der das Denken in Antagonismen hypostasierte; vgl. den Beitrag von Thomas Vordermayer in diesem Band.
119   Vgl. Hoenicke Moore, Enemy, S. 241–268; Jörg Später: Vansittart. Britische Debatten über Deutsche und Nazis 1902–1945, Göttingen 2003.
120   Vgl. Hoenicke Moore, Enemy, S. 217–240.
121   Vgl. Ebd., 249–251.

des Krieges erweiterten Liberale wie Dorothy Thompson, Reinhold Niebuhr und später auch Hannah Arendt ihre Perspektive auf den Nationalsozialismus universalistisch und sahen in diesem paradigmatisch den Ausdruck einer Dialektik der Aufklärung, die Schattenseiten von Zivilisation und Moderne, die überall in der Welt möglich seien. Wesensmerkmale des Nationalsozialismus konnten so auf den Kommunismus übertragen werden, waren aber auch in demokratischen westlichen Staaten nicht auszuschließen.[122]

Als im Laufe des Krieges angesichts der immer offenkundiger werdenden NS-Verbrechen die Stimmung in der US-amerikanischen Öffentlichkeit kippte und zunehmend das deutsche Volk mit dem Nationalsozialismus identifiziert wurde,[123] wandte sich Stolper gegen diese Deutung, die auf eine Kollektivschuldthese und harte Bestrafung des besiegten Deutschlands hinauslief.[124] So widersprach er in einem Brief der These des Pazifisten und Anti-Nationalisten Friedrich Wilhelm Foerster, dass ein extremer, singulärer preußischer Militarismus zum Aufstieg des Nationalsozialismus geführt habe. Vielmehr sei das Militär in Deutschland bis zum Machantritt Hitlers nicht aggressiver gewesen als in anderen europäischen Staaten und habe keine Alleinschuld am Ausbruch des Ersten Weltkrieges. Was Stolper – wie bereits in seinem Buch „Age of Fable"[125] – betont, ist, „that liberalism never took deep roots in Germany"; so habe die deutsche Jugend in der Zwischenkriegszeit keine anderen Ideale gekannt als Nationalismus, Sozialismus und eine Elitendoktrin.[126] Hier habe der Nationalsozialismus angesetzt, so Stolper im Mai 1943 in einem Vortrag vor dem „Economic Club of Detroit", in dem er auch auf die Gangster-Metapher zurückgriff: „They [the Nazis; E.W.B.] convert the entire people into a sort of anonymous mass, from which nobody may emerge, at the risk of his life, outside that ruling gang of gangsters, which we all hope will not survive this war."[127] Vor dem Hintergrund von Stolpers Narrativ einer zunehmend etatistisch angereicherten deutschen Geschichte, die in ihrer extremsten Ausformung auf den Nationalsozialismus hinauslief, waren die Deutschen letztlich Opfer staatlicher Vermachtungstendenzen sowie eines totalitären Vermassungsprozesses und konnten deshalb auch exkulpiert werden.

---

122 Vgl. ebd., S. 347 f; Felicitas Hentschke: Demokratisierung als Ziel der amerikanischen Besatzungspolitik in Deutschland und Japan, 1943–1947, Münster/Hamburg/London 2001, S. 51.
123 Vgl. Hoenicke Moore, Enemy, S. 214.
124 Zur Diskussion über die Kollektivschuldthese vgl. Stoffregen, Kämpfen, S. 44–52.
125 Vgl. oben, S. 387.
126 Stolper an H.J. Haskell, 28.1.1943, in: BArch, N 1186, 59.
127 Gustav Stolper: Problems in Making a Lasting Peace, 3.5.1943, in: BArch, N 1186, 71.

Nach der deutschen Kapitulation bekam Stolper die Möglichkeit, Einfluss auf die amerikanische Nachkriegsplanung für Deutschland auszuüben. Als Teilnehmer der Deutschland-Mission Herbert Hoovers Anfang 1947 und Mitverfasser des dritten Hoover-Reports beeinflusste er Trumans Deutschlandpolitik, die zum Marshallplan führte.[128] Seine Überlegungen zu Deutschland hielt er in seinem letzten Buch „German Realities" fest. Darin wollte er über Irrtümer in der Beurteilung der deutschen Geschichte aufklären, die in der alliierten Kriegspropaganda zur Kollektivschuldthese geführt und die Konferenzen von Teheran, Jalta und Potsdam geleitet hätten.[129] Stolper verwies wiederum auf den etatistischen Strang in der deutschen Geschichte und die Zäsur des Ersten Weltkrieges, der auch zu einem moralischen Verfall geführt habe.[130] Hitler habe diese Entwicklung nur aufgreifen und vollenden müssen. Doch eine Identifikation der Deutschen mit der Kernideologie des Nationalsozialismus lasse sich daraus nicht schlussfolgern; vielmehr sei das deutsche Volk das erste Opfer Hitlers gewesen.[131] Bei Kriegsende habe die Mehrheit der Deutschen die Nationalsozialisten gehasst, durfte aber nicht in einer Revolution Rache üben. Stattdessen ziehe das bürokratische Schema der Entnazifizierung weitere Ungerechtigkeiten nach sich, werde zum Werkzeug der Renazifizierung und beschädige das Ansehen der Demokratie.[132] Stolper verstieg sich sogar dazu, die Opfer der Vertreibungen mit denen des Judenmords gleichzusetzen.[133]

Gustav Stolper machte für die desaströse Versorgungslage die britische und vor allem amerikanische Besatzungspolitik verantwortlich, weil diese die Gesetze und Verordnungen aus der NS-Kriegswirtschaft übernommen und weil das sich ausbreitende bürokratische Planungssystem jegliches wirtschaftliches Eigenleben erstickt habe.[134] Damit spinne die Besatzungsmacht den etatistischen Faden einer totalen Wirtschaftskontrolle weiter fort. Außerdem warf Stolper der amerikanischen Besatzungsmacht vor, noch immer im Bann

---

128 So die Einschätzung von Reuther, Normalisierung, S. 193; vgl. auch John H. Backer: Die deutschen Jahre des Generals Clay. Der Weg zur Bundesrepublik 1945–1949, München 1983, S. 184.
129 Stolper, Deutsche Wirklichkeit, S. 17, 27 f, 77.
130 Vgl. ebd., S. 59, 68 f.
131 Ebd., S. 60; ähnlich auch die Einschätzung Dorothy Thompsons' nach Ausbruch des Zweiten Weltkrieges; vgl. Hoenicke Moore, Enemy, S. 56.
132 Stolper, Deutsche Wirklichkeit, S. 78–81.
133 Ebd., S. 43.
134 Ebd., S. 96; vgl. auch Nicholls, Freedom, S. 168; zu dem Phänomen der Pfadabhängigkeiten in der Entstehung der bundesdeutschen Wirtschaftsordnung vgl. Albrecht Ritschl: Der späte Fluch des Dritten Reichs: Pfadabhängigkeiten in der Entstehung der bundesdeutschen Wirtschaftsordnung, in: Perspektiven der Wirtschaftspolitik 6 (2005), H. 6, S. 151–170.

des Morgenthau-Planes und unter dem Einfluss marxistischer Ideologien zu stehen. Deshalb habe sie die Legende übernommen, Hitler sei ein Vasall des Finanzkapitalismus gewesen, und mit der Direktive JCS 1067 das zerstört, was „Hitlers Verbrechen und Wahnsinn verschont hatten."[135] Durch Sozialisierungen, Dekartellisierungen, Planwirtschaft und Reparationen hätten die USA jegliche Marktgesetze aufgehoben und die wirtschaftliche Entwicklung gelähmt. Auch wenn Stolper damit die tatsächlichen Auswirkungen der Direktive scharf überzeichnete,[136] machte er deutlich, was er mit seiner so drastischen wie auch gängigen Kritik beabsichtigte: Deutschland sollte aus dem totalitären, von Planung und radikalem Staatsdenken geprägten Lager herausgebrochen und damit von dem unseligen Strang seiner Geschichte befreit werden. Stolper forderte ein Ende der vermeintlich sozialistischen Wirtschaftspolitik, Produktivitätssteigerungen der Ruhrindustrie, eine Währungsreform, die Einführung der Marktwirtschaft und wirtschaftliche Zusammenarbeit in Europa.

Schließlich plädierte er für eine westliche, transatlantische Wirtschafts- und Wertegemeinschaft, der neben Westeuropa auch Deutschland oder zumindest die Westzonen anzugehören hätten. Hier lehnte er sich bewusst an Walter Lippmann an, der bereits 1944 eine „Atlantic Community" gefordert hatte, in die Deutschland aber erst eingeschlossen werden könne, wenn die Kriegsgeneration ausgestorben sei.[137] Stolper sah darin die Chance, dass Deutschlands etatistischer Sonderweg, der die Entwicklung zum Nationalsozialismus begünstigt habe, durch die Integration in eine transatlantische Gemeinschaft verlassen werden könne. Damit ließen sich die deutschen Westzonen in eine gemeinsame Frontstellung gegen die Sowjetunion einreihen, die als Hort einer radikalen Planwirtschaft und eines antiliberalen und antiindividualistischen Staatssozialismus die Rolle eines Feindbildes übernahmen:

> „An dem Tag, da wir ein Westdeutschland aufrichten, errichten wir wieder einmal wie im Mittelalter eine Mark zur Verteidigung des Westens gegen den Osten. Aber diese Mark wird immerfort verteidigt werden müssen und nicht von ihren eigenen Bewohnern. Die östliche Grenze dieser Mark wird nicht einen Tag lang ruhig sein. Sie muss die unruhigste und sorgenvollste von allen Grenzen Europas sein. Die ganze westliche Welt wird dauernd mit dem deutschen Problem, mit den deutschen Wirklichkeiten, beschäftigt bleiben."[138]

---

135 Stolper, Deutsche Wirklichkeit, S. 34.
136 Vgl. Klaus-Dietmar Henke: Die amerikanische Besetzung Deutschlands, München ²1996, S. 117.
137 Vgl. Stolper, Deutsche Wirklichkeit, S. 290; Walter Lippmann: U.S. War Aims, Boston 1944, S. 192; vgl. auch Reuther, Normalisierung, S. 194 f.
138 Stolper, Deutsche Wirklichkeit, S. 291.

Im Zuge der Totalitarismustheorie konnte die liberale Feindbeschreibung vom Nationalsozialismus umstandslos auf den Sowjetkommunismus übertragen werden, der ohnehin traditionelle Vorurteile gegenüber einem imaginierten „Osten" und seinen „Völkern" bediente.[139] Die universalistische Deutung des Nationalsozialismus, die während des Krieges in liberalen Kreisen der USA vertreten wurde, fand hier ihren Widerhall. Die antiliberalen Elemente, die Stolper in der deutschen Geschichte und zugespitzt im Nationalsozialismus ausgemacht hatte, ließen sich, so die Hoffnung Stolpers, nun vor allem der Sowjetunion zuschreiben. Das daraus resultierende reduktionistische manichäische Weltbild sollte zum wichtigen Baustein für das deutsch-amerikanische Verhältnis werden.[140] Damit hatte Stolper aber auch ein Stück weit das Gleichgewichtsdenken verlassen, mit dem er in den USA angesichts der New-Deal-Politik einen Ausgleich zwischen den Extremen zu schaffen versuchte und seinen Vorstellungen von einem sozialen Liberalismus Ausdruck verlieh.[141] In der sich anbahnenden bipolaren Welt des Kalten Krieges, in der er Deutschland an der Seite des Westens sah, positionierte er den Liberalismus in einer eindeutigen Feindbestimmung zum sozialistischen Kollektivismus.

6. Wende zur Skepsis: Gustav Stolpers Auseinandersetzung mit dem Nationalsozialismus im Kontext liberaler Reformdebatten

Gustav Stolper steht in der Tradition eines Liberalismus, der dem Staat Aufgaben für die Daseinsvorsorge der Bürger und die Regulierung der Wirtschaft zuweist. Mit seiner Finanz- und Steuerpolitik solle er Wirtschafts- und Sozialpolitik betreiben, ohne aber selber unternehmerisch als Akteur aufzutreten und die Logik des freien Marktes außer Kraft zu setzen. Der Kapitalismus mit seinen marktwirtschaftlichen Austauschbeziehungen, seinem Konkurrenzprinzip und mit seinem hohen Stellenwert von Privateigentum und Individuum blieb Grundlage seines liberalen Denkens. Doch unter den Voraussetzungen des Nationalstaates und der Massendemokratie erschien ihm die wechselseitige Durchdringung von Politik und Wirtschaft, von Individuum und Gesellschaft als unabdingbar. Die Forderung nach einem sozialen Ausgleich zwischen Sozialismus und Kapitalismus forderte die Anpassungsbe-

---

139 Vgl. Gerd Koenen: Der Russland-Komplex. Die Deutschen und der Osten 1900–1945, München 2005.
140 Vgl. Reuther, Normalisierung, S. 195 f.
141 Vgl. oben, S. 394 f.

reitschaft des Liberalismus heraus. Wie diese Annäherung konkret aussehen konnte, blieb bei Stolper aber unterbestimmt.

Was sich hingegen bei Stolper klar abzeichnete, war ein Geschichtsnarrativ von der zunehmenden Verstaatlichung der Wirtschaft, die keinen Ausgleich schaffe, sondern das Marktgeschehen außer Kraft setze und in ihrem Planungsfuror letztlich den Boden für den Nationalsozialismus vorbereitet habe. Diese Tendenz zum totalitären Etatismus sah Stolper tief in der deutschen Geschichte verankert. Gegenmodell zu diesem etatistischen Sonderweg war für ihn der New Deal, den er als Emigrant in den USA seit 1933 intensiv beobachtete und dessen Mut zu Experimenten er bewunderte. Auch wenn er mit einigen Maßnahmen Roosevelts nicht einverstanden war, befürwortete er dessen Krisenpolitik als Versuch, durch staatliche Regulierungen den Liberalismus sozial zu transformieren. Gegen Ende des Krieges wandte er sich gegen eine amerikanische Deutschlandpolitik, der die Kollektivschuldthese zugrunde lag, und erklärte die Deutschen letztlich zum Opfer des etatistischen Entwicklungspfades und damit des Nationalsozialismus. Er kritisierte die planwirtschaftlichen Zwangsmaßnahmen des amerikanischen Besatzungsregimes als Fortsetzung der NS-Wirtschaftspolitik und plädierte für eine Integration (West-)Deutschlands in die westliche Wertegemeinschaft. Die Feindmerkmale eines totalitären Staatssozialismus, die Stolper dem Nationalsozialismus als Resultat der deutschen Geschichte zugeschrieben hatte, konnten aus dem besiegten Deutschland eskamotiert werden und ließen sich auf den Etatismus sowjetischer Prägung übertragen – Ausdruck einer klaren Frontstellung im Zeichen des Kalten Krieges.

Stolpers Weimarer Erfahrungen mit den Gefährdungen der liberalen Demokratie und mit der nationalsozialistischen Herausforderung wirkten also über die Emigrationszeit hinaus bis zum Beginn des Ost-West-Gegensatzes. Udi Greenberg hat diese Entwicklung in seiner Studie über die ideologische Begründung des Kalten Krieges anhand von fünf Protagonisten untersucht. Er arbeitet heraus, wie die intellektuellen Debatten der Weimarer Republik in der Emigration fortgesetzt wurden und auf die politischen Ordnungsvorstellungen der Nachkriegszeit wirkten. Aus den Erlebnissen in der Weimarer Republik entstand die Gewissheit, dass die Demokratie einer ständigen Mobilisierung gegen ihre tödlichen Feinde bedürfe. Die Demokratisierung Deutschlands und die Bekämpfung des globalen Kommunismus als Feindbild gehörten dabei eng zusammen. Diese Emigranten teilten den demokratischen Konsens und die Furcht vor dem Kommunismus, dessen Bekämpfung eine Fortsetzung des Krieges gegen den Nationalsozialismus bedeutete. Das dualistische Weltbild des Kalten Krieges ging also laut Greenberg auch auf

Weimarer Erfahrungen zurück.[142] Dies scheint ebenso für die Auseinandersetzung Gustav Stolpers mit Liberalismus und Nationalsozialismus seit der Weimarer Republik zu gelten, aus der heraus er nach 1945 eine bipolare Weltordnung begründete.

Zu guter Letzt ist zu fragen, wie Gustav Stolper in die internationalen Debatten über eine Neubesinnung des Liberalismus einzuordnen ist, der angesichts der Krisen von Demokratie und Kapitalismus sowie der nationalsozialistischen und kommunistischen Herausforderungen in die Defensive geraten war. Stolper ist schwer zu verorten in den verschiedenen Strömungen des Liberalismus seit der Zwischenkriegszeit und kann keiner Schule zugeordnet werden. Sein Austausch mit Angehörigen der verschiedenen Spielarten des Neoliberalismus ist gering und wenig aufschlussreich. Zwar publizierten Vertreter des späteren Ordoliberalismus wie Alexander Rüstow im „Deutschen Volkswirt",[143] zwar stand Stolper einem liberalen Interventionismus zur Stärkung des Wettbewerbs grundsätzlich positiv gegenüber; aber die Forderung nach einem starken Staat, der über den Interessen steht und den Pluralismus überwindet, teilte er ebenso wenig wie die Kritik am intervenierenden Wohlfahrtsstaat. Stolpers sozialer Liberalismus machte die Wende zum „autoritären Liberalismus"[144] nicht mit, sondern blieb den Prinzipien des politischen Liberalismus wie Pluralismus, Rechtsstaat und sozialer Verantwortung verpflichtet. Erst nach 1945, als die verschiedenen ordoliberalen Ansätze im Konzept der Sozialen Marktwirtschaft ihre praxisorientierte Ausformung fanden[145] und sich Marktfreiheit mit Demokratie und sozialem Ausgleich verbinden ließ, hätte eine Berufung auf Stolper näher gelegen.

An der langen Gründungsgeschichte der „Mont Pèlerin Society" als neoliberaler Ideenschmiede[146] war Stolper nicht beteiligt. Zwar verkehrte er zunächst freundschaftlich mit Walter Lippmann, den er schon seit seiner Wiener Zeit kannte,[147] aber weder nahm er an dem berühmten „Colloque Walter

---

142 Vgl. Udi Greenberg: The Weimar Century. German Émigrés and the Ideological Foundation of the Cold War, Princeton 2014, S. 258 f.

143 Alexander Rüstow: Interessenpolitik oder Staatspolitik?, in: DV 7, Nr. 6, 11.11.1932, S. 169–172.

144 Dieter Haselbach: Autoritärer Liberalismus und Soziale Marktwirtschaft. Gesellschaft und Politik im Ordoliberalismus, Baden-Baden 1991; kritisch dazu vgl. Uwe Dathe: Der Ordoliberalismus – ein liberaler Neuansatz während der „Krise des Kapitalismus", in: Heuss-Forum, Theodor-Heuss-Kolloquium 2015, URL: www.stiftung-heuss-haus.de/heuss-forum_thk2015_dathe [3.12.2018].

145 Ptak, Ordoliberalismus, S. 295 f.

146 Vgl. Plickert, Wandlungen, vor allem S. 87–153.

147 Stolper, Leben, S. 149.

Lippmann" 1938 in Paris teil, auf dem ein neuer Liberalismus zwischen klassischem Laissez-faire und Kollektivismus diskutiert wurde, noch war er 1947 auf dem Mont Pèlerin zugegen. Doch was Stolper mit diesen Neoliberalen eint, ist der Kampf gegen den Kollektivismus. Lippmanns „The Good Society" (1937), Röpkes „Die Gesellschaftskrisis der Gegenwart" (1942) oder Hayeks „The Road to Serfdom" (1944) waren wirkungsmächtige Schriften gegen einen Kollektivismus, der zum Wesensmerkmal des Faschismus, Nationalsozialismus und Kommunismus erklärt wurde und als unvereinbar mit einem individualistischen Liberalismus galt. Jede Form von zentraler staatlicher Planung lehnte beispielsweise Hayek ab, da eine Demokratie mit der kollektivistischen Ideologie unvereinbar sei. Jede Art von Kollektivismus sei totalitär.[148] Auch Stolper kritisierte die „kollektivistische Utopie" als Reaktion auf das 19. Jahrhundert als einem Zeitalter des Individualismus, da sie mit einer ungewissen Zukunft operiere, auf einen starken Staat setze und Opfer in Kauf nehme.[149] Das Vordringen des Staates, der die Wirtschaft unter seine Kontrolle bringe, mache den Bürger abhängig von diesem Staat und gefährde die Demokratie.[150] Folgerichtig spricht er vom „Nazi Collectivism"[151] und weitet seine Kritik auch auf die Sowjetunion aus, in der die Planwirtschaft die Diktatur gestärkt habe.[152] Kollektivismus ist also auch bei ihm ein weltumspannendes Symptom für die Krise der liberalen Demokratie. Anders hingegen als Lippmann und Hayek richtete Stolper nicht den Vorwurf eines „graduellen Kollektivismus" an die Maßnahmen des New Deal oder der englischen Sozialpolitik, die er vielmehr für ihren Experimentalcharakter und ihre stabilisierende Funktion bewunderte. Zugleich verteidigte Stolper staatliche Eingriffe für gerechte Löhne, was für viele Neoliberale inakzeptabel war.[153]

Als kritischer Anhänger des New Deal stand Stolper dem Konsensliberalismus nach 1945 nahe, der Gesellschaft, Wirtschaft und Staat, kapitalistische Marktwirtschaft und liberale und soziale Demokratie in einem Zusammenhang dachte und einen Ausgleich zwischen Individuum und den verschiedenen gesellschaftlichen Interessen anstrebte.[154] Die keynesianischen Elemen-

---

148 Friedrich A. von Hayek: Der Weg zur Knechtschaft, hg. von Manfred E. Streit, Tübingen 2004, S. 52–65.

149 Stolper, Age of Fable, S. 21–24.

150 Gustav Stolper: Has Capitalism the Future?, [o. O.] September 1943, S. 13, in: BArch, N 1186, 71.

151 Stolper, Age of Fable, S. 332.

152 Ebd., S. 282.

153 Nicholls, Freedom, S. 43, Anm. 22.

154 So der Ansatz des Tübinger Forschungsprojektes zur „Westernisierung"; vgl. Anselm Doering-Manteuffel: Wie westlich sind die Deutschen? Amerikanisierung und Westernisie-

te einer wirtschaftlichen Globalsteuerung durch den Staat sah er hingegen skeptisch. Er hielt zeitlebens an Kapitalismus, Marktwirtschaft und Privateigentum als Kernelemente einer liberalen Wirtschaftsordnung fest, da sie die besten Garanten für Wohlstand und in der Lage seien, den Krieg gegen die kollektivistischen Staaten zu gewinnen: „The alternative to the profit motive is the Gestapo, the alternative to capitalism is not ‚planning‘ or socialism, but slavery. There is nothing wrong with the profit motive as long as it is controlled by the moral concept of our society and the social concepts of democracy.“[155] Für eine staatliche Wirtschaftslenkung zu Lasten des unternehmerischen Individuums sah er nur wenig Raum. Konsensliberalismus als „ideologisch ‚linkes‘ Projekt“[156] kann somit nur partiell für Stolper reklamiert werden.

Somit hat Stolper keine eigene stringente liberale Theorie begründet, die auf die Krise der liberalen, parlamentarischen Demokratie und auf den Nationalsozialismus eine Antwort gefunden hätte. Vielmehr steht er quer zu den liberalen Reformdebatten, zu denen er keinen eigenständigen Beitrag leistete. Seine Idee eines sozialen Liberalismus gründete in einem letztlich reduktionistischen Geschichtsnarrativ, mit dem er den Erfolg des Nationalsozialismus und anderer totalitärer Ideologien auf die zunehmenden Machtansprüche des Staates zurückführte, dem er aber wiederum – unter kapitalistischen Vorzeichen – eine regulierende Funktion in der modernen, sozialen Massendemokratie zuwies. Stolpers liberale Standortbestimmung spielte sich in einer Suchbewegung zwischen den Herausforderungen seiner Zeit ab, die eine Transformation des Liberalismus unausweichlich machten.

Gustav Stolper wird von seiner Ehefrau beschrieben als „Liebhaber der Tatsachenwelt, skeptisch vor großspurigen Geschichtstheorien, ohne jede Neigung zur Utopie“.[157] Und in der Tat nahm Stolper diese nüchterne Betrachtungsweise für sich in Anspruch; die Titel seiner Bücher „This Age of Fable“ oder „German Realities“ waren Programm. Er wollte Fakten gegen Mythen stellen, starre Gegensätze verflüssigen, überholte Wahrheiten in Zweifel ziehen und wandte sich gegen die Vereinfachung von Komplexität. Umfassender Zukunftsentwürfe enthielt er sich. Allenfalls die Integration in ein antitotalitäres transatlantisches Lager stand ihm nach 1945 als Zukunftsszenario vor Augen, aber das Freiheitspostulat dieser Wertegemeinschaft bestimmte

---

rung im 20. Jahrhundert, Göttingen 1999; Michael Hochgeschwender: Freiheit in der Offensive? Der Kongreß für kulturelle Freiheit und die Deutschen, München 1998, S. 68–86.

155   Stolper, Has Capitalism the Future?, S. 16 f.

156   Doering-Manteuffel/Leonhard, Liberalismus, S. 27.

157   Stolper, Leben, S. 107; zu Kritik am „Utopismus“ durch deutsche Emigranten in den USA vgl. Radau, Emigration, S. 246–250.

sich vor allem negativ in Abgrenzung zu den staatssozialistischen Entwürfen jenseits des Eisernen Vorhangs und – nicht unbeeinflusst von alten irrationalen Feindbildern – auch zum „Osten". Vielleicht sehen wir in Gustav Stolper am ehesten einen Vertreter für die skeptische Wende des Liberalismus nach 1945, der auf übergreifende theoretische Letztbegründungen verzichtete und die Fragilität menschlicher Ordnungen betonte. In dieser Lesart wäre Stolper ein Protagonist des „Cold-War-Liberalism" avant la lettre, eines realistischen und utopiearmen Liberalismus, der angesichts der totalitären Ansprüche des Nationalsozialismus und Kommunismus umfassenden Gesellschaftsentwürfen misstrauisch gegenüberstand.[158] Statt den großen Erzählungen von Fortschritt und Zukunft eine weitere Utopie anzufügen, liefe diese Beschränkung des Liberalismus auf eine Vermeidung von Furcht, Grausamkeit und Gewalt hinaus, wie sie Judith Shklar einem „Liberalismus der Furcht" zuschreibt.[159] Dieser skeptische und pragmatische Liberalismus, dem sich Stolper letztendlich verschrieb, ist nicht die geringste Frucht, die der Auseinandersetzung mit dem Nationalsozialismus entsprang.

---

158 Vgl. Jens Hacke: Wende zur Skepsis. Liberale Ideenverteidigung in der Krise der Zwischenkriegszeit, in: Zeitschrift für Ideengeschichte 2013, H. VII/2, S. 35–52; Jan-Werner Müller: Fear and Freedom: On „Cold War Liberalism", in: European Journal of Political Theory 7 (2008), S. 45–64.
159 Vgl. Judith N. Shklar: After Utopia. The Decline of Political Faith, Princeton 1957; Dies., Liberalismus.

Ausblick:
Schwierige liberale Lernprozesse nach 1945

KRISTIAN BUCHNA

„Liberale" Vergangenheitspolitik

Die FDP und ihr Umgang mit dem Nationalsozialismus[*]

Am 11. Januar 1961 wandte sich Willy Max Rademacher, einstiges Mitglied der Deutschen Demokratischen Partei (DDP) und langjähriger Vorsitzender der betont linksliberalen FDP in Hamburg, in einem Brandbrief an den FDP-Parteivorsitzenden Erich Mende. Angesichts zahlreicher Eklats, ausgelöst durch die Mitarbeit und teilweise skandalösen Äußerungen ehemaliger Nationalsozialisten innerhalb der FDP, beschwerte sich Rademacher über „illiberale Tendenzen", die für eine liberale Partei unerträglich seien. „Immer wieder", so Rademacher,

> „ist es die nicht bewältigte Vergangenheit, die gerade in unseren Reihen im Sinne einer […] Generalamnestie benutzt werden soll, um nicht nur zu vergeben, sondern um gleichzeitig total zu vergessen. Die täglich in der Presse behandelten Ereignisse beweisen aber mit aller Deutlichkeit, daß wir […] mit diesen Dingen alles andere als fertig geworden sind. Wie kommt es eigentlich, daß innerhalb der CDU und […] SPD kaum solche Auseinandersetzungen notwendig sind wie gerade in unserem politischen Lager, das für sich in Anspruch nimmt, Recht und Freiheit zu verteidigen?"[1]

Angesichts fortgesetzter innerparteilicher Konflikte um den angemessenen Umgang mit dem Nationalsozialismus und dessen Verantwortungsträgern formulierte der Hamburger Liberale hier eine Frage, die sich schon seit den frühen 1950er Jahren aufdrängte, von der zeitgeschichtlichen Forschung indes bis heute nicht hinreichend beantwortet wurde. Zweifellos können einzelne schillernde Episoden der spannungsreichen Wechselbeziehung von FDP und

---

[*]   Für intensive Unterstützung bei der Recherche danke ich Franziska Krause.

[1]   Willy Max Rademacher an Erich Mende, 11.1.1961, in: Ulrich Keitel: „Sehr geehrter Parteifreund …". Parteiinterne Rundbriefe gegen alte Nazis, Frankfurt/M. 2001, S. 127 f.

NS-Vergangenheit als gut erforscht gelten; erwähnt seien nur die Vorgänge innerhalb der nordrhein-westfälischen FDP im Kontext der „Naumann-Affäre" von 1953.[2] Doch eine monographische Studie, wie sie jüngst etwa Kristina Meyer über die SPD und die NS-Vergangenheit vorgelegt hat,[3] bleibt im Falle der FDP noch immer ein Desiderat.[4] Selbst innerparteiliche Appelle zur Aufarbeitung der eigenen Vergangenheit verhallten bislang ungehört.[5] Eine – freilich unzeitgemäß anmutende – Konsequenz dieses Versäumnisses ist der Versuch zur parteipolitischen Ausweidung des Themas. So wird in Auftragsarbeiten von Landtagsfraktionen der Partei „Die Linke" eine skandalisierende Nazi-Zählerei betrieben,[6] die Vergleiche mit den „Braunbüchern" der DDR provoziert: Die formalen Angaben zur NS-Vergangenheit einzelner Abgeordneter sind in aller Regel korrekt, doch der ideologische Überbau mitsamt einem bereits vorab feststehenden, zur Empörung aufrufenden Ergebnis lassen einen zeithistorischen Erkenntnisgewinn kaum zu.

Dieser Aufsatz möchte einen Beitrag zum besseren Verständnis des Nachkriegsliberalismus leisten, indem er sechs Thesen zum Umgang der FDP mit dem Nationalsozialismus in der Zeit von ihrer Parteigründung bis zur sozialliberalen Koalition formuliert. Hinweise zur Zahl ehemaliger NSDAP-Mitglieder in Reihen der FDP sollen dabei nicht ausgeblendet werden, sie

---

2 Vgl. samt dortiger Literaturangaben: Norbert Frei: Vergangenheitspolitik. Die Anfänge der Bundesrepublik und die NS-Vergangenheit, München 2012 (Erstausgabe 1996), S. 361 ff; Kristian Buchna: Nationale Sammlung an Rhein und Ruhr. Friedrich Middelhauve und die nordrhein-westfälische FDP 1945–1953, München 2010.

3 Kristina Meyer: Die SPD und die NS-Vergangenheit, Göttingen 2015.

4 Ein sehr knapper Problemaufriss aus dem Jahr 1995 stammt von Monika Faßbender: Die Bearbeitung der nationalsozialistischen Vergangenheit in der FDP, in: Werner Bergmann / Rainer Erb / Albert Lichtblau (Hg.): Schwieriges Erbe. Der Umgang mit Nationalsozialismus und Antisemitismus in Österreich, der DDR und der Bundesrepublik Deutschland, Frankfurt/New York 1995, S. 168–175.

5 Vgl. Gerhart Baum: Vorwort, in: Keitel, Rundbriefe, S. 11; Interview-Aussagen Gerhart Baums im Frontal 21-Beitrag „Unbewältigte Vergangenheit. Die FDP und die Nazis" von Joachim Bartz, Reinhard Laska und Kay Meseberg, gesendet am 16.11.2010; Freudige Mitarbeit, in: Der Spiegel, 29.11.2010.

6 Vgl. Hans-Peter Klausch: Braune Wurzeln – Alte Nazis in den niedersächsischen Landtagsfraktionen von CDU, FDP und DP. Zur NS-Vergangenheit von niedersächsischen Landtagsabgeordneten in der Nachkriegszeit, hg. von DIE LINKE. Fraktion im Niedersächsischen Landtag, [o. O.] 2008; Michael C. Klepsch: 60 Jahre Landtag Nordrhein-Westfalen. Das vergessene braune Erbe, hg. v. Rüdiger Sagel, MdL, DIE LINKE, NRW, [o. O.] 2009; Hans-Peter Klausch: Braunes Erbe – NS-Vergangenheit hessischer Landtagsabgeordneter der 1.–11. Wahlperiode (1946–1987), hg. v. DIE LINKE. Fraktion im Hessischen Landtag, Wiesbaden 2011; Hans-Peter Klausch: Braune Spuren im Saar-Landtag. Die NS-Vergangenheit saarländischer Abgeordneter, hg. v. DIE LINKE. Fraktion im Landtag des Saarlandes, Saarbrücken 2013.

müssen jedoch weiterführende Fragen nach sich ziehen, etwa nach möglichen Auswirkungen auf die Sachpolitik, auf Koalitionsbildungen sowie auf die innerparteiliche politische Kultur.

Wenngleich jede der Thesen auf die bundesrepublikanische Parteiformation der FDP und ihren Umgang mit dem Nationalsozialismus abhebt, sollen ideengeschichtlich, parteipolitisch und personell längerfristige Entwicklungen berücksichtigt werden, um der für diesen Tagungsband leitmotivischen Frage nach Kontinuitäten und Brüchen, Übergängen und Abgrenzungen nachgehen zu können. Trotz aller empirischen Fundierung handelt es sich um *Thesen*. Sollten sie zum Widerspruch anregen, so wäre bereits ein Ziel erreicht, nämlich eine angesichts mittlerweile zahlloser „Aufarbeitungsstudien" geradezu überfällige wissenschaftliche Diskussion über die Beziehungs(nach)geschichte von Liberalismus und Nationalsozialismus in der Bundesrepublik anzuregen.

Das Erkenntnisinteresse dieses Aufsatzes erfordert einen gezielten Blick auf einen Teilaspekt der FDP-Geschichte. Da sich die innerparteilichen wie öffentlichen Kontroversen um das Verhältnis der FDP zum Nationalsozialismus in aller Regel an der politischen Praxis und Programmatik des *rechten* Parteiflügels entzündeten, werden diese vielfach im Vordergrund stehen. Gleichwohl gilt es, die in der frühen Bundesrepublik vermutlich einmalige Heterogenität der Partei zu berücksichtigen, die – nach den fast schon geflügelten Worten Dieter Heins – zwischen liberaler Milieupartei und nationaler Sammlungsbewegung schwankte.[7]

1. These: Am Anfang der FDP stand keine kritische, innerhalb des liberalen Spektrums integrativ wirkende Auseinandersetzung mit dem Nationalsozialismus.

Bei einem Blick auf die Gründungsdokumente und frühen Aufrufe liberaler Parteien in der unmittelbaren Nachkriegszeit fällt gerade im Vergleich mit anderen Parteien auf, dass sich darin nur sehr selten eingehendere Ausführungen zur jüngsten Vergangenheit finden. Dieser Befund scheint auf vier Ursachen zurückzuführen zu sein, die unmittelbar mit der Geschichte des Liberalismus und dessen parteipolitischen Formationen verbunden sind:

---

7 Dieter Hein: Zwischen liberaler Milieupartei und nationaler Sammlungsbewegung. Gründung, Entwicklung und Struktur der Freien Demokratischen Partei 1945–1949, Düsseldorf 1985.

So ließe sich *erstens* die optimistische Zukunftszugewandtheit des Liberalismus ins Feld führen, deren Preis im konkreten Fall die Ausblendung bzw. schnellstmögliche Überwindung der jüngsten Vergangenheit sein musste. „Über Gräber vorwärts"[8] – so lautete im August 1945 die programmatische Überschrift eines Leitartikels von Wilhelm Külz, des Mitbegründers der Berliner Liberal-Demokratischen Partei. Als langjähriger sächsischer DDP-Politiker, Reichsinnenminister (1926) und von den Nationalsozialisten abgesetzter Dresdener Oberbürgermeister verfügte Külz gewiss über ein gerüttelt Maß politischer Einsicht und persönlicher (Leidens-)Erfahrungen. Doch sein vorwärtsblickender Appell, nicht etwa „in Verzweiflung klagend stehen[zu]bleiben", sondern „den Weg über diese Gräber hinweg in eine bessere Zukunft der Menschheit [zu] suchen", ließ ihn selbst davon absehen, Versäumnisse der eigenen Partei in der Weimarer Republik und Ursachen für den Aufstieg des Nationalsozialismus zu suchen sowie dessen Verbrechen und seine Opfer zu benennen. Stattdessen betrieb auch Külz eine Dämonisierung und historische Isolierung des Dritten Reiches, die letztlich exkulpatorisch wirkten und Bemühungen um historische Lernerfahrungen überflüssig erscheinen ließen: „Nichts wird aus dieser düsteren Vergangenheit zurückleuchten; es ist nur ein Geruch übriggeblieben, als habe der leibhaftige Satan zwölf Jahre lang die Weltatmosphäre vergiftet und verpestet."

Zweitens waren in den Gründungszirkeln liberaler Parteien – anders als etwa in der SPD[9] – Vertreter des Widerstands oder Opfer des Nationalsozialismus eher die Ausnahme als die Regel. Entsprechende Erfahrungen von geleistetem Widerstand und erlittener Verfolgung konnten somit im Gründungsprozess der FDP nicht zu identitätsstiftenden Narrativen verdichtet werden. Gerade in Regionen mit einem traditionell nur schwach verwurzelten liberalen Milieu finden sich unter den Gründungsmitgliedern zahlreiche Männer, die sich zuvor weder parteipolitisch betätigt noch unter dem NS-Regime gelitten hatten. In diesen Kreisen war das Bedürfnis nach einer Auseinandersetzung mit der Vergangenheit äußerst gering ausgeprägt.

Doch selbst im Falle von einstigen Angehörigen der wenigen dezidiert liberalen Widerstandsgruppen lässt sich nicht zwangsläufig ein Wille zur intensiven Auseinandersetzung mit dem Nationalsozialismus beobachten.

---

8 Artikel abgedruckt in: Vorwärts und aufwärts. Wege und Ziele der Liberal-Demokratischen Partei, Berlin 1945, Zitate hier und nachfolgend: S. 7, 10. Vgl. Eike Wolgast: Die Wahrnehmung des Dritten Reiches in der unmittelbaren Nachkriegszeit (1945/46), Heidelberg 2001, S. 78 f.

9 Kristina Meyer, SPD, S. 8, weist darauf hin, dass sämtliche 25 Angehörige des ersten SPD-Parteivorstands während des Dritten Reiches „mit dem Verfolgungsapparat des NS-Regimes in Berührung gekommen" waren.

Thomas Dehler etwa, der 1934/35 zur Robinsohn-Strassmann-Gruppe gesto-
ßen war,[10] entwickelte zwar eine eigenwillig-liberale Vergangenheitsdeutung,
indem er die Demokratiefeindlichkeit der Kirchen im Allgemeinen und den
politischen Katholizismus im Besonderen zu den entscheidenden Wegbe-
reitern des Dritten Reiches erklärte.[11] Ausgehend von der These eines nur
begrenzten Kreises tatsächlich schuldig gewordener nationalsozialistischer
Verantwortungsträger sah er jedoch keine Veranlassung zu einer eingehenden politischen, gesellschaftlichen oder juristischen Auseinandersetzung mit
dem Nationalsozialismus, seinen Trägern, Verbrechen und Opfern.[12] Mehrfach und in unterschiedlichen Zusammenhängen sprach sich der bayerische
Liberale für einen „dicke[n] Schlußstrich"[13] unter die Vergangenheit aus; vor
dem Deutschen Bundestag plädierte er unter Berufung auf den Westfälischen
Frieden von 1648 für ein „ewiges Vergessen"[14] aller zurückliegenden Untaten.

Drittens gilt es zu berücksichtigen, dass es sich im Falle des Parteiliberalismus um Neugründungen handelte. Vor dem Hintergrund der Niedergangsgeschichte der liberalen Parteien während der Weimarer Republik war ein
geschichtsbewusstes Anknüpfen an liberale Parteitraditionen und -milieus
zum Teil gar nicht möglich, zum Teil erschien es den Gründungsvätern (und
wenigen -müttern) geradezu kontraproduktiv. Nicht selten wurde daher die
eigene Geschichtslosigkeit, die gleichsam von einer selbstkritischen Analyse
der jüngeren Vergangenheit dispensierte, als parteipolitisches Alleinstellungs-
merkmal hervorgehoben. Es sollte allein der Anschein vermieden werden, die
politische Aufbauarbeit mit Lehren aus der Vergangenheit oder dem Rückgriff auf zurückliegende Traditionen zu belasten.[15]

---

10 Zur Robinsohn-Strassmann-Gruppe vgl. Horst Sassin: Liberale im Widerstand. Die Robinsohn-Strassmann-Gruppe 1934–1942, Hamburg 1993.
11 Vgl. Kristian Buchna: Im Schatten des Antiklerikalismus. Theodor Heuss, der Liberalismus und die Kirchen, Stuttgart 2016, S. 81 f.
12 Folgerichtig findet sich im Gründungsprogramm der bayerischen FDP, deren erster Vorsitzender Thomas Dehler war, keinerlei Auseinandersetzung mit dem Nationalsozialismus,
wohl aber eine Warnung vor einer „Einmischung und Betätigung der Kirche auf politischem
Gebiet". Programm der FDP Bayern, datiert vom 28. März 1946, abgedruckt in: Peter Juling:
Programmatische Entwicklung der FDP 1946 bis 1969. Einführung und Dokumente, Meisen-
heim am Glan 1977, S. 73.
13 Zit. n. Udo Wengst: Thomas Dehler. 1897–1967. Eine politische Biographie, München
1997, S. 158.
14 Zitat Dehlers aus der Bundestagsdebatte über Hilfe für in Frankreich verurteilte deutsche Kriegsgefangene, in: Verhandlungen des Deutschen Bundestages, 1. Wahlperiode 1949,
26. Sitzung, 11.1.1950, S. 783.
15 Vgl. undatierte, vermutlich aus dem Jahr 1946 stammende Flugblätter der Krefelder FDP,
in: Archiv des Liberalismus, Gummersbach (ADL), 987.

Der *vierte* Grund für die innerhalb der FDP „auffallende Zurückhaltung in der Erwähnung und Analyse"[16] des Nationalsozialismus dürfte darin zu suchen sein, dass der Liberalismus nicht über ein weltanschaulich grundiertes, integrativ wirkendes Narrativ zur historischen Erklärung des Nationalsozialismus verfügte. Hierin unterschied er sich deutlich vom Sozialismus und christlichen Konservatismus, in denen u. a. auch Elemente bzw. Übersteigerungen des Liberalismus zur sinnstiftenden Deutung der Vergangenheit herangezogen wurden – sei es durch Verweise auf einen egoistischen Individualismus, auf einen enthemmten Kapitalismus oder auf die Säkularisierung bzw. Entchristlichung der deutschen Gesellschaft.[17] Vergleichbar verkürzte und tendenziöse, innerparteilich aber integrativ wirkende Vergangenheitsdeutungen gab es im Liberalismus nicht.

2. These: In der an Spaltungen und Trennungsmotiven reichen Geschichte des deutschen Parteiliberalismus bedeutete die Haltung zum Nationalsozialismus und auch zur Weimarer Republik einen neuen Belastungsfaktor für die fragile Einheit der neu gegründeten FDP.

Unverkennbar lasteten bereits über dem Heppenheimer Gründungsparteitag der FDP[18] die Schatten der Vergangenheit. Dies spürte auch der am 12. Dezember 1948 zum ersten Parteivorsitzenden gewählte Theodor Heuss – und

---

16 Erhard H. M. Lange: Politischer Liberalismus und verfassungspolitische Grundentscheidungen nach dem Kriege, in: Lothar Albertin (Hg.): Politischer Liberalismus in der Bundesrepublik, Göttingen 1980, S. 48–91, hier S. 50.
17 Vgl. Meyer, SPD, S. 32; Kurt Schumacher: Reden – Schriften – Korrespondenzen 1945–1952, hg. v. Willy Albrecht, Berlin/Bonn 1985, Dokumente: S. 203 ff; Wolgast, Wahrnehmung, S. 114 f, 126 ff; Arnd Bauerkämper: Das umstrittene Gedächtnis. Die Erinnerung an Nationalsozialismus, Faschismus und Krieg in Europa seit 1945, Paderborn 2012, S. 191 f; Ein Ruf zur Sammlung des deutschen Volkes. Vorläufiger Entwurf zu einem Programm der Christlichen Demokraten Deutschlands, vorgelegt von den Christlichen Demokraten Kölns im Juni 1945, in: Konrad Adenauer und die CDU der britischen Besatzungszone 1946–1949. Dokumente zur Gründungsgeschichte der CDU Deutschlands, hg. v. d. Konrad-Adenauer-Stiftung, Einleitung u. Bearbeitung: Helmuth Pütz, Bonn 1975, Nr. 1, S. 105; Frank Bösch: Die Adenauer-CDU. Gründung, Aufstieg und Krise einer Erfolgspartei 1945–1969, Stuttgart/München 2001, S. 30.
18 Vgl. Dieter Hein: Der Weg nach Heppenheim 1945–1948, in: Wolfgang Mischnick (Hg.): Verantwortung für die Freiheit. 40 Jahre F.D.P., Stuttgart 1989, S. 48–65; Birgit Bublies-Godau: Das Vermächtnis der Versammlungen – Heppenheim als Erinnerungsort der freiheitlichen Demokratie und des politischen Liberalismus in Deutschland, in: Jahrbuch zur Liberalismus-Forschung 22 (2010), S. 79–106.

er bekam es zugleich selbst zu spüren. Unter dem Eindruck der kontroversen innerparteilichen Debatten disponierte der geschichtsbewusste Liberale kurzfristig eine Parteitagsrede, die er zwar mit der Beschwichtigung einleitete, „keine Vergangenheitsbetrachtung treiben"[19] zu wollen, die sich jedoch schon bald als genau das entpuppte: als eine liberale Betrachtung der Vergangenheit mit der Absicht, sie als – wohlgemerkt positive – Ressource zur Selbstvergewisserung und politischen Positionsbestimmung heranzuziehen. Das gilt für die Hinweise auf die stolze Tradition des Liberalismus im deutschen Südwesten ebenso wie für die Würdigungen liberaler Größen wie Hermann Schulze-Delitzsch, Lujo Brentano und Friedrich Naumann. An ihrer Wiege wollte Theodor Heuss der FDP ein sozialliberales, demokratisches Geschichtsbewusstsein ins Stammbuch schreiben. Sein mit rund 82 % eher mäßiges Wahlergebnis kann jedoch bereits als Hinweis darauf gelten, dass der Wille, Einigkeit zu demonstrieren, bereits beim Gründungsparteitag Grenzen kannte.

Zum regelrechten „Affront gegen Heuss"[20] geriet jedoch die Abstrafung Ernst Mayers, der als rechte Hand des neuen Parteivorsitzenden galt. Mit nur 31 Stimmen wurde Mayer, Mitbegründer und geschäftsführender Vorsitzender der württembergischen Demokratischen Volkspartei, nicht in den geschäftsführenden Parteivorstand gewählt. Heuss deutete die Nicht-Wahl seines engsten Vertrauten als Symptom einer innerparteilichen „Frontenbildung".[21] Wie er zu dieser Diagnose gelangte, lässt sich relativ genau nachvollziehen. Im Vorfeld des Gründungsparteitags hatte Mayer einen parteiinternen Rundbrief verfasst, in dem er die Existenz eines rechten und eines linken Parteiflügels nüchtern als gegebenes und bleibendes Faktum beschrieb, jedoch zugleich seiner großen Sorge vor den Umtrieben des rechten, „sich besonders liberal gebärdende[n]" Parteiflügels Ausdruck verlieh, dessen Aktivitäten „das Gegenteil von liberal" seien.[22] Dies machte Mayer insbesondere an einem aus seiner Sicht verantwortungslosen Umgang mit der NS-Vergan-

---

19 Theodor Heuss: Unsere deutsche Mission. Rede auf dem Gründungsparteitag der FDP in Heppenheim am 12. Dezember 1948, in: Walter Scheel / Otto Graf Lambsdorff (Hg.): Freiheit in Verantwortung – Deutscher Liberalismus seit 1945. Geschichte, Personen, Perspektiven, Gerlingen 1998, S. 21–32, hier S. 21.
20 Theo Rütten: Der deutsche Liberalismus 1945 bis 1955. Deutschland- und Gesellschaftspolitik der ost- und westdeutschen Liberalen in der Entstehungsphase der beiden deutschen Staaten, Baden-Baden 1984, S. 171.
21 Theodor Heuss an Karl Theodor Bleek, 14.12.1948, in: Theodor Heuss: Erzieher zur Demokratie. Briefe 1945–1949, hg. u. bearb. v. Ernst Wolfgang Becker, München 2007, Nr. 165, S. 439–443.
22 Hier und nachfolgend: Rundbrief Ernst Mayers an die Mitglieder des Koordinierungsausschusses, 27.11.1948, in: Stiftung Bundespräsident-Theodor-Heuss-Haus (SBTH), N 1221, 407 (= Bundesarchiv, künftig: BArch).

genheit fest, nämlich an dem „verhängnisvollen Versuch der Bagatellisierung und Glorifizierung des im Nationalsozialismus übersteigerten militanten Nationalismus". Angesichts des Auftretens von Parteifreunden des rechten Flügels müsse man

> „mit Erschrecken feststellen, daß die Jahre der maßlosen Bestialität, des unerhörtesten Leidens und Leides, daß die selbstzerstörerische Grausamkeit des Dritten Reiches an ihrem Denken offenbar spurlos vorübergegangen sind. Wir Älteren müssen uns nicht nur im Interesse der Zukunft unserer Partei, sondern im Interesse unseres Vaterlandes dem widersetzen."

Insbesondere unter den Verfechtern einer nationalen Sammlungspolitik in Nordrhein-Westfalen, Hessen und Niedersachsen mussten die Äußerungen Mayers wie ein Generalangriff gewirkt haben, so dass es keiner großen Phantasie bedarf, dessen Nichtwahl als Machtdemonstration des rechten Parteiflügels und als Ausdruck einer Frontbildung zu deuten.

Tatsächlich waren es vielfach die nach Lebensjahren und politischer Erfahrung „Älteren" innerhalb der FDP, die aufgrund ihres gänzlich anderen Blickes auf die Vergangenheit vor dem „Aufkommen einer neuen Rechtspartei" (Mayer) warnten. Die „Älteren" hatten bereits in der Weimarer Republik, insbesondere in der DDP/Deutschen Staatspartei (DStP), politische Verantwortung übernommen und waren auch nach 1945 nicht bereit, diese zu leugnen. Dies trifft – um nur die bekannteren Namen zu nennen – auf den Hamburger FDP-Landesvorsitzenden Willy Max Rademacher (*1897) und dessen Stellvertreter Hermann Schäfer (*1892) ebenso zu wie auf Marie-Elisabeth Lüders (*1878), Eberhard Wildermuth (*1890), Hans Reif (*1899), Hermann Höpker Aschoff (*1883), Ernst Mayer (*1901), Wolfgang Haußmann (*1903), Reinhold Maier (*1889) und natürlich Theodor Heuss (*1884). Sie alle wandten sich gegen eine rechte Sammlungspolitik, die ihre Anhänger u. a. mit der Bagatellisierung des Nationalsozialismus, der Forderung nach einem endgültigen Schlussstrich unter die (NS-)Vergangenheit sowie mit einer Diskreditierung der Weimarer Republik und einer Verhöhnung der sie tragenden Parteien und Politiker zu gewinnen trachtete.

Gerade weil – parteiübergreifend – die Weimarer Republik in der frühen Bundesrepublik als „eine Art Negativfolie"[23] diente und ein positiver Tradi-

---

23 Andreas Wirsching: Appell an die Vernunft, in: Ders. / Berthold Kohler / Ulrich Wilhelm (Hg.): Weimarer Verhältnisse? Historische Lektionen für unsere Demokratie, Ditzingen 2018, S. 9–21, hier S. 9; vgl. ferner Jörn Leonhard: Prekäre Selbstversicherung. Die Weimarer Republik als Metapher und geschichtspolitisches Argument, in: Aus Politik und Zeitgeschichte 18–20/2018, S. 11–18, sowie umfassend: Sebastian Ullrich: Der Weimar-Komplex. Das

tionsbezug zu ihr ebenso wenig Wählerstimmen einzubringen versprach wie eine Beschäftigung mit dem Nationalsozialismus, verdienen jene liberalen Zirkel umso mehr Beachtung, deren politisches Selbstverständnis durch einen doppelten Vergangenheitsbezug geprägt war: die bewusste Anknüpfung an liberale Werte und Parteitraditionen von vor 1933 sowie die Bereitschaft zur kritischen Auseinandersetzung mit dem Nationalsozialismus. In Württemberg-Baden, den Stammlanden des deutschen Liberalismus, drückte sich das Traditionsbewusstsein der liberalen Parteigründer um Reinhold Maier, Wolfgang Haußmann, Ernst Mayer und Theodor Heuss bereits in der Wiederaufnahme des historischen Parteinamens (Demokratische Volkspartei) aus, die man andernorts peinlich vermied. Darüber hinaus fällt in den Reden der genannten Parteigründer wie auch im Programm und Wahlaufruf der frühen DVP eine Auseinandersetzung mit der Vergangenheit ins Auge, die im liberalen Spektrum ihresgleichen sucht. Da wurden Versuche zur historischen Rehabilitierung des Liberalismus, der (süddeutschen) Demokratie und der Weimarer Republik unternommen; es wurde an die Opfer des Nationalsozialismus erinnert; Antisemitismus, Rassismus und Chauvinismus wurden geächtet; und über allem stand der Appell, die jüngste Vergangenheit nicht vergessen zu dürfen, sondern vielmehr Lehren aus ihr für den staatlichen wie gesellschaftlichen Wiederaufbau ziehen zu müssen.[24] Denn – so die eindringlichen Worte von Theodor Heuss – die Deutschen erlebten in jener Situation „die ungeheuerste und grausamste Geschichtsstunde, Lehrstunde, durch die ein Volk hindurchgehen mußte."[25]

Vertreter des rechten Parteiflügels dürften Mahnungen wie diese in den Ohren geklungen haben, als sie sich spöttelnd von den „Männern mit langen Bärten, die wer weiß wie weise tun," distanzierten, um schließlich in Bausch und Bogen „die alten Parteien- und Regierungssysteme" abzulehnen, denn: „sie haben nichts gekonnt und nichts bewiesen."[26] Umso nachdrücklicher dis-

---

Scheitern der ersten deutschen Demokratie und die politische Kultur der frühen Bundesrepublik 1945–1959, Göttingen 2009.

24 Vgl. Wege zur Demokratie. Vier Reden von Wolfgang Haußmann, Karl Lautenschlager, Henry Bernhard, Theodor Heuss, Stuttgart [1946]; Heuss-Rede „Bindung und Freiheit" vom 6. Januar 1946, in: Theodor Heuss: Aufzeichnungen 1945–1947, Stuttgart 1966, S. 164–183; Wahlaufruf und Programm der Demokratischen Volkspartei in Württemberg-Baden vom 14. Juni 1946, in: Liberale im Südwesten seit 1945. Ein Lesebuch zum 50jährigen Bestehen der FDP/DVP in Baden-Württemberg, Konstanz 1995, S. 21–24.

25 Zitat aus der Rede vom 3. November 1945 auf der ersten Kundgebung der DVP in Stuttgart, in: Wege zur Demokratie, S. 14–22, hier S. 14.

26 Zitat aus einem undatierten, vermutlich aus dem Jahr 1946 stammenden Flugblatt der Krefelder FDP, in: ADL, 987.

tanzierte man sich von der württembergischen DVP, die lediglich dort wieder anknüpfen würde, wo ihre Vorgängerin 1933 aufgehört habe, und die ihre Entstehung „im Wesentlichen den Besatzungsmächten und nicht dem echten Willen des Volkes" zu verdanken habe; sie sei daher das Ergebnis einer „unorganischen Entwicklung". Ganz anders verhalte es sich mit der westdeutschen FDP, die „niemals und heute weniger denn je Gefahr [laufe], dem Vergangenen, gleich welcher Art, verhaftet zu sein."[27]

Unverkennbar entzündete sich die für die FDP so prägende Spannung zwischen liberaler Milieupartei und nationaler Sammlungsbewegung auch und gerade an der inneren Haltung zur jüngeren und jüngsten Vergangenheit. Ein ebenso konkreter wie bezeichnender Vorschlag zur Überwindung dieses innerparteilichen Gegensatzes stammt vom Kölner Unternehmer Hans Albrecht Freiherr von Rechenberg, seit 1947 stellvertretender Landesvorsitzender der NRW-FDP, Mitglied des ersten Deutschen Bundestags sowie von 1950 bis zu seinem Tod im Januar 1953 Mitglied des FDP-Bundesvorstands:

> „Klar sollten wir auch in die Kerbe hauen, die sich uns bietet, die Abneigung gegen Partei und gegen Parlamentarismus. […] Alles was mit Weimar zusammenhängt, alles was mit Parteibetrieb zusammenhängt, ist dem deutschen Volk widerwärtig, nicht nur den Jungen, auch den Alten. Treiben wir klar eine Politik, die davon abrückt. […] Der wahre Grund [für die mangelnde Entscheidungsfähigkeit der FDP-Parteiführung; K.B.] ist der latente Gegensatz zwischen den alten rosaroten Staatsparteilern und uns ehrlichen freien Demokraten, die ehrlich Anti-Sozialisten sind und deshalb als Reaktionäre beschimpft werden. Wenn es uns nicht gelingt, diesen Gegensatz in aller Kürze dadurch aus der Welt zu schaffen, daß die ganzen Rosaroten herausfliegen, können wir unsere Partei zumachen."[28]

Die Hoffnung von Rechenbergs auf eine derartige Bereinigung der Partei sollte sich nicht erfüllen. Für die liberale Substanz der FDP war dies ohne Zweifel von Vorteil, Programmatik und politisches Profil der Bundespartei mussten hingegen unter der bleibenden Stärke ihrer Parteiflügel leiden.

---

27   Siegfried Zoglmann: Kämpfend und bekennend, in: Die Deutsche Zukunft, 6.12.1952.
28   Von Rechenberg an Franz Blücher, 29.10.1947, in: Politischer Liberalismus in der britischen Besatzungszone 1946–1948. Führungsorgane und Politik der FDP, bearb. v. Hans F. W. Gringmuth in Verbindung mit Lothar Albertin, Düsseldorf 1995, Nr. 41, S. 240 f.

**3. These: Hinter der nationalen Sammlungspolitik großer
FDP-Landesverbände stand kein Versuch der Neudefinition eines
zeitgemäßen Nationalliberalismus. Vielmehr handelte es sich um die
eklektische Amalgamierung liberaler, deutschnationaler, chauvinistischer
und revisionistischer Vorstellungen, die innerhalb der FDP eine
Verständigung darüber unmöglich machten, was den Liberalismus nach
1945 auszeichnen müsse – und wovon er sich abzugrenzen habe.**

Die vorangegangenen Beiträge dieses Tagungsbandes lassen unschwer erah-
nen, unter welch ungünstigen Vorzeichen der politische Neuanfang nach 1945
gerade für jene Kräfte stand, die sich dem Liberalismus verbunden fühlten.
Sich expressis verbis auf ihn zu berufen, schien selbst Überzeugungsliberalen
nicht ratsam zu sein. Dass *Liberalismus* „seit 1933 fest zum Repertoire der politischen Denunziationsbegriffe gehörte",[29] war nicht einmal die größte Sorge.
Vielmehr befürchtete man, allein die Nennung des Reizwortes „Liberalismus"
werde in ganz unterschiedlichen Gesellschaftsschichten negative Assoziatio-
nen auslösen wie unsoziales Manchestertum, blinde Marktgläubigkeit, fort-
gesetzte Kirchenfeindschaft oder die Überbetonung des Individuums.[30]
    War man sich innerhalb der „Freien Demokratischen Partei" weitgehend
einig, auf eine allzu offensive Verwendung des Liberalismus-Begriffs besser
zu verzichten, so entzündete sich schon bald ein parteiinterner Streit darüber, welche politischen Ziele und Praktiken als liberal gelten konnten und
welche dezidiert nicht. In dieser Auseinandersetzung bewahrheitete sich „die
allgemeine Beobachtung, dass der Liberalismus in seiner Geschichte niemals
eine essenzialistische Ideologie war, ein unwandelbares Ideenkonstrukt, das
gleichsam hermetisch aus sich selbst heraus wirkte." Zwangen jedoch in aller
Regel „kritische Abgrenzungskämpfe gegenüber anderen [weltanschaulichen;
K. B.] Positionen"[31] zur liberalen Neujustierung und Positionsbestimmung,
so fällt nach 1945 die gleichermaßen lähmende und polarisierende Wirkung
ins Auge, die von einem ungelösten innerliberalen Abgrenzungskampf aus-
ging. Der hessische Parteivorsitzende August Martin Euler brachte die Entscheidung, vor die er die FDP zu Beginn der 1950er Jahre gestellt sah, auf die

29   Dieter Langewiesche: Liberalismus in Deutschland, Frankfurt/M. 1988, S. 281. Vgl. dazu
auch den Beitrag von Frank Bajohr in diesem Band.
30   Vgl. Aktennotiz über die Tagung der Demokraten in Opladen, 7.1.1946, in: Politischer
Liberalismus, Nr. 8a, S. 35 f; Theodor Heuss an Fred Heining, 27.12.1948, in: Heuss, Briefe
1945–1949, Nr. 172, S. 452; Heuss, Mission, S. 23.
31   Anselm Doering-Manteuffel / Jörn Leonhard: Liberalismus im 20. Jahrhundert – Aufriss
einer historischen Phänomenologie, in: Dies. (Hg.): Liberalismus im 20. Jahrhundert, Stuttgart 2015, S. 13–32, hier S. 17.

Formel „Filzpantoffel-Liberalismus oder moderne Freiheitslehre".[32] In dieser polemischen Dichotomisierung der innerparteilichen Gegensätze, die auf einer strikten Abgrenzung von liberalen Traditionen beruhte, wusste sich Euler einig mit den FDP-Landesvorsitzenden von Niedersachsen und Nordrhein-Westfalen. Während Artur Stegner den Liberalismus „mit Hitler zu Ende gegangen"[33] sah, forderte Friedrich Middelhauve eine „Abkehr vom Liberalismus alter Prägung".[34]

An den Beispielen Eulers, von Rechenbergs, Stegners und Middelhauves lässt sich – pars pro toto – das politisch-biographische Spektrum der Protagonisten und Anhänger der nationalen Sammlungspolitik in der FDP charakterisieren: Keiner von ihnen gehörte in der Weimarer Republik der linksliberalen DDP oder der nationalliberalen DVP an, Euler und von Rechenberg betraten erst nach 1945 die politische Bühne, wobei Euler juristisch und von Rechenberg unternehmerisch tätig gewesen war; Stegner war „Alter Kämpfer" (NSDAP-Eintritt 1931) und Middelhauve stieß 1930 aus Sympathie für den bündisch-autoritären Jungdeutschen Orden zur neu gegründeten DStP. Eine weiter gefasste prosopographische Analyse der Vertreter der Nationalen Sammlung würde auffällige Schwerpunkte feststellen bei einstigen Mitgliedern von NSDAP, SS bzw. Waffen-SS und HJ, bei ranghohen Vertretern der Wehrmacht sowie in jenen Geburtsjahrgängen, aus denen sich zahlreiche Vertreter der (jungen) Funktionsgeneration des Dritten Reiches rekrutierten. Eine liberale Verwurzelung dürfte hingegen bei kaum einem Akteur festzustellen sein.

Zur Bestimmung des politischen Standorts des rechten Parteiflügels genügen freilich keine vorläufigen, auf politische Mitgliedschaften und generationelle Zugehörigkeiten beschränkten biographischen Befunde. Sie erleichtern jedoch eine Einordnung der programmatischen Forderungen und politischen Ziele. Mit „Freiheit", „Recht" und „Toleranz" führte die Parteirechte ohne Zweifel urliberale Kernanliegen im Munde, doch fällt deren substanzielle Entleerung im Sinne einer völligen klientelpolitischen Engführung ins Auge.[35] Es sollten sich jene angesprochen fühlen, die sich als unfrei, entrechtet und geächtet empfanden, was in aller Regel auf deklassierte Wehrmachtsangehörige sowie auf jenes Heer ehemaliger Nationalsozialisten zutraf, die im Zuge des Entnazifizierungsverfahrens nicht als Entlastete galten. Mit Empha-

---

32   Die FDP muß klaren Kurs halten! Filzpantoffel-Liberalismus oder moderne Freiheitslehre?, in: Deutscher Kurier. Für freiheitliche Politik, Wirtschaft und Kultur, 15.11.1952.
33   Zit. n.: Die Revolte der Bannführer, in: Süddeutsche Zeitung, 8.6.1953.
34   Zit. n. Hein, Weg, S. 57.
35   Vgl. beispielhaft den Artikel mit der programmatischen Überschrift „Für ‚Recht' und ‚Freiheit' und Generalamnestie", in: Die Deutsche Zukunft, 1.2.1952.

se wurde ein „kämpferischer" Liberalismus vertreten,[36] der es als vornehmste Aufgabe und „Ehrenpflicht" betrachtete, „[f]ür das Recht der Entrechteten, für die Achtung der Mißachteten, für die Ehre der Entehrten mit allem Ernst und Eifer einzutreten".[37]

So nachdrücklich wie kein anderer Landesverband setzte sich die FDP in Nordrhein-Westfalen für die rechtliche wie moralische Rehabilitierung ehemaliger Nationalsozialisten und Wehrmachtsangehöriger ein und schickte sich an, als „Wahrerin des Reichsgedankens" eine „große Sammelpartei"[38] zu etablieren. Dieses bald schon „Nationale Sammlung" genannte Projekt fand sein programmatisches Manifest im sogenannten Deutschen Programm, das die NRW-FDP im Juli 1952 vorgelegt hatte.[39] Dass sich im Programm keinerlei Hinweis auf den Liberalismus findet, ließe sich noch mit den oben genannten Vorbehalten gegenüber dem historisch vorbelasteten Begriff erklären; dass man jedoch auch Schlüsselbegriffe wie den eigenen Parteinamen oder „Demokratie/demokratisch" vergeblich sucht, lässt hellhörig werden. Ausgehend von der schon in der unmittelbaren Nachkriegszeit vertretenen Überzeugung, den „Gedanken des Deutschseins in Zukunft mehr herausstellen"[40] zu müssen, bekannte sich das Deutsche Programm „zum Deutschen Reich als der überlieferten Lebensform unseres Volkes", womit die schwarz-weiß-rote Umrandung des Programmheftes bereits in der Präambel ihre inhaltliche Einlösung fand. Man klagte über die „Erniedrigung" und das „Leid", welche Deutschland in der Vergangenheit widerfahren seien – gemeint waren nicht die Schrecken des Nationalsozialismus, sondern die Maßnahmen der Alliierten nach 1945 –, und verstieg sich zu einer Gleichsetzung der NS-Gewaltverbrechen mit der alliierten Besatzungspolitik. Die hier vorgenommene Selbstviktimisierung der Deutschen diente nicht dem Zweck einer „emphatischen Abgrenzung vom Nationalsozialismus",[41] sondern der Exkulpation, Bagatellisierung und Gegenanklage.

---

36 Vgl. Kämpferisch und bekennend, in: Die Deutsche Zukunft, 6.12.1952.

37 Middelhauve: Bericht zur politischen Lage, gehalten auf dem Münsteraner Landesparteitag am 21.7.1951, in: ADL, Bestand FDP-LV NRW, Landesparteitag, 26713.

38 Ebd.

39 Abgedruckt in: Juling, Entwicklung, S. 120–124. Die nachfolgenden Zitate sind dort entnommen.

40 Zitat Middelhauves in der Sitzung des Landesausschusses des Landesverbandes Nordrhein vom 28.4.1947, in: Politischer Liberalismus, Nr. 29, S. 163.

41 Philipp Gassert: Zwischen „Beschweigen" und „Bewältigen". Die Auseinandersetzung mit dem Nationalsozialismus in der Ära Adenauer, in: Michael Hochgeschwender (Hg.): Epoche im Widerspruch. Ideelle und kulturelle Umbrüche der Adenauerzeit, Bonn 2011, S. 183–205, hier S. 196 (dort allgemein zur „Selbsteinsetzung in den kollektiven Stand des Opfers").

Nach den Worten Friedrich Middelhauves wolle das Deutsche Programm „einen Strich unter die politische Vergangenheit ziehen und den Neubau der deutschen Demokratie mit neuen Mitteln und neuen Gedanken beginnen." Ein erhellender Blick auf die Forderungen zur Änderung des Staatsaufbaus zeigt jedoch schnell, wie reaktionär diese waren. An der Spitze des Staates sollte demnach ein vom Volk gewählter Präsident stehen, der „als unpartei-ischer Repräsentant des ganzen deutschen Volkes" die Befugnis zur Auflösung des Parlaments sowie zur Ernennung und Entlassung der Regierung haben würde. Für „eine Vielzahl von Regierungen und Parlamenten" sei in diesem System indes „kein Raum". Middelhauve – ein erklärter Gegner des „absolu-ten Parlamentarismus"[42] – plädierte für eine „starke Führungsdemokratie",[43] da eine Demokratie nur überlebensfähig sei, wenn sie sich Führungskräften beuge.

„Als ob man aus Weimar nichts gelernt hat"[44] – so lautete die konsternier-te Reaktion von Wolfgang Schollwer, damals stellvertretender Leiter des FDP-Ostbüros, nach der Lektüre des Deutschen Programms. Tatsächlich wurden hier die vom Parlamentarischen Rat gezogenen Lehren aus Weimar in ihr Gegenteil verkehrt: Statt Parlament, Parteien und Regierung zu stärken, soll-ten diese geschwächt werden; statt die politischen Kompetenzen des Staats-oberhauptes deutlich zu reduzieren, sollten diese nochmals erweitert werden.

Isoliert betrachtet wäre es ohne größere ideengeschichtliche Verrenkun-gen möglich, die Forderungen des Deutschen Programms zurückzuverfolgen, ohne das Spektrum des Liberalismus verlassen zu müssen. Die auf dem alten liberalen Ideal einer „klassenlosen Bürgergesellschaft" (Lothar Gall) fußende Zielvorstellung einer „Volksgemeinschaft",[45] ein „eher relativistische[s] Parla-mentarismusverständnis",[46] konstitutionalistische Prägungen sowie eine elitä-re Politikkonzeption – die Befangenheit in derlei Denkmustern ließ Liberale in

---

42 Manuskript zur Rede auf dem Landesparteitag in Milspe am 31.7./1.8.1948, in: Landes-archiv NRW, Abteilung Rheinland, Duisburg (LA NRW, Abt. R), RWN 172/325.

43 Middelhauve auf einer Landesausschusssitzung am 21.8.1952, in: LA NRW, Abt. R, RWN 172/233.

44 Wolfgang Schollwer: „Gesamtdeutschland ist uns Verpflichtung". Aufzeichnungen aus dem FDP-Ostbüro 1951–1957, hg. v. Jürgen Frölich, Bremen 2004, Eintrag vom 28.7.1952, S. 55.

45 Vgl. Jörn Retterath: „Was ist das Volk?" Volks- und Gemeinschaftskonzepte der politi-schen Mitte in Deutschland 1917–1924, Berlin/Boston 2016, insbes. S. 284 ff.

46 Jürgen C. Heß: Wandlungen im Staatsverständnis des Linksliberalismus der Weimarer Republik 1930 bis 1933, in: Karl Holl (Hg.): Wirtschaftskrise und liberale Demokratie. Das Ende der Weimarer Republik und die gegenwärtige Situation, Göttingen 1978, S. 46–88, hier S. 66; vgl. ferner Elke Seefried: Einleitung, in: Theodor Heuss: In der Defensive. Briefe 1933–1945, hg. u. bearb. v. Elke Seefried, München 2009, S. 15–70, hier S. 24.

der Krisenphase der Weimarer Republik nach Forderungen greifen, die denen des Deutschen Programms durchaus ähneln.[47] Allein eine von Personen und historischem Kontext isolierte Betrachtung führt an dieser Stelle nicht weiter, um die Ideenwelt des Deutschen Programms und der Nationalen Sammlung politisch zu verorten. Anders als in der dramatischen Situation der Weltwirtschaftskrise und der Präsidialkabinette ging es zu Beginn der 1950er Jahre nicht um Pläne für (zeitlich befristete!) Auswege aus einer veritablen Staatskrise. Vielmehr atmet das Deutsche Programm einen revisionistischen Geist, der bei einem Blick auf seinen Autoren- und Mitarbeiterkreis nicht überrascht. Neben Middelhauve selbst wirkten vor allem ehemals ranghohe Nationalsozialisten daran mit und prüften es – als allesamt erfahrene Mitarbeiter des Reichsministeriums für Volksaufklärung und Propaganda (RMVP) – auf seine Werbewirksamkeit. Dies gilt für Wolfgang Diewerge, einst Ministerialrat im RMVP, für den früheren Leiter der dortigen Rundfunkabteilung Hans Fritzsche sowie für den Goebbels-Staatssekretär Werner Naumann.[48]

Um das Ziel einer „wahre[n] Volksgemeinschaft" der „Aufrechten, Mutigen und Anständigen"[49] verwirklichen zu können, wandte man sich explizit an ehemalige Angehörige von NSDAP, HJ und Wehrmacht und buhlte um die Gunst rechtsextremer Organisationen wie der Hilfsgemeinschaft auf Gegenseitigkeit der ehemaligen Waffen-SS (HIAG) oder des Witikobundes.[50] Zudem führte die Parteispitze der NRW-FDP – ohne Wissen der Bundespartei – sehr konkrete Fusionsverhandlungen mit der Deutschen Partei, der Nationalen Rechten/Vereinigten Rechten, der Deutschen Reichspartei, der Deutschen Gemeinschaft, der Deutschen Union und – in großdeutscher Verbundenheit – mit Vertretern des österreichischen Verbands der Unabhängigen, einer von ehemaligen Nationalsozialisten und Deutschnationalen dominierten Partei, mit deren Vertretern die „ungeahnten Möglichkeiten einer engen politischen Schicksals- und Kampfgemeinschaft"[51] erörtert wurden.

---

47 Dies gilt etwa für die Einschränkung oder gar Abschaffung des Länderparlamentarismus, die Degradierung des Reichstags zur Kontrollinstanz, die Begrenzung der Einflussnahme von Parteien auf die Regierungsbildung sowie die weitere Stärkung des Reichspräsidenten. Vgl. Heß, Wandlungen; Buchna, Sammlung, S. 27 f.
48 Zum Autoren- und Mitarbeiterkreis des Deutschen Programms vgl. Buchna, Sammlung, S. 113 ff.
49 Hier und nachfolgend: Rede Middelhauves zum Deutschen Programm, in: ADL, Bestand FDP-LV NRW, Landesparteitag, 26714.
50 Zu den Mitbegründern des Witikobundes gehörten Siegfried Zoglmann (s. u.) sowie Walter Brand, Referent für Kommunales, Vertriebenen- und Besatzungspolitik in der FDP-Landesgeschäftsstelle.
51 Friedrich Middelhauve an Hans Freyborn (VdU-Mitbegründer und ehemaliger Mitarbeiter des „Völkischen Beobachters"), 20.8.1952, in: LA NRW, Abt. R, RWN 172/592.

Neben den Protagonisten, Forderungen und der Zielgruppe sind zur politischen Verortung des Deutschen Programms schließlich noch die Reaktionen auf jenes Manifest aufschlussreich, das vom NRW-Landesverband in einer Millionenauflage unters Volk gebracht wurde.[52] Es waren nicht alte Nationalliberale aus Weimarer Zeiten, die sich vom Deutschen Programm angesprochen fühlten, sondern völkische Nationalkonservative wie Franz-Josef Sontag[53] oder ungeläuterte Nationalsozialisten wie der ehemalige SS-Oberstgruppenführer und Generaloberst der Waffen-SS Paul Hausser, der – neben Sepp Dietrich – ranghöchste Überlebende jener Organisation und maßgebliche Gründungsfigur der HIAG;[54] nach Einschätzung Friedrich Middelhauves war Hausser „im Grunde genommen ein FDP-Mann".[55]

Wenngleich die politische Öffentlichkeit nur über einen kleinen Teil der rechten Sammlungsaktivitäten im Bilde war, drückten sich in den Reaktionen parteiübergreifend Sorge und Bestürzung aus. Während der Bundeskanzler und CDU-Vorsitzende Konrad Adenauer vor rechtsradikalen Experimenten und einer Spaltung der FDP warnte,[56] erblickte man auf sozialdemokratischer Seite im Deutschen Programm Tendenzen einer „Renazifizierung"[57] und schlug der FDP die Umbenennung in „DNSAPD: Deutsch-Nationale Sammlungs-Partei Deutschlands"[58] vor. Im liberalen Lager der FDP fühlte man sich ebenfalls an unselige Zeiten zurückerinnert und sah – wie etwa Willy Max Rademacher[59] oder Marie-Elisabeth Lüders[60] – deutliche Parallelen zur Harzburger Front, jenem illiberalen und antidemokratischen Bündnis des Jahres 1931, das vom Stahlhelm über den Alldeutschen Verband und die DNVP

---

52 Vgl. Bericht über den Propaganda-Einsatz im Kommunalwahlkampf vom 1.9.–9.11.1952, in: ADL, 1390.
53 „Im übrigen wünsche ich Ihrem Deutschen Programm, das ich in seiner Fassung – und auch typographisch – ausgezeichnet finde, stärkste Resonanz!" Sontag an Middelhauve, 13.12.1952, in: LA NRW, Abt. R, RWN 172/120.
54 Vgl. Middelhauve an Hausser, 5.11.1952, in: LA NRW, Abt. R, RWV 49/857.
55 Middelhauve an Blücher, 23.8.1951, in: BArch, N 1080/114.
56 Vgl. Adenauer an Middelhauve, 30.7.1952, in: Adenauer. Briefe 1951–1953, bearb. v. Hans Peter Mensing, Berlin 1987, Nr. 244, S. 257f.
57 Aus einem Brief Fritz Erlers vom 18.12.1952, zit. n. Mayer, SPD, S. 133.
58 Die FDP vor der Entscheidung, in: Sozialdemokratischer Pressedienst, 29.7.1952.
59 Vgl. Brief an die Bundesgeschäftsstelle vom 16.10.1952: „Es lebe also die neue Harzburger Front, die es sich, wie die ‚[Deutsche] Zukunft' so schön schrieb, zur Aufgabe gemacht hat, alle anständigen und aufrichtigen Menschen zusammenzufassen, d.h. also, alle Übrigen sind unanständig und unaufrichtig. So weit sind wir also schon wieder!" In: ADL, Bestand Bundesparteitag, A1–29.
60 Vgl. Die Liberalen haben eine Schlacht verloren, in: Süddeutsche Zeitung, 24.11.1952.

bis zur NSDAP reichte. Aus der „Tendenz des Sammelns heraus" drohe ein „Schnitt vom liberalen Wurzelstock".[61]

Als sich die Parteirechte anschickte, das Deutsche Programm dem Bad Emser Bundesparteitag der FDP im November 1952 als Parteiprogramm vorzulegen, reagierte die Parteilinke prompt und arbeitete mit dem Liberalen Manifest[62] ein Gegenprogramm aus, das sich explizit zur „Sammlung aller liberalen Kräfte" bekannte. Zu diesem Zweck grenzte es sich ab vom Nationalsozialismus („das entsetzlichste Unglück aller Zeiten"), von einem Kollektivismus kommunistischer wie nationalistischer Färbung, von staatlichem Machtmissbrauch, von einer Vermengung von Politik und Religion, von „wirtschaftliche[m] Raubrittertum" und bekannte sich umgekehrt zum demokratischen, parlamentarischen Rechtsstaat, zum mündigen, verantwortungsbewussten Staatsbürger, zum unparteiischen Berufsbeamtentum, zur Unabhängigkeit der Justiz, zur kommunalen Selbstverwaltung, zum Leistungsgedanken, zur Einheit Deutschlands in einem vereinigten Europa, zur sozial-verpflichteten Marktwirtschaft, zur Freiheit des Geisteslebens sowie zur christlichen Gemeinschaftsschule.

Angesichts der unverkennbar sozialliberalen Grundierung des Liberalen Manifestes erscheint der Vorwurf der Parteirechten, es sei „in der überlebten Geisteswelt des manchesterlichen Liberalismus beheimatet",[63] geradezu abstrus. Doch ging es bei der Kritik nicht um historische Präzision, sondern um größtmögliche Diskreditierung der parteiinternen Widersacher. Wie unversöhnlich und fruchtlos die gegensätzlichen Positionen innerhalb der FDP aufeinanderprallten, lässt sich gleichsam in nuce an den Auseinandersetzungen rund um den Bundesparteitag von 1952 nachvollziehen. Die im Vorfeld erwartete „Zerreißprobe"[64] zwischen den innerparteilichen Flügeln fand ihren sinnfälligen Ausdruck bereits in der schwarz-weiß-rot-goldenen Ausschmückung des Tagungssaales.[65] Die Sympathisanten des „schwarz-weiß-roten" Lagers strebten nicht zuletzt mithilfe manipulierter Mitgliederzahlen und satzungswidrig ausgewählter Delegierter an, die Bundespartei auf ihren Rechtskurs festzulegen.

---

61 Aufzeichnung von Josef Ungeheuer, FDP-Bundesgeschäftsstelle, vom 23.10.1952, in: LA NRW, Abt. R, RWN 172/90.

62 Das Liberale Manifest, in: Juling, Entwicklung, S. 124–128.

63 Friedrich Middelhauve: Standort der FDP nach Bad Ems, in: Die Deutsche Zukunft, 29.11.1952.

64 Vorschau auf Bad Ems, Rundfunkvortrag von Thomas Dehler im Bayerischen Rundfunk, 5.11.1952, in: LA NRW, Abt. R, Q 1/8 142.

65 Der „Spiegel" ließ sich die naheliegende Pointe nicht nehmen und übertitelte seinen Artikel zum Bundesparteitag: „Schwarz-weiß-rot-gold", Ausgabe vom 26.11.1952.

Zu einer Entscheidung zwischen Deutschem Programm und Liberalem Manifest kam es auf dem Bundesparteitag von Bad Ems freilich nicht. Nach einem für die Nachkriegs-FDP typischen Deeskalationsmuster wurden beide Programme einem Ausschuss zur Überarbeitung und eventuellen Synthetisierung übergeben – ohne jegliche Folgen. Die unversöhnlich geführten innerparteilichen Flügelkämpfe lähmten den Prozess einer programmatischen Selbstvergewisserung der Liberalen und führten dazu, dass die 1950er Jahre zu einem „theoriearmen Jahrzehnt der Liberalen"[66] wurden.

Gleichwohl hatte die Parteirechte entscheidende innerparteiliche Geländegewinne für sich verbuchen können und durfte sich daher als „Sieger von Bad Ems"[67] fühlen. Neben dem erfolgreichen Agenda-Setting – dominiert wurde der Parteitag von der Frage, ob die FDP eine „Pflicht nach rechts" (Euler) zu erfüllen habe oder ob nicht vielmehr eine „Gefahr nach rechts, von rechts" (Maier) drohe – gilt dies vor allem personell.[68] In liberalen Kreisen wuchs die Sorge, „daß das Einschlagen eines radikalen nationalistischen Kurses und das Eindringen politischer Extremisten in die Reihen der FDP den Geist des deutschen Liberalismus vergiften müsse."[69] In der regen medialen Anteilnahme[70] wird deutlich, dass die innerparteilichen Auseinandersetzungen von Bad Ems schon zeitgenössisch nicht unter der Rubrik parteitaktischer Ränkespiele und personeller Rochaden abgetan wurden. Vielmehr wurde vor

66 Lothar Albertin: Das theoriearme Jahrzehnt der Liberalen, in: Axel Schildt / Arnold Sywottek (Hg.): Modernisierung im Wiederaufbau. Die westdeutsche Gesellschaft der 50er Jahre, Bonn 1998, S. 659–676.
67 Dr. Middelhauve: der Sieger von Bad Ems, in: Westdeutsche Allgemeine Zeitung, 27.11.1952.
68 Der Bundesvorstand musste auf Druck der rechten Landesverbände ergänzt bzw. neu zusammengesetzt werden: Für Friedrich Middelhauve wurde eigens das Amt eines zweiten stellvertretenden Bundesvorsitzenden geschaffen (bei der Wahl erhielt er mehr Stimmen als der Parteivorsitzende Franz Blücher und dessen erster Stellvertreter Hermann Schäfer); August Martin Euler verblieb im Bundesvorstand und Artur Stegner rückte als Beisitzer in den geschäftsführenden Vorstand auf.
69 Die ‚liberalen' Rebellen, in: Schwäbische Donau-Zeitung, 1.11.1952.
70 Vgl. Die Liberalen haben eine Schlacht verloren (Süddeutsche Zeitung, 24.11.1952), Rechter FDP-Flügel siegte (Frankfurter Rundschau, 25.11.1952), Bad Ems: Rechts schwenkt, Marsch! (Stuttgarter Nachrichten, 25.11.1952), Abmarsch nach rechts (Westfälische Rundschau, 25.11.1952), Rechtsgalopp der FDP (Lübecker Nachrichten, 25.11.1952), Wettlauf um die Schaffung einer rechtsradikalen Massenpartei (Allgemeine Wochenzeitung der Juden in Deutschland, 28.11.1952).

einem „Rechtsabmarsch"[71] der FDP gewarnt, die noch das letzte „Quentchen Liberalismus"[72] zu verlieren drohe.

4. These: Den Preis für die bei der Integration ehemaliger Nationalsozialisten unterbliebenen Grenzziehungen hatten die gemäßigten und linksliberalen Kräfte zu zahlen, zulasten des liberalen Profils der FDP.

In ihren vergangenheitspolitischen Forderungen testeten die rechten FDP-Landesverbände Grenzen des politisch Sagbaren aus und begingen bewusst Tabubrüche, um sich in der Zielgruppe der „Ehemaligen" als besonders vorkämpferische Partei zu profilieren. Ging der Ruf nach einer möglichst raschen Beendigung der Entnazifizierung schon bald im Chor sämtlicher Parteien unter, so exponierte sich etwa die NRW-FDP mit Forderungen nach einer Vernichtung aller Entnazifizierungsunterlagen, nach Löschung aller Spruchkammerakten aus den Strafregistern sowie nach einer Generalamnestie, von der auch alle verurteilten deutschen Kriegsverbrecher profitiert hätten.[73]

Als wahltaktische Lippenbekenntnisse sollten diese Forderungen nicht missverstanden werden. Vielmehr wurden die aus ihnen zu ziehenden Konsequenzen zum Prüfstein für die „Liberalität" und „Toleranz" der FDP erklärt: Auch jene Nationalsozialisten, die – nach den Worten Friedrich Middelhauves – „in irgendeiner Form an der Verantwortung teilgenommen haben",[74] müssten nicht nur als Wähler, sondern als Mitarbeiter gewonnen werden. „Gerade weil wir liberal sind, können wir das tun."[75] Man habe folglich nicht nach der Vergangenheit einer Person zu fragen, so „bedauerlich" es auch sei, wenn jemand „Schulungsbriefe der NSDAP geschrieben hat." Das Ergebnis dieser als liberale Vorurteilslosigkeit getarnten Geschichts- und Verantwortungsverweigerung zeigte sich in aller Deutlichkeit im größten FDP-Landesverband, wo nach parteioffiziellem Befund „alle Schlüsselpositionen nicht politisch erprobten Persönlichkeiten, sondern früheren prominenten Natio-

---

71 Hamburger Echo, 24.11.1952.
72 Das Quentchen Liberalismus, in: Deutsche Zeitung und Wirtschaftszeitung, 29.11.1952.
73 Vgl. Buchna, Sammlung, S. 49 ff.
74 Aus einer Bundesparteitagsrede Middelhauves, 12./13.7.1952, in: LA NRW, Abt. R, RWN 172/170.
75 Dieses und nachfolgendes Zitat Middelhauves: Protokoll der Sitzung des FDP-Bundesvorstands am 6.7.1952, in: FDP-Bundesvorstand. Die Liberalen unter dem Vorsitz von Theodor Heuss und Franz Blücher, Sitzungsprotokolle 1949–1954, bearb. v. Udo Wengst, 1. Halbband: 1949–1952, Düsseldorf 1990, Nr. 19, S. 376.

nalsozialisten anvertraut worden sind."[76] In Niedersachsen sahen die Verhältnisse ganz ähnlich aus. Bei den Vertretern der liberalen Minderheit hieß die FDP-Landesgeschäftsstelle in Hannover „Braunes Haus".[77]

Allein aus der schieren Anzahl ehemaliger NSDAP-, SA- und SS-Angehöriger innerhalb einer Organisation lassen sich freilich keine Rückschlüsse ziehen hinsichtlich eines drohenden antidemokratischen und antiliberalen Gefahrenpotentials. Vielmehr haben die jüngsten Studien über die Vergangenheit von Bundesministerien gezeigt, dass sich – bei allem Fortwirken antikommunistischer, autoritärer und nationalistischer Denkhaltungen – demokratische Lern- und Anpassungsprozesse auch in solchen Großinstitutionen beobachten lassen, wo rund zwei Drittel aller leitenden Mitarbeiter ehemalige NSDAP-Mitglieder waren und knapp die Hälfte der SA sowie fast jeder zehnte der SS angehörten, wie dies zu Beginn der 1960er Jahre etwa im Bundesinnenministerium der Fall war.[78] Zugleich hat die Forschung die Bedeutung eines institutionellen Anpassungsdrucks sowie von vergangenheitspolitischen Grenzziehungen betont, „die zunächst der Abkehr vom Nationalsozialismus dienten, mittelfristig aber auch deutschnationale Traditionen gründlich diskreditierten."[79] In Teilen der FDP – vor allem in den Landesverbänden von Nordrhein-Westfalen, Niedersachsen und Hessen, teilweise auch in Schleswig-Holstein, Bayern und später im Saarland – lässt sich umgekehrt nachvollziehen, welche Auswirkungen gerade das Fehlen vergangenheitspolitischer Grenzziehungen und ein mangelnder Anpassungsdruck an demokratische Ideen und Praktiken zeitigen konnten.

Im Falle der NRW-FDP fällt zunächst auf, dass ehemalige Nationalsozialisten in irritierend ähnlichen Bereichen wiederbeschäftigt wurden, in denen sie sich bereits im Dritten Reich „bewährt" hatten. Das „Presse- und Propaganda-Referat" des Landesverbandes leitete mit Siegfried Zoglmann ein einstiger SS-Obersturmführer, der sich u. a. als Hauptschriftleiter der Zeitschrift „Der Pimpf" sowie des Pressedienstes „Ostraum", ab 1939 auch als Chef der Schriftleitung der HJ-Reichszeitung „Die HJ" hervorgetan hatte. Zoglmann wurde Chefredakteur der Anfang 1952 auf den Markt gebrachten Landesver-

---

76 Abschlussbericht des parteiinternen Untersuchungsausschusses zur Aufklärung der Verhältnisse im nordrhein-westfälischen Landesverband der FDP infolge der Naumann-Affäre, 5.6.1953, in: LA NRW R, RWN 172/2.

77 Die Revolte der Bannführer, in: Süddeutsche Zeitung, 8.6.1953.

78 Vgl. Frank Bösch / Andreas Wirsching (Hg.): Hüter der Ordnung. Die Innenministerien in Bonn und Ost-Berlin nach dem Nationalsozialismus, Göttingen 2018, tabellarische Übersicht auf S. 125.

79 Bert-Oliver Manig: Die Politik der Ehre. Die Rehabilitierung der Berufssoldaten in der frühen Bundesrepublik, Göttingen 2004, S. 600. Vgl. Frei, Vergangenheitspolitik.

bandszeitung „Die Deutsche Zukunft",[80] deren Ziel es war, die Idee der Nationalen Sammlung mit einer revisionistischen und nationalistischen Berichterstattung zu popularisieren. Als Chef vom Dienst der „Deutschen Zukunft" fungierte Günther Röhrdanz, während des Dritten Reiches Schriftleiter der badischen NSDAP-Zeitung „Der Führer". Der Redaktion der „Deutschen Zukunft" gehörte ferner Carl Albert Drewitz an, der bis 1937 beim Reichspropagandaamt Württemberg gearbeitet hatte und im Februar 1938 von Joseph Goebbels zu seinem Pressereferenten ernannt worden war.

Der namentlich bekannteste FDP-Mitarbeiter mit einschlägigen „Vorkenntnissen" war Werner Best. Der einstige Stellvertreter Reinhard Heydrichs beim Sicherheitsdienst der SS stand zu Beginn der 1950er Jahre als Rechtsberater auf der Gehaltsliste der NRW-FDP. Diese Tätigkeit hatte er schon 1930 ausgeübt, damals für die NSDAP-Gauleitung in Darmstadt.[81] Weniger bekannt als Best, aber in der Sache noch fragwürdiger erscheint die Personalie Wolfgang Diewerge. Der u. a. mit dem Goldenen Parteiabzeichen der NSDAP sowie mit dem SS-Ehrendolch und -Ehrenring ausgezeichnete Diewerge gehörte zu den perfidesten antisemitischen Hetzern des Dritten Reiches.[82] Im Reichspropagandaministerium, in dem er zum Ministerialrat aufstieg, war Diewerge u. a. mit dem Aufbau eines Netzes von Reichs-, Gau- und Kreisrednern befasst. 1951 stellte ihn Friedrich Middelhauve in Opladen als persönlichen Büroleiter ein; eine seiner zentralen Aufgaben war die Gründung und bundesweite Ausdehnung einer parteiinternen Rednerschulung, mit deren Hilfe der Einfluss des nordrhein-westfälischen Landesverbandes innerhalb der FDP gestärkt und die nationale Sammlungspolitik beworben werden sollte. Diewerge und Drewitz standen darüber hinaus in engem Kontakt zu Werner Naumann, dem einstigen Staatssekretär des RMVP, der sich als Stellenvermittler der NRW-FDP andiente. Als innerhalb des Landesverbandes eine Stelle zu besetzen war, fragte Naumann bei Drewitz nach, ob der gesuchte Mann auch ein ehemaliger Gaupropagandaleiter sein könne. „Ach, das kann er sowieso sein", lautete wie selbstverständlich die Antwort.[83]

Der in der Forschung vielfach bemühte Begriff einer „Unterwanderung" von Teilen der FDP durch ehemalige Nationalsozialisten scheint den Sach-

---

80 Der Zeitungsname dürfte der anvisierten Zielgruppe durchaus vertraut gewesen sein, firmierte doch das HJ-Blatt „Wille und Macht" bis 1933 unter dem Namen „Die Deutsche Zukunft".

81 Vgl. Ulrich Herbert: Best. Biographische Studien über Radikalismus, Weltanschauung und Vernunft, 1903–1989, Bonn ²1996, S. 464.

82 Vgl. Buchna, Sammlung, S. 82–85.

83 Abgehörtes Telefonat vom 17.1.1952, wiedergegeben in der Frankfurter Rundschau vom 11.6.1953.

verhalt nicht treffend zu charakterisieren, setzt er doch ein subversiv-arkanes Agieren der Unterwanderer und eine gleichzeitige Unkenntnis des Unterwanderten – in diesem Falle des Landesverbandes mitsamt dessen Führung – voraus. Dies war mitnichten der Fall. Nicht ohne Stolz wusste Middelhauve in einem Zeitungsartikel zu berichten, dass „in den Kreisen und Bezirken der FDP schon tausende frühere Nationalsozialisten gleichberechtigt und freudig"[84] mitarbeiteten. Wie gezielt dieser massenhafte Zustrom von höchster Stelle organisiert wurde, zeigt die von Middelhauve und Hauptgeschäftsführer Wolfgang Döring generalstabsmäßig geplante und durchgeführte Reorganisation des Landesverbandes. Mit einem schlagkräftigen Parteiapparat sollte die programmatische Vereinheitlichung des Landesverbandes betrieben werden. Zu diesem Zweck wurden in den Bezirksverbänden sogenannte Außendienstgeschäftsführer eingesetzt, deren Aufgabe die „Abwehr parteischädigender Einflüsse von innen und außen"[85] war. Zu diesem Zweck wurde ein differenziertes Spitzel- und Meldewesen etabliert mit dem Ziel, die Arbeit der Kreisverbände zu überwachen und abweichendes Verhalten an die Landesgeschäftsstelle zu melden.

Auf bedrückende Art und Weise offenbaren die Berichte der Außendienstgeschäftsführer,[86] dass ausgerechnet in einem Landesverband der FDP das Wort „liberal" wieder zu einem politischen Denunziationsbegriff geworden war. Die Verwunderung darüber hält sich bei einem Blick auf die politische Herkunft der Akteure jedoch in Grenzen. Beinahe ausnahmslos wurden ehemalige aktive Nationalsozialisten mit jenen illiberalen Überwachungsmethoden betraut: Im Bezirksverband Ruhr diente ein „Alter Kämpfer" und HJ-Gebietsführer als Geschäftsführer, in Köln ein ehemaliger Gaurichter, in Aachen ein ehemaliger Standartenführer der Waffen-SS, im Bezirksverband Nord-West ein ehemaliger Hauptsturmführer der Waffen-SS und in Düsseldorf – vermittelt durch Paul Hausser – ein ehemaliger Generalmajor der Waffen-SS.[87] Die von den Geschäftsführern als liberale „Spalter" ausgemachten Kritiker der Nationalen Sammlung sollten aus der Partei herausgedrängt werden – sei es auf dem Wege von Ehrengerichts- und Parteiausschlussverfahren, durch die satzungswidrige Einflussnahme auf Kandidatenlisten oder durch

---

84 Aus dem Artikel: Es gibt keine Unterwanderung in der FDP, in: Industriekurier, 7.2.1953.
85 Arbeitsanweisung für Außendienstgeschäftsführer, Anlage eines Briefes Middelhauves an Friedrich Nolting, Vorsitzender des FDP-Bezirksverbandes Bergisch-Land vom 8.5.1952, in: LA NRW, Abt. R, RW 60/57.
86 Vgl. die Monatsberichte der Außendienstgeschäftsführer im Bestand der NRW-FDP, in: LA NRW, Abt. R, RWV 49/766/770/771.
87 Vgl. Übersicht der Geschäftsführung im NRW-Landesverband [1953], in: ADL, N1–830; Buchna, Sammlung, S. 80 f.

die handstreichartige Übernahme ganzer Kreisverbände mit Hilfe von gezielt angeheuerten ehemaligen Nationalsozialisten.[88]

In den Aktenüberlieferungen finden sich zahlreiche Klagen liberaler Parteimitglieder, die eine systematisch betriebene „Unterhöhlung eines Ortsverbandes mit gesinnungsfremden Elementen"[89] beklagten, die den gezielt betriebenen Zustrom von Personen kritisierten, „die vor wenigen Jahren noch die politischen Ideen des Liberalismus und der Demokratie aufs schärfte bekämpften",[90] die sich einer „Invasion der Generale, Berufssoldaten und ehemaliger Funktionäre der NSDAP"[91] ausgesetzt sahen, die vor einer „Verwandlung der FDP in eine rechtsradikale Partei"[92] warnten und die sich aufgrund des Personals und der von ihm betriebenen Politik zu einem „Vergleich mit der NSDAP"[93] genötigt sahen. Eine beträchtliche Zahl von Parteimitgliedern zog die Konsequenz aus der persönlich erfahrenen Diffamierung und der wahrgenommenen „Lossagung vom politischen Liberalismus"[94] und trat aus der FDP aus, darunter sogar bekennende einstige Nationalsozialisten, die ihre neue politische Heimat im Liberalismus sahen, nicht jedoch in den „Ideen von gestern",[95] die vom nationalen Flügel der FDP vertreten würden.

Die vielbeachtete Verhaftung des Naumann-Kreises am 14./15. Januar 1953 eröffnete der Bundes-FDP die Möglichkeit, die skandalösen Verhältnisse an Rhein und Ruhr von einer parteiinternen Untersuchungskommission aufklären zu lassen. Deren Befunde hätten eine öffentliche Verurteilung der von der NRW-FDP betriebenen Personal- und Organisationspolitik ebenso nahegelegt wie die Einleitung von Parteiausschlussverfahren gegen die politisch Verantwortlichen. Dies gilt in besonderem Maße für den Essener Rechtsanwalt Ernst Achenbach,[96] der bei der systematischen Infiltration der FDP mit ehemaligen Nationalsozialisten eine zentrale Rolle spielte und zudem in engem Kontakt zu Werner Naumann stand, den er – zum Entsetzen seiner liberalen Parteifreunde – nach dessen Festnahme durch britische Sicherheits-

---

88   Vgl. Informationsbericht Robert Strobels vom 30.1.1953 und 11.8.1953, in: Archiv des Instituts für Zeitgeschichte, München, ED 329/5.

89   Robert Wolf, Ortsverband Waldbröl, an Franz Blücher, 6.3.1953, in: ADL, N1–829.

90   Ruth Satlow und Max Haedlicke an Reinhold Maier, 3.11.1952, in: Hauptstaatsarchiv Stuttgart (HStAS), NL Reinhold Maier, Q 1/8, 220.

91   Franz Butzen, Kreisverband Viersen, an Reinhold Maier, 7.11.1953, in: ebd., Q 1/8, 158.

92   Erklärung von Jürgen Zons, Kreisverband Düsseldorf, 26.6.1953, in: ebd., Q 1/8, 220.

93   Zitat des Wuppertaler Liberalen Carl Wirths in der Landesausschusssitzung vom 6.1.1953, in: ADL, Bestand FDP-LV NRW, Landesausschuss, 26899.

94   Wie Anm. 90 (Satlow).

95   Helmut Polte an Rechtsanwalt Aurin, 10.3.1953, in: ADL, A3–78.

96   Vgl. Buchna, Sammlung, S. 166 ff.

offiziere zu verteidigen bereit war. Im parteiinternen Untersuchungsbericht heißt es folgerichtig: „Herr Dr. Achenbach hat der Gesamtpartei durch sein Verhalten schwer geschadet. Er hat nach seiner Grundhaltung niemals zu uns gehört. Sein Ausscheiden aus der FDP ist unabweislich."[97]

Trotz einer schwerwiegenden Beweislast verblieb Achenbach in der FDP. Für die unterbliebene Grenzziehung lassen sich drei Gründe anführen: *Erstens* war Ernst Achenbach der wichtigste Mittelsmann der FDP zu Vertretern der Ruhrindustrie, die vielfach zu seinen Klienten gehörten und die FDP mit großzügigen Spenden bedachten. Im Rechnungsjahr 1951/52 stammten 73,2 Prozent der Parteigelder der FDP aus Nordrhein-Westfalen; es folgte Baden-Württemberg mit sieben Prozent.[98] Ein brüskierender Schlag gegen die NRW-Liberalen im Allgemeinen sowie Ernst Achenbach im Speziellen hätte die FDP schlicht ihrer finanziellen Grundlage beraubt. *Zweitens* sah man im Landesverband keinerlei Veranlassung, sich symbolisch oder gar in Form eines Parteiausschlusses von Achenbach zu distanzieren und dadurch das Vertrauen der „Ehemaligen" in die FDP zu verspielen. Ganz im Gegenteil wurde der bundespolitisch völlig im Abseits stehende Achenbach Anfang März 1953 vom nordrhein-westfälischen Landesparteitag demonstrativ und mit großer Mehrheit in den geschäftsführenden FDP-Landesvorstand gewählt. Ernüchtert hielt Wolfgang Schollwer in seinem Tagebuch fest, dass sich die zuvor gehegte „Hoffnung auf eine Abrechnung mit den Nazis [...] leider nicht erfüllt" habe. Man müsse „sich allmählich schämen, Mitglied dieser Partei zu sein".[99] Im FDP-Bundesvorstand empfand man das Signal des Landesparteitags als einen „Schlag ins Gesicht",[100] der die angestrebte Parteilinie einer Distanzierung von Achenbach unverhohlen konterkarierte. Doch die Bundespartei hatte – *drittens* – keinerlei satzungsmäßige Handhabe zur Intervention innerhalb der Landesverbände.

Wer in den Folgejahren alte nationalsozialistische Seilschaften, antisemitische Äußerungen oder eine Schlussstrichmentalität innerhalb der FDP kritisierte, bekam zu spüren, wie langfristig die in den Gründungsjahren geschaffenen Strukturen und personellen Konstellationen wirksam blieben. Diese Erfahrung machte in den 1950er und 60er Jahren Gerhart Baum im Kölner Kreisverband der FDP, den er in der Rückschau als „Insel der Reformliberalität

---

97 Abschlussbericht.

98 Vgl. Kassenbericht vom 20.11.1952, in: ADL, Bestand Bundesparteitag, A1–32.

99 Schollwer, Aufzeichnungen, Eintrag vom 8.3.1953, S. 76.

100 Carl-Hubert Schwennicke, Protokoll der Sitzung des FDP-Bundesvorstands am 26.4.1953, in: FDP-Bundesvorstand, 2. Halbband: 1953/54, Nr. 30, S. 944.

in einem uns gegenüber feindselig gestimmten Landesverband"[101] bezeichnete. Tatsächlich musste Baum in jener Zeit u. a. ein Parteiausschlussverfahren
sowie die systematische Fernhaltung von sicheren Listenplätzen aushalten.[102]
Ein zentrales Motiv für seine Außenseiterstellung innerhalb der NRW-FDP
war sein nachdrückliches Eintreten gegen jene „gefährlichen Strömungen"
innerhalb der FDP, „die mit dem braunen Ungeist sympathisierten."[103] So
verschickte er zu Beginn der 1960er Jahre zusammen mit drei Parteifreunden
„parteiinterne Rundbriefe", in denen vor allem nationalsozialistische, antisemitische und rassistische Umtriebe oder Ausfälle innerhalb der FDP ange-
prangert wurden.[104] Während der federführende Autor der Rundbriefe, Ulrich
Keitel, vom hessischen Landesverband mit einem Parteiausschlussverfahren
belegt wurde, erhielt er von liberal gesinnten Parteimitgliedern dankbare Zustimmung, von Theodor Heuss sogar eine finanzielle Spende zur Unterstützung der Rundbrief-Aktion.[105]

Die Reaktion eines Kölner FDP-Mitglieds auf einen jener Rundbriefe
zeigt, wie dramatisch die Situation im größten FDP-Landesverband um 1960
von einem Vertreter der liberalen Opposition wahrgenommen wurde:

> „Die leitenden Persönlichkeiten des Landesverbandes sind farblose, wohl aber pol-
> ternd scharfmacherische Elemente ohne jedes persönliche Format und mit ebenso
> wenig politischer Substanz, Nationalisten in ihrem Wollen, reaktionär in ihren Vor-
> stellungen, Liberale zu keiner Zeit [...]
> Die Liberalen haben längst resigniert, haben sich aus dem aktiven Parteileben zu-
> rückgezogen oder sind ausgetreten, die noch verbliebenen werden als akademische
> Schwarmgeister abgewertet, sind unbrauchbar, werden beschimpft (Arnold Becher:
> ,Bei uns im Oberbergischen gebrauchen wir das Wort liberal als Schimpfwort.') und
> werden diffamiert [...]. Maßgebliche Vertreter der Landesgeschäftsstelle in Düssel-
> dorf bekennen sich offen zum Nationalsozialismus (Pressereferent Rudolf Stolle: ,Ich
> bin Nationalsozialist gewesen und bin es heute noch.').
> Die Vergangenheit will man bewältigen, indem man sie ignoriert [...]. Der Antise-
> mitismus ist offen und latent vorhanden [...]. Das Grundgesetz wird verhöhnt. [...]
> [W]ir haben hier von Köln aus versucht, uns gegen die immer stärker werdenden
> Tendenzen einer generellen Orientierung der Partei zur extremen Rechten hin zur
> Wehr zu setzen. Die Entwicklung ist jedoch über uns hinweggegangen."[106]

---

101 Gerhart Baum / Burkhard Hirsch: Der Baum und der Hirsch. Deutschland von seiner
liberalen Seite, Berlin 2016, S. 75.
102 Ebd., S. 8 f, 56.
103 Baum, Vorwort, S. 8.
104 Vgl. Keitel, Rundbriefe.
105 Vgl. ebd., S. 211 f.
106 Zuschrift Robert Kochs vom 13.7.1960, abgedruckt in: ebd., S. 56 ff.

Ähnliche Gefechte wie Gerhart Baum in Nordrhein-Westfalen hatte Hildegard Hamm-Brücher in Bayern auszutragen.[107] Als überzeugte Linksliberale, für deren politisches Engagement „das Element eines ‚Nie wieder!‘ grundlegend"[108] war und blieb, sprach sie sich seit Mitte der 1950er Jahre vehement gegen einen von ehemaligen Nationalsozialisten mitgetragenen Rechtskurs der bayerischen FDP aus. Als Sprachrohr derjenigen Liberalen, die sich „enttäuscht, angewidert oder resigniert von der Partei zurückgezogen haben oder aber von der herrschenden Gruppe völlig in den Hintergrund gedrängt wurden",[109] prangerte Hamm-Brücher einen von der Parteiführung mindestens geduldeten Zustrom von ungeläuterten ehemaligen Nationalsozialisten in die bayerische FDP an, die sich in ihrem „abgrundtiefe[n] Haß gegen alle liberalen Parteimitglieder"[110] einig wüssten, deren innerparteiliche Ausschaltung sie systematisch betrieben.[111] Auch die profilierte Kulturpolitikerin Hamm-Brücher sollte ausgebootet werden. Die im Juni 1962 auf einem von „Ehemaligen" dominierten Bezirksparteitag erfolgte Wahl auf einen aussichtslosen Listenplatz für die bayerische Landtagswahl („Starnberger Machtergreifung") war für Hamm-Brücher ebenso schmerzhaft wie die antisemitischen Parolen aus den Reihen ihrer eigenen Partei, die auch ihr persönlich galten[112] – Hamm-Brüchers Großmutter war Jüdin und beging im Januar 1942 nach Erhalt eines Deportationsbefehls Selbstmord.

Warum es sich bei jenen antisemitischen Entgleisungen um keinen Einzelfall innerhalb der FDP gehandelt hat, versucht die fünfte These ebenso zu erklären wie die weiterhin auffällige Zurückhaltung der FDP in der Auseinandersetzung mit der NS-Vergangenheit.

---

107 Vgl. Jacob S. Eder: Liberale Flügelkämpfe. Hildegard Hamm-Brücher im Diskurs über den Liberalismus in der frühen Bundesrepublik, in: Vierteljahreshefte für Zeitgeschichte 64 (2016), S. 291–325.

108 Klaus Weber: Der Linksliberalismus in der Bundesrepublik um 1969. Konjunktur und Profile, Frankfurt/M. 2012, S. 49.

109 Zusammenstellung über die politische und personelle Entwicklung in der FDP München und Oberbayern, Juli 1962, in: Hildegard Hamm-Brücher: Gegen Unfreiheit in der demokratischen Gesellschaft. Aufsätze, Debatten, Kontroversen, München 1968, S. 300.

110 Hildegard Hamm-Brücher an den FDP-Landesvorsitzenden Albrecht Haas, 27.6.1961, in: ebd., S. 299.

111 Vgl. Zusammenstellung (wie Anm. 109).

112 Vgl. Zwölf Dokumente aus dem Leben einer Partei: Parteiinterne Auseinandersetzungen, in: ebd., S. 292 f; Hildegard Hamm-Brücher: Freiheit ist mehr als ein Wort. Eine Lebensbilanz 1921–1996, Köln 1996, S. 140 ff; Parteistreich gegen die Liberalen, in: Süddeutsche Zeitung, 19.7.1962; Eder, Flügelkämpfe, S. 307 ff.

**5. These: Der hohe Anteil ehemaliger Nationalsozialisten in der FDP
und ihrer Wählerschaft schlug sich in weltanschaulichen Überzeugungen
sowie in sach- und koalitionspolitischen Entscheidungen nieder und
verhinderte einen konstruktiven Beitrag der Partei zur Aufarbeitung
der NS-Vergangenheit.**

Meinungsumfragen aus der frühen Bundesrepublik zum Thema Nationalsozialismus, Hitler und Antisemitismus liefern eindrückliche (bzw. bedrückende) Belege für die Persistenz rassistischer und pronationalsozialistischer
Überzeugungen in relativ weiten Teilen der Bevölkerung. Im Hinblick auf die
FDP ist ein wiederkehrender Befund auffällig: Umfragen, die differenziert
nach Geschlecht, Alter, Schulabschluss, Berufsfeldern, Region, Konfession
und politischer Orientierung aufgeschlüsselt sind, förderten regelmäßig zutage, dass jene Überzeugungen in keiner Bevölkerungsgruppe so weit verbreitet waren wie unter Wählern der FDP, die sich selbst noch im Februar
1956 zu 66 % als politisch „eher rechts" einstuften – auch dies ein Spitzenwert.[113] Als vier Monate später danach gefragt wurde, ob „Hitler ohne den
Krieg einer der größten deutschen Staatsmänner gewesen wäre", so stimmten
dieser Aussage 36 % der Anhänger von CDU und CSU zu, unter den FDP-
Sympathisanten lag die Zustimmung bei 56 %.[114] Ebenfalls einen Spitzenwert
markieren jene 21 % von FDP-Wählern, die es noch im Jahr 1956 „begrüßt"
hätten, wenn „eine neue Nationalsozialistische Partei versucht, an die Macht
zu kommen".[115]

Im Hinblick auf die Virulenz antisemitischer Überzeugungen in Reihen
der FDP gilt es zunächst zu berücksichtigen, dass der parteipolitische Liberalismus lange Zeit die politische Heimat für eine Vielzahl deutscher Juden
war – ein Umstand, den Rechtsextreme in der Weimarer Republik dazu nutzten, die DDP als „Judenpartei"[116] zu stigmatisieren. Von den überlebenden
bzw. nach dem Zweiten Weltkrieg nach Deutschland zurückgekehrten Juden
engagierten sich indes „die allerwenigsten […] in der FDP".[117] Dies hängt
ohne Zweifel mit dem hohen Anteil von „Ehemaligen" innerhalb der Partei
und ihrer Wählerschaft zusammen, in der antisemitische Positionen zudem
weit verbreitet waren. 27 % der FDP-Anhänger – wiederum ein Spitzenwert

---

113 Jahrbuch der öffentlichen Meinung 1957, hg. v. Elisabeth Noelle / Erich Peter Neumann,
Allensbach am Bodensee 1957, S. 48.
114 Ebd., S. 278.
115 Ebd., S. 279.
116 Kurt Nowak: Kulturprotestantismus und Judentum in der Weimarer Republik, Göttingen 1991, S. 7.
117 Faßbender, Bearbeitung, S. 169.

unter allen Parteien – stuften sich 1949 als „ausgesprochen antisemitisch"[118] ein. Im Zentralrat der Juden in Deutschland wurden diese Entwicklungen sehr sensibel wahrgenommen. In Sorge vor dem wachsenden Einfluss ehemaliger Nationalsozialisten und ihrer Ideen innerhalb der FDP beklagte dessen Generalsekretär Hendrik van Dam zu Beginn der 1950er Jahre die „Verschleuderung des Erbes eines Friedrich Naumann", die „jeden Demokraten mit tiefer Scham erfüllen" sollte.[119]

Tatsächlich gab es im gemäßigten und linksliberalen Lager immer wieder schamerfüllte Wortmeldungen, die sich fragten, warum sich die FDP – auch im Bundestag – so vehement wie keine andere Partei für die Belange von Kriegsverbrechern, SS-Offizieren und „131ern" einsetze, nicht jedoch mit ähnlichem Nachdruck „für die Naziopfer, Widerstandskämpfer, Wiedergutmachung"[120] eintrete oder gegen die Schändung jüdischer Friedhöfe protestiere.[121] Die relative innerparteiliche Stärke des rechten FDP-Flügels, die Sorge vor einer Abwanderung rechtsgesinnter Wähler sowie der satzungsbedingte Mangel an Interventionsmöglichkeiten der Bundespartei gegenüber den Landesverbänden waren jedoch in aller Regel dafür verantwortlich, dass die Proteste wirkungslos verhallten. Als etwa Anfang November 1957 die niedersächsische FDP-Landtagsfraktion sechs Abgeordnete der Deutschen Reichspartei (DRP) als Hospitanten aufnahm und damit die Aufkündigung ihrer Regierungsbeteiligung durch Ministerpräsident Heinrich Hellwege provozierte, gab es gegen dieses Signal einer Zusammenarbeit von Liberalen und Rechtsradikalen „überaus starken Widerspruch"[122] aus Baden-Württemberg, Hamburg, Bremen sowie vom Bundesvorsitzenden des Liberalen Studentenbundes Deutschlands (LSD).[123] Doch die Mehrheit der FDP-Landesverbände hat sich „vollkommen ausgeschwiegen".[124] In den Folgejahren bildeten sich

---

118 Werner Bergmann / Rainer Erb: Antisemitismus in der Bundesrepublik Deutschland. Ergebnisse der empirischen Forschung von 1946–1989, Opladen 1991, S. 94.

119 Hendrik George van Dam: Wettlauf um die Schaffung einer rechtsradikalen Massenpartei, in: Allgemeine Wochenzeitung der Juden in Deutschland, 28.11.1952.

120 Aus der Parteiaustrittserklärung von Horst Fischer, München, an Thomas Dehler, 6.1.1958, in: Keitel, Rundbriefe, S. 34.

121 Vgl. Willy Max Rademacher: Wo steht die FDP heute? Auszug einer Ansprache, gehalten anlässlich des Landesparteitags der FDP Hamburg am 17.2.1951, in: HStAS, Q 1/8, 158.

122 Reinhold Maier, Protokoll der Sitzung des FDP-Bundesvorstands am 30.11.1957, in: FDP-Bundesvorstand. Die Liberalen unter dem Vorsitz von Thomas Dehler und Reinhold Maier, Sitzungsprotokolle 1954–1960, bearb. v. Udo Wengst, Düsseldorf 1991, Nr. 46, S. 327.

123 Albrecht Menke: „Wenn die FDP mit Neo-Nazis paktiere und eine prinzipienlose Additionspolitik betreibe, so würden zahlreiche Jungliberale heimatlos werden." Ebd.

124 Reinhold Maier an Willy Max Rademacher, 9.12.1957, zit. n. FDP-Bundesvorstand 1954–1960, S. 328, Anm. 34.

in den Stadtparlamenten von Braunschweig und Lüneburg Fraktionsgemein-
schaften unter Beteiligung von FDP und DRP; der Anteil ehemaliger Nationalsozialisten in der FDP-Landtagsfraktion lag Ende der 1960er Jahre mit
60 % noch über dem Wert der NPD-Fraktion (54,5 %).[125]

Die fortgesetzten Spannungen zwischen „Liberalen" und „Nationalen",
der hohe, mitunter steigende Anteil von „Ehemaligen" in den Parteigremien,
die im Parteienvergleich überproportionale Präsenz dezidiert rechten Ge-
dankenguts sowie die taktische Rücksichtnahme auf potentielle Wählerstimmen am rechten politischen Rand sorgten dafür, dass die FDP im Prozess
der Auseinandersetzung mit der NS-Vergangenheit keinen nachhaltig wirksamen, konstruktiven Beitrag leistete. Dieser Befund gilt auch und gerade für
die Bundestagsfraktion der FDP, deren Positionierung im Parlament rechts
von der Unionsfraktion bereits einen ersten Hinweis darauf liefert, wo sich
die Mehrheit der Liberalen selbst politisch verortete.[126] Nach Einschätzung
von Volker Stalmann, Editor der FDP-Fraktionsprotokolle, zeugten die vergangenheitspolitischen Initiativen für die Interessen ehemaliger Nationalsozialisten und Wehrmachtssoldaten „von einem bedenklichen, bis zur Wahr-
nehmungsverweigerung reichenden Umgang mit der nationalsozialistischen
Vergangenheit".[127]

Standen hingegen Bemühungen zur Aufarbeitung, juristischen Ahndung
oder Wiedergutmachung auf der Tagesordnung, so waren es in aller Regel
Sozial- und Christdemokraten, die für diesbezügliche Initiativen eintraten
und der Debatte ihren Stempel aufrückten. Dies gilt auch für die oftmals
als „Sternstunde des Parlaments"[128] apostrophierte Bundestagsdebatte vom
10. März 1965, als über die drohende Verjährung ungesühnter Morde ins-

---

125 Vgl. Stephan A. Glienke: Die NS-Vergangenheit späterer niedersächsischer Landtagsabgeordneter. Abschlussbericht zu einem Projekt der Historischen Kommission für Niedersachsen und Bremen im Auftrag des Niedersächsischen Landtages, Hannover 2012, S. 121.

126 Gegen den Antrag von südwestdeutschen und hanseatischen Liberalen, die FDP in der
Mitte zwischen CDU/CSU und SPD zu platzieren, setzten sich die Abgeordneten aus Nordrhein-Westfalen, Hessen und Niedersachsen mit ihrem Wunsch durch, die Fraktion der Liberalen rechts von der Union zu positionieren. Nach Aussage von Erich Mende ergab eine in-
nerfraktionelle Auszählung, „daß wir ‚Rechten' mit 36 zu 17 Stimmen gesiegt hatten." Ders.:
Die neue Freiheit. 1945–1961, München 1984, S. 111.

127 Volker Stalmann: Die FDP-Fraktion im Deutschen Bundestag 1949–1969 (Einleitung),
in: Die FDP-Fraktion im Deutschen Bundestag. Sitzungsprotokolle 1949–1969, bearb. v. Volker Stalmann, Düsseldorf 2017, S. 11–141, hier S. 77.

128 Vgl. Peter Reichel: Vergangenheitsbewältigung in Deutschland. Die Auseinandersetzung
mit der NS-Diktatur in Politik und Justiz, München ²2007, S. 188; Helmut Dubiel: Niemand
ist frei von der Geschichte. Die nationalsozialistische Herrschaft in den Debatten des Deutschen Bundestages, München/Wien 1999, S. 105; mit differenzierter Einordnung: Marie-Lui-

besondere aus der NS-Zeit bzw. über eine Verlängerung der Verjährungsfrist diskutiert wurde.[129] Zwar war zunächst mit der Anhebung der Verjährungsfrist um viereinhalb Jahre nur eine Kompromisslösung möglich, dennoch markierte jene Debatte einen „Höhepunkt der kritischen Neueinschätzung des NS-Erbes in den sechziger Jahren".[130]

Wenn man dieser Lesart folgt und jenen in der Bundestagsdebatte dokumentierten Wandel darin sieht, dass NS-Gewalttaten und deren Opfer ebenso explizit benannt wurden wie der (Schuld-)Anteil der deutschen Bevölkerung am bzw. im Nationalsozialismus, dass sich die Abgeordneten „von rechtspolitischen und rechtsdogmatischen Fragen frei machten und sich zu einem offensiveren, moralisch-politisch begründeten Umgang mit der Vergangenheit und den NS-Massenverbrechen durchrangen",[131] so muss die Haltung der FDP als retardierendes Element jenes Wandels gesehen werden. In ihren Reihen waren Unruhe, Widersprüche und Zwischenrufe zu vernehmen, als der 40-jährige Christdemokrat und spätere Präsident des Bundesverfassungsgerichts Ernst Benda sowie der gut 20 Jahre ältere „Kronjurist der SPD" Adolf Arndt ihre eindringlichen und später vielzitierten Reden hielten. Während Arndt den Bundestag und die deutsche Bevölkerung mit unliebsamen Wahrheiten („Das Wesentliche wurde gewußt."; „Es geht darum, daß wir dem Gebirge an Schuld und Unheil, das hinter uns liegt, nicht den Rücken kehren") und einem persönlichen Schuldbekenntnis konfrontierte,[132] kritisierte Benda eine noch immer weitverbreitete Schlussstrichmentalität, und er schloss sein flammendes Plädoyer für eine Verlängerung der Verjährungsfrist mit dem aus Yad Vashem bekannten jüdischen Vers „Das Vergessenwollen verlängert das Exil, und das Geheimnis der Erlösung heißt Erinnerung."[133] Beide Reden wurden gleichermaßen von anhaltendem Beifall aus den Reihen von Union und SPD begleitet.

Die FDP hatte sich auf die Linie einer geschlossenen Ablehnung der Fristverlängerung verständigt, wobei die Suche nach den Motiven zeigt, wie

---

se Recker: Parlamentarismus in der Bundesrepublik Deutschland. Der Deutsche Bundestag 1949–1969, Düsseldorf 2018, S. 591 ff.

129 Vgl. dazu Marc von Miquel: Ahnden oder amnestieren? Westdeutsche Justiz und Vergangenheitspolitik in den sechziger Jahren, Göttingen 2004; Annette Weinke: Die Verfolgung von NS-Tätern im geteilten Deutschland. Vergangenheitsbewältigungen 1949–1969 oder: Eine deutsch-deutsche Beziehungsgeschichte im Kalten Krieg, Paderborn 2002.

130 Miquel, Ahnden, S. 380.

131 Recker, Parlamentarismus, S. 592.

132 Verhandlungen des Deutschen Bundestages, Stenographische Berichte, 4. Wahlperiode, 170. Sitzung am 10.3.1965, S. 8547–8553, Zitate: S. 8552 f.

133 Ebd., S. 8526.

liberales Eintreten für Rechtsstaatlichkeit, politisches Kalkül und die Ablehnung einer fortgesetzten oder gar intensivierten Auseinandersetzung mit der
NS-Zeit ineinandergriffen. Das in der Öffentlichkeit vorgetragene Hauptar-
gument der FDP gegen eine Verlängerung der Verjährungsfrist war die strikte Ablehnung einer aus politischen oder moralischen Gründen geforderten
Sondergesetzgebung, die darin bestanden hätte, einen bereits erloschenen
Strafanspruch rückwirkend wieder geltend zu machen. Für die FDP bot die
energische Verteidigung der Rechtssicherheit die Gelegenheit, sich nach der
SPIEGEL-Affäre erneut als Rechtsstaatspartei zu profilieren, zumal mit Thomas Dehler[134] und Ewald Bucher ein einstiger sowie der amtierende Bundes-
justizminister diesen Standpunkt auch am 10. März 1965 vor dem Deutschen
Bundestag vertraten. Dass Bucher für den Fall einer Fristverlängerung seinen Rücktritt vom Amt androhte – und schließlich auch vollzog –, sollte die
Standfestigkeit der seit der Regierungsbildung von 1961 als „Umfallerpartei"
bespöttelten FDP unter Beweis stellen.

An der Stichhaltigkeit dieser streng juristischen Argumentation wurden
indes Zweifel laut, da das Bundesverfassungsgericht bereits zu Beginn der
1950er Jahre die grundsätzliche Vereinbarkeit einer Fristverlängerung mit
dem Grundgesetz bestätigt hatte. Als in der Verjährungsdebatte schließlich
76 westdeutsche Staats- und Strafrechtsprofessoren eine solche Gesetzesän-
derung „aus Gründen der Gerechtigkeit" sogar für „unerläßlich" erklärt hatten,[135] geriet die von der FDP vertretene Position endgültig in die Defensive.

Zum besseren Verständnis der Unnachgiebigkeit in dieser Frage müssen – jenseits mehr oder weniger stichhaltiger juristischer Bedenken – weitere
Faktoren in Rechnung gestellt werden. Dies gilt zunächst für die personelle
Zusammensetzung der FDP-Bundestagsfraktion. Zum Zeitpunkt der Verjährungsdebatte lag der Anteil ehemaliger NSDAP-Mitglieder bei rund 56 %,[136]
unter ihnen waren so einflussreiche Amnestie-Lobbyisten und Verjährungs-

---

134 Die Motive für Dehlers Ablehnung einer Fristverlängerung erschöpften sich indes nicht
in rechtsstaatlichen Bedenken, sie bedürften vielmehr einer eigenen Untersuchung, die den
sehr spezifischen antiklerikalen „Weimar-Komplex" des fränkischen Liberalen berücksichtigen
müsste. Dehler bekannte offen, dass ihn „die politische Schuld jener, die den Weimarer Staat
und mit ihm die freiheitliche, rechtsstaatliche Demokratie zum Erliegen brachten [gemeint
waren die Kirchen bzw. deren politisierende Vertreter; K. B.], stärker bewegt als die kriminel-
le Schuld der Nazi-Büttel" (Artikel Dehlers: Das Gewicht der Schuld – anders gesehen, in:
Mannheimer Morgen, 17.12.1964).

135 Zit. n. Miquel, Ahnden, S. 288.

136 Angabe basiert auf Recherchen des Autors u. a. im Bestand des einstigen Berlin Document Center / Zentrale Mitgliederkartei der NSDAP, heute BArch Berlin-Lichterfelde. Zu den
einstigen NSDAP-Mitgliedern zählte auch Ewald Bucher.

befürworter wie Ernst Achenbach und Fraktionsvize Siegfried Zoglmann. Ungeachtet einschneidender Enthüllungen und Skandale – erwähnt seien nur der Ulmer Einsatzgruppenprozess (1958), die antisemitische Schmierwelle (1959/60), die Ausstellung „Ungesühnte Nazijustiz" (1959–62), der Eichmann-Prozess (1961) oder der Frankfurter Auschwitz Prozess (1963–65) – gab es in der FDP noch immer starke Beharrungskräfte, die eine Neujustierung des vergangenheitspolitischen bzw. erinnerungskulturellen Kompasses verhinderten. So wurde auf dem rechten Parteiflügel ein „deutscher Übereifer in der kollektiven Selbstbezichtigung unseres Volkes" beklagt; eine Verlängerung der Verjährungsfrist würde zur Folge haben, „künstlich den Schuldkomplex im deutschen Volke zu erhalten und zu verstärken".[137] Vertreter der Parteirechten hielten es umgekehrt für geboten, endlich eine Debatte über die „vermeintliche" deutsche Kriegsschuld an der Entfesselung des Zweiten Weltkriegs zu führen, wobei ihnen mit dem amerikanischen Historiker David L. Hoggan der zeitgenössisch wohl populärste Exponent eines rechtsextremen Geschichtsrevisionismus als Kronzeuge diente.[138] In der rechtsradikalen „Deutschen National-Zeitung und Soldaten-Zeitung" warben zudem Bundestagsabgeordnete der FDP für ihren Standpunkt einer Ablehnung der Fristverlängerung und verbanden dies mit der Forderung nach einer Generalamnestie für deutsche Kriegsverbrecher, mit der Zurückweisung einer deutschen Alleinschuld am Zweiten Weltkrieg sowie mit einem Bekenntnis zur Gültigkeit des Münchener Abkommens von 1938.[139]

Dass sich die Exponenten des rechten Parteiflügels in solch unverblümter Offenheit zu Wort meldeten, lässt sich auch mit dem Aufkommen der NPD in jener Zeit erklären. Man fürchtete eine neue Konkurrenz um die Wählerstimmen am rechten politischen Rand – durchaus zu Recht, wie Meinungsumfragen und Wahlergebnisse zeigten. Unter FDP-Wählern war die Affinität zur NPD deutlich höher ausgeprägt als in der Anhängerschaft von Union

---

137 Aus einer einstimmig angenommenen Resolution des FDP-Bezirksverbandes Unterfranken, adressiert an die FDP-Bundestagsfraktion, 6.3.1965, in: ADL, 1655.

138 In seinem 1961 publizierten Werk mit dem programmatischen Titel „Der erzwungene Krieg. Die Ursachen und Urheber des Zweiten Weltkriegs" erklärte Hoggan England zum Hauptschuldigen des Zweiten Weltkriegs, während Hitler als friedliebender und maßvoller Staatsmann rehabilitiert werden sollte. Vgl. Hoggan – ein Stolperdraht der Demokratie? Vor der Frage kam die Antwort – Über Kriegsschuld muß gesprochen werden, in: Düsseldorfer Dienst der FDP LV NRW, 15.5.1964, in: ADL; vgl. ferner: David Hoggan – rechts von der Wahrheit, in: Die Zeit, 8.5.1964.

139 Es handelte sich um Otto Eisenmann und Siegfried Zoglmann; vgl. Kurt J. Körper: FDP. Bilanz der Jahre 1960–1966. Braucht Deutschland eine liberale Partei?, Köln 1968, S. 161 ff.

und SPD.[140] Nicht selten errang die NPD große Wahlerfolge zu Lasten der
FDP in deren einstigen Hochburgen, was zu spürbarer Nervosität bei den
Freien Demokraten führte. Ein unnachgiebiges Eintreten gegen eine Verlängerung der Verjährungsfrist erschien als probates Mittel zur Eindämmung
einer Wählerabwanderung von den Frei- zu den Nationaldemokraten.

Das Buhlen um Stimmen aus dem nationalkonservativen bis nationalistischen Milieu mittels einer Vergangenheitspolitik, die einem Schlussstrich unter die Vergangenheit, einer Beendigung der juristischen Ahndung
von NS-Verbrechen, einer Amnestie für NS-Täter und einer Relativierung
deutscher Schuld das Wort redete – all das war den liberalen Kritikern des
rechten Parteiflügels aus der frühen Bundesrepublik bereits hinlänglich bekannt. Doch anders als in den 1950er Jahren sah sich die Parteirechte nunmehr einer stetig größer werdenden liberalen Opposition von Vertretern der
jüngeren Generation ausgesetzt. Insbesondere die Jungdemokraten schickten
sich an, den „Muff der Mende-FDP"[141] zu überwinden, und sie taten dies –
unter anderem –, indem sie für einen neuen, kritischen Blick auf die Zeit des
Nationalsozialismus eintraten und sich damit von vielen Parteivorderen ab-
grenzten. Günter Verheugen etwa klagte in einem Leitartikel für die Jungdemokraten-Zeitung „Stimmen der jungen Generation" über die Diffamierung
einstiger Emigranten im Allgemeinen sowie Willy Brandts im Besonderen
und hielt den noch immer stolzen ‚Pflichterfüllern' vor, dass es ihre eigentliche Pflicht gewesen wäre, „in welcher Uniform auch immer, den Mächten
entgegenzutreten, die offen den Massenmord auf ihre Fahnen geschrieben
hatten. So etwas heute sagen zu müssen und dabei zu wissen, daß nur wenige
zustimmen werden … ist bitter." Die Richtigkeit dieser Einschätzung bekam
der 22-jährige Verheugen bald schon zu spüren. Nach Einschätzung des Landesvorstands der NRW-FDP hätten die Artikel der Jungdemokraten-Zeitung
der Partei „schweren Schaden" zugefügt, ferner wurde beschlossen, gegen Verheugen einen Ausschlussantrag zu stellen.[142]

---

140 Vgl. Jürgen W. Falter: Wählerwanderungen vom Liberalismus zu (rechts-)extremen Parteien. Ein Forschungsbericht am Beispiel des NSDAP-Aufstiegs 1928–1933 und der NPD-Er-
folge 1966–1970, in: Albertin, Liberalismus, S. 92–124.
141 Baum/Hirsch, Baum, S. 50.
142 Jungdemokraten. Dampfer rechts, in: Der Spiegel, 16.5.1966.

6. These: Die sozialliberale Koalition wirkte für die FDP wie ein liberaler Filter gegen Personen und Ideen in den eigenen Reihen, deren liberale Verwurzelung schon immer zweifelhaft war.

„Opas FDP ist tot" – mit dieser Parole, öffentlichkeitswirksam inszeniert mit einem Pappskelett, wollten die Jungdemokraten Ende Januar 1968 auf dem Bundesparteitag der FDP die in ihren Augen überfällige politische und generationelle Gezeitenwende einfordern.[143] Tatsächlich verfügten die jungen, progressiven Kräfte der Freien Demokraten nunmehr über die notwendige innerparteiliche Basis, einen solchen Wandel zu betreiben. Walter Scheel löste Erich Mende, Symbolfigur der „alten" FDP, ab, Gerhart Baum und Ralf Dahrendorf stiegen in den FDP-Bundesvorstand auf, der Adler als Parteisymbol hatte zugunsten der Pünktchen-F. D. P. ausgedient, der Sozialdemokrat Gustav Heinemann wurde im März 1969 mit den Stimmen der Liberalen zum Bundespräsidenten gewählt, und in der sozialliberalen Koalition fand jenes „Stück Machtwechsel" seine Vollendung. Die FDP profilierte sich fortan als Innovations- und Reformkraft, die sich einer Demokratisierung und Liberalisierung von Staat, Wirtschaft und Gesellschaft sowie einer Neuorientierung der deutschen Ostpolitik verschrieb.

Doch eben jenen Politikwechsel, der für die FDP ungleich einschneidender war als für die Bundesregierung, konnten und wollten Vertreter des rechten Parteiflügels nicht mittragen. Sie warfen ihren nunmehr in einer deutlichen Mehrheit befindlichen innerparteilichen Gegnern vor, die FDP „in eine sozialistische Partei"[144] zu verwandeln, die „modern-anarchistisch[e]"[145] Vorstellungen vertrete, wobei die als „nationale Verzichtspolitik" empfundene Ostpolitik der Regierung Brandt/Scheel auf besonders heftigen Widerstand stieß. „Wer den Begriff Deutschland, Vaterland auch nur noch schwach im Herzen trägt", so der niedersächsische Landtagsabgeordnete Nicolaus Dreyer, „der hat keine Heimat mehr in der FDP."[146] Unübersehbar breitete sich auf dem rechten Parteiflügel ein bislang ungekanntes Gefühl politischer Ohnmacht und Heimatlosigkeit aus.

Was nun folgte, kann als anschaulicher Beleg für den tiefgreifenden Wandel gelten, den die FDP Ende der 1960er, Anfang der 1970er Jahre vollzog.

---

143 Günter Verheugen: Der Ausverkauf. Macht und Verfall der FDP, Reinbek bei Hamburg 1984, S. 84.
144 So der bayerische FDP-Vorsitzende Dietrich Bahner, zit. n. Artikel: FDP. Eine Art Klub, in: Der Spiegel, 1.12.1969.
145 So das FDP-Bundesvorstandsmitglied Heinz Starke, zit. n. Rolf Zundel: Die Erben des Liberalismus, Freudenstadt 1971, S. 172.
146 Zit. n. F. D. P. Schwach im Herzen, in: Der Spiegel, 21.4.1969.

Der liberale Aufbruch schlug sich in einem umfangreichen Austausch der Mitglieder[147] sowie in einer Verschiebung des politischen Standortes ihrer Wählerschaft nieder. Dominierten hier einst enge Verbindungen und Überschneidungen zum konservativen bzw. im weiteren Sinne rechten Spektrum, so gewann die FDP zunehmend das Vertrauen „von nach links tendierenden Wählergruppen".[148] Auch die NS-Zeit erfuhr nunmehr von Anhängern der FDP eine deutlich andere Bewertung. Waren 1956 – wie gesehen – noch 56 % der FDP-Wähler der Meinung, Hitler wäre ohne den Krieg einer der größten deutschen Staatsmänner gewesen, so stimmten dem 1972 „nur" noch 23 % zu. Bemerkenswert ist: 1956 war es der Höchstwert unter allen Parteianhängern, 1972 der niedrigste.[149]

Doch nicht nur Wähler, auch namhafte Politiker der Parteirechten kehrten der sozialliberalisierten FDP den Rücken. Ein Teil von ihnen – darunter der einstige FDP-Vorsitzende Erich Mende – schloss sich auf Bundes- und Landesebene der Union an.[150] Politische Beobachter wie der liberale Journalist Rolf Zundel erblickten in jener Abwanderung keinen politischen Substanzverlust – weder für die FDP noch für das bundesrepublikanische Parteiensystem. Jene von Erich Mende und Siegfried Zoglmann repräsentierte FDP habe „an originärer Liberalität gar nichts mehr zu bieten", ihre Funktion könne

> „im vollen Umfang vom rechten Flügel der CDU/CSU übernommen werden, in der Gesellschaftspolitik wie in der Außenpolitik. Wenn diese Liberalen zur Union abwandern, sind sie dort wirklich gut aufgehoben, denn dort dürfen sie endlich sein, was sie immer schon gern gewesen wären: Konservative (und manchmal auch Schlimmeres)."[151]

„Schlimmeres" drohte der FDP indes weniger von einzelnen Parteiübertritten als vielmehr durch Abspaltungen und politische Neugründungen, wie sie in der im Juni 1970 gegründeten Nationalliberalen Aktion (NLA) Gestalt

---

147 1972 war die Hälfte der FDP-Mitglieder erst seit höchstens fünf Jahren in der FDP. Vgl. Hans-Heinrich Jansen: Die ersten 20 Jahre der FDP: Der Weg zur Dritten Kraft, in: Scheel/Lambsdorff, Freiheit, S. 33–42, hier S. 41.
148 Erhielt die FDP bei der Bundestagswahl von 1965 rund viermal mehr Zweitstimmen von Unions- als von SPD-Wählern, so kehrte sich dieses Verhältnis vier Jahre später geradezu um, als sie von SPD-Wählern bereits doppelt so viele Zweitstimmen bekam wie von Anhängern der CDU/CSU. Vgl. Wahlsoziologie der FDP: Liebe auf den zweiten Blick, in: Die Zeit, 27.10.1972.
149 Bergmann/Erb, Antisemitismus, S. 95.
150 Im 6. Deutschen Bundestag traten ferner Heinz Starke, Siegfried Zoglmann und Wilhelm Helms der Unionsfraktion bei. Im niedersächsischen Landtag vollzogen 1969 drei von zehn Abgeordneten diesen Schritt, in Schleswig-Holstein zwei von vier.
151 Würden wir die FDP vermissen?, in: Die Zeit, 15.1.1971.

annahm. Deren Initiator, Siegfried Zoglmann, schickte sich an, enttäuschte FDP-Wähler, Anhänger der NPD sowie bisherige Nichtwähler zu gewinnen, und konnte bald schon erste Achtungserfolge verbuchen. Den größten Zuspruch erfuhr die NLA bezeichnenderweise aus Nordrhein-Westfalen: Von ihren bundesweit rund 2.000 Mitgliedern stammten allein 800 von Rhein und Ruhr, unter ihnen waren auch drei FDP-Landtagsabgeordnete.[152] Die NLA verstand sich als „Gemeinschaft national-freiheitlicher Menschen",[153] die ihre „nationale Gesinnung" dadurch unter Beweis zu stellen versuchte, dass sie für ein „gesundes Bauerntum" eintrat, den Moskauer Vertrag als „politische Kapitulation" ablehnte, mit einer Law-and-Order-Politik für „saubere, anständige Zustände" warb, eine gleichzeitige Mitgliedschaft in der NPD für legitim erachtete („Wir wollen keine zweite Entnazifizierung"), die politische „Eliminierung" von Linken als Ausdruck einer „saubere[n] Liberalität" bewertete, die „vaterlandslose[n] Kräfte" der Bundesregierung kritisierte und die FDP als „absolut kommunistisch unterwandert" bezeichnete.[154]

Angesichts solcher Invektiven ist die entschiedene Distanzierung der FDP-Führung von der NLA nur allzu verständlich, deren Ziele nach den Worten des damaligen FDP-Bundesgeschäftsführers „starke Ähnlichkeiten mit der Programmatik der NSDAP und der NPD"[155] aufwiesen. Ganz so leicht lässt sich jenes unliebsame politische Kind jedoch nicht aus der Familiengeschichte der FDP herauslösen, wenngleich die Beobachtung schlüssig erscheint, in der NLA und ihrer Programmatik das „genaue Gegenteil einer liberalen Partei"[156] zu sehen und ihren politischen Standort „auf dem äußersten rechten Flügel der CDU zu suchen".[157] Denn unübersehbar sind die personellen, rhetorischen und programmatischen Parallelen zu jener nationalen Sammlungspolitik, die zu Beginn der 1950er Jahre von weiten Teilen der FDP betrieben wurde. Danach gefragt, mit welchen Vorstellungen die NLA künftig Wahlen bestreiten wolle, antwortete Siegfried Zoglmann unumwunden: „Mit dem

---

152 Vgl. Andreas Grau: Hinterherlaufen, „hinauskatapultieren" oder spalten? Zum Verhältnis von Union und FDP nach der Bundestagswahl 1969, in: Historisch-Politische Mitteilungen 13 (2006), S. 77–92, hier S. 79 ff; National-Liberale. Etwas gegen irgendwen, in: Der Spiegel, 31.8.1970; Kriegerverein oder Partei: Ein Tanz auf dem Vulkan?, in: Die Zeit, 16.10.1970.
153 Leitsätze der NLA, angenommen am 11.7.1970, in: ADL, 162 (Bundesvorstand 7–12/1970).
154 So das einstige FDP-Mitglied Eduard Hauser, der u. a. in der rechtsextremen „Deutschen National-Zeitung" für die Ziele der NLA bzw. des Rechts-Liberalen Arbeitskreises warb. Später trat Hauser den Republikanern bei. Zitate aus Artikel: NLA. Postfach 70, in: Der Spiegel, 28.9.1970.
155 Zit. n. ebd.
156 Zundel, Erben, S. 173.
157 Das Fähnlein der Enttäuschten, in: Die Zeit, 11.9.1970.

Programm der FDP alter Art"; er werde seinen Mitstreitern empfehlen, „das Programm der FDP aus den fünfziger Jahren als das Programm einer neuen Partei anzunehmen".[158] Was jedoch in der frühen Bundesrepublik Programmkern in weiten Teilen der FDP war, befand sich zu Beginn der 1970er Jahre deutlich außerhalb des liberalen Spektrums.

Resümee und Ausblick

Da dieser Tagungsband auf ein Theodor-Heuss-Kolloquium zurückgeht, sei an dieser Stelle die kontrafaktische Frage erlaubt, ob die FDP vielleicht zu einem anderen, kritischeren Umgang mit dem Nationalsozialismus gefunden hätte, wäre Theodor Heuss ihr Parteivorsitzender geblieben. Gewiss wären auf Parteitagen, in FDP-Gremien sowie im Deutschen Bundestag – Heuss war vor seiner Wahl zum Bundespräsidenten auch FDP-Fraktionsvorsitzender – Reden mit deutlich anderen Akzenten gehalten worden, die nicht ohne Einfluss auf die Außenwahrnehmung der Partei geblieben wären. Doch wäre er mit seinen erinnerungspolitischen Bestrebungen – von der Mahnung zur kritischen Erinnerung über die Verteidigung des Widerstands und den Einsatz für eine Wiedergutmachung bis hin zur „Entkrampfung der jüdisch-deutschen Beziehungen"[159] und der Aussöhnung mit Israel – innerhalb seiner Partei durchgedrungen? Hätte er dem zum Teil offen illiberalen Treiben des rechten Parteiflügels Einhalt gebieten können, deren Protagonisten ihm habituell, politisch und auch generationell so fern standen, dass er in ihnen nur „Nazi-Demokraten"[160] als Teil einer „Nazi-FDP"[161] sehen konnte?

Skepsis erscheint angebracht. Auf dem rechten Parteiflügel wurden seine erinnerungspolitischen Initiativen argwöhnisch bis verächtlich kommentiert.[162] Zudem verfügte Heuss weder über die innerparteiliche Hausmacht

---

158 Der größte Teil ist unter Wasser, in: Der Spiegel, 12.10.1970.
159 Theodor Heuss an Jakob Altmaier, 1.4.1953, in: Theodor Heuss: Der Bundespräsident. Briefe 1949–1954, hg. u. bearb. v. Ernst Wolfgang Becker, Martin Vogt, Wolfram Werner, Berlin/Boston 2012, Nr. 168, S. 435.
160 Theodor Heuss: Tagebuchbriefe 1955–1963. Eine Auswahl aus Briefen an Toni Stolper, hg. u. eingel. v. Eberhard Pikart, Stuttgart 1970, Brief vom 14.2.1956, S. 147.
161 Ebd., Brief vom 7.2.1956, S. 143.
162 Der Geschäftsführer der FDP-Oberbayern Josef Altschäffel wies Heuss' Rede von einer deutschen „Kollektivscham" ebenso entschieden wie vulgär zurück: „So ein Schwein – und so etwas ist noch Mitglied der FDP." Heuss' Israelreise (1960) kommentierte er mit den Worten: „Was hat dieser alte Depp da unten bei den Juden zu tun." Zit. n. einer eidesstattlichen Erklärung, in: Zusammenstellung (s. Anm. 109), S. 305. Vgl. Heuss an den Oberstaatsanwalt beim

bzw. den erforderlichen Machtinstinkt noch über die satzungsmäßigen Befugnisse für substantielle Eingriffe in das damals ausgesprochen selbstbewusste Eigenleben der FDP-Landesverbände – nicht ohne Grund gilt die frühe FDP auch als „Kartell weitgehend unabhängiger Landesorganisationen".[163] Bereits in den neun Monaten seines Parteivorsitzes hatte er leidvoll erfahren, dass er gegenüber den nationalistischen Umtrieben einzelner Landesverbände machtlos war.[164] Die Vorstellung, im „Wettlauf um einen Pseudo-Nationalismus [...] als Führer einer Traditionskompanie des Herrn Hugenberg angesehen oder mißbraucht zu werden",[165] war für ihn schwer erträglich.

Der vom geschichtsbewussten Liberalen Heuss gewiss mit Bedacht gewählte Verweis auf den Deutschnationalen Alfred Hugenberg – und nicht etwa auf Nationalliberale wie Gustav Stresemann oder Eduard Dingeldey – leitet über zur Frage, in welchem Verhältnis Politik und Programmatik des rechten Parteiflügels zum Liberalismus standen. Wies der Liberalismus der FDP Ideologieangebote auf, die für ehemalige Deutschnationale und Nationalsozialisten besonders anziehend waren? Ist deren Zustrom zu den Freien Demokraten eine späte Frucht jener politischen und weltanschaulichen Affinitäten, die Eric Kurlander zwischen dem „nationalen Sozialismus" Naumann'scher Prägung und dem Nationalsozialismus herausgearbeitet hat?[166] Führen also – zugespitzt gefragt – ideengeschichtliche Linien von Friedrich Naumann und Paul Rohrbach zu Siegfried Zoglmann und Ernst Achenbach?

So verführerisch der Nachweis einer solchen Beziehung sein mag – er würde am Kern vorbeiführen. Das Heer ehemaliger Nationalsozialisten und Deutschnationaler fühlte sich nicht von einem klar umrissenen liberalen *Ideologieangebot* angezogen. Vielmehr bot die FDP ein im Parteivergleich einmaliges *Organisationsangebot*, das ihnen die Gelegenheit zur politischen Mitwirkung und programmatischen Einflussnahme innerhalb des demokratischen Spektrums bot. In Union und SPD wäre es kaum vorstellbar gewesen,

---

Landgericht München, 6.2.1963, in: Theodor Heuss: Privatier und Elder Statesman. Briefe 1959–1963, hg. u. bearb. v. Frieder Günther, Berlin/Boston 2014, Nr. 176, S. 463.

163 Hein, Milieupartei, S. 348.

164 Von dem für die Bundestagswahl von 1949 geschlossenen Abkommen der hessischen FDP mit der Nationaldemokratischen Partei (NDP) erfuhr Heuss von Vertretern der Presse; vgl. Heuss an Euler, 18.7.1949, in: Heuss, Briefe 1945–1949, Nr. 209, S. 513 f.

165 Reaktion von Heuss auf die Hinweise, in der Niedersachsen-FDP würde der Bundestagswahlkampf unter das Motto „Bundesrepublik oder Reich" gestellt und eine Wahlkampfveranstaltung mit Heuss sei in den Farben Schwarz-Weiß-Rot beworben worden; Heuss an Hermann Föge, 19.7.1949, in: Heuss, Briefe 1945–1949, Nr. 211, S. 516 f.

166 Vgl. Eric Kurlander: Living with Hitler. Liberal Democrats in the Third Reich, New Haven 2009.

dass Politneulinge oder ehemalige Nationalsozialisten den weltanschaulichen Kern ihrer Partei – Konservatismus bzw. Sozialismus – entweder in Bausch und Bogen als obsolet verwerfen oder aber dessen Ziele nach eigenen Zweckmäßigkeitsvorstellungen neu definieren. In Kreis-, Bezirks- oder ganzen Landesverbänden der FDP hingegen, die auf keinem gefestigten liberalen Milieu aufbauen konnten – sei es an Rhein und Ruhr, in Teilen Niedersachsens, Bayerns, Hessens oder an der Saar –, war dies einer relativ kleinen, untereinander gut vernetzten Gruppe möglich. Sie nutzten dazu die Wandelbarkeit und Offenheit des Liberalismus zu dessen punktueller interessengeleiteter Instrumentalisierung. So konnte mit vermeintlich liberalen Argumenten und Schlagworten – Recht, Freiheit, Nation, Toleranz, Zukunftsorientierung – eine Politik legitimiert werden, die sich aussprach für die Integration selbst schwer belasteter Nationalsozialisten, eine Generalamnestie auch für Kriegsverbrecher, einen strammen Antisozialismus, eine Aufrechnung von NS-Verbrechen und alliierter Besatzungspolitik, ein Wiedererstehen des Deutschen Reiches sowie allgemein für einen Schlussstrich unter die Vergangenheit.

Es ist bezeichnend, dass sich die Verfechter eines solchen Selektiv-Liberalismus just in jenem Moment in Scharen von der FDP abwandten, als diese sich dem Projekt einer gesellschaftlichen, institutionellen und wirtschaftlichen Liberalisierung und Demokratisierung der Bundesrepublik verschrieb, zu der *auch* eine kritische Auseinandersetzung mit der NS-Vergangenheit gehörte. Ihre Abwanderung zur Union, zur NPD oder zu neu gegründeten und kurzlebigen Splitterparteien nährt die Vermutung, dass hier keine Überzeugungsliberalen aus ihrer weltanschaulichen Heimat vertrieben wurden, sondern dass – im neutralen Wortsinne – politische Opportunisten in einem sich verändernden gesamtgesellschaftlichen und politischen Umfeld neue Betätigungsmöglichkeiten suchten. Ob es sich im Einzelfall somit um „oberflächliches Mitmachen und Scheinkonversion aus Opportunismus und Karrieresucht"[167] handelte, kann nur schwer ermittelt werden. Erich Mende gab freimütig zu verstehen, dass hinter seinem im Februar 1946 erfolgten Eintritt in die NRW-FDP „keine tiefe Überzeugung" stand, sondern eher „ein Stück Opportunismus".[168]

---

167 Wilfried Loth / Berand-A. Rusinek: Einleitung, in: Dies. (Hg.): Verwandlungspolitik. NS-Eliten in der westdeutschen Nachkriegsgesellschaft, Frankfurt/New York 1998, S. 7–10, hier S. 9. Vgl. dazu Ulrich Herbert: NS-Eliten in der Bundesrepublik, in: ebd., S. 93–115, insbes. S. 114 f.

168 Zit. n. Christof Brauers: Die FDP in Hamburg 1945 bis 1953. Start als bürgerliche Linkspartei, München 2007, S. 281. Als der frühere FDP-Vorsitzende Ende der 1980er Jahre danach gefragt wurde, was für ihn „liberal" gewesen sei, kam der einstige Wehrmachtsmajor und überzeugte Ritterkreuzträger umgehend darauf zu sprechen, dass sich nach 1945 „viele

Dies leitet zu einem weiteren Punkt über: der von der FDP erbrachten Integrationsleistung – und deren Kosten. Bei der aus staatspolitischen Gründen gebotenen, ja unausweichlichen gesellschaftlichen und politischen Integration jenes Millionenheeres ehemaliger Nationalsozialisten und auch Wehrmachtsoldaten hat sich die FDP unbestreitbare Verdienste erworben. Die 1969/70 erfolgte Abwanderung zahlreicher ehemaliger Nationalsozialisten und einstiger Vertreter des rechten FDP-Parteiflügels hin zur CDU/CSU mag Zweifel an deren liberaler Verwurzelung wecken, gleichwohl ist sie ein Beleg für die These einer langfristig wirksamen „Demokratisierung durch Integration".[169]

Die integrationspolitische Erfolgsbilanz der FDP trübt sich bei genauerer Betrachtung indes deutlich ein. Grundvoraussetzungen für eine erfolgreiche Integration, nämlich die „klare Vorgabe der Spielregeln"[170] sowie die Abgrenzung von belasteten Personen, undemokratischen Praktiken und reaktionären bzw. revisionistischen Positionen waren in Teilen der FDP nicht erfüllt. Wo die parlamentarische Grundordnung der Bundesrepublik ebenso angezweifelt werden konnte wie die deutsche Kriegsschuld, wo liberale Parteimitglieder observiert, denunziert und aus der Partei verdrängt werden sollten,[171] wo Liberalismus als Schmähwort und die verantwortliche Mitwirkung im Nationalsozialismus als Befähigungsnachweis galt – dort kann nicht jener Anpassungsdruck geherrscht haben, der für eine gelingende demokratische Integration erforderlich war.

Die hier aufscheinende Gefahr einer „Entliberalisierung durch Integration" betraf nur den rechten Parteiflügel. Gleichwohl lässt sich insgesamt der Umgang der FDP mit dem Nationalsozialismus als eine Geschichte halbherziger Auseinandersetzung und unterbliebener Grenzziehungen beschreiben. Eine Zäsur weist diese Geschichte unzweifelhaft Ende der 1960er, Anfang der

---

Soldaten plötzlich auf der Anklagebank als Militaristen, sogar als Kriegsverbrecher" sahen und Schutz vor dergleichen Vorwürfen bei der FDP gefunden hätten. Fritz Fliszar: Mit der FDP regieren. Ein Gespräch mit Erich Mende (7.6.1988), in: Mischnick, Verantwortung, S. 125. Der „Spiegel" zitierte Mende ferner mit den Worten „Was mir an der FDP damals gefiel, war das Nationale, die Betonung des Reichsgedankens, der in meinem Elternhaus eine so große Rolle gespielt hatte." F.D.P. Lohn der Angst, in: Der Spiegel, 10.3.1969.
169 Jeffrey Herf: Zweierlei Erinnerung. Die NS-Vergangenheit im geteilten Deutschland, Berlin 1998, S. 345, dort bezogen auf den Umgang der Regierung Adenauer mit belasteten Beamten.
170 Wilfried Loth: Verschweigen und Überwinden: Versuch einer Bilanz, in: Ders./Rusinek, Verwandlungspolitik, S. 353–360, hier S. 358.
171 Im parteioffiziellen Befund von 1953 zu den Verhältnissen innerhalb der NRW-FDP war die Rede von einer „Art Spitzelunwesen, wie es früher den Parteiapparat der NSDAP auszeichnete"; in: Abschlussbericht.

1970er Jahre auf, als der programmatische und personelle Wandel der FDP zu einem neuen Blick auf die Vergangenheit führte. Beendet war sie damit jedoch keineswegs. Es gibt durchaus Argumente dafür, die Möllemann-Affäre als Teil einer solchen Geschichte zu sehen. Der nordrhein-westfälische Landes- und stellvertretende Bundesvorsitzende Jürgen W. Möllemann scheute im Bundestagswahlkampf 2002 nicht davor zurück, sein bizarres „Projekt 18" mit Interviewaussagen und einem Flugblatt zu bestreiten, die Anlass zur Vermutung boten, hier sollten antisemitische und israelfeindliche Ressentiments bedient werden, um Wählerstimmen am rechten Rand des politischen Spektrums zu gewinnen.[172] Politische Beobachter sahen die Freien Demokraten in der Gefahr des Abgleitens zu einer rechtspopulistischen Partei, was bald schon unter dem Schlagwort einer „Haiderisierung"[173] der FDP diskutiert wurde.

Innerparteilich provozierte der Möllemann-Kurs insbesondere auf dem linken Parteiflügel heftigen Widerspruch. Die bayerische FDP-Vorsitzende Sabine Leutheusser-Schnarrenberger sah den Schaden für ihre Partei darin, „dass hier doch ein unsicheres Bild entstanden ist, wie die FDP mit dem Thema der Bearbeitung der Geschichte, der Bedeutung und der Verantwortung von Geschichte auch für junge Menschen, die weit nach '45 geboren sind, umgeht".[174] Möllemann ließ sich jedoch weder durch parteioffizielle Distanzierungen von Antisemitismus und Antizionismus noch von Rücktrittsforderungen aus den eigenen Reihen beeindrucken. Vielmehr diskreditierte er seine innerparteilichen Kritiker – namentlich Hildegard Hamm-Brücher und

---

172 Vgl. Tobias Kaufmann / Manja Orlowski (Hg.): „Ich würde mich auch wehren …" Antisemitismus und Israel-Kritik – Bestandsaufnahme nach Mollemann, Potsdam 2002; Henryk M. Broder: Ein moderner Antisemit, in: Der Spiegel, 27.5.2002. Dass die FDP ausgerechnet die Zahl 18 ausgewählt hat, die in der Neonazi-Szene als beliebte Chiffre für Adolf Hitler (1. und 8. Buchstabe des Alphabets: AH) verwendet wird, sorgte in Verbindung mit dem Möllemann-Kurs für wilde Spekulationen in einer kritischen (linken) Öffentlichkeit. Vgl. Projekt 18: Das Braune von Möllemann, in: taz, 23.5.2002; Otto Köhler: NSFDP-Projekt 18, in: Ossietzky, 19.6.2002; Die 18 bedeutet Adolf Hitler, in: Spiegel Online, 19.9.2002, URL: https://www.spiegel.de/kultur/gesellschaft/kuenstler-im-wahlkampf-die-18-bedeutet-adolf-hitler-a-214563.html [24.1.2019].
173 Vgl. Peter Lösche / Franz Walter: Die FDP. Richtungsstreit und Zukunftszweifel, Darmstadt 1996, S. 209 ff; Was ist politisch korrekt? Die FDP spielt mit dem neuen Antisemitismus: Proteste gegen das ‚Meinungskartell der Gutmenschen' führen aber zur Entfesselung eines schlummernden Wahns, in: Die Zeit, 29.5.2002.
174 Interviewaussage im „Deutschlandfunk", 5.6.2002, URL: https://www.deutschlandfunk. de/eine-entschuldigung-moellemanns-ist-notwendig.694.de.html?dram:article_id=58002 [24.1.2019].

Gerhart Baum – als „Querulanten", die aufs politische Altenteil gehörten.[175] Da sich die FDP nicht zu einer klaren Grenzziehung in Form einer Trennung von Möllemann durchringen konnte, entschloss sich Hildegard Hamm-Brücher dazu, am 22. September 2002 aus der FDP auszutreten. In einer „zur rechten Volkspartei à la Möllemann gestylten FDP" vermochte sie „keine Spuren eines Theodor Heuss, eines Thomas Dehler und Karl-Herrmann Flach, eines Ignaz Bubis und vieler anderer aufrechter Liberaler mehr zu entdecken." Sie habe ihre „politische Heimat verloren".[176]

Jüngere Zeitgenossen mag der Parteiaustritt Hamm-Brüchers nach 54-jähriger Mitgliedschaft verwundert oder irritiert haben. Wer jedoch um die spannungsreiche Geschichte des Umgangs der FDP mit der NS-Vergangenheit und um die Flügelkämpfe der ersten 20 Jahre weiß, an denen Hamm-Brücher unmittelbar beteiligt war, der vermag ihre Motive vielleicht besser nachzuvollziehen. Ein solches Bewusstsein für die eigene Geschichte scheint indes in der FDP nicht besonders ausgeprägt zu sein. Dazu mögen ihre parteipolitische „Geschichtslosigkeit",[177] die dadurch begünstigte „Geschichtsferne"[178] und die charakteristische Zukunftsorientierung des Liberalismus beigetragen haben. Dem Zeithistoriker Norbert Frei fiel im Kontext der Möllemann-Affäre eine „demonstrative historische Bewusstlosigkeit" auf. Er habe den Eindruck, „dass in der FDP das Wissen über die Vergangenheit der Partei ziemlich unterentwickelt ist. In der liberalen Selbstbespiegelung kommen die trüben 50er Jahre kaum vor."[179]

Gerade in der gegenwärtigen Situation einer massiven Anfechtung der liberalen Demokratie durch Populisten und Nationalisten kann der Erfahrungsspeicher der bundesrepublikanischen Parteien bzw. dessen wissenschaftliche Erschließung wertvolles historisches Orientierungswissen bereit-

---

175 Möllemann wünscht Altliberalen eine gute Reise, in: Spiegel Online, 7.6.2002, URL: http://www.spiegel.de/politik/deutschland/fdp-theater-moellemann-wuenscht-altliberalen-eine-gute-reise-a-199672.html [24.1.2019].

176 Hildegard Hamm-Brücher an Guido Westerwelle, 22.9.2002, in: Hildegard Hamm-Brücher: In guter Verfassung? Nachdenken über die Demokratie in Deutschland, München 2006, S. 119–121.

177 Hermann von Schaubert, Leiter des Thomas-Dehler-Instituts, in einem Vorwort für die Publikation: Berthold Mauch: Die bayerische FDP. Portrait einer Landespartei 1945–1949, München 1981, S. 7.

178 Albertin, Jahrzehnt, S. 667.

179 Eine historische Bewusstlosigkeit, in: Welt am Sonntag, 2.6.2002, URL: https://www.welt.de/print-wams/article604005/Eine-historische-Bewusstlosigkeit.html [24.1.2019].

stellen.[180] Wie können Einbindung und Abgrenzung von „rechten" Personen und Positionen gelingen, ohne dabei die bundesrepublikanische Staatsräson einer aus der NS-Zeit erwachsenen historischen Verantwortung infrage zu stellen? Welche parteipolitischen Dynamiken gehen von einer Politik aus, die in der Hoffnung auf Stimmenzuwächse bewusst Sagbarkeitsgrenzen überschreitet? Die Frühgeschichte der FDP hält zu diesen Fragen instruktives Anschauungsmaterial parat. Zunächst muss eine solche Geschichte jedoch geschrieben werden – und gelesen.

---

[180] Vor diesem Hintergrund hat die SPD mit der im Sommer 2018 verkündeten Auflösung ihrer Historischen Kommission ohne Zweifel ein „völlig falsches Signal" gesetzt. So Andreas Wirsching in einem „Spiegel"-Interview („Die Wertschätzung ist weg"), 14.9.2018.

Die Autorinnen und Autoren des Bandes

FRANK BAJOHR, Dr. phil., Wissenschaftlicher Leiter des Zentrums für Holocaust-Studien am Institut für Zeitgeschichte München–Berlin und Professor am Historischen Seminar der Ludwig-Maximilians-Universität München

ERNST WOLFGANG BECKER, Dr. phil., Wissenschaftlicher Mitarbeiter und stellvertretender Geschäftsführer der Stiftung Bundespräsident-Theodor-Heuss-Haus

KRISTIAN BUCHNA, Dr. phil., Wissenschaftlicher Mitarbeiter der Stiftung Bundespräsident-Theodor-Heuss-Haus, ab September 2020 Wissenschaftlicher Mitarbeiter der Stiftung Hambacher Schloss

JOHANNES HÜRTER, Dr. phil., Leiter der Forschungsabteilung München des Instituts für Zeitgeschichte München–Berlin und apl. Professor für Neueste Geschichte an der Johannes Gutenberg-Universität Mainz

ULRIKE JUREIT, Dr. phil., Historikerin in der Hamburger Stiftung zur Förderung von Wissenschaft und Kultur

CHRISTOPHER KÖNIG, Dr. theol., Wissenschaftlicher Mitarbeiter am Lehrstuhl für neuere Kirchen- und Territorialgeschichte an der Evangelisch-Theologischen Fakultät der Johannes-Gutenberg-Universität Mainz

ERIC KURLANDER, Ph.D., William R. Kenan Jr. Professor of History and Director of Jewish Studies an der Stetson University DeLand, FL

JÖRN LEONHARD, Dr. phil., Professor für Neuere und Neueste Geschichte Westeuropas am Historischen Seminar der Albert-Ludwigs-Universität Freiburg

MANUEL LIMBACH, Dr. phil., Wissenschaftlicher Mitarbeiter beim Bundesarchiv Koblenz

BEATE MEYER, Dr. phil., Wissenschaftliche Mitarbeiterin des Instituts für die Geschichte der deutschen Juden, Hamburg

PHILIPP MÜLLER, Dr. phil., Gastprofessor an der Leuphana Universität Lüneburg und Wissenschaftler am Hamburger Institut für Sozialforschung

IRIS NACHUM, Ph. D., Assistant Professor of Modern Central European History an der Hebrew University Jerusalem

HELKE RAUSCH, Dr. phil., Wissenschaftliche Mitarbeiterin am Lehrstuhl für Neuere und Neueste Geschichte Westeuropas des Historischen Seminars der Albert-Ludwigs-Universität Freiburg

JOACHIM SCHOLTYSECK, Dr. phil., Professor für Neuere und Neueste Geschichte an der Rheinischen Friedrich-Wilhelms-Universität Bonn

ELKE SEEFRIED, Dr. phil., Zweite Stellvertretende Direktorin des Instituts für Zeitgeschichte München–Berlin und Professorin für Neueste Geschichte an der Universität Augsburg, ab Oktober 2020 Professorin für Geschichte der Neuzeit (19.–21. Jahrhundert) an der RWTH Aachen

THOMAS VORDERMAYER, Dr. phil., Wissenschaftlicher Mitarbeiter der Historischen Kommission bei der Bayerischen Akademie der Wissenschaften

Personenregister

ZEITHISTORISCHE IMPULSE – WISSENSCHAFTLICHE REIHE DER STIFTUNG BUNDESPRÄSIDENT-THEODOR-HEUSS-HAUS

Die Bände 1–6 sind bei der Deutschen Verlagsanstalt (München) erschienen. Bis einschließlich Band 12 erschien die Reihe unter: Stiftung Bundespräsident-Theodor-Heuss-Haus – Wissenschaftliche Reihe

Franz Steiner Verlag   ISSN 2511-2228

7. Wolfgang Hardtwig /
    Erhard Schütz (Hg.)
    Geschichte für Leser
    Populäre Geschichtsschreibung
    in Deutschland im 20. Jahrhundert
    2005. 408 S., 4 Abb., geb.
    ISBN 978-3-515-08755-1
    ----

8. Frieder Günther
    Heuss auf Reisen
    Die auswärtige Repräsentation
    der Bundesrepublik durch den ersten
    Bundespräsidenten
    2006. 178 S., 28 Abb., geb.
    ISBN 978-3-515-08819-0
    ----

9. Andreas Wirsching /
    Jürgen Eder (Hg.)
    **Vernunftrepublikanismus in
    der Weimarer Republik**
    Politik, Literatur, Wissenschaft
    2008. 330 S., geb.
    ISBN 978-3-515-09110-7
    ----

10. Angelika Schaser /
    Stefanie Schüler-Springorum (Hg.)
    Liberalismus und Emanzipation
    In- und Exklusionsprozesse im Kaiser-
    reich und in der Weimarer Republik
    2010. 224 S., geb.
    ISBN 978-3-515-09319-4
    ----

11. Werner Plumpe /
    Joachim Scholtyseck (Hg.)
    **Der Staat und die Ordnung
    der Wirtschaft**
    Vom Kaiserreich bis zur
    Berliner Republik
    2012. 231 S., 5 Abb., 3 Tab., geb.
    ISBN 978-3-515-10142-4

12. Anselm Doering-Manteuffel /
    Jörn Leonhard (Hg.)
    **Liberalismus im
    20. Jahrhundert**
    2015. 347 S., geb.
    ISBN 978-3-515-11072-3
    ----

13. Frank Bösch /Thomas Hertfelder /
    Gabriele Metzler (Hg.)
    Grenzen des Neoliberalismus
    Der Wandel des Liberalismus im
    späten 20. Jahrhundert
    2018. 372 S., geb.
    ISBN 978-3-515-12085-2
    ----

14. Wolfgang Hardtwig
    **Freiheitliches Bürgertum in
    Deutschland**
    Der Weimarer Demokrat Eduard
    Hamm zwischen Kaiserreich und
    Widerstand
    2018. 504 S., 20 Abb., geb.
    ISBN 978-3-515-12094-4